《武汉地方法治发展史》编委会

主　　任：胡绪鸥

副 主 任：景新华　涂文学　关太兵

编　　委：（按姓氏笔画为序）

王　耀　　刘健勤　　刘新涛　　孙天文　　孙原琍
严　宏　　李卫东　　李双利　　李国祥　　李晓晖
杨学文　　肖永平　　邹　耘　　张　功　　张　凯
张河洁　　陈晓华　　武　乾　　罗　平　　周　玉
周　罡　　秦慕萍　　莫洪宪　　夏　俊　　顾久幸
涂亚平　　梁　彤　　彭国元　　彭胜坤

咨询专家学者：（按姓氏笔画排序）

王　伟　　王帅一　　王立峰　　王斐弘　　方立新　　付海晏
严昌洪　　苏亦工　　李　力　　李　明　　李　勇　　李　强
李秀清　　李启成　　李贵连　　杨一凡　　杨卫东　　何邦武
余钊飞　　张　生　　张三夕　　张金才　　张幸平　　张晓玲
张晓燕　　张笃勤　　张蓓蓓　　张德美　　陈云朝　　陈国平
陈晓枫　　陈景良　　范忠信　　罗福惠　　周叶中　　周建民
春　杨　　胡永恒　　侯欣一　　莫纪宏　　徐立志　　徐永康
高汉成　　唐仕春　　萧伯符　　虞和平　　谭仁杰

武汉地方法治发展史

晚清卷

主编／胡绪鹍
副主编／李卫东 周玉

武乾／著

人民出版社

序（一）

胡绪鸥

八年书长卷，卷卷苦心成。由人民出版社出版的《武汉地方法治发展史》系列著作终于面世了。据悉，在我国地方法治史研究中，尤其作为大城市法治专史系列研究，此乃开先河之举。作为《武汉地方法治发展史》的编著者，我们在忐忑之余，亦甚感欣慰。

《武汉地方法治发展史》由武汉市法学会、江汉大学主持编撰，旨在通过对武汉地区3500多年法律制度和法律实施的回顾研究，从中梳理出历史长河中武汉法治萌芽、生长、发展的脉络与规律，借鉴历史，服务现实，开启未来，助推新时代武汉法治城市建设。

《武汉地方法治发展史》丛书，由通史和专业史两大系列组成，共12卷。其中，通史系列从商代盘龙城时代至2018年，分6卷；公安、检察等专业史系列从1840年鸦片战争或1861年汉口开埠至2018年，分6卷。丛书内容丰富，史料翔实，不少是新发掘的鲜见资料，向世人展示了一幅波澜壮阔、跌宕起伏的武汉地方法治发展历史画卷。

一

编纂《武汉地方法治发展史》动议于2014年初，由武汉市法学会集思广益酝酿提出。推动开展这项研究，源于中央全面依法治国战略的实施和武汉一流法治城市建设的理论与实践探索，源于武汉在我国法律制度建设和法律治理中的重要历史地位，也凝聚和显示了武汉地区法学法律工作者的历史使命和责任担当。

武汉历史悠久，是国家历史文化名城，楚文化的重要发祥地，城市文明可追溯到3500年前的盘龙城。明末清初，汉口以商业大镇卓立华中，成为"楚中第一繁盛处"。武汉也是中国近代工业的发祥地之一和辛亥革命首义之城。新中国成立后，特别是改革开放使这座文明古城焕发新的活力。武汉不断丰富发展的历史文明，本身蕴含着博大精深的法治思想、法治实践、法治文化。改革开放以来，武汉经济社会快速发展，建设国家中心城市和现代化国际性超大城市，离不开法治的保障和促进，也同样需要与其地位相适应的良法善治环境。

武汉法治建设生生不息的生动实践，为开展"武汉地方法治发展史"研究奠定了坚实基础。武汉作为中国古代法律制度发展比较完善、现代法治建设较早发生和发展的地区，自商朝盘龙城时代开始就有地方法律运行体制和法律实践活动；1861年汉口开埠，更使武汉成为近代中国地方法制较为完备的城市之一。晚清张之洞督鄂开启封建法律制度改革。亚洲第一部民主共和性质的宪法性文件《鄂州约法》在武汉诞生。大革命时期武汉是中国共产党早期开展司法实践的地方。抗战时期武汉一度成为战时立法中心。新中国成立，特别是改革开放以来，武汉较早提出依法治市战略。近年来，全市认真贯彻落实中央全面依法治国一系列决策部署，深入贯彻习近平法治思想，坚持依法治市、依法执政、依法行政共同推进，法治城市、法治政府、法治社会一体建设，取得显著成就。历史和现实的地方法治建设实践，成为我们开展"武汉地方法治发展史"研究的"富矿"和用之不竭的鲜活资源。

区域法治是国家法治的地方化和具体化，区域法治文化对加强和推动区域法治建设具有特殊功能和作用。多年来，许多专家学者对武汉历史上产生的法律制度、法律实践进行研究，取得丰硕成果，但至今尚无较为系统完整的武汉地方法治史方面的专门著述。组织力量全面系统地开展武汉地方法治发展史研究，已成为摆在武汉法学法律工作者面前的一项紧迫任务。

作为我国法学研究重镇的武汉，法学法律资源丰厚，为武汉地方法治发展史研究提供了重要智力支撑。武汉地区高校有数十个法学院（系），拥有一批全国知名的法律史学专家学者，研究实力雄厚。除此之外，我们还创造条件，通过多种途径和方式，邀聚了一批国内相关方面的专家学者，他们都给予武汉地方法治发展史编撰以极大关注和鼎力支持。前些年，中共武汉市委政法委主持编撰了《武汉政法志》，也积累了宝贵的史志编撰经验，凝聚了一批骨干力量。这些都为开展武汉地方法治发展史研究奠定了坚实基础。

二

《武汉地方法治发展史》从创意到出版，历时八载。面对这项具有开创性的法治文化研究工程，我们始终怀有审慎敬畏之心，仅酝酿时间就达两年。

现在回过头来看，磨刀不误砍柴工，长时间的酝酿对丰富和完善顶层设计非常必要。它确立了研究中的若干关键问题，使整个研究工作始终在正确轨道上运行。

酝酿主要在三个问题上展开：

第一，关于立题

立题，是法治史编撰最先绕不开的话题。围绕武汉法制史或武汉法治史，我们先后在武汉、北京、杭州等地，分别邀请数十位法律、法学、政治、地方志、党史、历史等学科的专家学者，组织了十多场咨询论证会。与此同时，我们还采取登门求教等方式，博采众长。2015年初，我们获悉中国社会科学院法学研究所的知名法制史专家杨一凡先生正在武汉大学讲学，编委会一行数人专程前往拜访。杨一凡先生不吝赐教，如醍醐灌顶，在最关键之时给我们以指导与支持。

2016年1月，正值北京隆冬时节，寒风凛冽，而中国社会科学院法学研究所的百年红楼里却温暖如春，群贤毕至。来自北京大学、清华大学、中国人民大学、中国政法大学等北京地区诸多法学法律界的专家学者，在法学所主持下，正在为"武汉地方法治发展史"课题研究把脉问诊。同年3月，春暖花开，在杭州师范大学鼎力支持下，我们邀请以沪杭为主的华东地区法学界、史学界知名专家学者进行咨询论证。通过咨询、研讨、专访等多种形式征求意见，最终形成的共识是：开展地方法治史研究，正当其时，且具有多重积极意义，是一项极具开创性的工作。与此同时，专家学者们也提出了许多宝贵的意见和建议。

我们认真梳理、消化，逐一研究专家学者们的意见，最终将课题名称确定为"武汉地方法治发展史"。在国家及地方漫长的法律制度及法律治理变迁中，始终蕴含着法治元素的痕迹和朴素的法治思想、法治方式以及形态各异的法律治理实践。而且这些实践伴随着社会发展从低级到高级不断推进，需要用马克思主义辩证和发展的观点进行梳理,为当今武汉法治建设提供借鉴。

第二,关于时间跨度和区域空间

关于武汉地方法治发展史涉及的时间跨度,开始有三种意见:第一种是立足中华人民共和国成立以来的研究。第二种是从1840年鸦片战争或1861年汉口开埠开始,研究近代以来包括中华人民共和国成立以来的武汉法治进程。第三种是上溯到3500年前武汉建城时,以此为起点延伸到中华人民共和国成立以来的武汉法治建设研究。

我们认为,这些意见都有其合理性。经过专家论证和编委会反复研究,确定研究的时间跨度从3500年前商朝盘龙城亦即武汉城市之根萌发时开始至2018年,研究重点放在中华人民共和国成立以来武汉法治建设的历史。

关于区域空间。在史学研究中必须明确历史上武汉的地域范围。现今武汉管辖的地域范围,历史上不是统一的行政区划,曾分属不同地方行政管辖,且经历无数次调整变更。对历史上武汉区域空间的界定,应以当前武汉所辖区域为基础,上溯到这些区域各个历史时期的行政管辖沿革。也就是说,"武汉地方法治发展史"的研究区域,不囿于当今武汉行政区域的硬性边界,而是以武汉为中心,以此为基点伸缩。先秦时期,则应把武汉放在楚国的大区域里来研究。

第三,关于课题研究必须把握的几个关系

通过反复斟酌,结合专家学者的建议和在编撰中可能遇到的实际问题,我们明确提出应注重把握以下几个关系:

在总体设计中,把握好法制与法治的关系。突出法治主线,以研究法律制度为基础,重点研究法律的执行和实施,把法治元素视为一个长期的不断发展的过程,力求反映出武汉各个历史时期不同类型法治元素呈现的实际状况和历史特征,在时间纵向维度上把握从散见的法治元素到当前全面依法治市的发展脉络。用发展的眼光,贯通、连接武汉各个历史时期的法律制度和法律施治,探寻法治元素生长的轨迹。关于这个问题,李卫东教授在本书"序(二)"中有较为详细的阐述。

在研究内容上,注重把握好国家法律治理整体与武汉地方局部的关系。即以国家、省(郡、州)法律法规制定、实施为背景,重点研究国家、省(郡、州)制定的法律法规在武汉的施行,以及武汉自身的地方立法实践活动。

在研究方式方法上，注重把握好统一规范与开放创新的关系。在统一大纲的基础上，不搞规定模板，鼓励各课题组根据不断挖掘搜集的资料开展创新研究，取得最新成果。各课题组成员采取开放式组合，不以地域设限，还可由课题组委托第三方编撰。

在此基础上，2014年12月，武汉市法学会、江汉大学联合向武汉市依法治市（普法）领导小组正式提出关于开展该项研究的报告。12月22日，市依法治市（普法）领导小组批复同意课题立项。随后，武汉市社会科学工作领导小组将"武汉地方法治发展史"列为2016年社科基金第一批重点课题，最终成果为《武汉地方法治发展史》。

《武汉地方法治发展史》课题从初始酝酿到立项实施，凝聚了社会各方面的悉心呵护和倾力关爱。尤其是武汉市委市政府及市委政法委时任主要领导同志阮成发、唐良智、万勇、胡曙光、曹裕江等，分别对此项工作作出批示，认为做好武汉法治史研究，对于促进依法治市、建设法治城市意义重大，要求全市各有关方面大力支持。

三

《武汉地方法治发展史》编撰的关键环节是课题研究团队和项目主持人（主笔）选择。为此，我们颇费了一番功夫。在信息化和大数据时代，行之有效的传统课题研究方式需要传承，适应新形势的编撰组织形式更要创新。目的是千方百计确保史书编撰质量。

我们最先实施的重大措施是课题面向国内外公开招标，择优组建研究团队。2016年4月27日，经过认真研究和准备，我们通过《光明日报》《长江日报》，分重点课题、一般课题，同时向国内外发布招标公告。公开招标得到国内高校和科研机构的积极响应。我们本着公平、公正、公开的原则，最终确定由中南财经政法大学、华中师范大学、湖北经济学院、江汉大学、武汉市委党校等5个研究团队，分别承担先秦、秦至唐、宋元明清、晚清、民国、中华人民共和国6个历史分期的法治发展史研究课题；另外确定12项专题研究课题由其他高校和研究机构的学者分别承担；同时，根据一些专家和法律实务部门同志关于扩展法治史研究范围，推动专业部门加强自身专史研究的建议，新增武汉公安史、武汉检察史、武汉法院史、武汉司法行政史、武汉仲裁史、武汉律师史等专业史课题。各有关部门高度重视，精选本系统研究骨干或聘请专家学者，提供良好工作环境，精心组织编撰。

《武汉地方法治发展史》编撰真正动笔，是在2016年的下半年，而专业史部分则稍晚一些。从各课题组和作者的撰写过程看，编撰总体上科学严谨，打磨凝心聚力，各课题组精诚合作，资源共享，克难攻坚。在充分搜集、占有资料的基础上，精心编制大纲，专家和业内权威人士反复论证大纲；力求在整体结构、章节内在逻辑、历史发展脉络、重大事实等方面有完整而科学的再现。编撰中去伪存真，以史料、史实说话，力求还原当时真实景况。在形成初稿后，各课题组反复校核史料，邀请专家学者和业内权威人士，广泛征求意见，不断修改完善。如武汉市委党校课题组承担的新中国武汉地方法治发展史卷，曾先后自下而上，由内及外，邀请多批专家学者从大纲至各章节，逐项修改，两年内提出修改意见数百条，课题组按照修改意见不断补充资料，充实完善，前后进行20余次大的修改。先秦至清朝部分根据专家学者意见先后做了10余次包括结构、内容方面的修改。武汉公安史卷在搜集数百万字史料的基础上反复研究，推敲取舍，先后数易其稿。从编委会掌握的情况看，丛书每一卷大的修改都在数次以上。一些承担课题的同志深有感触地说，这次法治史研究最大的收获就是丰富了研究资源，拓宽了研究视野，创新了研究方法，提升了研究能力。

编撰质量的基础是课题团队和撰稿人素养。法治史编撰全程借智借脑，自始至终邀请国内众多法学法律专家学者作为学术智力支撑，通过其对课题跟进贴身把脉指导，成为我们为编撰质量把关的关键一招。2018年12月22—23日，武汉市法学会、江汉大学、武汉市委党校联合再度赴京，在中央党校政法部、中国社会科学院法学研究所分别召开部分研究成果评审会，对不同历史时期的部分样稿进行逐一评审。来自中央党校政法部，中国社科院法学研究所、近代史研究所，北京大学法学院，清华大学法学院，中国政法大学等各方面的专家学者，对研究的初步成果给予积极评价，对进一步深化课题研究提出具体意见建议。这次成果评审会起到了把脉问诊、指点迷津的"体检"作用。

为了统一《武汉地方法治发展史》书稿编写要求和技术规范，编委会提出了编撰各时段必须具备的内容框架和遵循的技术标准。在各卷完成初稿、审稿期间，我们及时将《人民出版社学术著作出版规范》送发各课题组，明确要求各课题组依照遵循。

《武汉地方法治发展史》的编撰是一项系统工程，所涉历史时空跨度大，文史资料卷帙浩繁，参与团队和课题承担人员众多，因此做好组织协调服务工作至关重要。从制定每年编撰计划，明确阶段重点，适时组织工作推进，到成立编务组、学术组，不断加强工作调度和学术指导。围绕编撰总体目标，重点把握三个环节：一是大纲编写，做好顶层设计。二是全程跟踪，贴近服务。三是重点督导，分类推进。对重点课题直接上门听取研究情况，与执笔人面对面磋商，根据不同进度情况，分门别类提出具体推进意见和建议。

我们对书稿在报送出版社前的审读、修改、送审等制定了严格具体的规范程序。在各课题组对研究成果开展自下而上、自上而下的自审自评基础上，编委会学术组、编务组对初稿的政治性、重要史实、历史沿革、总体框架及基本体例等八个方面进行初审把关，分别提出意见，归纳整理后反馈给课题组进行修改。重点历史分期的研究课题，由编委会与课题单位共同邀请专家学者和法律实务工作者共同修改。书稿基本成型后，进入终审程序，由课题组及所在单位、专家评审委员会、编委会审核通过，方能进入报送出版程序。

四

法治是人类文明的重要成果之一。学习借鉴古今中外优秀法治文明成果，不断丰富和发展符合中国实际、具有中国特色、体现社会发展规律的社会主义法治文化，助力法治武汉建设，乃我们编撰《武汉地方法治发展史》之初心和追求。

编撰初始，大家都知道这是件难事，但知其难，却不知其这般难。难在何处？

2020年，是《武汉地方法治发展史》的收官之年。正值集中攻关的关键时刻，武汉遭遇突如其来的新冠肺炎病毒的肆虐和戕害。在党中央的坚强领导下，武汉与全国人民一道，用众志成城、坚韧不拔书写了令世人瞩目的抗疫史诗。《武汉地方法治发展史》的编著者，协力同心、共克时艰、笔耕不辍，确保了法治史编撰工作逆境前行。

编撰地方法治发展史无先例可寻，一切均需拓荒探路，从零做起。编撰体例一段时间确定不了，只得打破现有编史体例，综合运用不同史书体例编撰。史料搜集和梳理运用难度更大：一方面，清以前有关武汉地区的史料，尤其是法制（治）方面的史料匮乏，成为研究瓶颈；另一方面，晚清以来的史料浩如烟海，如何梳理又成为困扰编撰的突出问题。课题研究团队分布四面八方，隶属不同地区、单位和部门，统一编写体例、进度，邀请专家学者审核修改、规范文稿等，组织协调难度不小。面对这样一个浩大的系统工程，只有持续用心用情用力，知难而纪，克难而书，始得推进。

纪史的最低要求是还原本真。鉴于各历史分期史料占有不尽相同，我们坚持实事求是，章、节、目不搞统一模板，力求客观记录不同历史时期的法律制定、法律治理活动及发展过程。编撰工作坚持以可靠史料作支撑，经得起历史检验。为了还原历史，许多课题组在查阅大量档案资料、相关研究学术成果的同时，还进行实地调研、走访；还有的课题组对同一事件多个版本进行细致比对，去粗取精，去伪存真；一些参与修改、统稿的专家学者对有的史实、观点反复核实、论证，作出最后结论。先秦课题组还十分注重吸收运用最新考古成果。正是坚持立足客观史实和严谨的编撰学风，《武汉地方法治发展史》各卷基本反映了武汉法治发展各个历史时期的客观面目。

编撰的过程，也是我们对地方法治发展史不断深化认识的全新过程。由此追本溯源，"研究我国古代法制传统和成败得失，挖掘和传承中华法律文化精华，汲取营养、择善而用。"[1] 也是我们编撰《武汉地方法治发展史》的初衷。

人民群众是法治最广泛、最深厚的基础。民惟法本，是我们编撰法治史感悟至深之处。我国的法律民本思想源远流长，从"民惟邦本"的价值基点，到"抑强助弱"的公平精神，崇尚"以和为贵"，主张重民、利民、裕民、养民、惠民。马克思指出，不是人为法律而存在，而是法律为人而存在。[2] 在全

---

[1] 中共中央文献研究室编：《习近平关于全面依法治国论述摘编》，中央文献出版社2015年版，第32页。

[2] 马克思：《黑格尔法哲学批判》，载《马克思恩格斯全集》第1卷，人民出版社1956年版，第281页。

面依法治国的伟大实践中，法律不是统治和奴役民众的工具。坚持人民主体地位，真正体现"以人民为中心"；坚持法治为了人民、依靠人民、造福人民、保护人民。这些都应当作为衡量法治成败得失的根本标准。

法治兴则城市兴。法治是城市规划、建设、管理的重要标志，也是城市治理的理想境界。我国历史上普遍重视城市法律的制定和施行，除在综合性法典中专列有关城市管理的篇章，还颁行有专门或主要运用于城市管理的单行法规。尽管历史演进和城市兴衰历经不同时代，甚至于战乱和灾害，但如果没有这些法律规范，很难想象城市能够长期有序承续。当今我国城市已进入新的发展时期，现代化城市治理的理念和方式较之先人和历史早已有天壤、本质之别，法治已成为城市的核心竞争力之一。历史和现实表明，当代城市尤其是如武汉这样超大城市的高质量可持续发展，需要不断与时俱进完善城市法律制度并保持稳定性，贯彻依法治城，运用法治手段营造良好城市环境，使法治成为城市发展的重要保障，在法治轨道上推进城市治理体系和治理能力现代化。

"天下之事，不难于立法，而难于法之必行。"[①] 我们从武汉地方法治发展史中深刻感悟到，良法善治的辩证统一，方能激发社会活力，促进社会进步。晚清重臣张之洞在汉创设的城市公共建设制度、官办企业制度、教育与文化法律等一系列制度，成为当时全国制度的典范。其身体力行极力推进"善治"，践行这些"良法"，使武汉成为我国近代工业和近代教育的发祥地之一。《武汉地方法治发展史》记载了武汉治理百年城市痼疾"麻木"[②] 的范例：2003 年，武汉市委、市政府秉持"依法行政、有情操作"的理念治理城市管理顽疾，受到市民拥护支持，成功解决了城市治理的老大难问题，被誉为全国依法治城的典型。当然，不同历史时代"良法善治"的内涵本质和表现形式不尽相同。建设现代化法治城市，不仅应注重制定体现广大人民意志、符合本地实际和时代要求、可以"护航""导航"的良法，更应防止"立法如林、执法如零"和简单粗暴执法。建立高素质的司法执法队伍，把保障人民利益放在首位，运用法治思维和法治方式深化改革、推动发展、化解矛盾、维护稳定、防范风险。

---

① 张居正：《请稽查章奏随事考成以修实政疏》，载《张文忠公全集》（上），中华书局 1935 年版，第 40 页。
② 武汉人俗称的"麻木"指的是人力三轮车、正三轮摩托车和残疾人专用车（代步车改为营运）。

中华文化历史悠久，中华法治文明博大精深。从某种意义上讲，《武汉地方法治发展史》作为一个缩影和窗口，"挖掘民为邦本、礼法并用、以和为贵、明德慎罚、执法如山等中华传统法律文化精华，根据时代精神加以转化，加强研究阐发、公共普及、传承运用，使中华优秀传统法律文化焕发出新的生命力。"[①] 还有全人类优秀的法治文明成果，都需择善而为，弘扬光大。法治发展的历史进程，也是伴随人类社会从无至有、从不自觉到自觉、从低级到高级，不断深化认知和实践的渐进过程；法治社会是人们对法治理想的一种向往和追求，这个过程远未完结；不同历史时期，不同经济基础，不同社会制度，会呈现不同的法律体系和施治方式；法治发展史反映的时代性、不平衡性和多样性特征，也是人类社会发展客观规律的必然反映。武汉地方法治发展史是中华法治文明的一部分。我们尝试立足历史长河中武汉区域这个点，与读者共同领略中华法治文明的无限风光，追逐古往今来人们为着法治中国、法治社会、法治城市不懈奋斗的足迹。

[①] 《关于加强社会主义法治文化建设的意见》，人民出版社2021年版，第9—10页。

序（二）

李卫东

从考古发现看，早在史前时代，中国已产生一大批具备城市形制的聚落，如石峁、城头山、良渚古城等。早期城市的出现，不仅标志着社会财富和权力向中心聚落集中，同时说明当时的社会已具备较强的动员能力，意味着建立在城市这种聚落上的规则和秩序出现，"城市法"开始萌芽。进入文明社会后，历代君主纷纷修筑城池维护自己的统治，即所谓"筑城以卫君，造郭以守民"[①]。城市建设和管理的法律和规范更加完备，《周礼》中的《考工记》和《司市》对此都有十分详尽的记载。中国古代大部分城市是在政府主导下，自上而下建立和发展起来的，城市的法律也以政府管制和治理为主要出发点，通过城市规划与营造立法、市政管理立法、城市治安管理与防灾立法、城市商业与经济管理立法、城市人口与社会管理立法等，构成一套具有中国特色的"城市法"体系。

一

研究城市地方立法及法律治理，自然不能回避"城市法制"与"城市法治"这两个概念。对于"法制"，我国社会主义法制开创者董必武曾下了一个十分简洁明了的定义，他说："我们望文生义，国家的法律和制度，就是法制。"[②] 从这个意义上讲，法制（Legal System）特指法律制度，是与经济制度、政治制度等相对应的概念。"法制"内涵丰富，它不仅包括国家法律及

[①] 张觉校注：《吴越春秋》卷二，载《吴王寿梦传第二》，岳麓书社2006年版，第16页。
[②] 董必武：《论社会主义民主和法制》，人民出版社1979年版，第153页。

其相关机构，而且还包括完整的法律运行和法律监督等程序、活动及过程等。广义的"法制"还有很多扩张性解释，包括更多内容，比如把非正式的法律制度如政策、指令、习惯等也纳入"法制"之中。城市作为国家和区域的统治中心，是各类法律制度、规则和习惯产生、推行和实施的地方。城市自身的管理也依靠大量的法律和其他规则进行，没有这些规则和制度，城市无法正常运行。可以说"法制"是城市的重要组成部分，没有"法制"就没有城市。"法治"是相对于"人治"的一个概念，又称法律之治，涉及城市治理和社会生活的方方面面，大到城市治理结构、政府行为，小到邻里关系、个人言行，均需在法律思维的指引和法律规范的约束下，在法律的框架内运行。

首先，相对于法制，"法治"是一个动态过程和发展的概念，有其阶段性和时代性，需用历史发展的眼光看待。"法治"这一概念早在春秋战国时期已经在我国产生，如《商君书·任法》中有"任法而治国"，《管子·明法》中有"以法治国"等。这里的"法治"（The Rule by Law），是与"礼治"相对应的概念，即用"法"这种新的规则体系代替过去以"礼"为中心的规则体系。是与"刑不可知，则威不可测""议事以制，不为刑辟"的奴隶主贵族专制，儒家思想崇尚的圣人和贤人之治，以及建立在宗法等级秩序上的"礼治"等相区别的一种新的国家和社会治理的观念和方法。秦行商鞅之法，将法家思想作为治国之策，此后经历汉唐一系列改造融合之后，最终确立了礼法并重的国家治理格局。至近代，西法东渐，此时的"法治"同民主与科学等观念一起，成为民主革命者反抗专制主义的思想武器。但自清末法律改革，到辛亥革命，再到民国创立及此后几个阶段，完全意义上的资产阶级民主"法治"始终没有在中国建立起来。新中国成立，特别是改革开放以后，中国特色社会主义法治建设得到空前重视，全面依法治国成为坚持和发展中国特色社会主义的基本方略。中国特色社会主义法治有着明确的内在性。习近平同志指出："走什么样的法治道路、建设什么样的法治体系，是由一个国家的基本国情决定的。……全面推进依法治国，必须从我国实际出发，同推进国家治理体系和治理能力现代化相适应，既不能罔顾国情、超越阶段，也不能因循守旧、墨守成规。"[①] 显然，当今我们追求的

---

① 中共中央文献研究室编：《习近平关于全面依法治国论述摘编》，中央文献出版社2015年版，第31页。

"法治"在内涵和外延上与中国历史其他阶段所追求的"法治",以及西方的"法治"都是不同的。对于"法治"这一观念在中国历史上的发展和演进,李贵连在《法治是什么——从贵族法治到民主法治》中指出,中国经历了"由贵族法治转为君主法治/帝制法治/专制法治/官僚法治,再转为民主法治"的发展阶段,目前我们正在建设社会主义法治国家。[①]

其次,与法制一样,"法治"既不是某种特定的政治和社会制度的专用概念,也没有固定的模式,应根据其核心价值来理解和把握。法治很难有个统一的衡量标准,城市法治更没有模板可以复制。如果简单地用西方那些建立在自己城市发展基础上的"法治"理论来观照中国城市发展中的法律现象,只会有两种结果。要么无法对中国城市史上的法律现象进行正确的解读和说明,并对中国城市历史上存在的法律治理和法制运行得出否定的结论。要么附会西方法治理论和标准,无视中国城市发展的独特性,选择或裁减史料,穿凿附会,发潜阐幽,脱离时空地"发现"或"构建"出不符合实际的中国城市法治发展的历史进程和模式。只有不拘泥于西方城市法治理论,研究者才能立足中国文化与价值观念的自身特质,构建与描绘出中国古代城市"法治"的内容。

再者,"法治"是规则之治、制度之治和程序之治,中国历史上的"法治"虽从属于专制之治,但同时也是对"人治"和"专制之治"的约束和限制,具有相对进步性。诚然,中国古代的"法治"主要体现当权者的权力,而不是普通民众的权利,法律的权威不是来自于所有人对法律的信仰,而是来自民众对权力的敬畏。虽然如此,我们依然不能否认它的存在价值。因为在特定的历史条件下,这种规则之治强调法律、法规的权威作用,在一定程度上是对人治的约束,比随意性的专制要好。中国古代城市作为区域性政治中心,管理者为君主委派的地方官员。大量历史研究成果表明,他们对城市的管理不是随意的,必须遵守相应的法规,依法行事,并随时受到监察机构和官员的监督、约束。这种"法治"所蕴含的对权力的约束和监督,以及官员在治理地方中所遵循的"先教后刑""教法兼行""正身守法""明正赏罚""扶弱抑强""慎杀恤刑"和重视民事调解与预防犯罪等思想,

---

[①] 参见李贵连:《法治是什么——从贵族法治到民主法治》,广西师范大学出版社2013年版,第9页。

与当今法治思想有共同之处。

综上,"法治"是一个动态发展的概念,主要针对"人治"而言,城市法制与城市法治这两个概念并不矛盾和相互排斥,二者既有区别又有联系,不能用先后、优劣来区分二者。"法制"与"法治",二者的研究对象不同,内涵与外延也有差异。如果说前者主要表现在制度层面,那么后者则更多地表现在价值层面,更强调法律对城市市民各种权利的保护,以及将城市管理机构的权力运行纳入法治轨道中,受到权力的制衡、权利的约束和程序的限制。如果说,城市法制主要是指城市产生和运行的基本法律和制度,那么城市法治则更强调城市依法治理的理念,法律和制度的运行方式、程序和过程,以及在这一过程中公共权力受到的规范和制约、市民权利得到充分保障等。良好的法律制度和理念是城市法治实施的基础和前提,城市法治建设必须要有完备的城市法制,所以城市法治必然包含大量城市法制内容,其内涵更丰富一些。

二

根据城市法制和城市法治的区别与联系,城市法制史主要研究与城市形成和发展相关的法律制度,城市内部的管理法规、管理制度,以及相关组织机构的发生、发展和演变规律等。城市法治史则主要研究法律在城市形成和发展中的作用和地位,城市治理的理念和方式,城市市民的法律意识,市民的权利保障等。如果说,城市法制史比较侧重于静态的法律制度,那么城市法治史则更强调城市动态的运行模式,以及各种权力的行使方式和程序。一方面,城市"法治"的重要基础是城市法制,因此城市法治史研究不能离开城市法制史的研究。另一方面,历史上城市的"法治"也是广义城市法制史研究的内容,在此意义上,对城市"法治"的研究又是城市法制史的重要工作,二者具有同一性。

作为一个复杂的巨系统,城市内部事务繁多,社会分工细密,社会各阶层和各种社会组织关系极为复杂。处理、协调这些复杂的关系和事务,除了依靠基本的法律和规范以外,还要有良好的城市管理体制和机制,综合运用包括民间习惯、行业规范,甚至社会舆论等在内的各种力量,保证城市社会的稳定和谐、城市机体的有序运行。这些问题往往超过了"法制"所能涵盖的内容，研究城市法治史能更全面地反映城市治理的基本情况。"法治"的类型及发展水平的高低，更能体现城市发展的阶段特征，是我们判断一个城市发展阶段和发展水平的一个重要考量点。

就中国历史上城市起源和发展的特点，以及中国传统城乡关系而言，古代中国的管理体制是"城乡一体"。如果这个"一体"是通过国家统一"法制"来确定的，那么单从"法制"的视角研究城市，不利于我们对城市治理的独特性进行研究。"法制"虽然也有地方性，但与"法治"相比，法制还是偏向于强调一致性，强调国家或地方规范的统一实施。但事实上，城市一定不同于乡村。此外，中国历代城市众多，因为地域文化传统的不同，城市功能的不同，以及发展水平与规模的不同，城市面貌多种多样。比如，历史上地处江南的商业中心扬州与远在塞外的军事重镇代州，虽然都是名城，因其所在区域和城市功能的不同，在城市管理体制和城市治理方式上显然不一样。就算是同在一个地域，因为城市功能的不同，城市的治理方式和结构也可能完全不同。如历史上的武昌和汉口，虽隔江相望，但二者是完全不同的两个城市，城市管理体制和方式各有特色。武昌的城市管理更多体现了王朝政权自上而下的管理体制，城市功能分区明确，政治和军事色彩明显，传统教化和国家法律规范在城市社会中占主导作用。而汉口的城市管理，主要是依靠商业力量自发产生的，自治性的商业组织如"会馆""公所"在城市发展与城市社会管理中发挥了重要作用，传统教化的影响较小，受国家法律法规的约束也没有武昌明显。在汉口，协调人与人的关系，处理各种矛盾和纠纷的方式与规则，更多来自民间习惯、商事规则和行会帮规等。那么，研究城市治理过程中特殊的规则，以及这些规则如何发挥作用，更需要我们用"城市法治"这样的概念揭示中国城市自身的运行规律。

鉴于我们将"法治"视为一个动态的概念，加之发展的眼光与视角，因此相对于城市"法制史"，城市"法治发展史"更能全面反映城市治理特色和时代特征。突破"法制"的藩篱，以"法治发展"的视角研究城市，更能全面揭示城市治理和发展的历史。

三

历史经验表明，城市化过程往往与法治化同步，法治不仅是城市社会治理的最好方式，同时也是城市现代化发展水平的重要参照。在全面依法治国的今天，总结和梳理我国城市发展历史上"法治"建设的成败得失，对于我们总结历史经验，更好地开展法治城市建设有着积极的意义。

首先，认识"法治"在中国城市发展与治理中的功能和作用，有助于从历史的维度连接传统法律观念与现代法治精神。"对古代法治文明在批判性继承的基础上进行创造性转化、创造性发展，是法治发展的普遍规律之一。"[①] 研究一个城市的法治发展状况和历史脉络，不仅能帮助我们更好地认识这座城市的治理方式和精神特质，而且能深刻认识城市法治生长的条件和发展路径。中国是一个后发现代化国家，按照现代法治的一般原则和标准，中国传统城市法治发展的程度总体不高，在过去绝大多数时期内只有部分法治或法治的萌芽，或仅仅在某些领域具备一些法治的色彩。尽管如此，我们依然不能否认在中国城市发展历程中，相关法律、制度以及法的观念对于城市发展的积极意义。比如自《周礼》开始确立的各种城市规划和营建法律规范，形成了中国独特的城市建设格局和空间形制，促进不同社会阶层和职业的城市居民在城市内和谐共生。这些规范所包含的天人合一、公平公正等思想恰恰是当代城市法治建设的重要精神和文化资源。

其次，可以观照当代城市法治建设。历史学家克罗齐曾说："一切历史都是当代史（Contemporary history）"。这句话表明，我们对任何历史问题的研究，都离不开对现实的关怀。当今我国已经进入新一轮城市化时代，人口、产业，以及其他各种要素和资源都迅速向城市聚集，城市也因此成为各类社会矛盾的集聚区和焦点，进而变成国家治理的重心和难点。最好的治理模式是法治，城市治理现代化离不开法治的力量和法治的保障。为此，各级政府纷纷制定法治城市建设方案并付诸实施。在理论界，一大批学者也对法治城市建设的理论、路径和指标体系等开展研究。每座城市都有自己的文化和历史，有法律运行的实践经验和市民对于依法治理的共同认识。"任何一种法治都诞生于地方，每个城市的法治起源都具有或然性。"[②] 如果脱离这些谈城市法治，这个"法治"也只能存在于理论之中，停留在规划之上。研究历史上的城市"法治发展"，就是为了汲取历史文化资源，促进当代城

[①] 张文显：《习近平法治思想的理论体系》，《法制与社会发展》2021年第1期。
[②] 李乾：《中国城市法治发展可比性研究》，华南理工大学博士学位论文，2016年。

市法治建设。

再者，揭示国家法治与地方法治之间的互动关系。中国是一个传统的大一统国家，中央政府对地方拥有绝对的权力和权威，地方完全听令于中央政府，并在上级组织领导下统一执行中央政府的政策和法令。一方面，法治的统一性是必要的，法治不统一，主权也随之分裂。另一方面，我们也要认识到在幅员辽阔的中国，各地社会经济发展程度不同、民俗风情不一致，在落实国家法治方面必然会有差异，简单地用国家法治的统一性来否定地方法治的重要性显然是不对的。同时法治不是纸面上的纯粹理性设计，具有很强的实践性，是源自基层实践的体系构建，具有经验主义的特性。国家法治的具体内容既来自地方实践的需要，又需要通过地方法治的实践去落实。国家在法治建设过程中遇到的问题，也需要用地方法治所形成的经验去解答。因此，地方法治的发展不仅是国家法治重要组成部分，更是推动国家法治进步的基础和源泉。

城市作为新思想、先进生产力最集中的区域，不仅是现代法律意识和法治思想最早萌芽的地方，同时还是现代法治最先开始实践的场所。城市也是地方法治问题最集中的地方，与国家整体法治建设关系最密切。作为法治建设创新之地，城市在国家法治建设中具有引领作用。在共同的法治建设总目标追求下，不同城市的法治建设实际上是一种竞合关系，并进而形成特色不同的城市法治。这些丰富多彩的城市法治建设是国家总体法治建设源源不绝的地方资源。开展城市法治史研究，把国家法治建设过程中各城市"地方性知识"和"地方性经验"加以总结，构建地方性知识与全国性知识的转化关系与交流模式，有助于我们充分理解国家法治深层次动因和基础。

序（三）

杨一凡

多年来，学界对中国传统法律制度和法律思想的研究取得了重大进展，研究领域不断拓宽，研究水平不断提升，在许多方面取得可喜的学术突破。这些对于我们全面了解古代法制面貌、法治发展、吸收传统法律文化精华具有重要意义。

当然，若要更为科学地阐述中国古代法律发展的历史，还有许多新领域和重大课题需要继续探索。比如，绝大多数法律文献尚未整理和研究；历代以各种法律形式表述的行政、经济、军政、民事、文化教育等诸方面的制度，有待深入和系统地探讨；对古代地方立法形式及立法成果的探索，也才刚刚开始。重新认识和全面、客观地阐述中国法律史，是当代学者肩负的重大历史责任，需要学界同人不懈努力，为实现这一学术目标做出贡献。

一

在中国古代法律体系中，既有朝廷颁布的法律，也有地方官府颁布的大量地方法律和政令法令。朝廷立法与地方立法并存，共同组成一个完整的法律体系。地方立法是国家法律体系的有机组成部分，内涵丰富，且具有不同地域的特色。地方法规、政令等是为实施朝廷法律而制定的，发挥着补充和辅助国家法律实施的功能。只有把朝廷立法与地方立法结合起来研究，才能揭示中国古代法律体系的全貌，并对当今法治建设提供参考与借鉴。到目前为止，这方面的研究还极其薄弱，需要予以特别关注。

从城市发展的角度看，武汉地区的城市形成于东汉末年以后，城市发展也经历了从"双城对峙"到"三镇鼎立"，再到"三镇合一"的历史过程。

尽管历史上的夏口、武昌、汉口等都是有影响的城市，但武汉真正具有现代城市的功能和特质，是在1861年汉口开埠以后。《武汉地方法治发展史》以"武汉"为研究空间，是用现代的思维回望古代，但视角是"发展"的。这种写法，有两层观照：

一是古代国家法律与地方立法之间的关系问题，涉及国家与地方法律制度的互动。国家与社会的二元研究，一直是法律史、社会史以及经济史的研究热点，这种分野，重在考察国家秩序与基层秩序的传递与相互影响。

二是传统农业社会的法律体系向现代商品社会法律体系的转变问题，涉及近现代法律的转型。中国古代法律，特别是吏政、礼制、刑事、民事类法律，受儒家纲常礼教影响颇深，贵贱有等，尊卑有序，伦理色彩浓厚。现代法律以"权利"为本位，宪法、民法、刑法等法律以"人"为中心。古代农业社会流动性低，呈现"熟人社会"的形态，现代商品社会交易频繁，"陌生人社会"是主要表现。

这两个方面，都需要我们将其置于中国历史发展长河中观察和剖析。

另外，对于"法治"一词的使用，不能简单地理解为"rule of law"。如果用此英文单词对照古人论述的法家"法治"、贵族"法治"，内涵大相径庭。"法治"是治理国家的一种方式，也存在一个发展过程，古代的可以认为是"古典法治"，现代的则是"民主法治"，二者的性质、内容、功能既有质的区别，又有一定的传承关系。基于上述认识，《武汉地方法治发展史》的定名，采用了"法治"一词，意在用发展的眼光看待法治的历史进程。

二

地方立法在中国古代出现较早，也经历了漫长的发展过程。《睡虎地秦墓竹简》中的《语书》，即是南郡太守腾给县道啬夫的文书，说明在战国时期就存在地方长官发布政令的做法。汉代时，条教、书、记是地方法令、政令的重要载体。唐、宋、元时期，各级地方官府和长官以条教、条约、约束及榜文、告示等形式，发布了大量的地方性法规法令和政令。这在《武汉地方法治发展史》中也能得到印证。因时间久远，地方法律文书大多失传，今人只能看到较少的文字记录。

明代以后，地方立法出现了繁荣的景象，法律的形式更加多样化，数量也远远超过前代。除各级地方长官发布了大量的政令，以及制定地方法规外，朝廷派出巡察各地的官员针对地方时弊，以条约、告示、檄文、禁令等形式，颁布了不少地方性法规。

清代地方立法较明代又有新的进展。"条约"是清代前期地方立法的重要形式，"章程""省例"是清代中后期地方立法的重要载体。清朝地方立法内容广泛，几乎涉及行政、经济和社会生活管理的各个方面。"省例"的撰辑、刊印，标志着中国古代地方法制建设进入了比较成熟的阶段。

地方立法的高潮出现在清末。面对西方列强的入侵、社会动荡和国家政局的变化，各地方出于救亡图存，维护基层政权和社会治安的需要，积极推进法制变革，制定了一系列专门性的单行地方法规。在《武汉地方法治发展史》中，可以看到张之洞督鄂时期的系列主张，也可以看到城市在现代转型中的种种变化。

中国古代的地方立法，是伴随着社会的进步和立法变革的进程不断发展完善的。不同历史时期，地方立法的内容和编撰水平差异甚大。现存的古代地方法律文献汗牛充栋，这些文献记载了大量的地方治理特别是乡治的法律措施和成功经验，闪烁着古人的智慧光芒。要客观地揭示古代不同历史时期地方立法的本相，借鉴其精华古为今用，必须重视地方法律文献的整理和研究。撰写地方法律史，无论是对于开拓法史研究，还是挖掘中华法文化的优良传统，都有积极的推动作用。

研究地方立法以及法治的发展，有助于深入了解影响地方法律制度的诸种因素，以及它们之间的互动关系，也有助于改变在地方法律史尤其是民事管理法律制度研究的落后状态，正确地解释民事法律制度、民刑关系研究中存在的争议问题。最重要的是，把古代朝廷立法与地方立法结合研究，有助于对地方执法中存在的各种社会问题进行理论分析和解释。

三

以往的地方法律研究，多利用文书、州县档案，解释的范围重在"乡村社会"，对于作为"城"或者"市"所属区域的地方法律关注不够。无论是传统意义上的"城""市"，还是近代形成的城市，城市内部社会构成、社会组织和社会管理均与乡村地区有很大不同。不是简单地人口从乡村转移到城市，而是形成新的生活方式、组织方式和管理方式，故城市治理方面的地方立法，面临许多新的问题，包括市场经济、财政税收、教育、环境、治安、用水、消防、公共交通、社会保障诸多的公共事务。武汉作为中国历史上知名的区域性城市，以及近现代中国最有影响力的城市之一，可以作为一个范例，展示城市地方法律的制定与运行，以及传统法律体系向现代法律体系的转变。在《武汉地方法治发展史》中，可以看到早期地方城市中法律，以及汉口开埠以来的城市变化，武昌首义以后地方政治与法治的各种交融，民国时期的市政建设，以及新中国的革新转变等。

城市治理法规的出现，是一种新的"人"的社会关系的建立，是从法律上评价和看待"人"的存在，而不是通过其他认识，比如常有的是血缘或宗教，这是近代社会或现代文明的象征。在熟人社会，缺乏经济对价交换的广泛，人们固定在特定地域，相互熟悉。只有在社会交换活动超出地域范围时，面对不特定的交换者，才能构成对"人"的概念的一般性的评价，这种评价是对对方交易资格与履行资格的考察，也包括对财产权的承认，对交易者地位平等的看待。

乡村的熟人社会，"人"的评价相对减弱，对于交易资格、履行资格、财产权的考虑相对不明显。"陌生人"的城市，对于交易资格、履行资格、财产权的评价更为强烈，契约、法律则作为一种显现规则呈现出来。另外，城市的兴起和功能的转变，以及对公共事务的需求，又要求大量的"个人"通过契约组成团体，实现公共服务，政府也作为后盾进行补充，法律的市民化才更为成熟。

城市法律史的研究，是今后法律史研究的一个崭新而又不可缺少的领域。加强这一领域的研究，将会继续为传统法律向现代法律转型研究输送营养，落脚点也在探索中国传统法律文化、文明规则的现代继承与融合。

四

在中国这样有几千年人治传统的国度里，从人治走向法治，任重道远。在《武汉地方法治发展史》里，也看到"法治"在地方的步履蹒跚。依法治国，是人类文明发展的必然趋势，也是社会主义市场经济和民主政治的基本要求。国家的长治久安和兴旺发达，主要依靠法治。为此，我们要坚守"全面依法治国"的理念，按照"宪法至上"的原则，实现依宪执政和依法行政；不断完善宪法实施和监督制度，彰显法的权威和生命力；保障公民的权利，以"权利"为本位，彻底清除以"管控人民"为执法出发点的"工具主义"法律观；坚守"以法控权"，让公务活动切实服务于实现公民的实质权利；做到"司法公正"，进而对社会公正具有重要的引领作用；强调"良法善治"，要求法律成为一个符合社会正义观的内部有序、自治的体系；立法必须切合国情实际，既要吸收和借鉴发达国家的成功经验，也要重视吸收中国传统法文化的积极成分。

《武汉地方法治发展史》作为研究地方法律史的系列丛书，是中国传统法文化研究的一项重要成果。它由武汉市法学会、江汉大学主持编撰，历时八年，旨在通过对武汉地区3500多年法律制度和法律实施进行回顾研究，从中梳理出悠久历史中的地方法治发展的脉络与规律。

武汉这座城市，位于长江与汉水交汇处，在九省通衢的地理位置上，近代以来极其重要，可谓人杰地灵。今天，武汉是我国法学研究的重地，法学资源丰厚，培养了大批的法学以及法律人才。撰写、出版《武汉地方法治发展史》，是武汉法律人为当代中国法学事业和法治建设作出的又一新的贡献。

在本丛书写作过程中，课题组从选题、招标、广泛听取专家建议、编写写作大纲，到组织高校教师以及专业的人员进行写作、审稿、修改、校对，做了大量的工作，完成此鸿篇巨作，实属不易。由于部分史料搜集困难等原因，该成果也存在一些不足，各历史时期的研究深度也不均衡，有待进一步提高和完善。然而，该丛书作为一部以城市法治发展为主要论述对象的法律史著作，具有开创意义，应予以肯定和支持。

是为序。

目 录

导言：晚清武汉城市法律和制度的转型及特征 …………………… 1

    一、晚清武汉城市法律、制度及其运行机制研究的学科属性………… 1

    二、晚清武汉法律与制度转型的特征与影响……………………… 3

第一章　汉口开埠前武汉地区法秩序及其变化
        （1840—1861年）……………………………………………… 6

  第一节　太平天国占领前武汉地区的官治法秩序

        （1840—1852年）…………………………………………… 6

    一、行政与司法体制…………………………………………… 6

    二、军事与警察体制…………………………………………… 21

    三、经济法律制度……………………………………………… 29

    四、官办社会福利制度的实施………………………………… 43

    五、监狱与刑罚执行制度……………………………………… 47

  第二节　太平天国起义前汉口官民共治的市政治理体制………… 49

    一、汉口官治体制的弊端……………………………………… 50

    二、汉口社会组织的民主化自治与社区自治………………… 53

    三、官府与社会组织之间的互动与共治……………………… 62

  第三节　太平天国起义期间武汉法制秩序的破坏、恢复及变化

        （1852—1861年）…………………………………………… 68

一、太平天国法制在武汉地区的实施状况 ……………… 68
二、光复后传统法制秩序的恢复 ……………………… 72
三、地区军事制度的改革 ……………………………… 79
四、行政体制与人事制度的改革 ……………………… 86
五、湖北地方财政体制开始形成 ……………………… 91

第二章 汉口开埠之初武汉地区法秩序的变化（1861—1889年） ……………… 105

第一节 武昌、汉阳及汉口华界法制的变化 …………… 105
一、地方政治与行政制度的变化 ……………………… 105
二、地方军事制度的变化 ……………………………… 109
三、经济法律制度的变化 ……………………………… 117

第二节 近代国际法影响下的汉口通商与租界制度 …… 122
一、汉口的多元法律体系 ……………………………… 122
二、汉口领事制度 ……………………………………… 128
三、汉口对外通商制度 ………………………………… 135
四、租界制度 …………………………………………… 144

第三节 开埠初汉口传统商事习惯的变化 ……………… 162
一、汉口行会组织的变化与业规重整 ………………… 162
二、货币习惯 …………………………………………… 164
三、民间金融习惯 ……………………………………… 170
四、商业习惯 …………………………………………… 178

第三章 张之洞督鄂时期武汉法秩序的转型（1889—1907年）（上） ……………… 191

第一节 政治体制与行政组织制度改革 ………………… 191
一、总督居于主导地位的地方政体 …………………… 192
二、湖广总督府组织制度的变化 ……………………… 197
三、夏口厅的设立与近代汉口市制的雏形 …………… 210

第二节　军警制度的创新 213
一、军事制度的改革 213
二、警政初建 232

第三节　武汉地区的立法与司法 243
一、地方立法 244
二、司法与狱政的改良 250

第四章　张之洞督鄂时期武汉法秩序的转型（1889—1907年）（下） 262

第一节　经济法制改革 262
一、从官办到官督商办、官商合办的工矿业体制 264
二、不合理的商业制度 279
三、武汉洋务企业对张之洞的个人依附性 281
四、货币与金融制度改革 283
五、财政制度改革 299
六、交通管理制度的建立 310
七、商业行政管理机构及其职权 315

第二节　近代教育制度的建立及其影响 320
一、省属教育管理机构的创设 320
二、改书院制为近代学堂制度 325
三、近代学制在武汉地区率先形成 327

第三节　市政公共建设与公共服务制度创新 335
一、政府主导城市公共建设近代化体制的形成 336
二、城市公共服务制度 344

第五章　预备立宪时期武汉地区法秩序的近代化 355

第一节　预备立宪活动 355
一、预备立宪筹备机构的演变 356

二、省谘议局的活动···358
三、地方自治制度的实施···································376
四、地方官制之变化·······································379
五、社会自治组织的变化···································384
第二节 司法制度改革···390
一、审判厅、检察厅的设立·································390
二、近代司法行政制度的建立·······························397
三、其他与司法相关的制度变化·····························404
第三节 警察及其他行政制度改革·······························409
一、警察制度改革···410
二、其他行政机构的增减···································420
第四节 经济法制改革···424
一、财政制度改革···424
二、金融、货币制度改革···································432
三、各主要企业的经营体制·································435

参考文献···440

后　记···454

导言：晚清武汉城市法律和制度的转型及特征

作为"武汉地方法治发展史"系列丛书之一，本卷主要研究晚清武汉城市法律和制度的转型与发展。研究内容包括对汉口开埠前武汉三镇不同的城市治理体制与法律传统进行考证和分析比较，对汉口开埠后，特别是张之洞"湖北新政"后武汉城市法律制度的转型发展和特征进行揭示和说明，对西方近代法治理念和制度的导入，以及中西法律在武汉地区的交融进行梳理和研究。

一、晚清武汉城市法律、制度及其运行机制研究的学科属性

从研究范畴上看，对城市法律和运行制度的研究首先属于法史学，同时也受社会史与区域城市史的影响。近年来中国法制史学研究有一个新的趋向，即由统一的国家法制史向法社会史和地方法制史领域延伸。法社会史的研究，目前已成蔚然大观，而地方法制史的研究则尚只是初露晨曦。到目前为止，已出版的地方法制史著作计有：《陕甘宁边区法制史稿（诉讼狱政篇）》《新疆三区革命法制史》《上海法制史》《从司法为民到人民司法——陕甘宁辖区大众化司法制度研究》《清代中期重庆的商业秩序》《宁波近代法制变迁研究》《上海公共租界特区法院研究》《清代新疆地区法律制度及其变迁研究》《镇江地方法院研究（1928—1949）》《夷夏之间：长江流域的礼制与法制》《江湖之道：长江流域的行会与商规》《台湾法律史概论》等[1]。上述著作中，大部分

---

[1] 参见杨永华、方克勤：《陕甘宁边区法制史稿（诉讼狱政篇）》，法律出版社1987年版；阎殿卿：《新疆三区革命法制史》，中国社会科学出版社1991年版；王立民：《上海法制史》，上海人民出版社1998年版；侯欣一：《从司法为民到人民司法——陕甘宁辖区大众化司法制度研究》，中国政法大学出版社2007年版；张渝：《清代中期重庆的商业秩序》，中国政法大学出版社2009年版；邹剑锋：《宁波近代法制变迁研究》，复旦大学出版社2010年版；姚远：《上海公共租界特区法院研究》，上海人民出版社2011年版；杨军：《清代新疆地区法律制度及其变迁研究》，民族出版社2012年版；唐华彭：《镇江地方法院研究（1928—1949）》，中国法制出版社2014年版；武乾：《夷夏之间：长江流域的礼制与法制》，长江出版社2014年版；武乾：《江湖之道：长江流域的行会与商规》，长江出版社2014年版；王泰升：《台湾法律史概论》，台北元照出版社有限公司2017年版。

仍是以地方官方法制史为研究范围，只有少数关注到了地方法社会史；近半的著作仅以地方司法为限，近半的著作则从广义法制史学的角度囊括了地方诸项专门法制史。本卷研究按照广义的法史学研究范畴进行，研究对象既包括晚清武汉地区官方的法律制度史，也包括有汉口镇的法社会史；既有武汉地方的立法、司法史，也包括了各项政治、经济、军事、教育、公共建设与公共服务的专门制度史；既注重传统的静态、文本法制史，亦关注到各项制度动态的实施与运行，尽可能地呈现出晚清各时期武汉地区各项"法"与制度的动态治理实况。

近年来在中国史学界，城市史研究异军突起，涌现一批有影响的研究成果，但这一新的专门史学观念对中国法史学研究似乎影响甚小。上述地方法制史著作中，分别以上海、重庆、宁波和镇江为研究对象的仅有四部。宋代以后的中国城市，尤其是以码头为中心的商业城市与江南市镇，在社会自治、商事（包括商事仲裁）、社会公益及慈善等方面形成了独特的城市习惯法[①]。作为近代最著名的商埠之一，晚清的汉口镇也创造性地形成了自己的城市习惯法。本卷通过对汉口镇的城市习惯法进行考证与梳理，提出了汉口城市法这一概念，以期能引起中国法制史学界对中国古代城市法的关注。

地方史学著作的文体属性同时也应当视为传统地方志中专门志的现代形态，因此本书在一定程度上也具有武汉系列地方志中的法律志的属性。在中国传统的学术体系中，法学通常指律学，即刑法学。自秦建立中央集权制度以来，刑法的制定一向为中央政府的权柄，地方唯有司行之职权。而地方司法向来附属于司法行政，因而在各类地方志中通常没有专门的法律志。为现代法学部门分类方法所析出的地方各项法律制度，一般被分散于公署、兵制、赋税等专门志中。明清以来，武汉各类地方史志的记载体例也大致如此。同治时期的《江夏县志》罕见地设有"刑法"一目，但其记述的仍主要为清代全国统一的刑事制度。直到20世纪八九十年代，湖北及武汉的政法部门开始编纂《司法行政史料辑要》《湖北省志·司法》《湖北法院志》《湖北检察志》《武汉市志·政法志》《湖北警察史》等史志著作，但多以追述1949年以后的警察与司法体制为主。不仅于警察、司法以外的诸项部

---

① 参见武乾：《官治夹缝中的自治：明清江南市镇的非正式政体》，《法学》2013年第12期，第71—82页；武乾：《清代江南民间慈善习惯法与传统法源结构》，《法学》2016年第12期，第134—147页。

门法制度完全阙如，而且对晚清及民国时期的警察与司法制度只是略有点缀而已。本卷以鸦片战争以来到辛亥革命为时段，首次对武汉地区各时期的政治、军事、行政、司法、经济、教育以及城市公共建设与公共服务等各项制度的形成、运行以及发展演变过程，进行分类描述，以期勾画出晚清时期武汉法制史连续发展的宏观图景以及各项专门制度的细部写实。

二、晚清武汉法律与制度转型的特征与影响

通观太平天国起义到清政府灭亡六十年，武汉地方法律和制度的发展相对于其他非口岸城市主要有以下三个特点：其一，作为以码头为中心的商业城市汉口镇城市习惯法的发展达到了相当的高度；其二，在近代中西国际条约的框架下，汉口成为广州、厦门、福州、宁波、上海之后第二批被强行嵌入西方近代化法制的城市；其三，胡林翼与张之洞先后在武汉进行的地方制度创新分别对全国的法制转型产生了重大影响。

（一）晚清汉口城市习惯法的发展已达到相当的高度

早在1861年之前，汉口便基于码头商业城市的内在机理，在清朝僵化、专制的律例体制缝隙中，生长出了与其他商业城市如重庆、上海、佛山以及江南市镇类似的城市习惯法体系。这一体系包括城市协商民主与官民共治政体的政治习惯法、以同乡会馆规范为表现形式的商事习惯法以及以城市慈善与公共服务制度为主体的社会习惯法。汉口开埠之后，面对西方商人强大的竞争能力，汉口具有同乡会色彩的会馆等传统行会机构在西方商会与商法的示范下，开始转向纯粹的同业公所，重新整理各行行规，作为商事习惯法的行业特征更加明确，执行更加有效。晚清由政府倡导发起打破行业组织组建近代商会，但商会的成员基本上还是原行业公所。由于政府的倡导，武汉地区各商会尤其是汉口总商会的经济与政治地位得到了很大的提高，商会不仅对所辖区域内的经济事务享有了一定的行政管理权，其以救火和治安自治名义发展起来的商团开始与官办的警察机构争夺警权，在晚清的立宪请愿活动与反对清廷铁路国有运动中，商会成为武汉地区重要的政治力量。武汉起义爆发后，汉口商会与商团直接组成了武装民军，参加了推翻清朝政府的军事活动。汉口总商会及所属的各商团的上述活动表明，汉口总商会这一新式的商人社会自治组织在汉口官民共治体制中获得了更重要的政治地位。民国初期，在各省共同参与的组织中华商会联合会以及自行制订商法的政治与法律运动中，汉口总会的地位与作用仅次于上海总商会。

（二）汉口是中西法制的重要融会之地

汉口虽然是近代中国第二批对西方开放的口岸城市，但由于其在国际、国内贸易上的重要地位，它不仅是西方近代法制在中国展示的著名橱窗，同时也是中西法制较早的融会之地。

汉口的国际商业地位决定了其法律体系的复杂性，至少包括六大法律体系：其一，各种不同效力层次的国际法，既有涉及汉口国际法地位的国际通商条约与章程，也有在条约框架下由湖北地方政府与各列强代表签订有关于租界事务的国际协议；其二，清朝律例；其三，湖北及汉口当局的地方性法制；其四，西方各列强适用于本国租界和本国在汉口侨民的国内法；其五，各国租界制定的强制性规范；其六，汉口固有的城市习惯法。各种不同的法律体系之间的相互冲突与妥协，使汉口形成了不同级次的法律协调机制：首先是地方政府与列强代表谈判签订国际协议的立法机制，其次是地方政府与各国驻汉领事共同处理通商行政事务的机制，再次则是地方政府与各国驻汉领事处理刑民事案件的司法机制。

（三）晚清武汉的两次制度创新对晚清制度变革具有重要影响

胡林翼是湘军的重要将领兼政治家，其获得巡抚级职位的时间要早于曾国藩。胡林翼作为湘军中第一个出任方面的官员，其抚鄂时在武汉创设的很多地方性制度都为各省所仿效。在军事制度上，胡林翼最早以勇军制替代绿营制，并创设了战时兵民一体制；在财政制度上，首创漕粮制与牙税制改革，开创了事实上的省级财政体制；在行政制度上，以绅士与候补官充任临时局、所官员，分别开启了传统的督抚署房科制向近代省政府行政职能分工制度，传统候补官制度向近代文官制度的转型。

张之洞作为洋务运动的殿军人物，其督鄂时在武汉创设的更多更接近于近代化的制度亦为各省所仿效，甚至推动了清廷相关的制度改良。在省级行政制度上，张之洞创设的大量局所已初步形成了具有近代行政职能分工的第二省政府的雏形；在行政人事制度方面，张之洞不仅将候补官与幕友纳入了近代文官系统，而且最早提出废除科举制、捐纳制、吏役制，代之以近代化的文官与警察制度；在军事制度方面，张之洞在武汉创设的新军制与袁世凯在天津创设的新军制具有异曲同工之妙，成为各省新军军制典范；在教育制度方面，晚清第一个全国性的近代教育制度体系——"癸卯学制"即以张之洞在武汉创办的新学制为基础；在公共文化制度方面，张之洞首创公共图书馆制度；在经济制度方面，张之洞在武汉铸造的银元与广东银元成为清廷所认可的国家法定银元货币，其在武汉创设的签捐票制度开启了中国近代的彩票制度；在司法制度方面，张之洞在武汉创设的模范监狱为近代中国监狱制度改良提供了样板。张之洞在武汉的制度改良，几乎涉及除政治体制之外的所有方面，并引领着晚清各省改革乃至中央变法的方向。

巧合的是，晚清时期先后推动武汉地区地方性制度创新的这两大巨人有着非常直接的师承关系。张之洞的少年时代在随父亲张瑛在其任职的贵州生活，时任贵州镇远府知府的胡林翼便是张之洞业师。张之洞在武汉进行的大规模制度改革，与胡林翼在武汉的制度创新之间，在制度与思想上存在着双重的延续与递进的关系[①]。此二人在武汉地方法制改革上的接力，反映出晚清武汉地方制度得进步之幸的偶然性，亦反映出个人在法制改良与创新中的重要作用。

晚清武汉地方法律与制度发展的上述要点，决定了其在晚清中国传统法制近代化转型与近代法治的发生与发展中的前驱地位。

[①] 参见萧致治：《张之洞：晚清统治阶级改革派的殿军》，《江海学刊》2003年第1期，第16—22页。

第一章 汉口开埠前武汉地区法秩序及其变化（1840—1861年）

武汉地处华中腹地，早在三国时期即已成为南方重要的中心城市。在中央集权体制之下，武汉地方官治章法多遵循中央统一典制，本不可能有太多独特的区域特点。但作为地方制度之志，忠实地描述太平天国起义之前武汉地区传统官治法秩序之概貌，本是应有之义。从法律史学术上而言，厘清地方制度的实际运行状况，亦可作为中央法制在地方实施实效之佐证。为体现晚清武汉法制转型之重大，为前后比较之计，亦必须首先了解武汉地区传统法制之全貌。

第一节 太平天国占领前武汉地区的官治法秩序（1840—1852年）

太平天国起义之前，清朝政府在武汉地区的各项官治机构与制度设置，均严格按照统一的律例体制，与全国其他腹地基本相同。

一、行政与司法体制

清代的武汉地区，始终不是一个独立的行政区域。当时武汉最核心的区域分别隶属江夏县和汉阳县，两县分别为武昌府、汉阳府的首县。江夏县城、武昌府城与湖北省城三城合一，汉阳县城、汉阳府城为二城合一，汉口地区则归于汉阳县管辖，尚未有独立的建制。因而关于武汉地区的行政与司法体制，只能分而述之。

（一）武昌城的多元官治体制

1. 督抚同城体制及其弊端

督抚制度最早是明朝中后期作为皇帝临时差派到地方督促某项军务或政

第一章 汉口开埠前武汉地区法秩序及其变化（1840—1861年）

务的监督官，明末清初已有成为固定地方大吏的趋势。"到乾隆二十五年（1760年），各总督设置成为定制"①，督抚体制遂成为清代最重要的地方制度。总督为一省或两省之上之最高地方官，或为负责全国特定事务之专门官；巡抚则为一省之最高行政长官。到嘉庆六年（1801年）《大清会典事例》编成之时，全国有直隶、两江、湖广、闽浙、四川、两广、云贵等七个地方总督和江南河道、山东河南河道、漕运等三个专门总督。其中，"湖广总督一人，驻武昌"。每省设巡抚一人，其中直隶、甘肃、四川三省巡抚分别由直隶、陕甘、四川总督兼任，故专职巡抚有十五个。"湖北巡抚一人，驻武昌府"②。有清一代，湖北与云南、福建和广东四省实行督抚同城制，均存在着总督与巡抚之间的权力之争。

关于督抚之间的职权划分，"清代诸多典章文书中没有一种把督抚职责表述得很清楚"③。《清朝续文献通考》云："总督专重兵制，巡抚专重吏治。"④ 但清代最权威的法规汇编《大清会典》的相关规定却并不明确。嘉庆《大清会典》载，康熙十年（1671年）谕："各省巡抚不必概令管兵，不设总督、提督省分，副将以下武官，巡抚兼管。"康熙十二年（1673年），"又定直隶各省巡抚仍管兵务，各设抚标左右二营"⑤。雍正《大清会典》载："督抚之设，统制文武，董理庶职。纠察考核，其专任也。"⑥ 乾隆《大清会典》云："直省设总督统辖文武，诘治军民，巡抚综理教养刑政。"⑦"张之洞督两广时，潮州府出缺，私拟一人授藩司游百川，而百川已许巡抚，遂压置勿用。之洞大怒，即日传见百川，厉声责曰：'尔邈视我而媚抚院，亦有所恃乎？'百川谕曰：'职司何恃之有？旧制，兵事归总督、吏事归巡抚，职司居两姑之间难乎为妇，不得不按制办理。'之洞益怒曰：'巡抚归总督节制，天下莫不知之。汝安从得此言，其速示我，我当据汝言入告，以便脱却吏事不问也。'百川惧，归检《会典》，仓卒无所得，忧之至

---

① 《清史稿》卷160"职官三"。
② 嘉庆《大清会典事例》卷20"吏部七"。
③ 王跃生：《清代督抚体制特征探析》，《社会科学辑刊》1993年第4期，第78页。
④ 《清朝续文献通考》卷132"职官考"十八"总督巡抚"。
⑤ 嘉庆《大清会典事例》卷20"吏部七"。
⑥ 雍正《大清会典》卷223"都察院"。
⑦ 乾隆《大清会典》卷25"官制四"。

7

呕血，之洞持之急，遂谢病归，自是广东政权尽归督署而巡抚成虚设矣。"①

事实上，巡抚既可管军，总督亦兼理吏事与民政。总督职级高于巡抚，固然可干预驻在省的民政与吏事，亦可奏劾巡抚，但并无节制巡抚之权。总督给巡抚的行文只能用平行的"咨"字格式，针对驻在省的重大事项上奏，常常需与同城之巡抚联署。巡抚虽然职级低于总督，但亦有节制绿营之权。虽受总督监督，但并不受总督节制，相反，巡抚亦有密折劾奏总督的权力。"康熙九年议准：总督贪婪，巡抚不行纠；巡抚贪婪，总督不行纠；如发觉审实，无论同城不同城，皆降三级调用。"② 督抚体制在法典上的职掌含糊不清，督抚不同城时，双方也许尚能相安；督抚同城，则必然会发生权力之争，其结果通常视督抚个人影响力之大小与性格之强弱而定。

2. 武昌城的多元官治机构设置

武昌城兼为湖北省城、武昌府城和江夏县城，因而总督、巡抚、县令对其均有管辖权。此外，学政及各司、道机关亦设于武昌城内。

（1）总督署。为防疆臣坐大，"清代的总督虽然已成定制，但仍未尽除前明督、抚为特别派遣之性质，督抚衙门照例不设佐杂属员，置内应办的事情由书吏承担。按《光绪会典》所载，总督衙门的吏员有两种，其名为'书吏'和'承差'"。"总督衙门内部组织机构的设置不见于记载，但按照吏员们办事专责，自然形成一分工系统"③，这一系统便是总督属下的六科或六房。"乾隆中期督抚变为常设之后，督抚衙门虽然没有正式建制，但对应于六部，也要设置相应的办事机构，即吏、户、礼、兵、刑、工六科或六房。幕府除提供政务决策的咨询外，在行政运作方面，主要通过掌控房科而发挥'佐官检吏'的作用"④。这些房科仍属书吏或承差性质，不能视为总督署下的职能行政部门，故总督实际上仅为"光杆"长官。

湖广"总督署在望山门内，咸丰壬子（1852年）兵燹被毁，总督官公文于丁巳（1857年）重修"⑤。

---

① 胡思敬：《国闻备乘》卷2，中华书局2008年版，第63页。
② 光绪《大清会典事例》卷82"吏部·处分例·徇庇容隐"。另参见雍正朝《钦定吏部处分则例》卷之4"吏·参劾"。
③ 刘子扬：《清代地方官制考》，故宫出版社2014年版，第70页。
④ 关晓红：《从幕府到职官：清季外官制的转型与困扰》，生活·读书·新知三联书店2014年版，第76页。
⑤ 同治《江夏县志》卷2"疆土·建置"，同治八年刻本。

第一章 汉口开埠前武汉地区法秩序及其变化（1840—1861年）

（2）巡抚署。与总督署一样，巡抚署亦仅有六房书吏，而无正式属官。湖北省"巡抚署在省城忠孝门内……咸丰二年（1852年）粤逆陷城署三堂，火余颓"①。

（3）提督学政。清"初，各省设督学道，以各部郎中进士出身者充之。惟顺天、江南、浙江为提督学政，用翰林官。宣大、苏松、江安、淮扬、肇高先皆分设，既乃裁并。上下江、湖南北则裁并后仍分设。雍正中，一体改称学院，省设一人，奉天以府丞、台湾以台湾道兼之"②。提督学政（简称为"提学"）任期为三年，其职责主要有三：一是主持各地的童试。各地童生在经由州县及府的初试合格后，再由提学官考试，合格者录取为府、州、县学生员。二是主持地方学校的岁考和科考。岁考为每年的例行考试，分六等以定赏罚；科考为各省学政在每届乡试前巡回所属府、州县时主持的科举资格预考。三是检查和考核省以下各级教育官员的工作。

提督学政在省级官员体系中，"其地位，略低于巡抚，一般列在布、按之前"③。"学政由朝廷直接派出，与总督、巡抚地位相等，不受地方行政的节制，不是协助督抚管学的地方官，而是'客官'"④。学政、督抚相互之间所用公文通常采用"咨"而非"呈""札"。同样，府、州县的"教学指导官（'学正'或'教谕'）和教学指导助理官（'训导'）。他们受省学政大人的领导"⑤，不是知府、知州与知县的属吏。但在财政制度上，各级官学的经费却是由各级政府从存留地方的经费中列支⑥。同时，地方官也可以主持辖区内学宫的课试。康熙四十一年（1702年），湖北提督学使改称提督学院，学院署"门外增置鼓棚牙旗"⑦，"在胭脂山南……咸丰二年（1852年），粤逆陷城署，毁"⑧。

在武昌城内的官办学校兼考试场所，有湖北贡院、武昌府学、江夏县学、试院以及各书院等。"武昌府学宫在府治南黄鹤山下，左长街，在城隍

---

① 民国《湖北通志》卷26"建置（二）·廨署"，台北华文书局1967年版，第677页。
② 《清史稿》卷106"选举志一"。
③ 张德泽：《清代国家机关考略》，中国人民大学出版社1981年版，第228页。
④ 黄新宪：《张之洞与中国近代教育》，福建教育出版社1991年版，第164页。
⑤ 瞿同祖：《清代地方政府》，范忠信、晏锋译，法律出版社2003年版，第21页。
⑥ 参见魏光奇：《清代州县财政探析》（上），《首都师范大学学报（社会科学版）》2000年第6期，第6—11页。
⑦ 同治《江夏县志》卷2"疆土·廨宇"，同治八年刻本。
⑧ 民国《湖北通志》卷26"建置（二）·廨署"，台北华文书局1967年版，第678页。

庙……咸丰二年毁于兵";"江夏县学宫,在凤凰山下……咸丰二年寇毁。"[1] 省级考试场所称为贡院或考棚,府、县级考试场所称为试院。"贡院,在省城北凤凰山下……咸丰初寇毁","武昌府试院在守道署左","江夏县试院向未专设,每值岁、科两试,武昌府、江夏县均就乡试贡院扃试诸童"[2]。"江汉书院旧在文昌门内,明提学葛寅亮建……咸丰初寇毁"。"武昌勺庭书院在忠孝门内胭脂山朱家巷……咸丰中寇毁"[3]。清代制度,书院均为官办。

(4) 布政、按察二司。清初承袭明代内重外轻的地方制度,将督抚视为中央派出之监临官而非地方封疆大吏。在乾隆朝以前的《大清会典》中,总督、巡抚的官职都位列于都察院中。各省地方机关首先是布政、按察二司,布政司"掌握全省财赋之数必须汇总于户部。也就是说,布政使在这方面的职责是直接向户部负责的";"按察使司是一省司法管理的总机关,督抚的职责是审勘与复审。按察使是地方最高司法长官,而督抚拥有的则是监控之权"[4]。"这样的钦差官性的督抚,不但在事实上,并且名义上也变成定制的转折点是在乾隆初期"[5]。乾隆十三年(1748年)十一月,"大学士等议覆,吏部尚书王安国奏称:'明洪武初,内事总于六部,外事总于布政使,故以官名其地。其后设巡抚制,布政使已为属官,而地方徒冒其名,在明已属牵强。今外官之制,督抚专制一方,而《会典》载天下府县及外官品级,犹以布政司布政使领之,称名殊觉不顺,请改《会典》所载。'……查定例,(督抚)俱附载于都察院,且巡抚以副都御史三品之衔,金都御史四品之衔,而统辖布政司从二品,故督抚虽为常设,皆属钦差,而地方事悉掌于布政使。立法本义,极为精密,但督抚总制百官,布按皆为属吏,该尚书所奏,亦属大小相丞之义,应如所奏,外官官制内,首列督抚,次列布按等官。……从之。"[6] 乾隆之后会典皆载,"乾隆十三年(1748年)议准:

---

[1] 民国《湖北通志》卷55"学校(一)·学宫",台北华文书局1967年版,第1301、1302页。
[2] 民国《湖北通志》志58"学校(四)·贡院、试院",台北华文书局1967年版,第1366页。
[3] 民国《湖北通志》志59"学校(五)·书院",台北华文书局1967年版,第1373、1374页。
[4] 刘伟:《晚清督抚政治:中央与地方关系研究》,湖北教育出版社2003年版,第46、47页。
[5] [日]真水康树:《明清地方行政制度研究——明两京十三布政使司与清十八省行政系统的整顿》,北京燕山出版社1997年版,第59页。
[6] 《清实录》第13册《高宗纯皇帝实录(五)》卷328"乾隆十三年十一月上",中华书局1986年版,第423页。

第一章 汉口开埠前武汉地区法秩序及其变化（1840—1861年）

外官官制，向以布政使司领之，但督、抚总制百官，布、按二司皆其属吏，应首列督、抚，次列布、按"。① 乾隆时曾先后任豫、湘两省按察使的严有禧说："明初置提刑按察司，谓之外台，与都察院并重，故《大明令》按察司、都察院并列，不视之为外官也。后抚按之权重，而宪司（按察司——引者注）为承行之官矣。"② 督抚对布、按二司及各道还享有考核权，"各省司道及学政，向由本省督抚于年终出具密考，以备朝廷酌量黜陟"③。

湖北布政司署。依《大清会典事例》，该署设"湖北布政使一人，经历一人，照磨一人，库大使一人"④。"布政使署在汉阳门内黄鹄山阴"，"经历司署在布政司署右"，"照磨兼管盐道大使署，在布政司署左"，"广备库大使署在布政司署右"。⑤

太平天国起义之前，布政司虽名义上为督抚属吏，但同时亦接受户部领导并对其负责，户部对布政司的支配权甚至更大于督抚。"在清朝前中期，湖北省府的财政权力极其微小，尚没有形成真正意义上的地方财政。这一时期，在'悉数解司'和户部'奏销'的高度中央集权与专制的财政体制下，湖北每年财税的实际收入须上报户部审计报销，其中绝大部分运解布政使司，候部拨用，只有小部分经审核后存留。对存留的实际开支，也必须向户部奏报，由户部稽核地方是否仿照则例运用，有无例外私自动用支出"⑥。由于湖北省布政司一向被视为户部在湖北的办事处，因而现今武昌城汉阳门内湖北布政司旁的街道自明代以来即被名之曰"户部巷"。

湖北按察司署。依清会典，"湖北按察使一人，经历一人，司狱一人"⑦。"按察使署在平湖门内黄鹄山南……咸丰二年，粤逆陷城署，毁"；"经历司署在按察使署左，后移武当宫前。清咸丰二年贼毁"；"司狱署在按察司署右，经历署后，清咸丰贼毁"⑧。

---

① 光绪《大清会典事例》卷23"吏部·官制·各省督抚"。
② （清）严有禧：《漱华随笔》卷2。
③ 《异辞录》卷2。
④ 嘉庆《大清会典事例》卷21"吏部·各省布政使司"。
⑤ 民国《湖北通志》卷26"建置（二）·廨署"，台北华文书局1967年版，第678页。
⑥ 江满情：《论张之洞在湖北新政中的财政行为及其影响》，载陈锋、张笃勤主编：《张之洞与武汉早期现代化》，中国社会科学出版社2004年版，第149页。
⑦ 嘉庆《大清会典事例》卷21"吏部·官制·各省按察使"。
⑧ 民国《湖北通志》卷26"建置（二）·廨署"，台北华文书局1967年版，第678页。

（5）诸道。"按其职责的不同，清代的道可以分为两类：一是管一事的道，一是管一地的道。前一种道以所管职事命名，实际上是省的办事机构；后一种道以所辖地区命名，实际上是省派往各地的行政或监察机构"①。这里仅叙述以武汉为治所的道：盐法武昌道和督粮道。

督粮道。督粮道只在漕运八省设立，归漕运总督与漕运各省督抚双重领导。依嘉庆《大清会典事例》，湖北设"督粮道、汉黄德道、安襄郧荆道、上荆南道、盐法兼地方分守道各一人，粮道库大使一人"②。其中设于武昌者有督粮道、盐法道。"督粮道署在前府街，咸丰二年贼毁"，至今该地犹名之曰"粮道街"；"永丰库大使署，在道署前。清咸丰二年，贼毁"。

盐法武昌道。盐法武昌道为两淮盐运使派驻湖北之盐官，同时也受湖广总督和湖北巡抚领导。"盐法武昌道署，在三道街学院署左"③。

（6）武昌府（兼管武昌厂关）。依嘉庆《大清会典事例》，湖北省设"武昌、汉阳、安陆、襄阳、郧阳、德安、黄州、荆州、宜昌、施南知府各一人……武昌、汉阳、安陆、德安、荆州、襄阳、宜昌、施南地方同知各一人，黄州府二人。武昌、汉阳、襄阳、德安、黄州、荆州、宜昌、施南地方通判各一人，经历共十人，司狱五人"④。"武昌府署在汉阳门内……咸丰二年兵燹，署未全毁"，"清军同知署，旧在府署左，后移学院署右，即分守道旧署。清咸丰二年贼毁"；"粮捕通判署在府署前左。清咸丰二年贼毁"；"经历司署在府署右"，"司狱署在府署右"⑤。

在同治二年（1863年）汉口设立新式海关江汉关之前，武汉境内设有一个法定的税关（亦称常关或钞关）——武昌厂关⑥。该关"设于康熙四年，初委武昌同知府管理，乾隆二年（1737年）题准于就近道府厅内遴选，经营一年，期满题明更代……嗣后改派武昌府知府兼管，永以为例"。"武昌关征收船税，不收货税。设立省城汉阳门外白鳝庙下滨江"，"其分设之游湖关（在今谌江矶）、宗关（在汉口镇襄河口内上茶庵）、朝关（在汉阳

---

① 朱东安：《关于清代的道和道员》，《近代史研究》1982年第4期，第181页。
② 嘉庆《大清会典事例》卷22"吏部·官制·各省道员"。
③ 民国《湖北通志》卷26"建置（二）·廨署"，台北华文书局1967年版，第679页。
④ 嘉庆《大清会典事例》卷23"吏部·官制·各省知府等官"。
⑤ 民国《湖北通志》卷26"建置（二）·廨署"，台北华文书局1967年版，第680页。
⑥ 参见嘉庆《大清会典事例》卷188"户部·关税"。

第一章 汉口开埠前武汉地区法秩序及其变化（1840—1861年）

县沌口）、红关（在江夏县坛角下红社坛）、白关（在江夏县石嘴）、汉关（在汉口镇下茶庵），皆系长年设立，征收船料税银，稽查大票船只"①。道光三年（1823年）十月二十五日，湖广总督李鸿宾奏："湖北武昌厂关系臣衙门饬委武昌府经管，共设朝关、白关、红关、宗关、汉关、游湖关六处口岸，征收船料税课；每年粮船行走之时，另设江口一卡稽查，俟粮船出关即行裁撤；又汉口镇土垱地方，于夏、秋水涨之时，恐有狡猾船户潜行漏税，亦添设一卡巡查，水退即撤去"②。其中，游湖关口"附近往来船只及水涸时，黄陂、孝感二县出入船只，准赴该口就近纳税。所收税银，作正（税）报解"。武昌厂关及其分关（卡）的征税标准规定于《户部则例》③，税银归户部湖广清吏司掌核④。

（7）江夏县。江夏县为武昌省城之附郭县，县署在省城凤凰山麓，"咸丰二年贼毁"。县丞署与典史署均在县署左⑤。县衙有"马快八名（乾隆十六年改马快为捕快）"⑥。

（8）江夏县诸巡检司。江夏县下辖四大巡检司。"鲇鱼口镇巡检司署在县南城外巡司河"，"浒黄镇巡检司署在县北三十里青山镇"，"金口镇巡检司署在县西南六十里金口镇"，"山坡镇巡检司署在县南百二十里山坡镇"⑦，分别管辖今武昌区鲶鱼套路、青山区青山镇、江夏区金口镇和山坡镇等区域。"各巡检司永充弓兵一百三名（除看守油坊岭公馆外），实编一百二名。浒黄拨守油坊岭公馆永（充弓）兵一名"⑧。此外，江夏县有"民壮五十名"，其中浒黄、鲇鱼口、山坡三镇巡检司所辖民壮各四名，金口巡检司所

---

① 民国《湖北通志》卷50"经政·榷税"。光绪《汉阳县志》卷2"营建略·廨舍"云："驻县者，有……武昌关（乾隆二年，题准船料关厂，务委就近实任道府、厅官经理，一年期满更代)，分设县境有朝关（旧有通济港下江滨，咸丰兵燹后移沌口）、宗关（在汉镇玉带门上五里汉岸封黑山）、汉关（在通济门滨江）。水泛汉口，后湖设土档关（在堡水门口）。此旧制也。"该记载似有误，武昌关不在汉阳县境。
② 李鸿宾奏：《为遵旨查明湖北武昌厂关、荆州钞关征税情形事》（道光三年十月二十五日），军机处录副奏折，档案号：03/3157/044，中国第一历史档案馆藏。转引自何强：《清代武昌厂关的设置与管理探析》，《湖北社会科学》2018年第4期，第130页。
③ 同治《户部则例》卷66"税则·武昌厂税则"，同治十三年刻本。
④ 嘉庆《大清会典》卷13"户部·湖广清吏司"。
⑤ 参见民国《湖北通志》卷26"建置（二）·廨署"，台北华文书局1967年版，第680页。
⑥ 同治《江夏县志》卷5"兵备"，同治八年刻本。
⑦ 民国《湖北通志》卷26"建置（二）·廨署"，台北华文书局1967年版，第680页。
⑧ 同治《江夏县志》卷5"兵备"，同治八年刻本。

辖民壮数不明，巡检司以外机构所辖民壮情况亦不明①。

巡检司下属之永充弓兵，是清代从明代继承下来的军役之一，即世籍为兵或"以罪囚发往巡检司为永充弓兵者"②。所谓民壮，亦为明制为清代所继承者。"直省州县额设经制民壮防卫仓库，协缉盗贼，按地方大小招募三五十名不等（工食名数，详载《赋役全书》）。地方官拣选民间壮丁，分派学习鸟枪、弓箭等等器，拣选尤壮者点充头目，不时操练，每年册报督捕厅员，转报按察司，该督抚责成厅员按册调验，仍于公便亲阅，州县奉行不力，从重参处"③。

(二) 汉阳、汉口及黄陂地区行政、司法机构的设置

1. 督抚对汉阳及汉口的管辖权

督抚在汉阳及汉口地区虽未设立专门的行政与司法机构，但对汉口的各项公共事务亦享有法律上的管辖权。如在建筑方面，汉口建筑多为竹篱茅舍，极易引发火灾，顺治时，"方伯刘公，臬司陈公，监司饶公、王公、朱公，都阃钱公，商同守宪程公，毅然下诛茅之禁，檄行郡县，易以瓦甓。维时太守杨公，邑侯公实左右之，下逮县尉李君、镇司王君，亦骏奔恐后，旬月之内，向之黄茅白苇，一望而百堵皆兴"④。在慈善公益事业方面，道光二十一年（1841年），"滨江临汉各属田庐多被淹没，居民纷纷外出觅食。府君（湖广总督裕泰——引者注）饬属禁止，一面招徕截留，率同僚属等办抚恤，妥为安顿，并劝谕士商捐输协济，就汉口镇设厂收养"⑤。在火灾救助方面，"嘉庆庚午（1810年）四月二十日戌刻，四官殿左近之药肆不戒火，随风蔓延。……此汉口之异灾也。时汪稼门尚书总督两湖，闻报急登黄鹤楼瞭望彻夜。黎明即率兵弁飞楫渡江，止于后湖茶肆，指挥扑救。汉口素有奸民乘火掠物者，遂手书'抢火者斩'四大字于粉碑。传示上下，奸民敛迹，且反从扑救矣"；"道光戊戌（1838年）六月十九日午刻，汉阳江口失火。林少穆制府、护抚张灜山方伯俱先登黄鹤楼。署臬杨至堂与余（时

---

① 同治《江夏县志》（同治八年刻本）卷5"兵备"笼统载江夏县民壮共五十名，除鲇鱼口、浒黄二镇巡检司外，未记载其他各镇民壮人数。
② 杜志明：《明代弓兵述论》，《历史档案》2015年第1期，第51页。
③ 乾隆《户部则例》卷3"户口"，海南出版社2000年版，第65页。
④ 范锴：《汉口丛谈》卷2，台北成文出版社有限公司1975年影印道光二年刊本，第91页。
⑤ 《东岩府君（裕泰）年谱》"道光二十一年辛丑"，载《北京图书馆藏珍本年谱丛刊》第142册，北京图书馆出版社1999年影印版，第580页。

第一章 汉口开埠前武汉地区法秩序及其变化（1840—1861年）

任湖北粮道梁敬叔——引者注）亦闻信赶往"①。由此可见，对汉口的各类公共事务，督抚及省级各员均负有管理权责。

2. 汉黄德道

"汉黄德道署，在黄州试院西北。清雍正七年（1729年）以分守武（昌）、汉（阳）、黄（州）、德（安）道移驻黄州，建立衙署。"② 乾隆时将武昌府从其监察范围内划出，改为分守汉黄德道，嘉庆时改分守道为分巡道③，分别监察汉阳、黄州和德安三府。汉黄德道作为监察机关，对汉口并无直接管理之权责，仅有监察上的权力与义务。

3. 汉阳府及其对汉口的管理

（1）汉阳府的设置。汉阳府下设汉镇同知、通判、经历、司狱等机构以及教授、试院等学官系统。"府署，在城内凤栖山南麓"，"汉镇同知署，驻汉口镇"，"通判署，在城内府治东"，"经历署，在府治右"，"司狱署，在府治南"④，"府监，在鼓楼西首"⑤。

（2）汉阳府对汉口的管理。汉阳府治设于汉阳，但对汉口镇重大公共事项，知府亦可直接进行管理。如普济堂原在汉阳，"先以公费缺少，未及行普济之事。至雍正五年（1727年）水患，房屋坍塌几尽，因孤贫院在西关外，房屋仅八间。孤众多，不能容住，且汉阳孤贫至汉口觅食，祈寒暑雨，奔赴艰难。乾隆二年（1737年），知府胡学成于汉口大智坊重建普济堂一所"⑥。

除直接管理汉口外，汉阳府还在汉口镇派设有专职机构。明时，汉阳县即已在汉口设有巡检司。随着汉口商务与人口的繁盛，巡检司已不足以管理汉口的行政与司法，故雍正时期，汉阳府向汉口派驻有同知署。"（汉阳）同知旧无衙署，雍正十年（1732年）新设，即旧巡司署改建，驻汉口镇。"⑦ "同知是汉阳知府的佐官、副手，官阶为从五品，在汉口分掌督粮、

---

① 王葆心：《续汉口丛谈》卷1，湖北教育出版社2002年版，第30页。
② 民国《湖北通志》卷26"建置（二）·廨署"，台北华文书局1967年版，第688页。
③ 分别参见《乾隆朝一统志》《嘉庆朝一统志》。
④ 嘉庆《汉阳县志》卷17"公署"，嘉庆二十三年刻本。
⑤ 同治《续辑汉阳县志》卷12"公署"，同治七年刻本。
⑥ 乾隆《汉阳府志》卷之6下"公署"，武汉出版社2014年校注本，第67页。
⑦ 乾隆《汉阳府志》卷之6下"公署"，武汉出版社2014年校注本，第64页。

缉捕、江防、水利等。"① 除同知署外，汉阳府还设有通判一职。在康熙年间，"其通判一官，亦移驻汉口，旋于雍正二年（1724年）移归府城"②。

（3）汉阳府教授及所辖官学、考试场所。汉阳府"训导署在学宫左右"③，"教授署，在府学内"④，"汉阳府学宫在府治西凤栖山麓，创于宋庆历中。……咸丰二年寇毁"⑤；"汉阳府试院在城内建中坊，雍正三年知县阎炳、绅士汉阳徐锷修。……咸丰二年兵燹圮废"⑥；汉阳府"晴川书院旧在府南纪门内……嘉庆四年（1799年）郡守刘斌以劝赈余赀买张氏宅改建书院。……咸丰中寇毁"⑦。

4. 汉阳县及其对汉口的管理

（1）汉阳县署。汉阳府、县同城，"县署，在凤栖山之南冈"。

（2）汉阳县丞署、典史署与县监。"县丞署……清乾隆十七年裁大冶县丞增设"⑧，"在县署西"；"典史署，在县头门内东偏"⑨；"县监，在县大门右首"⑩。

除派出巡检司管理汉口的行政与司法事务外，汉阳知县也会"经常关注着汉口的所有城市事务，包括防火、教育、产权和地方慈善事业。……这不仅表现在对民事、刑事诉讼的处理方面，也表现在用更加积极的立法干预诸如社会治安、商业信用之类的领域"。罗威廉说"汉阳知县也在那里（汉口——引者注）派驻了三个直属的部下，其中之一是知县的副手（县丞、郡丞），他的专门职责是管理用来防御洪水和保护港口设施的水利工程"⑪。这一记述似有误。光绪《汉阳县志》载，"乾隆十年（1745年）裁大冶县丞改设（于汉阳）"，其位置"在府学西"⑫，直到光绪二十五年（1899年）

---

① 李怀军主编：《武汉通史·宋元明清卷》，武汉出版社2006年版，第458页。
② 王葆心：《续汉口丛谈》卷1，湖北教育出版社2002年版，第15页。
③ 民国《湖北通志》卷55"学校（一）·学宫"，台北华文书局1967年版，第1311页。
④ 嘉庆《汉阳县志》卷17"公署"，嘉庆二十三年刻本。
⑤ 民国《湖北通志》卷55"学校（一）·学宫"，台北华文书局1967年版，第1310页。
⑥ 民国《湖北通志》卷58"学校（四）·试院"，台北华文书局1967年版，第1367页。
⑦ 民国《湖北通志》卷59"学校（五）·书院"，台北华文书局1967年版，第1376页。
⑧ 民国《湖北通志》卷26"建置（二）·廨署"，台北华文书局1967年版，第685页。
⑨ 嘉庆《汉阳县志》卷17"公署"，嘉庆二十三年刻本。
⑩ 同治《续辑汉阳县志》卷12"公署"，同治七年刻本。
⑪ [美]罗威廉：《汉口：一个中国城市的商业和社会（1796—1889）》，江溶、鲁西奇译，中国人民大学出版社2005年版，第42、40页。
⑫ 光绪《汉阳县志》卷2"营建略"，台北成文出版社有限公司1975年影印光绪九年刊本，第57页。

第一章　汉口开埠前武汉地区法秩序及其变化（1840—1861年）

汉口厅设立时，张之洞奏请将原在汉阳城内的"汉阳县丞移设（汉口）刘家庙，改为夏口厅分防县丞，由部另颁夏口县丞条记。"① 这一所谓"移设"，实际上是撤销了汉阳县丞，增设夏口县（厅）丞。在张之洞将汉口独立设厅之前，汉阳县丞一直设于汉阳县城。

（3）汉阳县学官、学校及书院。汉阳县"训导署在府学内"②；"汉阳县学宫在南纪门，明初建。……咸丰二年冠毁"③；"汉阳县试院即汉阳府试院"④。汉阳县"凤山书院，在府学后凤栖山下"，"崇正书院，在城内九莲池西。道光二十九年（1849年），学政杜瀚、知府赵德辙建。咸丰二年毁"⑤。汉阳诸书院亦皆为官办。

（4）汉阳县下各巡检司。据嘉庆《汉阳县志》载，汉阳县下设汉口镇仁义巡检司、汉口镇礼智巡检司、蒲潭镇巡检司、蔡店镇巡检司、新滩镇巡检司等五个巡检司，分别管辖今汉口硚口区、江汉区（循礼门、大智路一带）、沌口、蔡甸区和洪湖市新滩口镇⑥。其中，仁义、礼智二巡检司是汉阳县设于汉口镇的最高治安兼理司法机构。

"汉口在明代本屯地，为汉阳十九屯之一，隶在城里。汉口为崇信坊。至明中叶，日积市场，因设汉口巡检驻此。始汉口南北岸本联为一陆，自成化初，汉水入江改道，遂歧为二。此崇信一坊，在汉口南岸。自弘治后，遂建仁、义、礼、智四坊。所占面积，则自今额公祠至艾家嘴，长十五里。于是，此一屯中之居仁、由义、循礼、大智四坊，天然自立于北岸。"⑦ 康熙时，"汉口镇巡检司"设于"县北五里。"⑧ "雍正五年（1727年），添设仁义司于汉口上路，改汉口巡检为礼智巡检。"⑨ 至道光时，汉口镇仍为"居仁、由义、循礼、大智四坊……分为上下二路。居仁、由义二坊为上路，自艾家嘴至金庭公店，属仁义司汛地，循礼、大智二坊为下路，自金庭、公店

---

① 张之洞：《请准将汉阳县丞移设汉口刘家庙片》，载《张之洞全集》第三册，武汉出版社2008年版，第578页。
② 嘉庆《汉阳县志》卷17"公署"，嘉庆二十三年刻本。
③ 民国《湖北通志》卷55"学校（一）·学宫"，台北华文书局1967年版，第1311页。
④ 民国《湖北通志》卷58"学校（四）·试院"，台北华文书局1967年版，第1367页。
⑤ 民国《湖北通志》卷59"学校（五）·书院"，台北华文书局1967年版，第1376页。
⑥ 参见嘉庆《汉阳县志》卷17"公署"，嘉庆二十三年刻本。
⑦ 王葆心：《续汉口丛谈》卷1，湖北教育出版社2002年版，第26页。
⑧ 康熙《湖广通志》卷17"公署"。
⑨ 光绪《汉阳县志》卷2"营建略"，台北成文出版社有限公司1975年影印光绪九年刊本，第57页。

下至额公祠属礼智司汛地"①。叶调元《竹枝词》云:"金庭店上属仁义,以下都归礼智司。虽小衙门多讼事,天天总有出签时。"②说明汉口两巡检司具有基层行政和司法职能。据罗威廉的研究,巡检司的"责任包括监督地方保甲事务、控制乡下难民的流入、逮捕并审问犯罪嫌疑人、调查土地所有权的争端、听取诉讼以及那些需要熟习的有关辖区内人口与土地的其他事务。"③

(5) 汉阳城及汉口镇坊制。汉阳县城设"建中坊、东阳坊、西阳坊(俱在城),崇信坊(东门外接汉口南岸)"④,汉口设居仁、由义、循礼、大智四坊。其中建中坊、东阳坊、崇信坊归汉阳县典史管辖,汉口四坊分别由仁义、礼智二巡检司管辖。

(6) 保甲组织及其对传统里甲组织的取代。清承明制,实行以催征为主要功能的里(坊)甲制:各级城市的基层行政组织为"坊",农村则为里、村。"凡里百有十户,推丁多者十人为长,余百户为十甲。岁除里长一,管摄一里事。城中曰坊,近城曰厢,乡里曰里。里长十人,轮流应征,催办钱粮,勾摄公事,十年一周,以丁数多寡为次,令催纳各户钱粮,不以差徭累之。"⑤为征收人头税及治安控制的需要,对户口实行每五年一编审。汉口镇虽无城廓,但因是人烟凑集之地,"自弘治后,遂建仁、义、礼、智四坊"⑥,按清制亦设有催征甲长。

雍正时实行"摊丁入亩",终止了人头税制,五年一编审的户口体制已无存在必要,里(坊)甲制遂被废置。"唯不逞之徒,虑人侦缉,或隐其住址",因而清政府决定在城乡统一重建以治安为宗旨的保甲制。嘉庆十八年(1813年)十月二十五日,"谕内阁:叶绍楏奏,详陈直省保甲事宜,并将伊父原任布政使叶佩荪从前酌定规条缮录进呈。朕详加披阅,其规条颇为简要易行。编查保甲一事,直省各州县果能经理得宜,则士民之良莠、习俗之淳浇,无不周知。由一邑而一郡,由一郡而一省,上下稽查,了如指掌,纵

---

① 范锴:《汉口丛谈》卷1,台北成文出版社有限公司1975年影印道光二年刻本,第33页。
② 叶调元:《竹枝词》卷1"市廛"。
③ [美] 罗威廉:《汉口:一个中国城市的商业和社会(1796—1889)》,江溶、鲁西奇译,中国人民大学出版社2005年版,第42页。
④ 嘉庆《汉阳县志》卷12"户口保甲",嘉庆二十三年刻本。
⑤ 《清史稿》卷121"食货·赋役仓库"。
⑥ 王葆心:《续汉口丛谈》卷1,湖北教育出版社2002年版,第26页。

第一章 汉口开埠前武汉地区法秩序及其变化（1840—1861年）

有奸慝，何所容匿。无如地方官不实力奉行，以安民之良法，转为滋累之繁文。由于科条不能画一，遂相率畏难，借口于格碍难行。着将叶绍楏备进刊本发给直省督抚各一册，令该督抚翻刻刷印，通饬所属各州县一体仿照办理，使令不繁苛而除莠安良，闾阎可永臻宁谧。若视为具文，因循怠玩，仍废置不办，惟该督抚是问，恐不能当此重咎也。言出法随，凛记勿忽。钦此。"① 此谕颁布后，汉阳县遂始行保甲之法。

"编查保甲之法，本县已预备空白循环册、门牌，于保甲赴县点卯之日，按其所管村庄多寡，当堂分给领回。每十家举一之人为牌长，该保甲将领回牌册，于每一牌长处交空册二十页、空牌十张，令其将所管十家人户姓名、丁口、年岁、生业分填牌册内，有伙计、雇工者一并注入。牌则悬挂门首，册则交保甲统行收齐，分订循环二本，限二十日内办完缴县，听候查察、盖印，将环册发交该保甲收存。遇有迁徙、增减户口，随时向牌长问悉，于环册内注明，仍于每年三、六、九、腊，四季月朔，缴县核对，循环更换，以凭亲诣抽查，务须据实填注，毋许隐匿遗漏，至干查究"；凡"庵观寺院饭店客寓，其本僧本家一体查填牌册，编入烟户之内"。

于是，"汉镇各庵庙、饭歇店留寓客民者，遵用前谕，循环簿登填，缴查其各乡村着落保甲，留心稽察，不得容留匪类"；"汉阳汉镇所住土著及外来住家开张行栈店铺各户，毋论绅士，俱应一体编查。所有时来时去商民，责以填牌、换册，难免纷烦滋扰，此次编排保甲，原为稽察奸宄。凡大商巨贾，各投正经行栈，素常认识，自可保无他虑。惟外省外邑流民匪类，或力趁糊目，或鼠窃狗偷，所在皆有，伊等无非落寓偏僻小饭店及沿江沿河篷厂，责成皆管保甲，随地留心体察禀报，毋稍狥纵骚扰"。"今申严保甲之制行，而丁口之查察愈密，斯不逞之徒难于藏匿矣"。

"汉口一镇，贸迁之人，僦屋而居，朝移夕易，较难编排。然什伍相保，人以类聚，故不虑其藏奸矣。"② 同治时，"查汉阳保甲汉口一镇，土著商旅各居其半，人情尚属淳谨"，"虽五方杂处，良莠难齐，究以执业者多，赋闲者少，故稍知畏法者断不为非。"可见在汉口地区，虽人口流动性大，但其保甲组织尚属切实有效。

---

① 《清实录》第31册《仁宗睿皇帝实录》（四）卷之277"嘉庆十八年十月下"，中华书局1986年版，第782页。
② 嘉庆《汉阳县志》卷12"户口保甲"，嘉庆二十三年刻本。

"按《湖北通志》，村庄系按里编排；今稽察保甲，村庄乃按典史、巡司所分汛地开列，故彼此互异。"① 也就是说，汉阳、汉口的原里甲组织是按行政村落编排，而保甲制则是按绿营军的防区即所谓汛地与巡检司辖区编排，以便与作为绿营与巡检司等地方军警体制相衔接。

5. 黄陂县的机构设置

黄陂县归属汉阳府管辖。

（1）县级行政与司法机构。"黄陂县署在鲁台山西，明洪武初建"，"典史署旧在县署右，后改建县前直街"②。清初，黄陂县设有县丞署，"嘉庆十年裁黄陂县丞缺"。县署中包括有积贮库、龙亭库、县狱等机构。除县署外，黄陂县还单独设有捕衙。

（2）教育管理机构及学校。县设有教谕与训导，"教谕署在明伦堂东首"，"训导署在启圣祠前，康熙初裁训导缺……乾隆间复设训导缺，新署在学宫外西首"③。"黄陂县学宫在县治东南"，"试院在县城内"，"二程书院在鲁台山麓"④。

（3）巡检司。县以下设大城潭、滠口二巡检司，"大城潭巡检司在县北九十里大城潭"，"滠口巡检司在县南四十里滠口镇，清嘉庆十年（1805年）添设"⑤。

（三）武昌、汉阳多元城市管理体制之弊

自秦代以来，中国古代地方行政体制下通常没有独立的城、镇建制。除辽、金、元三代都城设立警巡院⑥，清代在北京设立隶属于都察院的五城察院，这些机构接近于统一、独立的市政机构，其他各时期的所有中国城市，均不能作为统一而独立的政治实体存在，而必须将其割裂、分散划入既有的郡、县体制内管辖。如唐时数百万人口的长安城也只分属长安、万年两个京

---

① 同治《续辑汉阳县志》卷之8 "户口保甲"，同治七年刻本。
② 民国《湖北通志》卷26 "建置（二）·廨署"，台北华文书局1967年版，第686页。
③ 参见同治《黄陂县志》卷2 "建置·县署"，黄陂区地方志编纂委员会办公室编：《黄陂县志》（校注本），武汉出版社2015年版，第443—444页。
④ 民国《湖北通志》卷55 "学校（一）·学宫"、卷58 "学校（四）·试院"、卷59 "学校（五）·书院"，台北华文书局1967年版，第1315、1367、1377页。
⑤ 参见同治《黄陂县志》卷2 "建置·县署"，黄陂区地方志编纂委员会办公室编：《黄陂县志》（校注本），武汉出版社2015年版，第443、444、468、469页。
⑥ 参见韩光辉：《金代都市警巡院研究》，《北京大学学报（哲学社会科学版）》1999年第5期，第71—77页。

第一章 汉口开埠前武汉地区法秩序及其变化（1840—1861年）

县管理，二京县与长安附近各县合属京兆府管辖。同时，工、刑等部对长安城的建设及刑事案件亦有直接的管辖权。

一直到民国初以前，武昌城兼省治、府治与县治于一体；汉阳城既是汉阳县治，亦为汉阳府治。在法理上，督、抚、知府、县对二城均享有管辖权。此种多层级管理体制使得二城均缺乏统一而专门的城市管理机构，各级政府对城市的行政管理权也缺乏明确的分工，城市建设与管理处于较低的水平。江夏、汉阳二首县，不仅要分别管理武昌、汉阳二城，而且还要管理城外广大农村地区，城、乡实行一体化管理，致使城市的管理与对农村的管理处于同样的水平。汉口镇隶属于汉阳县的管理体制，则更导致了汉口镇在经济与政治地位上的不匹配。关于这一问题，将在本章第二节中详述。

二、军事与警察体制

（一）武汉地区的军警一体化体制

1. 督、抚与提督分掌武汉地区军权

太平天国起义前的清代军队分为两种：八旗与绿营。八旗军除驻京八旗外，在地方重要省份的战略要地亦设有满洲将军统带的八旗兵。"绿营建制分京师、行省、边区三方面。清代京师禁卫，专用八旗，不用绿营，但沿用明代京城巡捕营的制度，于京师设立绿营巡捕营以巡辑京师地方"[①]。边疆区绿营军制亦不在此赘述，仅述各行省绿营制。

各行省绿营实行军区与行政区合一制，除各省提督为专职军官外，督抚兼掌本省绿营。为避免军权过于集中于督抚之手，清廷在各省实行所谓"大小相制"的分散军权体制。如湖北驻有八旗军与绿营军两种军事力量，八旗军驻荆州，由荆州将军统领。绿营军分别由总督、巡抚和提督统领。太平天国起义之前，"湖广总督驻扎武昌府，管辖本标中左右三营、湖南岳州城守营，节制湖南、湖北二提督，湖北宜昌、郧阳二镇，湖南镇筸、永州、绥靖三镇"；"湖北巡抚驻扎武昌府，管辖本标左右二营"，"湖北提督驻扎谷城，管辖本标中、左、右、前、后五营，均、光营，荆州城守营，荆门营，襄阳城守营，安陆营，黄州协，武昌城守营，兴国营，德安营，汉阳营，蕲州营，道士洑营，节制宜昌、郧阳二镇，仍听湖广总督节制"[②]。武

---

① 罗尔纲：《绿营兵志》，中华书局1984年版，第32页。
② 《钦定中枢考·绿营（则例）》卷1"营制·湖北省"，载道光《钦定中枢政考三种》第四册，海南出版社2000年版，第172页。

昌城的驻军为督标三营和抚标二营，江夏县的驻军为提督辖下的武昌城守营；汉阳城及汉阳、汉口的驻军为提督辖下的汉阳营。

2. 武昌地区的军事体制

武昌城及江夏县的驻军有督标三营、巡抚二营和提督所辖之武昌城守营。

（1）督标与抚标建制。督标三营、巡抚二营为对全省实行机动警备、弹压的部队，同时兼有武昌城防军及武装警察之性质，但"无分防塘汛"①。督标三营分为中营、左营、右营，中营为督标的中枢机关，既为战斗部队，同时也负担有如近代军队中的参谋、后勤、军法等综合职能。中营首长为副将（副将署在督署后的都司巷），以下依次为都司（中营之中军首长）、左哨千总和右哨千总，左哨千总、右哨千总之下依次分设把总、经制外委、额外外委若干员。左营首长为游击（低于中营首长），其下有守备（左营中军首长，低于中营中军）、左哨千总、右哨千总，左、右哨千总之下依次分设把总、经制外委、额外外委若干员；右营亦如之。鸦片战争前后，督标三营士兵共1972名，全部驻武昌省城。乾隆之前，督标还设有武昌水师营，设"守备一员、千总一员、把总一员，带领兵丁驻防本城"②。"乾隆二年（1737年），武昌水师营撤销。原水师营战船和人员多数移归汉阳城守营，仅留下5艘哨船及船上水兵并入武昌城守营。"③

抚标分左、右二营，左营为中军，首长为参将，下辖守备（左营之中军首长）、左哨千总、右哨千总，左、右哨千总下依次设把总、经制外委及额外外委若干员；右营首长为游击，下辖守备（右营之中军首长）、左哨千总、右哨千总，左、右哨千总下依次设把总、经制外委及额外外委若干员。鸦片战争前后，抚标二营士兵共1169名，全部驻武昌省城。

（2）武昌城守营。武昌城守营由湖北提督直接领导，设有城守营参将署，以中军守备署为中枢机关，以下依次设有武昌正卫署、武昌左卫署，均驻武昌城内④。另设千总三员（分驻江夏、武昌、崇阳三县）、把总五员

---

① 民国《湖北通志》卷65"武备（三）·兵制·塘汛"，台北华文书局1967年版，第1507页。
② 同治《江夏县志》卷5"兵备"，同治八年刻本。
③ 张铁牛、高晓星：《中国古代海军史》，八一出版社1993年版，第288、283、301页。
④ 参见民国《湖北通志》卷26"建置（二）·廨署"，台北华文书局1967年版，第680页。

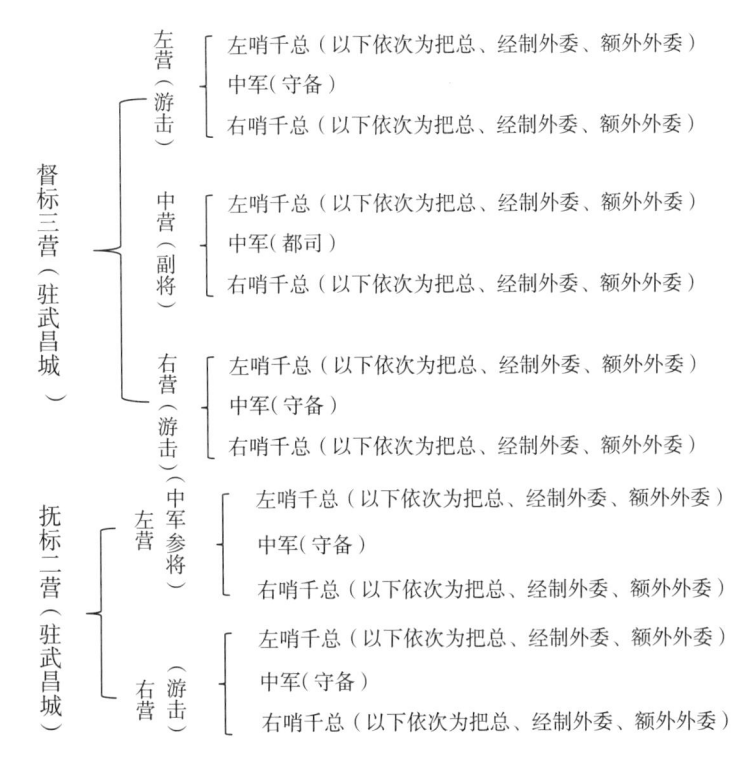

第一章 汉口开埠前武汉地区法秩序及其变化（1840—1861年）

```
督标三营（驻武昌城）
├─ 左营（游击）
│   ├─ 左哨千总（以下依次为把总、经制外委、额外外委）
│   ├─ 中军（守备）
│   └─ 右哨千总（以下依次为把总、经制外委、额外外委）
├─ 中营（副将）
│   ├─ 左哨千总（以下依次为把总、经制外委、额外外委）
│   ├─ 中军（都司）
│   └─ 右哨千总（以下依次为把总、经制外委、额外外委）
└─ 右营（游击）
    ├─ 左哨千总（以下依次为把总、经制外委、额外外委）
    ├─ 中军（守备）
    └─ 右哨千总（以下依次为把总、经制外委、额外外委）

抚标二营（驻武昌城）
├─ 左营（中军参将）
│   ├─ 左哨千总（以下依次为把总、经制外委、额外外委）
│   ├─ 中军（守备）
│   └─ 右哨千总（以下依次为把总、经制外委、额外外委）
└─ 右营（游击）
    ├─ 左哨千总（以下依次为把总、经制外委、额外外委）
    ├─ 中军（守备）
    └─ 右哨千总（以下依次为把总、经制外委、额外外委）
```

（分驻武昌、嘉鱼、咸宁、崇阳、通城五县）①。经制兵681名（其中马战兵54名，步战兵141名，守兵486名），分驻江夏、武昌、嘉鱼、咸宁和崇阳五县，兼五县县城城防及县内治安。其中，"江夏县系千总轮防，存营兵丁三百八名。金口、青山水汛系武昌城守营分防"。江夏除县城外，其他塘报属八吉堡汛管辖，"水陆共计一十七塘，兵二百四十五名，八吉堡汛标兵派拨轮流分防"②。在武昌府五县中，江夏（城外）驻军人数占到81％以上（尚不包括金口、青山水汛驻军数）。

（3）江夏县驿传机构。驿是为过往官员提供人力、畜力运输的机构，在中央，由兵部管理。乾隆前，驿传由盐法武昌道管理。乾隆时"驿传改

---

① 同治《江夏县志》（同治八年刻本）卷5"兵备"记载为"千总二员（一驻江夏县，一驻武昌县），把总四员（分驻武昌、嘉鱼、咸宁、崇阳四县）。"民国《湖北通志》卷52"兵备·兵制"则记载为"千总三员（旧设二员，道光二十二年崇阳钟人杰滋事，添设一员，一驻江夏县，一驻武昌县，一驻崇阳县）。把总五员，旧设四员，道光二十二年增设一员（一驻武昌县，一驻江夏县城外，一驻通城县，一驻咸宁县，一驻嘉鱼县）。"

② 同治《江夏县志》卷5之"兵备"，同治八年刻本。

```
                    ┌ 武昌正卫署（驻武昌城）
武                  │ 中军（守备）（驻武昌城）
昌  （              │
城   驻             │ 武昌左卫署（驻武昌城）
守   武   参        │
营   昌   将        │ 三千总（分驻江夏、武昌、崇阳三县）
     城  ）         │
    ）              └ 五把总（分驻武昌、嘉鱼、咸宁、崇阳、通城五县）
```

归按察使司兼辖，并裁驿丞等官"①。《大清会典》规定，"各省腹地所设为驿……各省之驿，隶于厅州县，归印官管理，均以道府稽察，复以按察司兼驿传事务，总核一切"②。"驿的主要任务是传递文报，迎送使臣官员和运送官物……以后也变成住宿的驿站"；"驿站经费，随地粮征收。各省设驿道库，为驿站经费的专库，由按察司（臬司）管理"③。"武昌府属十二驿"，其中"武昌府江夏县：将台驿（注：马八十匹，马夫四十名，兽医二名，排夫一百五十名。又省次站船五十二只，水手五百六十八名）、东湖驿（注：马五十匹，马夫二十五名，兽医一名）、山坡驿（注：马五十匹，马夫二十五名，兽医一名）、土桥驿（注：马二十五匹，马夫八名，兽医一名）"④。江夏县各驿多由徒刑犯人充任者。依《江夏县志》记载，"徒五等，发本省驿递"⑤。除徒刑犯人外，各类驿夫多为民役充当。

（4）江夏县之铺递。武汉地区的国家邮政系统，除驿之外，尚有铺递，属兵事系统，亦由地方管理。铺递又称铺司或急递铺，"专司传送地方和中央一般性公文"⑥。"各省腹地厅州县皆设铺司，由京至各省者亦曰京塘，各以铺兵、铺夫走递公文，工食入户部钱粮奏销"⑦。"铺兵日行以百里为限，是以铺兵皆以家居铺所附近、生活殷实富足之中青年力壮者充任，司职铺役可以免除其他差役"⑧。"湖北省武昌府江夏县额设省城总铺、将台、冷水、

---

① 民国《湖北通志》卷66"武备（四）·兵制（四）·驿递（铺司附）"，台北华文书局1967年版，第1525页。
② 嘉庆《大清会典》卷39"兵部·车驾清吏司"。
③ 中国公路交通史编审委员会：《中国古代道路交通史》，人民交通出版社1994年版，第608、613页。
④ 嘉庆《大清会典事例》卷529"兵部·邮政·置驿二"。
⑤ 同治《江夏县志》卷5"刑法"，同治八年刻本。
⑥ 中国公路交通史编审委员会：《中国古代道路交通史》，人民交通出版社1994年版，第609页。
⑦ 嘉庆《大清会典》卷39"兵部·车驾清吏司"。
⑧ 叶美兰：《中国邮政通史》，商务印书馆2017年版，第213页。

长山、土桥、山口、长虹、和尚、新管、石子、纸坊、狮子、龙泉、新市、聚仙、城信、潘果、孟城、横山、青山、官屯二十一铺（铺司、铺兵共一百二十八名）"①。铺兵多为民役充任。

3. 汉阳和汉口的军事建制

（1）汉阳营。嘉庆时代，汉阳府之驻军有提督所辖之汉阳营。"汉阳营共兵五百九十二名②，游击一员（驻汉阳），守备一员（驻汉口），千总一员（驻汉口），把总一员（驻汉阳），经制外委一员，额外外委一员；马战兵二十一名，经制外委一员，额外外委一员；战兵一百五十名、守兵一百六十六名（汉阳战船三只，虎战船一只，汉川虎战船二只）；防守外塘十三塘……防守内河七塘……计汉阳汛兵一百三十五名，均左哨把总专管；外分防汉川把总一员，兵八十七名；贴防新堤把总一员，兵五十名；贴防江夏、青山八吉汛兵四十名"③。此所谓外塘十三塘、内河七塘，均在今汉阳境内。

汉口镇由汉阳营中的水师部队驻防，先有"水师外委千把总署，在汉口镇，雍正八年（1730年）增设"④，其级别较低。⑤ "乾隆三年（1738年），总督宗室德（沛）以汉口水陆通衢，汛广兵单不足以资防御，奏请以武昌水师一营，额设守备一员、千总一员、把总二员、经制兵二百八十一名，改驻汉口镇"，"以水师守备为汉阳营中军"⑥。所谓"汉阳营中军"，即汉阳营的中枢机关，说明汉阳营的中心驻地已从汉阳移至汉口。到嘉庆时代，汉口的军事机关依次有水师守备署、水师外委千把总署、水师额外外委署，以水师守备署为最高的水师指挥机关。⑦ 汉口开埠之前，一直未驻陆军。但由于"湖北、湖南、江南旧有水师久成虚设"⑧，到太平天国进攻武

---

① 嘉庆《大清会典事例》卷544"兵部·邮政·设铺十三"。
② 根据该引文后面的记载，汉阳营共有兵六百四十九名，而非五百九十二名。
③ 嘉庆《汉阳县志》卷18"兵防"，嘉庆二十三年刻本。
④ 同治《续辑汉阳县志》卷12"公署"，同治七年刻本。
⑤ 依康熙《大清会典》卷86"镇戍一"，绿营军制，"其统驭官军者，曰提督总兵官。其总镇一方者，曰镇守总兵官。其协守地方者，曰副将，次曰参将，又次曰游击，曰都司，曰守备"。守备以下为千总、把总。
⑥ 嘉庆《汉阳县志》卷18"兵防"，嘉庆二十三年刻本。
⑦ 参见嘉庆《汉阳县志》卷17"公署"，嘉庆二十三年刻本。
⑧ 胡林翼：《遵旨保举得力将官附请拔补实缺人员疏》（咸丰六年正月十七日），载胡渐逵等点校：《胡林翼集》第一册，岳麓书社2008年版，第72页。

汉时，"汉阳并不设备，江面无一水师"①。

（2）驿。"汉阳府汉阳县县驿（马四十匹，马夫二十名，兽医一名，排夫一百一十名），蔡店驿（马四十匹，马夫二十名，排夫十名）"②。《大清会典》规定，"军报所设为站"③，即紧急快送军事公文的机构。嘉庆《汉阳县志》将"驿"与"站"混为一谈，将县驿、蔡店驿分别称为"驿站"。"由湖北省入京驿路，县站至黄陂滠口站四十里；由湖北至四川、广西、云贵驿路，县站六十里至蔡店站六十里，到汉川县"。"今设人夫一百十名，县站十名；蔡甸马夫四十名（县站、蔡甸站各二十名），马八十匹（县站、蔡甸站各四十匹）"④。

（3）铺递。"汉阳府汉阳县额设县前、十里、孟家、新店、黄连、么铺、蔡店、崔家、陆神、高观十铺（注：铺司、铺兵共五十一名）⑤。其中，"永充铺司十名，又徭编铺兵四十一名"⑥。汉口镇因仅为商业镇，因而未设驿、铺。

汉阳营（驻汉阳城）（游击） ┤ 左哨把总（驻汉阳城）
中军（水师守备）（驻汉口镇）
水师千总（驻汉口，以下依次为水师把总、水师额外外委）
把总（分防汉川县）
把总（分防洪湖县新堤镇）

4. 黄陂县军事建制

黄陂的行政与司法体制隶属汉阳府，但军事体制却隶属黄州协。

（1）千总、外委把总。黄陂县"额设千总一员，雍正八年复设外委把总一员，驻防滠口镇，俱系黄州协调拨"，与行政、司法上隶属汉阳府不同。陆塘九处，每塘官兵四至五名。"水塘二处，晋家墩、五通口各官兵五名，系黄冈县驻防阳逻水汛把总管理"，不属驻滠口千总管辖。

---

① 胡林翼：《敬陈湖北兵政吏治疏》（咸丰六年十二月初三日），载胡渐逵等点校：《胡林翼集》第一册，岳麓书社 2008 年版，第 186 页。
② 嘉庆《大清会典事例》卷 529"兵部·邮政·置驿二"。
③ 嘉庆《大清会典》卷 39"兵部·车驾清吏司"。
④ 同治《续辑汉阳县志》卷 13"兵防"，同治七年刻本。
⑤ 嘉庆《大清会典事例》卷 544"兵部·邮政·设铺十三"。
⑥ 同治《续辑汉阳县志》卷 13"兵防"，同治七年刻本。

第一章　汉口开埠前武汉地区法秩序及其变化（1840—1861年）

（2）驿、铺。"黄陂县县驿马二十匹，马夫十名，排夫八十名；双庙驿（在县西四十里）马五十匹，马夫二十五名，兽医一名，排夫二十五名；滠口驿（在县南四十里）马四十匹，马夫二十名，兽医一名，排夫二十五名"。嘉庆时，"额设县前、天井、骆驼、十仔、刘家、甘棠、青紫、枣林、廖公、达义、贾佳、黄浒、向家店、滠口十四铺。铺司二十二名，铺兵七十二名，内永充七十名，徭编二十四名"①。

清朝绿营军队中除负有军事防守与野战任务的"营兵"外，还有分散各汛地驻防的"汛兵"。"绿营设立汛地，其作用有四种：一、缉捕要案；二、防守驿道；三、护卫行人；四、'稽查匪类'"，"防汛制度最大的功能就是稽察缉捕"。全国"通计天下守路防汛之兵，不下二十万"，"全国汛兵占绿营兵额约为三分之一"②。所谓汛兵的"防汛"体制，实际上就是军警一体化体制。

前述驻守武汉地区的绿营驻军，除督、抚两标不负防汛任务外，提标所辖绿营除在城内集中驻防外，在城外大都分散驻防，每塘平均仅十余名甚至数名绿营汛兵，其规模类于当今的武警一个班或一个公安派出所，显然其功能主要不在于军事，而在于其作为武装警察的防暴与治安警察的稽查、缉捕，即所谓"防汛"。以前述嘉庆《汉阳县志》所载，汉阳营共绿营兵649名，驻防汉阳、汉口的汛兵为135名（不包括贴防外地的绿营兵），占到汉阳绿营兵21%弱。以前述同治《江夏县志》所载，江夏营兵308名，汛兵245名，共计553名，汛兵占到江夏县绿营兵总数的44%强。同治《江夏县志》云："国家经制有定，营汛相维。无事之时，足以诘奸御暴而已。"③

（二）武汉地方军事体制的弊端

1. 军令机关与军政机关混一

清代中央军事体制中，皇帝为军令机关，有权统率、调动与指挥军队；兵部属军事行政机关，仅负责军事行政管理。在地方，《大清会典》以及《绿营则例》等法规中均没有为督抚设立专门的军事行政机构，督抚既是军事统帅，也兼军事行政管理。"如何传宣主管将帅的号令，如何经理营中庶

---

① 民国《湖北通志》卷66"武备（四）·兵制（四）·驿递（铺司附）"，台北华文书局1967年版，第1532页。
② 罗尔纲：《绿营兵志》，中华书局1984年版，第266、267页。
③ 同治《江夏县志》卷5"兵备"，同治七年刻本。

务，必须有人专掌其事。在绿营营制里面，对此项办理营务人员的制度，远不如后来军营分得那样的细密，组织得那样的复杂，惟以中军来担任"。"中军的职掌，是传宣号令，承办公务，支发饷项，凡绿营里面所谓兵马钱粮等营务，都是由中军来专掌的。中军普遍都兼辖营伍，凡各标、协、营里面例都设有中军，而其体制则各有不同：做总督中军的为副将（将军标、河道总督标、漕运总督标同），做巡抚、提督中军的为参将，做总兵官中军的为游击，做副将中军的为都司，做参将、游击、都司中军的则一律为守备"①，各级军队的中军既负有统率所属军队的军令权责，亦兼有本级军事行政管理之权责，同时亦有作战的任务。不仅军令、军政与作战功能混一，而且军政管理亦没有区分出近现代军队中的训练、军械、粮饷、军医、军法等部门军事行政与司法职能。

武汉地区的督标、抚标及提督标的军令、军政体制亦是如此，各部中军既为作战单位，亦为各部核心单位，因而其首长的职衔通常要比其他单位首长高一级。湖广总督之督标"中、左、右三营，辖中军副将一员，游击二员"，中营长官为中军副将，左、右二营长官为游击；中营中军副将下再设中军，其首长为都司，其他单位长官则为千总；左、右二营游击之下亦设中军，其首长为守备（低于中营中军首长都司），其他单位长官则为千总。湖北巡抚之抚标辖左、右二营，以左营为中军，中军首长职衔为参将（低于督标中军副将）。"武、汉城守营，中军守备一员"②，中军职衔为守备，其他单位的首长则为千总。

2. 武汉绿营兵极度腐败

清代绿营兵籍制最初为募兵制，但至晚在康熙时就已形成了世代为业的世兵制。"外省兵丁有缺，惟马粮系督抚、提镇新行拔补，至步粮则由营弁验补，因而徇情市惠，往往将猥弱不堪之人，滥行收录，虚縻粮饷者有之。又向例兵丁有缺，先尽余丁顶补，余丁不足，始募民人充伍。余丁一项，原系将营中清出火粮，收养兵丁子弟，每名月给饷银五钱，既可贴补兵丁之不足，且以造就人材，立法本非不善，乃兵丁因饷银有限，凡子弟之壮大者，皆令

---

① 罗尔纲：《绿营兵志》，中华书局1984年版，第223页。
② 参见民国《湖北通志》卷36"武备（一）·兵制（一）·绿营"，台北华文书局1967年版，第1468、1469、1471页。

别业资生，而以细小羸弱之丁充补其数，徒然占食半饷，难以造就成材"①。

绿营军队"亲族相承，视同世业"②，形成了事实上的世兵制。没有明确的士兵退伍制度，势必形成事实上的士兵终身制。此两项制度之下，绿营军籍仅为世兵虚縻粮饷而存在，军队基本没有战斗力。曾国藩曾如此评价武汉绿营军："盖鄂中两府一镇，繁华甲于天下。督、抚两标之兵习于淫佚，偷惰已久，不可用矣。自咸丰二年（1852年）粤匪至鄂，迄今不满三载，而全兵覆败大溃者五次。其间小溃小败者不可胜数……臣愚以为湖北之急务，在于另募额兵，另招新勇。"③ 主张在湖北以募勇制代替绿营军制。胡林翼亦云："臣查湖北之额兵不实，营政久驰，临事则招市人而冒充之，以致闻风先逃，恬不为怪"，"湖北绿营兵丁怯懦若性，正额虚浮，军政营制，荡然无存，而其虚縻钱粮如故也"④。

中国古代的警政体制多元而混一，除各地驻军外，各级政府长官、佐官、刑名师爷、书吏、衙役、巡检司、民壮、驿站、递铺以及团练、保甲等均有一定的警察职能。

三、经济法律制度

（一）财政制度

1. 督抚与布政司之财权分配

清代的省级财政权一直分散于不同的机关。太平天国起义之前，湖北省具有财政权的机关有总督、巡抚、布政司、按察司、督粮道、盐法道。其中，"布政使司系一省最高民事行政机关，亦为最高财务主管机关……不过，布政使所管只是地丁银和杂赋，其他收入则归他库管理。如诉讼所入归按察使司库，漕赋银归粮道库，驿站夫马工料归驿道库，河工饷银归河道库，各省兵饷归兵备道库，盐课归盐法道库"⑤。湖北不设驿道、河道与兵

---

① 光绪《大清会典事例》卷714"兵部·兵籍·各省考拔营兵"。
② 刘坤一、张之洞：《遵旨筹议变法谨拟整顿中法十二条折》，载《张之洞全集》第四册，武汉出版社2008年版，第22页。
③ 《湖北兵勇不可复用折》（咸丰五年四月初一日），载《曾文正公全集·奏稿一》，中国书店2011年版，第159、160、161页。
④ 胡林翼：《特参提督违例须索清旨严行查究疏》（咸丰五年六月二十四日）、《敬陈湖北兵政吏治疏》（咸丰六年十二月初三日），载胡渐逵等点校：《胡林翼集》第一册，岳麓书社2008年版，第23、185页。
⑤ 倪玉平：《从国家财政到财政国家——清朝咸同财政与社会》，科学出版社2017年版，第5页。

备道，其相应事务的财政收支权归湖广总督和湖北巡抚。

太平天国起义之前，湖北省的财政权主要掌握在湖北省布政司手中，而布政司则完全听命于户部。"地方政府课征税银，必须严格遵守户部规定。地方存留公费，要得到户部的允准，必须定期按实奏销。"① 因而，湖广总督与湖北巡抚对湖北的财政自主权极为有限。武汉地区所属之江夏、汉阳两县县政府仅为征收机关，武昌、汉阳两府则仅为催征机关，其财政支出完全按户部的额定估算，并统一由布政司支拨并奏销。

2. 汉阳县税银、漕粮的起运与存留

清代的"财政运转，主要靠解款协拨制度。清政府依靠这一制度来支配和控制各省的收支，从而构成中央和地方财政的基础……它的内容大致是这样的：各省征收赋税之后，除本省开支外，所剩银两，都要解交中央户部或协济邻省。动支部分先将款项预存的叫存留，运解部分叫起运。凡存留、起运银数多少，都须经户部的拨款手续，每年分春秋两次办理。春秋拨是以上一年预先估算的冬估为依据，即每年冬季各省总督巡抚必须预先估算第二年应支俸饷银两，造册咨报户部，这就是冬估。第二年春季各省也要将库存银两实数造具清册报告户部，户部加以审核后，除照上年各省冬估册所列银数支用外，其余由户部指拨给财政收支不敷的省份，这叫协饷，又称协款……存留和协饷之外，结余部分要全数解交户部，这叫解饷，又称京饷。这也要每年秋季造册奏报户部"。"除存留、解款、协拨制度外，清代财政有一定的奏销制度，大体上相当于年度决算……每年奏销程序大致是：各省布政使司在规定期限内根据所属各州县造送的奏销草册核造总册，内容分为起运、存留、拨用、余剩，送呈督抚报部。奏销册送到户部后，凡有不符款项即加以指驳，限四个月内查明再报……然后户部于年底分省汇总奏报皇帝"②。皇帝核准各省奏销册之后，相当于通过了各省的决算案，各省官员便在法律上解除了财政上的责任。清代财政史专家陈锋认为："所谓'起运'，即各地所征收的钱粮按一定比例起解户部及各部寺监，或听候户部协拨他省兵饷要需，作为国家经费开支之用（包括京饷、协饷、藩库存储银

---

① 黄天华：《中国财政制度史》第四卷"清代—近代"，上海人民出版社、格致出版社2017年版，第2282页。

② 彭泽益：《清代财政管理体制与收支结构》，《中国社会科学院研究生院学报》1990年第2期，第48—59页。

第一章 汉口开埠前武汉地区法秩序及其变化（1840—1861年）

以及雍正五年后的留贮银、雍正八年后的分贮银），属于中央财政；所谓'存留'，即各地所征收的钱粮按一定比例存留本地，作为地方经费开支之用，属于地方财政。"① 此外，雍正时将地方政府附加的耗羡亦存留部分归入地方财政。但由于各省存留比例非常之低，而且还要受到户部的严格审核与奏销，因而，地方财政尚没有真正建立起来。

"在康熙七年（1668年）时，湖北收入中，起运823102两（占70.2%），存留350804两（占29.9%）"；雍正七年（1729年），"湖北所存留者仅为10%"，其支出"几乎全部都是人事费，地方建设显然不在政府施政计划之中"②。嘉庆《大清会典则例》载，"凡州县经征钱粮，运解布政使司，候部拨用，曰起运"，"湖北起运正银九十六万一千七百六十八两六钱五分三厘，耗银七万一千二百六十二两八钱六分"③；"凡州县经征钱粮，扣留本地，支给经费，曰存留"，"湖北存留正银一十五万九千五百四十四两二钱八分四厘，耗银五万一百一十五两七钱五分二厘"④。据此记载，起运正银占正银总额的85.78%，存留正银占正银总额的14.22%；起运耗银占耗银总额的58.71%，存留耗银占耗银总额的41.29%；起运银占总税额的83.13%，存留银占16.87%。湖北地区的上述财政体制，到太平天国起义爆发前，都没有大的变化。这一起运与存留体制，由湖北布政司根据中央政府规定的全省起运与存留比例，将起运与存留数额分解至各州县。太平天国起义之前的江夏县税银、漕粮等税项的起运与存留情形缺乏详细记载，汉阳县的情况主要记载于嘉庆《汉阳县志》中。

（1）税银的起运与存留。据嘉庆《汉阳县志》记载，该县实征银23882.691两，起运项下指定支付给户、礼、工、光（禄寺）各部、寺地丁条饷及拨归蜡祭共银15293.277两，除去转拨汉阳地方的廪粮、祭祀费用及其他运输费等杂项，起运实征银14934.539两，占全县实征银数的62.53%。存留项下指定支付的有官俸、役食、祭祀、廪粮等项，实存留2837.8834两，再加上起运项下转拨的廪粮、祭祀费用共3397.294两，实际留地方使

---

① 陈锋：《清代中央财政与地方财政的调整》，《历史研究》1997年第5期，第100页。
② 苏云峰：《中国现代化的区域研究：湖北省（1860—1916）》，"中央研究院"近代史研究所专刊（41）1987年修订版，第60、61页。
③ 嘉庆《大清会典事例》卷142"户部·田赋·起运钱粮"。
④ 嘉庆《大清会典事例》卷143"户部·田赋·存留钱粮"。

用的经费为6235.1774两，占全县实征银数的41.75%。剩余款项，用于支付杂款、添拨以及县丞、巡检司、教官加品俸银等项①。

（2）漕粮与南米。嘉庆《大清会典事例》额定了嘉庆十七年（1812年）八省漕粮征收及附加税额：湖北正兑漕粮为九万三千六百七十六石二斗八升。每正兑米一石加耗四斗，除一斗五升随船作耗外，二斗五升随正起交。永折漕粮三万两千五百二十石六斗。随漕轻赍易米折银②，每正兑一石，征三斗六升，谓之"三六轻赍"。随漕席木板竹，每正兑二石，征方席一领，纵广皆四尺八寸，每领征银一分；每正兑米二千石，征楞木一根，长一丈四尺九寸，围圆二尺五分，折银五钱或五钱五分；松板九片，阔一尺三寸五分，厚五寸五分，折银四钱至四钱五分（依嘉庆五年（1800年）奏准，松板照征本色）；"粮船到通（州），每船带大竹一根，中竹三根"，大竹长二丈，中径五寸，银价一钱；中竹一丈二尺，中径二寸，银价八分；羡银，"各省漕船到通（州）……江苏、安徽、江西、浙江、湖北、湖南六省漕粮，按实过坝正米核算，每石给夫银一分。又按到通漕船实数，山东、河南每船给羡余银一两，江苏、安徽每船二两，江西、浙江、湖北、湖南每船四两"；"官军行月钱粮……湖北、湖南各卫千总于俸廪外兼支行粮三石，运军每名行粮三石，月粮九石六斗，以上均折银征给"③。

湖北汉阳县与江夏县被列于湖北省负有漕粮征收义务的35个州县名单中。据嘉庆二十三年（1818年）的《汉阳县志》记载，汉阳县的漕粮分漕粮本色项、随漕项和南粮项三项。第一项糟粮本色项征解京仓④，其中包括本色正米二千六百一十八石三斗，折色米一千石；每本色正米一石，征耗米四斗，共征耗米一千四十七石三斗二升；每本色正米一石，征贴米二升，共征贴米五百二十三石六斗六升；节年新垦本色正米八斗四升三合，耗米三斗三升七合一勺，贴米一斗六升八合五勺。共计实米四千一百九十石六斗二升八合八勺，折色米一千石。第二项为随漕项，包括楞松板银一十两四钱七分

---

① 嘉庆《汉阳县志》卷9"赋役"，嘉庆二十三年刻本。
② 李文治、江太新二位先生认为"轻赍是耗米的一部分"（参见李文治、江太新：《清代漕远》（修订版），社会科学文献出版社2008年版，第88页），似有误。《大清会典事例》卷163"户部·漕运"载："随漕轻赍易米折银，每正兑米一石，山东、河南又征耗米一斗六升"。
③ 嘉庆《大清会典事例》卷163"漕运·额征漕米"。
④ 据嘉庆《大清会典事例》卷163"漕运·额征漕米"载："正兑漕粮，运京仓：……湖北九万三千六百七十六石两斗八升有奇……改兑漕粮，运通州仓……湖北、湖南均无改兑米。"

第一章　汉口开埠前武汉地区法秩序及其变化（1840—1861年）

三厘、运粮官军行月粮米九百五十五石三斗九升（每石折银四钱，该项银共三百八十二两一钱五分六厘）、兑军盘费三十两、江西运粮官军行月粮米一千四百五石九斗九升三撮（每石折银五钱，该项银共七百二两九钱九分五厘）、三六耗席轻赍粮银四百八十四两三钱八分五厘五毫、浅船银四十八两五钱一分四厘、历年民垦首垦升科银一两一钱九分三毫。上述各项之和，除去各项豁免，实征一千六百六十三两四钱一分四厘七毫，另征耗羡银一百八十二两九钱七分。第三项南粮项，"兑本色南粮正米三千六百六石四斗。每正米一石派派耗米二斗五升，共派耗米九百一升六斗。新增南粮正米一石一斗六升一合三勺，派耗米二斗九升二勺。以上共实征南粮正耗并新增米四千五百九石五升一合四勺"①。所谓"南粮"，亦称"南米"，"乾隆四年（1739年）上谕：湖北每年额征粮米……给荆州官军者，名曰南漕"②，南漕仅限于供应荆州八旗兵，湖北省内绿营军所食军粮或由省布政司从漕粮中拨充支用，相当于漕米的"存留"；或由皇帝批准，"将某地漕粮截拨充驻军（粮）"③。到道光、咸丰时，"南米由州县解交荆州满营及各标绿营"④。

嘉庆《汉阳县志》中所记本县漕粮征收种类与《大清会典事例》的上述记载相比，少了羡银一项，却多出了贴米、兑军盘费、江西运粮官军行月粮米、浅船银、历年民垦首垦升科银各项。此外，依《大清会典事例》，随漕项本属漕粮附加税，仅依正米额征收，但汉阳县还另在随漕项下另行再征耗羡银一百八十二两九钱七分，当属附加之附加。汉阳县正米、折色米与南粮三项共应缴七千二百二十四石七斗，但加上各项合法与非法附加，实征实米与折色米已超出额定正米与折色米的两倍以上。道光、咸丰以来，非法附加之浮收更加严重。胡林翼说："湖北各州县……其征收本色，每石浮收或五六斗，或七八斗，或加倍征收，竟有多至三石零者。此外，又有耗米、水脚等项，分款别收。"⑤

---

① 嘉庆《汉阳县志》卷9"赋役"，嘉庆二十三年刻本。
② 民国《湖北通志》卷46"经政（四）·漕运"，台北华文书局1967年版，第1099页。
③ 参见李文治、江太新：《清代漕运》（修订版），社会科学文献出版社2008年版，第37、60页。
④ 胡林翼：《革除漕务积弊并减定漕务密疏》（咸丰七年十月十四日），载胡渐逵等点校：《胡林翼集》第一册"奏疏"，岳麓书社2008年版，第333页。
⑤ 胡林翼：《革除漕务积弊并减定漕务密疏》（咸丰七年十月十四日），载胡渐逵等点校：《胡林翼集》第一册"奏疏"，岳麓书社2008年版，第334页。

3. 武昌钞关税制

武昌厂关实行定额税制。依嘉庆《大清会典事例》，武昌厂关的"额税银三万三千两，盈余一万二千两"，总额应为45000两。实征超出部分，法未有明文，大概归于湖广总督支配。《大清会典事例》规定依船只梁头征税，并列举了非常详细的征税标准。凡装有货物的船只，梁头最小者"五尺征银三钱"，最大者"二丈五尺（征银）四两"；空船梁头最小者"五尺征银一钱"，最大者"二丈五尺（征银）二两"；"盐船按梁头丈尺征银，与空船同。其有随带小五脚船，每只征银一钱三分"[1]。该钞关在雍乾时期年征总额达6万两以上，"嘉道时期平稳"，如"嘉庆元年份共征55619两，二年份共征55621两，三年份共征55624两"[2]，明显超出法定总额。

（二）金融与货币制度

1. 湖北宝武铸钱局视制钱铸利盈亏而铸停

鸦片战争以前，中国固有的法定货币主要有两种：银两与铜制钱。虽然是"用银为本，用钱为末"[3]。但这种银本钱末制度，仅仅是指银两作为较大额的交换手段，铜钱作为较小的收支工具，其"与近代意义的银本位制度并不完全等同。因为，它并不存在严格意义上的主币、辅币之分，铜钱在民间的交易支用，在数额上并无法律上的限制，银、钱之间也无正式法定的比价，所以，白银虽然已经取得了主要货币的地位，而作为银本位制度来看，它还是不完整的，实际上，还未脱离银、铜二种金属并行流通阶段"[4]，故应将其定位为"银、钱平行本位"[5]，或"不完整的银、铜平行本位制度"。

政府对银、钱两种本位货币系统实行完全不同的两种制度：清代铜制钱在原料的开采、采购及运输方面是由中央政府垄断，但铸造、发行权则是由中央政府与各省共享。"清朝二百多年间，自始至终是采取分散铸币政策的。各省可随时奏准设局铸钱，就是京城内也设立宝泉和宝源两局。前者归户部管理，后者归工部管理，各自为政，不相统属。"湖北铸造与发行铸钱

---

[1] 嘉庆《大清会典事例》卷188"户部·关税·武昌厂"。
[2] 倪玉平：《清朝嘉道关税研究》，科学出版社2017年版，第122页。
[3] 陈宏谋：《申铜禁酌鼓铸疏》，载《皇朝经世文编》（二）卷53，台北台联国风出版社1989年版，第1372页。
[4] 萧清：《中国古代货币史》，人民出版社1984年版，第297页。
[5] 彭信威：《中国货币史》，上海人民出版社1958年版，第537页。

第一章　汉口开埠前武汉地区法秩序及其变化（1840—1861年）

的机关为设于武昌城内的宝武局。除顺治十四年（1657年）到十七年（1660年）实行过短暂的由京局统铸外，"这一政策一直维持到光绪三十一年（1905年）财政处、户部会奏设立天津造币总厂章程及光绪三十二年（1906年）请将铸造铜元厂酌量归并，才着手统一铸币事业"①。对白银，在开采、铸造、发行与流通方面则基本采取自由放任的态度。

清政府在顺治时即对铜制钱与银两规定过一个法定的比价，即"维持千文一两的比例"，以期维护银、钱的币值。但由于中央与地方政府共享铜制钱的铸造、发行权，而对银两实行完全的市场调节，因而在实际上维持这一比价几乎是不可能的。由于银、钱、铜三者的市场价格均为不定的变量，故"银钱的比价在实际流通中经常处于波动状态"②。银、钱之间"市场兑换率的波动，不仅会影响价格，而且会导致……私铸、私销（和剪边）、贮藏囤积和其他的铜钱投机"③，同时也无法避免政府为了自身的利益破坏制钱的铸造与发行制度。为谋取财政利益，政府有可能有意减少制钱的单位重量，造成通货膨胀；在铸钱成本高于制钱市场价格的情况下，政府可能会停止铸造，形成钱荒。从顺治以来，武昌宝武局屡开屡停。鸦片战争后的道光二十一年（1841年），户部潘世恩上奏说："自道光四年（1824年）经闽省以银贵钱贱奏明停炉，嗣后直隶、山西、陕西、江苏、江西、浙江、湖南、湖北、广西、贵州等省，亦均援案奏停。统计现在停炉已十一省之多，惟云南、广东、四川三省设炉开铸。"④

2. 纷乱的银两制

银两作为明清的主要流通货币，但国家却从没有关于银两货币的统一立法。由于实行完全的自由铸造，各级官府固然可以设立官银匠，私人在经一定批准手续后也可以设立炉房或银炉，熔铸宝银（南方各省称银炉，北方称为炉房）。"银炉之开业，据前清定章，须经户部许可，发给部照以为凭执。每一地方，银炉有额，不得任意增设……至清末，法令渐弛，私设银

---

① 杨端六：《清代金融货币史稿》，生活·读书·新知三联书店1962年版，第3、4页。
② 吴树国：《民之通货——历代货币流变》，长春出版社2005年版，第228页。
③ ［瑞士］傅汉思：《清代前期的货币政策和物价波动》，张世福、张莉红译，《中国钱币》1995年第3期，第11—17、81页。
④ 中国人民银行总行参事室金融史料组编：《中国近代货币史资料》第一辑"清政府统治时期（1840—1911）"（上册），中华书局1964年版，第75页。

炉，官亦不加干涉"①。在衡器制度方面，由于政府的怠惰，"清代中叶，官民用器又复紊乱如前，且政府制器，一经颁发，从未闻有较准之举"②，致重量标准失衡。至于银两的形制、成色，国家更是没有统一的熔铸标准，因而各地甚至同一地区不同炉房或银炉熔铸的形制、平砝（即重量标准）、成色均不相同，甚至是官府中不同的征纳部门对银两重量的计量都没有法定的统一标准。税银、漕银、关税的征纳分别使用的是库平、漕平、关平标准等，对外贸易（一口通商时代仅限于广州）的结算使用的则是所谓广平标准。即使是同种税银，各地的标准又各不相同。

汉口"开埠以前当地的平色极其复杂。当时的标准是漕平，各帮以漕平为基准，制定了各自的平"，"使用根据商人的籍贯、营业的种类制定的各种各样的平和按照兑构成的银两。因此，汉口银两种类超过200种"③。银两的不统一给货币流通与支付造成了很大的困难。为保证银两的成色，银两上通常铭刻上熔铸者的姓名和炉房字号。但私人信誉毕竟有限，故开埠以后，汉口便有了同、光时期的银两鉴定专业机构——公估局。

3. 关于当铺的地方立法

典当行是中国最古老的高利贷金融机构，武昌、汉口地区均有典当机构。"汉口的当铺形式并不是中国的普遍形式"，"在上海地区，成立当铺通常不与官府发生任何关系"，但在汉口"如要开当铺，首先要有数家同行业的人士担保之后禀报知县衙门，知县再上报到知府，知府最后送到布政使处报批。布政使批准后，发给'部帖'（营业执照），此乃所谓'官当'。'领帖费'（营业执照费）根据地方不同，其金额也有异。在汉口要交纳藩房规费（布政使的办公费）220两、府房规费（知府的办公费）100两、府料号费（知府挂号费）14吊、厅署请示费50两、厅料号门及签规费（厅挂号、签证费）54吊等费。此外，托人见官还要花费几百银。尽管如此花费打点，如果遭到前辈及同行老铺的干扰或掣肘还是不能顺利开业，其最终的协调藉之于某老铺名下或以继承某老铺之业方能开业"④。

---

① 阮湘等编：《中国年鉴·第一回》，上海商务印书馆1924年版，第814页。
② 吴承洛：《中国度量衡史》，商务印书馆1937年版，第279页。
③ 戴建兵：《中国近代银两史》，中国社会科学出版社2007年版，第189、192页。
④ ［日］水野幸吉：《中国中部事情：汉口》，武德庆译，武汉出版社2014年版，第108、109页。

第一章 汉口开埠前武汉地区法秩序及其变化（1840—1861年）

《大清律例·户律·违禁取利》规定："凡私放钱债及典当财物，每月取利并不得过三分。年月虽多，不过一本一利，违者笞四十。"除《大清律例》规定最高利率外，各省还有减息之地方立法。如雍、乾之际，江西按察使凌燽颁布的《示当铺》规定："照得典铺酌让利息，原经本司会议，除行息仍照旧二分外，如有当物期满一年取赎者，让利一月；二年取赎者，让利二月。"① 湖北省地方政府于嘉、道年间亦颁布有类似规定。叶调元《竹枝词》云："典商利重易生财，法外施恩百制台。每月三分冬减一，十冬腊月赎衣来。"其自注云："当铺向例月例三分。嘉庆中，总督百文敏公龄始定今制。"②

（三）盐法及其改革

1. 武汉地区为淮盐行销区

清初盐法承袭明末的纲法，即实行盐商数量定额并世袭，由盐商承买盐引后按政府指定区域销售并缴纳盐课。按嘉庆《大清会典事例》规定，两淮盐行销湖北武昌、汉阳、安陆、襄阳、郧阳、德安、黄州、荆州、宜昌九府及荆门一州，"额食淮盐五十五万七千九十二引，又因封闭巴盐井增额二千五百二十六引"，由两淮盐运使司任命盐法武昌道负责淮盐在湖北的盐务。其中"江夏县额行十万六千两百五十引"，"汉阳县额行八万三千七百引"③。

2. 武汉地区的盐业管理机构

（1）盐法武昌道。"盐法武昌道署在（武昌）三道街学院署左"④，但盐船的停泊、存储与分销却在汉口。《两淮盐法志》云："淮南纲盐自江苏仪征出口由长江入湖广界，抵汉口镇泊集分销。"⑤ 这意味着湖北地区所有消费的盐都应从江苏仪征运到汉口，在汉口付过税之后再被分包成较小的盐包，然后才分发到湖北各淮盐区各零售。显然，汉口是盐法武昌道在湖北淮盐区行使盐务管理权的实际所在。

由于淮盐离汉口路途遥远，湖北各地距离作为总分销地的汉口亦有相当的距离，且因溯流而上而运输成本高昂，尤其是各级政府及盐官视盐商为最

---

① 凌燽：《西江视臬纪事》卷4"条教·示当铺"。
② 叶调元：《竹枝词》卷1"市廛"。
③ 嘉庆《汉阳县志》卷9"赋役·盐法"，嘉庆二十三年刻本。
④ 民国《湖北通志》卷26"建置（二）·廨署"，台北华文书局1967年版，第679页。
⑤ 民国《湖北通志》卷51"经政（九）·盐法"，台北华文书局1967年版，第1214页。

大之利薮，无限需索，加以四川私盐的低价竞争，致使淮盐早在嘉、道时期就严重滞销。尽管淮盐在湖北地区的垄断体制积弊重重，但由官府垄断食盐买卖的传统盐政思想已然固化，两淮盐运使、盐法武昌道以及湖北各级政府官员仍然竭力维护这一落后、僵化的盐政体制，严禁价廉物美的川盐在鄂西少数州县以外的地区销售。

（2）汉口盐商行业组织。除各盐运司、各省盐法道等政府管理盐务的专门机构外，各销盐区世袭盐商亦有行业自治机构，这些"盐商组织亦对盐务管理起着重要的作用"。"各盐区的盐商组织称谓不一：两淮称'盐商公所'……主事之人，两淮、两广等地称'总商'"①。淮南盐区的总商设于扬州，"能更直接地控制汉口盐业的运营，调解盐商之间的纠纷，在盐道、地方与省里的官府以及南京的两淮盐运使面前代表全体盐商。虽然表面上他要受到盐道的监督，但实际上他拥有非常大的自主权，因为他掌握着巨大的金融资源"②。两淮盐区除在两淮设有总商外，"两淮商人凡行盐各处口岸，俱设有公匦"，除稽查销盐外，"专司支解各官养廉及各项生息"③，即所谓"匦商"，也称"岸商"。如"汉口日常盐业事务的管理则由住在汉口的专业集团'岸商'来负责。他们维护市场秩序，为运来的盐提供仓储，并把盐重新分包成小包以卖给水贩，收取盐税交给盐道，防范汉口辖区内的走私，管理地方事务基金（'办公费'）——他们自己的工资也从这里开支。在法律上，岸商的权力来源于盐道授予他们的'执照'，但实际上，他们多是由运商挑选的，而运商们常选自己的亲友占据这些位置"④。"在湖北，为防止川私、粤私等邻私，还设有总巡商人，配合地方有司'督率巡查'。另外，道光初年，为了防止楚岸的'跌价抢售之弊'，还在汉口设立盐商销盐公局，并订立有盐船到岸后销售次序的章程四款"⑤。显然，汉口盐商行业

---

① 郭正忠主编：《中国盐业史》（古代编），人民出版社1997年版，第679页。
② ［美］罗威廉：《汉口：一个中国城市的商业与社会（1776—1889）》，江溶、鲁西奇译，中国人民大学出版社2005年版，第128页。
③ 嘉庆《两淮盐法志》卷25"课程九"。
④ ［美］罗威廉：《汉口：一个中国城市的商业与社会（1776—1889）》，江溶、鲁西奇译，中国人民大学出版社2005年版，第128页。
⑤ 《附：汉岸设立公局销售淮盐章程》："一、盐船到岸无论先后将小商之盐随到随卖，以免停搁；大商之盐以楚岸每月额销十万包，每月额销三百万包为率，按各家所到引数扣合额数公同均匀派销。此三百万除售出外，剩有百万包或数十万包，即派后盐接济。凡大商小商所卖梁盐、安盐均遵照从前奏明例价，归局公同核定，毋许私行增减。二、商之大小初无一定，均系在汉岸开店售

第一章 汉口开埠前武汉地区法秩序及其变化（1840—1861年）

组织具有很强的自治性。

　　扬州总商及汉口公匦组织均极不民主，其管理的各类经费均取之于盐商，固然部分用于补贴地方政府、举办地方公益，但更多地用于联结私人关系网以及中饱私囊。两江总督兼两淮盐运使陶澍曾在给皇帝的奏疏中如是揭露其黑幕："扬州每纲额定七十万两，已不为少，而总商以不敷为名，每年竟多支八九十万到百余万不等。汉口则谓之岸费，每引带征（即附加——引者注）六钱，递加二钱，近闻每引加至一两四钱，计每年亦一百数十万。此二项共需银二百余万，与正课相等，皆用于总商之手。无账目可查，诡混开销，每由库内垫支而摊之于众商，归补无期，遂成亏欠。其在扬州者，多假借名目，如新院到任、修理衙署、铺垫什物，一切所费不及数千，竟开销八九万两，一手禀红帖所费，不过数十文，竟开销一千两……若汉口岸费，则多托名游客，更属无从稽考，此等浮费，每每托名办公不敷，支于本款之外，列入成本摊征。是'不敷'二字，仍为总商巧混侵吞之护符也。"①

　　3. 道光三十年（1850年）汉口暨湖北淮盐区的盐法改革

　　传统纲法制度之下，纲商们凭借朝廷赐予的世袭垄断盐业买卖特权获得了巨额财富。盐商们除极尽奢欲的挥霍外，还必须忍受包括皇帝在内的各级政府官员无穷尽的勒索。再加上受各级盐官庇护的总商、岸商对中小盐商的

盐，其资本多而引课多者，称为大商，每年到岸盐船居其大半；资本微而运盐少者，称为小商，每年到岸盐船较大商所到船只甚为减少。如专就新到船数以为大小之分，易滋隐混，酌议每年运引在七千引以内者为小商，七千引以外者为大商。小商成本有限，于七千引随到随卖外，如有续到之盐，逮令与大商一体派售，则每月轮派无多，势必以整船之盐零星分卖，未免向隅。即以七千引而计，运到迟速亦有不同，应查明该小商如系往返两运，经七八个月之久始运足七千引者，听其随到随卖。倘或于一月之中已陆续运足七千引者，即令分作三次售卖，免占大商卖额，其七千引外续有后到之盐，准其每月再卖五百引，亦不入于派销，通年合计不得过万引之数，是于体恤小商。三、大小商人卖盐引数既已稍为区别恐人情诡惟利是趋或大商探知小商之店无盐售卖，暗将已盐在扬州另捏诡名冒入小店之内，以图速售，若不预为防杜，必致日后纷纷趋小避大，紊越新章。嗣后该商等有店之家，概不准捏冒入小店进行代售，以杜趋避。四、稽查卖价另行拣派公正商人专司其事，如有不经公局私行售盐，即系跌价抢卖，随时据实察明，将其到岸盐船封压两月后始准开售，令其欲速反迟，以示惩儆，俾破除市井取巧陋习。所派查价商人，设有串通舞弊或拘隐不报，亦将该商名下船盐一体封压。以上四条，现在汉岸大小各商俱遵照办理。尚无紊越，其余纤悉事宜，应随时增酌办，合并陈明。"朱批："依议。"参见方裕谨辑：《道光初年楚岸盐船封轮散卖史料（下）》，《历史档案》1991年第2期，第40—49页。

　　① 陶澍：《请删减盐务淳费及摊派等款附片》，载《陶文毅公全集》卷11"奏疏·盐务"，清道光二十年淮北士民刻本。

39

盘剥，致使盐价越来越高，驱使民众竞相购买私盐，从而严重地影响了官盐的销量。道光十年（1830年），"前督臣陶澍奏定每引肆钱有案，近来楚西岸费多至壹百肆拾万两，是每引已增至二三两不等。核其分款总账，有节礼、寿礼、贺仪、程仪、重支、预支各名色，并有长随、家人咨署幕友使费不一而足。其中商人浮开冒销，恐亦不免"[1]。由于盐商手中的盐引积压得越来越多，许多盐商因此而破产逃亡。因而，在道光初年，时任两江总督兼两淮盐运使的陶澍在皇帝的支持下，对两淮盐制试行了改引盐为票盐的改革。

陶澍的两淮盐法改革分为两个步骤，其一是在道光十年（1830年）十二月会同钦差大臣王鼎、宝兴制定了《两淮盐务章程》十五条[2]；其二是在道光十二年（1832年）五月拟定《淮北湖运纲盐滞岸及食盐各岸试行票盐筹议设局收税章程》十条[3]，均被道光帝批准施行。

第一个章程大额裁减两淮盐区各总商、岸商向众盐商附加征收的办公经费，裁减总商人数；大额减少原世袭垄断纲商向运盐收取的专卖资格出租费（即所谓"窝费"）；自武昌、汉口以下至江西湖口多设"岸店"，从仪征上运的食盐直接从上岸进入这些"岸店"销售，而不必全部运至汉口分销，以减少运费成本以及汉口岸商的控制能力；凡自扬州仪征运至汉口的食盐，盐运使"应派公正之员驻守汉岸，会同盐道办事散轮（即盐船销售次序——引者注）事宜，不准假手于岸商，以杜弊混"。此次改革只是对扬州总商、汉口岸商的人数、权力及收取的办公经费进行了限制，削弱了纲商通过出租专营资格获取的专卖垄断费，但并没有完全废除总商和岸商制度，更没有废除纲商制度。

第二个章程则在淮北盐区正式废除了自明末以来形成的纲商世袭垄断盐业专卖的纲法，改为无论何人均可领盐票向盐场买盐贩运销售。其条件是：一、须在盐场附近的税局纳税后才能运销；二、盐商只能在原法定销盐区销售，不得越界。由于在相当大程度上实现了食盐的自由买卖（但法定销盐

---

[1] 陆建瀛：《陆文节公（建瀛）奏议》卷5，《改办淮南盐务折》，载沈云龙主编：《近代中国史料丛刊》第三十五辑，文海出版社1969年版，第193页。
[2] 陶澍：《钦差拟定盐务章程折子》，载《陶文毅公全集》卷12"奏疏·盐务"，清道光二十年淮北士民刻本。
[3] 陶澍：《淮北湖运纲盐滞岸及食盐各岸试行票盐筹议设局收税章程》，载《陶文毅公全集》卷12"奏疏·盐务"，清道光二十年淮北士民刻本。

第一章　汉口开埠前武汉地区法秩序及其变化（1840—1861年）

区制度依然存在），隔断了官商的勾结，淮北盐区的票盐改革非常成功。但由于淮南盐业中的封建势力过于强大，"一遇整顿，则必群起而挠之，造谣植党，恐吓挟制，必使良法中阻而后已"，致使淮南废引改票之政不能实施，陶澍对淮南盐自汉口以下设置分岸的做法也被废止。直到道光二十九年（1849年），湖北武昌塘角发生大火，"烧盐船四百余号，损钱粮银本五百余万，群商请退"①，因而时任两江总督的陆建瀛遂"请乘穷则宜变之时"，在淮南盐区改行票盐法。道光三十年（1850年）二月初八，陆建瀛呈奏《改办淮南盐务折》并拟定《章程》十条，其主要内容有"酌减外费，以轻成本"，其中就包括"停缓其外省盐规匣费"，"核实岸费"，恢复"陶澍原奏每引酌带四钱，随正缴纳运库，由运司随时详明酌解楚西两盐道衙门"，不再由汉口岸商经手；恢复陶澍时期实行的在武昌、汉口以下分设引岸的措施，以分汉口岸商之权②。同年四月初五，陆建瀛发布《新纲章程》十六条，虽仍名曰"纲"，但在淮南盐区推行废引改票制度③，原纲引制度下之汉口总商、岸商及其公费制即自行消灭。此后，"凡盐之运赴楚省者，不惟（武昌）塘角非卸帆之所，即汉口亦非必由之途。故邑中盛衰之感，今昔悬殊"④。"但是，随后太平天国起义爆发，起义军攻武昌，陷汉口，长江航路受阻，淮盐无法上运，废引改票也就随之完结。等到太平天国起义被镇压，曾国藩、李鸿章等人重整旗鼓，复行票盐法于淮南，忆非往日之规。"⑤

（四）牙行制

清承明制，国家对市场的管理主要通过牙行进行，即政府通常不直接管理市场，而是向各行业的居间商——牙行出售本行业的专营许可证即牙帖，由持有牙帖的牙行对本行业进行管理。清代关于牙行的法律制度已经较为成熟，据吴奇衍先生的总结，其基本内容包括：第一，规定了承充牙行经纪的条件和手续。如牙人必须要取"家道果系殷实，品德素为商贾所信服者"

---

①　《清史稿》卷123"食货四"。
②　参见陆建瀛：《陆文节（建瀛）公奏议》卷5，《改办淮南盐务折》，载沈云龙主编：《近代中国史料丛刊》第三十五辑，文海出版社1969年版，第190—199页。
③　参见陆建瀛：《陆文节公奏议》卷5，《改行淮南盐务谕》《新纲章程》，载沈云龙主编：《近代中国史料丛刊》第三十五辑，文海出版社1969年版，第210—226页。
④　同治《续辑汉阳县志》卷8"丁赋·盐法"，同治七年刻本。
⑤　郭正忠主编：《中国盐业史·古代编》，人民出版社1997年版，第818页。

承充,严厉禁止衙门胥吏、绅士及光棍无赖等人充当。第二,先由县政府取具同行邻里担保,造册并逐级申送省政府审核批准、发放牙帖(乾隆以后改由户部发放)。第三,对各地牙行实行定额设置,禁止滥发牙帖并以五年为期,更换新帖。第四,实行一货一牙或一行一牙,严禁牙行跨行经营,实行牙行的专业化,避免牙行自由竞争。第五,严禁私牙。第六,商人必须投牙行交易,不允许自主交易。第七,牙行协助官府监督商人纳税,或直接替官府征收商税。第八,小商贩不必投行交易,禁止牙行刁难、勒索商民。[①] 依《大清律例》,"凡城市、乡村诸色牙行及船(之)埠头,……官给印信文簿,附写(逐月所至)客商、船户住贯姓名,路引字号,物货数目,每月赴官查照",以便治安查验。此外,牙行还负责"评估物价""为(以赃入罪之)罪人估赃。"[②] 牙行的上述职能均具有政府委托授权的经济行政管理属性和提供中介服务的公共管理属性。

　　身兼经营与市场管理双重职能的牙行必然利用公权力为自己谋求垄断利益,但牙行由于没有强制执法权,故只能采用欺骗伎俩乃至流氓暴力手段强迫买卖双方"投行"交易,盘剥客商。乾隆九年(1744年),时任湖北巡抚的晏斯盛曾如此描绘汉口牙行对市场与经济生活的破坏:"狡狯牙行仍复侵吞讹骗,或诱取货物,私自潜逃;或收得价银,任意侵用,及至拖欠既多,则挪新掩旧,种种弊端,不一而足。各省皆然,惟楚省之汉口为尤甚。盖汉口一镇,乃水陆通衢,商贾云集,其间承充牙行者不下数百户,拖欠客账,相习成风,累月经年,不能清结。"[③] 鉴于牙行的恶行,乾嘉时期许多地方政府废除了部分行业的牙行制度,实行买卖双方自由交易。[④] 但湖北巡抚晏斯盛并没有认识到上述弊端主要是由牙行既有经营权又兼具行业管理权的体制所致,只是认为牙帖发放制度的不完善。"推原其故,总由牙行人等赤贫无资者甚多,其日用饮食以及房租等项,俱取自客货之中,虽欲不侵吞

---

① 参见吴奇衍:《清代前期牙行制度试述》,载中国社会科学院历史研究所清史研究室编:《清史论丛》第6辑,中华书局1985年版,第26—53页。
② 《大清律例·户律·市廛》,田涛、郑秦点校,法律出版社1998年版,第267、268、269页。
③ 晏斯盛:《为请定地方官清通牙杆处分例以禁牙行吞编事奏折》,载吕小鲜编选:《乾隆前期牙商牙行史料》,《历史档案》1991年第2期,第11页。
④ 参见武乾:《江湖之道:长江流域的行会与商规》,长江出版社2014年版,第31、32页;《江西道监察御史卫廷璞请废止粮食牙帖听民开行以平米价奏折》,载吕小鲜编选:《乾隆前期牙商牙行史料》,《历史档案》1991年第2期,第10页。

拖欠而不能也。"①

　　太平天国起义前，江夏与汉阳（含汉口）均有牙行。乾隆中期，"湖北省额设牙帖九千二百四十八张，繁盛上行每张征银二两，偏僻上行、繁盛中行每张征银一两，偏僻中行、繁盛下行每张征银五钱，偏僻下行每张三钱"②。江夏至少有牙行 70 户，"原额银八十二两九钱五分，乾隆八年（1743 年）开除银六两五钱，二十五年量增银六十两四钱五分"③，"杂税牙税银一百四十两九钱"④，此定额一直延续至咸丰四年（1854 年）胡林翼改革牙税。因为牙税过微，汉阳县志甚至都不屑于记载牙税银项。

　　尽管在雍正十一年（1733 年）清政府即规定，"各省商牙杂税，额设牙帖俱由藩司衙门颁发，不许州县滥给……著直省督抚饬令各该藩司，因地制宜，著为定额，报部存案，不许有司任意加增"⑤，然而"湖北省从前牙帖一项，向系由藩司颁发，并未报部"⑥。湖北各市镇的牙行还是"仅领道府厅州县私给执照"，甚至有的牙行"并无执照"。

四、官办社会福利制度的实施

　　中国历代政府都制定有对鳏寡孤独的养恤制度。自宋以来，政府即在各地普设养济机构，并将这一制度写入法律。乾隆四十一年（1776 年）修纂的《户部则例》规定："直省州县境内，凡有鳏寡孤独、残疾无告之人，照定额收入养济院给予养赡银米。人多于额，以额外收养。"每个州县均必须建有养济院，其定额亦由法律明确规定。

　　官办的养济院通常只具有点缀善政的象征意义，它只限于收养本地户籍的鳏寡孤独及残疾人，而且实行定额限制，不可能普惠于所有需要救助的人。因而，雍正二年（1724 年）五月，上谕："京师广宁门外，向有普济堂，凡老疾无依之人，每栖息于此，司其事者，乐善不倦，殊为可嘉……闻

---

① 晏斯盛：《为请定清厘牙行之处分以专责成以安行旅事》，载吕小鲜编选：《乾隆前期牙商牙行史料》，《历史档案》1991 年第 2 期，第 8—16 页。
② 乾隆《钦定户部则例》（第二册）卷 60 "关税·杂课（中）·牙行额税"，海南出版社 2000 年版，第 109 页。
③ 同治《江夏县志》卷 3 "赋役·杂税"，同治八年刻本。
④ 民国《湖北通志》卷 50 "经政（二）·田赋·江夏县"，台北华文书局 1967 年版，第 1053 页。
⑤ 光绪《钦定大清会典事例》，卷 247 "户部·杂赋·禁例"，光绪二十五年重修本。
⑥ 民国《湖北通志》卷 50 "经政（八）·权税·牙帖税捐"，台北华文书局 1967 年版，第 1210 页。

广渠门内,有育婴堂一区,凡孩稚之不能养者,收留于此。数十年来,成立者颇众,夫养少存孤,载于月令,与扶衰恤老,同一善举,为世俗之所难,朕心嘉悦,特颁匾额,再行文各省督抚,转饬有司,劝募好善之人,于通者大邑,人烟稠集之处,照京师例推而行之。"①乾隆时规定,"凡通都大邑,官设普济堂,收养老疾无告之人。所需经费,以入官田产、罚赎、社谷等项充用。有官绅士民好义捐建者,其经费并听自行经理";"凡通都大邑,各应建立育婴堂,收养遗弃婴孩,官雇乳服,善为哺乳,委官役董司其事。绅士乐善捐建,听其自行经理"②。依上述规定,普济堂、育婴堂可官办,亦可绅办,均无籍贯与名额限制。太平天国起义之前,武汉地区大体实行的便是上述社会福利体制:养济院归官办,普济堂、育婴堂等或由官办,或由绅办。因为多江多湖的缘故,汉阳、汉口地区的绅商还办有水上救生机构。

(一)武昌地区的官办福利机构

太平天国起义之前,武昌地区官办的公益组织仅有养济院、育婴堂、恤孤局与救生局等四所。

1. 养济院

养济院为收养孤贫的官方慈善机构,各地方养济院均由中央政府在《户部则例》中明确规定。乾隆时期,"湖北省额内收养孤贫一千七百一名",其中,"武昌府属江夏县五十九名"③。此定额在嘉庆、道光年间,均无变化。江夏县之"养济院建忠孝门外,兵燹后改移中和门内,名栖冬院"④。

2. 育婴堂

"育婴堂建粮道署左"⑤。"武昌府之育婴堂,创建于雍正九年(1731年),原在汉阳门内崇文三铺,嗣因乳婴日繁,乳妇夫役不敷容止,经各官公捐,改建于新兴一铺,较旧堂稍广。曾大父义烈公(武昌知府裕谦之曾祖班第,曾任湖广总督——引者注)总制两湖……署其堂之额曰'保息同仁'。时乾隆四年(1739年)也"⑥。

乾隆《户部则例》专列有武昌育婴堂经费各项详细支出,并规定"岁

---

① 《钦定大清会典事例》卷269"户部·蠲恤",光绪二十五年重修本。
② 乾隆《户部则例》卷117"蠲恤·矜恤下",海南出版社2000年版,第281页。
③ 乾隆《户部则例》卷116"蠲恤·矜恤上",海南出版社2000年版,第273页。
④ 同治《江夏县志》卷2"疆土",同治八年刻本。
⑤ 同治《江夏县志》卷2"疆土",同治八年刻本。
⑥ 裕谦:《育婴堂筹增经费》,载同治《江夏县志》卷2"疆土",同治八年刻本。

第一章 汉口开埠前武汉地区法秩序及其变化（1840—1861年）

以官项生息、捐项生息等银充用。如有不敷，在武昌船厂料盈余银内拨补"。"省城堂内事宜责成武昌府通判经理，驿盐道稽察……所需经费，报部核销"①。可见该堂的性质应为官办商助。由于"生齿倍蓰……而不得不议增矣。乃至道光七年（1827年）筹议士商捐输，共成善举，事阅三年，迄无成说"。裕谦任武昌知府后，"寖劝捐之议，与德怀庭观察各捐俸银三千两生息以为经费……又胪举支给、开除、抽查诸法，谨列十条，详定章程，而其银则交江夏县发典生息"②。

3. 恤孤局

这里所谓"孤"，是指父母双亡而无亲友收养的儿童。对这一类儿童，本应属养济院的救济范围。但养济院法定名额有限，因而道光年间武昌盐法道兼武昌知府裕谦创设了恤孤局。

> 去冬风雪严厚，每见雪中有冻卧小儿，停舆问之，率皆灾役之后，父母既亡，无亲戚收恤，累累沟渠、奄奄待毙，情甚可伤。辄送养济院，而其人殊众，不独养济院经费不足给，屋宇不足容，且其人皆未能自为衣食，必须抚而育之，势非另设一局不可。前余捐增育婴堂额数思以继曾大父义烈公保息同仁之志，然当先义烈公时，此间生齿虽繁，犹未极盛，而物力有余，其孤幼自四岁以上，纵无父母，尚有旁人收恤，故育婴堂所育皆三岁以下乳婴，今则生齿繁极，幼孤之失所者，较昔年亦众，又不得不变而通之。其事相类而不同，乳婴必需乳母，而今之所收无需乳母，其事较简，然其齿将渐长，必养而教，以为终身之谋，其事繁。时余方兼盐道篆，查道库尚有闲款可筹，爰推先义烈公保息之意，设为恤孤局，妥定章程若干条，而先义烈公旧所式廓之育婴堂，除现在婴儿、乳母四百数十人外，尚有空闲房舍七十余间之多……以一百六十名为常额，选雇老诚勤慎有技艺者十六人作为号长，每号长一名派管童稚十名，照料其饮食起居，即教习其技艺，分别勤惰酌量赏罚及其疾病医药，悉为制度，额数开除随时收补，歉岁则酌加增广绅者以董其事，委佐杂妥员兼司之……其经费每年约三千两，每届正月由盐道发存

---

① 乾隆《户部则例》卷117"蠲恤·矜恤下"，海南出版社2000年版，第285页。
② 裕谦：《育婴堂筹增经费》，载同治《江夏县志》卷2"疆土"，同治八年刻本。

府，每月由首事赴府承领通详立案，足以永行。①

4. 救生局

"按旧志：乾隆十一年（1746年）奉准湖北设救生船，汉阳县船只十只，牛湖渡船三只。"② 江夏县无法定救生机构，但地方政府举办有救生局。"救生局在城西滨江，分守徐公设巨舟以救溺，委耆民司之，因置亭。今衡善、益善、永安各堂亦设救生船分布江面，随地设局，皆仿旧制。"③ 既称局者，通常为官办机构。所谓"旧制"，即由官为投资，绅为代理。

太平天国起义前，武昌地区未设普济堂。

（二）汉阳及汉口地区的官办福利机构

1. 恤孤局

"原址在县署西北王府岭，因道光辛卯年（1831年）大水灾，民蓬居，小儿无所依附，经郡守沈兰生令史礼贤修建。道光丙午改为府知历署"④，即道光二十六年（1846年）废。恤孤院为非法定必设机构，故地方政府可以视情形定其兴废。

2. 孤贫院

汉阳县"孤贫院，坐落西门外，共八间，乾隆二年重建"⑤。乾隆时期，"湖北省额内收养孤贫一千七百一名"，其中，"汉阳府属汉阳县二十六名"⑥。此孤贫院大概就是汉阳县依法律必须设立之官办养济院。

3. 普济堂

普济堂非法定所必设，通常为官、绅合作之慈善机构。"普济堂（旧在城西阳坊，日久坍塌），在汉口大智坊。先以公费缺少，未及行普济之事。至雍正五年水患，房屋坍塌几尽。孤贫院在西关外，房屋仅八间，孤贫众多不能容住。且汉阳孤贫至汉口觅食，祈寒暑雨奔走维艰。乾隆二年，知府胡学成于汉口大智坊重建普济堂一所，计内外房屋六十九间，移为孤贫栖息之

---

① 裕谦：《武昌府恤孤局记》，载同治《江夏县志》卷2"疆土"，同治八年刻本。
② 光绪《汉阳县志》卷2"营建略·义举"，台北成文出版有限公司1975年版，第88页。
③ 参见同治《江夏县志》卷2"疆土"，同治八年刻本。
④ 同治《续辑汉阳县志》卷12"公署"，同治七年刻本。
⑤ 嘉庆《汉阳县志》卷17"公署"，嘉庆二十三年刻本。
⑥ 乾隆《户部则例》卷116"蠲恤·矜恤上"，海南出版社2000年版，第273页。

地，并有各所铺，月给口粮以资养济，而名则仍普济堂"①。该普济堂早在乾隆时期就已进入《户部则例》名录中，其各项支出标准，均由《户部则例》规定。"岁以商捐生息银充作经费，每岁支存，报部核销"②，当属官办商助的慈善机构。

4. 育婴堂

汉阳县育婴堂，"旧在东阳坊，共十间。雍正十三年（1735年），知府张廷庆、知县梁瑛率同绅士崔文元等募建。邑绅徐谔捐田九石三斗以供堂内资用。一在西阳阳坊共二十间，系绅士徐诜买高姓房基二所改建"③。"汉阳县育婴堂经费支销章程与省城堂例同，岁以商捐生息充用……汉阳县堂内事宜，交汉阳府通判经理。所需经费，报部核销"④。

五、监狱与刑罚执行制度

同治时期《江夏县志》罕见地设有"刑法"一目，其中诸多内容虽为清朝全国统一的制度，非江夏所特有，但从其记载可以肯定在江夏地区一定是执行过全国统一的相关制度。本部分的内容主要根据这一记载写作。

（一）监狱制度

依《江夏县志》载，湖北本省徒刑犯人，"徒五等，发本省驿递"。可知清代地方监狱并非执行徒刑之场所，而是监禁未决人犯之地（已决徒刑犯人发本省驿站充役）。江夏县"县监在署西，典史专管，重槛复墙，外围以棘门，首画狴犴，所以拘禁不法也。男子犯徒罪以上，妇人犯奸及死罪皆应收禁。军民杖以下，妇人流以下及老幼废疾者，皆散收押禁官；犯私罪，除死罪外，徒流锁收；杖以下散禁（即不加戴刑具关押——引者注）；公罪自流以下皆散收。轻重不得混杂，锁杻须常洗涤，席荐须常铺置，冬设暖床，夏备凉浆。凡在禁囚犯，日给仓米一升，冬给絮衣一件，病给医药。看犯、支更、禁卒巡逻防范，夜给灯油，并于在官钱内支放。管狱官早晚进监点验时，先将监门封闭，俟点验毕出监时，再行启闭。刑具赭衣，毋许私行开放、任意换脱，致有疏虞。有监狱之责者，除照向例设立循环簿，填注每日出入监犯姓名，申送上司查阅外，务令专管监狱官将监内人犯，无论新收

---

① 嘉庆《汉阳县志》卷17"公署"，嘉庆二十三年刻本。
② 乾隆《户部则例》卷117"蠲恤·矜恤下"，海南出版社2000年版，第281页。
③ 嘉庆《汉阳县志》卷17"公署"，嘉庆二十三年刻本。
④ 乾隆《户部则例》卷117"蠲恤·矜恤下"，海南出版社2000年版，第285页。

旧管，逐一开载填注犯案事由、监禁年月及现作何审断之处，造具清册存查"①。汉阳县"县监，在县大门右首"②，其汉口地方因不够县级行政级别而未设监狱。

湖北省按察司及武昌、汉阳两府均设有专门的监狱管理机关——司狱署。湖北按察司"司狱署在按察司署右，经历署后，清咸丰贼毁"③；武昌府"司狱署在府署右"④，汉阳"司狱署，在府治南"⑤。各司狱署除分别察掌全省及两府属下监狱外，还各有其直辖监狱。省按察司监狱称省监或司监，府监狱则称府监，汉阳"府监，在鼓楼西首"⑥。

（二）刑罚的执行

笞、杖以及死刑的执行，其刑具规格、施刑部位与执行程序均依《大清律例》及《大清会典事例·刑部》的相关统一规定。徒刑通常是"发本省驿递"，唯流刑及充军、发遣刑的执行，因关涉距离的远近，各省及各府犯人的分发地则各不相同。依乾隆时期的《三流道里表》，武昌、汉阳两府的流刑犯人根据不同的流刑等级，应分别发往浙江海宁、慈溪、黄岩等地安置⑦。到道、咸时，湖北流刑犯人的流放地则改至山东。同治《江夏县志》录《大清会典事例》载，湖北本省徒刑犯人，"流三等，湖北布政司、府分流山东"。凡发遣、充军犯人，分发到规定各省，根据武汉距离各该省不同的充军之地的远近，分为附近、近边、边远、极边、烟瘴五等。"在京，兵部定地；在外，巡抚定地，仍抄招知会兵部"。"湖北布政司、府分发襄阳府（附近）、江西（附近、边远）、浙江（附近、近边、边远）、四川（附近、边远）、江南（附近、近边、边远、极边）、山西（附近、近边、边远、极边）、陕西（附近、近边、边远、极边）、直隶（近边、边远）、广东（附近、近边、边远、极边、烟瘴）地方"。"军犯皆远方之人所犯，案情或非大恶，携家到配，安分营生，与死罪减等改发之遣犯不同。遣犯多系凶恶

---

① 同治《江夏县志》卷5"刑法"，同治八年刻本。
② 同治《续辑汉阳县志》卷12"公署"，同治七年刻本。
③ 民国《湖北通志》卷26"建置（二）·廨署"，台北华文书局1967年版，第678页。
④ 民国《湖北通志》卷26"建置（二）·廨署"，台北华文书局1967年版，第680页。
⑤ 嘉庆《汉阳县志》卷17"公署"，嘉庆二十三年刻本。
⑥ 同治《续辑汉阳县志》卷12"公署"，同治七年刻本。
⑦ 《三流道里表》"湖北·武昌府""湖北·汉阳府"，载《三流道里表蒙古律例钦定学政全书》第1册，海南出版社2000年版，第36、37页。

第一章　汉口开埠前武汉地区法秩序及其变化（1840—1861年）

盗犯，非严加管束，则为害地方，寻常军犯，良懦有之，勿任胥役欺凌，视为可虐。"①因"布政使执掌虽以钱粮为主，但亦有相当的司法职能"②，而且布政使在职级上位列按察使之上，故在司法权上，布政司亦高于按察司，会典中规定各省徒刑及军流犯人的分发单位以布政司而非以按察司为准。

第二节　太平天国起义前汉口官民共治的市政治理体制

作为前近代中国最大的商业中心，汉口镇的城市治理结构与治理模式无疑可以作为前近代中国纯粹商业城市的典型。美国汉学家罗威廉认为，早在19世纪晚期甚至"在此前一个世纪里"，汉口已经"沿着由中国自身社会经济发展的内在理路所规定的道路"，实行一定程度的城市自治了；在1861年汉口开埠前，"在汉口商业领域，商人自治全面取代了官府的直接控制"，"西方人的到来只不过是强化了正在变化趋势而已"；到19世纪末，"一个实质层面上的自治已经出现，它拥有了真正的权力"，"形成了一个以行会为中心的、实质层面上的市政管理机构"③；行会的商业自治进而延伸到汉口公共设施的建设和公共服务方面，"逐渐出现了全城范围内系统性的综合项目"和"大众福利全城的社会自治体系"④。

方秋梅教授则认为"19世纪汉口民间社会的发育……民间市政力量具有越来越强的自我管理能力和管理城市能力。但是……并不具有独立自主地管理整个汉口市政的能力"；"市政管理权从根本上看还掌握在官府手中，而不是掌握在绅或商的手中；多层级地方政府并管为主、绅和商参加办理为辅的市政体制的本质是官治，而不是由绅或商主导城市自治"；"官、绅、商在改良市政的过程中，尽管会因为具体的利益而产生矛盾，但是在主流方面，官、绅、商基本上是利益共同体……他们在进行市政建设和市政管理时，往往倾向于合作而不是对抗"；罗威廉的"19世纪汉口乃至中国存在着

---

① 同治《江夏县志》卷5"刑法"，同治八年刻本。
② 魏淑民：《清代乾隆朝省级司法实践研究》，中国人民大学出版社2013年版，第27页。
③ ［美］罗威廉：《汉口：一个中国城市的商业和社会（1796—1889）》，江溶、鲁西奇译，中国人民大学出版社2005年版，第414、415、418页。
④ ［美］罗威廉：《汉口：一个中国城市的冲突和社区（1796—1895）》，鲁西奇、罗杜芳译，中国人民大学出版社2008年版，第221、156页。

的实质上的城市自治"的说法,"不过是西方中心史观指导下构建的中国城市虚像"①。

方秋梅教授认为罗威廉过于夸大汉口城市自治的规模与程度,虽然将汉口开埠前的城市治理体制称为官、绅、商的合作共治是正确的,但并不能因此否定汉口城市的社会自治。根据政治学与法学的基本原理,社会自治至少应当包括社会组织的自治与区域性的自治。从现有的史料看,开埠前的汉口已经具备了此两类自治,此两类自治主体与汉口地方官治系统一起,建构了汉口官民共治的治理体制。

一、汉口官治体制的弊端

前面已经谈到了汉口多元的官方管理系统,相对于武昌、汉阳二城,汉口镇除同样具有市政管理不能统一的弊端外,还存在其政治地位与经济、社会地位的严重倒挂,从而导致官方在汉口的市政管理水平极为低下。

(一) 汉口的政治地位与其经济、社会地位极不匹配

作为以码头为中心建立起来的完全商业化的汉口镇,尽管其经济与人口总量早已远超过督抚所在的湖北省城武昌城、汉阳府(县)城,但清代设置完全以军事、政治地位而非以商业地位为标准,因而,在清代传统政治建制中,汉口却没有相应的政治地位。在政治上,汉口被分置于湖广总督、湖北巡抚、汉阳府及汉阳县的多头管辖之下,即不是独立的政治实体。除康熙时汉阳府曾在汉口设同治作为最高统治官员外,其他时间,汉口的政治地位均设于汉阳县之下,其驻汉官吏的最高职级只是小小的巡检司。

这一县、镇倒挂的城市管理体制,使得汉口镇这一日益增长的巨大经济、社会的实体辕车,一直拖挂在汉阳县这匹政治小马的身后,且在地理单元上明显受到隔江而治的障碍。光绪二十四年(1898年)十二月初八日张之洞给皇帝的奏折云:"汉口尤为南北各省来往要冲,市面愈盛,即交涉愈多。乃汉阳县与汉口,中隔汉水,遇有要事,奔驰不遑,若至通济门外,往返之间,已废一日。且以后铁路由该镇通济门外至黄陂县界之滠口中,数十里间,悉成繁盛之区,即皆有华洋交涉事件,必须随时应付,刻期履勘,断不能稍延时日,至误事机。加以商贾辐辏,讼案繁滋,会匪游勇,溷迹窥

---

① 方秋梅:《近代汉口市政研究(1861—1949)》,中国社会科学出版社2018年版,第98、99、101页;方秋梅:《湖北新政前夕汉口的民间市政参与问题研究——兼论罗威廉的"19世纪汉口自治说"》,《江汉大学学报(人文科学版)》2011年第5期,第53、54、55页。

第一章　汉口开埠前武汉地区法秩序及其变化（1840—1861年）

伺，缉捕弹压，在在均关紧要。该县本系繁要地方，政务不少，又岂能日事奔驰于数十里之中，于民事洋务均多窒碍。自非有正印专官驻扎汉口，不足以重交涉而资治理。"①

汉口镇虽然拥有着密集的人口和巨大的商业财富，但由于其军事与政治上的地位低于汉阳县治，因而，汉阳县政府对汉口市内公共设施，除官署外，其他如道路、桥梁、码头、学校、庙宇乃至城垣均不负有财政上的责任。在汉阳县志中几乎见不到官修汉口市区桥梁、道路、码头的记载，这些设施几乎均由汉口绅商捐修（见下文）。因为汉口镇不够县治级别，因而亦"素无城堡"，以至于被太平天国多次轻易劫掠、焚毁，直到"同治三年（1864年），郡守钟谦钧、前令孙福海暨绅士胡兆春等建议就后湖一带筑堡开濠……其费皆商民筹捐共银二十余万两，于是汉口恃以为固而贼不敢轻入矣"②。

至于汉口的公共服务机构，官办的亦极为有限。乾隆二年（1737年），汉阳知府胡学成将原在汉阳城内的孤贫院移至汉口大智坊重建为普济堂，这大概是汉口最早的官办慈善机构。③ 根据罗威廉的研究，即便是汉口开埠之后，官办的公共服务机构仅有救灾和仓储两类；由国家与社会共同主导的主要集中于救济贫弱无依的鳏寡孤独的普济堂、救助弃婴的育婴堂、救济寡妇与孤儿的公善局、以收购废纸的方式救济穷人的惜字局；除此以外汉口的善堂体系则完全由民间主导。④

（二）各级官府对汉口市镇的管理水平低下

虽然督、抚、道、府、县都对汉口镇享有行政、司法管辖权与监察权，但均没有法定的管理权限划分。各级官署均按照传统的吏、户、礼、兵、刑、工房六房书吏及钱谷、刑名师爷体制设置，即便是汉阳府向汉口派有专门的同知或通判机构，但这些机构的管理职能主要限于治安、税收、司法以及对紧急突发事件的应付等方面，如救火、赈灾等，对汉口市镇的房屋建筑、道路交通、给水排水、卫生防疫等城市特有的专门公共管理事项，完全

---

① 张之洞：《汉口请设专官折》（光绪二十四年十二月初八日），载《张之洞全集》第三册，武汉出版社2008年版，第511页。
② 同治《续辑汉阳县志》卷16"营建志·堡亭"，同治七年刻本。
③ 参见嘉庆《汉阳县志》卷17"公署"，嘉庆二十三年刻本。
④ 参见［美］罗威廉：《汉口：一个中国城市的冲突和社区（1796—1895）》，鲁西奇、罗杜芳译，中国人民大学出版社2008年版，第110—126页。

采取放任的态度,从来就没有超出对农村的管理水平。城市管理水平的低端、原始状况一直延续至开埠之后,1905 年始即任日本驻汉口领事水野幸吉曾这样描述汉口的城市公共设施:

> 供水:汉口的本地住民自不必说,居住在汉口的外国人,都不得不用长江的浊水。
>
> 污水处理:汉口的污水处理方式,大多采用暗渠式的下水沟……其污水全部排入长江。由于下水沟不加修缮,流通之处多有破坏、壅塞,甚至已经不能作为排水沟渠之用,特别是进入夏季,潴留的污水、污物臭气冲鼻,实在不堪忍受。在汉口新建的街道两侧,都筑有下水沟,然,如果仍是此现状,则不出数年改成为污水随意排泄之处。
>
> 粪便处理最不完备,便所屎尿充斥,其臭气远散屋外。汉口还有些地方没有便所设施,长江成为唯一的废物丢弃场,汉口居民将一切废物均抛入长江。
>
> 道路:不光是汉口,汉阳、武昌亦是如此,基本没有主干道与背道之区别。街道狭窄,马车通行极为困难,大概只有两辆人力车勉强并行之间距。在汉口中国街,除自用的人力车外,其他交通工具似乎都不能用。道路两侧的商铺的招牌在道路上的人相连接,甚至形成类似天桥的奇观。街面道路多以花岗岩的石板铺就,由于不加修缮,缺损、磨蚀、凹凸之状随处可见,在其低洼或道路边隅,藏垢纳污、腐败物质堆积,不仅储存了大量的病菌,也成为外来细菌的绝好培养地。
>
> 房屋:汉口街市的房屋,出于节省地面面积,房屋与房屋之间栉比鳞次都挨得很紧,房屋高、街道窄,并且在高房后多建狭长的筒屋。为此,采光差、通风不足、充满阴气,到了夏季暑热难当,成为多发疾病之根源。[①]

"汉阳,除了炼铁厂、炼钢厂以及其他一些官办企业外,与其他中国城市并无二致,同样充斥着又脏又破的房屋,衙门和庙宇夹杂其间,也不乏一些品质稍微上乘的住宅,与数英里长的又窄又臭的小街小巷连在一起。"[②]

[①] [日]水野幸吉:《中国中部事情:汉口》,武德庆译,武汉出版社 2014 年版,第 35、36 页。
[②] [英]余恩思:《汉人:中国人的生活和我们的传教故事》,邹秀英、徐鸿译,国家图书馆出版社 2013 年版,第 6 页。

二、汉口社会组织的民主化自治与社区自治

（一）同籍商人会馆及其自治活动

为对抗牙行对当地交易的垄断，明清时期各城市的外地籍商人往往自行成立同乡商人组织——会馆。

近代以来的很多学者对商业会馆与公所没有进行实际性的区分[①]，但亦有少数学者认为会馆和公所还是有区别的。民国社会经济史学家全汉升先生认为："会馆的事业与中古的行会有不同的地方：后者对于本行工商业的统制只是消极的，行会的规条上几全都有'不准''不得'等字；会馆则较积极，尽量地保护会员的利益而使之发展，甚至要与外来的帝国主义者冲突亦所不惜。究其原因，大约由于中古的行会目的只在免除本行会员相互间的自由竞争，故有各种严厉的禁止；而会馆目的则较扩大，在乎团结同乡的工商业者成一个坚固的壁垒以与外（外地工商业者及外国）抗，来保证本团体的利益。会馆的会员愈受保护而发展，则他们所组织的会馆愈繁荣，故在作用上，会馆对于会员消极的禁止较少，积极的保护较多。"[②] 吕作燮先生在考察了苏州的会馆与公所之后，认为"会馆是作为同乡聚会议事的场所，目的在联络乡谊"，而"公所与会馆最大也是最根本的不同在于公所已经突破了传统的地域界限，走向同业之间的联合，把自己建立在同行同业的基础上"；"公所为同业制订行规，使同业统一遵守，以达互利的目的"，"地域商帮的会馆，在商品经济进一步发展，竞争进一步加剧的情况下，就暴露出它的先天不足，特别在外国资本主义商品入侵以后，竞争更为复杂的情况下，就迫使地域性商帮逐步突破地域界限，向同业联合的方向发展。会馆的衰落和同业公所的兴起，是一个势在必行的自然趋势。"[③] 吴慧先生也认为"它们是商人组织的两个不同的历史发展阶段，也可以说是两种不同类型的商人组织"[④]。笔者根据对清代长江流域各商业城市商人会馆和行业公所的

[①] 参见彭泽益主编：《中国工商行会史料集》（上），中华书局1995年版，第15、91页；王日根：《乡土之链：明清会馆与社会变迁》，天津人民出版社1996年版，第54页；邱澎生：《商人团体与社会变迁：清代苏州的会馆公所与商会》，台湾大学历史学研究所博士学位论文1995年，第47、94页。

[②] 全汉升：《中国行会制度史》，食货出版社1935年版，第115页。

[③] 吕作燮：《明清时期苏州的会馆与公所》，《中国社会经济史研究》1984年第2期，第21、22页。

[④] 吴慧：《会馆、公所、行会：清代商人组织演变述要》，《中国经济史研究》1999年第3期，第119页。

研究,亦认为"早期的商人会馆几乎完全是属人主义的,仅仅是为同乡提供各种帮助、敦睦乡谊为主,尚不涉及行业经营","很多会馆虽然兼有属人性和行业性,但属人性仍然是其主要特征";"公所是中国古代行业组织发展的最高阶段","基本上摆脱了同乡商业会馆的属人主义局限……成为真正意义上的行会"①。

作为明清时代国际化的商埠,汉口镇亦存在着大量的会馆与公所。《夏口县志》记载的123个会馆、公所中,除民国以后设立的8个、附属于其他会馆的机构3个以及明显属于宗教机构的清真前寺之外,在清代设立的会馆、公所共有111个。其中,纯粹的同籍商人会馆共23个,占21.7%;纯粹行业公所共82个,约占73.9%;兼具会馆与公所双重职能的6个,占5.4%。会馆大多建于咸丰之前,有17所,占全部会馆数的近74%;公所大部分建于咸丰之后,有69所,占全部公所数的84%以上②,基本证实了前述主张区分会馆、公所诸位学者的论断:会馆多为开埠前形成的同籍商人组织,而公所则为开埠后形成的纯粹同行业机构。如"武汉钱业在逊清乾嘉以前,并无团体组织,多属散漫经营。营业状况,亦无从稽考。及至道咸以后,同业渐知联络,汉口始有钱业公所"③;在1883年汉口茶叶事件中有力抗衡官府与外商的汉口茶叶公所,也是在1871年始建立起来的。

目前保存较为完好的会馆史料主要有《紫阳书院志略》与《汉口山陕会馆志》。汉口紫阳书院为徽州商人于康熙三十三年(1694年)在汉口建立,又称新安会馆,是汉口最早的会馆之一。汉口山陕会馆亦系康熙年间建成,但咸丰时毁于兵火,同治九年(1870年)重建。咸、同以前的史料,《汉口山陕会馆志》中已不多见,本文具引的关于山陕会馆的史料虽多为同治后,但鉴于重建之会馆对咸、同以前会馆的延续性,亦具有参考价值。

1. 会馆总管通常实行轮值制

在长江流域各主要商埠,"商业会馆的内部组织管理通常实行以各地域为单位公推董事轮流值年或值月制","公所组织与会馆类似,亦设董事

---

① 武乾:《江湖之道:长江流域的行会与商规》,长江出版社2014年版,第36、37、41页。
② 参见民国《夏口县志》卷5"建置志·各会馆、公所",载《中国地方志集成·湖北府县志辑③》,江苏古籍出版社、上海书店、巴蜀书社2001年版,第85—91页。
③ 《武汉金融志》编写委员会办公室、中国人民银行武汉市分行金融研究所编:《武汉钱庄史料》,1985年版,第206页。

(或柱首、司年)、司月,实行轮渡值年或值月制"①。轮值制度是最古老的民主制度,从保存下来的《汉口山陕西会馆志》《紫阳书院志》看,汉口诸会馆的内部组织也都采用了这一民主制度。

汉口会馆或公所的轮值总管,有称"值年"者,有称"值年首人""值年司事"或"司年"者,不一而足。汉口山陕会馆《酌定条规》规定:"圣余堂新旧帐据,重修会馆抽捐总册、收支帐簿、房屋、家俱、菜园、地基,一应灯彩及银钱收支,应用人投,总归值年经管差委。"② 安徽紫阳书院旧规,"凡祀产租息司匦者,按季发折,着祠丁收取。如有过期不能全清者,定于春秋祭期通知值年司事诸公一同坐索","凡每年春秋祭典,原有成规,另牌张持。值年诸公,临期务宜敬谨照办,勿得稍存懈怠,率意更张"。值年中有正、副两职,"凡司老匦者,为众司事之统理。各宜频至书院查察,各尽勤慎","凡仕宦有至书院,恭谒拈香者,祠丁先期知会两匦年首,早至伺候,以便迎送"③。各帮轮值首事的产生,则采用公推制。所谓公推,并非是一人一票的选举制,而是酝酿式的民主协商,推举出德高望重者。

对会馆中的司役则采取聘用制。紫阳书院称"祠丁",山陕会馆称"香工人"。山陕会馆《酌定条规》云:"本馆司事、住持、香工人等伙食、应客烟茶并杂费迩来耗费太甚,概无限制。"山陕会馆还专门聘有主管香火之僧人住持。山陕会馆《酌定条规》规定:"供奉香火长年神灯,乃住持应办之事……每逢会期奉香献酒,自必住持奉。年节三天,僧人间有贪闲,假手他人,殊属不恭。"④ 祠丁、香工人和住持均为会馆所雇佣。

2. 会馆享有完全独立的财产权

清代汉口的会馆均享有独立的财产权,包括各类动产和不动产。由于清代与中国古代的其他时期一样,缺乏明确的不动产权登记制度,其产权证书通常是购买不动产的契约以及官府颁发的各种确权文书,如执照、判决等。

---

① 武乾:《江湖之道:长江流域的行会与商规》,长江出版社2014年版,第37、48页。
② 《酌定条规》,载山西祁县晋商文化研究所、湖北长盛川青砖茶研究所编:《汉口山陕西会馆志》卷上,三晋出版社2017年版,第197页。
③ 《书院公同酌遵原议旧规》,载董桂敷编:《紫阳书院志略》卷8,湖北教育出版社2002年版,第321页。
④ 《酌定条规》,载山西祁县晋商文化研究所、湖北长盛川青砖茶研究所编:《汉口山陕西会馆志》卷上,三晋出版社2017年版,第198页。

《紫阳书院志》专门在第六卷载有书院购买地产的契约文书"契墨"和地方政府颁发的确权文书"执照"①,《汉口山陕西会馆志》亦记录有山陕西会馆历年购置地产之契约。② 这些地产所有权属于该社会组织,但无人对其享有持股权,包括该社会组织财产的捐赠人,因而,这些社会组织的法律属性已经与近代大陆法系国家的财团法人非常接近了。在大陆法系国家,无论财团法人还是社团法人,其财产权是完全独立的。

汉口会馆的收入通常包括自愿捐款、强制性抽捐及会馆出租收入。(1)劝捐。同治九年(1870年),山陕两省十帮同人议决重建山陕会馆的同时,"布告同人,亟筹巨款,随缘乐助,舍旧图新"③。但主动捐款数非常有限,自同治庚午年(1870年)山陕会馆开始筹建,"迄今二十五年(光绪二十一年,即1895年——引者注),仅共收布施三万四千有奇"。(2)抽捐。同治十一年(1872年)正月,山陕会馆十帮首人公议《公同议定抽捐条规》,规定"凡两省字号在汉作贸者,并及过往之货物,按货平允抽资,共襄善举"。此类抽捐因见货即抽,颇似地方政府所抽之厘金,故又名之曰"厘金"。到光绪二十一年(1895年)会馆落后,"仅共收布施三万四千有奇,厘金则数倍过之,共陆续捐厘金银并息二十五万之谱"④。(3)土地与房屋出租收入。据《汉口山陕西会馆志》记载,山陕西会馆"在汉口西北隅循礼坊境内……街北为西关帝庙,巷深可四十余丈,宽广稍逊于前衢,而屋列于东西,取赁以供馆用,不可废也","又东为茶楼,又空基岁取租金以资馆用"⑤。会馆财务收支实行完全公开,所有"支销银总",亦在《汉口山陕西会馆志》中全部予以公开。

3. 会馆的自我管理与自我服务

清代湖北的地方官吏很早就对汉口会馆的自我管理与自我服务功能有了很明确的认识,乾隆十年(1745年),湖北巡抚晏斯盛在呈给皇帝的《请设

---

① 参见董桂敷编:《紫阳书院志略》卷6,湖北教育出版社2002年版,第216—230页。
② 山西祁县晋商文化研究所、湖北长盛川青砖茶研究所编:《汉口山陕西会馆志》,三晋出版社2017年版,第249—257页。
③ 《劝乐输文》,载山西祁县晋商文化研究所、湖北长盛川青砖茶研究所编:《汉口山陕西会馆志》卷上,三晋出版社2017年版,第109页。
④ 《公同议定抽捐条规》,载山西祁县晋商文化研究所、湖北长盛川青砖茶研究所编:《汉口山陕西会馆志》卷上,三晋出版社2017年版,第123页。
⑤ 《汉口西会馆总图记》,载山西祁县晋商文化研究所、湖北长盛川青砖茶研究所编:《汉口山陕西会馆志》卷上,三晋出版社2017年版,第89、91页。

第一章 汉口开埠前武汉地区法秩序及其变化（1840—1861年）

商社疏》中说："楚北汉口一镇……各省会馆亦多，商有商总，客有客长，皆能经理各行、各省之事。"① 美国汉学家罗威廉认为汉口的诸会馆、公所具有以下四项功能："（1）文化功能，诸如祭祀和主持戏剧表演，以培养群体意识。（2）商业功能，比如规范贸易，努力追求成员在地方市场中的行业利益。（3）团体功能，有些金融活动必须有一个组织才行。（4）社会服务功能，包括仅向行会成员以及全部城市人口提供的服务。"② 所谓"商业功能"实际上也是商业经济的自我管理功能，"纵观清代城市的经济管理，民间经济组织在清代城市经济管理中始终扮演着重要角色，起到了城市经济管理主导作用"③。所有上述功能都可以概括为自治功能，即自我管理和自我服务功能。

以山陕西会馆为例，它首先是一个为同乡服务的功能齐全的公共场所。据《汉口山陕西会馆志》记载，山陕西会馆"入东便门是为东厅，有堂有室，为司事馆役办公之所。厅南为魁星楼，楼下为诚敬堂，治窑洞三，内藏祭祀器皿……再北天后宫，楼上供三官阁，间以周垣，对以乐厅。宫西为财神殿，辅以两廊，对以戏台"，"西道建有瘗旅公所，为同乡厝柩之所。所东为泰山庙，有屋有堂，为乡人养病及丁艰换孝之地"④。可知山陕西会馆具有办公、祭祀、娱乐、厝柩、疗养等各种为同乡服务的功能。同样，在汉口的其他"会馆的主要目的之一是兴办慈善事业，如帮助有困难的同乡，使其能回归老家。每一会馆都有自己的祀庙及墓地。每年春、秋节日，会长及会董们提供牛、羊等来祭祀亡灵"⑤。娱乐活动主要是表演老家的戏剧，以慰藉乡愁；祭祀的主要对象则有老家的地方神、行业神、财神等，以满足同乡、同业及商人的共同心理需要，凝聚团体精神。汉口徽州紫阳书院不仅为徽州六县的在汉同乡设立了诸如义舍、义冢一类的慈善设施⑥，更是提供

---

① 晏斯盛：《请设商社疏》，载《皇朝经世文编》卷40"户政·仓储下"，台北台联国风出版社1989年版，第1031页。
② ［美］罗威廉：《汉口：一个中国城市的商业和社会（1796—1889）》，江溶、鲁西奇译，中国人民大学出版社2005年版，第352页。
③ 王肇磊：《传统与现代：清代湖北城市发展与社会变迁研究》，中国社会科学出版社2014年版，第234页。
④ 《汉口西会馆总图记》，载山西祁县晋商文化研究所、湖北长盛川青砖茶研究所编：《汉口山陕西会馆志》卷上，三晋出版社2017年版，第89、90、91页。
⑤ 彭泽益：《中国工商行会史料集》（下册），中华书局1999年版，第632页。
⑥ 参见《义舍示禁》《新安义阡弁言》《新安义阡续置序》《许家湾新置义阡禁示》，载董桂敷编：《紫阳书院志略》卷8，湖北教育出版社2002年版，第311、315、317—318、320页。

了以弘扬朱熹理学宗旨的文化服务公共设施,如尊道堂、义学、六水讲堂、兼山丽泽(堂)、藏书阁、宴射轩、启秀书屋、主敬堂、愿学轩、近圣居等,供徽州六县在汉同乡学习儒学文化,并设夫子祠祭祀朱熹,以表达徽州在汉商人对儒家文化的共同景仰。①

乾隆十年(1745年),湖北巡抚晏斯盛上疏呈请在汉口市镇实行原本只在农村实行的义仓或社仓制度,其称之为"商社"。他说:"楚北汉口一镇……查该镇盐当米木花布药材六行最大,各省会馆亦多,商有商总,客有客长,皆能经理各行各省之事。请令盐当米木花布药材六行及各省会馆,随力之大小,各建义仓,积谷米数万石,存贮汉镇,听其情愿捐输,不得官为勒派。一遇米贵,即行平粜。其平粜价银,一遇川南米船积滞价贱之时,即行买补。所有盈余,亦即归仓,并在仓公用。一切出纳,择客商之久住、乐善而谨厚者为义长,听其经理,仍报明地方官查考。地方官亦留心照管,不使折本侵渔,如社仓法。行之有效,即推广于各市镇一例通行。"② 罗威廉认为这一义仓制度在汉口是存在过的③,叶调元的《竹枝词》云:"每帮捐助数千银,市价稍提便转身。如此阴功容易做,领钱仍是出钱人。"④ 可见这一义仓制度的受惠人只是会馆、行会成员。

4. 以会馆为中心的街区性自治

汉口诸会馆不仅承担着在汉同乡或同业的自治功能,而且还不同程度地承担了对周边社区的服务功能。这一延伸的公共服务在汉口分两种情形:一种是专门化的公共服务与公共管理,如徽州的紫阳书院对汉口社区的消防服务与水龙管理;一种是较为全面的综合性服务与管理,如汉口的宝庆会馆对汉口宝庆码头社区的服务与管理。

现存史料保存了徽州紫阳书院为汉口街区提供的救火设施的记载:"汉镇民居稠密,不下数十万户,火灾之患常有……于是汪君衡士与诸君议,以

---

① 参见《尊道堂记》《义学记》《六水讲堂记》《兼山丽泽记》《紫阳书院藏书阁序》《宴射轩记》《启秀书屋记》《主敬堂记》《愿学轩记》《近圣居记》,载董桂敷编:《紫阳书院志略》卷7,湖北教育出版社2002年版,第243、244、247、249、252、253、254、255、257页。

② 晏斯盛:《请设商社疏》(乾隆十年),载《皇朝经世文编》卷40"户政十五·仓储下",台北台联国风出版社1989年版,第1031页。

③ 参见[美]罗威廉:《汉口:一个中国城市的冲突和社区(1796—1895)》,鲁西奇、罗杜芳译,中国人民大学出版社2008年版,第117—118页。

④ 叶调元:《竹枝词》卷5"杂记"。

第一章　汉口开埠前武汉地区法秩序及其变化（1840—1861年）

为书院兴修以来，诸利人之事，罔不悉举。惟救火之策无闻，宜增设水龙以备缓急，补书院之缺而为郡邑之倡。诸君皆谓善，从而怂恿之。乃募苏工之善制者，为水龙二，制成立之程序，凡用役夫二十二人，平居无事，月给工食白金七金，使各自治其业。有事而用之，则各衣皂衣，操水具，或挑或挽，各随其宜而奋其力，火熄乃已。每水龙出，则给赏以四金，司盐之家给之。事宜既定，闻之郡守长吏，颁示而行之。由是汉镇有火灾，水龙至，则视其高下向背，纵之横之，水势所逮，燎应手扑灭。附近民居，得以安息，其有益于人者如此。"嘉庆四年（1799年），汉阳知府"经本府于上年劝谕新安会馆众商，于原设水龙之外，复添设水龙二座。并因本地制造，未能合式，特令捐资遣人赴苏购办回汉，存贮公所。召募水头，给予工食，专司扑救"。既然水龙系紫阳书院所捐，紫阳书院便当然获得了参与水龙消防管理的权利。按汉阳府与紫阳书院议定的水龙管理章程，水龙"系本馆所捐，以之收贮"，即交紫阳书院（又名"新安会馆"）保管；召募水头之工资，"原系会馆众商按年公捐，应听自行按季给发至；每次赏员劳银四两八钱，系匣商（盐商）公捐，亦听按次赏给，均毋庸官为经理"[①]。

以宝庆会馆为领导核心的宝庆码头既是一个同乡自治组织，也是一个社区自治组织。"道光年间，汉口宝庆码头区域，就有数千居民"。汉口宝庆码头本是和徽帮商民混居，咸丰六年（1856年），"宝庆会馆与徽帮在宝庆码头上打了一天，双方死了十人，伤者无数，结果徽帮败阵。宝庆帮还趁热打铁，扩大地盘，把上至大水巷，下至沈家庙，内至广福巷的广大地区划为宝庆帮所有"。此后，徽帮虽屡次攀附皖籍高官试图夺取宝庆码头，但由于湘籍军政官员势大且宝庆人所特有的惊人凝聚力，宝庆码头一直由宝庆帮商民控制，"是清一色的宝庆同乡"。"（宝庆）会馆是历次争夺码头、巩固码头的组织者和领导者"，"宝庆正街的房屋，大部分原由会馆所建"；"会馆除另有经营收入外，船到码头起货，要收过磅费；货物不过磅者，要收码头管理费"。宝庆会馆在汉口宝庆码头社区内不仅负责对宝庆人各项事务的管理，同时也负责死于本区的外来人口的安葬。"每年有些外帮孤老、乞丐、重病者等爬到码头公坪厕所去死。宝庆帮以他一生一次，以'慈善'为本，

[①] 《纪水龙》《水龙晓谕示》，载董桂敷编：《紫阳书院志略》卷8，湖北教育出版社2002年版，第297、313页。

不加干涉。死后，会馆开三联单，写'无名氏'，派人以毛板船板子钉棺埋葬。在邓家岭坟地边缘，开辟了'无名氏'墓区。"① 从以上情形看，宝庆码头成为以属人主义宝庆籍居民组织自治为主、以属地主义地域性社区自治为辅的双重自治共同体。

（二）社会公益组织

清代典例中的慈善体制主要是官办体制，其一是赈灾及减免税收的所谓"恤政"，其二是各级政府设立的收养孤老的养济院。雍正二年（1724年），上谕"行文各省督抚，转饬有司，劝募好善之人，于通都大邑，人类稠集之处"，设立育婴堂、普济堂等慈善机构。这是清代要求地方政府大规模设立慈善机构的法令，各地方政府不仅大力设立官办普济、育婴二堂，同时鼓励、敦促地方商绅设立民间慈善机构。② 在这一大势之下，汉口亦出现了官办、民办以及官民合办的慈善机构。

关于清代汉口民办慈善机构的发展史，罗威廉已有较为全面的研究。在太平天国起义前，民间主导的善堂体系主要有以敦本堂为代表的救生服务体系和以同善堂、自新堂为代表的丧葬服务体系，属老式善堂。敦本堂、同善堂的基地设于汉阳，但同时亦服务于汉口，甚至主要服务于汉口；自新堂则是基地设于汉口的首家善堂。③ 此外，开埠前的相当多的公益事业为会馆所办，如前述新安会馆所办之水龙消防、宝庆会馆之义葬等。会馆所办公益事业通常附属于会馆，未能独立，因而不在本文所论公益组织之内。

判断公益组织是否民办的标准主要为其经费来源，民办公益组织通常由发起人捐资，并接受他人捐助，享有独立财产权与自治权。汉口的自新堂与汉阳的敦本堂、同善堂，于"均兵燹以前创建，其经费由捐置田宅、租课所出，向归绅首经理。如有外来乐输，多寡久暂，均听其便"④。"道光初

---

① 李树：《汉口宝庆码头与宝庆会馆》，《武汉文史资料》1984年第1期（第15辑），第187页。

② 参见［日］夫马进：《中国善会善堂史研究》，伍跃等译，商务印书馆2005年版，第421—436页；梁其姿：《施善与教化——明清的慈善组织》，河北教育出版社2001年版，第99—112、135—152页。

③ 参见［美］罗威廉：《汉口：一个中国城市的冲突和社区（1796—1895）》，鲁西奇、罗杜芳译，中国人民大学出版社2008年版，第131—137页。

④ 同治《续辑汉阳县志》卷6"善局"，同治七年刻本。

第一章　汉口开埠前武汉地区法秩序及其变化（1840—1861年）

年，汉市殷盛，惰民潦丐于此者滋多，冬令风寒，路毙时，见司牧官循例相验，胥役遂假以虎吓，市商地方苦之。生员傅培霖、甘伟烈等公立施送板棺局，曰自新堂，凡有路毙男女，由地保验无伤痕、别故，报堂覆审给棺掩埋，邀免相验，吁府县详咨立案，奉准遵行。"① 罗威廉列举的汉口第一家独立民办慈善机构自新堂的地产购置情形，以及官府对自新堂财产给予司法保护的例证，也说明了汉口善堂财产的独立性。② 基地设于汉阳、业务及于汉口的敦本堂亦属民办。"时汉岸盐市丰腴，堂董胡元等又为纲商所引重，捐款盈溢，历值房田各产，岁入租课近三千金，足资公用。"

太平天国起义之前，民办慈善组织基本享有完全的自治权。"道光三年（1823年），蹉商姚必达、胡元等公设敦本堂救生船局，请于郡守，得自行经理，官吏不过而问，与旧设官船无与。"③ "此外善举，不拘大小，随时筹办。历由绅首经理，官吏不得过问。前总督周天爵有碑以纪其事，泐石晴川阁下。"④

牙行是介于官民之间的组织，兼具经营权、行业自治权与行业管理权。其向政府购买的行业管理权在很大程度上消解了行业内的民主自治权，成为牙人实行行业垄断经营的工具与手段。牙行只关心行业垄断利益，不需要也不愿意为获得社会认同、扩大社会影响力而承担公共设施建设和公共服务职能。因而，牙行在开埠前的汉口市政治理结构中的地位和影响极为有限。

在汉口的各类社会组织中，诸会馆的经济实力和社会影响力最大，自治能力最强，其内部管理最为民主。以宝庆码头为中心的宝庆会馆区域自治，是汉口社会自治的最高形态。这一自治形态特例的形成既说明了从督抚到巡检司的官方权力对宝庆会馆这一社会组织的支持，同时也反映出官方权力对民间半武装强力组织的妥协、退让，反映出商业化城市早期发展阶段地域性权力结构与治理方式的丛林性法则。

---

① 光绪《汉阳县志》卷2 "营建略·义举"，台北成文出版社1975年影印光绪九年刊本，第88页。

② 参见［美］罗威廉：《汉口：一个中国城市的冲突和社区（1796—1895）》，鲁西奇、罗杜芳译，中国人民大学出版社2008年版，第148—150页。该书注释中说资料来源于1884年《汉阳县志》"公款簿"，国内该县志残本已佚此部分。

③ 光绪《汉阳县志》卷2 "营建略·义举"，台北成文出版社1975年影印光绪九年刊本，第91、87页。

④ 同治《续辑汉阳县志》卷6 "善局"，同治七年刻本。

三、官府与社会组织之间的互动与共治

（一）政府对社会自治组织的监管

1. 社会自治组织成立必须由官府批准

清代的法律没有近代的社团组织登记制度，社团组织的成立通常实行审批制。汉口地区"在组建会馆类设施时，几乎都有必要向政府申请获得认可并公之于众……领取钤有官印的许可证就保证了可以向政府求责"①。紫阳书院之始建，"协议者二十四人，乃公举吴君蕴予、汪君文仪、余君南宜，执牛耳以董率厥任。于是上其议于督抚两院。报曰：可。复请之汉阳守令，然后敬谨奉行"②。前述自新堂施送板棺局的成立，亦须由该局"吁府县详咨立案，奉准遵行"。对于没有报批或申报后没有被批准的行业组织，只要不举行有危及社会公共秩序的活动，政府通常不强行解散该组织。

2. 官府对社会组织自治规范的批准、公布与保障实施

汉口的会馆及慈善机构均制定有相应的自治规范，其名称有章程、规章、条规、帮规等。现存的有山陕西会馆的《公同议定抽捐条规》《酌定条规》《会馆公同酌定议规》《公所议定章程》③，紫阳书院的《水龙章程》《书院公同酌遵原议旧规》④《汉口江西会馆公议》⑤ 等。

各会馆及慈善机构的自治规范由各机构公议制定并在机构内公布，但凡涉及自治团体以外事务的，均要报请汉口地方政府批准，并由官府保障其施行。有的公共设施建设及服务章程还由汉口地方政府与相关社会组织共同议定，以地方官府名义公布并由地方政府保障其实施。如嘉庆五年（1800年）十月二十六日汉阳府张贴于新安码头的《水龙晓谕示》载，"合将前议章程，再行胪列晓示于后"；"倘因现新添不即同往往扑救，查出定行究治"，

---

① ［日］斯波义信：《中国都市史》，布和译，北京大学出版社 2003 年版，第 127 页。

② 《纪本书院本末》，载董桂敷编：《紫阳书院志略》卷 3，湖北教育出版社 2002 年版，第 175 页。

③ 参见山西祁县晋商文化研究所、湖北长盛川青砖茶研究所编：《汉口山陕西会馆志》，三晋出版社 2017 年版，第 111—113、197—199、201—203 页；《公所议定章程》存于《汉口山陕西会馆志》目录中，正文已佚。

④ 参见《水龙晓谕示·计开十条抄五》《书院公同酌遵原议旧规》，载董桂敷编：《紫阳书院志略》卷 8，湖北教育出版社 2002 年版，第 313、320—321 页。

⑤ 参见全汉升：《中国行会制度史》，台北食货出版社 1986 年版，第 106、107、110、157—159、182—185、133、134 页。

第一章 汉口开埠前武汉地区法秩序及其变化（1840—1861年）

"如夫役人等，有能冒烟走险，登时扑灭者，自当捐廉奖赏"①。上述"究治""捐廉奖赏"之执行主体，当为汉阳知府。

即便是完全属于自治机构的内部事务，如果自治机构主动向汉口地方政府呈请，后者也会将相关的自治规范以政府禁示的形式予以公布，并以政府的强制力保障其实施。如紫阳书院设立为旅行汉口的徽州商人提供短期免费住宿的义舍时，"议定规条，虽不过偶尔暂寓，亦藉面熟担保，方敢登明容留，如期迁去。庶几源分不而流可清。又恐日久法驰，或恃强霸住，或久假不归，或非法妄为，或酗酒滋事，均未可定。不请求禁，恐难约束。为此，连名公吁，伏乞春生笔底，赏示儆戒"。雍正八年（1730年）闰四月，汉阳知府"出示禁约，为此示仰徽籍往来人等知悉，嗣后不许在于院内恃强霸住，久假不归，或非法妄为，或酗酒生事。倘有不遵示禁，仍蹈前辙者，许管书院之人，扭禀该管衙门，解府以凭究治，决不宽贷"②。

（二）官府对社会组织利益的保护

政府对社会组织成立申请的批准，可以视为该社会组织获得了法律保护的权益主体资格。汉口社会组织在其财产权与经营权受到侵扰时，会理所当然地申请地方政府保护，地方政府或以禁令或以判决的形式保护其财产所有权以及经营权。现存的《紫阳书院志略》与《汉口山陕西会馆志》都有多处相关的记录。

紫阳书院兴建之初，"不虞一二亡赖，忽尔操戈要挟，布棘环攻，好事者从中姜菲。幸贤有司特加惩创，始为敛迹"。雍正年间，"某霸占文公祠祀产，侵吞租息，捏捐火路，斑呈抚宪"，徽州"六邑士民程璋等呈控"至总督、巡抚，督抚批转湖北分守武汉黄德道审理，不仅归还了文公（紫阳）书院的祠产，而且还判罚被告1000两白银。③嘉庆十九年（1814年）十一月十九日，湖北全省督粮道张道员应山陕会馆呈请，发布敕令，禁止所有居民在汉口循礼坊的山陕会馆后堤外所存隙地"任意搭盖蓬屋，希图侵占……

---

① 《水龙晓谕示》，载董桂敷编：《紫阳书院志略》卷8，湖北教育出版社2002年版，第313页。
② 《义舍示禁》，载董桂敷编：《紫阳书院志略》卷8，湖北教育出版社2002年版，第313页。
③ 参见《纪本书院本末》《晓谕示》《准提庵三元殿府禁示》《义舒示禁》《重修饬禁示》《新街谕禁示》，载董桂敷编：《紫阳书院志略》卷3、8，湖北教育出版社2002年版，第176、308、309、309—311、312页。

为此示仰该处地保及庙僧人等遵照。如有无知棍徒在于隙地搭盖蓬屋，冀图侵占并或有作践庙宇情事，许即扭赴地方官禀究，毋得狗隐并干拏究"①。

（三）社会组织与地方政府的合作共治

汉口会馆及其他慈善组织与政府之间的关系更多地表现为在城市公共设施建设、公共管理与公共福利方面的合作。

依嘉庆《大清会典则例·工部》与《工部则例》，地方政府在城市公共建设方面的法定支出，有坛庙、城垣、府第、公廨（包括官办学校）、仓廒、营房、河工、水利、桥道等项②；依《大清会典》《户部则例》与《大清律例》等法规，抢险救灾、赈济灾民、预防荒歉、矜恤孤寡贫弱、养育孤儿弃婴、收容流浪人口，是地方政府在公共服务方面的法定义务；法律要求地方政府设立官仓，灾后查赈、散赈、帮助灾民修建房屋，设立养济院（养老院）、普济堂（救济贫弱孤寡）、育婴堂、栖流所（限于京城）等福利机构。③ 但除城防、公署外，其他城市公共建设项目中，具体哪些建设项目必须由政府财政提供，哪些项目为官倡民助，却没有明确的规定。汉口镇在独立设厅之前，因其不是州县治所，因而地方政府不可能有很大的财政投入。但汉口同时又是一个比当时的上海更为重要的商埠，商务繁荣、人口众多，对诸如摆渡、公共卫生、消防、城防、水利等公共设施与服务比普通城市更具必要性，因而，汉口地方政府常常会允许、动员乃至半强迫商人会馆及绅士们参与汉口的公共建设与服务。

1. 允许私人企业举办经营性公共服务

开埠以前，武汉三镇居民生活用水多取汲于江、汉。道光时，汉口市区"少凿井，多仰汲襄河，故开水巷，以□卖水者"，应该是有了专门向居民供水的商铺。由于汲水工具通常使用辘轳或人工担水，故"辘轳转担，所过之处，日无干地"④。

---

① 《后堤外禁碑》，载山西祁县晋商文化研究所、湖北长盛川青砖茶研究所编：《汉口山陕西会馆志》，三晋出版社2017年版，第102页。

② 参见嘉庆《大清会典事例》卷664"城垣"、卷665"府第"、卷666"第宅"、卷667"公廨"、卷668"仓廒"、卷669"营房"。

③ 参见乾隆《钦定户部则例》第三册，卷109"蠲恤·灾蠲"、卷110"蠲恤·赈济"、卷116"蠲恤·矜恤"，海南出版社2000年版，第186—202、264—289页；《大清律例·户律》之"收养孤老""检踏灾伤田粮"条，田涛、郑秦点校本，法律出版社1999年版，第188、189、192—195页。

④ 范锴：《汉口丛谈》卷2，台北成文出版社有限公司1975年影印道光二年刊本，第116页。

第一章 汉口开埠前武汉地区法秩序及其变化（1840—1861 年）

汉口镇处于两江交汇处，三镇之间的政务、商务往来频繁，因而日常摆渡成为必需。嘉庆《汉阳县志》载："汉口渡，一在宗三庙，一在五显庙，一在老官庙，一在沈家庙，一在接驾嘴，一在四官殿。"其大抵为私人收费经营，收费很低。叶调元的《竹枝词》云："五文便许大江过，两个青钱即渡河。去桨来帆纷似蚁，此间第一渡船多。"① 慈善人士提供的免费性义渡也是有的，如"李氏义渡，距县治三十五里，在桑马所河内，李氏所设。除年关节随给外，不取行人分文渡资"②，但这类常设性义渡并不多见，大多义渡只是洪水大涨时临时提供的应急性摆渡。道光年间，"傅敏，字公甫，与堂弟傅沛霖立自新堂，好施不倦。道光戊申（1848 年）己酉水灾，设义渡一百余只，迁居民于高阜"③。

2. 官倡民办或完全民办公共设施与服务

汉口开埠前，市区道路、桥梁、水利工程等公共设施，消防、救助老弱、养育弃婴等社会服务，会馆及绅商个人为主要的举办主体，官府仅仅起到倡议、奖励的作用。

在汉阳县志中几乎见不到官修汉口市区桥梁、道路的记载，而由绅商捐修的则有特别说明。如，"喻义桥，在汉口由义坊，邑人刘廷瑜建"；"弘膺桥，在汉口居仁坊。康熙二十八年（1689 年）里人李衍广初建木桥以通往来，五十三年（1714 年）贡生李国柱更筑以石，上加石栏，行人称便"④。至于道路，几乎"所有街道的维修经费均来自民间捐资"⑤。如，"（汉）正街，自三善巷至艾家嘴，乾隆四年（1739 年）邑绅徐谔捐修"⑥；雍乾之际，汉口市廛稠密，为开通救火通道，盐商"（邬）德光买民房当冲要，拆为火路，今大兴路、大亨路是也"⑦。嘉庆八年（1803 年）七月，因"文公（紫阳）书院甬道上首，水巷窄小，水夫往来，多由甬道，日无干路，未能

---

① 叶调元：《竹枝词》卷 1 "市廛"。
② 民国《夏口县志》卷 5 "建置志·津"，载《中国地方志集成·湖北府县志辑③》，江苏古籍出版社、上海书店、巴蜀书社 2001 年版，第 76 页。
③ 民国《夏口县志》卷 15 之 "人物三"，载《中国地方志集成·湖北府县志辑③》，江苏古籍出版社、上海书店、巴蜀书社 2001 年版，第 219 页。
④ 嘉庆《汉阳县志》卷 7 "关津桥梁附"，嘉庆二十三年刻本。
⑤ [美] 罗威廉：《汉口：一个中国城市的冲突和社会（1796—1895）》，鲁西奇、罗杜芳译，中国人民大学出版社 2008 年版，第 169、168 页。
⑥ 乾隆《汉阳县志》卷 6 "城池·附街衢镇市"，武汉出版社 2017 年版，第 111 页。
⑦ 同治《续辑汉阳志》卷 20 "孝友附'懿行'"，同治七年刻本。

洁净"，故紫阳书院购买了相邻的房屋，"拆通巷路，水火均可无虞"①。

汉口码头则全部由绅商个人或会馆、公所修建。如，"接驾嘴码头，乾隆四年（1739年）贡生崔文元募修"②；雍正十二年（1734年），紫阳书院买下与其相连的房产，拆造通河火道马（码）关，以利居民商旅。③宝庆码头则完全由湖南的宝庆会馆所建。

汉口的慈善服务组织，除政府设立的普济堂等极少数几个机构外，主要来自绅商个人及会馆的创设与管理。"道光三年（1823年），鹾商姚必达、胡元等公设敦本堂救生船局，请于郡守，得自行经理，官吏不过而问，与旧设官船无与。"④

3. 官办民助

"乾隆时代，国家权力随同国力的强大而扩张，因而地方政府关于普济、育婴二堂募办义务变成了主办义务"，乾隆要求"各省会及通都大郡，概设普济堂，养赡老疾无依之人，拨给入官田产及罚赎银两、社仓积谷，以资赡养"，"将各处现设育婴堂，严饬地方官实力奉行，择富厚诚谨之人董理"⑤。但在传统的集权财政体制下，地方政府的财政经费不仅非常有限，各地普济堂、育婴堂仍得由当地绅商资助。如汉阳县普济堂，"旧在城西阳坊"，"以公费缺少，未及行普济之事……坍塌几尽……乾隆二年（1737年），知府胡学成于汉口重建普济堂一所"，除官拨费用外，还有"邬宦（光德）捐置黄陂县崇义乡千余会地方水田二十七石三斗七升，原额租谷一百八十石"⑥，归普济堂支用。

对灾民的赈济，通常要由地方逐级报至中央，再由中央政府下令受灾地或附近地方政府开启官仓，发放赈米。"由于启动官方赈济措施需要花费一定时间并动员各级官僚机构，所以让地方乡绅施'粥'的好处是可以毫无

---

① 《新安街东基屋》，载董桂敷编：《紫阳书院志略》卷6，湖北教育出版社2002年版，第220页。
② 乾隆《汉阳县志》卷6"城池·附街衢镇市"，武汉出版社2017年版，第111页。
③ 《执照·马头基屋照》，载董桂敷编：《紫阳书院志略》卷6，湖北教育出版社2002年版，第228页。
④ 光绪《汉阳县志》卷2"营建略·义举"，台北成文出版社1975年影印光绪九年刊本，第87页。
⑤ 《钦定大清会典事例》卷269"户部·蠲恤""户部·养幼孤"，光绪二十五年重修本。
⑥ 嘉庆《汉阳县志》卷17"公署·普济院"，嘉庆二十三年刻本。

第一章 汉口开埠前武汉地区法秩序及其变化（1840—1861年）

拖延地立即开始……维持到官方赈济开始。"① 在汉阳、汉口，"历次赈务，系由地方官督同绅士劝喻盐商及各商民捐办。"② 绅商捐办的形式就是开设粥厂。

以上官民之间的互动与共治关系，明显地表现出官方居于主导地位③。其一，政府把持了治安、税收、教育、公务员考试等主要的行政权以及司法审判权，而社会组织主要负责特定人群或社区的经济、社会与文化生活。其二，无论是社会组织的设立本身还是其举办的公共活动，都必须得到官方的批准与保护。其三，无论是行业组织还是慈善机构，都还处于分散状态，尚未发育成全市性的统一组织。官府可以支配这些分散的社会组织，而社会组织却无法对官府形成压力。其四，官方与社会组织之间的互动和共治仅表现为各种惯例和双方的博弈，缺乏成文法律的保障，尤其是在社会组织的权益受到损害时没有可资救济的法律。

这种以行会为主体的社会组织自治以及以官府为主导的官民共治政体，并不为开埠前的汉口所独有。根据现有的研究，长江沿岸以码头为中心的商业城市如重庆、上海等开埠之前，晚清以前的江南地区市镇均出现了社会组织的自治以及官民共治的城镇政体形式。④ 这是中国古代社会自发的内生的协商民主与非正式的城镇共治政体形式，虽然离西方中世纪的城市自治还有相当的距离，但它的出现至少可以证明，即使在没有受西方人影响的情况下，中国的商业城市也出现了社会自治的倾向，在经济、社会与文化事务方面，已经具有了一定的支配性的权力；按照中国历史发展的内在规律，社会组织的民主化自治以及分权、合作式的官民共治政体的形成亦是必然的现象；中西城市社会的发展具有不约而同的自治趋向，所不同的仅仅是程度上的区别。

---

① ［法］魏丕信：《18世纪中国的官僚制度与荒政》，徐建青译，江苏人民出版社2003年版，第112页。
② 同治《续辑汉阳县志》卷8"捐赈"，同治七年刻本。
③ 参见方秋梅：《近代汉口市政研究（1861—1949）》，中国社会科学出版社2017年版，第98—103页。
④ 参见梁勇：《移民、国家与地方权势——以清代巴县为例》，中华书局2014年版，第258—299页；陈汉鸿：《试论开埠前后上海会馆公所的发展》，载潘君祥主编：《上海会馆史研究论丛》（第一辑），上海社会科学院出版社2011年版，第39—56页；武乾：《官治夹缝中的自治：明清时期江南市镇的非正式政体》，《法学》2015年第12期，第71—82页。

第三节 太平天国起义期间武汉法制秩序的破坏、恢复及变化（1852—1861年）

武汉地区作为长江中游最重要的战略要地，在太平天国和清政府之间三易其手。太平天国在武汉地区建立过有效的政权，并在一定程度上执行了太平天国的法律制度，对武汉地区的传统法律秩序造成了一定的破坏。清政府从来没有放弃对武汉地区的统治权，军事收复之后，地方政府也尽可能地恢复被太平天国破坏的传统法律秩序。同时，由于起义的原因，胡林翼和官文主导的湖北省当局对传统的法律制度进行了部分变通和改革。许多变法措施不仅为当时战时的其他各省所效仿，而且也成为日后清朝传统法律制度体系解体的开端。

一、太平天国法制在武汉地区的实施状况

太平天国从咸丰二年（1852年）十二月四日首入武昌城，到咸丰三年（1853年）正月初二东撤，在武汉停留了近一个月。在此一个月中，太平天国仅在武昌城内设立有各王府行宫[1]，并没有建立政权。此后，太平天国又先后两次占领武汉，并建立过省、郡、县三级政权。在武汉地区所进行的短暂法律活动，即依太平天国法制设立了基本官制，并实行男女分营、圣库以及摧毁孔庙、神祠、学宫等制度。

（一）在武昌设立省、郡、县三级政权

"甲寅（1854年）……六月，贼复陷武昌省，石达开奏洪逆，令（黄）再兴赴湖北一带，安民造册。七月，抵武昌，与伪国宗石凤魁同襄军事。"[2] 此次"回师西征重占湖北时，设立了省、郡、县三级地方政府。地官副丞相黄再兴担任了湖北省行政长官，主持全省民政……武昌郡总制孙某，下设尚书、将军等官……县则设监军为最高行政官员，办理全县事务"[3]。

太平天国建都南京之初，佐天侯陈承镕曾发札谕给在武昌的省行政长官

---

[1] 《武昌纪事》载："伪太平王居抚署，以黄纸贴大门首，硃书'天朝门'，大堂书'天朝殿'；伪东王居藩署，伪西王居督署，伪北王居臬署，伪翼王居学政署，亦以黄纸贴大门首，硃书'某王府'，大堂书'某王殿'。"载中国史学会主编：《中国近代史资料丛刊·太平天国》第4册，神州国光出版社1953年版，第594页。

[2] 张德坚：《贼情汇纂》卷2"剧贼姓名（下）"，载中国史学会主编：《中国近代史资料丛刊·太平天国》第4册，神州国光出版社1953年版，第58页。

[3] 皮明庥：《太平天国在湖北的革命斗争》，湖北人民出版社1977年版，第72页。

第一章 汉口开埠前武汉地区法秩序及其变化（1840—1861年）

黄再兴："因建造天朝宫殿和东王府内殿，所需工匠甚多……湖北汉阳地方，木工广有。今特着协理石映发、柳启传前来招集。"① 反映出太平天国在湖北、武汉曾经实行过有效的统治。"自武昌至江宁，向设四关。贼于武昌、芜湖两关，因与官军相持，不暇榷税"②，说明太平天国在武汉的统治因受战争的影响，并不是很稳定。

（二）男女别营

太平天国早在金田起义时，就形成了男女别营、夫妻不同居的奇特制度。咸丰二年（1852年）十二月攻破武昌、汉阳两城后，即刻在两地实施了该项制度。"十三日，贼使城中（男）人分驻城外。又有过汉阳城者，不分老幼，以四五十人为一营，使二长发贼为正、副营长领之。自是贼搜人出城，殆无虚日，百姓得居城中者，十无二三矣。""贼使妇女归馆，以数姓并居一家，亦以二十五人为率。""（十二月）十九日，贼令'城中妇女更迁往火巷馆'，迟延者鞭棰促之。时各家男子已出城，妇女虽青年弓足者，莫不躬自负担、抱儿挈女，络绎衢巷。至则有贼妇领之。服饰华美，有钗钏者，辄为贼妇所夺。每馆日发油一杯（柸），各发谷三合。其居僻巷，先与四邻联数十人为一馆者得不迁……二十日，僻巷人家尚有藏匿未出者，搜出决臀杖数十，即于城中归馆。其老耄聋瞽残疾者，分别设老疾馆处之。"③《武昌兵燹纪略》记云："明日，贼复令男子悉拜上，拜上者趋贼营充奴，或充兵也。女子勿许家居，悉迁他舍，廿五人一馆。老有病亦廿五人为一馆，曰老人馆。"④《粤匪纪略》载："省门陷后，首逆入城，将绅民铺户，无论男妇，逼胁投降。以二十五人为一军，男有男贼管带，女有女贼管领。其各家财物粮食搜掠一空，每日按口给米，男人少壮者，即命出城守营，其余分别男女馆，概令归馆住宿，彼此不许往来。"⑤

---

① 《佐天侯陈承镕给黄再兴搜集工匠建造宫殿札谕》，太平天国博物馆编：《太平天国文书汇编》，中华书局1979年版，第177页。
② 张德坚：《贼情汇纂》卷10"关榷交易"，载中国史学会主编：《中国近代史资料丛刊·太平天国》第4册，神州国光出版社1953年版，第276页。
③ 陈徽言：《武昌纪事》，载中国史学会主编：《中国近代史资料丛刊·太平天国》第4册，神州国光出版社1953年版，第595、596页。
④ 佚名：《武昌兵燹纪略》，载中国史学会主编：《中国近代史资料丛刊·太平天国》第4册，神州国光出版社1953年版，第572页。
⑤ 萧盛远：《粤匪纪略·贼陷岳州直扑鄂城》，载罗尔纲、王庆成主编：《中国近代史资料丛刊续编·太平天国》（四），广西师范大学出版社2004年版，第21页。

(三) 进贡及圣库制度

太平军兴之初，在攻略城池后，"每遇富室巨家，必掘土三尺……逮逆党由长沙陷武汉，房刦之局一变屡变。始则专房城市，不但不房乡民，且所过之处，以攫得衣物散给贫者"①。初破武昌时，尚未行掳掠居民，唯设立"进贡"制度，使居民纳贡以示归顺。"贼僭设伪进贡公所，使民间进贡。凡金银、钱米、鸡鸭、茶叶，皆可充贡，且云：'进贡者仍归本业。'盖进贡与拜上异，拜上则为兵，进贡者仍然为民也。于是人争趋之。""初，贼谓'埋藏金银搜出，阖合斩首'。胆怯者遂束手无策，任其取携，及是闻进贡仍得为民者，皆不惜倾困廪出之，至伪公所，次第挤入。数长发贼各以其汇收讫予一纸，上钤伪印，大书'进贡'二字，其贡金银者，给伪执照，署杨秀清、萧朝贵二逆左辅右弼伪衔号。"②但"设馆收贡仅行一日，见所获无几，遂逐户搜刮。此时盖专房城市，仍不扰乡民。逮后陷安庆、江宁，再犯江西、湖北，于城市并不出示取贡，但肆房刦于乡村，则仍出示督民进献"③。

无论没收之公物钱粮，还是搜刮城市富户，抑或是进贡之财物，均入圣库。"贼设圣库于长街汪姓绸店，凡珍贵之物咸纳焉"。"（十二月）二十三日，贼传令'凡衣服美者，皆须有圣库印，方许服袭'。城内外伪官十数人，分途钤印，纷纷竟日。遇有狐貉轻裘，伪官辄攫去曰：'若何堪服此？'"④

(四) 太平军执行法令甚严

咸丰二年底，太平军第一次占领武昌城时，军纪颇严，并不嗜杀。"（十二月）初五……贼大队入汉阳门，传令云：'官兵不留，百姓勿伤。'"⑤"（十二月）二十日，贼有闯入女馆欲行奸者，妇女号呼不从。贼

---

① 张德坚：《贼情汇纂》卷10，载中国史学会主编：《中国近代史资料丛刊·太平天国》第4册，神州国光出版社1953年版，第271页。
② 陈徽言：《武昌纪事》，载中国史学会主编：《中国近代史资料丛刊·太平天国》第4册，神州国光出版社1953年版，第594、595页。
③ 张德坚：《贼情汇纂》卷10，载中国史学会主编：《中国近代史资料丛刊·太平天国》第4册，神州国光出版社1953年版，第271页。
④ 陈徽言：《武昌纪事》，载中国史学会主编：《中国近代史资料丛刊·太平天国》第4册，神州国光出版社1953年版，第596页。
⑤ 陈徽言：《武昌纪事》，载中国史学会主编：《中国近代史资料丛刊·太平天国》第4册，神州国光出版社1953年版，第592页。

第一章　汉口开埠前武汉地区法秩序及其变化（1840—1861年）

目闻之，骈戮数贼，悬首汉阳门外。""贼初军律极严，虽有逆戚属无敢犯者。如十人出战，八人皆死，其二人亦继进不敢退，退者立斩。"① 第一次武昌城破时被裹胁从军的陈思伯云："贼书有赞美词、十大开条、太平条规、诏书暨军令二十条约。有犯奸淫并杀降人及无故焚毁民房者，皆斩不恕。初立伪令，未尝不严也。"太平军初入武昌城，"自尽妇女纷纷投入各处湖塘，尸满水枯，后入塘者竟无术可死，井中妇女后下者亦不得死，数日后贼不忍见，陆续救出"②。

（五）摧毁孔庙、神祠、官学与儒家典籍

太平天国信奉的拜上帝教为一神教，反对祀奉其他偶像，因而其军队所到之处，都会摧毁当地的孔庙以及祀奉其他神祇的庙、祠、坛等祭祀场所，破坏当地以儒学为正统内容的官学与书院。咸丰二年十二月，进入武昌、汉阳两城后，立刻捣毁各级官学。武汉地区的各级学务机构、官学与书院，全部被毁。

1. 毁坏学官官署、科举考场与书院

湖北提督学院署设于"胭脂山南前所营……咸丰二年，粤逆陷城署，毁"③；"武昌府学宫在府治南黄鹤山下，左长街，在城隍庙……咸丰二年毁于兵"；"江夏县学宫，在凤凰山下……咸丰二年寇毁"④；"贡院，在省城北凤凰山下……咸丰初寇毁"⑤；"江汉书院旧在文昌门内，明提学葛寅亮建……咸丰初寇毁""武昌勺庭书院在忠孝门内胭脂山朱家巷……咸丰中寇毁"⑥。

"汉阳府学宫在府治西凤栖山麓，创于宋庆历中……咸丰二年寇毁"；"汉阳县学宫在南纪门，明初建……咸丰二年冦毁。"⑦ "汉阳府试院在城内建中坊，雍正三年（1725年）知县阎炳、绅士汉阳徐锷修……咸丰二年兵

---

① 陈徽言：《武昌纪事》，载中国史学会主编：《中国近代史资料丛刊·太平天国》第4册，神州国光出版社1953年版，第596、600页。
② 陈思伯：《复生录》，载罗尔纲、王庆成主编：《中国近代史资料丛刊续编·太平天国》（四），广西师范大学出版社2004年版，第344页。
③ 民国《湖北通志》卷26"建置（二）·廨署"，台北华文书局1967年版，第678页。
④ 民国《湖北通志》卷55"学校（一）·学宫"，台北华文书局1967年版，第1301、1302页。
⑤ 民国《湖北通志》志58"学校（四）·贡院、试院"，台北华文书局1967年版，第1366页。
⑥ 民国《湖北通志》志59"学校（五）·书院"，台北华文书局1967年版，第1373、1374页。
⑦ 民国《湖北通志》卷55"学校（一）·学宫"，台北华文书局1967年版，第1310页。

燹圮废。"① 汉阳府"晴川书院旧在府南纪门内……嘉庆四年（1799年）郡守刘斌以劝赈余赀买张氏宅改建书院……咸丰中寇毁"；汉阳县"凤山书院，在府学后凤栖山下。咸丰间兵毁"；"崇正书院，在城内九莲池西。道光二十九年（1849年），学政杜瀚、知府赵德辙建。咸丰二年毁"②。

2. 摧毁各类神祠

拜上帝教为一神教，因而，太平天国除排斥儒学外，还排斥除上帝外的一切鬼神。"贼见庙宇即烧，神像即毁"③。民国《湖北通志》明确记载武昌城、江夏县毁于咸丰初年战乱的神坛、庙祠有：社稷坛、先农坛、神祇坛、郡厉坛、关帝庙、文昌庙、江神庙、江汉神祠、龙神庙、灵济龙王庙、风云雷雨合祠、雷祖殿、（武昌）府城隍庙、（江夏）县城隍庙、天后庙、八腊庙、玉皇庙、三忠祠、蒋王庙、周公瑾祠、忠烈庙、熊襄愍公祠、昭忠祠等；汉阳城及汉阳县境内毁于咸丰初战事的有：社稷坛、先农坛、神祇坛、关帝庙、文昌庙、（汉阳）府城隍庙、（汉阳）县城隍庙、禹王庙、昭忠祠等④。上述记述，说明太平天国在武汉地区严格执行了摧毁各类神祠的法令。

3. 禁读、毁灭孔孟之书

太平天国视官方删改镌刻颁行以外的书籍一律为妖书，必须焚毁。其刑律规定，"凡一切妖书如有敢念诵教习者，一概皆斩"，"凡一切妖物妖文书一概毁化，如有私留者，搜出斩首不留"⑤。《续汉口丛谈》载张孝廉云："咸丰壬子，贼入汉阳城，劈门入，取藏书斩刈踏之。贼盖以为妖书也，故仇视是物。"⑥

二、光复后传统法制秩序的恢复

武汉虽经太平天国三次占领，但时间均很短暂，太平天国的法律制度体

---

① 民国《湖北通志》卷58"学校（四）·试院"，台北华文书局1967年版，第1367页。
② 民国《湖北通志》卷59"学校（五）·书院"，台北华文书局1967年版，第1376页。
③ 张德坚：《贼情汇纂》卷12"杂载"，载中国史学会主编：《中国近代史资料丛刊·太平天国》第4册，神州国光出版社1953年版，第58页。
④ 参见民国《湖北通志》卷27"建置志（三）·坛庙（一）"、卷28"建置志（四）·坛庙（二）"，台北华文书局1967年版，第713—719、735页。
⑤ 张德坚：《贼情汇纂》卷8"伪文告（下）·伪律"，载中国史学会主编：《中国近代史资料丛刊·太平天国》第4册，神州国光出版社1953年版，第232页。
⑥ 王葆心：《续汉口丛谈》卷2，湖北教育出版社2002年版，第42页。

第一章 汉口开埠前武汉地区法秩序及其变化（1840—1861年）

系在武汉地区的执行程度有限。同时，湖北暨武汉地方政府亦始终致力于传统法制秩序的恢复，其复兴之最有力者当为湖广总督官文和湖北巡抚胡林翼。

（一）督抚同城制度下的督抚关系因人而异

在湖北暨武汉地区，传统的督抚制一直与太平天国实行的省制同时并存，因而督抚同城的矛盾亦一直存在，其关系之协洽与否完全以督抚的个人私交为转移。

1. 巡抚崇纶构陷总督吴文镕而致互败

咸丰三年（1853年）十月，太平军第二次占领汉阳并围困武昌，"武昌戒严，城昼闭，居民一夕数惊。巡抚崇纶欲移营城外为自脱计，（湖广总督吴）文镕誓与城存亡，约死守待援，议不合。贼已逼城，文镕坐城上激励将士，守数旬，围解。崇纶转以闭城坐守奏劾，诏促进复黄州。文镕方调胡林翼率黔勇来会剿，又约曾国藩水师夹攻，拟俟两军至大举灭贼。崇纶屡龁之，趣战益急。文镕愤甚，曰：'吾受国恩厚，岂惜死？以将卒宜选练，且冀黔、湘军至，收夹击之效。今不及待矣！'四年（1854年）正月，督师进薄黄州，屯堵城。大雪，日行泥淖，拊循士卒，而辎粮不时至。贼分路来犯，都司刘富成击却之。贼复大至，文镕挥军力战，后营火起，众溃，投塘水死之。崇纶奏称失踪，署总督台涌至，乃得实以闻"①，清廷乃以"不能与前任总督吴文镕共筹战守"而致武昌失陷且临阵脱逃之罪名，革除了崇纶巡抚之职并"派员押解来京，交刑部候旨迅办"②。

2. 巡抚胡林翼交欢总督官文而致湖北大治

对胡林翼和官文之间的关系，《清史稿》在其各自的本传中所载基本相同。"初，将吏颇构督、抚异同，下令曰：'敢再言北岸兵事吏事长短者，以造言论罪。'官文亦开诚相与，无掣肘。军政吏治，皆林翼主稿，林翼推美任过，督抚大和。湖北振兴，实基于此。"③ "初，官文由荆州将军调总督，凡上游荆、市、襄、郧诸郡兵事饷事悉主之。林翼以巡抚驻金口，凡下游武、汉、黄、德诸郡兵事饷事悉主之。南北军各领分地，征兵调饷，每有违言。武昌既复，林翼威望日起，官文自知不及，思假以为重，林翼益推诚

---

① 《清史稿》卷396 "吴文镕传"。
② 《清史列传》卷43 "崇纶"。
③ 《清史稿》卷406 "胡林翼传"。

相结纳,于是吏治、财政、军事悉听林翼主持,官文画诺而已。不数年,足食足兵,东南大局,隐然以湖北为之枢。"①

但事实上,官、胡初共事时,双方关系很是紧张。官文庸碌,"性柔缓,事皆其妾与门丁主之"②,而且贪渎好货,因其为皇帝所信任的满人,故为朝廷置于作为腹地省份的湖北,以监视业已壮大的湘军。胡林翼初为巡抚之初,"南北军各领分地,征兵调饷,每有违言",待武昌被收复,督抚同居一城时,其矛盾更甚。生性清廉刚直的胡林翼甚至打算以贪渎弹劾官文。"当官文之在湖北,事事听林翼所为,惟驭下不严,用财不节,林翼忧之。阎敬铭方佐治饷,一日林翼与言,恐误疆事。敬铭曰:'公误矣!本朝不轻以汉大臣专兵柄。今满、汉并用,而声绩炳著者多属汉人,此圣明大公划除畛域之效。然湖北居天下要冲,朝廷宁肯不以亲信大臣临之?夫督抚相劾,无论未必胜,即胜,能保后来者必贤耶?且继者或厉清操,勤庶务,而不明远略,未必不颛己自是,岂甘事事让人?官文心无成见,兼隶旗籍,每有大事,正可借其言以伸所请。其失仅在私费奢豪,诚于事有济,岁縻十万金供之,未为失计。至一二私人,可容,容之;不可,则以事劾去之。彼意气素平,必无忤也。'林翼大悟。"③清末民初诸笔记中载有胡林翼带头出席官文宠妾之寿筵席,甚至让自己的母亲认官文小妾为义女,使其代为转圜而致欢总督的故事④,虽有类小说家言,但于情理却大多可信。《清史稿》评论云:"官文晚节建树不能如曩时,然林翼非官文之虚己推诚,亦无以成大功,世故两贤之。"⑤

(二) 教育与科举考试制度的恢复

1. 恢复学校及贡、试院

提督学院设于"胭脂山南前所营……咸丰二年,粤逆陷城署,毁。同治六年(1867年),江夏知县禀请修理"⑥。"武昌府学宫,……咸丰二年毁于兵。九年(1859年)总督官文、巡抚胡林翼率邑人士重修";"江夏县学

---

① 《清史稿》卷388"官文传"。
② 费行简:《近代名人小传》,载沈云龙主编:《近代中国史料丛刊》第八辑,文海出版社1966年版,第108、109页。
③ 《清史稿》卷388"官文传"。
④ 陈灜一:《睇向斋秘录·胡林翼之智谋》,中华书局2007年版,第16、17页。
⑤ 《清史稿》卷388"官文传"。
⑥ 民国《湖北通志》卷26"建置(二)·廨署",台北华文书局1967年版,第678页。

宫……咸丰二年寇毁……同治二年（1863年）邑人重修"①。"贡院……咸丰初寇毁。八年（1858年），总督官文、巡抚胡林翼檄府州县绅富捐资重修"，"武昌府试院在守道署左，明时在旧学院署内……咸丰十一年（1861年），学政贾瑚……（重）修"②。"江汉书院旧在文昌门内，明提学葛寅亮建……咸丰初寇毁。同治元年（1862年），总督官文、邑人陈庆溥修，山长彭久余补葺"③。

"汉阳府学宫……咸丰二年（1852年）寇毁。九年（1859年）知府刘齐衔修"。"汉阳县学宫……咸丰二年冠毁。十一年（1861年），知县张孔修率邑人重建"④。"汉阳府试院……咸丰二年（1852年）兵燹圮废。七年（1857年）知府刘齐衔、知县吴瑛建"⑤。汉阳府"晴川书院……咸丰中毁毁。同治四年（1865年）知府钟谦钧、知县李振麟、教谕朱鸣璈、训导杨高椿修"⑥。

2. 恢复科举考试制度

湖北战争初定，胡林翼与官文即着手恢复科举考试。咸丰七年（1857年），汉阳知府与知县共同重建了汉阳府试院；咸丰八年（1858年）胡、官主持重修了武昌城内湖北乡试贡院，已如前述。"现值汉阳所属开考伊迩"，除按战前各州县法定学额外，胡林翼还为奖励平乱有功的各州县士绅，特别奏请"自咸丰八年始"，湖北省三十五个州县各增广文武学额各若干。其中，属现武汉地区的江夏县、黄陂县，"均着加广文武学额各二名"，"咸丰八年为始，岁科两试，一体永远遵行"⑦。清人钱维福的《清秘述闻续》记述的晚清湖北科举大事年表中，咸丰二年科举之后，到咸丰八年始有乡试⑧。可见，湖北即武汉地区恢复科举考试制度的时间为咸丰八年。后"两广总督叶名琛捐银2万两，于是其原籍汉阳县得加永远文武学额各2名"⑨。咸丰十年（1860年），"以湖北捐输军饷。永广江夏县学额九名……咸宁、

---

① 民国《湖北通志》卷55"学校（一）·学宫"，台北华文书局1967年版，第1301、1302页。
② 民国《湖北通志》卷58"学校（四）·贡院、试院"，台北华文书局1967年版，第1366页。
③ 民国《湖北通志》卷59"学校（五）·书院"，台北华文书局1967年版，第1373页。
④ 民国《湖北通志》卷55"学校（一）·学宫"，台北华文书局1967年版，第1310页。
⑤ 民国《湖北通志》卷58"学校（四）·试院"，台北华文书局1967年版，第1367页。
⑥ 民国《湖北通志》卷59"学校（五）·书院"，台北华文书局1967年版，第1376页。
⑦ 胡林翼：《奏陈湖北历年团练出力拟请分别增广学额疏》（咸丰八年正月十五日），载胡渐逵等点校：《胡林翼集》第一册，岳麓书社2008年版，第384页。
⑧ 参见钱维福：《清秘述闻续》卷6"乡会考官类"，中华书局1982年版，第687页。
⑨ 皮明庥、邹进文：《武汉通史·晚清卷》（上），武汉出版社2006年版，第61页。

汉阳、天门、随、光化、五州县各三名"①。

(三) 财政制度的恢复

1. 州县官员的财政交代制度

所谓交代制度，是依《吏部则例》与《户部则例》规定，州县官员调任时由前后任官员对州县钱粮、仓储、驿站等财物账目及司法案件审理情况的清点与交接制度。顺治十三年（1656年）规定："官员交代务清察钱粮，交盘明白，取甘结方准离任，违者不论升任、去任，题参究追。"②康熙十五年（1676年）规定："司、道、府、州县新旧官交代之时，如前官任内有侵欺、透冒、那移、垫解并拖欠未清等弊，署官、新官徇隐不行揭报，交代后始行察出者，该督抚核实题参，将亏空之官照例革职治罪，接任官照徇隐亏空例革职，欠项照例赔补。"③设立交代制度的目的一方面在于厘清前后任官员的财政与司法责任，对前任官员进行离任审计，另一方面也是为了掌握各本级及下级政府的财政收支及司法案件的审理状况。随着清朝官僚体系的因循、僵化与腐败，自乾隆朝始，开始出现大面积的州县官交代延迟、积压弊端。嘉、道二帝遂开始重视这一现象，清理交代积压状况，湖北最后一次清理是在道光二十八年（1848年），"迄今已逾八年之久，州县有六七任未清交代者。视国帑如私囊，法纪荡然，漫无考成"。"自军兴以来，各州县交代多未结报。其失守处所院司州县，文卷无存，并有道府档案，一并毁失。各本员任内仓库钱粮正杂款项，或征存而捏为民欠，或侵蚀而妄称解支，种种弊窦，清查匪易。"为此，胡林翼"于克复省城后，即设立（清理交代）总局。拣派司道大员，将通省州县交代未经结报者，逐任逐款彻底清查，以期水落石出"。具体办法是，"自咸丰八年正月初一日起，限至九年（1859年）六月三十日止，饬令总局、司道，督同局员，将通省州县交代，未经结报起数，查明曾否解支，有无亏短，一律结算完竣，不准逾违。其州县应造清册，统限本年封印前赍到。如有藉词延宕，由臣等随时撤调来省，分别查参办理"④。

---

① 《清实录》第44册《文宗显皇帝实录（五）》"咸丰十年闰三月下"，中华书局1987年版，第607页。
② 乾隆《大清会典则例》卷37"户部·新旧官钱粮交代"。
③ 嘉庆《大清会典事例》卷91"吏部·州县交代"。
④ 胡林翼：《请立清查交代限期疏》（咸丰七年十一月初六日），载胡渐逵等点校：《胡林翼集》第一册，岳麓书社2008年版，第343、344页。

第一章 汉口开埠前武汉地区法秩序及其变化（1840—1861 年）

咸丰九年六月二十日，胡林翼拟定《清查局办理章程》五条，报请朝廷批准。该章程规定，凡"失陷城池，仓库被劫，本员并未阵亡殉难，均照江西浮梁县劫失仓库银米成案，一律着赔。其追赔限期，应照定例各案，应赔银数，分年按限追缴"。凡失陷城池，本员阵亡殉难，任内经手仓库钱粮米谷被贼劫失；或官员阵亡殉难，办理兵差，暨团练动用各项银两，人亡卷毁，无可稽考，一律免赔。凡官员私人垫付钱粮、漕米，"如与正项无亏，所垫之项，从缓议还"。如官员因公挪用各项正杂税款，应从其应领各款项中抵扣；如抵扣不敷，应将该官员私人垫解民欠款项暂准作抵，责成其后任，分限代征。如仍不足挪用款项，"应分立年限，着落本员完缴"①。

在武昌"设立交代局进行集中清查，可谓是专人专办，这必定要比从前由藩（臬）司负责清理未结案件更为高效。而设局清查这一做法在清代后期也成为了各省清理积压案件的普遍方法，被各省所仿照"②。

2. 恢复执行田赋与漕粮制度

"咸丰三年（1853 年），因湖广漕船停运，部文令变价解部，每石折银一两三钱，各州县仍照旧征收。时因省城失陷，未及办理"③。户部要求漕粮各省州县仍照旧章征收，但湖北省因为战争原因而未能真正执行。"窃查粤匪于咸丰二年十一月，窜扰楚北以来，武汉频陷频复，复而又陷，沿江州县，迭遭兵燹，各衙门文案册籍，多被焚毁难稽，以致公事延宕，弊窦丛生，而粮道旷废已四年。""盖自咸丰二年成观生任后，其选授者均未莅任。其间二年份之漕业已征收，三年、四年份亦有起征者，而应否蠲免征解"，则"尚未清厘就绪"。咸丰六年（1856 年）初，胡林翼要求湖北省各地方政府，"其历年办理情形，均应分别赶紧清理。所有武昌府属之江夏等十州县，汉阳府属之汉阳等五州县，安陆府属之钟祥等四县，德安府属之安陆等五州县，黄州府属之黄冈、蕲水、蕲州、黄梅、广济、罗田、麻城七州县，及各道府卫备文卷俱空，应征应解额数无可稽核，应行咨部抄发档案，查照办理"。武汉地区各县记载漕粮征解情形表册俱荡然无存，只能请户部将部

---

① 胡林翼：《酌拟清查局办理章程疏》（咸丰九年六月二十日），载胡渐逵等点校：《胡林翼集》第一册，岳麓书社 2008 年版，第 552 页。
② 赵碧云：《请代州县交代制度研究》，河南大学硕士学位论文 2016 年，第 49 页。
③ 胡林翼：《革除漕务积弊并减定漕章密疏》（咸丰七年十月十四日），载胡渐逵等点校：《胡林翼集》第一册，岳麓书社 2008 年版，第 333 页。

存武汉及其他州县应征应解漕粮档案复制到省办理。

"现据署粮道张曜孙以各情禀报前来，臣查事历三年，官非一任，征解蠲缓，弊窦丛生，亟应澈底清查。除饬该署道先行亲赴荆、宜、安、襄各府所属州县，督同各该府检核印券红簿，查讯经书，询访乡民，逐节清查。其武、汉、黄各府俟全省肃清，再行查办。并饬荆、襄二道，宜、荆、襄、郧各府，将历年办理漕粮全案卷宗，检送抄录查办，暨咨户部外，相应仰恳圣恩，敕部抄发档案来楚，以便遵照办理。所有湖北粮道，历年旷废，亟宜澈底清查情形，并恳抄录档案来楚遵办缘由，理合恭折具奏"。胡林翼原来要求自"咸丰五年（1855年），起征漕粮各州县，应遵旧章，将上游州县派拨荆州驻防及绿营兵米，节次严催，赶紧兑运，以敷兵食"[①]。但直到咸丰六年（1856年）四月，"查咸丰三、四、五等年，各属钱漕银米等款，除黄冈、黄安、蕲水、罗田、沔阳、黄陂、孝感七州县之四年应征，及三年以前民欠未完各款，经前督查明，该七州县绅民出力，奏奉恩旨全行蠲免外，其黄冈州县之五年钱漕及江夏等州县卫之三、四、五等年，历遭贼扰，兼因水旱歉收，应行查办蠲免各款……清查不易。且因省城历次失陷，文案被毁不全，更难于到任之初，即能清查无遗，应请奏明展缓，俟全楚肃清，再行勒限办理"[②]。可知在咸丰五年，湖北省已有少数州县开始恢复执行田赋与漕粮的征收制度，武汉地区的江夏、汉阳两县以及全省其他大多数州县则尚未恢复。咸丰六年十二月三日，胡林翼在给朝廷的奏疏中仍然强调："武昌府属之江夏县，汉阳府属之汉阳县，被水受旱，兼之贼扰过甚，请将本年钱漕一律豁免，以纾民困。"[③]

咸丰"六年、七年，藩司粮道，均已到任，自应查照旧章，统于八年奏销限内，一并造报"[④]。也就是说，直到咸丰八年才完全恢复全省的田赋征解及奏销制度。

[①] 胡林翼：《奏陈湖北粮道历年旷废情形乞敕部抄发档案疏》（咸丰六年四月初八日），载胡渐逵等点校：《胡林翼集》第一册，岳麓书社2008年版，第110、111页。

[②] 胡林翼：《乞展限查办咸丰三、四、五等年各属被贼滋扰及水旱歉收蠲缓钱漕并年例应办事件疏》（咸丰六年四月初八日），载胡渐逵等点校：《胡林翼集》第一册，岳麓书社2008年版，第109页。

[③] 胡林翼：《乞蠲缓各属本年应征钱粮各项疏》（咸丰六年十二月初三日），载胡渐逵等点校：《胡林翼集》第一册，岳麓书社2008年版，第176页。

[④] 胡林翼：《按年分别造报奏销疏》（咸丰七年十二月二十七日），载胡渐逵等点校：《胡林翼集》第一册，岳麓书社2008年版，第378页。

第一章　汉口开埠前武汉地区法秩序及其变化（1840—1861年）

3. 武昌厂关在迅速恢复关税征收

咸丰二年底，太平军占领武汉后随即撤走，武昌厂关遂迅速恢复了关税征收。但因为战争影响，商旅断绝，关税额"在咸丰初年，出现断裂式下降"。如"咸丰三年（1853年），'武昌厂关税，被匪滋扰，请尽征尽解'"。所谓"尽征尽解"，意即武昌厂关无法完成《大清会典事例》额定的45000两的任务，只能征多少解缴多少。直到咸丰八年，武昌关依然请求"尽征尽解"[①]。

三、地区军事制度的改革

经历了太平天国起义之后，传统军事制度下的武汉绿营军已被证明完全僵化、腐败、不堪其用，在武汉地区有效反击太平天国的是以胡林翼为首的湘军。因而，在太平天国起义期间，武汉地区的军事制度逐渐实行了湘军化。

（一）地方兵制的湘军化

太平天国进入湖北之前，湖北的经制军队有荆州将军统率的八旗军和督、抚、提督分统之绿营军。太平天国侵入湖北，湖北又招募有川、楚、豫三省兵勇。此三种不同军制之湖北旧军，皆腐败不堪大用。曾国藩于咸丰五年（1855年）即有以新募勇兵以代替传统绿营经制兵的建议[②]。胡林翼云："连年以来，楚北之患，怯弁猾卒习惯溃走，闻警尚且先逃，临阵安能致果"？[③]"湖北绿营兵丁怯懦若性，正额虚浮，军政营制，荡然无存，而其虚糜钱粮如故也"，"无论贼匪之多寡强弱，而闻警先惊，接仗即溃，比比皆是"，"川、楚、河南勇目之黠桀，纠合无赖，随营投效，以一报百，以百报千，冒领口粮，交绥即溃。所投不合，又顾之他"[④]。湖北绿营与其他各省在鄂勇营的腐败，使得胡林翼决心将湘军及其军制引入湖北，重建湖北军队。

1. 裁汰绿营与川、楚、豫勇营

咸丰五年八月初，胡林翼在汉阳督师迎战太平军，绿营陆军多次溃散。

[①] 参见倪玉平：《清代关税：1644—1911》，科学出版社2017年版，第116页。

[②] 《湖北兵勇不可复用折》（咸丰五年四月初一日），载《曾文正公全集·奏稿一》，中国书店2011年版，第159、160、161页。

[③] 胡林翼：《恭谢天恩并附陈楚北吏治兵政疏》（咸丰五年三月二十七日），载胡渐逵等点校：《胡林翼集》第一册，岳麓书社2008年版，第3页。

[④] 胡林翼：《敬陈湖北兵政吏治疏》（咸丰六年十二月初三日），载胡渐逵等点校：《胡林翼集》第一册，岳麓书社2008年版，第185页。

为此，胡林翼一面奏请对抚标绿营"大加裁汰"，"将各营水师均交该副将（杨载福——引者注）亲自拣选，极力裁汰，去其十分之三"。克复武昌后，官文、胡林翼会奏请派"前任湖南臬司降补知府魁联……帮办湖北南北两岸水陆营务事宜，责成一例简汰"①。克复湖北黄梅县小池口后，胡林翼甚至对招募的湘勇也实行了裁汰。咸丰七年（1857年）正月初七，胡林翼"谕鲍超营：'喻都司吉三将其五营军勇挑选训练，汰其一干奸猾刁诈不能得力者，分五起裁简。'"②

2. 征调、招募湘军入鄂

咸丰五年"正月，（胡林翼）率一千八百人（自赣）回鄂。因攻剿尤紧，又陆续在湖南添勇数千人水师援鄂。复添楚勇（原湖南江忠源军——引者注）数千人，均经奏明圣鉴在案"③。八月初，胡林翼又将湘军将领鲍超"遣往湖南，分途另募新兵三千人"，同时"请敕下臣曾国藩仍派罗泽南一军，并益以精兵一二千名，迅速由湖南边界来鄂会剿"④。到咸丰六年（1856年）十月，"臣与杨载福、李续宾，水陆之师所部皆南勇，而带勇之人亦湖南居多"⑤，驻守武汉长江以南之胡林翼军中的绿营军已基本裁汰尽净，而以湘军充任。十一月，胡林翼又"添募陆勇六千，添建水师六营，水师护军四营"，始报清廷批准⑥。咸丰七年（1857年）七月，再委鲍超"赴南省招募数千人，分为陆师五营，调赴北岸"⑦。到咸丰九年（1859年）四月，"楚师除马队外（八旗军——引者注），水陆各军皆系南勇"⑧。胡林

---

① 胡林翼：《敬陈湖北兵政吏治疏》（咸丰六年十二月初三日），载胡渐逵等点校：《胡林翼集》第一册，岳麓书社2008年版，第185页。
② 汪世铎：《胡文忠公抚鄂记》卷2，岳麓书社1986年版，第76页。
③ 参见胡林翼：《奏陈官兵克复武昌并分兵迅取武昌县兴国州大冶县等处事宜疏》（咸丰六年十一月二十三日），载胡渐逵等点校：《胡林翼集》第一册，岳麓书社2008年版，第166页。
④ 胡林翼：《陈奏分防金口及回剿麥山勇丁先后溃散现在迅派弁收集整理以期补救疏》（咸丰五年八月十二日），载胡渐逵等点校：《胡林翼集》第一册，岳麓书社2008年版，第34、36页。
⑤ 胡林翼：《水师击毁贼船直抵田镇并咸宁剿贼大胜疏》（咸丰六年十月初八日），载胡渐逵等点校：《胡林翼集》第一册，岳麓书社2008年版，第153页。
⑥ 胡林翼：《奏陈官兵克复武昌并分兵迅取武昌县兴国州大冶县等处事宜疏》（咸丰六年十一月二十三日），载胡渐逵等点校：《胡林翼集》第一册，岳麓书社2008年版，第166页。
⑦ 胡林翼：《乞免参将考验弓马片》（咸丰七年七月二十日），载胡渐逵等点校：《胡林翼集》第一册，岳麓书社2008年版，第295页。
⑧ 胡林翼：《遵旨复奏征皖孤军未可深入疏》（咸丰九年四月十七日），胡渐逵等点校：《胡林翼集》第一册"奏疏"，岳麓书社2008年版，第536页。

翼"官于鄂者已四年，与养之勇五六万，皆南省之士也"①。在鄂湘军，其招募、组织、饷制等悉遵湘军军制。

3. 在鄂之楚、黔、鄂等勇军亦仿湘军之制

在鄂的黔、楚、鄂等勇军，其军制亦大体仿湘军。黔勇为胡林翼所统率，楚勇为江忠源所创。"江忠源亟欲激励行间，勇粮优厚，计每勇月支给银五两至四两八钱不等。嗣曾国藩奉旨帮办湖南团防，以本省乡勇防堵本省地方，即酌量核减"，使楚勇饷额接近于湘军。胡林翼在"前在九江时，所带楚勇、黔勇口粮，均系兵部侍郎曾国藩行营粮台支发"，显然亦按曾国藩核减后接近湘军饷制的章程发给。到咸丰六年十一月，胡林翼又奏请清廷，"所有臣营水陆各军，仍准仿照曾国藩原拟章程支给"②，为清廷所准。鄂军则为胡林翼以湖北本土士人为统领组建。咸丰九年（1859年）三月，湖北军队已有五六万，"惟余云龙一营、余际昌四营乃鄂士。窃念兵事尚非三、四年可毕，若不及时将湖北士民教成敢战之风，缓急之间，必待往湖南招勇，则非实心爱鄂人之道也"。胡林翼遂于三月二十九日，"选定之日，专招湖北勇丁之堪战者，另成一军……其湖北读书人，苟有见仗可信者，固当早为引用。其胆气稍优，事理明白者，亦当派入营中，帮办学习。如此办理，不过一年，湖北可强"③。胡林翼还仿曾国藩手订的《湘军营制》为鄂军制定了《鄂军营制》④。

（二）战时兵民一体防御体制

所谓兵民一体制，是指将民众组织起来参与战争的战时体制，包括团练制度与州县守城防御体制。

1. 团练制度

团练为地方绅士举办的民间武装，通常于非常时期开办。

---

① 胡林翼：《副训营禀请添招勇丁批》，载胡渐逵等点校：《胡林翼集》第二册"批札"，岳麓书社2008年版，第914页。

② 胡林翼：《奏陈官兵克复武汉并分兵迅取武昌县、兴国州、大冶县等处事宜疏》（咸丰六年十一月二十三日），载胡渐逵等点校：《胡林翼集》第一册"奏疏"，岳麓书社2008年版，第170、171页。

③ 胡林翼：《副训营禀请添招勇丁批》，载胡渐逵等点校：《胡林翼集》第二册"批札"，岳麓书社2008年版，第914、915页。参见汪世铎：《胡文忠公抚鄂记》卷二，岳麓书社1986年版，第167页。

④ 参见王国平：《胡林翼经营湖北的军事措施及其影响》，《安徽史学》1986年第2期；唐燕：《论胡林翼对湖北军事的整顿》，《人文论坛》2012年第4辑。

太平军还在湖南的时候,湖北省及江夏、汉阳县就开始紧急办理团练,招募乡勇。"咸丰二年壬子五月,粤匪太平王洪秀全攻陷湖南道州、江华等处,分遣贼党,远近散布伪示。是月杪,武昌城内外所在,亦多有之。巡抚龚裕大索奸人,先后捕获斩之。乃请征邻兵,奏发帑金三十万以为防堵费。报可。江夏知县绣麟会同汉阳知县常懿麟统查江上划船,按船户名氏取保入,编列字号,书牌钉于船舷,以杜藏奸。清户口,行十家牌法。""六月十八日,设防堵总局于布政司。谕绅士募人团练。城内外计四十八堡,得勇千四百有奇。"①

"咸丰二年秋,广西大盗洪秀全扰及湖南省城,(江夏县)十七铺奉谕团练。各练勇百余人即以各铺绅耆管带,又于大观书院设立绅局。募勇曰绅勇,巡察街道;募勇曰巡勇,周历城上;募勇曰游勇,率皆土著。后仍分营管带,曰武勇、曰楚勇、曰练勇,则渐及外属矣"。"(咸丰)三年群盗由江南上窜省城,十七铺奉谕团防,设立团防总局,以官绅综理之,团而不练"。"(咸丰)四年群盗据省城,奉谕各乡倡办团练,立团总、团道、图长名目,按户派丁,恩修、黄太、三城、积善等里举行,惟恩武里各堡督团与贼接仗于李家桥,斩获甚众。余里未办。""同治元年(1862年),附城、保新、北乡、招贤、青山、八吉等里堡奉谕团练,堵御蕲黄捻匪(注:按团练使民自卫法至善也,自不肖者籍众抗官,官惩其弊而严禁之,以致千里无备,民皆散亡,其失均矣)。"②

咸丰五年(1855年)六月六日,署理湖北巡抚胡林翼"接奉上谕:据御史张骏奏请实行乡团,以节糜费等语。并着该署抚饬属妥办,总在体察民情,慎选牧令,固不得视为具文,亦不可拘泥成法",即刻在武汉地区及全省其他各州县兴办团练。六月二十四日,胡林翼即向咸丰参劾了办理团练不力的江夏、嘉鱼及咸宁三地知县。"臣查代理江夏县知县江世玉,本年二月先期藉劝捐出城,捐项既无所得,而城池已失。臣面谕其随营效力,则以不能久住帐房为词。且任事已久,于江夏县团练毫无布置,是其心存狡猾,性耽安逸,已属不堪造就"③,即予请旨革职。而对汉阳县团练即予表扬。

---

① 陈徽言:《武昌纪事》,载中国史学会主编:《中国近代史资料丛刊·太平天国》第4册,神州国光出版社1953年版,第583页。
② 同治《江夏县志》卷5"兵备·乡团",同治八年刻本。
③ 胡林翼:《特参提督违例需索请旨严行查究疏》(咸丰五年六月二十四日),载胡渐逵等点校:《胡林翼集》第一册"奏疏",岳麓书社2008年版,第24页。

第一章　汉口开埠前武汉地区法秩序及其变化（1840—1861年）

"（六月）十八日，天甫微明，贼果大至，彼时各乡新起团练一呼即至，弥山弥谷，约有三万人……贼见我军势盛，不战自退……汉阳一隅之地，初办团练，即能以三万人协力堵御，使贼惊溃，不敢内犯。"①

湖北各州县团练的作用并不在于外出作战，而在于"外可助官军之声威，内可消宵小之隐慝"，因而"团练为治乡之要"。为避免团练变成对抗政府的民间武装，胡林翼要求州县"官吏躬亲董劝，旌别淑慝"，尤其注重团总之人选。"以正士良民为一团之长，则一团之民皆可御侮；以劣生莠民为一团之长，则一团之民可使抗粮抗法，可使攘夺为乱"②。

团练经费大抵由绅士捐助，不允许动用田赋、厘金，亦不允许摊派。胡林翼曾批示监利县关于团练经费的请示，"所论团练一节，凡厘金捐输，均应报解，断不准藉端滥支"③。咸丰九年（1859年）八月十六日，胡林翼谕监利唐景皋，"团练按粮出费（即所谓亩费），最不可行。团练须与保甲相表里，民间自为捍卫，以各乡正士董其事，官但随时督劝之尔。一敛费则弊大矣"④。

对卓立战功团练之团总，由省予以保举为文官；对立有军功之乡勇，亦可保举为低级军官。咸丰五年（1855年）十二月中旬，太平军进入武昌县金牛镇，武昌县马乡举人、候选教谕黄守谦，江夏县三里乡之团总祝茂文等率本乡团练乡勇协助官军剿杀太平军有功。黄守谦被以知县保举，祝茂文以九品官缺保举，立有六品军功之各乡勇分别以把总、外委保举⑤。乡勇阵亡者，亦照例优恤。因团练为州县绅士主办，故对举办团练卓有成效的州县，胡林翼会以增加县学学额以示奖励。咸丰八年（1858年）正月十五日，胡林翼以江夏等"州县团练俱能固守，盘查奸细，侦探贼踪，与官军为声援。（请）准将湖北武昌府属之江夏县、武昌县、兴国州（今新洲县）均加文武学额各二名"⑥。

---

① 《陈奏水陆雕剿咸蒲窜匪均获胜仗并北岸水陆连日获胜现在会议克期进剿疏》（咸丰五年六月二十九日），载胡渐逵等点校：《胡林翼集》第二册"批札"，岳麓书社2008年版，第873页。

② 胡林翼：《特参提督违例需索请旨严行查究疏》（咸丰五年六月二十四日），载胡渐逵等点校：《胡林翼集》第一册"奏疏"，岳麓书社2008年版，第22页。

③ 胡林翼：《监利县禀报征收团练批》，载胡渐逵等点校：《胡林翼集》第一册"奏疏"，岳麓书社2008年版，第21页。

④ 汪士铎：《胡文忠公抚鄂记》卷3，岳麓书社1986年版，第174页。

⑤ 胡林翼：《水陆攻剿迭获胜仗疏》（咸丰六年正月十七日），载胡渐逵等点校：《胡林翼集》第一册"奏疏"，岳麓书社2008年版，第82页。

⑥ 胡林翼：《奏陈湖北历年团练出力拟谓分别增广学额疏》（咸丰八年正月十五日督发），载胡渐逵等点校：《胡林翼集》第一册"奏疏"，岳麓书社2008年版，第838页。

2. 官民共同防御制

咸丰十一年（1861年），湖北军队在安徽客地作战。胡林翼担心太平军趁湖北军力空虚而入侵湖北，认为"急宜添练乡兵，讲求城守，以为庇民固圉之谋"。"经本署部院札饬司道，通筹会议，酌定《守御章程》。务使各属绅民，一体周知。该州县刻日延请公正绅耆，赶紧筹办。其一切添修碉卡，盘查关隘，与夫茸城浚濠，储备米粮军火，及养勇多寡之数，仍各因地制宜，自行妥议"，即要求各州县政府发动本地绅士召募民兵加固城防，修筑碉堡，储备粮草，长期防守。"限文到十日内禀复，定限四十日一律办齐。如贼到，限婴城固守百日。百日之外无援，督抚统兵官执其咎；百日之内不守，或以带勇迎剿为词，致城池失守者，州县任其罪。此事期于必行"，从而赋予了地方绅民以军事防御义务。该《守御章程》共六条，其主要内容有：

（1）成立守御机构。由州县官成立守御公局，选择德高望重的绅士作为局董、副董。"一切事宜，及分途办事各绅士，悉由该县会商局董。"

（2）规定守御经费。守御经费完全由守御公局向有余资的绅士劝捐，不得在钱粮正款支付，亦不准按亩摊派，省财政亦无款项补贴。对捐助人及款项，应予以公布。凡多捐之绅士，由州县"禀请省局给发空白部监，遵照新定减成捐例，按捐输多寡，随时填给，以示激励"。

（3）招募勇丁。大县酌募千人以上，中县八百，小县五六百，照营制编立哨队散勇名册，登记其乡贯年貌，并取具保结以防匪徒混入。勇丁口粮及其他支出由该官绅自筹。

（4）募勇任务。募勇的主要任务是修缮、加固城池，修筑城外碉堡。

（5）军资管理。凡武器、旗帜、帐篷等军事物资，除团练由团练途径配发外，守城及守碉卡募勇所需用之物，从公局领取。

（6）实行"坚壁清野"的粮食储备措施。"平时谕令在城商民，务将所收乡间租谷，运归城内。即近城村庄，每值稻麦登场，除酌留全家口粮外，余亦寄储城中，无事就城变价，有事举家入城就食，可免临时搬运，而余谷照价粜卖，仍不失为己有。其各乡捐资或兼收谷石，令其运送城局，备勇丁口粮支放，亦两便之道，应由该官绅因地制宜为要。"① 这一战时粮食集中

---

① 胡林翼：《饬各属遵办守御事宜》，载胡渐逵等点校：《胡林翼集》第二册"批札"，岳麓书社2008年版，第928页。

第一章 汉口开埠前武汉地区法秩序及其变化（1840—1861年）

管理体制即后来抗战时期的"坚壁清野"。

这一兵民战时一体化体制相当于毛泽东在20世纪创建的人民战争体制，只是前者以绅士领导民众为主体，后者以干部领导民众为主体。

（三）裁改铺兵为马递、差递

驿为传递军书之系统，为完全的官办体制。冯桂芬曾有批评说："夫所以不惜巨资而设此驿站者，原以奏牍公文，俱归递送，欲使之从速而不致失误也。乃日久弊生而竟为地方官之利薮。每州县衙繁者，其驿费多或万余金，其次五六千金，其僻静无驿州县亦有千余金或六七百金不等。此项费用归入留支项下，州县官得缺时必先探询驿费之多少，其多者则为之欣然色喜焉。大利即归之州县，故驿中所畜之马类多老弱病瘦，且管理马号者有幕友，有仆人，于干草料豆等物又节节克扣，至马夫而克无可克，于是减其饲秣，俾不得饱，故驿站之马类多疲乏不能行走。"① 更加以许多地方驿、铺（行政公文之传递系统）并存，其职能本有重叠，致地方的邮递费用成为人民极大负担。

咸丰七年（1857年），兵部议覆山西省各厅州县："向于公文驿递外，另设铺司兵，递送文件，多系奸胥冒领，并未专设铺后。拟将通省铺兵，全行裁汰，改为马递。有驿各厅州县，留工食十分之二，津贴捐马工料之用。无驿各厅州县，留工食十分之四，以资差役饭食之需。令即查照原奏，各就地方情形，详细体察办理，以节糜费而昭核实。"

"咸丰七年，粤贼倡乱，军书络绎而铺司坐拥虚名，胥吏徒冒库款，并无专设铺兵接递文报者"②，胡林翼遂决定按山西例裁汰湖北铺兵，改为马递："近年楚省多未专设铺兵，工食不无冒领，自应循照晋省奏案，一律裁汰，以节糜费而昭核实。请以奏咨奉到部文之日为始，将湖北省有驿之江夏、武昌……汉阳……等三十二州县原设铺司，改为马递。查照年额工食，酌留十分之二，津贴捐马工料之用。无驿之……三十六州县，原设铺司，改派差递。查照年额工食，酌留十分之四，以资差役饭食之需。嗣后各该州县，递送公文，责令随到随递。"③

---

① 冯桂芬：《裁驿站议》，载仇润喜编：《天津邮政史料》第一辑，北京航空学院出版社1988年版，第52页。
② 民国《湖北通志》卷66"武备（四）·兵制（四）·驿递（铺司附）"，台北华文书局1967年版，第1525页。
③ 胡林翼：《奏陈湖北裁汰铺兵分别有驿无驿改铺司为马递差递疏》（咸丰七年十一月初六日），载胡渐逵等点校：《胡林翼集》第一册，岳麓书社2008年版，第343页。

四、行政体制与人事制度的改革

当武汉地区进入战争状态之后,湖北的督抚们很快就发现必须对以中央集权为宗旨的平时行政体制进行变通,才能建立起有效的战时体制。

(一) 临事之"局"的设立

以局命名的行政机关,"最早大致出自于北齐。北齐时,门下省统辖膳食局、尚药局等六局"[1]。明代各地方设有税课局,清初在江南设有织造局,在户部设有宝泉局等。"据《清实录》,道光八年(1828年)琦善所奏已出现善后局的称谓,而由咸丰四年宋晋所上《请酌核保举章程以示限制疏》,可知此时东南沿海各地督抚的军营里,已有为军需供应而设置的局所,如军械所、火药局、报销局等。与此同时,东南各省因战乱导致衙署焚毁和人员逃亡,不能正常维持行政运作,也设置了一些临时机构,以设局办事之名,处理相关军政事务或善后。为维持地方治安,防止匪乱殃及无辜,各省大都在这一时期设置了保甲局,不少还延伸至州县。"[2]

武汉地区之设局始于清初。顺治三年(1646年),武昌即设有铸钱之宝武局。为贮藏军械火药,武昌还设有火药局。此后,武昌、汉阳地方各级政府也偶因需要而临时设局。"道光辛卯年(1831年)大水,灾民蓬居,小儿无所依附。经郡守沈兰生令史礼贤建修""恤孤局"[3],以救助孤儿。太平天国进入湖北前后,武汉地区开始设立更多的临时之局。如"咸丰二年(1852年)壬子五月,粤匪伪太平王洪秀全攻陷湖南道州、江华等地",致湖北高度紧张。"六月十八日,设防堵总局于布政司署",稍后"易防堵总局为军需"[4]。咸丰四年(1854年),曾国藩在武汉设置有"行营粮台"与"转运局"[5],后来又陆续设有转运、筹饷等局[6]。咸丰六年(1856年),湖北巡抚胡林翼"设课盐局于宜昌、沙市,试榷其税";"设牙厘总局省城,以道员李萌荣(香雪)总之"。咸丰七年(1857年),"设清查局,查被寇

---

[1] 冯峰:《"局"与晚清的近代化》,《安徽史学》2007年第2期,第50页。
[2] 关晓红:《晚清局所与清末政体变革》,《近代史研究》2011年第5期,第5页。
[3] 同治《续辑汉阳县志》卷12"公署",同治七年刻本。
[4] 陈徽言:《武昌纪事》,载中国史学会主编:《中国近代史资料丛刊·太平天国》第4册,神州国光出版社1953年版,第583、586、587页。
[5] 参见曾国藩:《请以夏廷樾总理粮台片》(咸丰四年闰四年闰七月初九日),载《曾文正公全集》(二"曾文正公奏稿·一"),中国书店2011年版,第81页。
[6] 参见李志茗:《晚清四大幕府》(曾国藩幕府机构设置表),上海人民出版社2002年版,第116—123页。

后各州县仓库钱粮交代;设节义局,表彰历年殉难官绅士女;设军需局,筹备东征将士器械饷糈"①。"咸丰七年,巡抚胡林翼设总粮台,同治五年(1866年)改名军需局,光绪五年(1879年)改名善后局,后移并饷钱局。"② 为表彰"楚北节年阵亡殉难官绅士庶妇女人等",咸丰七年,胡林翼"饬藩司,督同武昌府设立节义局,行令各属查报"③。但上述临时局、所大都是为战时筹饷所设,并不甚多,未形成独立于传统司、道系统之外的行政系统。

(二) 不拘成法的官吏任用制

1. 湖北暨武汉地区保举制的恢复

清代官吏的选任,除科举外,还有捐纳、保荐两途。"所谓保举,就是有担保的荐举。保举人在荐举人才时,对被举者按规定予以担保。"④ 科举、捐纳均由吏部以循格铨选、循资序补以及掣签的方法进行,阻碍了特别人才的脱颖而出,而保举制则可以使特殊人才与实干人才得到破格任用。为避免部院堂官和地方督抚形成利益集团,也为保证官员任用与升调的秩序,清代法例严格限制中央各部院堂官与地方督抚对幕友或下属官员的保举。"在外官中,有保举权的官员主要是总督、巡抚、布政使和按察使,还有体制独特的学政。需要指出的是,在实际运行中,有保举权的藩、臬两司很少保举官员"。"清代的保举标准比较宽泛,但也有一些标准相对来说比较细致,如考绩制度的标准、异常劳绩和寻常劳绩的标准"⑤。雍正元年(1723年)三月上谕要求对"效力有年,果称厥职"的幕友"行文咨部议叙,授之职任,以示砥砺"⑥。此为保举幕友之始。但因为保举过滥,道光四年(1824年)规定:"嗣后各省督抚、盐政等,奏请一切议叙,概不准将幕友保列。"⑦ 保举幕友之制遂停。

咸丰军兴,湖北为战争核心地区,湖北巡抚胡林翼首先打破传统的保举

---

① 梅英杰等撰:《湘军人物年谱·胡林翼年谱》,岳麓书社1987年版,第250、251、253页。
② 民国《湖北通志》卷26"建置(二)·廨署",台北华文书局1967年版,第679页。
③ 胡林翼:《五次续请旌恤节年殉难尤烈之官绅士庶疏》(咸丰七年七月二十一日),载胡渐逵等点校:《胡林翼集》第一册,岳麓书社2008年版,第285页。
④ 肖宗志:《文官保举与晚清》,巴蜀书社2016年版,"绪论"第9页。
⑤ 肖宗志:《文官保举与晚清》,巴蜀书社2016年版,"绪论"第117、118页。
⑥ 《清世宗实录》,中华书局1986年版,第114页。
⑦ 光绪《大清会典事例》卷75。

制限制，不仅大批破格保举具有军功、劳绩之属官，请求突破吏部成法任用、升调官员，而且还首开幕友保举之例。早在咸丰五年（1855年）九月一日，胡林翼即奏疏保举湖北在籍官员胡大任、王家璧以员外郎用，汉阳府教授贺青莲以内阁中书用，举人傅卓然以知县归部尽先选用，拔贡张映芸为教谕归部选用，文生朱烽宪、增生曾耀业以训导归部选用，咸丰皇帝均一一允准①。胡、汪、贺三人为官身，傅、张、朱、曾等人则属绅士，其被保举前的身份应属幕友。"（咸丰）五年六月二十四日，又以大挑二等举人拣发知县邢高魁……惟委署地方，与例不符，札委暂行代理江夏县，专办团练事宜"②。方大湜，"巴陵诸生，咸丰初，入胡文忠幕，洊保知县，补授广济"③。

咸丰六年（1856年）十一月克复武汉后，胡林翼即大量委署湖北暨省各州县官员，并要求吏部破格试署。"目下情形，州县尚悬缺待人，可否敕下部臣，暂勿拘臣文法资格。地方吏治，是臣专责，容臣次第清理，分别委署。如果试验有效，才具出众，即行奏请试署，以期实济而利民生，此吏治应急整饬之要"④。在得到清廷同意后，咸丰七年（1857年）十一月九日，胡林翼再次上疏强调战争以来湖北官员凋零，急需超越定例，破格超拔。"窃查湖北军兴以来，吏治废弛，已非一日。各郡州县，被扰较广，远悴牧令，或阵亡殉难，或参劾病故，中间院司迭更，道途梗塞。每一缺出，未能随时详报，均由该管道府暂委代理。兼以文卷毁失，并不能查其因何出缺，及出缺日期，年复一年，无从清理。现在悬缺既多，为时又久，大兵之后，望治孔殷。必得贤有司，休养生息，宽猛兼施，方与国计民生，两有裨益。然或人地相宜，而格于定例，一经迁就，位置稍失其当，即施展莫称其才"。"臣等即于接见属员时，详加察访，于各员优劣一一存记。复同司道商榷再四，实无合例可补之员，而员缺空旷或五六年三四年不等。若不变通

---

① 胡林翼：《整顿诸军援师会剿请敕川省迅筹军饷疏》（咸丰五年九月初一日），载胡渐逵等点校：《胡林翼集》第一册"奏疏"，岳麓书社2008年版，第38、39页。
② 胡林翼：《特参提督违例需索请旨严行查究疏》（咸丰五年六月二十四日），载胡渐逵等点校：《胡林翼集》第一册"奏疏"，岳麓书社2008年版，第22页。
③ 民国《湖北通志》卷122"职官（十六）·宦绩（六）·清（下）"，台北华文书局1967年版，第2776页。
④ 胡林翼：《敬陈湖北兵政吏治疏》（咸丰六年十二月初三日），载胡渐逵等点校：《胡林翼集》第一册"奏疏"，岳麓书社2008年版，第188页。

第一章 汉口开埠前武汉地区法秩序及其变化（1840—1861年）

办理，转恐贻误地方"。

"查例载知县以上官员，题补缺出、升调兼行，听候督抚酌量具题。此外，应行调补之缺，均令该督抚照例于属员内对品改调等语。至简缺请补，例有轮班补用。又何项缺出，以何项人员拟补之文，立法至周至善，原不容丝毫紊越，然此持为无事时言之。若湖北地方，迭经兵燹，通计丞倅州县悬缺至二十九员之多，历时至五六年之久。现在拣发，即用大挑军功保升各员，到省多在出缺之后。实缺人员，除新选外，仅存二三员，而历俸三年者尤少。此不能不斟酌变通，碍难照例之实在情形也。"为此，胡林翼在该奏疏中一次保举了29个德才可用但却于例不合的人担任湖北各县知县。其中，武昌府、汉阳二府同知，江夏、黄陂二县知县均属破格保举①。据不完全统计，"胡林翼从咸丰六年至十一年破格保奏、任用了约100多人次"②，"超保超升幅度多为一级左右"③。

胡林翼任湖北巡抚期间，其保举之官，不仅有知县、知府等中、基层官员，道员及藩臬二司官员亦在所多有。如武昌知府严树森，"以办理粮台实力筹划，巡抚胡林翼疏请免补本班，遇有湖北道员缺出，请旨简放，允之。八年（1858年），授荆宜施道。九年（1859年），擢按察使。……十年（1860年）闰三月，升布政使……胡林翼复荐树森，综理精密，才胜吏事"④。总办湖北前敌后路粮台兼理营务的阎敬铭，"（咸丰）十一年（1861年）三月，胡林翼奏称：'敬铭公正廉明，实心任事，为湖北通省仅见之才……可否以湖北两司简用之处。'……四月，以按察司候补；七月，署按察使；九月，实授。同治元年（1862年）六月，巡抚严树森奏言：'敬铭综核精密，守堪砺俗，才可救时……'八月，署布政使"⑤。此前之荆宜施道罗遵殿亦由胡林翼先后保举为湖北按察使与布政使。晚清时期，依年序资的文官任用、调升及严格限制幕友为官等传统官吏制度被打破，新幕府制度的形成，盖湖北暨武汉为主要的创始之地。

---

① 胡林翼：《奏陈鄂省员缺虚悬请不拘文法资格拣员调补疏》（咸丰七年十一月初九日），载胡渐逵等点校：《胡林翼集》第一册"奏疏"，岳麓书社2008年版，第347—351页。
② 肖宗志：《文官保举与晚清政治变革》，巴蜀书社2016年版，第184页。
③ 谢世诚：《晚清道光、咸丰、同治朝吏治研究》，南京师范大学出版社1999年版，第222页。
④ 《清史列传》卷54"严树森"。
⑤ 《清史列传》卷57"阎敬铭"。

2. 湖北向中央奏调任用官吏

为避免中央各部堂官及地方督抚任用私人而结党，除两汉及魏晋南北朝时期各部门长官有权自辟衙属，其他各朝都不允许他们向中央奏请调任其他地方的现任官员为自己的属官。"由于疆土拓展，人众事繁，清代不得不委权于地方以收治理实效，督抚制度因之成熟，督抚的人事权也因之扩大，题补制度亦应运而生"。所谓"题补"，亦称"题调"或"奏调"。"题补近于坐缺保举，即先有某重要职位，然后由督抚、提镇、九卿等官于下属或别处选拔相关人员就位……由别处调用称'调补'"①。为限制中央各部堂官及地方督抚调补私人，清代行政法对调补制度进行了严格的限制，通常只适用于边疆、烟瘴及冲要繁疲之地，并对堂官和督抚破例调补官员规定了处罚条款。

太平军兴之后，被兵各省都不约而同地破例向朝廷奏调任用官员。咸丰四年（1854年），湖广总督吴文镕即奏调时任贵州省贵东道的胡林翼率黔勇援鄂。胡林翼任湖北巡抚后，亦在湖北暨武汉地区奏调其他地区的官员。如咸丰九年（1859年），在户部工作的阎敬铭不甚得意，"湖北巡抚胡林翼奏调赴鄂，总司粮台营务"②。在战事方殷之时，清廷对湖北地方大吏的调补题请无不有题必调，从而打破了选官则例的诸多限制，扩大了地方大吏对官吏的选任权力。

3. 将绅士纳入地方临时性的官僚体制

与太平天国起义前州县公务主要由胥吏、衙役负责，胡林翼极不信任吏役，而是大量启用地方士绅办理。如厘金的征收，"时东南各省皆抽厘助饷，惟湖北多用士人司权，核实无弊"③。绅士们不仅长期受着传统儒学道德观念的浸润，而且作为游离于体制之外的地方精英，具有谋取事功的强烈愿望与能力。胡林翼与曾国藩等人委用绅士办理公务的举措，将不具备国家官员身份的绅士纳入到非常时期的地方体制之内，实际上开启了晚清地方官制的变革之端。

绅士一旦进入体制，很快也就开始腐败了。咸丰九年九月，胡林翼批评办厘绅士云："近来各局委员，一札到手，即信赶兄弟子侄赴局。管钱管

---

① 王志明：《雍正朝文官保举和题补制度》，《清史研究》2003年第1期，第59—68页。
② 《清史稿》卷438。
③ 《清史稿》卷406"胡林翼传"。

第一章　汉口开埠前武汉地区法秩序及其变化（1840—1861年）

账，或无可位置之处，而故多提名色，以安插之。其不肖子弟，假父兄之权，从中舞弊。或悄窃厘钱，诡造开除；或以无载有，以虚线载实，复串通书役，剥取商民，吹毛求疵，乘隙重罚。甚至勾通巡划炮勇，贪贿受赂，私放私取。种种弊端，无所不至，是但知拘一己之私，而罔顾商民之累、征饱之亏。言念及此，实堪痛恨。合行专札严饬，除局员均由本署部院及总局分别札委外，其一切执事人等，不得滥用子侄。就今其人未尽不肖，亦当各远嫌疑，勒令回籍。倘仍纵容庇护，致有以上情弊，即惟该局是问。"①

（三）司道对督抚的隶属关系进一步被强化

太平军兴之后，清政府不得不授予地方督抚便宜之权，致各省布、按二司对督抚的行政隶属关系被强化。首先，是各省布政司、粮道、盐法道等财政机构的财政业务逐渐由直属户部转隶于督抚。咸丰四年（1854年）闰七月，咸丰帝颁布上谕允许地方督抚提留漕粮。上谕说："现在贼氛未靖，各路军营需饷浩繁，部库筹拨银两，实形支绌。迭经降旨，并由户部奏明……湖北等省漕粮，均准截留济饷……其有漕省份，征存未运糟粮，均准各该粮台就地动用，并准碾动各属谷仓。"② 此外，督抚还通过奏请朝廷陆续取得了动用地方盐税、关税的权力。因而，原来直属于中央的布政使司、粮道、盐道、海关道等财政机构逐渐转隶于各省督抚。详见下节。

五、湖北地方财政体制开始形成

（一）湖北总粮台直接由地方督抚控制

八旗与绿营军的平时后勤保障，尤其是军粮供应，通常由所驻各省负责提供，"粮台是八旗、绿营经制兵的战时后勤保障机构"，"战时，清廷特派朝廷重臣全权负责作战清军的后勤保障事宜，粮台也由其组建和领导……负责后勤的将领和负责军事的将领是互不统属的"。"一切与后勤有关的事务必须由粮台来处理，大营将领不得干涉。这就将军队指挥权和军后勤指挥权严格地分开，由朝廷分别派遣专人负责，以免将帅干预后勤而势力坐大。其目的也是为了牢固地将军权和财权控制在清廷手里"。"在组织机构建设上（粮台）具有暂时性的特点，即在战时组建，战争结束后便自行裁撤"③，其

---

① 胡林翼：《札各厘局》，载胡渐逵等点校：《胡林翼集》第二册"批札"，岳麓书社2008年版，第920页。另参见汪士铎：《胡文忠公抚鄂记》卷2，岳麓书社1986年版，第176页。
② 《清文宗实录》卷139"咸丰四年七月戊寅"。
③ 郜耿豪：《论经制兵制度下的传统粮台》，《军事历史研究》2004年第4期，第96—106页。

军需支出向户部报销。

太平军兴之后,粮台制度发生了巨大的变化。曾国藩创建的湘军"勇营兵制之下,粮台由军事统帅而不是由朝廷派遣人员经理,其权操于军事统帅,调兵运饷均由军事统帅一人掌握"。军需的筹措亦由勇营军事统帅负责,因而,在湘、淮各军统帅成为各省督抚等方面大员之后,粮台遂"由战时临时设立的后勤保障机构变成军队常设的后勤建设和保障机构"。由于近代军需类目,如大规模使用的火器等项并不在清朝原定则例的报销项目中,勇营官兵的饷银亦远高于八旗、绿营兵,尤其是军饷基本由湘、淮军统帅自筹,因而,无法也不应当完全依清廷原定则例报销。"光绪八年(1882年),上谕又一次重申:'所有光绪八年八月以前各省未经报销之案,着将收支款目总数分年分起开具简明清单,奏明存案,免其造册报销。'这是中央在财政方面对地方统兵将领的一次公开让步,它深刻表明了清廷对湘、淮军后勤控制的式微和近代粮台自主权的日见扩充"①。

武汉即使不是勇营粮台体制的创建之地,但至少也是该项制度主要的施行与完善之地。咸丰四年(1854年)闰七月,咸丰帝颁布上谕允许地方督抚截留漕粮。上谕说:"现在贼氛未靖,各路军营需饷浩繁,部库筹拨银两,实形支绌。迭经降旨,并由户部奏明……湖北等省漕粮,均准截留济饷……其有漕省份,征存未运漕粮,均准各该粮台就地动用,并准碾动各属谷仓。"②咸丰四年湘军进入湖北时,曾国藩在武汉设置有"行营粮台"与"转运局"③,后来又陆续设有转运、筹饷等局④。"咸丰七年(1857年),巡抚胡林翼设总粮台"⑤,成为湖北军队(主要由湘勇组成)的常设后勤机构。湖北军队出省作战,其军需供应也是由设于武汉的总粮台负责。"无论何项进款皆由粮台弹收,无论何项开支,多饬粮台批发,各厘局所收银两均

---

① 邰耿豪:《论勇营兵制下的近代粮台》,《湖南大学学报(社会科学版)》2005年第1期,第98—104页。

② 《清实录》第42册《文宗显皇帝实录(三)》卷139"咸丰四年闰七月中",中华书局1986年版,第443页。

③ 参见曾国藩:《请以夏廷樾总理粮台片》(咸丰四年闰四月初九日),载《曾文正公全集》(二"曾文正公奏稿·一"),中国书店2011年版,第81页。

④ 参见李志茗:《晚清四大幕府》(曾国藩幕府机构设置表),上海人民出版社2002年版,第116—123页。

⑤ 民国《湖北通志》卷26"建置(二)·廨署",台北华文书局1967年版,第679页。

第一章 汉口开埠前武汉地区法秩序及其变化（1840—1861年）

交粮台，总厘金局不过照验清册而已"①。"湖北省财权不再属于布政使司和户部下属的藩、粮、关各司道监员，湖北司库地丁钱粮及粮道库存银两以及新收漕粮、地丁、盐课、关税、牙帖厘金等全由巡抚一人执掌"②。

该总粮台在"同治五年（1866年），改名军需局，光绪五年（1879年）改名善后局"③。所谓善后局，实际上是完全受湖广总督控制、与布政司并存的湖北省第二财政机构。

（二）督抚通过保举地方财政大员逐渐控制湖北地方财政

太平天国起义之前，各省布政使司虽为督抚属官，但其任命权归于皇帝，其业务归口户部，督抚并不能完全支配。太平天国起义兴起之后，由于保举与调补制度的放宽，各省财政官员通常由本省督抚保举或调补，故而逐渐与督抚之间形成私人隶属关系，导致督抚通过人事任用权控制了省级地方财政。

严树森从咸丰元年（1851年）即在湖北任官。咸丰五年（1855年），"以办理粮台实力筹画，巡抚胡林翼疏请免补本班，遇有湖北道员缺出，请旨简放，允之。授荆宜施道。九年，擢按察使……十年闰三月，升布政使……胡林翼复荐树森，综理精密，才胜吏事"④。

咸丰六年（1856年），罗遵殿任安襄郧荆道，"军兴以来，办理团防劝捐各事宜，兼办粮台支放"。"咸丰六年三月初九日，内阁奉上谕：'两淮盐运使员缺，着罗遵殿补授。'"四月八日，胡林翼以其"廉正朴实，最为可靠"，呈请清廷"俯准暂留楚北，并请俟新任道员到任交卸，仍候军务告竣，再行给咨北上"⑤。咸丰七年（1857年），罗遵殿"迁湖北按察使。八年（1858年），迁布政使。时胡林翼为巡抚，百废具举，重遵殿清德，吏事悉倚之"⑥。罗遵殿即便外升两淮盐运使，作为湖北省巡抚的胡林翼亦可强

---

① 曾国荃：《整顿军需局片》（同治五年五月十四日），载《曾国荃全集》第一册"奏疏"，岳麓书社2006年版，第43页。
② 凌兴珍：《胡林翼与咸同时期清朝权力结构的变化》，《四川师范大学学报（社会科学版）》1996年第3期，第81页。
③ 民国《湖北通志》卷26"建置（二）·廨署"，台北华文书局1967年版，第679页。
④ 《清史列传》卷54"严树森"。
⑤ 胡林翼：《乞留升任道员襄办军务粮台疏》（咸丰六年四月初八日），载胡渐逵等点校：《胡林翼集》第一册，岳麓书社2008年版，第107、108页。
⑥ 《清史稿》卷395"罗遵殿传"。

行让其留在湖北并升任至一省财政主官。

"阎敬铭,字丹初,陕西朝邑人。道光二十五年(1845年)进士,选庶吉士,散馆改户部主事。咸丰九年(1859年),湖北巡抚胡林翼奏调赴鄂,总司粮台营务……林翼请病,复疏荐敬铭才,授湖北按察使。同治元年(1862年),严树森继为巡抚,亦推敬铭湖北贤能第一,署布政使。"[①] 阎敬铭作为湖北粮台乃至布政使,均为湖北省巡抚奏调和保举。

此外,在胡林翼主政湖北期间,还先后保举庄受祺、唐训方等任武昌盐法道、湖北粮道等财政职。

(三)奏销制度大打折扣

奏销制度是中央政府控制地方财政的手段,所有财政收支全由中央支配,其所谓"销",即通过这一手续最后解除地方政府的财政责任。但太平天国起义之后,八旗、绿营军腐败不堪作战,原有行政体制亦不足以应付战争之需,因而地方政府不得不招募勇营、成立临时局所并承担其支出。这些支出因不符合财政则例而无法报销,依吏部处分则例,主管官吏是要负责补赔的。此外,战争中财经管理人员多次更换,账册亦多有损毁,账目已很难厘清,因而传统奏销制度在地方已很难顺利执行。

咸丰六年(1856年),武汉收复后,官文奏请战时军需款项展限造报,清廷"谕:官文奏军需款项纷繁,请展限造报一折。据称汉阳粮台,款目繁多,总局远在荆襄,行查需时。现当克复武汉,办理善后事宜,倍形繁重,骤难造册报部,自系实在情形。着准其展缓数月,该大臣即督饬经手各员,赶紧核实报销,毋许再有延宕"[②]。

即便日常军费报销,亦不能按期进行。咸丰七年九月二十五日,官文上奏,"楚北自军兴以来迭遭兵燹,各营连年倒毙马匹,司库无项发给买补,各营并未请领,积欠马干银两;其朋马口粮亦无可摊扣,兼之文案毁失无凭查办",请求将咸丰二年至六年朋马奏销展限。朝廷批准"展限一年,补足数目,摊扣朋费再行按年造册报销"[③]。

---

① 《清史稿》卷438"阎敬铭传"。
② 《清实录》第43册《文宗显皇帝实录》卷215"咸丰六年十二月中",中华书局1986年版,第372页。
③ 官文:《奏为湖北省各营朋马报销请展限查办事》,04—01—01—860—048,中国第一历史档案馆藏《朱批奏折》档。转引自王海明:《晚清奏销制论略》,吉林大学博士学位论文2014年,第20页。

第一章　汉口开埠前武汉地区法秩序及其变化（1840—1861年）

（四）牙帖税额扩大并改归湖北地方

太平天国起义之前，湖北牙税需缴户部，但定额甚轻，江夏"牙帖税银一百四十两九钱"。"咸丰四年，部议章程，暂令直省委员设局，专办协济军饷，均令赴局投税，无定额。"① 从此，牙税转归地方各省。

作为商业重镇的汉口被焚毁，拥有牙帖的商人逃离，牙帖税无法征收。而兵祸较小的地区如鄂西、鄂西北的荆、襄、宜、施等地的商业集市则有较大的发展，但新开集市却没有新颁牙帖，商人们为了经营不得不高价购买旧帖以及从外省贩来的牙帖，致"一帖费至百金，或千金者"。为此，咸丰五年（1855年）十月六日，湖北巡抚胡林翼向清廷呈奏，"湖北为东南奥区，商贾繁庶，连年被贼州县，旧商失业，新集牙行均无印帖"，"请敕下户部，颁给各行牙帖二千张，并则例条款，由驿递发臣营，转交捐局，遴派公正士绅，妥为办理，以资军需……其捐资请领者由总局报明，汇册咨部，并札行司道州县备案"；"查旧例，生监各衿，不准充行。推原律意，士大夫之行不可为商贾之事，所以示节制，严垄断也。访查近年弊窦，有生监隐名充行之人，有行户居积而改捐职衔之人。循名核实，未能画一。应请此后生监职衔人等，准其领充，以广招徕。其身入仕途，名列科第者不准，仍不准承充，以未限制而符定例"②。相对于传统牙帖制度，上述奏文主要有三项改革：其一，从牙帖颁发程序上绕过了省布政司以及各州县政府，直接由户部将牙帖交省总办捐输厘金局转发，税归省府；其二，将原省布政司及各州县衙门胥吏发帖时勒索之陋规并入牙帖费中；其三，允许非科第出生的生监承领牙帖，承充牙行，以扩大牙源。

清廷同意了胡林翼的奏请，户部则按胡林翼的改革方案制定了《牙帖章程》十八条③，并将其"摘要刊入牙帖"。咸丰六年（1856年）三月十七日，湖北巡抚胡林翼又呈奏清廷，"窃查部议，较旧例益为详宦，自应遵照办理。惟臣前奏，系军需万紧，设此济急之法。今既示谕数月，尚皆裹足不前"，考虑到"各地方多系迭经兵燹之余，于部议有必应量为变通者数条"。

---

① 同治《江夏县志》卷3"赋役·杂税"，同治八年刻本。
② 胡林翼：《陈报援军分剿崇阳余匪始胜中败复继大胜疏》（咸丰五年十月初六日），载胡渐逵等点校：《胡林翼集》第一册，岳麓书社2008年版，第49页。
③ 《户部颁发章程十八条》，载佚名编：《清代档案杂抄》（不分卷），中国人民大学图书馆古籍部藏。

其一，将各牙行繁盛或偏僻等级按现时情形重新划分。"旧例额设各行，繁盛、偏僻，各分三则（即三等——引者注）。自省城三陷，文案难稽，各行原帖亦多遗失，难期悉符旧章。即如汉镇昔称最盛，今则荡为瓦砾，骤难复原……（故）所有填注分则，应请以此次体察地方实在情形为断"。其二，降低各等级牙行牙帖资费。"湖北除汉镇既毁，其余各处集镇繁盛为少，偏僻为多。至各偏僻下行，有岁取行用钱仅数十千者，既难照则捐输，亦未便勒令歇业。且究系例外急公报效，其捐数应请酌定为制钱一千串、七百串、五百串、三百串、二百串、一百串，共六等，按照繁盛上行、偏僻上行、繁盛中行、偏僻中行、繁盛下行、偏僻下行，分别填注"。其三，"向例新开集场，方准添设（牙帖）。现查湖北地方，有未被蹂躏者，商贩汇聚，贸易更盛往昔。有已被蹂躏者，额牙远避，旧帖遽难裁汰，市镇俱已改观，即与新开集场无异。若不准其添设，转于商民不便。应请无庸限额，旧埠新集，均准随时捐给"。其四，牙帖均注有专门营业地域。如"原人执存原帖，而原处尚未安集，欲于他处图复旧业者……应请酌捐更换，准其移埠"。其五，酌减旧帖换新帖资费。"新章内开各市镇原有旧帖之商，拟令一律更换，准其减半交纳"，酌请改为"请依新则钱数三分之一交纳"；"其旧帖遗失者，应令呈明原帖姓名、籍贯、镇市、年月，减半交纳。一面补给新帖，一面咨部查核……其由旧帖移埠开设者，照全数减二成捐换。由旧帖改业别行不移埠者，照新改之行全数减四成捐换"。其六，"向来各牙、父子、兄弟、叔侄承充纳税，例无不准明文，亦无纳资捐充之例。今既创为捐资请帖，自应许其作为世业……免其重捐"[1]。在湖北变通的上述诸条，均为体恤牙商之举，经清廷同意后，湖北省当局将其颁布为《捐请牙帖现行章程十八条》[2]。武汉克复前，武昌、汉阳、黄州三府所辖区域的牙厘局，暂设于今洪湖新堤。湖北牙帖制度改革之后，牙税与（川）盐税、茶税、厘金一同并归新成立的盐茶牙厘局征收，成为完全由湖北省政府控制的地方税。扩大牙人范围，不仅扩大了牙帖税源，而且因为牙行有包税职能，牙行的增加大大减少了政府的征税成本。如茶税"本应由园户自行赴局完纳，而茶

---

[1] 胡林翼：《密陈南岸贼情并筹议现在情形疏》（咸丰六年三月十七日），载胡渐逵等点校：《胡林翼集》第一册，岳麓书社2008年版，第49页。

[2] 参见《示谕捐请牙帖现行章程十八条》，载王家璧著，皮明庥编：《出自敌对营垒的太平天国资料——曾国藩幕僚鄂城王家璧文稿辑录》，湖北人民出版社1980年版，第82—84页。

第一章 汉口开埠前武汉地区法秩序及其变化（1840—1861年）

未售出，无款可缴。且零星散漫，不便稽收"。增设茶牙后，即可"仍循照旧章，责成行户扣缴。凡内地茶商到山采茶，必须向行栈索取出产税禁，呈验完缴，方准起运"①。

（五）新开征的厘金、茶税亦由湖北地方政府控制

太平军攻入湖北，导致官方税收系统被破坏。清军军需孔亟，早在咸丰五年（1855年）正月，就"有湖北在籍主事胡大任、王家璧，汉阳府教授贺青莲，举人傅卓然，拔贡生张映芸，文生朱烽宪，湖南增生曾耀业，在武昌、新堤、沙市、簰洲、施南等处设局劝捐，试办厘金"。故刚刚就任湖北巡抚的胡林翼奏请对胡大任、王家璧二员在籍官员，"饬委总司各属捐局厘金局务"②，并"核定筹议抽厘章程"九条③。

依该章程，省城设立盐茶牙厘总局（由于省城武昌于咸丰六年即1856年始被收复，故盐茶牙厘总局直到次年始正式设立。征收的税种包括盐税、茶税、牙税及厘金），委道府颁发关防部理局务，并委州县分司其事。各州县城乡镇市分卡设局，武汉分局除征收武昌、汉阳两府各州县厘金外，还代征须武穴、宋埠、富池口、鹅公颈、黄颡口、漳源口、樊口各小河所出之货物厘金，汉口市镇的厘金征收俟查看复业再行核办。"江夏县设局卡四：省厘金局（抽收城内门市并起坡落地厘）、城外鲇鱼套卡（抽收城外门市并起坡落地厘）、金口牙厘局（水卡抽收大江运入里河暨本镇门市起坡并本地出产百货厘，兼办本县所属牙帖）、法泗卡（水卡抽收咸宁斧头湖出口并本地出产百货厘）"④。汉阳县的厘金卡设置情况不详，根据张之洞在光绪三十一年（1905年）奏办裁撤与保留的属汉阳县和夏口厅的厘局，可以大致判断出汉阳县（包括汉口）的厘局有黄陵矶、湘口、坪坊、黄花涝、蔡甸、沌口、清滩口专局和石码头分局⑤。厘金卡分三项收取：落地厘，专收外省入境之货；门市厘，专收用户所买之货；出产厘，专收本地出产之货。唯入境

---

① 民国《湖北通志》卷50"经政（八）·榷税·茶税"，台北华文书局1967年版，第1200页。
② 胡林翼：《整顿诸军援师会剿请敕川省迅筹军饷疏》（咸丰五年九月初一日），载胡渐逵等点校：《胡林翼集》第一册，岳麓书社2008年版，第38页。
③ 参见民国《湖北通志》卷50"经政（八）·榷税·厘金捐输"，台北华文书局1967年版，第1191页。
④ 同治《江夏县志》卷3"赋役·新增厘税"，同治八年刻本。
⑤ 张之洞：《裁撤厘金局卡试办统辑折》（光绪三十一年八月三十日），载《张之洞全集》第四册，武汉出版社2008年版，第240页。

与落地两项，未便同时抽取，应许于入境抽厘照票内注明该货运往何处变卖，其落地厘金俟到变卖地面抽取。凡从各处偏僻小路进来的货物，只抽取落地厘金而不征门市厘，零星货物、肩挑背负之手艺小贩以及门摊概不抽厘。该章程并未规定厘金税率，直到咸丰七年闰五月，牙厘总局统一全省各地厘金税率，"米厘定为每石三十文，煤炭厘仍照成本，每串抽取十二文"①。

"在厘金或者普通货物通行税之外，胡林翼规定棉花、丝绸、木材以及茶还要另外征税。"除在产茶地湖北省蒲圻县羊楼洞设立了征收生产税（业厘）、加工税（行厘）和运输税（乡厘）外，"在汉口，因为茶叶是大批量买卖的，所以茶税被归属于'包茶厘金'之下，由汉口的厘金局负责征收"②。

（六）汉口盐政地位的衰落与盐税的地方化

湖北省传统盐政，由两淮盐运使派出盐法武昌道主持，以汉口为两淮食盐的上岸地与分销总站。"咸丰三年（1853年），粤匪踞江宁，上下游江路梗塞，淮南片引不到楚岸。七月，署湖广总督张亮基始创借行川引之议以济民食，酌抽课厘之款以济军糈"③。由于入鄂川盐初为官运，成本高昂，且运量不足，故价格高涨而导致川盐私盐泛滥、盐税流失。为消灭私盐、增裕国课，咸丰三年，张亮基奏请将私盐合法化，湖北市场实行自由贩运。经户部议准，"川粤盐斤入楚，无论商民，均许自行贩鬻，不必由官借运，惟择楚省堵私隘口，专驻道府大员，设关抽税。一税之后，给照放行"④。

"咸丰四年九月，前督臣杨霈始专委设局宜昌，无论商运、私运，概准行销，引课仍归川省，以充正款；私课收自楚北，以充军资"。从此，川盐合法进入湖北境内，且销售课税收入归于湖北地方，引课即专卖费归四川盐道。六年（1856年），湖广总督官文奏各设局卡对川盐、潞盐抽课并拟试改淮盐运道保全引地。清廷批准了这一请求⑤，潞盐从此亦进入湖北境内。

---

① 王家璧：《曾国藩幕僚鄂城王家璧文稿辑录》，载皮明庥编：《出自敌对营垒的太平天国资料》，湖北人民出版社1980年版，第134页。
② ［美］罗威廉：《汉口：一个中国城市的商业和社会（1796—1889）》，江溶、鲁西奇译，中国人民大学出版社2005年版，第157页。
③ 民国《湖北通志》卷51"经政（九）·盐法"，台北华文书局1967年版，第1221页。
④ 光绪《四川盐法志》卷11"转运·济楚"。
⑤ 民国《湖北通志》卷51"经政（九）·盐法"，台北华文书局1967年版，第1121页。

第一章 汉口开埠前武汉地区法秩序及其变化（1840—1861年）

"这一规定打破了引岸界限，川盐顺江而下，以至占领整个湖北食盐市场"①。湖北省在宜昌设立川盐局，在沙市设立川盐分局，在襄阳设立潞盐局，分别对川、潞盐征税，以济军饷。汉口作为食盐总分销口岸的地位，继道光三十年（1850年）陆建瀛削弱性改革之后，已基本丧失了。盐法武昌道既无淮盐可供管理，又无权控制川盐、潞盐，因而其权力已名存实亡。"军兴以后，各省多设督销、官运等局，运司之权既分，而盐道一职尤成虚设，故河南、江西、陕西各盐道均经奏裁，以藩司及巡警道兼之；湖北、湖南、广西各盐道，则均名存而实去。"② "在太平天国运动之后的数十年里，盐道几乎完全代表湖广总督和湖北巡抚的利益，特别是在征收本省盐厘方面……由一个新设机构'盐茶牙厘局'统管，而盐道是此局之当然成员。和从前一样，盐道仍由北京中央政府任命，但实际上，它越来越仰赖于湖北省方面的推荐"，"实际上，盐道经常由武昌道兼任，偶尔也由汉口道兼任"③。在曾国藩就任两江总督兼两淮盐运使之前，也是汉口开埠之前，以盐法武昌道为主管官署、以汉口为淮盐总分销口岸的淮盐垄断制度，亦几近于消失。

胡林翼抚楚后，认为"盐法为国之大政，利权下移，无此政体"，"自省垣克复后，即再四筹商，拟仍援张亮基借拨川引之案，而稍变通其法，改为官运官销，仍不夺商贩之利。以每月稍盐九百引计算，拟按川运官盐水引二百张，余七百余引，仍听商贩自运"④。实际上，是将进入湖北的川盐自由商销制改为官、商双轨制。因四川在汉口上游，官盐仅在宜昌、荆州两地发运，盐税完全归于湖北地方，由盐法武昌道控制的以汉口为总分销口岸的淮盐垄断制度则仍未能恢复。

（七）改革漕粮制度

咸丰七年（1857年）十月十四日，胡林翼向清廷呈奏《革除漕务积弊并减定漕章密疏》⑤，请求对湖北漕务浮收勒索等弊端进行改革。得到批准

---

① 唐仁粤主编：《中国盐业史》（地方编），人民出版社1997年版，第504页。
② 《大清宣统政纪》卷61"宣统三年八月"。
③ [美]罗威廉：《汉口：一个中国城市的商业和社会（1796—1889）》，江溶、鲁西奇译，中国人民大学出版社2005年版，第143页。
④ 胡林翼：《奏陈楚省盐法乞酌拨引张疏》（咸丰七年四月初五日），载胡渐逵等点校：《胡林翼集》第一册，岳麓书社2008年版，第236页。
⑤ 胡林翼：《革除漕务积弊并减定漕章密疏》（咸丰七年十月十四日），载胡渐逵等点校：《胡林翼集》第一册"奏疏"，岳麓书社2008年版，第334页。

后，胡林翼遂"与藩司马秀儒、臬司罗遵殿、署粮道张曜孙、署武昌府知府道员严树森、汉阳府知府如山，悉心筹议"，拟旨在改革漕务的《漕务章程》六条，于咸丰八年（1858年）六月十六日呈奏清廷批准。

1. 漕粮全部定价改折银两交纳并分别公布各州县核减漕粮折银比价

咸丰二年（1852年），太平天国控制了长江船运，漕船停运，户部要求湖北漕粮改折银两。现一律改收折色，并在原有折价比例基础上分别核减。"饬署粮道等亲历各州县，查明历届征收实数，传集绅耆，令其公议核减，旋据各绅耆禀呈核减数目前来"，即由官员请绅士们重新清丈土地，公议核减数额，不让书吏、衙役们插手。在武汉地区，"江夏县向收每石折钱八千至十三千文，今减为六千五百文……汉阳县向收每石折钱八千文，今减为五千文……黄陂县向收每石折钱十千文，今减为五千八百文"。"其水脚耗米一并在内，所有由单串票样米差费等类，概行革除。严饬州县遵照改定钱数征收，不准于此外多收分文。并晓谕花户，将改定章程于各乡泐石，以期共见共闻，垂之久远，永杜书役朦混愚弄之弊"。

所征漕粮折色银两，暂充军饷。"如将来军务完竣……拟即遵照部定每石折银一两三钱解部。若北漕仓需用漕米，即由臣将此项折收银两，照数采买米石，委员雇备民船，运交江苏上海海运局，并归海运运京"。

2. 仍保留原北漕、南粮费用的征收

虽然北漕已停运，漕粮、南粮全部改为折色银两，不再实际支出水脚运费，但原户部额定的解运费用仍需征收，交粮道库暂充军饷。

3. 八旗兵、绿营兵缺员的空饷全部归公

清代军队陋规，军内缺员空饷通常为各级军官中饱。该章程规定，荆州八旗兵、全省绿营军，军饷全部按折色银按实际员额发放，其空饷余银"宜节省归公"。

4. 各级政府原借征漕粮附加的各种陋规一律革除

"所有向来粮道及各道府丞倅尹尉道府上下衙门，一切陋规杂费，概行裁革尽净，不留分毫。"①

同时，胡林翼以湖北巡抚名义向湖北各州县下发《札各州县革除钱漕

---

① 胡林翼：《奏陈漕务章程办有成效疏》（咸丰八年六月十六日），载胡渐逵等点校：《胡林翼集》第一册"奏疏"，岳麓书社2008年版，第456—462页。

第一章 汉口开埠前武汉地区法秩序及其变化（1840—1861年）

弊政》，严厉批评"昏庸州县形同木偶，征收大权一寄诸总书、册书、里书之手……彼奸书蠹役辈之伎俩，特以官与民隔绝，官欲自征而册籍无存，必恃若辈为勾致，民欲自纳而券票罔据，转视若辈为足凭"，制定征收细则四条：

（1）清丈征册虽失，田庯自在。各乡各垸中选派公正绅士，亲身督率，按亩丈量，不经保正、书差之手。

（2）自封投柜。鉴于纳税户离县城较远，纳税不便，小县可在县城设征税站（即所谓"柜"），大的州县可于四乡添设分柜，只准保正、粮书、粮差等挨户催令纳税户自行赴柜，不准其代为完纳。

（3）严推收。要求凡有田土买卖者，必须于十日内赴州县过割赋税，以避免卖田者产去而税存，买田者偷逃田赋。保正、邻右知情不报者同坐。

（4）清户柱。清理户籍与田籍不一的情况，"执田以求人，执人以查粮，未有不丝丝入扣者。今将某大户共若干花名，条分缕析，归并于某大户总名项下，粮名可按籍而稽矣"，"现成于各该地方绅耆保甲细查一遍"，"其典卖田亩之户，责令卖绝过户，否则仍归田主完粮"①。

上述改革在财政制度上的意义在于：其一，废除了两千多年来的实米漕粮征收，将其改为货币税；其二，原本应当解户部京仓的漕粮被截留作为湖北地方军饷，成为地方财政收入来源，使粮道这一中央财政机构在一定程度上地方化；其三，革除了各级地方政府在征收漕粮过程中的各种附加，但仍保留了已经不存在的水脚运费；其四，废止沿袭历朝的由书吏、衙役、保正经手钱粮征收的传统，改由正绅征收。

"咸丰八年七月二十六日，户部议复湖北漕务章程，除对个别条文有所保留外，基本持认可态度。其后户部将湖北章程通行有漕各省，以为革除漕弊之参照"②。"文宗谓其祛百年积弊，甚属可嘉。"③ 这一发端于湖北的新漕运制度遂通行于全国。

（八）对中央政府通货膨胀法令的消极执行

汉、新莽、孙吴、南朝之宋陈、唐、宋、及明代，均铸造发行过大钱。

---

① 胡林翼：《札各州县革除钱漕弊政》，载胡渐逵等点校：《胡林翼集》第二册"批札"，岳麓书社2008年版，第901—904页。

② 洪均：《漕政视阈下的晚清财政变革——以湖北为例》，《中州学刊》2012年第6期，第146—152页。

③ 徐珂编：《清稗类钞》第二册，中华书局2010年版，第549页。

早在道光年间，清廷就讨论过铸造大钱。所谓大钱，是指面值远大于铜值的铜钱，是历代政府用于掠夺民间财富的通货膨胀手段。不兑现纸币，最早形成于北宋。北宋初期，四川成都十六家商铺合作发行自由流通、可兑换的纸币——交子，后因挪用了本金，不能兑现而被收归官办。官办后的交子很快变成了强制流通、不能兑现的纸币，因而成为政府实行通货膨胀、掠夺民间财富的工具。元、明两代继承了这一纸币制度，因而也无一例外地将之作为掠夺性财政的手段，因而也无一例外的是"弊端百出，与恶性通货膨胀相始终"①。鉴于这一教训，除顺治时期外，鸦片战争前的清朝政府一直没有发行过纸币。

鸦片战争尤其是太平天国起义导致了政府的财政极度困难，因而清政府一方面发行铜质虚价大钱，一方面重拾前代不兑现纸币制度。

咸丰三年（1853年），咸丰帝发布上谕，要求各省铸造当千、当五百、当百、当五十、当十、当五大钱，"其民间应纳税课钱文等项，均照部议，准以大钱交纳；其应交银者，并准其按照制钱两串折银一两之数抵交……如有私铸及奸商居奇阻挠者，均按例治以应得之罪"②。咸丰三年二月二十七日，咸丰帝颁发上谕："定为官票名目，先于京师行用，俟流通渐广，再行颁发各省一律遵办……其民间行用银钱私票仍听其便。"③ 此官票即官银票。同年九月十八日，咸丰帝再颁上谕："由户部制造钱钞，颁发中外，与现行银票，相辅助通行。"④ "得银票者不准支银……得钱票者可支制钱"⑤。钱票为可兑现纸币，银票为不兑现纸币。但后来钱票的发行额大大超过了钞本，故钱钞也不再兑现。为推行此不兑现纸币及金属大钱，户部在北京设官钱总局，其下设若干官银钱号（或称官钱号），同时还要求各省成立官钱局，招募殷实商人承办，发行钱钞（官票即银票则由户部交各省藩司使用）。

湖北于咸丰四年（1854年）十月在"省城设官局、钱局各一所，于荆、

---

① 千家驹、郭彦岗：《中国货币演变史》，上海人民出版社2005年版，第163页。
② 中国人民银行总行参事室金融史料组编：《中国近代货币史资料》第一辑"清政府统治时期（1840—1911）"（上册），中华书局1964年版，第211页。
③ 中国人民银行总行参事室金融史料组编：《中国近代货币史资料》第一辑"清政府统治时期（1840—1911）"（上册），中华书局1964年版，第362页。
④ 中国人民银行总行参事室金融史料组编：《中国近代货币史资料》第一辑"清政府统治时期（1840—1911）"（上册），中华书局1964年版，第368页。
⑤ 中国人民银行总行参事室金融史料组编：《中国近代货币史资料》第一辑"清政府统治时期（1840—1911）"（上册），中华书局1964年版，第354页。

第一章　汉口开埠前武汉地区法秩序及其变化（1840—1861年）

襄开设官局一所，鼓铸大钱，行用票钞"①。官局"主要用来推行户部官票和大清宝钞"；"钱局，当指宝武局，主要鼓铸咸丰大钱"。

1. 官局的设立

官票、钱钞因不能兑现而导致贬值幅度过大，为民间所抗拒，结果除福建、山西与陕西三省官钱局遵旨发行，其他各省包括湖北在内虽设有官钱局，但都以各种借口拖延执行。部分地方政府征收钱粮时甚至公然违背圣旨与法令，拒绝搭收银票宝钞。胡林翼说："鄂向未用大钱、钞票、官票，自上及下，无不以实银出入也。"② 可见这些官票并未在湖北境内大规模流通。至咸丰十一年（1861年），京城所有官银钱号始全部被裁撤。同治元年（1862年）十一月七日，上谕"允户部奏，筹拨来年京饷并各省地丁等项，一律停收钞票"③。"随着咸丰十年（1860年）官票和宝钞停止发行，以及同治元年票钞停止使用，湖北官局、荆州官局和襄阳官局，也随之停办"④。

2. 官银钱号

咸、同之际，湖北省地方当局不仅设立为户部推销官票、宝钞的官局，而且招聘私商代理发行可兑现的官银票、官钱票。"咸、同时代，发生内乱，频年用兵，度支浩繁，令各省招商设立官银钱号，发行银票、钱票，提当、杂各商生息帑银及库存之卯钱，拨交官银钱号充票本。是时，湖北设立公济益官银钱号于武昌；设立协成、有成两官银钱号于汉口，发行银票、钱票。而私人营业之钱店，群起仿效，发行银票、钱票，政府不加干涉，为湖北发行纸币之滥觞"。直到"光绪二十二年（1896年），湖北官钱局成立后，公济益官银钱号停办"，汉口的"协成官银号、有成官银号，有可能被改制为'官督民办性质'"⑤，直到20世纪初依然还存在。"虽为私立银行，

---

① 《咸丰年初各省设立官钱局及推行官票、宝钞情况简表》，载中国人民银行总行参事室金融史料组编：《中国近代货币史资料》第一辑"清政府统治时期（1840—1911）"（上册），中华书局1964年版，第455页。

② 胡林翼：《复梁海楼》（咸丰十年十一月二十四日），载胡渐逵等点校：《胡林翼集》第二册"书牍"，岳麓书社2008年版，第719页。

③ 王先谦：《东华续录编》（同治朝）卷16，光绪二十五年刊印，第19页。

④ 张或定、张劲锋、张哨锋：《清代湖北官局、官银钱号及官银号设立情况考》，载《武汉金融》编辑部编：《湖北钱币专刊》（总第8期），湖北省钱币学会2009年版，第13—15页。

⑤ 湖北省银行编：《湖北省金融》第2节"纸币"，民国二十五年。转引自张或定、张劲锋、张哨锋：《清代湖北官局、官银钱号及官银号设立情况考》，载《武汉金融》编辑部编：《湖北钱币专刊》（总第8期），湖北省钱币学会2009年版，第13—15页。

而受政府监督，出纳政府之银两，办理海关税，信用最厚"①。

3. 宝武局（钱局）

"宝武局完全能开铸大钱，从时间上可分为两个阶段：第一阶段从咸丰三年户部规定开铸当十大钱始，到咸丰四年六月太平军第二次攻克武昌城止；第二阶段从咸丰四年十月太平军失守武昌城到咸丰五年四月太平军第三次攻克武昌城止，屈指算来两个阶段总共只有十八个月的时间铸造咸丰大钱。由于宝武局咸丰大钱体轻值高，私铸泛滥成灾，造成物价飞涨，商民纷纷表示不满，拒用大钱，宝武局也就停铸了大钱"。"宝武局开铸造的当十钱最重的六点零八钱，最轻的四钱；当五十钱最重的一两四钱五分，最轻的一两二钱四分；当百钱最重的一两七钱九分，最轻的一两四钱。按照户部中期规定的大钱重量，宝武局从当十到当百钱都达到了要求，并普遍偏重于规定重量"②。湖北因"开铸案册被毁，无考大钱"，不知何时停铸大钱。根据《湖北通志》的记载，至晚咸丰七年（1857年）正月之后，就不见有铸造大钱的记载③。依前引胡林翼的说法，宝武局所铸大钱似乎也很少在湖北境内流通。

湖北虽自咸丰七年之后即不再铸大钱，但却减低铜比例铸造铜铅合金制钱以取利。咸丰九年（1859年），胡林翼"设局于武汉之市，大约千钱可得十余斤之铜钱，加白铅二成"，铸成康熙、雍正时钱式，得千数十钱为大利，得千钱为中利，得九百八九十钱亦有利可图。胡林翼于咸丰十年（1860年）致函盐法道顾文彬云："户部近二年谬处甚多，少奏少咨为是。如铸钱之案，尊处可详来，弟必不准咨复。异日有事，弟执共咎也。"④ 此信要求主管铸钱的官员将铸钱情形报告上来，且明确表示不会咨复户部，"看来购铜铸钱是瞒着户部的"⑤。

---

① ［日］水野幸吉：《中国中部事情：汉口》，武德庆译，武汉出版社2014年版，第106页。
② 吕怀平、伍志宏：《清咸丰湖北铸大钱浅析》，载邓贵安、谢晓炳：《荆楚钱币研究》，中国金融出版社1994年版，第218、219页。
③ 民国《湖北通志》卷52"经政（十）·钱法"，台北华文书局1967年版，第1238页。
④ 胡林翼：《致顾子山》（咸丰十年二月二十一日），载胡渐逵等点校：《胡林翼集》第二册"书牍"，岳麓书社2008年版，第458页。
⑤ 王国平：《胡林翼在湖北的筹饷活动及影响》，《苏州大学学报（哲学社会科学版）》1991年第1期，第119页。

>> 第二章　汉口开埠之初武汉地区法秩序的变化（1861—1889年）<<

1861年，汉口在第二次鸦片战争后被迫对外开放，不仅成为经济特区，而且政治上亦形成了租界这一政治特区，本土的法秩序中被强行嵌入了西方近代法，包括近代国际法以及英美法、欧陆法的元素。这些近代法制元素的强行进入一方面使湖北、汉口当局乃至普通华人平民感到难堪与屈辱，另一方面也使武汉地区得西方法治风气之先，成为输入西方近代法治的重要门户和窗口。同时，在武昌、汉阳地区的本土法律秩序则呈现出中央集权主义与地方主义的博弈。中央试图恢复传统的集权主义法制，而地方当局则希望保持并扩大已经取得的地方自主权力。

第一节　武昌、汉阳及汉口华界法制的变化

汉口开埠后，西方各国商人来汉通商，英、法、俄、德、日五国在汉口开辟了租界，引入了西方的国际法与列强各国的国内法。但武昌、汉阳地区与汉口华界的传统政治、军事与经济法律制度并没有受到直接影响，其局部变化虽然也有开埠的间接影响作用，但主要还是因为省内政治、经济状况的变化所致。

一、地方政治与行政制度的变化

这一时期，武汉地方政治与行政制度最显著的变化，是汉口政治建置级别的提高。其他方面除局部微调外，大体维持着开埠前的格局。

（一）督抚之间的继续掣肘

1. 总督官文弹劾巡抚严树森

胡林翼于咸丰十一年（1861年）去世后，湘军将领李续宜继任湖北巡

抚不到一年，即由严树森接任。同治三年（1864年），清廷命"官文刻日出省，将襄樊等地水陆各军力加整顿；省城防务，着严树森认真经理。九月，官文劾严树森把持兵柄，楚省旧营悉改隶抚标。上责树森任性妄为，命以道员降补"①。其后先后由吴昌寿、郑敦谨和李鹤年担任湖北巡抚，但时间均不满一年，督抚矛盾尚未显现即已调任。

2. 巡抚曾国荃劾去总督官文

同治五年（1866年），战功卓著又气性甚刚的曾国荃继任湖北巡抚，督抚之间又陷入了权力之争。

>曾国荃之为湖北巡抚，负剿捻之责；总督官文于兵事饷事，颇掣其肘。既不快，复愤其庸鄙不职，而对己甚倨（曾初起治军，尝受官、胡号令，军饷亦出鄂发，故官文颇以后进轻之，且以为有恩于彼，宜降心相从，督抚间遂多扞格），因上疏严劾之。而助成此举者，盖为湖北盐道丁守存（山东日照人）。前此臬司出缺，巡抚欲以丁署理，官文持不可，竟改委他员，丁自负资望当得此，恚甚。且虑官文更谋不利于己也。及见曾、官相失，乃搜求官文贪劣诸状，悉以告曾，力劝先发制人，曾意始决，疏稿亦丁所草。刑部尚书谭廷襄以查办大臣莅鄂，官文既解任，受命暂署督篆，微闻其事，谓官相虽有过，然盐司构督抚不和，此风不可长，令人传语速自为计，丁遂告病开缺。②

官文虽然被解职，但举劾者曾国荃亦并能久安于位。"六年（1867年）……五月，捻匪长驱经河南扰及山东。诏斥诸疆吏防剿日久无功，国荃摘顶，下部议处，寻以病请开缺，允之。"③

3. 李鸿章、李瀚章兄弟在湖北地位的相对稳固

李鸿章、李瀚章兄弟先后任湖广总督之职，尚能与湖北巡抚和衷共济。薛福成在言及李鸿章、李瀚章兄弟与巡抚之和衷共济的例子及其特殊原因时说："迨伯相合肥李公总督湖广，为巡抚者，本其属吏，诸事拱手受成。李尚书瀚章继之，一循旧辙，又在位日久，自此巡抚几以闲散自居，而督抚无

---

① 《清史列传》卷54"严树森传"。
② 《曾国荃劾罢官文》，载《凌霄一士随笔》（三），山西古籍出版社1997年版，第232页。
③ 《清史稿》卷188"曾国荃传"。

第二章　汉口开埠之初武汉地区法秩序的变化（1861—1889年）

龃龉，政权无纷挠矣。"① 显然，形成这种督抚和洽的局面，在李鸿章时期主要因为巡抚从前为总督之旧属这一私人关系；李瀚章时期，则因为总督在政务上"一循旧辙"，无为而治，而巡抚亦"以闲散自居"，并非因为制度上的改善。

（二）汉口政治建置的提升

1. 分巡汉黄德道（江汉关道）署从黄州移至汉口

开埠之后，巡检司、汉阳知县乃至于汉阳府通判、同知的权力与能力均不足以应对汉口日益增长的对外交涉事务。因而，湖广总督官文即奏请将原监察汉阳、黄州、德安三府的分巡汉黄德道从黄州移驻至汉口镇大智坊，并赋予其监督海关并负责处理湖北境内对外交涉的权力，称为"江汉关督理华洋交涉事"，亦简称为"江汉关道"或"汉口道台"。"汉黄德道旧在黄州府城，同治二年（1863年）因委办外夷通商事宜，特设江汉关监督，改建道署于汉镇大智坊"②。其职责除监督关税收入，还负责"制定商业政策，进行涉及外贸事务的谈判"，"作为外交联络员，负责与外国驻汉口的依赖官员们联络"，审理当地华人对外国人的犯罪案件，并"逐渐兼任了许多附属的职务，如湖北盐道、漕运道、湖北军需局、湖北通省盐茶牙厘局常任委员等"③，成为设于汉口的最高行政机构。

光绪二十五年（1899年），张之洞鉴于"各省要缺道员，其衔内多加兵备字样，营汛自都、守以下，可归节制"，奏请将分巡"汉黄德道加兵备字样，以资控驭"④，以节制汉口绿营武装。自此，汉黄德道兼有分巡道及兵备道的双重属性。

2. 两淮盐运使司在汉口设立的督销（淮盐）总局

太平天国起义结束后，两江总督兼两淮盐运使要求恢复战前淮盐在湖北的垄断销售制度，在汉口设立淮盐督销总局。详见本节第三目"经济法律制度的变化"。

---

① 薛福成：《叙督抚同城之损》，载马忠文、任青编：《薛福成卷》，戴逸主编：《近代思想家文库》，中国人民大学出版社2014年版，第231页。
② 同治《续辑汉阳县志》卷12"公署"，同治七年刻本。
③ 参见［美］罗威廉：《汉口：一个中国城市的商业和社会（1796—1889）》，江溶、鲁西奇译，中国人民大学出版社2005年版，第43页。
④ 张之洞：《汉口请设专官折》（光绪二十四年十二月初八日），《张之洞全集》第三册，武汉出版社2008年版，第511页。

3. 汉阳府通判署从汉阳移驻汉口

雍正前，汉阳府通判本驻汉口，"旋于雍正二年移归府城"。为加强对汉口的管理，"同治中，复移汉口居仁坊倚堤后街。光绪七年，又移西来庵废址（在汉口居仕坊——引者注）"①。据同治《续辑汉阳县志》载，通判署"移居汉口居仁坊，同治二年建"②。

（三）江夏县丞驻浒黄镇以取代原设巡检

江夏向来设纸坊、金口、浒黄及山坡四巡检司。光绪二年（1876年）正月，兼署湖广总督的湖北巡抚翁同爵疏奏，"查江夏县属浒黄巡检，汛地无多，可以移驻孙家湾（属襄阳均州——引者注），作为繁缺巡检，随时拣员补调。至浒黄所辖，多在滨江，查江夏县县丞向驻省垣，本有水利之责，并无分管汛地，即以该县丞移驻黄浒，专司水利，于地方公事，各得其行"，"下部议行"③。在清代高度中央集权的体制之下，一个治安派出所的设立与撤销，都必须由中央政府批准。

（四）官书局的设立

汪家熔先生在《中国出版通史·清代卷》中说："元、明时代地方官刻（书）非常活跃。清代由于进行极度的集权，官员动辄得咎，思想上的高压政策，加以地方的财政定额远低于实际需要……所以清代中央六部、地方官衙很少主动刊刻图书。"太平天国起义之后，"战争使战区的书籍受到严重损失"，"士子有志读书，无从购觅"，因而"同治五年颁发刻书上谕，经济发达地区就陆续兴办官书局"，时署理两江总督的"李鸿章是官书局的始作俑者"。他于同治五年（1866年）在南京创办了金陵书局④。

为响应同治五年刻书上谕，湖北总督李瀚章、巡抚曾国荃亦"于（同治）六年十月十五日开设书局，派委候补道张炳堃、候选道胡凤丹妥为经理"，书局设于武昌省城。同治八年（1869年）五月，新任湖广总督李鸿章向清廷汇报了书局刻书的情形⑤。该书局名"崇文书局，在后府街

---

① 王葆心：《续汉口丛谈》卷1，湖北教育出版社2002年版，第15页。
② 同治《续辑汉阳县志》卷12"公署"，同治七年刻本。
③ 《清史列传》卷54"翁同爵"。
④ 汪家熔：《中国出版通史·清代卷（下）》，中国书籍出版社2008年版，第69、71、72、73页。
⑤ 《李鸿章全集》第1卷第三编"奏议·设局刊书折"（同治八年五月二十日），西苑出版社2011年版，第342页。

第二章　汉口开埠之初武汉地区法秩序的变化（1861—1889年）

正觉寺内……光绪三年改为经理官书处，移设巡道岭"[①]；"崇文书局后来改称湖北书局"[②]。

二、地方军事制度的变化

这一时期武汉地区军事制度的主要变化，首先是取消以湘军为主的勇营制，恢复传统的绿营制度。其次是提高汉阳、汉口的驻军级别。

（一）勇军的遣散

依湖北省传统的军事体制，荆州将军总领八旗马队驻守荆州，湖广总督为湖北绿营军的最高统帅与监督官，督、抚与提督分领湖北省地方绿营军。督、抚两标驻守武昌省城，提标在武汉地区主要分驻江夏县及汉阳县（包括汉口镇）两县。太平军兴，胡林翼主政湖北，传统地方军事体制亦完全被打乱。在咸丰六年十二月清军收复武昌之前，武汉地区事实上的军事体制是胡林翼分掌的湖北绿营残余以及湘、川、豫等勇营驻江南，官文统率的荆州八旗马队驻江北。收复武昌后，湖北绿营被裁汰净尽，湖北暨武汉地区的军队几乎尽为湘军。由于官文与胡林翼的通力合作，甚至湖北八旗军亦由胡林翼统辖。

同治元年（1862年）十月，湘军出身的湖北巡抚严树森"应诏条陈四事"，其一便是"各省绿营兵额，概请停补"。该条陈认为绿营已腐败至极，"以有用之饷项，养无用之官兵，国家何赖有此武备耶？近年被兵省分，绿营额兵，城破以后，逃亡殆尽。收复之余，依然入伍。而凡筹划剿筹防，专恃招募之勇，攻城夺隘、陷阵冲锋者，名为官军，何曾有一弁一兵出自营伍？夫用勇之力，既胜于用兵，则养兵之粮，当移以养勇"，建议朝廷将安徽、江苏、浙江三省，"所有兵粮，宜全行截止，仅留武营员缺，叙补带勇出力之人"；直隶京营、山西、陕西、甘肃等处边地，仍照八旗、绿营旧例办理，"其余各省，应请敕下该管总督及提督衔之巡抚，核实稽察，遇有（绿营）缺额，即行扣除，不准再补。以所省之饷为练勇之资，事平之日，即于战勇中择其质性朴实、胆技优长、膂力方刚者，编入行伍，充补营兵，

[①] 民国《湖北通志》卷26"建置（二）·廨署"，台北华文书局1967年版，第679页。
[②] 汪家熔：《中国出版通史·清代卷（下）》，中国书籍出版社2008年版，第69、71、72、73页。与胡林翼同时的桐城派作家方宗诚云："东南文字，尽毁于贼。胡文忠在湖北，首开书局，刻《读史兵略〈弟子箴言〉》。"（方宗诚：《柏堂师友言行记》卷3，文海出版社1968年版，第72页。）

愿归某标,悉听自便"①。该条陈的意图显然在于保留湖北及武汉的湘军及军制,不要恢复绿营及军制。

但太平天国被剿灭后,湘、淮勇军已经很大程度上丧失了其存在的理由,而且成为清政府所忌惮的武装力量。因而,在湘军攻破南京城的第十三天,曾国藩便开始解散部分湘军。此后,驻各省的湘军亦先后解散。同治四年(1865年),湘军鲍超的军队,部下分为两军,一由总兵宋国永率赴四川将去西北作战,一由总兵娄云庆率领入闽。"三月,入川的军队,行到武昌上六十里的金口,歃血饮盟,汹汹索欠饷,由黄矮子、欧阳辉领导,登岸起义,攻入咸宁县,经江西、湖南,入广东,在兴宁加入太平军","其驻湖北的成大吉一军,于十二月在麻城宋埠起义,把成大吉打伤,迎接太平军从河南商城入湖北。蒋凝学一军也在汉阳鼓噪索欠饷,成、蒋两军由湖北方面分别镇压解散"②。

同治"六年(1867年)十二月,(郭柏荫)奉敕赴湖北巡抚任,寻署湖广总督。时值各省遣散营勇"。为避免被遣勇兵集于武汉三镇流为盗贼或"勾结入会拜盟,乘机挟制"。同治七年(1868年),郭柏荫上疏,建议"在于武、汉、襄、樊地方,设遣勇总局,专派委员经理。一面出示晓谕,并通饬各属州县,稽察保甲。凡有在鄂散勇,均令赴局报名,由局雇船委员押送回籍,酌量道里,给予川资。庶几无业之徒,均可早归乡里,而五方杂处之地,不致容纳流亡"③。

(二)绿营军制的恢复与变化

湖北当局遣散勇军之后,在湖北暨武汉地区重新恢复绿营及其旧制。相对于战前,武汉地区新的绿营建制亦稍有变化。

1. 湖北提督辖下汉阳及汉口驻军制度的变化

(1)汉阳营升为汉阳协。太平天国起义前,汉阳驻军的最高单位级别为汉阳营。同治年间恢复绿营建制时,将原汉阳营提升为汉阳协。"汉阳协副将一员,驻汉阳府治,同治五年(1866年)改归湖北提督节制,辖中军都司一员(旧系道士洑营,同治三年(1864年)裁,移驻汉口,隶

---

① 《清史列传》卷54"严树森"。
② 罗尔纲:《湘军兵志》,中华书局1984年版,第194页。
③ 《清史列传》卷55"郭柏荫"。

第二章 汉口开埠之初武汉地区法秩序的变化（1861—1889年）

汉阳协），守备一员（旧系武昌水师营，乾隆三年移驻汉口，同治三年移驻汉阳府治），千总二员（旧设一员，同治五年增设一员，一驻汉阳，无衙署；一驻汉口镇居仕坊），把总五员（旧设三员，同治五年增设二员，一驻汉阳府治，无衙署；一驻汉川县，一驻黄陵矶，二驻汉口后湖），经制外委四员（雍正八年设二员，一驻汉阳府治，一驻沇口。同治五年增设二员，一驻蔡甸，一驻界碑），额外外委七员（旧设二员，同治五年增设五员，一驻汉阳府治，一驻汉阳崇信坊，一驻侏儒山，余四员悉驻汉口镇，均无衙署）……同治三年（1864年）……现存兵七百六十名（马兵四十六名，战兵二百八十名，守兵四百二十六名）"①。驻军兵额也有较大增长。

（2）升汉口守备署为都司署。同治前，驻汉口最高军事机关为汉阳城守营之中军机关——守备署。"同治三年（1864年），筑汉口堡，移道士洑都司驻防，建署循礼门内北倚堡垣，嗣为统领汉口防勇公所，仍就守备署升改为都司署"②。都司署遂成为同、光时期驻汉口的最高军事机构，统领汉口的水陆各营。

（3）汉口设立陆路军事指挥机关"陆路领哨千总署"。开埠前，汉口仅有绿营水师而无陆军。同治四年（1865年），"汉镇陆路汛地归都司管辖，作为专讯，添设专讯陆路领哨千总一员驻汉镇"，"以汉口以西由襄河北岸至沇口与汉川交界处，添设左司把总一员为专讯，而以原设拖路口、蔡家沟、沇口陆路三塘讯兵十三名隶之；汉口以东沿江北岸至沙口与江夏、黄陂交界处添设右司把总一员为专讯，而以原设蔡公亭、界碑陆路二塘汛兵隶之。各把总均留驻汉镇。添设前司经制外委一员驻沇口，后司经制外委一员驻界牌协防。又添设额外外委四员，分驻汉镇居仁、由义、循礼、大智四坊，而以原设巡兵四十名分隶之"③。塘兵最多的设有三十名，最少的四名，与其说是驻军，不如说是分驻于各地之武装警察或公安派出所之警员。"陆路领哨千总署，同治五年（同治《续辑汉阳县志》载为'同治四年'——引者注）添设，驻汉口镇。光绪七年（1881年），始就通判旧署改为千总

---

① 民国《湖北通志》卷63"武备（一）·兵制"，台北华文书局1967年版，第1471页。
② 光绪《汉阳县志》卷2"营建略·军制·都司署"，台北成文出版社有限公司1975年版，第62页。
③ 同治《续辑汉阳县志》卷之13"兵防"，同治七年刻本。

署,在居仁坊存仁巷倚袁公堤"①,隶于汉口都司署。

2. 武汉地区绿营水师建制的变化

(1) 长江水师在武汉地区设置"汉阳镇署"。鉴于湘军水师在最后克复武汉时起到了至关重要的任用,战后清政府"企图释夺曾国藩湘军水师兵权而重建受清廷控制的经制水师"②。同治七年(1868年),清廷将原分属长江沿岸各省的水师部队统一设立直属中央政府的长江水师。长江水师设水师提督统领,提督衙门设于安徽太平府(今安徽当涂县境内),节制上至宜昌、下至江苏的长江水面上的水师。长江水师驻武汉地区的最高军事机关为汉阳镇署,设"总兵1人,驻扎汉阳",其级别高于陆军的汉阳协。汉阳镇标水师设数营,分驻汉阳、田家镇、蕲州、巴河、簰洲等地,其中汉阳营分防武汉三镇。"湖北除江面千余里全归长江提督外,其自荆州以上溯江至宜昌、巴东,汉阳以上溯汉至襄阳、郧阳及各支河湖汊,应由湖北另行设防,归湖广总督、湖北提督统辖。"③

(2) 长江水师汉阳镇的布防。光绪九年(1883年)的《汉阳县志》载:"汉阳总镇署(在东阳坊滨江,同治□年置,买民基新建。额设护署亲兵十二,游击同总镇另设座船三。凡座船无兵,每船月支银十四两,总镇、游击一,例舢板船二,由中军派员管带督阵。舢板船额兵二十,凡舢板船前后设大炮各一,左右设小炮各一)、中营游击署(亦在东阳坊随同镇署新建军装局,在署前南偏。游击另设座船二,又督阵舢板一,由营派千、把、外委一员管带),都司以下皆哨官,不建衙署,即以座船办公,分汛县境。驻汉河口为左哨都司,长龙船(长龙船额兵三十五,前后左右共设大炮六,都司另设座船一,又无兵舢板船一。如领哨出队,酌出长龙拨兵驶驾以期便捷)驻南岸嘴为一队千总,沙口为二队把总,沌口为三队把总,河泊所为四队把总,舢板船各一(舢板船额兵十四,凡哨官各另给座船一。又岁给津贴银八两,令自备飞划一只。遇有江面盗发,迅驶追捕,违误参处)。至沌口以上江面则簰洲营,分汛凡八:左哨一队千总,驻沌口;四队把总,驻

---

① 光绪《汉阳县志》卷2"营建略·军制·陆路领哨千总署",台北成文出版社有限公司1975年版,第62页。

② 邱涛:《论清廷与湘军集团的筹建长江水师之争》,《军事历史研究》2015年第4期,第100页。

③ 邱涛:《晚清长江水师之制度论析》,《军事历史研究》2019年第3期,第50、55页。

第二章　汉口开埠之初武汉地区法秩序的变化（1861—1889 年）

大军山；右哨一队千总，驻邓家口；四队把总，驻东江脑；前哨二队千总，驻小林；四队把总，驻燕子窝；五队把总，驻穆家河；后哨三队把总，驻新滩口（编制兵额与汉阳中营同。按簰洲营即汉阳后营）。内河各泊船处，由省派防勇炮船驻巡（县境汉沌诸水皆有之）。虽非经制缺额，军制则略与长江水师同。"[1] 可见，武汉地区的水面部队，除长江水师之汉阳镇总兵署辖下各水师外，还有由原勇军改为的防军驻各内河泊船处巡逻。

光绪九年（1883 年）后，长江水师驻武汉地区的部队有所调整，设有中营、田镇营、蕲州营和巴河营等四营，取消了簰洲营。据光绪二十五年（1899 年）的《大清会典事例》载，"长江水师汉阳镇总兵官一人（驻扎湖北汉阳府城外晴川阁，统辖本标四营），中营兼管中军游击一人（驻扎洗马口），左哨都司一人（驻扎小河口），右哨都司一人（驻扎江夏县鲇鱼套）"。此外，驻武汉地区的长江水师部队还有驻江夏县金口镇的蕲州营右哨都司。武汉地区以外各营则分驻黄冈、黄冈县碛矶、田家镇、武穴、黄梅县陆家嘴、嘉鱼、蕲县下巴河等地[2]。

（3）取消湖北提督所辖原武昌城守营及汉阳营的水师建制。长江水师汉阳镇下驻汉阳两营负责武汉三镇长江水面巡防，但原湖北提督汉阳协下的两营水师以及武昌城守营的水面部队暂时保留了下来。同治九年（1870 年）二月二日，湖广总督李鸿章奏，长江水师成立后，除"汉阳、荆州两水师营员弁兵丁，继复议准分别酌留改驻拨还（长江水师）外，其余滨江各营，如武昌城守营、兴国营、黄州协营、蕲州营、道士洑营、荆门营、荆州城守营，各设有专辖，兼辖水汛弁兵应否分别裁留"，均未议及；现在长江水师汛地已定，应将以上各营分别裁撤。其中，原"武昌城守营分防金口汛外委一员、兵丁四十五名；簰洲汛外委一员、兵丁三十名"裁除，"将所裁之金口、簰洲两汛外委二员改移省城分驻山前、山后，以为该千总（武昌城守营左哨千总——引者注）协防；其所撤二汛兵丁七十五名，拟十名并归该千总差派，计裁兵丁三十五名"[3]。即原武昌城守营负责巡逻金口、簰洲

---

[1] 光绪《汉阳县志》卷 2 "营建略·军制·汉阳总镇署"，台北成文出版社有限公司 1975 年版，第 62 页。
[2] 光绪《大清会典事例》卷 592 "兵部·绿营营制·长江水师提督"。
[3] 《湖北汛兵裁留改拨折（附清单）》（同治九年二月初二日），载《李鸿章全集》第一册第三编"奏议"（洋务运动时期），西苑出版社 2011 年版，第 357 页。

两段长江水面的部队裁撤，移交长江水师巡防。除汉阳、荆州水师被保留外，还有宜昌镇水师，"经两江督臣马新贻等以该处华洋交涉、河港纷歧，续议奏准，酌留改驻"①。

到光绪三年（1877年）三月十四日，湖广总督李瀚章会同湖北巡抚翁同爵、提督臣李长乐奏请将汉阳、宜昌协下之水师改为陆营。其理由为，"近年以来，既设水师营汛，内河又有楚军炮船，棋布星罗，上下梭巡，布置已极周密，较之旧设经制水师员并驻守一处尤为得力，是今昔情形迥然不同。查旧制水师向是水陆兼辖，地广兵单，已不免顾此失彼，而其中专辖陆汛又居大半，凡遇护送饷鞘，递解人犯等，事悉归陆汛经理。虽营分名曰水师，差遣多在陆路，此汉阳、宜昌旧制。各营仅有水师之名而无水师之实也"，"向例遇有各该营员并出缺应以水师人员请补，近因水师本缺无人，往往拣补綦难。即如上年宜昌水师后营游击缺出，本班既不得人，湖北通省又无水师都司，不得已以水师守备越级请升例章"，"与其虚设水师而事无实效，不如全改陆营而责有攸归，且查原设战哨巡船，向有应领经费，若改为陆营，可将此项裁除以节縻费"②。此后武汉地区再无专属提督的水师部队。

汉阳水师营虽被撤销，但汉阳县"内河各泊船处，由省派防勇炮船驻巡（县境汉沌诸水皆有之）。虽非经制缺额，军制则略与长江水师同"③。可见，汉阳、汉口地区的水面部队，除长江水师之汉阳镇总兵署辖下各水师外，还有由原勇军改为的防军驻各内河泊船处巡逻。

3. 防军体制的形成

同治七年（1868年），捻军被平定之后，作为剿捻主力的淮勇也面临如湘勇一样被解散的局面。为保障各省军事安全以及地方治安，多出身于湘、淮军将领的各省督抚们无视清廷解散勇营的三令五申，仍然保留或者新招募勇营。同治七年（1868年），清廷同意将裁撤之淮勇分驻河北、山东、安徽等地，"勇营的留防暂时得到了国家的承认，有了存在的依据"④。"自发捻

---

① 同治《江夏县志》卷5"兵备·武昌城守营"。
② 参见李鸿章：《合肥李勤恪公政书》卷7，《请将汉阳、宜昌水师改为陆营折》（光绪三年三月十四日），载沈云龙主编：《中国近代史料丛刊》第十五辑，文海出版社1968年版，第671—673页。
③ 光绪《汉阳县志·营建略·军制·汉阳总镇署》。
④ 齐远飞：《洋务运动后期防军研究》，华中师范大学硕士学位论文2018年，第15页。

第二章 汉口开埠之初武汉地区法秩序的变化（1861—1889年）

军既平之后，匆匆者垂卅年矣。谋国者知营兵无规复之理，而又念自昔养兵可百年无用，不可一日无备，不得不仍将各路之营勇酌量留存，以资防范，或屯于扼要之区，或置诸严城之内，或分巡乎水次，或保卫乎厘金，凡次皆称为防营"①，亦称为"防军"。防营或防军就是各省存留之勇营，其与绿营最大的区别有三点：第一，绿营是载于《大清会典》的经制兵，基本为世袭制；而防军则为各省督抚经清廷批准而临时招募的，与督抚私人关系更加紧密。第二，绿营军饷由从各省上解户部的存留项下支出，而防军军费则由各省督抚就地筹集。第三，各省督抚不能轻易更动绿营制度，但可以对防军在军制、训练、后勤装备等方面进行较灵活的改制。由于"防军的用人权和饷权都在督抚手中，所以防军是既具地方性又具半私人性质的军队"。"勇营留防以后，在很大程度上取代了绿营的地位和职责，成为国防力量的主体"②。

湖北防营形成于同治七年（1868年）淮军大遣留时期李鸿章的奏请。十一月十日，刚刚被任命为湖广总督的淮军首领李鸿章在奏请安排了山东、江苏等地的留防淮勇之后，又奏请率领裁剩淮勇十九营随他调入湖北驻防。"臣鸿章将赴湖广本任，该省居上游四战之地，游匪肆行，防勇尚未尽撤，非带亲军前往难资钤制，拟将提督郭松林裁剩步队五营，总兵周盛传裁剩步队九营、马队三营并亲兵枪炮队二营调令随去以便汰弱留强"③。到同治十一年五月，在湖北省内的军队有绿营、练军、防军、勇军等不同军制的军队近两万人。其中，"鄂省防营步队则有忠义八营、升字三营共七千九百余人……湖北提臣郭松林所统武毅步队五营、马队二营共计四千二百余人，现扎襄樊，系直隶督臣李鸿章旧部"，合计一万二千三百人，远高于督、抚、提三标及城守营暨郧阳、宜昌两镇标绿营军与练军人数④。到光绪六年四月，湖北省勇营留防者仍有陆勇十八营、水勇七营共七千七百五十人⑤。武汉地区驻军类型与人数尚有待考。

4. 对驻汉阳、武昌的部分绿营进行洋枪操练

"同治五年（1866年），湖广总督官文招募洋枪队五百名、洋炮队三百

---

① 陈忠倚辑：《皇朝经世文三编》，文海出版社1971年影印本，第20页。
② 齐远飞：《洋务运动后期防军研究》，华中师范大学硕士学位论文2018年，第24、32页。
③ 李鸿章：《会筹分别遣留各折》，载《李鸿章全集》，西苑出版社2011年版，第333页。
④ 李鸿章：《合肥李勤恪公政书》卷5，《湖北留防各营及厘捐局卡折》（同治十一年五月初七日），载沈云龙主编：《近代中国史料丛刊》第十五辑，文海出版社1968年版，第492页。
⑤ 参见《光绪东华录》（二），中华书局1960年版，总第907页。

名，立先锋营驻塘角，募洋人教练，咨明总理衙门备案。同治六年（1867年）调驻汉阳城，复挑汉阳协营兵五百名操练成队，共得千人。同治十一年，总督李瀚章、巡抚郭柏荫以省城操防，火器未精，复挑督标二百人、抚标二百人、武昌城守营百人共五百人，改立一营。十二年以汉阳协兵练习日久，撤其技艺精熟者二百人，令归各汛，更挑武昌城守营兵二百人补入省城操防营。"① 此洋枪训练可以视为湖北地方当局学习勇军的尝试。

5. 武汉练军体制的设立

同治年间，直隶总督刘长佑鉴于绿营腐败不堪作战，从绿营和即将被解散的勇军中各选部分精壮官兵单独成军，试图通过提高官兵的军饷并部分更新武器装备的方法提高部队的战斗力，但其军制与训练方法仍从绿营旧制。这一仅仅集合了绿营与勇营精壮之兵但又不可能脱离旧体制的军队，被称为"练军"。后曾国藩接任直隶总督，改练军的绿营体制为勇营体制。"晚清练军制度形成于直隶，推行于各省。这一制度的实质和核心是用湘淮勇营的办法来改造绿营。各省练军在营制、饷章方面多有差异，没有形成统一的规制"，"与同期存营的绿营相比，练军的战斗力无疑要高一些"，"就全国练军进行考察，其对外作战能力是不高的。除直隶练军外，其他各省练军都没有大规模地参加对外敌征战。当战事紧张之时，清廷下令各省征调部队，各省督抚皆以勇营防军相应，有时宁可临时招募勇营，也不调派练军，或者将练军改编为勇营派其出征。偶尔有小规模的练军直接出征，亦多败逃。所以，总的来说，晚清练军并未达到防军的水平"。"当练军建立起来后，各省的绿营存营兵实际上已多不问征战，专门维护治安，形成了晚清野战军与地方治安部分初步分离的局面。这种局面对后来新军统一编组，分设常备、续备、巡警各军是有先导意义的。"②

"同治六年（1867年），署总督谭廷襄、巡抚曾国荃仿《直隶练兵章程》提督抚两标精兵一千，分立两营定制教练。越十年，襄阳提标，郧阳、宜昌两镇标，先后仿行，着以为令。"最先的两营练军"驻湖北省城，百人

---

① 民国《湖北通志》卷64"武备·兵制·汉阳协洋枪队"，台北华文书局1967年版，第1499页。

② 皮明勇：《晚清练军研究》，《近代史研究》1988年第1期，第21—36页。另参见罗尔纲：《绿营兵志》，中华书局1984年版，第82—85页；黄细嘉：《绿营、勇营的互渗——防军和练军兵制》，《历史教学》1996年第3期，第13—17页；李英铨：《晚清的巡防营》，《中南民族学院学报（哲学社会科学版）》1995年第2期，第86—90页。

第二章 汉口开埠之初武汉地区法秩序的变化（1861—1889年）

为一哨，分前、后、左、右、中营，设管带官员一员，用实任参将、游击等官；帮带官一员，用实任都司、守备等官；哨官五员，用实任千总、把总等官。每营什长五十名，队目十名，护哨十名，散兵四百三十名。每营金鼓、号令、书识十五名，由本城督抚简阅"①。此练军两营，仍于督抚两标绿营中抽出，其营制、饷章与绿营不同，大抵仿勇营体制。继武汉地区设立练军之后，湖北提督及两镇也分别在其驻地设立了练军。

（三）恢复铺司制度

胡林翼于咸丰七年（1857年）废除湖北铺司制，以各州县是否有驿，分别改为马递与差递，相对原铺司，大幅裁减工食费。"同治七年（1868年），按察使郑兰饬各驿文牍往来，均用排单按站填写，时刻防延误。而州县往往稽迟，经上司驳诘，则以铺司被裁不敷资送为言。八年（1869年），总督李鸿章、巡抚郭柏荫奏定：有驿铺司再留工食二分资补（照咸丰七年章程加留二分共四分），无驿铺递仍复旧章，差递之名废，而铺司之费复兴矣。"② 据光绪《汉阳县志》载，汉阳仍为十铺，"各相距十里（铺舍至今未修复，额各设铺司一，铺兵四）"③。同治《江夏县志》亦记载有江夏各铺，证明武汉地区的确恢复了传统的铺司制度④。

三、经济法律制度的变化

太平天国起义结束后，中央政府试图在湖北暨武汉地方恢复战前的集权主义财政体制，而湖北地方政府则希望能够保持太平天国起义中形成的地方财政体制。因而这一时期武汉地区经济法律制度最大的变化在于湖北地方政府与中央政府在财政权力上的博弈，并由此形成了地方财政制度的雏形。

（一）传统财政制度的恢复与变异

太平军兴之后，清廷不得不授予地方督抚财政便宜之权。在湖北，战前牙帖税与茶税原归布政司征收解户部，淮盐盐税归盐道征收解户部。战端开启后，淮盐盐路通道断绝，川盐、潞盐趁势入鄂，盐税亦改由茶牙盐厘总局下的川盐、潞盐两局征收。同时，地方开征厘金这一临时性商业税种，与牙

---

① 民国《湖北通志》卷64"武备·兵制·练军"，台北华文书局1967年版，第1498页。
② 民国《湖北通志》卷66"武备·兵制·驿递（铺司附）"，台北华文书局1967年版，第1525页。
③ 光绪《汉阳县志》卷2"营建略·铺"，台北成文出版社有限公司1975年版，第60页。
④ 参见同治《江夏县志》卷2"疆土·邮驿"，同治八年刻本。

帖税、茶税一并归督抚控制的茶牙盐厘总局征收，从而大大扩张了湖北省督抚的财政征收权。因为武汉为主战场，湖北地方政府常常为了战争急需而呈请截留"起运"项税银。此外，漕运水路断绝，原漕粮也常常被地方政府截留为军粮。如此，原来直属于户部的布政使司、粮道、盐道、海关道等财政机构遂逐渐转隶于各省督抚。

战后，清廷力图恢复中央集权的财政体制。"从1866年起，湖北的财政管理逐渐恢复旧章，各项旧有收入分别归入司库、道和关库"①。此外，两江总督亦试图恢复淮盐在湖北盐区的专卖，以夺取被湖北督抚侵夺的盐税征收权；作为湖北地方政府控制的临时性的商业税制——厘金制，清廷亦在图谋废除。

但湖北地方政府不愿意放弃事实上已经形成的地方财权，一直抵制两江总督恢复对湖北盐区的专卖垄断企图，湖北的盐税已经不可能回归到战前体制。战时建立的厘金制度也以各种理由被保留了下来。湖北虽已恢复向户部的解款，但"解款之后，湖北地方的存留款额及其用途，户部并不过问。同清前中期地方无权自主支配地方存留相比，这无疑赋予了湖北地方督抚以较强的财政权限"，"地方财政机构和由督抚的外销款都保存下来"②。战时紧急设置的由湖北督抚直接控制的粮台不仅没有被解散，相反发展成了藩司以外的第二财政机构。

1. 新设汉口淮盐督销总局部分恢复淮盐在汉口的总岸制

咸丰十年（1860年），"川匪滋事，井□产盐之地屡被蹂躏，商贾观望不前，盐价骤增，每斤贵至八九十文及百文以外，不特民间苦于食贵，且虑蜀盐来源稀少，无以为济，楚食淡堪虞"。此时长江中下游淮盐运道已通，故咸丰十一年（1861年）"湖广总督官文请由楚招商采办淮盐运至汉岸行销"，仍实行自由行销制度。

同治"二年（1863年）十一月，两江总督盐政曾国藩核定《淮盐运楚章程》"，恢复淮盐在湖北的销售，"毋论官绅商富赴局具呈认办，以五百引为始。湖北汉口镇设督销总局专理售盐定价、抽厘缉私等事。盐船抵岸挂号

---

① 江满情：《论张之洞在湖北新政中的财政行为及其影响》，载陈锋、张笃勤主编：《张之洞与武汉早期现代化》，中国社会科学出版社2004年版，第150页。

② 江满情：《论张之洞在湖北新政中的财政行为及其影响》，载陈锋、张笃勤主编：《张之洞与武汉早期现代化》，中国社会科学出版社2004年版，第150页。

第二章 汉口开埠之初武汉地区法秩序的变化（1861—1889年）

后，按所到先后，榜示局门，挨次发售，不准争先压后，私相授受……武穴设立分局，仍归汉口总局兼管"①。为驱逐进入湖北的川盐，该章程还要求对入楚川盐，每斤加征8文税钱，其中以5文归两淮盐政，以3文归鄂省。考虑川盐本身税负已重，暂时在宜昌局关加征2文，荆州局关加征3文。此外，该章程还规定在汉口十二个盐行中选取一个，脱离贸易，充当督销局的稽查机关；各盐行实行连带责任制。此督销总局由两淮盐运使（由两江总督兼）任命，从而恢复了两淮盐运使对湖北淮盐的直接控制。

《淮盐运楚章程》还规定，运往两湖的食盐，每600斤成引，以500引为1票，凡运盐至少以1票起运，"愿多者听，少者不准"②。如此排斥小商，"专招大商，虽名之曰票，实已失票法精神"。此后李鸿章接任两江总督，"规定了环运之法：欲领取票单，参与运盐者，必须是当年向清水潭堤工捐银的商人"，"这种报效捐款即为'票本'。票本之说，无异窝本"，"票盐名称虽在，实质上已是纲法的复旧"③，汉口又恢复了纲盐时代的盐商垄断制度。

同治"三年（1864年）七月，官文奏明，加抽川盐课钱，以一半解淮拨用，一半留归楚充饷。宜昌局加抽钱二文，沙市局加抽钱三文，以三年四月初一为始"；同治"四年（1865年）七月，官文奏明，襄樊老河口盐局潞盐每斤钱二文，分解淮楚，凑充军饷"④。淮盐虽然恢复在湖北的行销，但川盐、潞盐并没有被排挤出去，湖北省地方政府依然控制着对川盐、潞盐的加征与加征利益一半的分配权力，一直延续至清末。

尽管对川盐加征重税，淮盐在湖北的销售还是不敌川盐。同治"七年（1868年）十二月，大学士曾国藩奏请禁川盐私行楚，收复淮南引地以复旧制"。"八年（1869年），大学士湖广总督李鸿章议川盐行楚，未可遽禁，暂请分成派销"。同治"十一年（1872年）四月，大学士两江总督曾国藩、湖广总督李瀚章、四川总督吴棠议暂留川盐分界行销"，协议决定将湖北的武昌、汉阳、黄州、德安四府先行归还淮南盐政，专销淮盐；安陆、襄阳、

---

① 民国《湖北通志》卷51"经政（九）·盐法"，台北华文书局1967年版，第1222、1223页。
② 民国《湖北通志》卷51"经政（九）·盐法"，台北华文书局1967年版，第1223页。
③ 吴慧：《中国盐法史》，社会科学出版社2013年版，第205页。
④ 民国《湖北通志》卷51"经政（九）·盐法"，台北华文书局1967年版，第1223页。

郧阳、荆州、宜昌、荆门五府一州仍准川盐借销。淮盐区域，不准川盐侵入分寸；而川盐借销区域，仍可"由淮商酌设子店，拨售零引"。另外，裁撤前设之沙市配销局，另在洪湖新堤设立分销淮盐局，隶于汉口督销总局。因武昌、汉阳、黄州、德安四府完全禁销川盐，原湖北地方政府在此四府境内所设抽收川税水陆局卡也一并裁撤①。"这也成为晚清川盐济楚的最终解决方案。"②

2. 厘金机构的保留与变化

厘金是战时征收的商业通过税，因为征收与支配权属地方政府而未能入解户部，故战后清廷一直图谋取缔。同治二年（1863年），上谕"通谕直省督抚，于厘捐委员，概行裁革，统归地方官经理"③。"户部覆御史朱文江奏湖北厘局流弊甚多，请饬该督酌量裁撤。上谕命湖北遵办，后官文等奏称湖北自举办厘金以来，每年抽收实数约在一百三四十万两，全赖分设小局稽查偷漏，大局之征收始旺，各处厘捐零卡，实难议裁，旋奉谕免裁"；同治五年（1866年），"御史张盛藻奏请禁除湖北粮厘税名目，官文与曾国荃覆奏，称粮为厘金大宗，且于宜昌、沙市已抽收数月，商民相安，并无罢市抗捐之事，因请俟军务渐定后，再行议减"；同治"七年（1868年），内阁因毛昶熙奏军务渐平，请饬裁减厘金，当经降旨谕令各省酌留大宗，裁去分局。旋据湖北奏称该省现存各营，需饷尚多，并有积欠旧饷及筹办善后各事宜，拟酌留局卡八十六处，裁去分局卡五十四处。奉谕允准，并着妥慎办理厘务。七年裁免湖北省门市坐贾厘金、留落地厘及出产厘。是年又遵旨酌留厘捐大宗，裁撤分局小卡，以纾商力。光绪元年（1875年）六月奏准免抽湖北米谷厘金"④。在战后裁厘的呼声中，武汉及湖北其他地区只是逐渐裁撤局卡数及厘金征收项目，但厘金机构及其征收制度一直未能废除。

3. 由战时湖北总粮台发展而成的善后局成为湖北第二财政机构

咸丰七年（1857年），胡林翼在武昌创设湖北总粮台，作为湖北省战时总军需机构，以保障湖北军队以及外省在鄂军队的后勤保障供应。太平军被

---

① 民国《湖北通志》卷51"经政（九）·盐法"，台北华文书局1967年版，第1224—1225、1226页。
② 倪玉平：《曾国藩与两淮盐政改革》，《安徽史学》2012年第1期，第25—29、45页。
③ 《光绪大清会典事例》卷241"户部·厘税·禁例"。
④ 罗玉东：《中国厘金史》，商务印书馆2010年版，第304页。

剿灭后，湖北省仍有围剿捻军的任务，因而"自同治五年（1866年）七月起，将鄂省总粮台改为军需总局"①，仍然是作为湖北省战时总军需机构，成为仅次于布政司的第二财政机构。湖北军需局不仅要负责省内军事后勤的供应，还要负责出省作战的省军后勤供应。同治六年（1867年）六月，湖广总督李瀚章应负责剿捻的钦差大臣李鸿章的要求，派二营鄂军"由河南光、罗、息县驰赴归德府听候李鸿章调遣，并饬湖北军需局筹凑该二军一月饷银八万余两"②。战争结束后，为淡化其作为战时军事财政机关的性质，"光绪五年（1879年）改名善后局"③，变为湖北地方平时财政机关。

4. 武昌厂关新增三处分关（卡）

武昌厂关为武汉境内的水上税关，太平天国起义前，在武汉境内设有朝关、白关、红关、宗关、汉关、游湖关、土垱关等分关。咸同之际至光绪中叶，又新增三处分关（卡），"蔡甸巡卡（在汉阳县蔡甸镇金牛港）、滠口分卡（在黄陂县滠口老虎嘴）、桥口分卡（在汉口镇玉带门外），每年夏季时设立，稽查偷漏，水退即行裁撤"④。

（二）短暂恢复制钱铸造及禁止铜钱出省

1. 宝武局对制钱的复铸与停铸

道光年间宝武局的停铸导致了湖北境内制钱的短缺，"逮咸丰初，军旅数起，国库匮乏，滇铜亦因道梗不至"⑤，制钱原料不足，加剧了钱荒。咸丰年间强制流通大钱的法令导致人民贮藏旧制钱，从而使市面制钱更加缺乏。光绪十三年（1887年），清廷要求各省重新鼓铸制钱，湖北宝武局亦奉命于光绪十三年四月二十一日开铸。但由于铜价上涨，铸造制钱亏损严重，因而各省很快陆续停铸或请求改铸减重制钱。湖广总督裕禄亦于开铸一年之

---

① 曾国荃：《鄂军获胜及今日军情疏》（同治六年三月二十八日），载《曾国荃全集》第一册，岳麓书社2006年版，第133页。
② 李鸿章：《合肥李勤恪公政书》卷3，《捻逆窜入东境派军助守运河折》（同治六年六月初六日），载沈云龙主编：《近代中国史料丛刊》第十五辑，文海出版社1968年版，第227页。
③ 民国《湖北通志》卷26"建置（二）·廨署"，台北华文书局1967年版，第679页。
④ 民国《湖北通志》卷50"经政（八）·榷税"，台北华文书局1967年版，第1180页。光绪《汉阳县志》卷2"营建略·廨舍"云："驻县者，有……武昌关（乾隆二年，题准船料关厂，务委就近实任道府、厅员经理，一年期满更代），分设县境有朝关（旧有通济港下江滨，咸丰兵燹后移沌口）、宗关（在汉镇玉带门上五里汉岸封黑山）、汉关（在通济门滨江）。水泛汉口，后湖设土垱关（在堡水门口）。此旧制也。"该记载似有误，武昌关不在汉阳县境。
⑤ 徐珂：《清稗类钞》第4册，度支类，中华书局2010年版，第22—24页。

后奏请停铸,其理由为,开铸所用"铜铅,上年系采购洋产,嗣以价值日增,未能续行定购,以致局存铜铅,现只此数。兹奉行准直隶督臣李鸿章函知,暂行停购洋铜,鄂省自应一体遵办,拟请暂缓开炉"①。

2. 湖北禁钱出省的措施被否定

停铸或减重的后果导致全国性的制钱荒更加严重,缺乏近代金融、货币常识的各省地方官员所能想到的解决办法,无外是限制铜钱出省这种简单的以邻为壑的经济割据。光绪十二年(1886年)十二月十六日,代理湖广总督裕禄向清廷上奏,要求禁止船运湖北制钱出口。皇帝将此折交议军机处,军机大臣奕劻否定了这一请求,其理由为,"圜法本贵流通……设(各省)皆禁运出口,则此省之钱不能用于彼省"②。直到张之洞调任湖北,才以开铸银元、铜元,发行银票、钱票等新币制以纾钱荒。

第二节 近代国际法影响下的汉口通商与租界制度

1861年,汉口被开辟为对外通商口岸之后,凡与清政府签订有通商条约国家的商人均可以来汉经商,从而在汉口形成了诸如条约制度、领事制度、租界制度以及通商制度(包括海关制度、买办制度、洋行制度等)等国际公法与国际经济法制度。因为鸦片战争以来,晚清政府与西方列强签订的关于通商的国际条约均为不平等条约,因而汉口的国际法制度不仅包括西方通行的国际法制度,也包括许多只存在于东方世界的不合理的国际法制度,如领事裁判权制度、租界制度等。

一、汉口的多元法律体系

对外通商及租界法律制度,涉及国际法以及各相关国家的国内法。其中涉及的国际法,既包括国际公法,亦包括国际私法与国际经济法。因而,汉口对外通商及租界法律体系非常复杂。

---

① 中国人民银行总行参事室金融史料组编:《中国近代货币史资料》第一辑"清政府统治时期(1840—1911)"(下册),中华书局1964年版,第571页。

② 中国人民银行总行参事室金融史料组编:《中国近代货币史资料》第一辑"清政府统治时期(1840—1911)"(下册),中华书局1964年版,第702页。

第二章　汉口开埠之初武汉地区法秩序的变化（1861—1889年）

（一）列强在汉口通商及开辟租界的最高法律依据——条约

1. 清政府与俄、美、英、法四国签订的《天津条约》

1856年10月，英法联军挑起第二次鸦片战争。清朝战败，被迫于1858年6月13日、18日、26日、27日，先后与俄国、美国、英国、法国签订《中俄天津条约》《中美天津条约》《中英天津条约》与《中法天津条约》。其中，《中英天津条约》第十款规定："长江一带各口，英商船只俱可通商。惟现在江上下游均有贼匪，除镇江一年后立口通商外，其余俟地方平靖，大英钦差大臣与大清特派之大学士尚书会议，准将自汉口溯流至海各地，选择不逾三口，准为英船出进货物通商之区。"首次提出将汉口辟为对外通商口岸。第十一款规定，在各通商口岸，"皆准英商办可任意与无论何人买卖，船货随时往来。至于听便居住、赁房、买屋，租地起造礼拜堂、医院、坟茔等事，并另有取益防损诸节，悉照已通商五口无异"。第十二款规定："英国民人，在各口并各地方意欲租地盖屋，设立栈房、礼拜堂、医院、坟茔，均按民价照给，公平定议，不得互相勒掯。"① 美、法、俄等国虽然在《天津条约》中没有开放汉口的规定，但根据最惠国待遇原则，这些国家都将获得在汉口通商及租房，租地盖屋，设立医院、礼拜堂及坟茔之权。

2. 中德《通商条约》

1861年9月2日，清政府总理各国事务衙门大臣崇纶与普鲁士及德意志各邦代表艾林波在天津签订了《通商条约》。依最惠国待遇原则，该条约第六款规定："广州、潮州、厦门、福州、宁波、上海、芝罘、天津、牛庄、镇江、九江、汉口、琼州、台湾、淡水等口，大布（普鲁士——引者注）国暨德意志通商税务公会和约各国民人家眷等，皆准居住、来往、贸易、工作，平安无碍。船货随时往来，常川不辍；至于赁房、买屋、租地、造堂、医院、坟茔等事，皆听其便。"②

3. 中日之各条约

1871年9月13日，清政府钦差大臣李鸿章与日本全权大臣伊达忠城在天津签订中日《修好条规》与《通商章程：海关税则》，规定中国向日本开放上海、镇江、汉口等十五个通商口岸，日本则向清朝开放横滨、大阪、新

---

① 王铁崖主编：《中外旧约章汇编》（第一册），上海财经大学出版社2019年版，第89、90页。
② 王铁崖主编：《中外旧约章汇编》（第一册），上海财经大学出版社2019年版，第154页。

泻、长崎、箱馆、神户等八个通商口岸。两国官民可以在通商各口岸租地盖房；两国商船领取执照后，可往来于通商各口。

1895年4月17日，李鸿章与日本政府在日本签订《马关条约》。其第六款规定，"本约批准互换之日起、新订约章未经实行之前，所有日本政府官吏臣民及商业、工艺、行船船只、陆路通商等，与中国最为优待之国礼遇护视一律无异"，日本取得了其他列强在中国通商口岸的一切权利。

1896年7月21日，清朝全权大臣张荫桓与日本驻北京全权大臣林董在北京签订《通商行船条约》，规定在各通商口岸互设领事，日商可携带家属、员役。1896年10月19日，日本帝国钦差全权大臣男爵与清政府总理各国事务大臣在北京签署《公立文凭》，规定"在上海、天津、厦门、汉口等处，设日本专管租界"，明确规定日本在汉口开辟租界的权利。

4. 西方其他列强与清政府签订的有与汉口通商内容的条约①

国别	名　称	签　约　时　间	签约地
葡萄牙	和好贸易条约	同治元年七月十八日（1862年8月13日）	
	和好通商条约	光绪十三年十月十七日（1887年12月1日）	北京
丹麦	天津条约	同治二年五月二十八日（1863年7月13日）	天津
比利时	通商条约	同治二年七月十三日（1863年8月26日）	上海
	通商条约	同治四年九月十四日（1865年11月2日）	北京
荷兰	天津条约	同治二年八月二十四日（1863年10月6日）	天津
西班牙	和好贸易条约	同治三年九月初十日（1864年10月10日）	天津
意大利	通商条约	同治五年九月十八日（1866年10月26日）	北京
奥地利	通商条约	同治八年七月二十六日（1869年9月2日）	北京
秘鲁	通商条约	同治十三年五月十三日（1874年6月26日）	天津
巴西	和好通商条约	光绪七年八月十一日（1881年10月3日）	天津
朝鲜	商民水陆贸易章程	光绪八年八月二十日（1882年10月1日）	天津
	通商条约：海关税则	光绪二十五年八月初七日（光武三年九月十一日，1899年9月11日）	汉城

---

① 此表根据王铁崖主编：《中外旧约章汇编》（第一册）（上海财经大学出版社2019年版）收集的各约章综合制成。

第二章 汉口开埠之初武汉地区法秩序的变化（1861—1889年）

续表

国别	名称	签约时间	签约地
刚果	天津专章	光绪二十四年五月二十二日（1898年7月10日）	天津
各国	内港行船章程	光绪二十四年五月二十五日（1898年7月13日）	北京
墨西哥	通商条约	光绪二十五年十一月十二日（1899年12月14日）	华盛顿

5. 清政府与各列强签订的长江各口通商章程及海关税则

（1）《通商章程善后条约：海关税则》或《通商章程：海关税则》。中英《天津条约》签订后，原《五口通商章程》作废，从咸丰八年十月初三日（1858年11月8日）开始，英国、美国、法国、德国、丹麦、比利时、意大利、奥地利、日本等国都分别与清政府签订了《通商章程善后条约：海关税则》或《通商章程：海关税则》。

（2）长江各口通商章程。《长江各口通商暂订章程》。咸丰十一年二月十五日（1861年3月25日），根据英驻华全权专使额尔金的指示，英国驻上海领事巴夏礼在江西九江单方面拟定《长江各口通商暂订章程》十款，作为英国在长江各口通商的规则。因受到清政府官员的反对，该章程并未施行。

《长江各口通商暂行章程》。1861年6月，根据新任中国海关总税务司赫德的建议，清政府与各国代表将《长江各口通商暂订章程》原十款增订为《长江各口通商暂行章程》十二款，基本内容甚至在文字表述上均抄袭了前述英国的"暂订章程"。咸丰十一年九月初六日（1861年10月9日），《长江各口通商暂行章程》十二款正式签订，并于"同年十二月五日公布"[①]。《长江各口通商暂行章程》主要内容为长江各口（上海、镇江、九江、汉口）的通商程序。

《长江通商统共章程》。《长江各口通商暂行章程》规定从上海至汉口千余里的长江干流，只允许清政府在上海、镇江两地设立海关，所有上溯九江、汉口的外国商船只在镇江海关接受稽查，自镇江以上汉口以下，完全实行自由贸易。这种自由贸易不仅使清政府无法稽查外商在镇江、汉口之间的走私贸易，损失大量的常关税，而且无法避免外商将重要的军事物资运入太平天国控制区域，因此湖北与江西地方政府坚决反对，要求在九江、汉口亦设立海关。1862年12月5日，赫德于上海发出第2号通札，附发《长江通商统共章

---

① 王铁崖主编：《中外旧约章汇编》（第一册），上海财经大学出版社2019年版，第164页。

程》，并称"此项章程取代现行的《长江通商章程十二款》，从1863年1月1日起，关税概按《统共章程》规定，以汉口、九江、镇江和上海征收"[①]。

(3)《长江收税章程》。同治元年九月二十九日（1862年11月20日），清政府与各国代表签订《长江收税章程》。此后，所有与中国有通商条约国家商品的进出口税的征收程序均依此章程。

（二）湖北地方政府与各国驻华代表签订的租约

根据清政府与列强签订的通商条约，湖北地方政府分别与列强驻沪领事签订了租界条款与扩展租界条款（见下表）。

开辟或拓展租界	时间	条约名称	租界国别	条约签订双方代表
开辟租界合约		汉口租界条款	英	湖北布政司唐，大英钦差大臣、参赞管领事官事务巴夏礼
	光绪二十一年八月十五月（1895年10月3日）	汉口租界合同	德	汉黄德道江汉关监督、德国驻沪总领事
	光绪二十二年四月二十一日（俄历1896年5月21日，1896年6月2日）	汉口俄租界地条约	俄	汉黄德道监督江汉关税务兼办通商事宜瞿，大俄钦命署汉口领事官办理通商事宜
	光绪二十三年十一月十六日（俄历1897年11月27日，1897年12月9日）	汉口俄租界购地条约	俄	汉黄德道江汉关监督，大俄钦命驻扎汉口正领事官办理通商事宜
	光绪二十二年四月二十一日（1896年6月2日）	汉口租界租约	法	汉黄德道监督江汉关税务兼办通商事宜，大法钦命补授驻扎汉口、九江管理本国通商事务领事
	光绪二十四年五月二十八日（明治三十一年七月十六日，1897年7月16日）	汉口日本专管租界条款	日	汉黄德道监督江汉关税务兼通商事宜，大日本钦命驻沪署理总领事官
租界拓展合约		英国汉口新增租界条款	英	汉黄德道江汉关监督，大英钦命驻扎汉口管理通商事务官
	光绪二十八年十月（1902年11月）	汉口展拓法租界条款	法	
	光绪三十二年十二月二十七日（明治四十年二月九日，1907年2月9日）	推广汉口租界专条	日	汉黄德道桑宝，日本驻汉口领事水野幸吉

[①] 《总税务司通札》（第1辑1861—1875），第145页，转引自陈诗启：《中国近代海关史》，人民出版社2002年版，第78页。

第二章　汉口开埠之初武汉地区法秩序的变化（1861—1889 年）

（三）清朝律例及各条约关系国的国内法

汉口租界的土地所有权在民法上属英国政府，但在法理上的统治主权仍属于清政府，清政府对其享有立法、行政与司法上的管辖权，因而，从法理上而言，清政府的各项法律制度在汉口各租界内当然有效。

因在国际条约与依条约而签订的租界协议中，清政府在汉口的领土主权在一定程度上受到列强的限制，列强的部分国内法在汉口租界内亦具有属人主义的效力。如各国在汉口的领事制度均依其本国国内法的设立，汉口领事在行使领事裁判权时，对其本国侨民亦适用其本国的法律。

（四）各国汉口租界制定的各类法规范

依湖北地方政府与英国领事签订的《汉口租界条款》，在英租界内，"应如何分段并造公路，管办此地一节事宜，全归英国驻扎湖北省领事官专管，随时定章办理"①。"从此，英国领事等人获得独自而不是会同中国官员对英租界内各种行政事务的立法权。随后，其他租界开辟国依据片面最惠国待遇，也对本国的专管租界订立各种法律。而中国政府却反而丧失了对界内一切事务的立法权。"② 各国汉口租界内的各类法规范分为两个层级，其一是汉口各租界的基本法，其二为租界内的各类行政法规。

1. 各租界的基本法

晚清时期，英国政府制定有《英租界捕房章程》，作为汉口英租界的基本法。该基本法于 1914 年 5 月 23 日正式生效③。"1905 年 3 月 7 日（一说 27 日）日本政府以法律第 41 号公布，1907 年 9 月 1 日开始实施的《居留民团法》，是有关租界行政制度及行政的法规"④，适用于包括汉口日租界在内的日本所有海外租界。法国政府颁布有《汉口法租界组织章程》与《汉口法租界总章程》，德国政府颁布有《汉口德租界自治会章程》，只是已经是晚至民国之后了。

2. 各租界当局自行制定的其他管理规则

依上述各总章程，汉口各租界的纳税人会议或行政当局也有权自行制定

---

① 《汉口租界条款》，载《汉口租界志》编纂委员会编：《汉口租界志》，武汉出版社 2003 年版，第 519 页。
② 费成康：《中国租界史》，上海社会科学院出版社 1991 年版，第 118 页。
③ 参见王汗吾、吴明堂：《五国租界史》，武汉出版社 2017 年版，第 52 页。
④ 《汉口租界志》编纂委员会编：《汉口租界志》，武汉出版社 2003 年版，第 213 页。

适用于本租界的各种专项行政管理规章。如"在汉口法租界这种较小的租界中,行政法规也不胜枚举。该各界……不断订立新的法规,其中涉及书籍、期刊、电影、交通、武器、鸦片、卫生、执照、税收等众多方面。其他租界也都如此。例如,在天津、汉口两个日租界中,有关居留会、参事会、调查会、职制、薪给、捐税、会计、建筑、卫生、警备、义勇队等方面的法规也达到 100 种以上"①。

除上述法律之外,汉口固有的城市习惯法体系亦同时存在。

二、汉口领事制度

依近代西方国际法,领事为一国政府依条约设于驻在国某一城市和地区的商务与外交代表。最初的领事并不是国家的外交使节,而是一国驻另一国某一城市商务侨民中的商务代表。"早年的领事是从国际贸易的需要中发展出来的工具。由于领事的存在,产生了有助于对外贸易及在外国施行和居住的安全感和依赖心"。"在十字军战争进行中以及其后,贸易的增长促进了领事制度的发展。意大利、西班牙和法国的商人推选自己的成员作为在东方国家的领事,以便监督他们的商务,保护本国人的利益和审判商人之间的争讼案件","这些领事的权力,由于基督教国家同穆斯林君主之间缔结的'领事裁判权'条约而更加扩大","直到 16 世纪,日趋中央集权化的国家机关才开始对领事机构行使直接的控制。这时国家派遣领事到国外充当公务员司,执行某些外交职务,也享受相应的豁免。这使领事和外交官的确切身份发生了混乱"。"各国实行派遣外交使团到国外的趋势,加上日益高涨的反对治外法权的民族情绪,曾在 17 世纪和 18 世纪时使领事制度受到严重的影响。领事机构在某些国家不受欢迎"。"但是在 18 世纪的后半叶,出现了商业、航务和工业方面的稳步进展,政府又一次注意到领事制度的优点"。"在 19 世纪,东亚的门不仅为西方的贸易敞开,而且也引进了西方的治外管辖权制度"②。

外国驻中国领事的制度最早始于《南京条约》(又称《江宁条约》)。该条约第二条规定:"大英国君主派设领事、管事等官住该五处城邑,专理商贾事宜,与各该地方官公文往来;令英人按照下条开叙之例,清楚交纳货税、钞饷等费。"③ 此后,西方列强与清政府签订的各条约中,都分别规定

---

① 费成康:《中国租界史》,上海社会科学院出版社 1991 年版,第 121 页。
② [美] L. T. 李:《领事法和领事实践》,商务印书馆 1975 年版,第 5、6、7、8 页。
③ 王铁崖主编:《中外旧约章汇编》(第一册),上海财经大学出版社 2019 年版,第 28 页。

第二章　汉口开埠之初武汉地区法秩序的变化（1861—1889年）

各国政府在中国通商口岸设立领事的条款。

在20世纪以前，国际上尚未形成关于领事制度相对统一的条约或公约，各国的领事制度都分别由领事派出国的国内法、领事派出国与驻在国的条约以及驻在国的相关法律制度加以规定。

（一）汉口各国领事设立的国际、国内法依据

1. 条约依据

《中英天津条约》第七款规定："大英君主酌看通商各口之要，设立领事官，与中国官员于相待诸国领事官最优者，英国亦一律无异。领事官、署领事官与道台同品；副领事官、署副领事官及翻译官与知府同品。视公务应需，衙署相见，会晤文移，均用平礼。"① 这是日后汉口英国领事设立的最早法律依据。此后，法国、俄国、德国、日本、丹麦、荷兰、巴西等国亦根据相应的条约规定在汉口设立领事官。

2. 领事派出国制定的领事法令

在19世纪，"主要的商业和海洋国家也开始制订规定本国驻外领事职务的法律，例如1781年和1833年法国的法令……1856年的《美国领事业务法》以及1825年的《英国领事法》"②。1844年，英国修正颁布《英国领事法》。"1876年，日本政府颁布《日本领事官须知》……此外，日本政府还于1879年颁布《日本领事官训令》"③。"1899年3月，（日本）外务省以法律第七十号发布《领事馆之职务》"④。

3. 中国国内法依据

除清政府与各列强签订的通商条约、租界租约等国际条约外，总理各国事务衙门对包括汉口在内各通商口岸的外国领事官，还制定有专门的规范要求。

（1）不得以商人充领事职。按照清政府与各国的通商条约，各国应派官员到各通商口岸担任领事，负责通商事务。部分急于在汉口派设领事官但又无合适官员可以派充的国家即以本国在华经营的商人充任。对此，清朝政

---

① 王铁崖主编：《中外旧约章汇编》（第一册），上海财经大学出版社2019年版，第89页。
② ［美］L. T. 李：《领事法和领事实践》，商务印书馆1975年版，第8页。
③ 李少军：《晚清日本领事驻华领事报告编译》（第一卷），社会科学文献出版社2016年版，第4页。
④ 曹大臣：《近代日本驻中国领事制度——以华中地区为中心》，社会科学文献出版社2009年版，第28页。

府大都据约予以拒绝。

同治三年（1864年），美国政府委派商人毕理格为驻汉口领事。江汉关道郑兰"奉总理衙门行知：毕理格既以商人充当领事，又复恃强妄为，本衙门已知照，以后该领事如来谒见监督，应不准其进见。如以公文来投，立即退回不收"①。

同治五年（1866年）九月十五日，总理各国事务全权大臣照会意大利政府："查各国在各口通商设立领事官，均须拣派真正官员，不得兼做买卖，更不可用商人滥充此职。现贵国既议换约，自应按照各国一律办理。……嗣后贵国如在各口设立领事官，务希拣派真正官员，不得以商人滥充此职，以杜弊端，而照慎重。"②

但一些在汉通商事务较少的西方国家，直到20世纪初才结束由商人代理领事的状况，改由政府派出官员担任领事。如"丹国在汉商务不甚发达，仅有商行两家。兹由丹国政府按照约章在汉口设立一领事官，现暂由金龙洋行大班代理"③。"荷兰国人在汉口之商业，向来不甚发达，驻汉领事即由和昌洋行大班兼理。兹荷政府迩来荷兰至汉口一带贸易者日渐增多，特另派汉德君为驻汉领事来汉，专管一切交涉"④。

（2）暂时不能派遣领事者可由他国领事官代理。如各国暂时不能派出合适的领事官，该国在各口岸的通商事务可委托他国领事官代理。

同治四年（1865年），"汉口俄国卫领事回国，托美国人名别列者代办"。经湖广总督饬令江汉关道监督郑兰调查，"代办汉口俄领事之别列者，即系前在九江之美国领事别列子"，"前在九江充当美国领事，因为能汉语，于元年正月间照会美国公使更换"。后经"访闻得别列者，即别列子孙，美国琼记商人代充领事等情"，"查各国商人照约不准兼充领事。兹别列者以美商而代俄国领事于例已属不符，而美国领事官自去年沙德离汉后，亦系别列者代理，是直以本国商人而充本国领事，尤属窒碍难行"。同治五年

---

① 《美商代充俄领事》，载徐宗亮等撰：《通商约章类纂》卷4"吏类二·设领事等官"，载沈云龙主编：《近代中国史料丛刊续编》第四十七辑，文海出版社1974年版，第331页。
② 《领事不得兼任买卖并不可用商人滥充》，载徐宗亮等撰：《通商约章类纂》卷4"吏类二·设领事等官"，载沈云龙主编：《近代中国史料丛刊续编》第四十七辑，文海出版社1974年版，第329页。
③ 《丹国在汉口设立领事》，《申报》1906年7月1日（光绪三十二年五月十日）。
④ 《荷兰专设驻汉领事》，《申报》1907年10月2日（光绪三十三年八月二十五日）。

第二章　汉口开埠之初武汉地区法秩序的变化（1861—1889年）

（1866年）二月一日，由南洋大臣代江汉关监督"咨明总理衙门照会俄、美两国公使，使各派真正领事官来汉办理通商事务"。"至此次已经查复以后，未经复示以前，职关遇有与两国交涉事件，不能不变通办理"。"两国如有交涉事件，则以信札往还，仍不与之照会，并不准进见，以示限制。倘遇有通商事件知会各国，不能不用照会者，则书某国领事府存其国之官名而不着其官之姓氏，以示慎重体制之意"①。

同治八年（1869年）七月二十日，总理各国事务衙门照会奥地利政府："若系本国不便遣领事官之口，其领事一切事务，可托别国真正领事官料理，仍不得托商人代办。以上各节与各条款，视同一律。"②

（3）领事不得直接向外省擅递申呈。同治三年（1864年）六月十一日，"总理衙门咨：前据河南巡抚函称汉口法领事达布理有在河南巡抚衙门擅递申呈情事，经本衙门以法国领事隔省投递申呈，殊属不合，迭次函至法国公使查办。兹据法国公使函称，各口领事与各口省分大宪公文往来，可以依此节办法，惟恐本住省分大宪推辞并他省大宪嗔其侵越等语。又经本衙门逐层分晰，函复在案。嗣后如遇领事在本住省分大宪衙门投递申呈，必须一面收受，一面即为行文。其公文所行省分之大宪，亦须查明案情，斟酌详审，妥为办理，是为至要"③。凡有本口岸领事需向外省政府陈情，必须通过驻在省政府转呈。

（二）各国驻汉口领事的辖区

汉口为晚清华中地区最重要的商埠，其商业辐射范围很广，加以西北各省均很少设立开放口岸，因而，各国驻汉口的领事馆或总领事馆在通商业务方面的管辖范围通常包括河南及西北各省。

1. 英国

"1861年4月，英国在汉设立领事馆"。"1899年英国领事馆升格为总领

---

① 徐宗亮等撰：《通商约章类纂》卷4"吏类二·设领事等官"《美商代充俄领事》，载沈云龙主编：《近代中国史料丛刊续编》第四十七辑，文海出版社1974年版，第340、341、342、343、344页。
② 徐宗亮等撰：《通商约章类纂》卷4"吏类二·设领事等官"《附录奥国照会》，载沈云龙主编：《近代中国史料丛刊续编》第四十七辑，文海出版社1974年版，第331页。
③ 徐宗亮等撰：《通商约章类纂》卷4"吏类二·设领事等官"《领事不合隔省擅递申呈》，载沈云龙主编：《近代中国史料丛刊续编》第四十七辑，文海出版社1974年版，第333页。

事馆，管辖湖北、湖南、江西、河南、陕西、甘肃、宁夏、青海等省区"①。

2. 德国

德国驻汉口领事设立之前，汉口乃至湖北的通商事务均由德国驻上海领事负责。汉口设立领事馆后，"德国驻汉口领事本兼管陕甘等省交涉事宜，近驻京穆大臣再向外部申明：以后除沙市、宜昌归宜昌德领事照料外，其余陕甘交涉应归汉口领事兼管。特再申明云云。外部接到照会后，即行知鄂督转饬江汉、宜昌两关道矣"②。

3. 日本

"1885年12月，日本驻汉口领事馆正式开馆，管辖湖北、河南、江西等省。"③后沙市、宜昌等地领事馆先后开设，日本汉口领事馆的"管辖区域1913年为湖北省内汉阳府、武昌府、德安府及黄州府；江西省内除袁州府地方；河南省；陕西省；甘肃省；新疆省"④。

4. 墨西哥

墨西哥在汉口设立领事是1907年，"鄂省汉口商埠向无墨西哥领事，近经墨政府特派门罗门萨利佑君为汉口领事官，并管鄂、湘、豫、蜀等省各埠事宜，已照会华官接篆任事"⑤。

（三）汉口领事的职权

"领事的职务是由习惯、条约、国内法和领事训令规定的"⑥。根据各国关于领事制度的国内法、清政府与各国签订的通商条约以及湖北地方政府与各国驻汉口领事签订的租约，各国驻汉口领事大体有以下职权：

1. 办理本国商人在汉口通商的行政管理事宜

（1）为本国在汉侨民颁发通商与游历执照。中英《天津条约》第九款规定："英国民人准听持照前往内地各处游历、通商，执照由领事官发给，由地方官盖印。经过地方，如饬交出执照，应可随时呈验，无讹放行；雇

---

① 《汉口租界志》编纂委员会编：《汉口租界志》，武汉出版社2003年版，第214页。
② 《申明汉口德领事权限》，《申报》1905年8月13日（光绪三十一年七月十三日）。
③ 《汉口租界志》编纂委员会编：《汉口租界志》，武汉出版社2003年版，第239页。
④ ［日］外务省大臣官房人事课编：《外务省年鉴》大正2年，クレス株式会社1999年影印版，第30页。转引自曹大臣：《近代日本在华领事制度——以华中地区为中心》，社会科学文献出版社2009年版，第25页。
⑤ 《墨西哥派驻汉领事》，《顺天时报》1907年12月6日。
⑥ ［美］L. T. 李：《领事法和领事实践》，商务印书馆1975年版，第61页。

第二章 汉口开埠之初武汉地区法秩序的变化（1861—1889 年）

船、雇人、装运行李、货物，不得拦阻。如其无照，其中或有讹误，以及有不法情事，就近送交领事官惩办，沿途止可拘禁，不可凌虐。如通商各口有出外游玩者，地在百里，期在三五日内，毋庸请照。惟水手、船上人等，不在此列，应由地方官会同领事官，另定章程，妥为弹压。"

（2）负责本国在汉口港口、码头及引航设施的建造。中英《天津条约》第三十二款规定："通商各口分设浮桩、号船、塔表、望楼，由领事官与地方官会同酌视建造。"中美《天津条约》第十七款规定："设立浮桴、亮船，建造塔表、亮楼，由通商各海口地方官会同领事官酌量办理。"

（3）查验并暂时收管从上海至汉口贸易外商船主的各种证照。按《长江各口通商章程》，凡外国各船欲往镇江以上汉口以下的各通商口岸，先由上海领事官向上海海关代为请领一次性的长江航运执照和军器执照（如果需要的话）；执照由上海领事转交船主，但其船牌须留于领事馆，待其回上海时，将执照缴回，再领回自己的船牌。

外商"各船到九江、汉口，限一日之内，由船主将江照、军器执照、镇江红单、（入口）舱口单并船上商客等人名数共五件递交领事馆收留署；俟出口之时，仍将出口舱单及所带出口商客等人名数递交领事官，由领事官始将江照、军器执照、镇江红单三件发还船主"①。这一制度旨在保证汉口领事能了解进入汉口的外商船只的货物及人员情况，并对人、货进行监管。

（4）向本国政府报告驻在城市的贸易与社会情形。驻汉口各国领事都有向本国政府报告本国在汉贸易与汉口社会情形的任务。如美国驻汉口领事"不定期地将《报告》通过驻上海总领馆直接呈给美国国务卿"②，形成了《美国驻汉口领事报告（1861—1906）》。日本的领事报告制度虽然确立较晚，但后来居上，对领事驻在地的经济与社会情形尤为关注。"早在 1870 年日本外务省酝酿派出首位来华的领事时，就在给他的任务中明确规定：要详细了解中国人的喜好而日本又能生产的商品信息以及有助于扩展日本对华贸易的情况，向国内主管机构报考。1873 年，日本政府又要求驻外领事通过年

---

① 王铁崖主编：《中外旧约章汇编》（第一册），上海财经大学出版社 2019 年版，第 85、89、92、163 页。

② 关勇：《晚清汉口的美国人——基于〈美国驻汉口领事报告（1861—1906）〉的考察》，华中师范大学硕士学位论文 2018 年，第 1 页。

报、半年报、临时报告,将驻地对日本进出口货物的名称、数量、价格以及是否由日商经营等情况报告给大藏省……1876 年,日本政府颁布《日本领事官须知》,对领事报告的内容做了进一步的规定……此外,日本政府还于1879 年颁布《日本领事官训令》、1884 年制定《贸易报告规则》、1890 年制定《帝国领事报告规程》,促使领事报告制度固定下来。"① 1905—1907 年间任日本驻汉口领事的水野幸吉,其所著的《中国中部事情:汉口》一书,是一部关于汉口经济与社会情形介绍的著作,"有不少资料拔萃于领事馆报告"②。

2. 保护本国在汉侨民

中英《天津条约》第十九款规定:"英国船只在中国辖下海洋,有被强窃抢劫者,地方官一经闻报,即应设法查追拿办,所有追得贼物,交领事官给还原主。"第二十款规定:"英国船只,有在中国沿海地方碰坏搁浅,或遭风收口,地方官查知,立即设法妥为照料,护送交就近领事官查收,以昭睦谊。"中美《天津条约》第十三款规定:"倘商船有在中国所辖内洋被咨抢劫者,地方文武官弁一经闻报,即当严拿贼盗,照例治罪,起获原赃,无论多寡,或交本人,或交领事官俱可。"③

3. 关于租界事务的有限立法权

依湖北地方政府与英国领事签订的《汉口租界条款》,在英租界内,"应如何分段并造公路,管办此地一节事宜,全归英国驻扎湖北省领事官专管,随时定章办理"④,英领事由此获得了租界内有限的立法权。依最惠国待遇原则,后来四国驻汉口领事亦获得了在本国租界有限的立法权。

在汉口英租界的行政法规,"由工部局拟订法规交选举人大会(即纳税人会议——引者注)通过,随后提请当地的英国领事批准,最后呈请英国驻华公使批准。在俄租界中,也由纳税人会掌握行政法规的立法权。如果当地俄国领事不予否决,这些法规立即生效。如果领事加以反对,则由俄国驻华公使作最终的裁决。在法租界,选举人没有立法权,行政法规由法国

---

① 李少军:《晚清日本领事驻华领事报告编译》第一卷,社会科学文献出版社 2016 年版,"序言"第 3、4 页;参见曹大臣:《近代日本在华领事制度——以华中地区为中心》,社会科学文献出版社 2009 年版,第 165—167 页。
② [日]水野幸吉:《中国中部事情:汉口》,武德庆译,武汉出版社 2014 年版,"前言"。
③ 王铁崖主编:《中外旧约章汇编》(第一册),上海财经大学出版社 2019 年版,第 90、84 页。
④ 《汉口租界条款》,载《汉口租界志》编纂委员会编:《汉口租界志》,武汉出版社 2003 年版,第 519 页。

领事为主席的工部局董事会来拟订,而董事会所订立的各种法规还须在领事出示公布后才能生效。因此,法租界行政法规的立法权在实际上系由领事一人独揽"①。

除上述职权外,汉口各国领事还对各自租界内享有相当的司法权,包括领事裁判权与会审权。关于这一司法权,详见本节第四目"租界制度"。

三、汉口对外通商制度

通商制度的法律渊源,除中英《天津条约》《长江各口通商暂行章程》《通商各口通共章程》等国际条约外,还有总理各国事务衙门的规范性文件。

(一)不准无约各国通商

上海为沿海地方且开放已久,对无约国之商人在沪贸易是允许的。但汉口为新设口岸,且地处长江流域腹地,于主权关涉更紧,故禁止无约国商人在汉经商。"咸丰十一年(1861年)六月初二日,总理衙门咨,据南洋意大利国领事霍格照会,内称拟赴汉口察看通商情形,并申明上海设有领事官,准其通商等。因查上海系沿海地方,准令无约之国通商。汉口新设口岸,兼内江地方,未便准无约各国一律均沾等语,咨行到鄂。汉口通商,遂有限制,永以为例。"②

(二)洋商只准在汉采购木材、茶叶,不能进入产地自行采购

《南京条约》的附则《五口通商附粘善后条款》第六款规定:"广州等五港口英商或常川居住,或不时来往,均不可妄到乡间任意游行,更不可远入内地贸易。"③ 清政府拒绝将通商口岸周边城乡向洋商开放的动机,首先在于避免洋商侵入通商口岸城市以外的腹地,进而产生更多的外事纠纷;其次也是为了避免洋商直接在通常口岸的周边市场购销货物,而导致常关关税和厘金的流失(依条约洋商可以豁免此两项税厘)。但中英《天津条约》取消了这一条款限制,而且在《通商各口通共章程》第四款规定:"洋商如在长江口岸自入内地买土货,或本商自去,或用本国人,或用内地人均可,惟

---

① 费成康:《中国租界史》,上海社会科学院出版社1991年版,第121页。
② 民国《湖北通志》卷51"经政(十一)·新政·外交·汉口不准无约各国通商",台北华文书局1967年版,第1259页。
③ 王铁崖主编:《中外旧约章汇编》(第一册),上海财经大学出版社2019年版,第32页。

必须先向海关请领买货报单。"① 为限制洋商进入各通商口岸以外的内地购销货物，清政府通过针对专项货物的单项行政立法形式予以限制。

1. 只准洋商在汉口采买木材

"同治二年（1863年）四月十一日，总理衙门咨准署通商大臣咨据江汉关，详查木植一项，为汉口出口土货大宗，又为两湖全局所关，与江南盐务一律，又非洋人运出外国之物，徒为奸商从中取利，不能与别项土货一律办理。嗣后洋商如欲采买木植，应即令其在汉口采办，不得自赴出产地方，致滋事端等因，到鄂并札行总税务司查照办理，自此遂以为例。"②

2. 对外茶叶贸易仍实行传统的牙行制

依《通商各口通共章程》，外商可以在内地采购土货至汉，但同年"6月29日，湖北盐茶牙厘局颁布了它的新规定……新规章规定所有进入汉口供出口的茶叶都必须通过一家名为'协兴公'的中国商行才能售出"，英国的"金格尔领事立即汇合汉口的英国人社团去反对这种他称作可恶的'公行'制度的复活"③。10月，官文又一次上奏要求禁止外国商人及其中国代理人擅自到内地茶市去买茶④。虽然总理衙门既没有表示同意，但也没有表示反对。事实上，"官府特许经纪商成为汉口茶叶贸易的一个永久性特征"，成为汉口对外通商体制与其他口岸的重要区别。"在汉口中西商业理念的冲突中，中国人的实践逐渐证明它更具可行性。这最终导致了将由本地商人居领导地位的地方贸易模式的建立。"⑤

虽然其他各类进口洋货与出口土货在汉口周边城乡的销购没有受到条约和地方法的限制，但事实上，由于外国商人在方言、币制、度量衡以及交易习惯上的不熟悉，他们对进口货的销售和出口货的采办，都必须依赖于中国的买办或其他华商代理，而很少离开汉口亲自深入内地办理。

---

① 王铁崖主编：《中外旧约章汇编》（第一册），上海财经大学出版社2019年版，第165页。
② 民国《湖北通志》卷51"经政（十一）·新政·外交·洋商只准在汉口探办木植不准自赴出产地方"，台北华文书局1967年版，第1259页。
③ ［美］罗威廉：《汉口：一个中国城市的商业和社会（1796—1889）》，江溶、鲁西奇译，中国人民大学出版社2005年版，第158、159页。
④ 《官文奏汉口通商上海完税不便稽查请于汉口设关折》（咸丰十一年九月十七日），《筹办夷务始末》（同治朝）第一册·卷2，中华书局2008年版，第36页。
⑤ ［美］罗威廉：《汉口：一个中国城市的商业和社会（1796—1889）》，江溶、鲁西奇译，中国人民大学出版社2005年版，第162页。

第二章 汉口开埠之初武汉地区法秩序的变化（1861—1889 年）

（三）禁止走私

1842 年的《中英五口通商章程》首次规定禁止英商在五口海关以及五口以外的地方走私货物，并规定了相应的处罚措施。其后，中国与英、美、法、俄等国签订的《天津条约》中重申了此项制度。中美《天津条约》第十四款规定，"大合众国民人，任其船只装载货物"，于各通商口岸"各港互相往来；但该船只不能驶赴沿海口岸及未开各港，私行违法贸易。如有犯此禁令者，应将船只、货物充公，归中国入官；其有走私漏税或携带各项违禁货物至中国者，听中国地方官自行办理治罪，大合众国官民均不能稍有袒护"①。此外，中国与东西方各国签订的通商条约及章程中均有如是规定。外国侨民在华所有违法犯罪行为，唯走私案件完全由海关交由中国地方官处理，不在外国领事裁判权管辖之内。

由于江汉关税务司长官为英国人，江汉关在处理外商走私案件时难免有所袒护，但由于英国的法治传统以及江汉关道、湖北省督抚的监督，江汉关对外商走私案件，也能一定程度地执行中外商约中关于走私的查禁与处罚条款。

1. 美国明安船走私军火案

"同治二年十月十七日，江汉关道郑兰查获美国艇一只名明安船私带军器来汉，而该船洋人先期逃走，随时取装之洋枪三十七根，炮四尊，一并起储。查照美国条约第三款并公共章程办理，应将船货扣留入官，并将拏获该船通事，准其保释，详由督署咨明总理衙门，查复照准备案。"②

所谓"美国条约第三款"，即咸丰八年十月三日（1858 年 11 月 8 日）中美《通商章程善后条约：海关税则》第三款。该款规定："凡有违禁货物，如火药、大小弹子、炮位、大小鸟枪，并一切军器等类，及内地食盐，以上各物概属违禁，不准贩运进出口。"③

2. 美商江龙海马轮夹带私盐案

同治十一年（1872 年），江汉关先后查获美国江龙海马等轮船夹带走私

---

① 中美《天津条约》，载王铁崖主编：《中外旧约章汇编》（第一册），上海财经大学出版社 2019 年版，第 85 页。
② 民国《湖北通志》卷 51"经政·新政·外交·美商私带军器来汉照约扣留"，台北华文书局 1967 年版，第 1260 页。
③ 中美《通商章程善后条约：海关税则》，载王铁崖主编：《中外旧约章汇编》（第一册），上海财经大学出版社 2019 年版，第 126 页。

食盐。美国驻汉口领事借口系船上木工阿献私带,船上水手亦供认船主不知道走私情形,因而应将此私盐没收、将在逃的阿献逮捕归案,而不应牵连船主。分管江汉关的南洋大臣据此报告总理各国事务衙门,总理衙门回复说:"查海马轮船所带私盐八担五千余斤之多,即使半夜上船岂毫无觉察,所称船主不知恐有不实不尽,此案业将施正贵等枷责了结。"最后的结果,只是没收了江龙海马轮所带走私食盐,并对参与的水手处以枷号之刑,没有处罚江龙海马轮船主。总理衙门要求南洋大臣"照会各国领事,如再有轮船夹带违禁货物,定将船牌扣留,不准在长江贸易",并分札江海关道、江汉关道以便遵守。

3. 美商公泰满江红船走私煤炭、石膏案

同治十一年（1872年）六月二十三日,湖广总督咨总理衙门:"据江汉关详据,武穴总卡委员试用同知成性存禀称:美商公泰满江红船由汉过卡,该船呈出照单内开煤炭一千三百二十担、石膏三百九十担。查有匿单少报情弊,随传讯押。船人邵富德、船户胡德元供词支吾,并不将船口货单呈验,当即眼同邵富德等逐一过秤,计多出煤炭一千零八十担,石膏多出七十担,即将单外之煤炭、石膏起卡。伏查总共章程第六款内载:凡有洋商雇用内地船只运货,令其呈具保单,如货单不符,照单内注明之银数罚办。又善后条约第七款:如有匿单少报等情,将单内同类之货全数入官等语。兹公泰土船多装煤炭、石膏既据该卡查验属实,且提讯邵富德供认私带不讳,殊属违约匿税,以一船而少报千余担之多,实系有心偷漏,应即照约查办,将同类之货全数入官,以示惩警。"①

4. 英商茶船运输军火案

光绪二年（1876年）闰五月,总理衙门咨湖广总督称:"光绪二年（1876年）闰五月初二日准,英国傅参赞面递节略内称:汉口地方向有各国公立义团,按时操演,须用铅子火药,现由香港运到二十四箱,该英商未候道台照覆,领事官遂将箱只搬移上岸,经税务司令该商交出、扣留,应请转饬交回等因。同日准贵督咨称:前因当经本衙门抄录傅参赞节略大咨一件,

---

① 民国《夏口县志》卷11"交涉志·议罚四则",载《中国地方志集成·湖北府县志辑③》,江苏古籍出版社、上海书店、巴蜀书社2001年版,第125页;徐宗亮等撰:《通商约章类纂》卷9"户类（五）·税务（五）·长江稽税杜漏《美商土船装运煤炭石膏匿单少报照约罚办》",载沈云龙主编:《近代中国史料丛刊续编》第四十七辑,文海出版社1974年版,第1314—1318页。

札行赫总税务司查复，以凭核办。兹据总税务司申复，查长太洋行'格得该司'茶船由香港运连药枪子共二十四箱进口，现据江汉关税务司那威勇申称：所运进口之连药枪子，系英国领事官代汉口洋商等义团操演之用，办运至汉者。其于运进口时，该船已将此二十四箱于舱口单内注明，并赴关照常请起货准单等情。查领事官为公办运，与商人违禁贩运有别，进口时于舱口单已经注明，又与私运不同，应请咨饬将扣留之物交回，领事官查收等因前来查，贩运军火铅药本属违禁，惟此案铅药现据该总税务司申复'系由英国领事官寄至汉口'等因，似尚非该商私行贩运之件，相应咨行转饬，查明发还。"① 所谓各国公立义团，为各国驻汉口领事建立的非法武装，并没有条约依据。该项军火运输，英国驻汉口领事既未照会湖北地方政府，亦未通知海关，只是运商在舱口单内注明了该批军火，应该视为走私偷运。仅凭英国领事的事后照会，海关即予发还，显然有包庇袒护之嫌。

（四）外商船只来汉贸易程序

外商船只来汉贸易必须同时遵照《长江各口通商章程》《长江通商统共章程》与《通商各口通共章程》，前者的适用范围为长江沿岸各通商口岸，后者除长江沿岸各通商口岸外，还包括长江沿岸以外通商各口，均适用于汉口口岸。

1. 来汉贸易外商船只必须在上海申请江照，在镇江海关申请红单

按《长江各口通商章程》，凡愿在长江常川贸易之轮船，先将船牌呈交上海领事官转交江海关税务司查收。税务司接到船牌即发给江照一纸，载明船名、国旗、吨数及携带保护军械等情，名为"江轮专照"。该船即可持赴上江行驶，并在镇江海关领取海关红单，上行至九江、汉口等地贸易。此项有江照之轮船，所有进口出口起下货物完纳税钞等事，均应按照各口关章办理，其船钞一项应在发给江照之关纳缴。"如有船只未照章请领江照、军器执照、镇江红单三件，私行往长江，即系违（中英）天津和约第四十七款，可照此款处办"。该款规定："英商船只独在约内准开通商各口贸易。如到别处沿海地方私做买卖，即将船、货一并入官。"②

---

① 《英商茶船由香港运来连药枪子系为义团操演请准起卸》，载徐宗亮等撰：《通商约章类纂》卷15"户类（十一）·税务（十一）·违禁货物"，文海出版社1974年版，第1683、1684页。

② 王铁崖主编：《中外旧约章汇编》（第一册），上海财经大学出版社2019年版，第163、93页。

江汉关严格遵守了上述规定。"同治二年（1863年），江汉关禀准税务司狄妥玛函称：四月十四日英商兆丰行艇船名乜，该船并无镇江护照及中国船牌，亦未由领事官将进口日期报关。按长江通商章程第三款内载：凡有船在镇江以上，若无镇江护照及中国牌照者，由关查出，即将该船入官等语。今该船既经税务司查出并无镇江护照及中国牌照，应将该船入官，以符定约，请查核批示。旋奉湖广总督批，该船既无镇江护照及中国牌照，自应照章罚办，以符定约，除咨总理衙门查照外，仰即遵照缴。"①

2. 来汉贸易外国商船只能携带用于自卫的武器、军火并办理军器执照

凡从上海来往包括汉口在内长江口岸的外国商船可以携带自卫军的武器、军火，但须由上海海关酌定发给军器执照，载明种类、数量，通过上海领事官转交船主。船主来往通过长江各海关时由当地领事官转交海关查验。返回上海时，须"将执照内所开原带炮、松、刀、药等件按数带回。如有用去者，即将如何用处报明。如该船带回军器、火药缺少执照所开数目，又不能将如何用处并无弊端报明，或查出该船在长江不论何处私将器械、火药各等类出卖，或多带军器与照内数目不符者，即将江照撤回，不准该船在长江贸易"②。

（五）汉口海关及关税制度

1. 汉口海关——江汉关

（1）江汉关的设立。汉口开埠之初，本无海关。1861年的《长江各口通商暂行章程》第一款规定："外国各船只欲过镇江口上大江者，由上海领事馆处请领江照，由领事官转请上海海关。此江照准往汉口为止，止于上海海关可发，俟查明该船应纳进出各税连船钞已经完纳，方可给照。"照此规定，进入长江的外国货物只需在上海海关缴纳关税即可进入长江沿岸贸易。

包括汉口在内的上海上游各口岸不设海关的弊端在于：其一，由于英国驻汉口领事的不作为，"所到洋货，皆于汉口各行中暗中以货易货，运载上船，并不交进口货物清单，亦不报出口货物数目，以致毫无稽查"，本应在

---

① 民国《夏口县志》卷11"交涉志·议罚四则"，载《中国地方志集成·湖北府县志辑③》，江苏古籍出版社、上海书店、巴蜀书社2001年版，第124、125页；另参见徐宗亮等撰：《通商约章类纂》卷9"户类（五）·税务（五）·长江稽税杜漏"《英商艇船无江照牌入官变价》，文海出版社1974年版，第1313、1314页。

② 《长江各口通商章程》（1861年10月9日），载王铁崖主编：《中外旧约章汇编》（第一册），上海财政大学出版社2019年版，第162页。

第二章　汉口开埠之初武汉地区法秩序的变化（1861—1889 年）

汉口交纳的子口税落了空。"内地商人分赴湖南、湖北购买茶叶等货物，动称洋商雇伙，抗不完厘金"，使传统常关关税、新式厘金罅漏。其二，因为无海关稽查，"内地奸商，船插英旗，借此影射偷漏，甚至将禁运货物如米粉、木植、钢铁、铜铅等物装载下船。虽严饬沿江各营炮船详查，终难免私售贼匪"，以资太平军。其三，英国驻汉口领事对查验外商货单的消极（英领事只关心贸易额，其对英商违反条约在镇江、汉口之间的私售相反是乐观其成的），"汉口至镇江，途经千余里，其中处处可以私售。汉口既无盘验，上海、镇江无凭稽查。若经由长江出口，则上海亦无从查知，不特税课意归无着，抑且将来流弊无穷"。因此，官文在咸丰十一年（1861 年）九月上奏，要求"于汉口设关……照海关章程将内地各货出口正税及子口税一并于汉口完纳，其进口洋货运至汉口仅照章点验方许销售"①。江西巡抚毓科同时也有类似上奏，要求在九江设立海关。

11 月 11 日，总理各国事务衙门最终同意在汉口、九江两地分别设立海关。"至汉口地方，据该督奏称必须设关，自应准其建立，查验出进各货"。但"汉口本非海关可比，且进出正税均在上海征收，汉口关仅征子（口）税，及盘验货物等事，应即由汉黄德道管理"②，进出口关税正税仍由上海海关征收。1862 年 1 月 1 日，江汉关开关，由中国海关总税务司赫德任命英国人狄妥玛为江汉关首任税务司，清政府任命汉黄德郑兰为江汉关首任监督。

（2）江汉关监督与江汉关税务司的权力分配关系。依光绪《大清会典》规定，"（海关）监督，掌水陆通商货税之职"，"江汉关归汉黄德道管理"。"总税务司一人，掌各海关征收课税之事"，"其各口税务司以洋员代充……江汉关一人，副税司一人，帮办四人"③。"至少在官方规定的职掌中，海关事务的主要负责为海关监督。" 1906 年之前，江汉关监督同时要对三个单位负责：湖广总督、户部与总理各国事务衙门。

但由于中国海关的总税务司、各口岸的税务司和帮办全部由洋人充当，而他们又完全把持了各海关的征收权，故在实际上，江汉关监督"变成与

---

① 《筹办夷务始末》（同治朝）第一册·卷 2，中华书局 2008 年版，第 35、36、37 页。
② 《筹办夷务始末》（同治朝）第一册·卷 2《奕訢等又奏议复官文汉口设关折》，中华书局 2008 年版，第 60、61 页。
③ 光绪《大清会典》卷 100 "监督"。

税务司为同级关系了。在权力关系上已然无法再对税务司发号施令"①。从立法的层面上说,江汉关监督对江汉关及周边的旧关(常关)均有管辖权,但由于洋人税务司事实上完全垄断了江汉关的管理权,江汉关监督不得不退出了对江汉关的监督,而仅仅只对武汉地区的常关享有管辖权。

2. 江汉关关税制度

(1) 江汉关于 1863 年取得进出口税征税权。由于汉口江汉关不能分润到在汉贸易的进出口关税,湖广总督官文于同治元年(1862 年)正月二十三日上奏,认为现行《长江各口通商暂行章程》(共十二款)及《通商各口通共章程》(共五款)"诸多窒碍,倘一意遵行,流弊无穷"。其主要理由为,依上述章程,凡外商船只在上海缴纳关税,进入长江,可"在九江、汉口任便起货、下货,不用请给准单,不用随纳税饷",九汉、汉口"各领事官坚执第七款不容盘查,以遂各商偷漏之计,既失利源,又失政体"。"长江之利既为洋商占尽,长江之税又为洋商漏尽,缘贩运往来洋货少而土货多,既不准收税,又不准照条约查验,沿途各处既可随意销售,又可由狼山、福山直出海门,不必迂途绕至上海",上海关便形同虚设,走私将大为盛行。"通商已及一年,由汉口发去之验单不下数百张,从未见上海(海关)缴回查对,声气隔绝"。"时下洋船抵汉口,并未肯呈出上海照票,其在上海曾否纳税,无据可凭;则汉口所发验单,该船到上海亦皆未曾缴回,两处隔膜,无从稽查,是豫存绕越之明证也。且汉口设关数月,即应征出口之子口税,并未交纳分厘,出入船只亦未容管关员役稽查,江口出入之货船,更不待问而知矣"。如若"照章办理,则长江无可立之关,无可征之税,并无可查之货"②。因此,作为湖广总督的官文强烈要求修订《长江各口通商暂行章程》及《通商各口通共章程》,给予汉口江汉关以关税征收权。

由于官文及江西省当局的坚决要求,总理各国事务衙门不得不与总税务司赫德商议,对《长江各口通商章程》十二款、《通商各口通共章程》五款进行修订,制定《长江通商统共章程》七条作为补充和变通③,规定:"凡

---

① 任智勇:《晚清海关监督制度初探》,《历史档案》2004 年第 4 期,第 86、87 页。
② 《筹办夷务始末》(同治朝)第一册·卷4,中华书局 2008 年版,第 136、137 页。
③ 依陈诗启《中国近代海关史》云,王铁崖主编《中外旧约章汇编》将此章程叫作《长江收税章程》。参见陈诗启:《中国近代海关史》,人民出版社 2002 年版,第 78 页。

第二章 汉口开埠之初武汉地区法秩序的变化（1861—1889 年）

有英商之船在长江贸易者，只准在镇江、九江、汉口三处贸易，沿途不准私自起下货物。如违此例，由该关即将各该船、货均可入官。长江出口土货在以上三关，以及无免单之进口洋货、未完半税之进口土货到以上三关进口，均由各该江关查验，自行征收税饷，按照开通商各口办理一切事宜。"① 1862 年 12 月 5 日，赫德于上海发出第 2 号通札，附发《长江通商统共章程》，并称"此项章程取代现行的《长江通商章程十二款》，从 1863 年 1 月 1 日起，关税概按《统共章程》规定，在汉口、九江、镇江和上海征收"②。

（2）汉口江汉关各税及税率。江汉口征收的关税包括进出口关税与子口税。自《南京条约》确定五口进出口关税税率为 5%，此后包括汉口海关在内的进出口关税税率均为 5%。"所谓子口税（Tiansit Duty）者，仍系海关征收之一种特殊关税，为免除商埠与内地间往来之外国贸易货物之种种内部关税而赋课者也。其目的在于保扩外国贸易，而国内流通之土货之保护不与焉。""子口税，不分水路陆路，凡于通商地与内地或内地与通商地间输运之外国贸易货物（外国进口货及内国出口货），均赋税之。""子口税为现今世界最奇异之关税，其规定于约章中者，实始于一八五八年之《中英天津条约》"③。《中英天津条约》第二十八款规定："惟有英商已在内地买货，欲赴口下载，或在口有洋货欲进售内地，倘愿一次纳税，免各子口征收纷繁，则准照一次之课。其内地货则在路上曾经之子口输交；洋货则在海口完纳给票，为他子口毫不另征之据。所征若干，综合货价为率，每百两征银二两五钱。"始凡洋商进出口货物，在缴纳关税后进出内地，只需缴纳货值 2.5% 的子口税以代替内地一切税收及厘金。子口税的征税对象为洋商经营之进出口货物，华商不能与焉。

由于华商经营之进出口货物不能享受子口税之优惠，因而"洋商乘机以自己的名义领取子口税单，以高价出售给贩运洋货的华商"，以至于在各通商口岸出现了专门以买卖子口税单为业的洋行。"英领事曾说，在汉口专

---

① 《长江收税章程》，载王铁崖主编：《中外旧约章汇编》（第一册），上海财经大学出版社 2019 年版，第 180、181 页。
② 《总税务司通札》（第一辑 1861—2875），第 145 页。转引自陈诗启：《中国近代海关史》，人民出版社 2002 年版，第 78 页。
③ ［日］高柳松一郎：《中国关税制度论》（下），李达译，山西人民出版社 2015 年版，第 20、26、27 页。

门以出售子口税单为业的洋行就有 6 家"①。汉口江汉关征纳进出口洋土货子口税率亦为 2.5%。

四、租界制度

在 1895 年中日《马关条约》签订之前，汉口虽然实行了与各国通商的制度，但在汉口的租界尚只有英租界。从 1861—1895 年的三十多年里，英国在汉口已经形成了较为成熟的通商法律制度与租界法律制度。1895 年后，德、法、俄、日等国在汉口建立起来的通商与租界制度基本上都是仿行英国。

至晚从汉朝起，中国的首都或东南口岸城市中，就有外国人集中侨居的区域。西汉有长安城藁街的蛮夷邸，北魏有洛阳城内的"四夷馆"、四里，唐代广州有"蕃坊"，宋代泉州南郊的晋江之滨为阿拉伯、波斯人居留区，元明时期北京城有会同馆，清代有澳门的居留区和广州城外的"商馆"。这些外国人居留区地点的选择决定权，毫无疑问是由中国政府掌控的，而且在这些居留区的立法、行政与司法主权亦由中国政府行使。鸦片战争以前的清政府，对在广州商馆的管理是历代最为严苛的。外国商人只能居住在由政府指定区域的商馆内，商馆由中国的行商建好之后出租给外商，外商不得与行商以外的中国商人与广州居民直接交易，不准携带女眷、武器，不得雇佣华籍仆役，不得乘轿，亦不得在商馆外任意走动，每月只有三天在翻译的护送下可以到对江的花园散步，形同软禁，而且在贸易结束后必须离开广州。"这些商馆为外国来宾，帝国客人备有华丽的设备，但是它们实际上成了镀金的鸟笼。可供数目比较多的人运动的唯一场所，就是六家商馆前面居中的一片广场，长宽约为五百英尺乘三百英尺。"② 这些严苛的限制也是英国后来发动鸦片战争的主要原因之一。

随着《南京条约》的签订，广州、厦门、福州、宁波、上海五个通商口岸的外国人居留地的选择主动权和管理权，逐渐由清政府手中落入外国驻各口岸城市的领事手中。1842 年签订的《南京条约》在第二条允许"英国人民带同所属家眷，寄居大清沿海之广州、福州、厦门、宁波、上海等五处

---

① 《英国领事商务报告·汉口》（1878—1880 年），转引自陈诗启：《中国近代海关史》，人民出版社 2002 年版，第 173 页。

② ［美］马士：《中华帝国对外关系史》（第 1 卷），张汇文等译，上海世纪出版集团 2006 年版，第 78 页。

第二章　汉口开埠之初武汉地区法秩序的变化（1861—1889年）

港口，贸易通行无碍"，并没有规定其住在区域。但 1843 年的《五口通商附粘善后条款》第六款规定，"中华地方官必须与英国管事官各就地方民情，议定于何地方，用何房屋或基地，系准英人租赁"；"英国管事官每年以英人或建屋若干间，或租屋若干所，通报地方官，转报立案"，将外国人居住地的选择权交由五口岸的地方政府与英国管事官协商议定。这是列强在中国通商口岸租界形成的最早法律依据。

道光二十五年十一月一日（1845 年 11 月 29 日），上海道宫慕久发布《上海租地章程》，则更进一步将租界内的立法与行政权交与了英国驻上海领事。《五口通商章程》中的领事裁判权条款以及 1864 年上海公共租界洋泾浜北首理事衙门的设立，使外国领事官对租界内的外国侨民乃至华民拥有了不完全的司法权。外国人居留地无论是在法律上还是事实上变成了"国中之国"。第二次鸦片战争之后，各国在汉口设立的租界也依上海公共租界之例，成为了法律上和事实上的"国中之国"。

（一）各国租界的立法与行政体制

1. 汉口英租界的三权分立体制

汉口英租界内的权力分别由领事、纳税人会议和工部局行使。领事行使对租界内立法的批准权、租界内特定的行政事务以及司法权，纳税人会议行使租界内立法权，工部局行使行政权。

（1）英国驻汉口领事对租界的监督与管理权。汉口领事对租界的监督权与司法权。汉口领事有权批准租界当局的立法。"汉口、广州英租界的制度与上海公共租界类似，也由工部局拟订法规将选举人大会通过，随后提请当地的英国领事批准，最后呈请英国驻华公使批准即能生效"[1]。至于领事对租界内英国侨民的司法权，详见下述"各国租界的司法制度"。

汉口领事对租界事务的行政管理权。汉口领事对汉口"租界建立之初，各租界均由所在国的领事直接管理"[2]。1861 年签订的《汉口租界条款》规定，"应如何分段并造公路，管办此地一切事宜，全归英国驻扎湖北省领事官专管"[3]。待《英国巡捕房章程》颁布，汉口英租界成立了专门的行政管理机关之后，英国领事不仅是该国租界事务的最高监督官与领事裁判权案件

---

[1] 费成康：《中国租界史》，上海社会科学院出版社 1991 年版，第 122 页。
[2] 《汉口租界志》编纂委员会编：《汉口租界志》，武汉出版社 2003 年版，第 214 页。
[3] 《汉口租界志》编纂委员会编：《汉口租界志》，武汉出版社 2003 年版，第 519 页。

的最高司法官，同时也直接办理租界内很多具体行政事务。

领事作为纳税人会议召集人。如在英租界，"本界内一切设置之费用……均于每年一月一日之后，由领事招集纳税人民，于十四日以内开常年大会筹集"；"凡本局遇有特别事故，领事官循十二人之呈请开特别大会，以改决其事件"。

领事对码头执照的核发。"此种大会（指纳税人大会——引者注）对于发给本会码头执照各事件，亦于开会时表决。请求此次码头执照，未蒙开会时批准者，可再向领事府申请，由领事决定"[①]。

（2）英国租界之议决机关——纳税人会议或纳税人大会。英租界实行直接民主制，其最高权力机关是纳税人会议（或称"纳税人年会"）。"'纳税人会议'由在租界内置有房地产的外籍大资本家以居留民自治的名义组成，包括英、美、法、德、意、俄、日七国的36个单位，每个单位一个成员"，"每年冬季在今南京路（原称阜昌路）汉口英国俱乐部（原址在今南京路市二医院宿舍南边）召开'年会'，从事下列活动：1. 听取工部局的行政报告；2. 通过行政规划；3. 通过预决算；4. 制定、修改各种法案、规章；5. 选举市政委员（三年一选）；6. 任免英籍职员（华、印籍职员由工部局任免）；7. 发行公债（工部局经费的主要来源为房地产税，尚有各种杂税与罚款的收入。如遇特别支出不敷应用时，即向银行透支或借款，事后以发行公债的收入偿）；8. 其他临时动议事项等权力"[②]。这一议决机构几乎相当于自治城市的议会。是否享有投票权以及投票权的多少，视纳税人财产、纳税额或纳租额确定。凡在租界内的财产超过2500两且上年纳税达25两者，有1票投票权；纳税满150两者，有2票投票权；150两以上，每增加75两，可增加1票，但个人最高不得超过12票。凡上年在租界内纳租金25两或年纳直接捐税5两者，可投1票；如数家共租一房，月纳租金超过25两者，数家合投1票。

（3）租界行政机关——工部局。英国在汉口租界的行政机构为Municipal Council，通常译为"工部局"。"由纳税人会议选举出来的董事会，即市政委员会，亦称工部局，具体负责租界的行政事务。由于董事会成

[①] 《英租界捕房章程》，载《汉口租界志》编纂委员会编：《汉口租界志》，武汉出版社2003年版，第537页。

[②] 李绍依：《汉口租界内幕》，武汉文史资料1991年第四辑《汉口租界》，第16、17页。

第二章　汉口开埠之初武汉地区法秩序的变化（1861—1889 年）

员均为兼职，不驻会办公，具体行政由董事会执行秘书，即总办带领其他职员负责办理"。1867 年以前，"董事会仅总董一人，界内一切事宜均由总董亲自办理，董事会很不健全。1867 年的董事会首次增加到 3 人"。1896 年租界扩展后，董事会增加到 6 人。根据《英国租界捕房章程》，董事会每年改选 1 次。"董事会秘书（即总办）是工部局的实际负责人（相当于办公室主任，权力很大，有些总董卸任后还曾担任总办），负责贯彻执行纳税人年会决议和董事会交办的事务"①。如工部局"违反'纳税人'的利益，'纳税人'有权提出弹劾"②。工部局之下设有各职能行政部门，如地基管理局、警部等。警部"巡查多为印度人和中国人"，1905—1907 年间，"英租界有印度巡查 42 人、中国巡查 45 人"③。此巡查即所谓"巡捕"。

2. 法国租界的"领事独裁"体制

汉口法租界的立法、行政权与相当部分的司法权均由法国驻汉口领事掌握，因而其管理体制被称为"领事独裁"体制。

（1）纳税人会议（或称纳税人大会）的职权仅为选举法租界工部局董事。法租界也有纳税人会议，但法租界纳税人会议无立法权。"所有法租界的纳税人会都只有选举工部局董事会之权，并无立法权与行政监督权"④。"参加纳税人会议拥有选举权的，必须为向工部局纳税、年满 21 岁的法国人或没有放弃治外法权特权的国家管辖的外国人。如果符合以下条件之民一的也可以参加：1. 依照法定的身份，在租界限定范围内拥有一块土地；2. 在租界内在整个或部分的一栋房屋中，每月至少付 50 银元房租，或是居住在月租不少于 40 银元的配有公寓中；3. 在租界中居住超过 3 个月以上，并且能够证明自己的月收入不少于 125 银元。如果是法国人，虽然不居住在法租界内，但如果他在法国领事馆登入册籍，并且在一年中的选举之首参加了法租界的义勇队，也具有选举资格"。"1929 年前，根据《汉口法租界组织章程》，工部局"董事会主席一般由法国领事担任，董事会有 4—6 名董事，全为外国人（非中国人——引者注）"。

（2）工部局。"租界设立之初，并未设置工部局。1901 年，'法国领事

---

① 王汗吾、吴明堂：《汉口五国租界》，武汉出版社 2017 年版，第 38 页。
② 李绍依：《汉口租界内幕》，武汉文史资料 1991 年第四辑《汉口租界》，第 18 页。
③ ［日］水野幸吉：《中国中部事情：汉口》，武德庆译，武汉出版社 2014 年版，第 233 页。
④ 费成康：《中国租界史》，上海社会科学院出版社 1991 年版，第 124 页。

在三名市政官员的辅佐下全面负责租界的管理'。工部局原称行政委员会（Excutive Committee），后演化为工部局（Municipal Council），主持界内行政事务。"①

"在各地法租界中，行政权均由当地法国领事直接掌握。领事召集、主持每年年初举行的选举工部局（在上海法租界中又称公董局）董事会的选举人大会，并可指任部分董事。在董事会中，领事是法定的总董或地位高于总董的成员。董事会的会议必须由领事召集。在汉口等地的法租界中还可由领事授权的领事馆馆员来召集。董事会的任何决议须领事明令公布才能生效，实际上即是董事会的一切决议均须经领事批准。董事会对所有工部局雇员的任免，也均须经领事允诺，从而又使领事控制着工部局的用人权。遇有领事不满于董事会及其他特殊情况，领事可停止直至解散董事会，并任命临时委员会来取而代之"。在汉口法租界，"警察并不归工部局统辖，而是直接由领事指挥"。

作为行政执行机构的工部局董事会还兼有租界行政法规的立法权。

3. 介于英、法之间的俄国租界管理体制

"在俄租界中，也由纳税人会掌握行政法规的立法权。如果当地俄国领事不予否决，这些法规立即生效。如果领事加以反对，则由俄国驻华公使来作最终的裁决"。其行政机关为工部局，其"租界的日常行政权全部归工部局董事会，警政机构也是工部局的下属部门"，与英租界类似。同时，俄"领事则出任董事会总董，可以左右董事会的讨论及决议"②，在这一点上则又与法国相同。

4. 仿英国模式的德国租界管理体制

德租界模仿英国的管理体制，实行直接民主制。纳税人会议为立法机关，"由界内交纳税捐的个人或团体代表组成，选举权即票权根据纳税额的多少而定，最多为12票。纳税人会议每年在2月份举行，遇有特殊情况，可召开特别会议。纳税人会议除选举总董、董事、司库、警监外，审查通过工部局的年报、年度财政预、决算等重要事项"③。

工部局为行政机关，由纳税人会议选举产生。巡捕房隶属工部局，行使

---

① 《汉口租界志》编纂委员会编：《汉口租界志》，武汉出版社2003年版，第234、235页。
② 费成康：《中国租界史》，上海社会科学院出版社1991年版，第122、124、168、174页。
③ 《汉口租界志》编纂委员会编：《汉口租界志》，武汉出版社2003年版，第229页。

第二章　汉口开埠之初武汉地区法秩序的变化（1861—1889 年）

治安行政管理权。巡捕房不仅执行纳税人会议制定的各种治安法规，同时也有权制定具体的治安规章。如 1907 年 4 月初，"汉口德租界巡捕房昨日出示略云：凡租界商民住宅，蓄养守犬者，务须紧皮带，嘴用铁丝笼，方准在租界行走。否则，由捕房拘入，如往赎取，罚洋三元；无人赎取者，三日后立将该犬用枪轰毙，云云"。①

5. 分采英、法的日本租界管理体制

（1）日本驻汉领事的职权。在汉口五国租界中，日本驻汉领事享有相当的立法、行政与司法权，其职权之大，仅次于法国。除开辟租界时代表日本政府与湖北地方政府的谈判、签约权之外，领事还可以"依外务省的《居留民团法》与《居留民会规则》，以'馆令'的形式制定发布各种行政法规。在领事馆令中，以《警察犯处罚令》最为关键"。汉口总领事馆《警察犯处罚令》于 1908 年 12 月 19 日发布②。

"依 1905 年 3 月日本政府公布的《居留民团法》，日本领事掌握界内的行政权包括以下几个方面：一、设立自治团体的行政事务，即设立议决机关与行政机关的事务、任免自治团体的事务、制定条例的事务；关于财政的事务，即自治团体的预算和决算、自治团体征收的课金及特别课金、自治团体征收的使用费、自治团体发行的公债等。二、维护租界共同利益的行政事务，即教育事务、交通事务、卫生事务、消防及义勇队事务、贫民救助事务、土地征收事务等。三、维持租界治安的行政事务，即制订警察法规的事务、警察的一般处分事务、警察的强制处分事务，即代理执行、管束、家宅搜查以及土地物权的处分和没收等。"③ 日本驻汉领事的司法权详见下节。

（2）议决机关为居留民会。根据 1905 年 3 月 7 日日本政府颁布的《居留民团法》及其施行规则、细则，日本在海外各国的居留民应组成以日本臣民为中心的居留民团，由居留民团选举居留民会，由居留民会行使立法权与居留民行政委员会的选举权。日租界的政治体制具有代议制性质，居留民团只享有选举居留民会的权利，而无立法权。施行于日本租界较高位阶的法

---

① 《德租界蓄犬新章》，《新闻报》1907 年 4 月 7 日。
② 曹大臣：《近代日本在华领事制度——以华中地区为中心》，社会科学文献出版社 2009 年版，第 64 页。
③ 曹大臣：《近代日本在华领事制度——以华中地区为中心》，社会科学文献出版社 2009 年版，第 62 页。

律、法规由日本政府、外务省制定,"当地的日本领事、居留民会及居留民行政委员会(即后来的参事会)都有一些对行政法规的立法权"①。

光绪三十三年(1907年)七月二十四日,"日本政府电饬天津、上海、汉口、牛庄安东县五领事嘱其组织日本居留人民团(按民团即自治机关之意)"②。根据这一命令,日本驻汉领事将"居留于汉口日租界及汉口、汉阳、武昌3镇的日本侨民组成汉口居留民团"。显然,汉口"日租界的行政机构不仅管理租界地区,而且管理界外的日本侨民"。汉口居留民团会"议员的名额则为20名。议员的任期为2年,其中半数以上必须是日人。由议员互选产生的议长、副议长,也必须是日人。只有日籍议员与会议员的半数以上时,该会才能开会"。

(3)行政机关为警察署与居留民会选举的行政委员会。"由居留民会选举产生的居留民团行政委员会,近似英租界的工部局董事会,是负责民团日常行政事务的机构"③。光绪三十三年(1907年)八月,"日本旅汉商人举办居留民团会已于二十四日开办,当日选举假行政委员十人,又选举预备假行政委员七人,公举武内金平为会议长,刻已由驻汉日领事水野君照请中国地方官查核矣"④。"该委员会的职权包括执行居留民会的各项决议,议决由居留民会委托的事宜,代表居留民会对紧急事务作出决议,处理各种日常行政事务,任免绝大部分的民团吏员,以及指挥、监督、惩戒所有的民团吏员"⑤。行政委员会的首长为民团长,其办事机构为民团事务所。行政委员会之下,设有各项专门委员会,作为日租界的行政职能部门。

汉口日本租界内的警察机关不隶属于行政委员会及民团事务所,而是直接隶属于日本驻汉口领事。依1904年10月日本外务省发布的《关于设置在外警察署长之通知》,"关于署长、署员及警察事务,悉照从前,由驻在该国总领事、领事和副领事或其代理者指挥、监督"⑥。在这一点上,与法租

---

① 费成康:《中国租界史》,上海社会科学院出版社1991年版,第122页。
② 《申报》1907年8月3日(光绪三十三年六月二十五日)。
③ 费成康:《中国租界史》,上海社会科学院出版社1991年版,第171、172页。
④ 《旅汉日商举行居留民团会》,《申报》1907年9月8日(光绪三十三年八月初一日)。
⑤ 费成康:《中国租界史》,上海社会科学院出版社1991年版,第172页。
⑥ [日]日本外务省百年史编纂委员会编:《外务省百年》,东京原书房1969年版,第1393页。转引自曹大臣:《近代日本在华领事制度——以华中地区为中心》,社会科学文献出版社2009年版,第29页。

界类似,而与英、俄、德租界均不相同。"一般情况下,各国在华领事馆只设少数巡捕,负责领事馆的安全。而日本却于领事馆设立警察机关"①。

日本租界的"行政体制被日人称作是从领事'独裁'制度稍稍向'自治'制度转变的体制,是介于英租界'自治'制度与法租界领事'独裁'制度之间的中间形态。在那里,日本领事尚不独揽界内的行政权。领事直接掌握的主要是警察权"②。

(二)各国租界的司法制度

各国租界的司法权分别由汉口地方政府与各国领事行使。

1. 领事及领事法院

中英《天津条约》第十五款规定,"英国属民相涉案件,不论人、产,皆归英官查办";第十六款规定,"英国民人有犯事者,皆由英国惩办"。不论在英租界内外,凡由英国领事官管辖区域之英国人成为刑、民事被告时,均由汉口领事法院审理。"1890年,英国众议院通过《域外裁判权条例》(Foreign Jurisdiction Ate),对英国在国外的法院做了规定"。根据这一规定,汉口设英国领事法院,"汉口英国法院(HANKOW BRITISH COURT)为初审法院,以领事兼理司法,审判采取独任制,间或采取合议制。领事法院受理一切诉讼标的在500英镑以下的民事案件和主刑在徒刑1年以下或罚金在100英镑以下的刑事案件。其余案件,1865年前必须解送到香港刑司衙门,1865年后则移送到在上海新成立的高等法院……法院所用之诉讼法由汉口领事馆自定,报英国驻中国公使核准,其程序和英国国内法相似。判决后,在中国执行(英国在上海设有监狱)"③。

除英国外,美国、俄国、法国、德国、比利时、日本、意大利、葡萄牙等国领事在汉口均设有领事法院(庭),依条约分别审理本国在汉侨民成为刑、民事被告的案件,适用其本国法律。但荷兰、丹麦、瑞典、挪威、墨西哥、瑞士等国在汉口未设领事法庭,其本国在汉侨民成为刑、民事被告时,由其领事按其本国的法律裁判。日本驻汉口领事法庭"以初审法院的资格,审理判决一切民事案件、破产案件、非诉事件和非重罪的刑事案件。领事官

---

① 曹大臣:《近代日本在华领事制度——以华中地区为中心》,社会科学文献出版社2009年版,第29页。
② 费成康:《中国租界史》,上海社会科学院出版社1991年版,第171页。
③ 《汉口租界志》编纂委员会编:《汉口租界志》,武汉出版社2003年版,第248页。

对依法得处死刑，或无期惩役，或一年有期徒刑的重罪刑事案件，只能行预审权，不得判决"。在汉口领事管辖范围内的日本侨民犯重罪案件，其初审法院为设于日本长崎的地方裁判所①；法国领事法庭仅有刑事案件的预审权与违警处罚权，其初审与二审法院均设于越南。其他各国在汉口的领事法院或领事审判均为初审，只审理一定标的额以下的民事案件、违警案件以及一定刑罚以下的刑事犯罪案件，其上诉审有的设于上海，有的设于其海外殖民地，亦有的设于其本土。

由于各国的领事法院（庭）或领事的裁判均实行属人主义管辖，"除德租界外，租界开辟国的领事法庭无权审判其他'有约国'的商民在该国专管租界内成为被告的案件"。因此，"在该口岸没有专管租界的其他国家，也多把领事馆设在别国租界之内。这样……汉口英、俄、法租界……都设立过别国的领事法庭"②。

在19世纪末20世纪初，全国教案蜂起时，各国驻汉口领事的司法权有所扩大。外国领事常常借口中国地方政府不能切实保护外国侨民、维护治安，对中国罪犯也开始行使司法管辖权。1891年，"长江一带教案迭起，而往来行使各轮船多有不及从前之安谧。或有匪徒附载，小窃潜踪，暗中施其妙手，逞其毒计"。因而，英国驻汉口领事"出示晓谕行驶长江之英国各轮船，令为船主者时时防备，设有匪徒，立即捕获，无论何地随时随地，交于有领事官处，以凭讯办。如船主于缉捕之事不能认真，则船主亦有应得之咎。设匪徒人众，船上之人力有不及，则随时通知领事，请其协同拿获"。对此告示，当时即有人"或谓匪徒多为中国人，非英官所能治，今而曰'获之就近交英领事讯办'，则是以英官而办华人矣……前者各国钦差曾有言于总理衙门，谓中国倘不能办理各教案之匪徒，则各国当自行办理。今英领事晓谕各轮船，令其自行捕治且定之罚，是殆所谓'自行办理'者耶"③？英国驻汉口领事的这一训令，公然侵犯了清政府在长江干流的司法权。

---

① 曹大臣：《近代日本在华领事制度——以华中地区为中心》，社会科学文献出版社2009年版，第84页；梁敬錞：《在华领事裁判权论》，商务印书馆1930年版，第87页。
② 费成康：《中国租界史》，上海社会科学院出版社1991年版，第126页。
③ 《书汉口英领事官告示后》，《申报》1891年9月26日（光绪十七年八月初四日）。

第二章　汉口开埠之初武汉地区法秩序的变化（1861—1889年）

附：英人炉礼士杀人案

同治三年（1864年）五月二十四日，汉口保正戴洪元向汉阳县令孙福海报案称，汉口居民彭尚会路过亿生洋行首，被洋人炉礼士施放洋枪，因伤毙命。孙福海随即前往现场验尸，并会同英领事卫士达提审正犯炉礼士质讯。孙福海主张"应将该犯在犯事地方从重治罪，以昭平允。英领事以此案虽属耳目所能到，实意料所不及，应治以误伤致死之罪"。汉口地方政府"请咨总理衙门转达英驻京公使，飞饬卫领事迅将该犯治罪，以惩洋凶而安华众"。英国驻华公使覆文认为按英国《域外裁判权条例》，对炉礼士"应解赴香港总理刑名衙门究讯。署领事卫擅行自审，未免误办"，"查卫领事审定炉礼士放枪毙命各节，详细斟酌，即使本大臣当日同审，亦不能定为故杀，而过失杀人者，本国例亦不能使其就死，该领事并无欺凌华人之心。已将该犯倾产定罚，遣离中国，系全绝其生路，并非轻纵。本大臣实与伊家属人等同一忧愤，拟给银两，稍示体恤，深愿伊等曲受，不复见却。今派镇江署领事雅前往汉口，饬令到日提查该民愿否收受，查照办理云云。随罚银洋四百元，经彭尚会妻子具状领收办结"①。依条约，杀人凶手炉礼士解赴香港刑司衙门审理，对汉口方面，仅以向被害人家属赔偿四百银元了结。

2. 洋务公所（会审公堂）

领事裁判权仅为属人主义审判权，在法理上，汉口地方当局对租界仍享有属地司法管辖权。因而，汉口开埠不久，江汉关道就在租界内设立了审判机构。最初的机构设于英租界南侧，称为"洋务保甲局"，又称为"巡查洋街委员公所"，直隶于汉黄德道（也称为江汉关道或江汉关监督公署，或简称为"汉口道"）。"同治七年（1868年）十一月，准总理衙门咨行各租界设官会审。上海即于是年设立，汉口续于光绪□年就巡查洋街委员改设会审公堂。"② 会审公堂亦称"洋务公所"，湖北地方政府制定有《汉口会审公

---

① 民国《夏口县志》卷11"交涉志·会审公堂章程及交涉案件三则"，载《中国地方志集成·湖北府县志辑③》，江苏古籍出版社、上海书店、巴蜀书社2001年版，第127页。
② 民国《夏口县志》卷11"交涉志·会审公堂章程及交涉案件三则"，载《中国地方志集成·湖北府县志辑③》，江苏古籍出版社、上海书店、巴蜀书社2001年版，第126页。

堂章程》九条。《汉口租界志》载,"1911年辛亥革命爆发后,汉口洋务公所仿照'上海会审公廨',改称汉口洋务公所"①,地址在汉口花楼(街)②。

《汉口会审公堂章程》的主要内容如下:

(1) 会审公堂的组织构成。会审公堂由湖北地方政府"遴选同知一员"作为主审官,"凡遇案件牵涉洋人必应到案者,须领事官会同委员审问,或派洋官会审。若案情只系中国人,并无洋人在内,即听中国委员自行审讯,洋官毋庸干涉"。会审公堂专门"立一公馆,置备枷杖以下刑具"。

(2) 会审公堂的案件管辖范围。以华人为被告的刑、民事案件。会审公堂"管理各国租界内钱债、斗殴、窃盗、词讼等案","凡有华民控告华民,及洋商控告华民,无论钱债及交易各事均准其提讯定断,照中国常例审讯,并准其将华民刑讯管押,及发落枷杖以下罪名"。但如果"华人犯案重大,或至死罪,或至军流迁徙罪,由中国正印官审断,详请臬司审转,由督抚酌定奏咨。倘有命案,亦归地方正印官相验,委员不得擅专"。会审公堂对华人犯罪案件的审理只限于徒刑及枷杖以下案件,且仅有权判决枷杖以下犯罪案件,徒刑案件则仍得报省决断。

为外国服役及为洋人聘请之华民为被告的案件。外国服役及洋人延请之华民成为被告者,亦由外国领事官或委派洋员听审。"凡为外国服役,及洋人延请之华民有涉讼事件",应先由中方主审官"将该人所犯案情移知领事官,立将应讯之人交案,不得庇匿。至讯案时,或由该领事官,或另派洋官来堂听审"。

事涉无领事管束之洋人案件。"倘系无领事管束之洋人,则由委员自行审断,仍须邀一外国官陪审,一面详报该管道查核。倘两造有不服委员所断者,准赴该管道署控告复审。"③ 光绪二十四年五月二十八日(1898年7月16日),《汉口日本专管租界条款》规定:"在日本租界内,如遇无驻华领事官管束之洋人并华人涉讼,应归中国官办理,派员在租界审谳。"本与《汉口会审公堂章程》相合。但该《汉口日本专管租界条款》同时又规定:

---

① 《汉口租界志》编纂委员会编:《汉口租界志》,武汉出版社2003年版,第252页。
② 参见民国《夏口县志》卷5 "建置志·公署",载《中国地方志集成·湖北府县志辑③》,江苏古籍出版社、上海书店、巴蜀书社2001年版,第80页。
③ 民国《夏口县志》卷11 "交涉志·会审公堂章程及交涉案件三则",载《中国地方志集成·湖北府县志辑③》,江苏古籍出版社、上海书店、巴蜀书社2001年版,第127页。

第二章　汉口开埠之初武汉地区法秩序的变化（1861—1889 年）

"若无领事管束之洋人并日本国人或各国人，因被华民欺凌，禀控，以及华民在租界内违犯章程，由中国官会同日本领事官或领事所派之员会审。如藏员定案不合，可由日本领事官照请江汉关监督，再行覆讯。"[1] 不仅使得外国领事的审判权扩及于租界内所有外国人为原先、华人为被告的案件，而且汉口的会审公堂亦要适用租界内的章程，中国的司法独立主权进一步丧失。

（3）会审公堂在汉口各租界内拥有直接逮捕权。《汉口会审公堂章程》规定："中国人犯有逃避外国租界者，由该委员饬差径提，不用县票，亦不必用洋局巡捕"[2]。

3. 汉口领事裁判所（领事公堂）

1902 年前后，各国驻汉领事团成立，同时设立了汉口领事裁判所（领事公堂），相当于在汉口所有租界内的联合行政诉讼法院。"领事公堂既不适用中国法律，也不适用英、美、德、日等任何一国的法律。公民或法人不服行政机关（各租界工部局或居留民团行政委员会）的行政处罚或处理决定，可向领事公堂控告"[3]。

（三）各国租界的土地制度

1. 汉口各租界租赁形式

汉口各租界土地租赁形式大同小异。其相同之处有：其一，双方议定划出整片专管租界，后来又先后签约扩展租界。其二，由领事官每年向湖北地方政府缴纳土地税，以表明中国政府对该项土地之最终主权。其三，不准华民在租界内租地、造屋。

各国租界土地租赁方式之相异处，主要在于租界内土地交易关系的主体，大致可分两类：第一类是由湖北地方政府与各国领事主持之下，由各国商人直接向原华人业主租赁，如德、法、日等租界；第二类则是由湖北地方政府整体打包租给外国政府，由该国领事官租与外商，如英、俄租界。

（1）法、德、日租界土地由各国商人直接向原华人业主租赁。

德租界。《汉口租界合同》第二款规定："由德国官员尽速将地基从华

---

[1]《汉口日本专管租界条款》，载王铁崖主编：《中外旧约章汇编》（第一册），上海财经大学出版社 2019 年版，第 734 页。

[2] 民国《夏口县志》卷 11 "交涉志·会审公堂章程及交涉案件三则"，载《中国地方志集成·湖北府县志辑③》，江苏古籍出版社、上海书店、巴蜀书社 2001 年版，第 126 页。

[3]《汉口租界志》编纂委员会编：《汉口租界志》，武汉出版社 2003 年版，第 251 页。

民租给洋人"。所谓"从华民租给洋人",应理解为帮助德商从华民手中租入,而不是由德国官员直接租给洋人。第三款规定:"凡愿在界内向华民业户租地者,应偿租价,照三月内地基价值,公平酌定,江汉关监督不准华民高抬时价,德国商亦不准有强抑之事","租界内民间家庙、祠堂、帮会馆、公众庵庙,租价自应另议,以顺舆情"①。租界需由江汉关监督、原华民业主以及外商共同商定,更不是由德国领事官直接租给洋人。

法租界。《汉口租界条约》第三款规定:"永租地价及地基上房屋并会馆、庵庙暨葬有坟墓者,应分别等第,照时估价,并酌给搬家迁葬之费,订期迁让。本监督当饬地方官,谕令民间公平议价,不准高抬。法领事亦饬洋商,毋得抑勒,以昭公允。"可见,法商租用原华民业主之地,仍由双方协商,汉口地方官与法国领事分别节制而已。但"日后各国客人在租界内租地或租房屋,应至法国公署,税约应由法领事办理"②。

日租界。《汉口日本专管租界条款》规定:"日本商、工人向华民业户租地,应偿租价,须照三年以内相等地基价值公本酌定,江汉关监督不准华民高抬时价,日商亦不准有强抑之事……租地之时,必须禀明日本领事官照会地方官履勘,印发租契三纸,由日本领事官会印,一给租户,一存日本领事衙门,一存中国地方官衙门。"③ 同样,租地亦必须由日本工商用户直接与原华民业主交易。

但这种外商商户与原华民业主的交易显然只是前者的单方意志,后者是没有不同意权利的。中德《汉口租界合同》第四款就直接规定:"凡经德国领事照请让给基地,中国官宪应即强令华民办理。"④

(2)英、俄租界内土地由湖北地方政府办理民地征用手续后统一交领事官出租。

英租界。《汉口租界条款》规定,湖北地方政府"将此地永租与英国官

---

① 《汉口租界合同》,载《汉口租界志》编纂委员会编:《汉口租界志》,武汉出版社2003年版,第521页。
② 《汉口租界条约》,载《汉口租界志》编纂委员会编:《汉口租界志》,武汉出版社2003年版,第523页。
③ 《汉口日本专管租界条款》,载《汉口租界志》编纂委员会编:《汉口租界志》,武汉出版社2003年版,第524页。
④ 《汉口租界合同》,载《汉口租界志》编纂委员会编:《汉口租界志》,武汉出版社2003年版,第521页。

第二章 汉口开埠之初武汉地区法秩序的变化（1861—1889 年）

宪，分为英国商民建造房栈居住之所"。"查此地民房铺户地基系论块算，目下不能逐一计亩"，"俟领事官到楚用地之日，即会同汉阳府县，随时传集本房屋地主呈验地契，当面合算。其中所有官房、庙宇及民间瓦屋、草房、棚寮、菜园、麦地分别大小粗细等次，由官按照地势定银若干，不准百姓高抬价值，亦不许英商任意发价勒买，总以两不吃亏而昭平允。"①

根据上述规定，究竟是由用地英商与原华民业主一一交易，还是由汉阳地方政府先将土地统一征收再转租给英国政府，并不明确。"英租界内的 60 块土地分属于不同的业主，由于惧怕太平天国起义，许多业主已逃至外地。到 11 月，暂居汉阳的英国商人召开会议，要求英国领事馆采取措施。在此种情况下，金执尔建议英国政府预付 10 万两白银，将划入英租界的所有土地买下，再分租与英国商人，以免去一一与华人地主交涉的麻烦。最终，汉阳县府妥协，确定租界土地以英国领事馆提出的每亩 2500 两成交。"②

费成康教授将汉口英租界的土地租赁方式称之为"国租"，"即是由租界开辟国向中国政府租借整片专管租界，再由该国将界内土地分租给本国商民及别国商民"③。

俄租界。《汉口俄租界地条约》第三款规定："俄国永租地基、所有华民地段，从立据画押之后，不准出售、暂租他人，只可永租俄国政府。此地之价值由中国地方官与俄国领事官商量公平议价，以一年之期全行永租俄国政府。"《汉口俄租界购地条约》第二条规定："中国将以上所开地基四段以及房屋现在永租用与俄国政府，所有地价暨房屋估价等项共核发银四万九千七百三十三两八钱五分，当时中国收清，由中国就承与各业户自行办理。"④

2. 各国租界开辟前已有外商租地的处理

《英国汉口新增租界条款》第二款规定："英租界后四址以内，凡有各国商人已租之地，若须归入英界，应由英领事与各国领事商妥，照会监督，

---

① 《汉口租界条款》，载《汉口租界志》编纂委员会编：《汉口租界志》，武汉出版社 2003 年版，第 519 页。
② 王汗吾、吴明堂：《汉口五国租界史》，武汉出版社 2017 年版，第 3 页。
③ 费成康：《中国租界史》，上海社会科学院出版社 1991 年版，第 93 页。
④ 《汉口俄租界地条约》《汉口俄租界购地条约》，载《汉口租界志》编纂委员会编：《汉口租界志》，武汉出版社 2003 年版，第 522 页。

有案再议。"①

中法《汉口租界租约》第一款规定:"惟各国西洋人在法国租界内之地,均应更换契据,赴法国公署盖印投税。日后各国客人在租界内租地或租房屋,应至法国公署,税约应由法领事办理。"《汉口展拓法租界条款》第一款规定:"现议法国新界之地,所有租地章程均照旧界章程办理。若有各国商人之地在内,应由法领事自行妥商后,再照会监督立案。"②

《汉口日本专管租界条款》第七款规定:"日本租界未开之前,已经外国人向华民租定地基,并无违碍,应照他国租界之例办理。惟界内地址过于窄狭,自立此约之后,只归日本商民永租地基,不准华民业户向外国商民以地抵押,或行租让。违者,由中国地方官从严惩办。"《推广汉口租界专条》第二条规定:"日本新租界内从前清国商人所开设之燮昌公司火柴工厂虽得仍旧在租界内营业,然当遵从日本租界规则缴纳赋税,与日本臣民相等。日本政府之待遇该工厂,亦与日本臣民无异。一起将来之处置,则当准用现在处置美孚油行油栈之法。但此项规则乃系保护清国人之营业,将来燮昌公司火柴工厂不论于名于实,若一旦脱离中国人之手,则中国官吏一切不得有干涉保护之权利。"③

俄租界开辟之后,是否可以租给外国商人,《汉口俄租界地条约》没有规定。其第三款规定:"俄国租界未开以前,已经各国人向华民租定地基,并无违碍。其地应归入俄册,应由俄领事办理。"④

3. 租界开辟后外国商人在本国租界内的租地权

汉口各国租界均不准华民在租界内租地,但对不属于租界开辟国的外商是否有权在本国租界内租地,各国规定有所不同。

(1) 英、德、法三国租界允许外国商人在本租界内租地。中英《汉口租界条款》与《英国汉口新增租界条款》均没有规定英租界是否允许外国

---

① 《英国汉口新增租界条款》,载《汉口租界志》编纂委员会编:《汉口租界志》,武汉出版社2003年版,第525页。
② 《汉口租界租约》《汉口展拓法租界条款》,载《汉口租界志》编纂委员会编:《汉口租界志》,武汉出版社2003年版,第523、525页。
③ 《汉口日本专管租界条款》《推广汉口租界专条》,载《汉口租界志》编纂委员会编:《汉口租界志》,武汉出版社2003年版,第524、526页。
④ 《汉口俄租界地条约》《汉口租界合同》,载《汉口租界志》编纂委员会编:《汉口租界志》,武汉出版社2003年版,第522页。

第二章 汉口开埠之初武汉地区法秩序的变化（1861—1889年）

商人在本租界内租地，但实际上，英国租界内有不少非英籍商人租用土地。以银行为例，辛亥革命前在英国租界内的非英籍商人开办的银行就有比利时的华比银行，日本的正金银行、住友银行，美国的花旗银行等①。

中德《汉口租界合同》第四款规定："合同签押后，他国人愿在界内租地，须经德国领事允准，方得承租，盖本合同已将租界地基永久租给德国国家也。他国人租地并须由德国领事向中国官宪照请发给租契。"②

中法《汉口租界租约》第一款规定："惟各国西洋人在法国租界内之地，均应更换契据，赴法国公署盖印投税。日后各国客人在租界内租地或租房屋，应至法国公署，税约应由法领事办理。"③

（2）日租界不允许外国商人永租土地。《汉口日本专管租界条款》第七款规定："日本租界未开之前，已经外国人向华民租定地基，并无违碍，应照他国租界之例办理。惟界内地址过于窄狭，自立此约之后，只归日本商民永租地基，不准华民业户向外国商民以地抵押，或行租让。违者，由中国地方官从严惩办。"④

俄租界开辟之后，是否可以租给外国商人，《汉口俄租界地条约》没有规定。其第三款规定："俄国租界未开以前，已经各国人向华民租定地基，并无违碍。其地应归入俄册，应由俄领事办理。"⑤

4. 汉口租界土地的权属性质与地价

《近代中国通商口岸与租界》一书说："汉口租地价格，在全国各通商口岸中是最低廉的，英商每年只须付92银两的钱，就'永租'了458亩土地。"⑥ 刚刚出版的《汉口五国租界》亦认为，"英国人每年只需支付不到100两白银，即可将这块400多亩的沿江之地'分为英国商民建造栈房居

---

① 参见《汉口外国银行一览表》《汉口租界合同》，载《汉口租界志》编纂委员会编：《汉口租界志》，武汉出版社2003年版，第161页。
② 《汉口租界合同》，载《汉口租界志》编纂委员会编：《汉口租界志》，武汉出版社2003年版，第521页。
③ 《汉口租界租约》，载《汉口租界志》编纂委员会编：《汉口租界志》，武汉出版社2003年版，第523页。
④ 《汉口日本专管租界条款》，载《汉口租界志》编纂委员会编：《汉口租界志》，武汉出版社2003年版，第524页。
⑤ 《汉口俄租界地条约》，载《汉口租界志》编纂委员会编：《汉口租界志》，武汉出版社2003年版，第522页。
⑥ 张洪祥：《近代中国通商口岸与租界》，天津人民出版社1993年版，第79页。

住，自行处置'"①。实际上，英国领事付给汉阳地方政府的 92 两银仅仅是土地税，不是租金。除税收外，各国租界当局或外商还要支付给租界内原华民业主租金。

（1）汉口等口岸租界的土地永租权相当于土地的所有权。"永租"这一概念很容易与"永佃权"混淆。"永佃权"虽然属于土地物权，但其物权要受到严格的限制。如因永佃权人不按期交纳租金，业主如果要收回土地自耕等原因，业主有权收回土地。费成康教授认为早期上海租界的永租制"脱胎于当时中国农村流行的土地永租制"。上海租界的地租分两部分，一部分是押租，即"租地人须在承租时先向业主交付的一笔保证金"；另一部分是年租，其"构成可分为两个部分。一部分是供业主每年向官府交纳钱粮即地税之用，另一部分是业主每年的得益"。"在付清押租及每年付清年租后，租地人取得土地的永久使用权"。"这种制度脱胎于当时中国农村流行的土地永租制"，即明清时期盛行于江南地区的"一田二主"的土地习惯法。但另一方面，上海租界的永租制"又不同于那种传统的制度"。因为按"一田二主"的习惯法，原业主不仅可以通过永远收取年租金掌握有对田根（又称田骨）的所有权，而且可以不经永租人的同意转让此项权利。"不过，在事实上，中国业主一开始就没有领取年租。这笔年租即由英国领事交付给中国政府。经过这些变化，押租成了地价年租成了地税。中国业主在事实上已经与出租土地割断了一切联系。于是，外人名为永租土地，实际上有如绝卖。"

上海租界的这一永租制度，被推广于其他租界时，已无需再采用押租和年租这种"一田二主"的传统形式。"在上海、天津、广州、厦门、杭州、重庆等地，当地中国官府向租界内土地征收的地税都高于界外的同类土地。这种状态是往日的年租转化为地税时遗留下来的痕迹，也是这些各界的地税含有年租成分的反映"，但由于原土地所有人并没得到年租，因而各国租界当局要求按租界外地税标准征收，以至于这些地区租界的年租逐渐下降，最后仅"稍多于当地华界地税的数量"。"在镇江、汉口、九江、苏州等地，中国地方官府即以当地原来的标准向租界土地征收地税，并从不称这种地税为年租"，故而上海各租界原具有"一田二主"性质的土地权利基本上变为

---

① 王汗吾、吴明堂：《汉口五国租界》，武汉出版社 2017 年版，第 3 页。

第二章 汉口开埠之初武汉地区法秩序的变化（1861—1889年）

了土地所有权。除"苏州、杭州、重庆等地的日租界及天津英租界的扩展区域"，"土地虽然也系永租，但租地的日人每30年须办理一次换契续租的手续。如果逾期尚未办理这一续租手续，中国官府可以注销租契，收回土地"外[①]，其他包括汉口在内各口岸租界都将永租变成了事实上的土地所有权，原华民业主在拿到永租"租金"之后，对原土地不存在任何权利。

在英、德驻汉口领事与湖北地方政府签署的租地条款或合同中，虽然规定有"将此地永租与英国官宪""永为英国之业"或"此地永租与德国国家"的内容，但事实上，在汉口各国租界内永租土地所有权除俄租界属俄国政府外，其他各租界土地所有权都属于租地洋商。

（2）租界地价构成与定价方式。根据上述各租界租地方式，汉口各租界租地价格包括地基、地上建筑、青苗费与拆迁费用，其定价方式主要有三种：

英租界由汉阳地方政府定价。《汉口租界条款》规定："所有官房、庙宇及民间瓦屋、草房、棚寮、菜园、麦地，分别大小粗细等次，由官按照地热定银若干，不准百姓抬高价值，亦不许英商任意发价勒买。"

由汉阳地方政府与领事协商定价。《汉口俄租界购地条约》规定："其地基上房屋，并会、庵庙，暨葬有坟墓者，应分别等第，照时估价，并酌给搬家迁葬之费。"但此所谓"照时估价"，均由汉阳地方政府与领事协商，原华民业主不得与焉。以英方尺计，"每方计银十两"[②]。

德、法、日三租界由外商与原华民业主根据市场价协商。其中德租界"照三月地基价值，公平酌定"，法国"照时估价""公平议价"，日本租界则"照三年以内相等地基价值公平酌定"。

5. 不允许华人在租界内居住

过去，学者们认为条约规定不允许华人住租界内是外国领事对华民的歧视，但事实上，这一条款是湖北官方主动提出来的。光绪二十一年（1895年）八月下旬，德国总领事至武汉，与时任湖北巡抚署湖广总督的谭继洵商订《口岸界址章程》。"德总领事昨已先到，议口岸界址章程。惟租界住

---

① 费成康：《中国租界史》，上海社会科学院出版社1991年版，第86、87、88、92、103、104页。

② 《汉口俄租界购地条约》《汉口租界合同》，载《汉口租界志》编纂委员会编：《汉口租界志》，武汉出版社2003年版，第522页。

华人，弟坚执不允。盖一住华人，则藏奸匪，偷漏厘税，百弊丛生，不可稽查。费尽唇舌，始克签字画押，将华人不得同住一节注明。"①

第三节 开埠初汉口传统商事习惯的变化

从城市法制史的角度看，晚清武汉三地最具特点的无疑是汉口镇。首先，早在开埠之前，汉口的行会、绅士与地方政府共同建构了完全不同于武昌和汉阳两地的官民共治的社会治理体制，在本书的第一章第一节中已有论述；其次，在中央与地方政府的商事立法严重缺位的情形下，晚清时期汉口的各业商人及其行会机构自发地创制了汉口城市的商事习惯法。虽然近代频繁的战争与水火之灾严重地损毁了汉口的商务档案与经济碑刻史料，致使晚清汉口商事习惯法资料的保存远不如同时期其他著名商埠如上海、苏州、重庆等地丰富、完整，但现存的史料也依稀可以勾勒出其大致的风貌。

一、汉口行会组织的变化与业规重整

（一）从同乡会馆到同业公所

前面已经讨论过会馆与公所的区别。晚清时期在华的外国人也观察到，中国各商业城市大规模同业公所的成立始于鸦片战争尤其是太平天国起义以后。"从19世纪后半叶行会成员对行会问题的经常声明来判断，我相信那时行会成员会时常感到有重建行会的必要，使行会业务合乎时宜。这种情况部分是由于太平天国之乱，暂时造成了许多行会的衰落或解散，尤其是在太平军所占领的中国中部经济中心地带。除此以外，外国技术的引进和竞争也带来了混乱"②。从道光时期即已来华的美国人玛高温认为，西方商人进入中国通商口岸引起的商业竞争，也是迫使中国商人必须将同乡会馆改组为同业公所的原因。

根据对民国《夏口县志》记载的123个会馆、公所的统计，除民国以

---

① 《致张百熙》，载《同光年间名人书札》第六册，中国社会科学院近代史研究所藏。载《谭继洵年谱简编》"光绪二十一年"《谭继洵集》（下），岳麓书社2015年版，第756页。
② 彼得·J. 戈拉斯：《清代前期的行会》，载［美］施坚雅主编：《中国帝国晚期的城市》，中华书局2000年版，第668页；玛高温：《中国商业行会或商会与商业联合会》，载《皇家亚洲协会华北分会年刊》1886年第21期，第146、147、149、151、159、166—171、176、179、183页。

第二章　汉口开埠之初武汉地区法秩序的变化（1861—1889 年）

后设立的 8 个、附属于其他会馆的机构的 3 个以及明显属于宗教机构的清真前寺之外，在清代设立的会馆、公所共有 111 个。其中，纯粹的同籍商人会馆共 23 个，占 21.7%；纯粹行业公所共 82 个，约占 73.9%；兼具会馆与公所双重职能的 6 个，占 5.4%。会馆大多建于咸丰之前，有 17 所，占全部会馆数的近 74%；公所大部分建于咸丰之后，有 69 所，占全部公所数的 84%以上①，基本证实了前述主张区分会馆、公所诸位学者的论断：会馆多为开埠前形成的同籍商人组织，而公所则为开埠后形成的纯粹同行业机构。如"武汉钱业在逊清干嘉以前，并无团体组织，多属散漫经营。营业状况，亦无从稽考。及至道咸以后，同业渐知联络，汉口始有钱业公所"②；在 1883年汉口茶叶事件中有力抗衡官府与外商的汉口茶叶公所，也是在 1871 年始建立起来的。

（二）业规重整

对外通商不仅对传统市场行业组织形成了冲击，同时也使得以同乡会馆规则为主体的商业规范不能适应新的形势。甚至可以说，正是因为市场竞争对行业规范的要求催生了同乡会馆向同业公所的转型。晚清日本驻汉口领事水野幸吉写道："所谓公所其特点是，不仅限于是否乡里，所联系的是同行业的人士，通过此公所所制定的公约来约束与其营业相关的诸般问题"，"特别是公所，由于参与者都是同行业者，其所处理之事不外乎本行业的相关事情。例如：对于米商来说有米的交易习惯，对棉花商来说有棉花商的通行做法。这些习惯或做法都是同行业人士经过多年交易所形成的惯习，又通过公所组织的作用，将这些默许的规定，作为潜规则固定下来"③。

"随着市场发育各业发展，行业集聚成形，业规大都由行业会所公议厘定，官立业规和输捐业规现象虽仍然存在，毕竟大为减少……至清末，在中外互市的急剧经济变革中，约定俗成的传统规范和市场准则出现了紊乱和失效的情形……许多行业会所为了整饬业内秩序，规范人们日益市场化的经营行为，'妥整行规'，'俾同业各就范围，遵循可借'。这一时期许多原来未

---

① 参见民国《夏口县志》卷 5 "建置·各会馆、公所"，载《中国地方志集成·湖北府县志辑③》，江苏古籍出版社、上海书店、巴蜀书社 2001 年版，第 85—91 页。
② 《最早的钱业（帮）公所》，载《武汉金融志》编写委员会办公室、中国人民银行武汉市分行金融研究所编：《武汉钱庄史料》，1985 年版，第 206 页。
③ ［日］水野幸吉：《中国中部事情：汉口》，武德庆译，武汉出版社 2014 年版，第 121 页。

立行业组织的传统行业纷纷集议，谋划设立公所，其动因就是以行业组织名义议定业规，规范专业市场。这种厘定业规和重申规范，细化规则及整修业规的情况，自光绪初年一直延续至民国"。"各业重整业规由行业会所自发而起，很少借助官方力量……经过业规重整，许多传统行业业规由原来比较原则疏略的惯例习俗，趋于成文化、精细化和可操纵化，基本适应新的市场关系和行业竞争。"① 西方汉学家彼得·J.戈拉斯甚至认为，太平天国起义后，中国行会规则的重整有可能来自对西方模式的效仿。"早在1850年前行会组织中一切主要的原生成分就往往以高度发展的形态出现了。这一时期以后的变革，要么是对早期惯例的增补修改，要么更值得注意的是由西方模式所引起的革命。"②

二、货币习惯

（一）银两习惯

1. 汉口银两公估制度

银两作为明清时代的主要流通货币，但明清政府却从没有关于银两货币的统一立法。由于实行完全的自由铸造，各级官府固然可以设立官银匠，私人在经一定批准手续后也可以设立炉房或银炉，熔铸宝银（南方各省称银炉，北方称为炉房）。"银炉之开业，据前清定章，须经户部许可，发给部照以为凭执。每一地方，银炉有额，不得任意增设……至清末，法令渐弛，私设银炉，官亦不加干涉"③。汉口之"银炉即炉房，有私铸权。受钱庄及各商店之依赖，改铸银两、元宝、马蹄银等，皆征收手工费。必要上多系官银号暨各钱庄之兼业，纯然为银炉者甚少。其开设必先得同业者之同意，而后需地方官之领帖费六百两及杂费若干。决算期以五年为小结，十年为大结。存款及借款以年终计算，其资本由一万两至二三万两。一年之纯利对于资本合以四厘"④。

由于国家没有制定统一的熔铸标准，因而各地甚至同一地区不同炉房或

---

① 樊卫国：《晚清沪地行业组织兴起及其制度特征》，载潘君祥主编：《上海会馆史研究论丛（第一辑）》，上海社会科学院出版社2011年版，第36、38页。
② 彼得·J.戈拉斯：《清代前期的行会》，载［美］施坚雅主编：《中国帝国晚期的城市》，中华书局2000年版，第668页。
③ 阮湘等编：《中国年鉴·第一回》，上海商务印书馆1924年版，第814页。
④ 徐焕斗：《汉口小志》"商业志"《新译汉口》，载《中国地方志集成·湖北府县志辑③》，江苏古籍出版社、上海书店、巴蜀书社2001年版，第29页。

第二章　汉口开埠之初武汉地区法秩序的变化（1861—1889 年）

银炉熔铸的形制、平砝（即重量标准）、成色均不相同。即便是官府中不同的征纳部门对银两重量的计量都没有法定的统一标准，税银、漕银、关税的征纳分别实行库平、漕平、关平等标准，对外贸易（一口通商时代仅限于广州）结算使用的则是所谓广平标准；政府各部门征纳的同种税银，各地的标准又各不相同。银两的不统一给货币流通与支付造成了很大的困难。为保证银两的成色，银两上通常铭刻上熔铸者的姓名和炉房字号。私人信誉毕竟有限，故后来便有了同、光时期的公估局制度。"凡新开炉房，须拣选殷实商号十余家出具保结，至公估局核准，方能开炉熔铸，不然，公估局有驱逐勒闭之权。"[①] 公估局是鉴定银两成色与重量的法定权威机构，但并非由官府设立，而是由官府批准，本地钱业公所认可设立的私营中介机构[②]，"也有由当地银钱业共同组织的"[③]。各地自由熔铸成的成色、重量参差不齐的银两必须经公估局之类的中介机构鉴定，然后才能进入市面流通。

（1）汉口公估局的设立程序。清末"汉口银炉最多时，据说有近 20 家"，"在汉口开设银炉监管比上海严，首先要得到同业者同意，然后必须从地方政府得有有关证书。银炉破产时，同业者和地方官让经营者支付赔款"。汉口的公估局于同治四年（1865 年）正月初一由"英国领事提议，官府允许成立"。"这些本地铸造的银锭和从外地集中到汉口的银锭，经过公估局的鉴定、证明，然后通用。汉口公估局采用的银色鉴定标准是二四宝。因此，经公估局鉴定流通的银锭总称公估二四宝、二四估宝、估宝等"[④]。

日本驻汉口领事水野幸吉对汉口公估局的设立程序及鉴定银块方法有更为详细的描述。"'公估局'是对作为流通通货的银块进行判定的公证机构"，其"从业人员斟酌从本地的一些钱铺或钱庄的同业人员及认为可以信赖的人员中推选或选定，其被选人由推选者确定其营业的手续费的价格，之后向所辖的海关出具申请，得到海关道的批准后，再领取道台所发放的营业

[①] 上海银行周报社编：《上海金融市场论》，上海银行周报社 1923 年版，第 31 页。
[②] 关于公估局的性质及鉴定程序，参见杨端六：《清代金融货币史稿》，生活·读书·新知三联书店 1962 年版，第 76、77 页；潘连贵：《旧上海的公估局》，《中国钱币》1995 年第 3 期；傅为群：《老上海公估局》，《档案与史学》2000 年第 3 期；潘连贵：《上海货币史》，上海人民出版社 2004 年版，第 31 页。
[③] 魏建猷：《中国近代货币史》，黄山书社 1986 年版，第 41 页。
[④] 戴建兵：《中国近代银两史》，中国社会科学出版社 2007 年版，第 60、192、194 页。

许可证，附有相关的加工费细则就可营业了"。"官宪当局为了防止'公估局'陷入混乱，对其手续费作统一规定，并确定鉴定责任（不公正的鉴定等），将此鉴定责任作为告示公诸于店头，以此对'公估局'的营业进行限制。所谓的鉴定责任的告示包括两方面的内容，其一，'公估局'的营业方针；另一是为民众所认可的具体的鉴定事项"。"汉口的公估局除本局外，还设一分局，其营业内容相同。"

（2）公估局的检验方法。公估局"检验银质的良否，也就是银块的成色，既不采取任何物质试验手段，也不用任何机械，而是全凭检验人员多年积累的经验和熟练程度"。"对纯良银（并不是线银，只是达到所需的纯度）的重量的测定被叫做'估平'，用'公估局'所具备的金秤检定其重量，以具体的银两确定其银块的价格。中国所谓的'秤'即是相当于日本的天平，所说'秤'实际就是木杆秤。'公估局'所使用的是被称其为'秤'的衡具。经称量之后的银块，在银块的表面墨押（黑色印记）其重量，然后朱押（红色印记）'众商钱平公估图记'这八字或'当时覆看，去印不认'这八字。然后在此基础上再墨押'公估老局''公估新局'方钱，以此证明检验结果"。

汉口公估局设定标准银两的标准重量，称为"直行"。凡成色符合此标准成色，其银块的重量与价值即以"直行"估之。而对高于或低于标准成色的各色银两的鉴定，则按照此标准成色，或增加或减少其价值。"如果元玉含有贵金属，银质良好时，依据肉眼鉴定，将价值高出其重量的评价法叫做'批申'。例如：元宝银块的重量为五十两，因含有一两的金分，为此批申一两，其银块的评价表记为五十一两。如果银块含有低质合金，根据具体情况进行'批毛'，也就是减价之意，以此扣除低价合金的分量，确定其银块的实质的品质。例如：对五十两的元宝银块，批毛一两五分，那么纯良银的价格为四十八两五分。以上直行、批申、批毛这三种评价法，在商民的经济活动中具有很高的信用度"①。

但汉口公估局只是解决了汉口银两的成色与重量的鉴定问题，并不能统一武汉地区的银两标准。"汉口的银两种类超过200种"，但"自汉镇开辟

---

① ［日］水野幸吉：《中国中部事情：汉口》，武德庆译，武汉出版社2014年版，第109、110页。

第二章 汉口开埠之初武汉地区法秩序的变化（1861—1889年）

为商埠后，西商要求汉埠各商援上海规元之例，以估平宝银980两升成洋例千两为标准。因其不甚谙内地习惯，而汉埠商家亦遂相沿成习，成此一种假定统一银两，从前本埠各种本色已逐渐消灭，概以洋例为主体矣"，"制定洋例银以来，汉口极其复杂的平色逐渐消失，结果只留下估平、库平、关平及洋例四种"①。每一次交易仍必须进行烦琐复杂的成色与称量换算，十分不便。

2. 汉口虚银两制——洋例银制

鸦片战争以前，汉口通行的平码有：汉漕平，每两相当于562.869英厘；正平，每100两相当于汉漕平98.5两；九八平，每100两相当于汉漕平98两②。通行的成色有足银与纹银两种，繁多种类的银两使得交易非常不便。

根据《中英天津条约》，1861年汉口开埠，外商来汉经商者渐多，货币更加繁杂。为建立相对统一的地方货币制度，除中国商人在汉口设立了鉴定银两成色的公估局外，汉口外商还将上海"九八规元"这一虚银两制引入汉口，称为"洋例银"制度。"当日在汉西人之所要求者……援照上海九八扣之例，以为清算之用"③。即按上海"九八规元"成例，凡是以汉口原通行的二四宝银交易的，一律除以九八折，作为标准洋例银，即"二四宝银"980两折合洋例银1000两。"自是以后，汉埠各种平色，逐渐消灭，仅剩估平、库平、关平及洋例四种。而洋例银则成为汉埠通行之计算银两，洋商通称为'汉口两（HanKow Teals）'"④。在洋人来到汉口前夕，汉口已经基本上形成了较为通用的"二四宝银"制，因而洋人的这种折算要求并没有任何经济学上的理由，大约仅仅是洋人在心理上对开埠在先的上海"九八规元"制依葫芦画瓢式地简单模仿，也反映出近代中国地方民间银两货币制度的创建中，华洋商人的共同影响作用。

洋例银也是典型的虚银两，事实上并不存在这一实物，仅仅只是作为换

---

① 戴建兵：《中国近代银两史》，中国社会科学出版社2007年版，第60、192、194页。
② 参见[日]东则正：《中部支那经济调查》（上卷），上海日本人实业协会1915年版，第1106页。
③ 沉刚：《洋例银之历史的观察》，《汉口银行杂志》第1卷，第16号，1924年。载中国人民银行总行参事室金融史料组编：《中国近代货币史资料》第一辑"清政府统治时期（1840—1911）"（下册），中华书局1964年版，第512、514页。
④ 裕孙：《汉口洋例之消灭》，《银行周报》第12卷，1928年。

算与记账的单位。汉口这一标准虚银制——洋例银制正式形成后，除1927年武汉国民政府时期有过短暂废止之外，其效力一直维持到1933年南京国民政府废两改元。作为虚银两制的汉口洋银制，对统一本地各种规格的实银两货币有一定的积极作用，可以视为以汉口为辐射中心的商业经济区内统一实银两货币最初的阶段性过渡。

（二）自由兑换券习惯

1. 汉口当铺、银号与钱庄发行可兑换货币（银、钱票）

北宋初期，成都私商曾在民间建立起可兑换的纸币——交子，并由此形成了可兑换的纸币发行习惯法。后来交子被宋政府收归官有后，即改为强制不兑现纸币制度，用于财政发行。这一强制不兑现纸币制度导致了宋、金、元、明各朝的恶性通货膨胀[①]。"清朝鉴于明代发行宝钞的失败，入关以后，一直到道光末年，除其中十年间稍有发钞外，始终讳言发行纸币……从顺治十八年到咸丰二年（1661—1852年）这192年间，清政府始终没有发行过钞票。"[②] 因而，清初厉行禁止了这种由国家强制发行的不兑现纸币制度。太平天国起义之后，清政府为筹集军费，曾于咸丰三年（1853年）发行不兑现的宝钞，但终因通货膨胀剧烈，于同治元年（1862年）废止这一国家强制不兑现的纸币制度。

虽然政府自身很少发行强制不兑现纸币，完全不发行可兑换钞票（清末除外），但对私人商号自行发行的可兑现的纸币，则基本不加禁止，允许其自由发行。"除会票外，清初以来典当业和钱业所发行的银票也可以辗转流通。银票是一种定期付现的本票。到了嘉庆、道光年间，除了银票、会票之外，还有钱票。"[③] 所谓会票，即汇票，亦可进入流通作为货币使用。

"在汉口本地多发行钱票，所谓钱票就是由钱庄所发行的纸币，此纸币具有一定的流通力。其钱庄所发行的钱票并非经官衙许可获得发行权。相反官衙对此没有任何限制，各自可随意发行，并在市场上辗转流通。这可以说是在他国所见不到的奇观。首先，所发行的票子是否有生意的通货准备、对其发行额是否有所限制等项，可以说存在很多终点。根据所见所闻，在汉口

[①] 彭信威：《中国货币史》，上海人民出版社1958年版，第293、310—314、316—319、323—335、393—399、399—419、461—469页。

[②] 杨瑞六编著：《清代货币金融史稿》，生活·读书·新知三联书店1962年版，第105页。

[③] 彭信威：《中国货币史》，上海人民出版社1958年版，第557页。

第二章 汉口开埠之初武汉地区法秩序的变化（1861—1889年）

的钱庄有可靠资本且能诚实经营的庄家为数甚少。其中大多数虽说是钱庄的股东，但其资金不过千元最多也就是二千元上下的出资者。可以设想，如此小的资金规模，肯定经受不住冲击。当遇到经济变动，很可能即刻陷入闭店的不幸之境地"。"尽管钱庄有这些不稳定的因素，但其所发行的钱票却意外受到民众之喜好，其喜好程度甚至不劣于外国银行所发行的兑换券（兑换银圆的凭证）。在市场上，钱票的实际价格比银票的表面价格要便宜，即一张一串文（1000文）的钱票，在兑换铜钱时，只能换八百四五十文。市场上所流通的钱票，其样式与形状无太大差别，其刻印甚为精细，宛如纸币。这些钱票都是钱庄委托在汉口的日本商社，在日本印刷的"。武汉地区的钱票没有统一的兑换率，"分散在汉口、武昌、汉阳的一些钱庄都发行钱票，都是兑换一千文的凭证票，但由于各钱庄的信用度不一，其钱票的价值也有所不同。即甲钱庄的钱票可兑换铜钱840文，而乙钱庄的钱票可兑换850文，其间存在10文的差别"①。

"汉口钱庄的业务，以前注重发行钱票（俗称'花票'），每张票面一串文，凭票兑换，因没有官厅监督，任性滥发。到光绪三十四年，三怡钱庄破产，一般人始稍注意"②。光绪二十五年，汉阳府禀请张之洞，制定章程，不允许新开钱庄，尤其"不准私出花票"③。"宣统元年，汉关道有严禁钱票的命令。宣统二年，度支部划一币制，咨行各省，所有钱票一律收回，从此就没有钱票发现。"④

2. 外国银行发行可兑换纸币的习惯法

汉口开埠之后，外国银行开始在汉口发行兑换券。晚清时期，在汉口的"外国的纸币主要有五种：（1）麦加利（渣打）银行发行的纸币……（2）华俄道胜银行纸币……（3）正金银行发行的即期付款的银券。（4）香港上海银行纸币……（5）法国银行印度金山银券"。"在以上五种纸币中，最有信誉

---

① [日]水野幸吉：《中国中部事情：汉口》，武德庆译，武汉出版社2014年版，第112、113、115页。
② 《汉口商业月刊》第二卷第九期（1935年），载《武汉金融志》编写委员会办公室、中国人民银行武汉市分行金融研究所编：《武汉钱庄史料》，1985年版，第25页。
③ 张之洞：《批汉阳府禀限制开设钱店》（光绪二十五年五月二十一日），载《张之洞全集》第七册，武汉出版社2008年版，第202页。
④ 《汉口商业月刊》第二卷第九期（1935年），载《武汉金融志》编写委员会办公室、中国人民银行武汉市分行金融研究所编：《武汉钱庄史料》，1985年版，第25页。

的是香港上海银行的纸币,在任何场合,不管做何交易都能通行。正金银行自1906年夏,在汉口开设分行以来,渐次呈扩大流通之势。法国银行印度金山银券很难流通"①。

"外国银行营业而侵犯我国主权者,则为发行纸币。条约既无明文,我国政府又未予特许,竟以吸收我国存款,滥发纸币,扰乱金融,而为经济侵略之工具。即以汉口而论,民国以前之纸币,多属外国银行,如汇丰、花旗、麦加利等行是也。"② 外国银行在汉口发行可兑换的纸币,既无中国的国内法依据,亦无条约依据,因而,外国银行在汉口发行可兑换纸币的制度当亦属习惯法制度。

三、民间金融习惯

"天津和约签订后,汉口辟为通商口岸,遂有租界、洋行、外国银行。时中国尚未有银行,仅有票号及大小钱庄,久之,始有湖北官钱局,最后,乃有各公私银行。除官钱局外,整个金融业皆集中于汉口,武昌不过有小钱庄三数家,汉阳惟县城西门外有一家特小的钱庄"③。"汉口地方金融机关与他处同,有票号、钱庄、当铺等,集于汉口之各省商人,各谋独立。各店铺有互相联络组织金融机关者,谓之帮。故各省商人于金融界有割据之状态。其数计百余家,其组织方法大抵合数商人之货本,共同成立者为多,所谓合资组织。此外,尚有个人经营之银行,官吏存放余金于素有信用之商人,使之营业。"④

(一)票号习惯法

太平天国起义之前,山西各家票号总号就在汉口设立了分号。太平天国起义期间,山西各大票号从汉口撤资关号。但随即而来的汉口开埠又给票号提供了更多的商业机会,不仅"票号在汉口的分号多于前期"⑤,而且"票号在汉口设立的机构是全国而且其业务是全国各城镇最多的"⑥。汉口的票

---

① [日]水野幸吉:《中国中部事情:汉口》,武德庆译,武汉出版社2014年版,第114页。
② 张克明:《汉口金融机关概况(下)》,《银行周报》第十八卷第一号,1933年。
③ 龚榕庭:《解放前武汉地方金融业溯往》,载皮明庥、冯天瑜等:《武汉近代(辛亥革命前)经济史料》,武汉地方志编纂办公室1981年印行,第227页。
④ 徐焕斗:《汉口小志》"商业志"《新译汉口》,《中国地方志集成·湖北府县志辑③》,江苏古籍出版社、上海书店、巴蜀书社2001年版,第29页。
⑤ 黄鉴晖:《山西票号史料》(增订本),山西经济出版社2002年版,第62页。
⑥ 黄鉴晖:《山西票号史》,山西经济出版社2002年版,第204页。

第二章 汉口开埠之初武汉地区法秩序的变化（1861—1889年）

号均为山西各票号总号之分号，因而其习惯法与山西票号及其他商埠分号的大致相同。

汉口的票号主要经营汇兑，也经营放款。

1. 票号的行业组织

"汉口的票号分祁帮、太帮、遥帮。如总号在祁县者为祁帮，总号在太谷县者为太帮，总号在平遥县者为遥帮。票帮公所，前清时设在黄陂街瞿家巷，规模较钱业公所为大。凡大钱庄、票号、官银呈及外国银行的买办，每天到会，公布各地电报汇水利息，及洋价、银块、金磅的行情，买卖交易，大抵以上海消息为主。会内设有会长和董事，由帮中递年公选，对于同业公共事务，有裁断执行之权。"[①] 可见，汉口票号的行业组织分为票帮公所及帮两级，会长、董事均实行民主推选制，对同业公共事务有决定和执行之权。

2. 票号治理结构及同业之间的连带责任

（1）总、分号之间实行高度集权制。汉口票号，均为山西各号之分号。"分号人事组织单科，除正副掌柜各一个外，至多还有一个跑街的营互员，其余账房、信房皆内职，也不过三五人。业务虽清简，然每日必向总号汇报，或与外埠各联号互相消息。每月尾，必抄录总账寄总号查阅，故总号对每个分号的一举一动，都很了然，居中控驭，成竹在胸。掌柜任期满，必回总号述职。或返任，或另派人接替。这样高度的集权制，也是其他行业少有的。"[②]

（2）所有权与经营权相分离制、无限责任制以及在汉同业连带责任制。在汉各票号，"既有独资经营的形式，又有合资经营的形式"[③]。"资本既定，乃交付管事即'大掌柜'一人全权办理，财东均不闻不问。凡一切用人作业，全体伙友，听命于管理，但所享权利，完全平等。四年结账一次，如营业失败，经济损失，全由财东负担。故就责任言之，票号颇类无限公司，而执行业务，则委托管事全权办理。但有时管事亦有少数股款者，又颇类两合公司之组织，故管事一职，最为重要。在清代时各庄极重信用，绝未闻管事

---

① 迈进蓝：《汉口金融业之过去与现在》，《汉口商业月刊》第二卷第九期（1935年），载《武汉金融志》编写委员会办公室、中国人民银行武汉市分行金融研究所编：《武汉钱庄史料》，1985年版，第7页。

② 龚榕庭：《解放前武汉地方金融业溯往》（未刊稿），载《武汉金融志》编写委员会办公室、中国人民银行武汉市分行金融研究所编：《武汉钱庄史料》，1985年版，第7页。

③ ［日］水野幸吉：《中国中部事情：汉口》，武德庆译，武汉出版社2004年版，第104页。

侵蚀款项，席卷潜逃之事"[1]。所有票号"皆带无限责任"[2]，这就意味着财东不仅要以其出资承担其债务责任，且其资本不足清偿部分也要由财东以其个人乃至家庭财产负责清偿。

票号在汉口分号的设立程序，须由在汉票号各同业联保并禀请汉口地方政府批准。开埠前由汉阳府审批，开埠后则由移驻汉口的汉黄德道（即江汉关道）批准。"其开业的程序是，首先由同业者对其信誉联名保证，然后以相关材料禀请道台衙门，得到允许之后才能开业。但将来有关营业情况，道台并不做监督。其营业主虽属'无限责任'，但如果其运营所欠债额过大，当达到无能力支付其债务时，其所欠亏空由具名保证人出资填补"[3]。由此可知，在汉所有参与对该票号提供联名保证的同业，亦必须对该票号的债务承担连带责任。相应地，该票号亦对在汉所有其他票号承担无限责任。此无限责任习惯，当属地方政府为保证金融市场稳定以及债权人利益而赋予给票号同业的强制性要求。

（3）票号之"顶身股"制。汉口各票号分号内部的资本构成，分"银股"与"顶身股"。"除出资股东外，另有人股，俗名'顶身股'。即有资本者出钱、劳力者出力之意。资本既定，乃交付管事即'大掌柜'一人全权办理，财东均不闻不问。凡一切用人作业，全体伙友，听命于管事，但所享权利，完全平等，四年结账一次。如营业失败，经济损失，全由财东负担。故就责任言之，票号颇类无限公司，而执行业务，则委托管事全权办理。但有时管事亦有少数股款者，又颇类两合公司之组织。故管事一职，最为重要。在清代时各庄极重信用，绝未闻管事侵蚀款项，席卷潜逃之事。"[4]所谓"顶身股"，即今所谓"人力股""期权股"。这是世界历史上最早将人力视为资本的股权激励制度，1952年美国辉瑞公司重新创设这一股权制

---

[1] 张克明：《汉口金融机关概况（下）》，《银行周报》第十七卷第四十八号（1933年12月），载《武汉金融志》编写委员会办公室、中国人民银行武汉市分行金融研究所编：《武汉钱庄史料》，1985年版，第7页。

[2] 民国《夏口县志》卷7"商业志"，载《中国地方志集成·湖北府县志辑③》，江苏古籍出版社、上海书店、巴蜀书社2001年版，第137页。

[3] ［日］水野幸吉：《中国中部事情：汉口》，武德庆译，武汉出版社2004年版，第104、105页。

[4] 张克明：《汉口金融机关概况》（下），《银行周报》第十七卷第四十九期（1933年12月），载《武汉金融志》编写委员会办公室、中国人民银行武汉市分行金融研究所编：《武汉钱庄史料》，1985年版，第7页。

第二章 汉口开埠之初武汉地区法秩序的变化（1861—1889年）

度时，已经是在山西票号至少一百年之后了。

"顶身股"在晚清亦称"干股"。《中国商业习惯大全》载，在汉口，"商场资本充足之商家，须雇富有经验之伙友，以经理店务，又恐其不尽力，不耐久，特设一干股名目，以安其心。此干股亦名人力股，只能在十余股中占一股，或十股中占一股，而成本股与干股各计若干。无论合伙独资，均有营业合同书，及所载中人为证。"①

3. 票号的营业习惯

汉口票号除主营汇兑业务外，还接受公私存款、办理借贷、代理湖北省库以及开具远期汇票。

（1）存放款习惯。"票庄在营业汇兑业务的同时，也接受公、私金的存款，由此也开展借贷业务，其借贷的对象主要是官银号、钱庄、大商贾、有能力的实业家。""票庄的借贷法大致分信用借贷和抵押借贷，其抵押之物多田地、家产等可靠之物，并需要有信用的人作保"②。"各号存放之款多长期，计月行息；短期计日行息者甚少，其息较钱庄为轻。大率存款月息三四厘，放款七八厘至一分一二厘不等。"③ 不过，从黄鉴晖教授收集到的全国各地票号向本地政府贷放的史料来看，湖北省库及江汉关既没有向汉口票号进行财政借贷，也没有要求其先行垫汇的记录。

（2）汉口票号偶尔代理省库汇兑。同治二年（1863年）以前，湖北的京饷银与江汉关税银通常是派专员解送户部；此后，因为北上道路受捻军威胁，遂改由汉口票号汇兑。同治二年六月，"前因江汉关开征后，遵照部拨委解银一万两，嗣复筹拨银三万两，委知县吕缙云领解……兹复于江汉关续收洋税项下筹动银三万两，委候补知县张景星领解赴部。因直隶道路梗阻，仍由汉镇蔚泰厚票号兑付，银票交该委员收执，克日赴部收交，以昭慎重而期妥速"④。基于同样的原因，湖北"藩司详明查照前案，量为变通，将前项

---

① 吴桂辰、施沛生等编：《中国商业习惯大全》"商业使用人·乾（干）股"，上海世界书局1923年版，第5页。
② ［日］水野幸吉：《中国中部事情：汉口》，武德庆译，武汉出版社2004年版，第105页。
③ 民国《夏口县志》卷7"商务志"，载《中国地方志集成·湖北府县志辑③》，江苏古籍出版社、上海书店、巴蜀书社2001年版，第137页。
④ 《湖北巡抚严树森等奏折附片》（同治二年六月二十五日），《宫中朱批奏折》"财政类"，载《武汉金融志》编写委员会办公室、中国人民银行武汉市分行金融研究所编：《武汉钱庄史料》，1985年版，第3页。

饷银二万五千两发交委员王庭祯具领，在于汉镇元丰玖票号内如数汇兑，携带银票至京，由票号兑银赴部交纳"。因户部不允许使用票号汇兑，故湖广总督官文于同年七月奏云："以后起解京饷，非道途十分梗塞，仍即起运实银，以符定制。"① 民国时期金融界有云，"至光绪初叶，即鄂省丁赋，全由票号代汇，且官款存入者均不计息"②，并不确实。从 1862—1893 年 32 年间，湖北省库由汉口票号汇兑京饷银的有 1863 年、1872 年、1875—1877 年、1881 年、1883 年、1885 年、1889—1893 年共 13 次；汇兑江汉关银的有 1863 年、1882 年、1886 年共 3 次，在长江流域以及东南各省、各关中，相对较少③。

（3）开具远期汇票。早在太平天国起义之前，汉口的山西票号就已经能够为外地商人开具远期汇票，为其提供金融支持。"用期票支付货款比较用卖了货的钱再买货，要销出更多的货物"。"商人同外埠的业务往来，多由富裕的山西票号占先。它的作用几乎与英国的银行同样重要。差不多所有运往湘潭的货物都是用期票支付的。湘潭商号在汉口的代理人，手头并无现款。这些期票都是七天或十天之后付款，而且必定是如期照付的。在湘潭，售货的收款期比较短些，因此期票的期限也较短；但是对四川开发的期票则为三个月至半年不等，四川商人要求的信用遂长达半年之久"，但太平天国起义之后，山西票号"长江流域的总管理处已经迁至上海，因为自太平叛乱以后，他们不敢在汉口存放过多的资金。因为这个缘故，汉口的四川买卖都转到上海去了"④。

（二）钱庄习惯

"汉口钱庄历史悠久，明季即有以钱为业者，清初已有钱店制度。"⑤ "钱庄者，经营兑换之业，即银两、洋钱及铜钱之交换也，又为贷出与存项

---

① 《湖广总督官文等奏折附片》（同治二年七月二十日），《朱批》财政类，25—29 号，转引自黄鉴晖：《山西票号史料》（增订本），山西经济出版社 2002 年版，第 172 页。

② 张克明：《汉口金融机关概况》（下），《银行周报》第十七卷第四十九期（1933 年 12 月），载《武汉金融志》编写委员会办公室、中国人民银行武汉市分行金融研究所编：《武汉钱庄史料》，1985 年版，第 3 页。

③ 参见《1862—1893 年收汇各省、关款款项统计》，载黄鉴晖：《山西票号史料》（增订本），山西经济出版社 2002 年版，第 129、130 页。

④ 《Commercial Reports, 1869-1871, 汉口》，载姚贤镐：《中国近代对外贸易史资料》第三册，中华书局 1962 年版，第 1575 页。

⑤ 童璋：《湖北之金融》（1947 年），载《武汉金融志》编写委员会办公室、中国人民银行武汉市分行金融研究所编：《武汉钱庄史料》，1985 年版，第 14 页。

第二章 汉口开埠之初武汉地区法秩序的变化（1861—1889年）

之经营。又发行钱票及经办汇划之事务"①，为汉口仅次于票号的第二大传统金融机关。其主要习惯法有：

1. 钱庄同业组织

"武汉钱业在逊清干嘉以前，并无团体组织，多属散漫经营。营业状况，亦无从稽考。及至道咸以后，同业渐知联络，汉口始有钱业公所，武昌亦建青蚨公所，逐日集会议价开盘，乃以汉口为中心。"与票号一样，在汉口的钱庄组织亦按钱庄主的籍贯分为帮，以各帮组建钱业公所。"民元前，汉口钱业组合，本有钱帮公所、钱业公会二处。公所供钱业中人逢朔望祀神之用，无关宏旨；公会则为各庄比期集会之所，由绍帮、汉帮、徽帮钱庄筹资创立。公会原址在黄陂街财神庙附近，每逢比期日间会方拆息，晚间办理汇划，各庄票据交换手续与上海汇划总会相类似"②。

2. 钱庄的无限责任与五家联保的连带责任

张之洞督鄂时期的日本驻汉口领事水野幸吉说："如若钱庄倒闭时，其赔偿责任归东家（营业主）负责。"这里说的是赔偿责任应当为无限责任，即以东家的个人乃至家庭财产负无限清偿责任。此外，钱庄之间也互负连带保证责任。早在光绪二十四年（1898年），汉阳府就制定了要求钱业商人必须捐银并有同行具保始得开业的地方规章。1899年，张之洞批准该章程。该章程规定："新开钱店除捐钱一千两者，酌照赈捐章程请奖外，其在礼智汛者捐银六百两；在仁义汛者捐银五百两；在汉阳城内外及鹦鹉洲南岸嘴者，捐银四百两，取具同行切实保结，方许持牌交易。"③ 所谓"取具同行切实保结"，即各钱庄相互之间承担担保连带责任，只是联保范围仅限于新钱庄申请开业时联名具保之五家钱庄。"光绪三十年间，因多倒塌……其已开设在前者，亦需具五家连环保结。"④

---

① 潘承锷：《中国之金融》（1908年），载《武汉金融志》编写委员会办公室、中国人民银行武汉市分行金融研究所编：《武汉钱庄史料》，1985年版，第23页。
② 《全国银行年鉴》（1935年），载《武汉金融志》编写委员会办公室、中国人民银行武汉市分行金融研究所编：《武汉钱庄史料》，1985年版，第207页。
③ 《批汉阳府禀限制开设钱店》（光绪二十五年五月二十一日），载《张之洞全集》第七册，武汉出版社2008年版，第202页。
④ 《照录巡警道考查钱业办法上督宪禀并督批》，《汉口公报新论》光绪三十四年三月初五日（1908年4月5日），载《武汉金融志》编写委员会办公室、中国人民银行武汉市分行金融研究所编：《武汉钱庄史料》，1987年版，第17页。

与这种钱庄同业之间的连带责任相适应的是，钱庄也有权为其债权向债务人的同业提出清偿请求。1867年，英国茶商麦克莱公司破产，欠下汉口中国钱庄三万多两银子。英国领事按英国的破产法来处理，豁免了破产者的债务，而汉口的钱商则坚持要英国其他茶商或英国领事承担责任①。

3. 经营习惯

（1）结算及红利分配规则。"结算每年一次，三年一大结算，分派其赢余之利益，其配分（即分比例）虽各庄不同，而最盛行者，类如左列之式：一、管事的一分，伙友等一分，营业主（俗称店东）八分；二、管事的一分，伙友等一分半，公积半分，营业主七分。钱庄之资本，自二三千两至四五万两，其越十万者则甚少"②。

（2）钱庄贷款规则。汉口钱庄的对外放款"全凭信用"③，不用抵押。这也是导致钱庄倒闭的主因之一。

（三）典当习惯

晚清汉口的当铺，"大体上其组织形式由三五人合资经营"，"大多用徽州人士当管事"。"在中国如要开当铺，首先要有数家同行业的人士担保，之后禀报知县衙门，知县再上报到知府，知府最后送到布政使处报批，布政使批准后，发给'部帖'（营业执照），此乃所谓'官当'。'领帖费'（营业执照费）根据地方不同其金额也有异。在汉口要交纳：藩房规费（布政使的办公费）220两、府房费规费（知府的办公费）100两、府料号费（知府挂号费）14吊、厅署请示费50两、厅料号门及签规费（厅挂号、签证费）54吊等费用。此外托人见官还要花费几百银。尽管如此花费打点，如果遭到前辈及同行老铺的干扰或掣肘还是不能顺利开业，其最终的协调结果是藉之于某老铺名下或以继承某老铺之业方能开业。"

"在汉口这样的都市与乡下不同，由于其地价极贵，不可能有很大的仓库，其典当的物品主要是衣服、金银首饰之类，所占容积不大且有一定价值之物。"汉口当铺的"营业时间是：上午九点到下午六点，抵押期限为12

---

① ［美］罗威廉：《汉口：一个中国城市的商业和社会（1796—1889）》，江溶、鲁西奇译，中国人民大学出版社2005年版，第172、173页。

② 潘承锷：《中国之金融》，载《武汉金融志》编写委员会办公室、中国人民银行武汉市分行金融研究所编：《武汉钱庄史料》，1985年版，第23页。

③ 龚榕庭：《解放前武汉地方金融业溯往》，载皮明庥、冯天瑜等：《武汉近代（辛亥革命前）经济史料》，武汉地方志编纂办公室1981年印行，第229页。

第二章 汉口开埠之初武汉地区法秩序的变化（1861—1889年）

个月，可以延期3个月。利息每月2分（2%），开始以35天为一个月计算，以后即使不满一个月也要按一个月交利息。当铺也从事放贷业务，在放贷时，以815文算作1000文，即：借贷人虽然接受815文，但在还贷时，要还1000文。当然，在借贷人接受815文时当铺为了表示自己的善意，常让利5文，实际上当铺给借贷人的钱数为820文"①。

上述利率制度不是出自当铺行业的行规，而是湖北省地方政府的强制性规定。《大清律例·户律·违禁取利》规定："凡私放钱债及典当财物，每月取利并不得过三分。年月虽多，不过一本一利，违者笞四十。"叶调元《竹枝词》云："典商利重易生财，法外施恩百制台。每月三分冬减一，十冬腊月赎衣来。"其自注云："当铺向例月例三分。嘉庆中，总督百文敏公龄始定今制。"② 即要求湖北省内的当铺在冬天三个月必须将月利减为二分。

张之洞督鄂之始，即于光绪十六年（1890年）五月八日发布《典当减息示》。该告示说："照得湖北武昌省城暨汉阳、汉口地方，自咸丰以来，元气尚未尽复，近年又复水患频仍，民生困苦，物力艰难，所恃以济缓急通有无者，惟典当一门，尚可稍资周转。而省城赁当十余家，均系三分取息。汉阳、汉口城乡二十余家，公典二分五厘取息，余皆三分。利息过重，穷民深以为苦。本部堂、部院轸念民艰，前饬司道暨各该府县等剀切劝导，令各当店减息便民……自本年六月初一日为始，所有武汉开设各当店，无论典当、质当，均一律定为常年二分取息。"③

（四）银炉（炉房）习惯

"银炉的本业是接受钱庄及各商家的委托，改铸银两或银块，将其铸成马蹄银，然后刻上'元宝银锭量极'之印，从中收取手续费。银炉具有私铸货币之权，为中国所固有。从以汉口为中心的中国中部来看，此银炉业根据需要多兼有钱庄作用，办理存款、借款及客户间相互转账业务，当有客户送交生银存入时，将其换算成时价的元宝价存入。从表面上看，银炉业所需资本并不是很大、且兼有二业，感到风险。实际上，他们都有同业相帮之后援，其基础意外安固。"

---

① ［日］水野幸吉：《中国中部事情：汉口》，武德庆译，武汉出版社2004年版，第107、108页。
② 叶调元：《竹枝词》卷1"市廛"。
③ 《典当减息示》（光绪十六年五月初八日），载《张之洞全集》第七册，武汉出版社2008年版，第243页。

"开设银炉首先要得到同业者同意和认可,然后到地方官衙办理'领帖',交纳'领帖费'600 两及其他一些杂费若干。银炉的结算以 5 年为小结、10 年为大结。存银及贷银都以年末为限来计算,如果有特定的约定日期则不在此例之内"①。

四、商业习惯

(一)企业习惯

在近代公司制度引入中国之前,除四川自贡地区的盐井企业出现了类于西方股份有限公司的雏形,其他地区传统企业的最高形式为合伙②。在 1904 年清政府颁布《公司律》之前,国家没有规范企业内部治理结构与利益分配的企业法。各类传统企业均依习惯法而运转,汉口作为清代著名的商埠,汇集了各地各类企业的传统习惯法。

1. 企业组织习惯

晚清时期,包括武汉在内的湖北全省,各企业内部已经形成了较为统一的组织架构与名称。"商号所用之人,分为经理(又名管事)、伙友(如管账、管钱、上街、站柜台之类)、学徒、大司夫(即劳务人)各执其事、各有责任,然均隶属于经理之下。"

(1)经理人制度。经理人有相对独立的经营权,"惟经理人一经主人选任后,在营业所关于商业,实有代表主人一切行为之权限;第对于主人所有之不动产,不能不取得主人之同意而遂与人订立移转,或以为担保之契约"。

经理人的义务主要有以下方面:其一,"经理人非得主人允许,不得在同一营业所为自己或第三人经营同一之商业。但营其他之商业,或为以营利为目的之行为,则虽未得主人之允许,亦得为之。特主人不愿经理人有分营业务之行为者,得与经理人商议或酌给红利,以免其别营商业,否则将经理人辞退亦可,不得对于经理人请求损害赔偿。即经理人因别营商业所得之利益,亦不得因此而归于主人"。这一习惯法与当代《公司法》中第 149 条规定的"同业禁止"条款完全一致。在汉阳地区,对经理人投资经商的行为有更加严格的限制。经理人如不得投资人同意,则完全不可经营任何商业。

---

① [日]水野幸吉:《中国中部事情:汉口》,武德庆译,武汉出版社 2014 年版,第 106、107 页。
② 彭久松:《中国契约股份制》,成都科技大学出版社 1994 年版,第 29—39、157—172 页;武乾:《江湖之道:长江流域的行会与商规》,长江出版社 2014 年版,第 128 页。

第二章 汉口开埠之初武汉地区法秩序的变化（1861—1889年）

"经理人非得主人允许，不得兼管他商事务，或自己另营同业或异业之商业"。其二，在汉阳县，经理人对股东负连带责任。"经理人为营业借入之款，至本号收歇或倒闭后，号主无力偿还时，如经理人有财产，应负赔偿之责。"这一连带责任制度与汉口票号的赔偿责任全部在于股东完全不同。

（2）号伙制度。号伙又称伙友，即除经理人之外的一般职员。号伙的"权限范围，远不及于经理人"，"只能服商业上之劳务，而无代理主人为商业上行为之权限。但主人就特定行为，予以代理权时，则劳务人亦得为之"。其"不得为自己或第三人营商业及其他营业之限制，则与经理人同"。号伙虽不得经营与东家同种商业，但可以经营与本商号不同业之商业。"号伙酿集资本，于号内营本号不同之商业，俗云做小货是也"。伙友进入商号，应由保证人提供担保。"商号雇佣号伙，只许人保，并不另纳保证金，亦无特定保证书或保人；或以便函加盖图章，或当面接洽，均无不可。但号伙有侵蚀亏欠因而潜逃时，原保人仍负赔偿之责"。"未有保证之号伙，其长支亏欠，至出号时，如无钱还，应书立欠字，或请人担保，虽历多年，仍得请求其偿还。"①

（3）学徒制度。在湖北全省（包括武汉地区），"学徒入号，只须有保证人，并无保证金。其满师年限通常为三年。满师后，亦无不准遽入他号帮伙之惯例"②。

2. 商号之准入、名称及转让习惯

（1）商号之准入制。晚清商会设立之前，凡汉口新商号设立，主要由各该同业公所同意，并先后呈禀汉阳县（后为夏口厅）、汉阳府批准。前述票号、钱庄及银炉的设立程序均是如此，当铺的设立甚至还需省布政使同意。如果不能获得同业行会的同意，新商号是不可能进入本行业经营的。1886年，美国传教士玛高温在《中国的行会》中曾列举了一个汉口药商被强迫加入行会的例子："最近，一位汉口商人投资于药材铺，在其私人住宅出售药材，但联合起来的药材商们却迫使他被县衙传唤，并为一张营业执照花费五百元，最终还是加入了行会。凡不服从规定者，要承担完全的和难以

---

① 吴桂辰、施沛生等编：《中国商业习惯大全》"商业使用人"，上海世界书局1923年版，第4、5、6页。

② 吴桂辰、施沛生等编：《中国商业习惯大全》"商业学徒"，上海世界书局1923年版，第3、4页。

补救的毁灭危险。"① 光绪五年（1879年）十一月二十日，《申报》亦报道了汉口镇鱼业公所的行规："通镇鱼行贩子，凡簿籍载有名姓者，准其贩卖；若簿籍无名，所有乡担以及穷民欲求升斗之需，将鱼贩入镇市，一概不准出卖。须遵章先赴公所缴入业公项钱五串文，始准入业。"②

晚清《公司律》颁布后，各商号均须在商会或同业公会注册。"设立商号之始，其已设商会之处，须由商会注册。如未设商会而有同业公会者，亦须入同业公会，但向来不另呈报该管官署"。

（2）商号名称及商号之终止、转让习惯。晚清时期，包括武汉地区在内的湖北全省商人已初具商标意识。"如系独资经营者，则必冠以自己姓字，以为表彰。""凡承顶他人原有之牌名，须加具某记字样，以示区别"。所谓承顶，即接受他人转让之商号，可以继续使用原商号之字号，但必须在原字号上加具某记以示区别。"凡新设之商号，必先期遍贴广告，或登载报纸。如有特定商标，亦必于广告中表示之，以杜假冒。"

在武汉地区，商号之终止必须进行清算并债务之处理。"商场退伙改牌，如有债务未清，必街邻、同业并债权人到场。清理债务以票据为凭者，必收回取消；以账簿为凭者，必彼此清结。如承顶之人，愿以所顶货价担偿前股东债务，必取得各债权人同意，凭中另立新证据。又新旧股东必须以登报告白声明，一顶一承，对内对外之责任。如在商会注册者，必声明另注。"③

据《字林沪报》报道，"去腊（光绪十七年年底——引者注）汉镇如春，杂货行以数十年之老店，突然倒闭，至亏欠各号九万余金之多。该店东余福建，系八大行之会首，当请各绅董说情，与各家算账，只有三成摊偿，以便再整旗鼓，而各家均不应允。大约非五六成不能了结，计欠钱业帮中有一万余金，木行糖帮、广东福建帮，每处皆万余金及五六千金不等。即此已须四五万金矣。市面之坏，亦由倒账者不实不尽，故各商号现均不敢放胆与人交易也。"④

---

① 彭泽益主编：《中国工商行会史料集》（上），中华书局1995年版，第46页。
② 《申报》1880年1月1日（光绪五年十一月二十日）。
③ 吴桂辰、施沛生等编：《中国商业习惯大全》"商号"，上海世界书局1923年版，第5页。
④ 《汉水翔鸿》《字林沪报》光绪十八年正月十八日，载彭泽益主编：《中国工商行会史料集》（下），中华书局1995年版，第753页。

第二章　汉口开埠之初武汉地区法秩序的变化（1861—1889 年）

（二）牙行习惯

与全国其他地区一样，汉口存在着众多的牙行。牙行具有官、商双重属性，其作为商人，长期以来亦形成了固有的商业习惯。

1. 牙行经营模式及相应的法律责任

作为商业机构的牙行（其负责人称为牙人），其从事的商业活动类型至少有两种：其一是居间商，并为客商提供食宿、货栈等服务；其二为代理商，代买方或卖方从事交易；其三是经销商，直接以自己的名义买进、卖出。牙行在不同种类的商业活动中，承担的责任是不同的。

以汉口的棉花行为例，"棉花行向分两种，（一）为落货生意，行家直接囤货，以为异日涨价出售地步，自应对卖主直接负责；（二）为代客买卖，居间代为过秤，收取行用。此时虽经书立交单，交与卖主，然尚有收花付银之买主存在，与直接囤货直接负责者迥然不同"。第一种情形，牙行实际上已为独立之买卖行为。"凡商业中以牙行为业之人，代委托人所谓之买卖。如其货迳交牙行，由牙行另与卖客或买客订议者，其相对人如不依约履行，则牙行对委任人须负赔偿之责。"后一种既属居间，同时也兼代理，牙行不负违约、清偿之责。但牙行"因代客买受他人棉花所出具之票据，虽书明向某号照兑。若某号不允照兑，仍须由花行负照兑之责，不能卸责于买花之人"。牙行代客商出具支付票据，相当于牙行为卖客承担了担保之责，固应由牙行负连带责任。"凡商业中以牙行为业之人，代委托人所谓之买卖。如其货迳交牙行，由牙行另与卖客或买客订议者，其相对人如不依约履行，则牙行对委任人须负赔偿之责。"

2. 牙行的经营范围

对牙行的经营范围，因为有牙帖费的限制，"牙行于行帖指注之某种货物以外，不得兼揽别种货物以，俗呼一帖一行，一行一帖"[①]。

3. 诸色牙行陋规

因牙行向政府缴纳牙帖，以换取政府将部分市场管理权委托其代为行使，因而牙行规条往往超越出内部管理范围，对相关商民具有一定的公权力约束性。以下两个例子可以说明之。

---

① 吴桂辰、施沛生等编：《中国商业习惯大全》"牙行业之习惯"，上海世界书局 1923 年版，第 3、4 页。

（1）汉口黄花涝布行拒收农户零星布匹。"有距汉口四十里之黄花涝，一小乡集也。地本近湖，土产甚少，是以四乡农民恒籍纺织以佐耕获之不逮，而涝布之名亦因是行销数省。其聚处则在汉镇，各乡农零星负载而来，售诸布行，沿为成例。今年（光绪十七年——引者注）九月间，各布行忽然改规，布须成捆出售，每捆三十匹。其零星负载者，则指为违规，轻则议罚，重则充公。农户资本细微，至是转掉不周，大形掣肘。推询其故，则由各路刁商之办货者，故意挑剔，及搭用低银，遂使市侩有所借口，立此新章。"①

（2）汉口鱼行强行征收入业费。"汉皋地方辽阔，商贩辐辏，各业皆有帮口，有会馆，既可以议规警条，复可以敦睦乡谊，两有裨益，故官宪亦不之禁。今闻各鲜鱼行贩，亦议条规于张美之巷陶圣庵岳神前，醵金演戏两日，谓从此通镇鱼行贩子，凡簿籍载有名姓者，准其贩卖；若簿籍无名，所有乡担以及穷民欲求升斗之需，将鱼贩入镇市，一概不准出卖。须遵章先赴公所缴入业公项钱五串文，始准入业，其余条规亦多。然即此一端已足害事。现届冬季农隙之时，无告穷民，设偶贩鲜入市，势必攘夺驱逐。"②

为抵制牙行的刻剥，在汉口的外来客商常常通过会馆制定习惯法加以抵制。"鄂省武汉一带，无论店铺居家，炊灶均以煤屑为主……由湖南衡州客办来。然行家以及捐客往往取巧，使买主卖主不相规觌面。其中昂价扣余，索规肥己，不一而足。故前因衡帮煤客议齐行规，暂停销售，须投明该帮会首与铺户较定斛子，价仍照市；不能参差，斛照衡斛，以八斗为一石。行家执概平量，不准私自增减，官牙行以及捐客照例取用。凡有煤船抵埠，由该帮会馆挨次轮售，不准持强挽越云云。以故各煤铺业在沈家庙设席、会议，拟将演戏，明立章程也。"③ 湖南煤商联合起来，议定售煤规则，直接与汉口煤用户校定衡量器具，并由汉口、衡州煤帮所在的会馆直接售与铺户。但由于牙行制度为官方制度，官府要求买卖双方都必须通过牙行，因而，尽管汉口、湖南衡州煤帮与铺户的交易并不与煤牙相关，但煤帮仍必须给煤牙支付佣金。

---

① 《字林沪报》光绪十七年十一月初十日，载彭泽益主编：《中国工商行会史料集》（下），中华书局1995年版，第753页。

② 《鱼贩齐行》，《申报》1880年1月1日（光绪五年十一月二十日），载彭泽益主编：《中国工商行会史料集》（下），中华书局1995年版，第732页。

③ 《煤业齐行》，《申报》1879年3月13日（光绪五年二月二十一日），载彭泽益主编：《中国工商行会史料集》（下），中华书局1995年版，第731页。

第二章 汉口开埠之初武汉地区法秩序的变化（1861—1889年）

（三）商业代理习惯

1. 普通商业代理习惯

"外埠甲商号，凡与汉口乙商号贸易，照例由甲商号派一号客驻汉，经理一切银钱往来。惟外埠商号，间有不自派人，另托在汉之第三人丙代为经手，是谓代庄。"按现代民商法原理，代理人应以被代理人的名义进行民商事活动，其法律后果亦由被代理人承担。但晚清汉口的代庄则完全以自己的名义为外埠的被代理人进行民商事活动，仅只收取佣金，但却要为被代理人承担连带责任。"凡代庄者，其人必素着信用，对外往来，均由代庄人直接负责，例如送货必由代庄人盖印，乙商号帐目户头，必须注明代庄人姓名，或某某记字样。代庄人与委托之甲商号，另有一种权利，或为扣佣金，或为认庄费。如甲商号倒闭时，苟与乙商号往来未清，当然应由代庄人负赔偿责任。"甚至"交易上所生之权利义务，仅在庄客一人，与本店不相涉。如发生诉讼，仅以庄客为权义相对人，不得推诿所代之本店而希图免责"①。

2. 买办习惯

所谓买办者，"谓其代人买卖也"。为"欧洲商人与当时尚未开发之东洋诸国，因通商贸易之关系而产生者也"。在中国，鸦片战争之前，广州的"十三行"垄断海外贸易，其与外商交易时，亦为外商提供翻译（通事）及其他服务人员，但这些人均受商行指派，不能由外商自由雇佣，"不能谓为现在买办之前身"②。鸦片战争以后，条约制度代替了行商制度，外商依条约规定可以自由雇佣通事、买办，由此形成了通商口岸特有的买办制度。

汉口的买办制度最早形成于中美、中英、中法的《天津条约》中，如中美《天津条约》第17条规定："大合众国船只进口……并准雇觅斯役、买办、工匠、水手，延请通事、司书及必须之人。"③ 与其他通商口岸一样，来汉口的外商因为不懂汉语，不熟悉中国复杂的货币、度量衡与商业习惯，更不了解中国的社会民情，必须雇佣中国本土买办。雇佣关系本是民法中合同关系的一种，但买办绝不仅仅只是债法关系中的代理人或居间人，他们同时兼具代理人、居间人、承包人诸种角色。日本驻汉口领事水野幸吉在

---

① 吴桂辰、施沛生等编：《中国商业习惯大全》"代理商"，上海世界书局1923年版，第1、2页。
② 沙为楷编纂：《中国之买办制》，商务印书馆2014年版，第2、3页；另参见张晓辉：《清代十三行时期的原型买办》，《史林》2014年第4期。
③ 王铁崖主编：《中外旧约章汇编》第1册，生活·读书·新知三联书店1957年版，第93页。

1904年给日本的商务报告中说:"根据从买办与雇主签订契约关系而受雇于雇主,进而根据买办所从事的劳务来领取报酬这一性质来看,完全是一种雇佣关系。然而在业务上买办往往以自己的名义为雇主购进物品、进行贩卖,从这一点来看,买办又好像是批发商或者代购商(代办购物等事宜);从买办介于雇主与中国商人两者之间,完成交易、借贷等商务,由此领取佣金(介绍费)这一点来看,买办又像是中介商;从买办预先领受雇主的商务任务,并根据自己的计划进行处理和完成这一点来看,又好像是承包商。总之,买办有多面角色。"因而,买办的合法收入形式就有薪俸、佣金(居间介绍费)、承包费。此外,买办还有巨额的非法收入。在为外商购货时,"买办的实际的购货价格通常会低于雇主的订货价格,这之间的差额就悄无声息地揣进买办的荷包"。买办制度实际是中国近代通商口岸特有的一种不符合近代民商法规范的畸形商事习惯法制度,虽然为口岸的外国商人所痛恨,但亦无可奈何。因而,在汉口的"日本洋行鉴于买办之弊害,三井洋行已废除买办制度,吉田洋行在一开始就没有雇佣买办"。日本驻汉口领事水野幸吉建议在汉的日本商人,"必定要潜心进行十年乃至二十年的研究工夫,从银平、度量衡、厘金征收法到本地土产购入、金融状况及各商人的营业状况等与交易相关诸项都能做到通晓,在此基础上,在本地商人之间广泛建立信誉和名义,以到即便不利用买办,亦无任何不自由之状态"[①]。

武汉市档案馆存有一份十四条款的《外国洋行在汉口雇用中国买办之契约样本》,可以证明水野幸吉领事的上述说法。契约样本第一条规定,"洋行输入货物之买卖交易,须经洋行代表者与买办协议之后,始得实行";第二条,"买办请有洋行承认之保证人,关于买办当然负责之损害而不能赔偿时,保证人须代偿之"。从以上两条可以看出买办在洋务的进出口贸易中,享有很大程度的决策权,同时亦负有很大的责任。第四条规定,买办在处理输出入货物时,由洋行给予买办折扣并支付佣金。洋行给予折扣,使买办成为实际上的承包商。依第十一条规定,"洋行输出入货物之买卖权利,仍属于洋行。买办倘未得到洋行及其他代理人之承诺,无论何时何事,不得自由买卖。若货物之买卖损失,系基于买办之独断行为,买办须赔偿洋行预

---

① [日]水野幸吉:《中国中部事情:汉口》,武德庆译,武汉出版社2014年版,第124、125、126页。

第二章 汉口开埠之初武汉地区法秩序的变化（1861—1889 年）

定之价格"，如果货物买卖系洋行同意而受到损失，买办不负赔偿之责。洋行同时按比例支付佣金，表明买办同时又兼具居间人身份。买办的上述双重身份，还表现在"洋行输出入货物代价之支付及收入等，概由买办收支及管理之"，"买办于会计、仓库及其他买办业务之必要上，得雇佣若干中国之使用人；薪金及伙食费概由买办负担"。第七条规定，"洋行对于买办之薪金，每月给以若干洋元"；使得买办同时又具有雇佣代理人身份。凡关于货物关税、运费，均由洋行负责。从以上条款看，买办同时享有承包商、居间商与代理商的各种权利，同时又规避了承包商的风险，其义务主要是自费雇佣如会计等买办使用人及负担货物仓储费，以及不得"起而与洋行作同种之商业行为"①。

（四）汉阳县之商业簿记习惯

清代虽有官厅会计与民间会计之别②，但政府既没有制定政府会计法，也没有制定商业会计法，民间会计活动完全只能遵从各地传统商业会计习惯。《中国商业习惯大全》记载清末民初汉阳县诸项商业簿记习惯，均较粗糙。

1. 商业账簿仅记载动产，而不记载不动产

"商号所设备之账簿，本为记载其业务及财产情形起见，惟于商业开始时，对于所有之动产（如资本是）有记载于账簿者，而于一切不动产例不为账簿之记入，即于每营业年度之终，亦编制其所有之动产债权债务及其他财产之总目录，而于不动产仍未有为总目录之编制，并记明其价额者。"③

2. 关于年终结算与资产表

"每当营业年度之终，总结算一次，并将存货现款两项列为财产目录。表，又将外该内欠列为贷借对照表。如有赢余，即备红账一本但不用骑缝图章。""关于年终所制之财产总目录，各商店例用一单张之纸片为之，多不记载于特设之账簿，即商人或其法定代理人及经理人亦未有署名于单据者。"④

---

① 武汉大学历史系中国近代史教研室：《辛亥革命在湖北史料选辑》，湖北人民出版社 1981 年版，第 190、191 页。
② 郭道扬：《中国会计史稿》，中国财政经济出版社 1982 年版，第 195 页。
③ 吴桂辰、施沛生等编：《中国商业习惯大全》"商业账簿·商业账簿之记载"，上海世界书局 1923 年版，第 3 页。
④ 吴桂辰、施沛生等编：《中国商业习惯大全》"商业账簿·商号之总结算"，上海世界书局 1923 年版，第 4 页。

3. 商业簿记及书信的保存年限

"商号对于业务上往来信书,其发送之件,并无誊本,亦无发送号簿,而受取之件又仅存一处,并不立簿编号。"①"至商业上所发之书信,则往往编制缮本,依发信次序编记页数及号码,并连缀成册,惟不于各页盖骑缝印耳。又商业账簿及商业书信缮本,于商号闭歇时,各该商号与他之商人并无债权债务之关系,则保存与否,可以自由;若与他之商号尚多钱债之轇轕,保存数年,或十年不等。又银钱来往折据,至年底核算清楚,则该项折据即为无效。如尚有结欠尾数,亦须另立折据。"②"商号账簿及信书保存年限,如汉阳县向以账簿内尚有内该外欠手续未清者,即誊于新年之账上;而旧年之账簿及书信,仍然保存,至久不过三十年。"③

(五)度量衡习惯

秦始皇统一中国以来,中国历代之度量衡均由中央政府统一标准并铸为祖器,颁发各地方。"清初考定度量衡制度颇为慎重,规定之法律亦甚严厉,设能重视检定检查办法,则官司出纳及社会交易所用之度量衡器,自可永久保持整齐划一状况。顾以行政上并无系统,各省官吏均是阳奉阴违,积时渐久,致蹈历代积弊覆辙。在清代中叶,官民用器又复紊乱如前,且政府制器,一经颁发,从未闻有较准之举,而有司保守不慎,屡继兵燹已无实物可凭。"④ 以量器为例,"康熙年间户部提准铸造铁斛,分发仓场、总漕及有漕各省。户部存祖斛一张、祖斗一个、祖升一个。至乾隆五十二年,户部所存之铁斛、铁斗、铁升,竟遭回禄(火灾——引者注)。五十三年,经工部另铸。嘉庆十二年,以户部所存之铁斛、斗、升,系经另铸之器,乃咨取仓场康熙年间所铸斛斗升与户部所存之器比较,结果铁斛相符,铁斗、铁升校对相差。移咨工部,查照仓场所存铁斗、铁升,另行铸造"⑤。可见清中期以后,统一的度量衡制度已开始废弛。

---

① 吴桂辰、施沛生等编:《中国商业习惯大全》"杂俎·商号之信书",上海世界书局1923年版,第12页。

② 吴桂辰、施沛生等编:《中国商业习惯大全》"商业账簿·商业账簿之记载",上海世界书局1923年版,第3页。

③ 吴桂辰、施沛生等编:《中国商业习惯大全》"商业账簿·商号账簿及信件之保存",上海世界书局1923年版,第6页。

④ 吴承洛:《中国度量衡》,上海书店1984年影印版,第281页。

⑤ 《漕运全书·建造斛支门》。

第二章　汉口开埠之初武汉地区法秩序的变化（1861—1889 年）

各通商口岸开辟之后，清政府在与各国签订的通商条约中，都规定有不同国家的度量衡制与中国传统度量衡制的相互折合办法。此外，广东海关亦创制出独立的度量衡制，逐渐为各商埠所接受，是为"关平""关尺"制，因而，度量衡标准更是五花八门。在汉口，"很多制作'衡器'之店都兼做度器，而'量器'则另外独立制度。大体上对度量衡的制作与贩卖没有任何限制，各店家都按自己的感觉行事。为此，出现粗杂各色的度量衡乃是不可避免之事。虽然是同一名称、同一刻度（尺度），但事实上并不一致，存在不小的差异。甲所使用的标准与乙及丙使用的标准都不尽相同。此外，行业、店铺都各行其道：绸缎商相互协定采用私尺，谷米商也相互协定采用私斛，棉花商采用私衡。由此，由于繁复的度量衡杂陈于市，致使交易日益复杂，让人不知所以"。19、20 世纪之交，汉口的尺度单位至少有九种，容量单位至少有五种，而重量单位"可多达几十种"[①]。交易时，必须要经过非常复杂的换算。在晚清的各种商品交易中，大概只有对外商的茶叶交易做到了衡器标准的统一，汉口茶叶公所在 1883 年主动采用了英国的"磅"制[②]。

（六）交易习惯

关于汉口的商业交易规则，晚清驻汉口的日本领事水野幸吉描述得最为详尽：

> 中国汉口可以说是商业习惯最复杂的地区之一，外人很难窥其内情。其复杂的原因可能来自商业的种类，或者来自当事者的国籍，或来自信用程度；由此造成的商业习惯各异，不能以同一律来论定……有关现金有很多种类，有现金实付，还有区间支付。所谓区间支付有在二周内支付、三周内支付，甚至还有六十天乃至三个月的支付。

1. 货物买卖

货物买卖在交易习惯非常复杂的汉口，在进行"交单""定单""成

[①] ［日］水野幸吉：《中国中部事情：汉口》，武德庆译，武汉出版社 2014 年版，第 116、117、118 页。

[②] 参见《汉口茶业公所规条》，载全汉升：《中国行会制度史》，食货出版社有限公司 1986 年版，第 182、185 页；《汉口茶业公所六帮茶商议定公砝规章》，载彭泽益主编：《中国工商行会史料集》（上），中华书局 1995 年版，第 611 页。

单"等的交易过程中,通常并不一定依据买卖的大小、信誉如何或口头及书面的约定,而是在买卖成交前,先就秤、平(天平)及支付日期等事项,双方进行确定,然后再谈买卖的合同问题。

2. 货物的交付

在约定商务合同的初期,就要确定货物交付事宜,按照汉口通常的交易货物习惯,卖主将货物送到买主所指定的场所。如果需要仓储的话,有关存货、提货所需的费用均由买主负担。诸如其他交付日期等可随时商定。

3. 货款交付

货款支付通常都是按交易双方当初的约定实施,如前所述,有十日交付、二十日交付或一二周交付等各种形式。如果交付期限较长,按照市场的惯例,一般要支付按货款额所折算的每天的利息。但和外国人做生意就没有中国人之间做生意那样的灵活性,因为交易双方都考虑到风险,货款的交付期限一般在两周间。

中国人之间做生意之所以有灵活的付款方式和较长时间的付款期限,主要是商业交易比较信任,而交易信任度又来自商人所属的会馆及公所对商业行为的约束,各会馆、公所对不法经商都有严厉制裁的规定,使商人不敢轻易破坏规矩。如果破坏了规矩,在本会馆或公所内很难立足。

货款结算主要有定期结款的方式和用标有日期的庄票票据结款的方式。①

水野幸吉所谓的较长时间的交付期限与付款期限,实际上已经是期货交易了。汉口很早就出现了期货交易,并形成了关于期货买卖的习惯法规定。"甲商向乙商订买某项货物,预定价额,并付银若干,限期交货。大都一月内外,届期无论货价涨落,仍一方交货,一方补讫银数,此项买卖,在习惯上又名抛盘","乙商人因居间人间接或本商人直接出而承诺(称为落盘)"。"汉上商场习惯,各商人向为定期买卖时,有书立单据者,称定买卖;有仅由出卖人之一方,将所定商货之类及数量登载自己账簿之上者(称登账买卖)。此种买卖,书立定单,货仅登账簿,一任双方之自由。自协议付银及交货期间后,届时无论货价高涨,或低落,双方均应履行。倘货价高涨,在承卖之甲商人催令收银付货,乙商人不能拒绝。或价银低落,乙商人催令付

---

① [日]水野幸吉:《中国中部事情:汉口》,武德庆译,武汉出版社2014年版,第122页。

第二章　汉口开埠之初武汉地区法秩序的变化（1861—1889年）

银，甲商人亦须履行，殆成汉商通例"。此"付银若干"，可视为保证金。如果"时货价高涨，在承卖之一方因订卖人货物缺乏，要求免交，即以交货时之价格与约定时价格比较，而将其余额交付于承买人，买卖从此终了。或货价低落，承买者之一方，恐货难转售，亦得要求免受，而以前法比较，将差数交付于定卖人，买卖亦从此终了"。"表面上虽似买空卖空，其实则收付余额为双方通融办法，而买卖真相，究为实货为银，此其特质也"。对这种不能实际履行的善意违约行为，非违约法，均不以违约金寻求惩罚性赔偿，而是通过找补差价补偿非违约方的损失，充分反映出汉口商业交易习惯的谦抑性。"汉上登账买卖，最为普通，而无明定章程可靠"，完全凭通行习惯。交易不订合同，仅凭卖方的账簿登记，可见晚清汉口的交易全凭商业信用的君子古风。

汉口纱业公会曾专门议定过期货交易行规："一、定货凭单以双方盖印为据。二、定货每件以定银五两为保证金。三、银期面议，以注明单内为凭。四、每件照例另加栈力银一钱。五、块价定货支离甚多，公议不准售卖。倘有违议卖出者，不得列入此项单内。六、定单成立后，无论涨跌，彼此不得翻悔。倘有不遵定单履行情事，均得持此定单投凭本会据理评判。如仍不服，得照会章办理。"[1]

上海在开埠前，作为长江下游地区商品与齐鲁及东北海运贸易的集散地，与作为长江中游地区的商品集散地的汉口，并没过多的经济联系。上海开埠后，汉口作为上海进出口贸易的中转口岸，很快就成为上海商业辐射的次级中心。同时，汉口开埠后，先期在上海经营的中外商人亦将上海的商事习惯经验带到了汉口，因而汉口的商事习惯在很大程度上受到上海的影响。如上所述，汉口的"洋例银"这一统一汉口银两市场的虚银习惯法，便是上海"九八规元"在汉口的翻版；买办习惯法亦是上海买办制度的移植。

至于上海的钱庄习惯，因为上海钱庄与汉口钱业存在着至为紧密的金融业务往来关系，因而对汉口的钱业习惯更是有着直接的影响。"譬如：上海花号向汉口购买棉花。号客去汉口时，并不带现，以带现颇为风险；亦不由

---

[1] 吴桂辰、施沛生等：《中国商业习惯大全》"买卖契约·纱业公会公义定货规条"，上海世界书局1923年版，第6页。

上海汇款去汉，借以省却汇水。号客欲用款时，普通即多利用钱庄的汇票以资周转。所谓利用钱庄的汇票云者，即号客于购花时，向与自己素有往来的上海钱庄开具迟期兑付的汇票（俗名申票），卖与汉口的钱庄或钱行（即贴现），取得现款（或取得钱庄的庄票），借以偿付棉花的代价之谓。钱庄则将该项申票加价卖与赴沪办货的商人，俾其持票赴申进货，或邮寄抵欠。"①

关于票据汇划（即交换）制度，汉口与上海的创设几乎都是1890年②，但上海钱业公会汇划制度的发展显然要比汉口更加完善。汉口钱业公会"晚间办理汇划，各庄票据交换手续与上海汇划总会相类似"③。进入民国后，"上海钱业公会向外地钱业公会寄送它的营业规则"④。1923年上海钱业公所修订营业规则后，就曾向汉口钱业公会寄送过。

---

① 上海银行调查部：《商品丛刊》第2编"棉"，第79、80页。转引自杨瑞六：《清代货币金融史稿》，生活·读书·新知三联书店1962年版，第160页。
② 参见中国人民银行上海市分行编：《上海钱庄史料》，上海人民出版社1960年版，第196页；《武汉金融志》编写委员会办公室、中国人民银行武汉市分行金融研究所编：《武汉钱庄史料》，1985年版，第228页。
③ 《全国银行年鉴》（1935年），载《武汉金融志》编写委员会办公室、中国人民银行武汉市分行金融研究所编：《武汉钱庄史料》，1985年版，第207页。
④ 杜恂诚：《近代中国钱业习惯法——以上海钱业为视角》，上海财经大学出版社2006年版，第78页。

第三章　张之洞督鄂时期武汉法秩序的转型（1889—1907年）（上）

近代武汉城市发展史上，张之洞无疑是最重要的人物。对张之洞在武汉地区进行的洋务运动及其巨大影响，历史学家们已经作了较为充分的讨论。但武汉地区大规模的洋务运动对近代武汉地方法制乃至中国法制的影响，法律史学者们似乎还没有进行过系统的清理与全面的评价。

经济关系的变化会导致社会关系的变化，而社会关系的变化最终将导致调整社会关系的强制性规则体系——法律制度的变化。如果说晚清汉口开埠是武汉被动地接受了近代西方的法律制度与观念，而武汉地区兴起的洋务运动，则是张之洞主动发起的吸收近代西方观念与法制的运动。张之洞、袁世凯分别在武汉、天津进行的各种制度创新，成为中国传统法制在洋务运动中进行的最全面、最深刻、影响最大的转型，其改革的领域已经远远超越了经济方面，延伸到了教育、公共服务乃至行政、军事及警察体制方面。曾在张之洞幕中的沈寐叟在给张之洞的信中说："天下大事，不外政学两途。以政言，则公所举措，各省抚视为步趋；以学言，则公所兴措，天下人准为圭臬。"[①] 虽为恭维之词，亦大体不过。本章将对张之洞通过洋务运动在武汉地区进行的事实上的制度变革及其对近代武汉地方乃至中国法制的影响进行全面阐述。

第一节　政治体制与行政组织制度改革

为主导武汉的洋务运动，张之洞大力扩张总督事权，最后促成了清代二

---

① 王蘧常：《清末沈寐叟先生曾植年谱》，台北商务印书馆1982年版，第44、45页。

百年督抚同城这一地方不合理政治体制的被废除。由总督主导的洋务运动，不仅使传统的省司、道机关进一步成为总督属下的职能部门，而且临时局所的大量设置在传统的司、道体制之外，形成近代省政府职能行政机构体系的雏形，从而也打破了以科举制度为核心的传统文官制度，使新官吏制度的出现成为可能。在武汉地方政权体制中更为显著的变化，是汉口从汉阳县的兼管体制下独立出来成为一个新的具有独立近代市政府雏形的政治实体。

一、总督居于主导地位的地方政体

（一）督抚同城体制的废除

张之洞在两广总督任上与同城广东巡抚不能相洽，已如前述。其督鄂期间，除端方因向以晚辈自谦且在新政方面与之尚能同气相求外，其他各巡抚与之大都不能相得。谭嗣同的父亲谭继洵1898年被任命为湖北巡抚，与张之洞同年到任并同城为官达九年之久。据《清史稿》载，张之洞与时任湖北布政使的陈宝箴"两人深相结纳，凡条上新政皆联衔，而鄂抚谭继洵反不与"①。《近代名人小传》亦云："戊戌初变法，继洵不敢附从，每之洞约联衔条陈新政，皆谢不敏。"②谭"在政期间，人称办事唯谨。湖广总督张之洞办事专断时，他也不敢违抗。中日甲午战争后，维新变法思潮激荡，谭继洵思想偏于保守。湖广总督张之洞每约其联衔陈奏新政，皆谢不敏，与张之洞论事每多相左"③。张之洞自己亦尝言"某中丞素与龃龉"④，"某中丞"即"指谭继洵"⑤。时任张之洞幕僚之郑孝胥在其日记中记载一事，光绪二十二年（1896年）五月二十四日，"（黄海楼）在医院闻西人言，湖北所戕害二西人支解极惨，南皮震怒，欲究治诛戮百余人。谭中丞不可，曰严办三人足矣"⑥。由此事可见，作为巡抚的谭继洵对新政固然不以为然，但在保守慎刑、宽仁的儒家精神方面，他完全符合古代循吏不畏权势的品格。遍阅谭继洵文集，的确很难找到一件由巡抚单独签署或审批的地方性法规。显然，

---

① 《清史稿·陈宝箴传》。
② 沃丘仲子：《近代名人小传·官吏》，载贾维、谭志宏编：《谭继洵集》（下），岳麓书社2015年版，第686页。
③ 《湖南省志》第三十卷《人物志》上册，湖南人民出版社1999年版，第434页。
④ 《抱冰堂弟子记》，载《张之洞全集》第十二册，武汉出版社2008年版，第517页。
⑤ 茅海建：《张之洞与谭继洵父子、于荫霖的关系——订正罗惇曧对〈抱冰堂弟子记〉的一则误读》，《中国文化》第三十七期，第131页。
⑥ 《郑孝胥日记》第一册，中华书局1993年版，第564页。

第三章 张之洞督鄂时期武汉法秩序的转型（1889—1907年）（上）

湖北省与武汉地区的地方性立法权，作为巡抚的谭继洵是根本无法染指的。

与同城武昌的督抚长期不合一样，福州、广州、昆明亦经常发生同城督抚的冲突。故而光绪二十四年（1898年）七月十四日，皇帝发布裁汰京内外冗官与闲职上谕，裁撤湖北、广东、云南三省巡抚，分别以湖广、两广和云贵总督兼管巡抚事宜（光绪十一年，台湾建省，福建巡抚被改授台湾巡抚，闽浙总督兼任福建巡抚事，福州已不存在督抚同城问题）。同年七月二十三日，上谕"湖北巡抚关防着张之洞收缴，谭继洵来京听候简用"①。

戊戌政变后，除京师大学堂得以保留外，维新派的所有变法措施全部予以废除，其中包括裁撤湖北、广东、云南三省巡抚的诏令。九月，慈禧太后以懿旨重设三省巡抚，督抚同城制度得以恢复。恢复后的第一任巡抚为曾鉌，数月后因同情变法被御史弹劾罢免，由于荫霖继任。于荫霖曾与张之洞同属清流派，但其后两人政治倾向渐行渐远。光绪二十五年（1899年）四月十九日，四川张枲司"至武昌谒南皮……南皮言，于中丞不受商量，与己立异，词气颇愤激"②。1900年，"义和团兴起于北方，张之洞与于荫霖的矛盾一下爆发出来了"。张之洞主张"东南互保"，"于荫霖却在忠君保国思想的激励下，主张对外强硬"③。当时在汉的日本间谍宗方小太郎记载说："湖北官府诸官吏之系统中：张之洞、瞿廷韶（时任代理布政使——引者注）、道台岑春蓂等为端王所憎，巡抚于荫霖、代理按察使孟继埙、盐道逢润古、武昌府余肇康、江夏县陈令等附和端王，主张攘夷，势不两立。"④如在处置自立军领袖唐才常的态度上，督抚就不能一致。时任张之洞幕僚的刘成禺回忆说："张之洞颇欲从轻治罪，于荫霖为湖北巡抚，力主处以大辟，之洞忍气不敢争。"⑤《辛壬春秋》亦载："之洞新鞫才常，爱其才，欲因而不杀，而巡抚持不许，四人同戮死。"⑥ 于荫霖在日记中没有记载其坚

---

① 军机处《电寄档》，光绪二十四年七月二十三日，中国第一历史档案馆藏。转引自茅海建：《张之洞与谭继洵父子、于荫霖的关系——订正罗惇曧对〈抱冰堂弟子记〉的一则误读》，《中国文化》第三十七期，第132页。

② 《郑孝胥日记》第二册，中华书局1993年版，第725页。

③ 茅海建：《张之洞与谭继洵父子、于荫霖的关系——订正罗惇曧对〈抱冰堂弟子记〉的一则误读》，《中国文化》第三十七期，第135页。

④ ［日］宗方小太郎：《宗方小太郎日记（未刊稿）》（中），甘慧杰译，上海古籍出版社2016年版，第508页。

⑤ 刘成禺：《世载堂杂忆》，山西古籍出版社1995年版，第176页。

⑥ 《辛壬春秋》卷35，载尚秉和：《辛壬春秋》，中国书店2010年版，第161、162页。

持处死唐才常的事，但在光绪二十六年（1900年）七月二十六日，记有"正富有票匪于法。有一名制军已批，吾欲再加，详令县往商，此刑幕详慎之力也"①之语，隐约可以看出督抚之间关于此案的分歧。刘成禹在《世载堂杂忆》中还记载了庚子国变中张之洞与于荫霖在对外事务上的矛盾态度："时抚鄂者为于荫霖，极顽固，疾视外人，对之洞与刘坤一订东南互保之约尤为不满。之洞恐酿祸，密电行在，以于调汴抚，保端（方）继任。"

端方之所以获任，主要因为"端方为陕臬，摭拾新政皮毛以博时誉，与之洞长公子君立京卿订金兰交，以世伯尊称之洞"。"端固一巧宦也，至鄂后结纳梁鼎芬、张彪，投之洞之所好，之洞堕彼术中，引为同志。壬寅刘坤一出缺，朝命以之洞调署（两江总督），并电询继任鄂督人选，之洞密保端方，遂令兼署"②。端方抚鄂，"抚军多有赘疣之况，而某公尤专，鄂人亦为偶语曰：'张罗不已，端拱无为。'皆遍揭于衢，敢于讪上如此"③。后张之洞欲回任湖广总督，"端方不欲交卸，运动枢府，如之洞入都展觐；觐毕，又令之洞留京订《学务章程》……困之洞于京年余，之洞无如何也。直至甲辰春，始回任"。张之洞离鄂期间，"端（方）通行全省整饬吏治文，有'湖北吏治败坏已十四矣'之语，盖指南皮也。南皮回任后，有以此文呈阅者，南皮大怒，端不自安，调苏抚"④。端方调任江苏之后，所遗湖北巡抚之职由总督张之洞兼任。可见，即便是有通家之好的张、端二人，有权力之争时，其私谊亦不免归于破裂。

光绪三十年（1904年）十一月，清廷正式裁撤湖北、云南二省巡抚。至此，湖北督抚同城武昌的制度以及由此造成的督抚之间的权力冲突，最后以湖北巡抚的被裁撤而告结束。次年六月二十一日，清廷裁撤广东巡抚，由两广总督兼领巡抚事，清代督抚同城制度最终被废除。

1907年张之洞奉调为军机大臣后，仍控制着湖广总督之职。赵尔巽接任张之洞后，在武汉一改前任之政，致张大愤。张之洞曾对同任军机大臣的袁世凯抱怨："君言我所办湖北新政，后任决不敢改作。试观今日鄂督所陈

---

① 于荫霖：《悚斋日记》卷5，载沈云龙主编：《近代中国史料丛刊》第二十三辑，文海出版社1968年版，第1134页。
② 高友唐：《高高轩随笔》，载刘成禹：《世载堂杂忆》，山西古籍出版社1995年版，第65页。
③ 潜翁：《鄂渚纪闻》，武昌1902年版，第8、9页。转引自宋传银：《笔记小说武汉资料辑录》第1册，武汉出版社2018年版，第162页。
④ 高友唐：《高高轩随笔》，载刘成禹：《世载堂杂忆》，山西古籍出版社1995年版，第65页。

第三章　张之洞督鄂时期武汉法秩序的转型（1889—1907年）（上）

奏各节，其意何居？且奏调官员，均非其选，不恤将我廿余年苦心经营缔造诸政策，一力推翻。"袁世凯遂委托当时被任命为四川总督的陈夔龙"传语某制军（赵尔巽——引者注），谓文襄所办兴学、练兵、理财、用人各大端，极宜萧规曹随，不可妄行更易"。后张之洞利用军机大臣之任，建议两宫"将鄂、川两督互相调补。制曰：'可'"①。赵尔巽遂调任四川总督，湖广总督由陈夔龙接任。

（二）各司道的设置变化及对总督隶属关系的强化

1. 司道设置的变化

（1）裁撤粮道。光绪三十年（1904年）五月二十七日，奉慈禧懿旨，上谕"现在物力艰难，自应力除冗滥……凡京外各项差缺有应行裁汰归并者，着各部院堂并各督抚破除情面，认真□剔奏明裁并"。但"鄂省张宫保颇不以各省纷纷裁缺为然，故至今并未照办。刻闻议定只裁粮道一缺，其余佐贰杂职悉仍其旧"②。同年十月，始呈奏裁缺粮道折，"查各省粮道系督率漕粮，管辖屯卫为专责。自漕粮改征折色，无须起运，已□清闲，复奉旨将各卫所员弁一并裁撤，卫屯田粮改归州县征收，尽可责成藩司督察，□是粮道一官，几于无事可办，所行者不过薄书期会而已……请旨将湖北粮道一缺，即行裁撤，□督粮库大使一缺自应一并裁撤"。"既拟将粮道裁撤，应将此历年解道之六项公费银三万两尽数提存……解部至荆州旗营及各该道府办公"③。

（2）改学政为提学司。光绪三十一年八月四日（1905年9月2日），清廷正式废除科举制，学政已无职可掌。十三日，清廷谕令各省学政专司考核学堂事务，直属学务大臣，不再归礼部管辖。光绪三十二年（1906年）四月二日，上谕内阁："政务处、学部会奏遵议裁撤学政，请改设提学使司一折……着即照所请：各省改设提学使司一员，统辖全省学务。"同时批准的《各省学务详细官制及办事权限章程》规定："提学使照各直省藩臬两司例，为督抚之属官，归其节制考核；一面由学部随时考查，不得力者即行奏请撤换。"④ 实行省、部双重领导，但对提学使的任免之权操之学部。"其旧有

---

① 陈夔龙：《梦蕉亭杂记》卷2，北京古籍出版社1985年版，第113、114页。
② 《鄂督奏裁粮道》，《新闻报》1904年11月4日。
③ 《鄂省奏裁湖北粮道折》，《新闻报》1904年11月12日。
④ 《（光绪三十二年）四月初二上谕》，载上海商务印书馆编译所编纂：《大清新法令（1901—1911）》（点校本）第1卷，商务印书馆2010年版，第36、37页。

之学务处,俟提学使到任后即行裁撤,以专责成","各省业经裁撤之学务处,即改为学务公所。提学使督率所属职员,按照定章,限定钟点,每日入所办公"①。

根据上谕与官制,学部于1906年10月任命黄绍箕(字仲弢)为湖北首任提学司提学使。12月7日,黄绍箕学到汉履职②。

(3)增设巡警道与劝业道。光绪三十三年(1907年)五月二十七日上谕:"兹庆亲王奕劻等奏称,各省按察使拟改提法使,并增设巡警、劝业道,裁撤分守、分巡各道,酌留兵备道,及分设审判厅,增易佐治员等节,应即次第施行。"③尚未等民政部、农工商部分别拟出巡警、劝业二道官制,张之洞即于同年七月在湖北设立了巡警、劝业两道,并荐举湖北候补知府冯启钧担任湖北巡警道,荐举特用道刘保林担任湖北劝业道一职④。据《巡警道官制并分科办事细则》,巡警道"受本省督抚节制,管理全省巡警事宜","仍由民政部随时考查,不得力者即行奏请撤换"。据《劝业道职掌任用章程》,"劝业道秩正四品,为督抚之属官,归其节制、考核,应秉农工商部、邮传部及本省督抚办理全省农工商业及各项交通事务,并应由农工商部、邮传部随时考核"。二道均受中央相应各部与本省督抚双重领导。

提法司尚未设立,张之洞即升调至军机处。

2. 湖广总督加强了对司道的控制

张之洞督鄂后,布政司、粮道、盐道、海关道、牙厘局等中央在鄂财政机构"所收钱财悉归督抚调用,致使藩司仅有会核之名,而无实际察销之权。省之财政,直接由督抚控制"⑤。张之洞时代,甚至中央在鄂的诸财政机关所收之税亦必须先解入由总督直接控制的湖北地方财政机关——善后局,再由善后局分配。光绪二十八年(1902年)九月十一日,张之洞札令湖北布政司:"批拨之湖北厘金,应由牙厘局径解善后局,湖北裁兵节饷、

---

① 《各省学务详细官制及办事权限章程》(光绪三十二年四月初二),载舒新城:《中国近代教育史资料》(上册),人民出版社1961年版,第283、284、285页。
② 《鄂提学使抵鄂》,《新闻报》1906年12月13日。
③ 《五月二十七日谕》,载上海商务印书馆编译所编纂:《大清新法令(1901—1911)》(点校本),商务印书馆2010年版,第42页。
④ 《前鄂督张奏新设巡警道缺遴员试署折》《前鄂督张奏新设劝业道缺遴员补授折》,《时报》1907年9月27日。
⑤ 刘伟:《晚清督抚政治:中央与地方关系研究》,湖北教育出版社2003年版,第115页。

第三章 张之洞督鄂时期武汉法秩序的转型（1889—1907年）（上）

荆州满营饷项减平并当各及丁漕平余，由布政司、粮道径解善后局；田房税契、茶糖烟酒加税一切等项，由善后局自行筹解；江汉、宜昌关洋税及宜昌土药加税，由各该关道径解善后局。"① 在《张之洞全集》中，随处可见总督向布政司及各道札发的关于丁漕、牙厘及关税收支的命令。张之洞督鄂期间，湖北布政、按察二司实缺均由张之洞推荐，朝廷通常照例允准，对吏部仅知会而已。光绪十六年（1890年）十二月，湖北布政司黄彭年因病出缺，张之洞于八日向朝廷推荐按察使陈宝箴接任，同时推荐湖北督粮道恽祖翼接替陈宝箴继任湖北按察使，督粮道实缺则由候补道恭钊署理②。至此，布、按二司及各道已完全成为总督之属吏。

张之洞时期，除汉口从汉阳县分离出来成立汉口厅外，武昌、汉阳与汉口的城市管理制度与同时期的其他城市没有区别，即总督、巡抚、司道、知府、知县及巡检司多级管理，总督对武汉地区的城市管理享有最高主导权。如在传统的救灾、赈济等公共事务上，总督对武汉三镇依然负有责任。如光绪十七年（1891年）八月二十四日汉口大火延烧一千八百九十余家，张之洞"派文武委员，乘轮驰往，调集汉口、汉阳水陆各营兵勇，分扎各街口及各码头，会同该处镇、道、府、县弹压扑救……兹据署湖北布政使陈宝箴呈报，已有于本省赈捐余款内酌拨银五千两，派委妥员会同汉阳县逐户挨查，核实发放。并饬汉阳府、县劝谕该镇绅产，量力集捐散放"③。至于汉口的公共设施与公共服务现代化建设，张之洞更是越过巡抚、二司、汉阳府及后来成立的汉口厅，直接主导、控制。详见本节第三目。

二、湖广总督府组织制度的变化

老而大的清帝国对列强的刺激反应极其迟钝，在庚子之变以前，包括军机处、内阁、都察院、六部、内务府的传统中央政治体制，以总督、巡抚、布政使司、按察使司、各道为主要机构的省级政体，以及以科举为主体的官吏制度基本上没有变化。

为防疆臣坐大，"清代的总督虽然已成定制，但仍未尽除前明督、抚为

---

① 《札北藩司等拨补宜昌盐厘之款由各处径解》（光绪二十八年九月十一日），载《张之洞全集》第六册，武汉出版社2008年版，第431页。
② 《委署司道片》（光绪十六年十二月初八日），载《张之洞全集》第二册，武汉出版社2008年版，第407页。
③ 《汉口镇火灾拨款抚恤片》（光绪十七年十一月初三日），载《张之洞全集》第二册，武汉出版社2008年版，第479页。

特别派遣之性质,督抚衙门照例不设佐杂属员,署内应办的事情由书吏承担。按《光绪会典》所说,总督衙门的吏员有两种,其名为'书吏'和'承差'","总督衙门内部组织机构的设置不见于记载,但按照吏员们办事专责,自然形成一分工系统"①,这一系统便是总督下的六科或六房。"乾隆中期督抚变为常设之后,督抚衙门虽然没有正式建制,但对应于六部,也要设置相应的办事机构,即吏、户、礼、兵、刑、工六科或六房。幕府除提供政务决策的咨询外,在行政运作方面,主要通过掌控房科而发挥'佐官检吏'的作用"②。

以曾国藩、胡林翼、李鸿章、张之洞、袁世凯等具有改革思想的各地方军政与洋务大员们,虽不可能改动巡抚、布政使司、按察使司、各道及其幕友等传统行省体制,但他们借太平天国起义、洋务自强运动与清末新政运动中朝廷赋予他们的非常之权,在传统省政府体制之外新设各局、所系统,并使之成为与传统司、道及其幕友体系同时并存的另一行政与司法体系,即所谓"幕府"体系③。这一新的体系在地方司法制度上并没有明显的创新,但在地方行政制度方面则具有两大创新点,其一是由简单的吏、户、礼、兵、刑、工六房(科)体系扩大而为更为复杂的近代行政管理系统,其二是行政属员由传统的师爷(幕友)制度开始转向近代文官科层制度。曾国藩、胡林翼、李鸿章和张之洞等方面大臣先后主政武汉,尤其是张之洞在武汉统治达18年之久,因而武汉成为晚清省府体制形成与发展的重要区域。

(一)各局、所的大量设立与近代专业行政职能机构的出现

张之洞督鄂之前,基于军事需要,省城武昌临时设有各局、所,但均为战时筹饷所设,数量并不甚多,并未造成独立于传统司、道系统之外的行政系统。直到张之洞调鄂后为举办近代工业、教育、新军、警察等新政,始大量筹设局、所,成为武汉地区具有专业化趋向的近代地方行政管理机关雏形。

---

① 刘子扬:《清代地方官制考》,故宫出版社2014年版,第70页。
② 关晓红:《从幕府到职官:清季外官制的转型与困扰》,生活·读书·新知三联书店2014年版,第76页。
③ 张兵、侯冬:《清代幕府研究述评》,《西北师大学报(社会科学版)》2011年第3期,第92—93页。

第三章 张之洞督鄂时期武汉法秩序的转型（1889—1907年）（上）

据台湾学者苏云峰统计，"湖北自光绪十六年（1890年）起，迄宣统三年（1911年）为止，共设新机构42个以上（其中有5个为同一机构之扩充）"①。依这一数据，除去光绪三十三年（1907年）八月张之洞调任军机大臣后新设立的10个机构，张之洞督鄂期间共设新机构32个。《武汉通史》统计，"张督鄂时，设置种类新机构总计42个，其中有些是出于工作需要而设，有些是按进行指示而设……从机构的性质来说，属于军警司法一类的机构有16个……属于财税金融及清理一类的机构有6个……属于文化、教育事业的机构有20个"②，但未列举明细。

根据《张之洞全集》，其各类文稿中涉及的局、所有40个，具体如下表：

序号	年代	机构名称	职掌	出处	备注
1	光绪十六年前	善后局	综理饷糈、军装	《鄂省局卡业经裁并现存各局未能裁撤折》（光绪十六年三月二十二日），《张之洞全集》第二册，第346页	
		牙厘局	征收厘金		
		保甲局	巡缉匪徒、清查户口		
2	光绪十五年二月十五日	湖北赈捐局	赈济水灾	《湖北赈捐已满一年请展限半年折》（光绪十七年三月十九日），《张之洞全集》第二册，第432页	附设于湖北布政使司
3	光绪十六年十月初七日	舆图局		《札南、北藩司饬议开设舆图局》（光绪十六年十月初七日），《张之洞全集》第五册，第192页	
4	光绪十六年二月二十日	铁政局	各种矿务及冶炼钢铁	《勘定炼铁厂基筹办厂工暨开采煤铁事宜折》（光绪十六年十一月初六日），《张之洞全集》第二册，第386页	

---

① 苏云峰：《中国现代化的区域研究：湖北省（1860—1916）》，"中央研究院"近代史研究所1987年版，第169页。

② 皮明庥、邹进文：《武汉通史·晚清卷》（下），武汉出版社2006年版，第32页。

续表

序号	年代	机构名称	职掌	出处	备注
5	光绪十六年闰二月二十四日	枪炮总局	制造新式枪炮及弹药	《札北盐道等布置枪炮厂兴造事宜》（光绪十六年闰二月二十四日），《张之洞全集》第五册，第166页	光绪三十年八月十一日改为兵工总局
6		军装所	存储军装旧式武器及旧军装	《札北善后局会勘改建军械局所》（光绪十八年正月十四日），《张之洞全集》第五册，第335—336页	
7	光绪十八年正月十四日	军械局	存储新式武器	《札北善后局会勘改建军械局所》（光绪十八年正月十四日），《张之洞全集》第五册，第335—336页	
8	光绪二十三年三月十九日	洋务局		《札委蔡国桢充洋务局办事委员》（光绪二十三年三月十九日），《张之洞全集》第六册，第24页	暂附铁政局内
9	光绪二十三年四月十八日	铁政洋务局	矿务、冶炼、铁路、教育及华洋交涉事务	《札司道总办铁政洋务局》（光绪二十三年四月十八日），《张之洞全集》第六册，第32页	光绪三十年八月，该局所属学堂归学务处
10	光绪三十年八月十一日	洋务局		《札铁政洋务局改设六科定名洋务局》（光绪三十年八月十一日），《张之洞全集》第六册，第443页	由铁政洋务局改为洋务局
11	光绪十九年八月十九日	银元局	铸造银元	《请铸银元折》，《张之洞全集》第三册，第120页	
12		鱼雷局			
13	光绪二十二年四月二十六日	硝磺局	经营硝磺	《札委李绍远查朱锦章等设局收售硝磺有无影射流弊》（光绪二十二年四月二十六日），《张之洞全集》第五册，第466页	
14	光绪十九年正月十七日	湖北织布官局	组织织布、纺纱	《湖北布局所出布纱免完本地销售税厘及内地沿途税厘片》（光绪十九年正月十七日），《张之洞全集》第三册，第70页	

第三章 张之洞督鄂时期武汉法秩序的转型（1889—1907年）（上）

续表

序号	年代	机构名称	职掌	出处	备注
15	光绪十九年三月二十七日	湖北桑蚕局	办理植桑养蚕事业	《兴办湖北蚕桑事宜折》（光绪十九年三月二十七日），《张之洞全集》第三册，第84页	光绪二十四年闰三月十三日，该局附入工艺局；光绪二十四年九月二十九日分别归并于工艺学堂和农务学堂
16	光绪二十年十月三日	南纱局、北纱局	办理纺纱事宜	《增设纺纱厂折》（光绪二十年十月三日），《张之洞全集》第三册，第204页	
17		洋务译书局①	翻译洋书	《札铁政洋务局改设六科定名洋务局》（光绪三十年八月十一日）、《电聘译员》，《申报》1902（?）年1月13日	光绪三十年八月十一日由铁政洋务局归并于洋务局
18	光绪二十年十月五日	缫丝局	缫丝	《开设缫丝局片》（光绪二十年十月五日），《张之洞全集》第三册，第205页	光绪二十四年九月并入省工艺局
19	光绪二十三年正月十二日	官钱局	印制发行钱票、银元票并经营兑换	《设立官钱局片》（光绪二十三年正月十二日），《张之洞全集》第三册，第411页	汉口设分局
20	光绪二十三年正月十二日	铸钱局	铸造制钱	《筹设铸钱局折》（光绪二十三年正月十二日）、《札催武昌府等移建候审所为铸钱局厂》（光绪二十三年五月二十八日），《张之洞全集》第三册第411页、第六册第52页	由宝武局改成，光绪二十五年五月并入银元局，光绪二十七年十二月改为铜币局
21	光绪三十年六月十日	保安药火局		《札学务处办敬节、育婴学堂》（光绪三十年六月十日），《张之洞全集》第六册，第438页	

---

① 关于湖北洋务译书局，成立时间不详。有文章认为成立于光绪二十年（1894年），但均未注明出处。参见江凌：《试论近代编译书局的兴起对湖北教育近代化的影响》，《湖北第二师范学院学报》2008年第11期，第90—92页；周俊博：《晚清"湖北译书局"译介活动研究评析》，《长春师范学院学报》2013年第1期，第24—25页。

续表

序号	年代	机构名称	职掌	出处	备注
22	光绪二十三年正月十五日	电报局		《札北藩、臬司等饬县示谕接设电线并委员照料》（光绪二十三年正月十五日），《张之洞全集》第六册，第4页	
23	光绪二十三年二月四日	宜昌土药总局汉口分局		《札委潘锡玮开办汉口土药分局事务》（光绪二十三年二月四日），《张之洞全集》第六册，第6页	
24	光绪二十四年三月二日	汉口商务公所	陈列湖北各地物产	《札江汉关道开办汉口商务公所》（光绪二十四年三月二日），《张之洞全集》第六册，第117页	
25	光绪二十四年三月二十七日	制麻局		《札道员王秉恩创设制麻局》（光绪二十四年三月二十七日），《张之洞全集》第六册，第120页	
26	光绪二十四年七月二十二日	商务局	促办商报、商会、商学，鼓励、保护商业	《札委王秉恩等在汉口相地开办商务局》（光绪二十四年七月二十二日），《张之洞全集》第六册，第152页	将原劝工、劝商两局并入该局
27		湖北工艺局	促进农艺、工艺	《札蚕桑局停工归并》（光绪二十四年九月二十九日）、《湖北试办工艺附蚕桑局折》（光绪二十四年闰三月十三日），《张之洞全集》第六册第180页、第三册第471页	谭继洵所设，光绪二十四年将蚕桑局并入
28	光绪二十五年正月六日	清丈局	清查契税	《札江汉关道设局清查税契饬议章程》（光绪二十五年正月六日），《张之洞全集》第六册，第199页	
29	光绪二十五年八月十四日	湖北省营务处		《会委王秉恩总办营务处》（光绪二十二年五月初四日），《张之洞全集》第五册，第467页	
30	光绪二十五年五月二十三日	农务局		《札延忠改委农务局差委》（光绪二十五年五月二十三日），《张之洞全集》第六册，第244页	

第三章　张之洞督鄂时期武汉法秩序的转型（1889—1907年）（上）

续表

序号	年　代	机构名称	职　掌	出　处	备　注
31	光绪二十八年四月二十六日	学务处	公私各学堂的审批与管理	《札学务处专设办公处所》（光绪二十八年四月二十六日），《张之洞全集》第六册，第416页	
32	光绪二十八年五月一日	武昌警察局	办理警察事务	《省城创办警察折》（光绪二十八年六月二日），《张之洞全集》第四册，第66、67页	
33	光绪二十九年九月十五日	夏口清道局	办理警察事务	《汉兴警察》，《申报》，1903年11月3日（光绪二十九年九月十五日）	光绪三十年八月一日，改夏口清道局为汉口警察局，并将原汉口房捐局并入警察局
	光绪二十八年	武昌清丈局		《修筑省城堤岸折》（光绪二十八年九月二十五日），《张之洞全集》第四册，第73页	
34	光绪三十年八月一日	汉阳清道局	办理警察事务	《汉皋小志》，《申报》1904年9月5日（光绪三十年七月二十六日）	光绪三十一年，改汉阳清道局为汉阳警察局
35	光绪三十一年正月二十五日	汉镇马路工程局	规划、兴建街道、房屋	《札江汉关道设汉镇马路工程局》（光绪三十一年正月二十五日），《张之洞全集》第六册，第454页	
36	光绪三十一年九月二十八日	粤汉铁路总局	筹办粤汉铁路	《咨两广督院、湖南抚院就鄂省设粤汉铁路总局》（光绪三十一年九月二十八日），《张之洞全集》第六册，第473页	由原洋务局改成
37	光绪三十一年十月三日	川汉铁路总局	筹办川汉铁路	《咨四川督院就鄂省设川汉铁路总局》（光绪三十一年十月三日），《张之洞全集》第六册，第474页	由原洋务局改成
38		汉口后湖工堤局			

203

续表

序号	年 代	机构名称	职 掌	出 处	备 注
39		汉口马路工程局			
40	光绪二十五年正月初六	汉口后湖清丈局	管理汉口城内外田房基地	《札江汉关道设局清查税契饬议章程》,《张之洞全集》第六册,第199—200页	

(二) 传统候补官员制、幕友制向近代文官制过渡

《大清律例》规定:"凡内外各衙门,官有额定员数,而多添设者,当该官吏,一人杖一百。"地方大员无权自行征辟僚属,即使是地方官吏延请幕友也有各种限制,督抚的人事权受到很大约束。自曾国藩、胡林翼主持湖北军政始,开始对传统的候补文官制度进行改造性的充分利用。同时,传统宾客式的幕友也开始转向具有明显行政隶属关系的"文案"。官吏制度的上述变化,在张之洞主政湖北期间不仅更加显著,而且通过张之洞在朝野的地位进而影响到晚清地方官制的近代化改革。

(1) 改幕宾制为"文案"官僚制。元代科举取消了唐宋时期为选拔司法、财务官员而设立的明法、明算诸科,只保留了进士一科,而且进士科仅考四书五经而弃考唐宋时的时务策、法律及诗词歌赋,以致选拔出来大多数的各级政府官员,除应试四书五经的僵化知识外,对行政、财务及司法实务均一无所知,上任后不得不大量聘用民间幕学出身的钱谷、刑名、书启等各类专业幕友(又称师爷),帮助他们处理行政、财务、司法等专业事务并作为自己的政治参谋。各类幕友或幕宾全部由行政、司法主官礼聘而来,而非后者的僚属。嘉庆时代的王衍梅说:"今自制府、中丞、司、道以下州县,受马币、应是聘者,率呼之曰'友'。'友'于义何居?曰以属则僚,以德则师,以礼则宾。僚近乎卑,师过于尊,宾介乎尊与卑之间,故曰'友'之去尔。"[1] "幕友的薪水也是由幕主自己掏腰包支付"[2],雍正以后,通常

---

[1] 王衍梅:《绿雪堂遗集》卷17"幕学类要序"。
[2] [美] K.E.福尔索姆:《朋友·客人·同事:晚清幕府制度研究》,刘悦斌、刘兰芝译,中国社会科学出版社2002年版,第48页。

第三章　张之洞督鄂时期武汉法秩序的转型（1889—1907年）（上）

是出自主官个人的养廉银。这种所谓"友"的关系实际上是"一种雇佣和被雇佣的关系：这种雇佣关系又采用了传统的、在清代社会也是很普遍的'主客'关系的形式"①。"幕主和幕友之间除了主客关系外，还有一种师生关系"②，因而幕友又被称为"老夫子"。

太平军兴之后，从曾国藩始，幕主虽然也大量聘请幕友，但同时也开始采用奏调、保举的方式任用幕僚。所谓奏调，即幕主向朝廷奏请调用现任官吏来本府工作。明清时期，为避免督抚自辟衙署，法例禁止督抚调用在任官吏为僚属。但军兴之后，"曾国藩一开府就奏调（现任）朝廷命官供他差遣"③。大量奏调现任官吏，使得所调的现任命官与曾国藩之间已经具有了职务上的隶属关系。所谓保举，即由幕主保举其属下幕友任职或在任僚属升职。雍正元年（1723年）三月上谕要求对"效力有年，果称厥职"的幕友"行文咨部议叙，授之职任，以示砥砺"④。此为保举幕友之始。但因为保举过滥，道光四年规定："嗣后各省督抚、盐政等，奏请一切议叙，概不准将幕友保列。"⑤ 保举幕友之制遂停。咸丰军兴，复开幕友保举之例，"曾国藩经常保举有功幕僚"，"凡为其幕僚者几乎人人都有顶戴"⑥，被保举的幕友不仅进入体制内正式为官，而且成为曾国藩的下属，幕友变成了幕僚。此外，曾国藩幕府中的幕员多达数百人（尚不包括下层文员），其支出当然也不可能由曾国藩个人承担，而是由地方政府或湘军支出，幕友的私人聘金变为了政府薪金，幕友也就随之具有了官方文官的性质。

张之洞在武汉建立的幕府体制较曾国藩、李鸿章的幕府体制进行了更进一步的改革，幕友变为幕僚，在身份属性上更接近于近代文官。首先，张之洞不再聘用幕友，而是采用奏调、札委等方式委任属员。1889年，张之洞由广东调任湖广总督时，奏调来鄂的官员就有候选道蔡锡勇、山西候补道陈占鳌、候选知府沈嵩龄、广东候补知州凌兆熊、候补知县赵凤昌、江苏补用

---

① 郭润涛：《官府、幕友与书生——"绍兴师爷"研究》，中国社会科学出版社1996年版，第79页。
② [美] K.E.福尔索姆：《朋友·客人·同事：晚清幕府制度研究》，刘悦斌、刘兰芝译，中国社会科学出版社2002年版，第47页。
③ 李志茗：《晚清四大幕府》，上海人民出版社2002年版，第141页。
④ 《清世宗实录》，中华书局1986年版，第114页。
⑤ 光绪《大清会典事例》卷75。
⑥ 李志茗：《晚清四大幕府》，上海人民出版社2002年版，第113、151页。

知县薛培榕等六人。对没有正式职位的候补官员，则直接札委任用为新式洋务机构的官员，成为总督属下的办事人员。根据曾为张之洞幕僚的刘成禹记载："张之洞莅鄂，第一改革，不聘刑名师爷，署中只有教读一人准称老夫子，另设刑名总文案。司道府县效之，皆改设刑名为科长。各省效之，绍兴师爷之生计，张之洞乃一扫而空；衙门从此无商榷政事之幕宾矣。"传统幕友转变为专业僚属在近代行政法上的积极意义，首先在于近代政府组织形成了远比古代政府更加复杂而明确的专业化分工以及层级分明的科层体系，其次则在于将幕友纳入了公权体制之内转为近代公务员。从消极意义上说，这一转变使得各级政府主官失却了幕友相对平等的谏箴与政治协商，从而导致传统儒家知识分子与为政者亦师亦友的理想政治模式趋于衰落。因而，时任湖北学堂提调的程颂万批评张之洞说："幕僚与幕宾异，从前督抚司道以下，皆延刑名老夫子，官曰东主，幕曰西宾。教读亦称老夫子，位与西宾埒。有宴会必设二席，则教读坐东一席，刑名坐西一席，一学一政也。官衙政宴，则教读不与。幕僚者，文案之类，僚从也。予尝为机要文案，张之洞莅鄂，废去聘请之幕宾刑名师爷，刑名、钱谷，皆领以札委之文案，文案决事于本官，之洞兼领幕宾地位。合政教为一，之洞有焉。所谓宾客者，皆不能与闻政事，不过谈笑清客而已。民国以来，竟用秘书、参议，又张之洞始作俑乎。"湖南宁乡名士程子大亦如是批评张之洞："学无尊师，谁主风气？官无诤友，谁达外情？学者只钻营一官，僚从则唯诺事上；贤者尚不敢妄为，狡者得专行己意。"①

前有刘成禹、程子大认为张之洞为以文案代替幕友的始作俑者，后有美国学者尹圣柱认为"张以武昌为基础创造出一种新型官僚模式，这就是扩展的'委用制'。委用制是指清朝'委派'额外官僚候补人员来充当一些特定性任务的制度。这些被委派人员就叫'委员'。从清初以来委派官僚已成惯例，而张之洞大规模地扩张这种惯例并进行模式化。以武昌为基地，张的委用网络发展到长江流域的重要城镇，直至京师一带"，"超越了吏部外补制度和回避制度而创造出来的一种带有流动性的官僚招募模式"②。但关晓红教授则认为"首创之说绝难成立"，因为"道光之后的文案，已有行营与

---

① 刘成禹：《世载堂杂忆》，山西古籍出版社1995年版，第55页。
② ［美］尹圣柱：《张之洞文案委员制在晚清官僚结构改革上的地位及其意义》，载陈锋等主编：《张之洞与武汉早期现代化》，中国社会科学出版社2003年版，第106—115页。

第三章 张之洞督鄂时期武汉法秩序的转型（1889—1907年）（上）

督抚衙署之分，所指文案，除泛批文牍文书事务外，亦批代拟文牍、掌管案宗的幕客幕友或军队吏员。但行营文案与督抚文案，身份与待遇差别显著，前者为朝廷官吏，可以议叙升擢；后者则是主官聘请的幕友，无官阶无官俸，与主官的关系属于私人性质"；督抚文案由私人幕友转为幕僚机构，则并非始于张之洞，早在"咸丰十一年（1861年）浙江巡抚王有龄已设抚署文案处"；幕友得以保举为官则始自曾国藩，"督抚们有意混淆行营文案与督抚文案的界线区别，督抚文案通过军功保举的途径改变身份，逐渐打破了昔日幕友与职官之间不可逾越的藩篱……一方面，幕友通过捐纳和保举进入仕途；另一方面，已有职衔者也纷纷进入幕府担任文案委员，以求近水楼台而获仕途快捷方式"[①]。

晚清时人吴剑飞在回忆中对"文案"有较为准确的描述："督抚衙门有所谓'文案'，其首席为总文案。他们虽属幕僚之一，并非'师爷'。他们多是道台、知府、知县，一时无外任机会，在省候补，因某些才干为督抚所喜，临时委充'文案'。他们不是'关书所聘'，而是札子（一种官文书）所委。"[②] 在《张之洞全集》中，完全看不到其礼聘师爷的关书，而札委与奏调文书则随处可见。因此，即便不能说张之洞是设立"总文案"的始作俑者，但其至少也是将幕友制改为幕僚制最彻底的总督。

光绪三十三年（1907年）五月，清廷颁布《各省官制通则》，该通则规定，"总督巡抚衙门各设幕职，佐理文牍，分科治事"，督抚衙门设立交涉、吏科、民政科、度支科、礼、学、军政科、法、农工商科、邮传科等十科，各科设参事员；另设秘书员一人，"承督抚之命掌理机密折电、函牍，凡不属各科之事皆隶之"；"秘书员、参事员不作为官缺，统由各省督抚自行征辟，无庸拘定官阶大小，但每年应将各员衔名及到差年月分别奏咨存案，其办事得力之员随时切实保荐，以备简擢"；"秘书员、参事员以下应酌设助理及缮写等人员者，均由各该省督抚酌定，毋庸奏咨"；"各省督抚衙幕职办事章程，由该督抚自行订定"；"各省督抚应于本署设会议厅，定期传集司道以下官会议紧要事件，决定施行，如有关地方之事，亦可由官酌

[①] 关晓红：《从幕府到职官：清季外官制的转型与困扰》，生活·读书·新知三联书店2014年版，第59、66、70页。

[②] 吴剑飞：《我所知道的"师爷"》，载文安主编：《清末民初系列丛书〈晚清述闻〉》，中国文史出版社2004年版，第250页。

择公正乡绅与议"①。上述规定至少包含了以下行政法内容：其一，确认了曾国藩、李鸿章、张之洞、袁世凯等方面大吏在事实上形成的疆臣自辟衙署的幕府制度；其二，将明清以来长期实行的幕友制改成了幕僚制；其三，督抚会议厅仅为立法、行政与司法的参议与咨询机构。"清廷采取此措施的真正用意，在于用中央政府可以控制的幕职官来取代督抚自行控制的各地方新设官僚机构，规定'各省督抚幕职，既已分科治事，所有原设各项局所，应视事务繁简，酌量裁并'"②。但此项官制尚未在湖北推行，张之洞便入调中央就任军机大臣了。

（2）新型文官培训机构的设立。清代没有专门的在职官吏培训制度，只有对新任官吏分发到中央各部或外省府县实习的试用制度，称为"学习行走"或"试署"③。"创设正式和专门的机构，对候补官员进行系统和规范的培训，将培训、考核和甄别结合起来，刚毅比较早地进行尝试"。刚毅说："臣历任各省，必以开馆课吏为第一要务。每日传集在省候补及部选初到各员，分班到馆教之。"④ 张之洞督粤期间，亦设"课吏馆于省垣光孝寺内，以为各官学习吏治之所"⑤。张之洞改任湖广后，亦在武汉设立"湖北教吏馆"，作为对湖北省各级候补官员进行近代新型行政业务培训的专门机构。光绪二十六年（1900年）五月二十三日，张之洞委任候补道徐建寅担任湖北营务处兼教习主课吏馆武备教官的委任状中曰："湖北教吏馆分门肄习，原设有武备一门，并委该道兼充教吏馆武备一门总教习……俾鄂省文员多造成经世御侮之材。"⑥ 光绪二十六年（1900年）六月十日，张之洞在委任日本人铸方德藏担任两湖大学堂兵学教习兼仕学院讲友时说："至两湖大学堂暨教吏馆内添设仕学院一所，均分理化、法律、兵学、财政四门，分科讲习。查有日本中佐铸方德藏……堪以派充本衙门军事幕僚，并

---

① 《谨拟各省官制通则清单恭呈御览》，载上海商务印书馆编译所编纂：《大清新法令（1901—1911）》（点校本），商务印书馆2010年版，第171页。
② 王勇：《简论晚清地方官僚体制的历史演变》，《重庆师范大学学报（社会科学版）》2006年第2期，第65—69页。
③ 张集馨：《道咸宦海见闻录》，中华书局1981年版，第42页。
④ 肖宗志：《晚清的课吏馆》，《清史研究》2006年第1期，第103—108页。
⑤ 《皇朝经济文新编》之四《吏治卷》一，《论设馆课吏之法之善》，载沈云龙主编：《近代中国史料丛刊三编》第二十九辑，文海出版社1987年版，第263页。
⑥ 张之洞：《会委徐建寅办理湖北营务处兼教习课吏馆武备一门》（光绪二十六年五月二十三日），载《张之洞全集》第六册，武汉出版社2008年版，第336页。

第三章 张之洞督鄂时期武汉法秩序的转型（1889—1907年）（上）

充两湖大学堂兵学教习兼仕学院兵学讲友，兼充防营交弁学堂总监察……札到，该幕僚即便遵照，将两湖大学堂、仕学院两处兵学酌拟详细课程，呈候核定举办。"① 由此可知，教吏馆内于光绪二十六年（1900年）增设了仕学院。

光绪三十一年（1905年）三月十二日，张之洞在颁布《仕学院大纲章程》的命令中说："照得世变日多，内治尤亟，若大小官员于中外时势茫昧无知，于新政新法迷谬不解，所谙者仅止吏牍故套、官场仪文，断不足以保安人民，弭祸乱而胜艰巨。湖北省城设有仕学院，原所以造就政事之才。惟从前京师并未设立仕学院，故外省亦只属试办，章程未能详密严肃。学科虽定有八门，准学员自行分门认习。毕业虽定有年限，其讲堂每日功课并未排定钟点，学员到堂与否，亦听自便，以致各学员作辍不常，去来无定。查核学务处开呈清折，岁糜二万余金，有何益处？现在仕学院已定议移设裁缺巡抚衙门，亟应厘定章程，认真办理。"② 根据此命令，仕学院是湖北首创的对旧官吏进行新政新法培训的机构。依《仕学院大纲章程》，仕学院设府、厅、州、县官员50名（包括在职和候补），佐杂官员100名，均需年35岁以下，带薪学习；开设法律（以中国典章律师为主，参考外国政治、法律）、地理、财政、格致、图算、武备、交涉、文牍、方言；正科三年毕业，简易科二年毕业，毕业考试合格酌委要缺或差缺。光绪三十三年（1907年），仕学院移设于原提督学院"原署址"，即武汉胭脂山南。此外，张之洞还在武汉设有勤成学堂，对已有功名的生员进行新式行政知识的培训。"勤成学堂不分科目，不定年限与名额，仅购置中西政艺实用书籍，供给年长向学而不能入学堂的生员阅读讨论，由官分期课试，给予奖赏。目的使这些士绅具备新的知识。"③

张之洞将湖北对候补官吏的培训经验通过给朝廷的章奏推广到了全国。1901年初，袁世凯即奏请清廷："请饬下各行省，分设课吏馆，专就吏治、

---

① 张之洞：《札委军事幕僚铸方德藏充两源码大学堂兵学教习兼仕学院讲友并充防营将弁学堂总监察》（光绪二十八年六月初十日），载《张之洞全集》第六册，武汉出版社2008年版，第426页。

② 张之洞：《札北藩、臬司酌定仕学院大纲章程》（光绪三十一年三月十二日），载《张之洞全集》第六册，武汉出版社2008年版，第457页。

③ 苏云峰：《中国现代化的区域研究：湖北省（1860—1916）》，"中央研究院"近代史研究所1987年版，第182页。

时务、交涉等项，择要辑书，发令候补人员学习。"① 光绪二十七年（1901年）六月四日，张之洞与两江总督刘坤一联名奏请："方今事变日多，京外各衙门断非仅通时文、翻查成例者所能胜任。欲济世用，非学无由。拟请京城设仕学院，外省均设教吏馆，多储中外各种政治之书，凡中外舆图、公法、条约、学制、武备、天算、地理、农、工、商、矿各学之书，咸萃其中。选派端正博通之员为教习，令候补各员均入其中，分门讲习，严定课程，切实考核。进功者，给予凭照，量才任用。昏惰者，惩敬留学。不可教者，勒令回籍。"② 光绪二十八年（1902年）颁布的《京师大学堂章程》将仕学馆附设于京师大学堂中，其第二章规定，"其附设名目：曰仕学馆，曰师范馆"，"仕学馆课程，照原奏招考已入仕途之人入馆肄业，自当舍工艺而趋重政法，惟普通各学亦宜略习大概"③。1902年初，光绪下达谕旨："有奏设课吏馆者，自应一体遵行。"④ 相当于清朝的政治、经济体制改革领导小组的政务也要求地方各将军、督抚"一体设立课吏馆"⑤。"于是其他未设的省份陆续建立课吏馆，或者类似的机构，培训、考核省内候补官员。设立课吏馆，成为举国一致的政府行动，课吏馆于是成为皇权认可的体制内临时性机构。"⑥ 清末各省形成的这一公务员专门培训制度远早于欧美，"美国较早以法律的形式规定文官培训的制度。1917年，美国国会通过《史密斯—休斯法》（Smith—Hughes Act of 1917）。这一法律在美国历史上第一次由联邦政府出资对文官朝廷职业培训"⑦。

三、夏口厅的设立与近代汉口市制的雏形

（一）夏口厅的设立及其行政法意义

鉴于汉口缺乏具有独立事权的行政机关导致的上述弊病，张之洞在光绪

---

① 袁世凯：《遵旨敬抒管见上备甄择折》，载天津图书馆、天津社会科学院历史研究所编：《袁世凯奏议》（上），天津古籍出版社1987年版，第269、270页。
② 《遵旨筹议变法谨拟整顿中法十二条折》，载《张之洞全集》第四册，武汉出版社2008年版，第16页。
③ 《京师大学堂章程》，载舒新城编：《中国近代教育史资料》（中册），人民教育出版社1981年版，第545、550页。
④ 刘锦藻：《清朝续文献通考》卷92。
⑤ 《清朝掌故汇编内编》卷6"吏政·考课（二）"，载沈云龙主编：《近代中国史料丛刊三编》第十三辑，文海出版社1986年版，第897页。
⑥ 肖宗志：《晚清的课吏馆》，《清史研究》2006年第1期，第103—108页。
⑦ 房列曙：《中国近现代文官制度》（上），商务印书馆2016年版，第26页。

第三章 张之洞督鄂时期武汉法秩序的转型（1889—1907年）（上）

二十四年（1898年）十二月八日奏请清廷在汉口设立专官。奏折云："经臣督同藩、臬两司、江汉关道，迭次筹议……现在通筹熟计，不如将汉口同知改为夏口抚民同知……今拟将汉阳县辖襄河以北之地，北至滠口，西至泪口，横约一百二十余里，纵约三四十里地方，拨归该同知管辖，作为正印地方官，以专责成……所有刑名案件，仍归汉阳府审转，仓库钱粮仍归该府考核，一切台理统属各事宜，均与所属州县无异。遇有洋务交涉，地方紧要事件，随时禀承该管之江汉关道，就近督率办理，以期迅速而免贻误……至汉镇既驻有同知专治，其汉口原设汉阳府通判，虽名有缉捕之责，实鲜可办之事，似毋庸仍驻该镇……拟将该通判移驻蔡甸。"[①] 经吏部议奏，皇帝批准了这一奏折，原汉阳府同知、通判撤出汉口，汉口成立夏口厅，其长官为抚民同知；普通行政与司法事务，仍由汉阳府管辖；凡遇有洋务交涉，则报江汉关道处理。按清代地方制度，汉口同知为汉阳府佐贰官，"抚民同知（通判）不再是知府的佐贰官，而是与知府、知州、知县一样，是自己辖区内的行政长官——正印官"[②]。从此，汉口地方从汉阳县独立出来，成为县级行政与司法单位，同时接受汉阳府与江汉关道的双重管辖。"汉口镇通济门外刘家庙，前系旷野，方今距各国展拓租界甚为切近，又为卢汉铁路南端发轫之区，工匠云集，商民日增，厅署相距较远，所有地方更正自应归夏口厅办理。其地方烦杂事件亦未便无员弹压稽查，体察情形，必须设文武汛员专驻其地，方足以资巡缉而免枝节"，故将原专辖汉口镇但驻汉阳县城的"汉阳县丞移设刘家庙，改为夏口厅分防县丞，由部另颁夏口县丞条记。所以通济门外地方，统归该县丞讯地，饬令编查保甲，实力弹压巡缉"[③]。

分厅（县）而治，本属于古代传统县制范围，并不是什么制度创新。但以汉口独特的商业条件与经济地理位置论，汉口厅的辖区与由县治统辖周边农村的传统县制已有所不同。汉口厅虽然将当时汉口市区周边的农村也包括了进来，但张之洞已经预见到"以后铁路由该镇通济门外至黄陂县界之滠口中，数十里间，悉成繁盛之区"。因此，汉口厅与其说是传统的县，还

[①]《汉口请设专官折》（光绪二十四年十二月初八日），载《张之洞全集》第三册，武汉出版社2008年版，第511页。
[②] 傅林祥：《清代抚民厅制度形成过程初探》，《中国历史地理论丛》2007年第1期，第32—38、89页。
[③]《请准将汉阳县丞移设汉口刘家庙片》，载《张之洞全集》第三册，武汉出版社2008年版，第578页。

不如说是已经具有了市的性质。罗威廉说："随着正式的行政管理地位的确立，汉口有史以来第一次在官方看来成了一个合法的'城市'（镇）……这个城市与其紧邻的周围农村的联系，要比它与更为宽广的内地网络的联系少得多。"① 因此，可以这样说，汉口厅的设立已经孕育了民国以后的汉口市制，在历史的意义上隐含着近代城市行政法体制的创新。

（二）总督主导下的夏口厅市政

"夏口厅其实并不能独断汉口政务，许多设于汉口的新、旧市政机构如官渡局、汉口堡工程局、江汉关道、马路工程局等，不是听命于夏口厅，而多直接听命于省府（总督）"。如1904年创设的"汉口警察局是省府为加强对汉口市政的管理而新置的又一重要市政机构"，"汉口警察局创立时，总办为汉阳知府。汉口警察局直接听命于总督，夏口厅根本就无权干预汉口警政，故汉口警察局的创设同样也体现了省府在汉口市政管理、市政改革中的主导作用"。汉口后湖堤工局"以江汉关道为总办，夏口厅同知协助办理。为修筑汉口马路而设的'汉镇马路工程局'，以湖北候补知府周以瀚委充，并由江汉关道'督饬妥筹办理'。后湖堤工局和马路工程局均直接听命于总督，由此可见省府在市政建设中的主导作用"②。甚至汉口华景街新建菜市场都必须由总督批准并审核验收③。

这一现象表面上看来是张之洞个人的强势，实际上却是张之洞在清朝传统县制的束缚下不得不采取的便宜措施。夏口厅虽然是独立的行政与司法机关，但其建制级别之低仍然无法与其庞大的经济与社会体量相匹配，因而只能承担传统县制下的民刑诉讼、征收税粮等最基本政务，至于城市建设、对外交涉等现代开放城市的新政，则根本无力应对。晚清地方政治体制中，既没有形成新的城市政体，也不具备独立而充裕的市级财政，因此，汉口城市的各种现代化建设就只能由省府集整个湖北省之财力与权力来进行。这种举一省之力官办市政的特点，显然有别于西方的城市自治制度，这或许是中国近代城市政体建立过程中的必由之路。

---

① ［美］罗威廉：《汉口：一个中国城市的商业和社会（1796—1889）》，江溶、鲁西奇译，中国人民大学出版社2005年版，第47页。

② 方秋梅：《张之洞督鄂与湖北省府主导汉口市政改革》，《武汉大学学报（人文科学版）》2010年第1期，第82—86页。

③ 《江汉关道齐、署巡警道黄会详筹筑汉口华景街华办马路菜亭工竣绘图呈请咨部立案文》，《湖北官报》1911年第78期。

第二节 军警制度的创新

在近代各城市中,最早进行军队制度改革和警察制度创新的,唯武汉与天津。相对而言,学界更加关注袁世凯在天津的改制,对张之洞在武汉地区的相关改革所述较少。事实上武汉的新军制度建设以及新式警政的创设,其成就并不亚于天津。尤其是新军的政治影响力,显然更加过之。辛亥革命的爆发,首先就在于具有新知识与新思想的武汉新军的首义。

一、军事制度的改革

甲午战争之后,中国传统军制已经完全不能应对近代国防的需要了。八旗军驻京师与重要省份要冲,由八旗都统衙门统管,直接隶属于皇帝,军机处、内阁、兵部及地方政府均无权节制。二百余年来,八旗军在军事观念、军事组织、军事技术与武器装备方面毫无进步,在世兵制特权的腐蚀下,已经完全没有战斗力。绿营军军制落后、将领腐败、士卒缺乏训练,太平军兴时即已腐朽不堪战阵。

湘、淮勇军虽为平定太平天国与捻军的清军主力,但太平天国起义失败后,湘军即被清政府解散,后随左宗棠镇压回乱及平定新疆的湘军仅为湘军余脉;淮军虽未被解散,但亦分散转入北洋水师与北洋新军中。湘、淮两军的军制分别为曾国藩、李鸿章所自创,采用募兵制,官兵具有浓厚的乡土人身依附关系,兵为将有,军费自筹,从而导致了中国近代军阀体制的形成。尽管两军不同程度地实现了武器的西化更新,尤其是淮军均配备了洋枪洋炮,但在军事观念、军事组织、军事技术、军事后勤保障、军事教育等体制方面,两军仍停留在古代,无法在近代对外战争中对抗列强的军队。甲午一役的失败,证明了绿营与勇军军制的僵化与落后。在这一共识之下,清政府及部分有见识的地方疆吏分别开始进行近代化的军事制度变革。其中,张之洞在武汉地区进行的军事制度改革,在全国居于引领与模范地位。

(一)遍设各级营务处

传统的八旗军与绿营军,军令与军政机关混一,各级军队中的中军既担负军令发布之责,亦承担军队中的行政管理事务,如训练、粮饷装备、医疗等事务。太平天国起义之后,湘军、淮军最早形成了专门的军事行政机关,有粮台、转运局、军械局等。湘军在武汉地区设立的上述机构,已如前述。

但这些机构均属于湘军上层设置的统一机构,并没有分设于湘军水、陆师各级建制。

分设于湘军水、陆师建制中的军事行政机关为营务处。曾国藩在初练湘军时给湖南巡抚骆秉章的信中说:"来示须派一统带大员等因。历来军营皆有此席,或称翼长,或称统领,或但称营务处。其实虽有此名号,而其心之不甚联属,则如故也。侍明知其无益,而不能不立此规模,以昭统摄。现拟派朱石樵充陆路营务处,派褚守汝航充水师营务处。"① 营务处的职权,曾国藩曾描述为"如派何营出队,何路进兵,何起专攻何城,何起分巢何股,均由主帅定计,营务处发令"②。罗尔纲先生认为"营务处的组织,不是湘军创立的,以前军营本有此组织。其作用是担负施号令、执军法的任务"③;而李志茗先生则直接认定"营务处类似于今天军队里的参谋部"④。曾国藩还将营务处视为培养军事人才的后备机构以及制定湘军内各种规章制度的军事行政机关,所谓"营务处之道,一在树人,一在立法"⑤。此时的营务处仍实行军令与军政职能混一。

徐珂云:"防营之有营务处,始于咸、同军兴时,其后乃遍全国矣……旧日营制,大帅节制各军,而营务处尽护诸将,隐若统制,恒以道员充之。提镇入见,皆持手版,执礼甚恭。大帅之下,营务处最尊。大帅若不知兵,则其权恒在营务处。盖湘淮军,恒以书生立功,湘皖书生慕曾文正公、左文襄公、李文忠公之流风余泽,谈兵者尤众。新军未成立,行省营务处皆道员也。"⑥ 后来的淮军亦设有营务处,如袁世凯微时就曾在吴长庆军之营务处任职。

张之洞先后任山西巡抚、两广总督时,即在其所辖抚标中设立有营务处⑦。湖北军队中成立营务处则晚至光绪二十年(1894年),"照得前年江

---

① 《复骆中丞》(咸丰四年正月十五日),载《曾文正公全集》第五册《曾文正公书札》(一)卷五,中国书店2011年版,第155页。
② 《复夏憩亭》(咸丰四年正月二十日),载《曾文正公全集》第五册《曾文正公书札》(一)卷五,中国书店2011年版,第165页。
③ 罗尔纲:《湘军兵志》,中华书局1984年版,第99页。
④ 李志茗:《晚清四大幕府》,上海人民出版社2002年版,第126页。
⑤ 《曾国藩全集·日记(一)》(咸丰九年九月初六日),岳麓书社1987年版,第415页。
⑥ 徐珂:《清稗类钞》第二册,中华书局2010年版,第759页。
⑦ 张之洞:《札营务处严禁积弊》(光绪八年四月二十五日),载《张之洞全集》第五册,武汉出版社2008年版,第4页;张之洞:《札饬广东营务处速演连珠炮》(光绪十年十月二十九日),载《张之洞全集》第五册,武汉出版社2008年版,第69页。

第三章 张之洞督鄂时期武汉法秩序的转型（1889—1907年）（上）

防戒严，添募多营，事务繁重，设立营务处，檄委现任各司道兼充总办、会办，并委候补道会办在案……查有奏调湖北差委广东补用道王道秉恩，老成稳练，晓畅戎机，堪以饬委总办湖北全省营务处，随时将各营操防一切事宜认真整顿，切实稽查，力洗防营积习"①。可见此前的湖北军队并无营务处之设，同时也表明营务处并非绿营的法定机构。

继湖北全省营务处之后，湖北地方各军内亦设有营务处②。但此时的营务处，大抵相当于后世军队的总司令部，但仍然没有明显区分军事命令与军事行政职能。张之洞认为，"营务处一差，实合外国参谋部、经理部、总监部三项之义而有之"。光绪三十年六月二十三日，张之洞札令司、道酌定《营务处新章》，并仿照北洋军营务处拟定了湖北营务处的基本组织，"将湖北省营务处分列四门"，"一曰营务处参谋所，专管筹画戎机，增减兵数，斟酌营制，阅看各报，设立军学，绘画舆图，侦探军情，修理道路各事"，"二曰营务处执法所，专管申明纪律，核定功过，剔除积弊，考核本省外省军队人才等事"，"三曰营务处督操所，专管各营操练之法，参考各国书籍，体察中国将士情形，编写操典。凡军、镇、协、营、队、哨各级规制，步、炮、马、工、辎各门操法皆具焉。各营器械是否精利完备，操场是否合法，皆归该所管理"，"四曰营务处经理所，专管行军应用枪炮、弹药、器具、衣装、辎重工程应用各件，购备运载骡马、粮米、行粮、军医、药料、兽医等事"③。此时，湖北军队的总司令部及其所属之军令、军政、军法及后勤四项职能分工体制基本形成。

（二）次递裁汰、轮训绿营军、防军、练军等旧军

1. 裁汰绿营、防军、练军

各省防军自成立以来，也进行了有限的改革。"洋务运动期间，防军基本上都装备了西式枪炮，按照西式操练法进行操练，也建立了一些新式学堂，但是其军事制度的基本方面没有变，因此可以说当时的防军是既具有某

---

① 张之洞：《会委王秉恩总办营务处》（光绪二十二年五月初四日），载《张之洞全集》第五册，武汉出版社2008年版，第467页。

② 张之洞：《札委王立清总理北路缉私营务处》（光绪二十五年三月二十九日）、《札委襄阳道扎道总理襄阳马步各营营务处》（光绪二十五年六月初十日），载《张之洞全集》第六册，武汉出版社2008年版，第231、247页。

③ 《札司道酌定营务处新章》（光绪三十年六月二十三日），载《张之洞全集》第六册，武汉出版社2008年版，第439、440页。

些资本主义军事制度成分,又有传统的军事制度成分,且后者占据主导地位。防军制度取代八旗、绿营在清代兵制中占据主导地位,具有一定的进步意义"。但基于种种原因,这些改革都只是局部的、浅表的,尚不足以使防军成为完全近代化的新军。军权地方化,军官培养制度落后,军队编制不适合多军种协同作战,军饷、后勤难以得到保障,军事教育难以养成近代有文化、有理想、有纪律的士兵,体制上的阻碍使"防军依旧是一支旧式陆军"①,在甲午战争中与绿营、练军均被证明无法适应近代国防的需要。甲午战后,清廷决心裁撤绿营,"要把二百多年来的腐朽的制度作根本的全盘的裁撤"②,同时对防军、练军等旧军也要求一起裁撤。光绪二十一年(1895 年)六月初六,清廷上谕:"各路防军未能尽撤,需饷亦繁,亟须预为筹备……令各省挑留精壮三成,其余老弱一律裁撤。着该督抚各就地方情形,悉心妥筹,核实裁汰。"③ 此后,清廷又多次谕令各省裁汰旧军。但各省督抚因为担心如此急剧地裁军会引起军队的动荡与治安的混乱,因而对这一仓促决定都没有严格执行,而是根据各地情形进行了变通。其中,张之洞在湖北采取的裁军措施相对于清廷的命令就较为缓和。

光绪十七年(1891 年)四月二十五日上谕,要求各省督抚筹饷、节用,其中有"马步勇营裁减"一条。张之洞认为"湖北为各省往来通衢,水陆交冲,华洋杂处,自军务肃清后,所有防、剿各军,早经大加裁撤,又于光绪六年及十一年陆续抽裁厘定营制……论分防则实已动形掣肘……应防之地太多,留扎之营太少",不仅没有继续裁减本省绿营,反而请求"暂行添募步队二营"④。光绪二十一年(1895 年)清廷各省裁撤七成绿营的谕旨发布后,"因部文有裁兵之议,前护督臣谭继洵甫经札行,即已汹汹鼓噪,公然遍布揭帖,诸多狂悍,当经谕以缓裁,其事乃定"⑤,因而张之洞并没有按照清廷要求的幅度速裁。光绪二十二年(1896 年)三月,湖北省"将驻防

---

① 齐远飞:《洋务运动晚期的防军研究》,华中师范大学硕士学位论文 2018 年,第 43、44—46、53 页。
② 罗尔纲:《绿营兵志》,中华书局 1984 年版,第 89 页。
③ 《光绪朝东华录》(六)"光绪二十一年六月",中华书局 1960 年版,第 3633、3634 页。
④ 《鄂省通营实难再议抽裁折》(光绪十七年八月十九日),载《张之洞全集》第二册,武汉出版社 2008 年版,第 458 页。
⑤ 《裁撤抚标左右两营改为练勇片》(光绪二十四年八月),载《张之洞全集》第三册,武汉出版社 2008 年版,第 509 页。

第三章 张之洞督鄂时期武汉法秩序的转型（1889—1907年）（上）

省城武防旗、武刚右旗，驻防田家镇镇南前旗，每旗勇丁三百六十名，共计勇丁一千零八十名，一律裁撤"①。上述各旗，均属防军。光绪二十三年（1897年）八月二十八日，张之洞呈奏《裁减湖北制兵并整顿练军折》，请求"就湖北现有兵额实数马步一律裁减五成……总计此次裁减马战守兵七千七百一十五名，均分为五年递裁"（此为绿营军）；裁减原则为"裁散不裁整，裁兵不裁官"，并对被裁士兵发给一年银、米。"练军概不裁减"②，但需认真操练。对武汉防军，张之洞不裁反增。"湖北防营本不甚多……省城内外所扎止有二千九百人……臣现拟添一千人。武汉沿江重镇，仅有防军三四千人，岂能济用？"③ 光绪二十四年（1898年）八月，湖北巡抚职位被裁撤，其抚标两营随即被裁撤，其中精壮被改为练勇④。九月十日，再"将缉私武胜新营""沙防营""汉口缉捕营勇""大冶铁山、马鞍山煤井所扎之武胜右营一底营"等防军裁撤，同时将原工程队扩为一营，并令"武恺二底营""武防中营一底营"均改练洋操。至此，"除分防汉口，分防沙市，分防襄樊及麻、罗缉私，田家镇炮台各营未练洋操，其饷费仍旧开支外，其在省城各营，饷章操法均归一律"。采用洋操的绿营和防军，"采取外洋陆军章程，并鄂省洋操队现行操法，酌定操练课程，刊发省防各营，一律按期、按时操练"⑤。对已练洋操之军，如无成绩，亦予裁撤。光绪二十五年（1899年）六月，张之洞即将"马队中营""护军中营"两营裁撤⑥，光绪二十七年（1901年）六月四日，湖广总督张之洞与两江总督刘坤一联名呈奏《遵旨筹议变法谨拟整顿中法十二条折》，"拟请将各省绿营不论挑练之兵、原营之兵，不分马、步、战、守，限定每年裁二十分之一，计百人裁

---

① 《续裁防营加给恩饷片》（光绪二十二年三月），载《张之洞全集》第三册，武汉出版社2008年版，第375页。

② 《裁减湖北制兵并整顿练军折》（光绪二十三年八月二十八日），载《张之洞全集》第三册，武汉出版社2008年版，第438、439页。

③ 《请添练精兵折》（光绪二十三年十二月二十四日），载《张之洞全集》第三册，武汉出版社2008年版，第459页。

④ 参见《裁撤抚标左右两营改为练勇片》（光绪二十四年八月），载《张之洞全集》第三册，武汉出版社2008年版，第509页。

⑤ 《裁营腾饷精练洋操片》（光绪二十四年九月初十日），载《张之洞全集》第三册，武汉出版社2008年版，第509页。另参见《札武恺三营挑留两营及防营加饷改练洋操》（光绪二十四年九月初九日），载《张之洞全集》第六册，武汉出版社2008年版，第172页。

⑥ 参见《裁营腾饷改练洋操片》（光绪二十五年六月），载《张之洞全集》第三册，武汉出版社2008年版，第530页。

五,统限二十年裁竣"①。同年七月三十日,清廷发布上谕,"所有各绿营、防勇,限于本年内裁去十之二三","着各直省将军督抚,将原有各营严行裁汰,精选若干营,分为常备、续备、巡警等军,一律操习新式枪炮,认真训练,以成劲旅"②。光绪二十八年(1902年)十月一日,张之洞承诺"自光绪二十九年起,每年裁一成,马、战、守匀摊,分为二十年裁尽"③。直到光绪三十四年(1908年)八月,"湖广总督瑞澂奏:鄂省绿营,业经裁汰,所有绿营田地产业及台垒营房马厂各基地,前准陆军部电开应查明变价,以备扩充新军"④。宣统三年(1911年)五月,"湖北全省经营及操防练军,现经瑞督照资政院议案,本年六月一律全裁。所有筹给恩饷及一切善后办法,经藩司会商兵备处拟议,呈请瑞督核订,列为十条。昨又通饬绿营镇、协、标、营及各府厅州县一律遵办"。"湖北全省绿营、练军大小官弁兵丁一律裁撤,以本年六月底为截止之期","裁撤大小员弁及随营武进、武峰,均准其投效他省或本省各防营"⑤。至此,武汉地区绿营、练军全部裁撤,旧军只剩下防军。

2. 轮训旧军

甲午战争之后,张之洞还聘请西方国家的军事教官对未裁旧军官兵进行轮训。他认为,"目前陆军以德国为最强,自宜取法于德","其法必宜即派德国将弁为统领、营官,令其悉照洋法操练,并其行军、应用、军火、器具、营垒、工程、转运、医药之法,亦俱仿之"⑥。其对湖北旧军官兵的具体轮训方法为:"公令(湖北境内)各营练军及马步防勇,于每营中择其强壮朴实、年在二十五以下者,就本营人数,挑选十分之一,派一哨官率带来省,盖造房屋,令其同驻,教以新式枪炮及体操。至半年遣回本营,教练同营兵勇,仍令调一成来省学习。如是更番教练,期化弱为强,此练旧兵之法也。至于教将弁,则令绿营候补营弁,轮班赴六营公所,听洋教习讲习种种兵法,

---

① 《遵旨筹议变法谨拟整顿中法十二条折》(光绪二十七年六月初四日),载《张之洞全集》第四册,武汉出版社2008年版,第23页。
② 《清实录》58册《德宗景帝皇实录》卷485"光绪二十七年七月三十日",中华书局1987年影印版,第410页。
③ 《酌拟裁汰绿营办法折》(光绪二十八年十月初一日),载《张之洞全集》第四册,武汉出版社2008年版,第100页。
④ 《宣统政纪》卷60。
⑤ 《湖北绿营练军之裁撤》,《时报》1911年6月11日(辛亥五月十五日)。
⑥ 《吁请修备储才折》(光绪二十一年闰五月二十七日),载《张之洞全集》第三册,武汉出版社2008年版,第257页。

按月考校功课,分别给奖。此外武汉各标营、操防、练军各营并防勇各营,所有营官、帮带、哨弁等,亦轮班听讲,按月考校,不到及无进益者撤职。后又派武备学堂学生充各营教习及哨官营营,以资观摩改进,此教将弁之法也。"① 光绪二十四年(1898年)闰三月十六日,张之洞向湖北全省各防营、绿营发布《照札各营练习快枪》,要求省属各军全部装备快枪并认真训练。

除对全省绿营、防营官兵进行轮训并装备新式快枪外,张之洞还要求省城防营、绿营按西洋军队的训练方法进行训练,已如前述。

(三) 自创新军军制

在裁汰、轮训绿营旧军的同时,张之洞还在武汉组建新式陆军,其军制经历了五个阶段。

1. 仿德的湖北护军军制

光绪二十一年(1895年)十一月十二日,暂署两江总督的张之洞开始在江苏招募并训练"江南自强军"十三营,仿德国营制及马、步、炮、工合成军种制②。"自强军的创立,实为日后中国编练新军的先河。"③ 次年,张之洞回任湖广总督时,奏请朝廷,从隶属江南自强军的南京卫戍部队——"江南护军"中挑选了前营500人,调赴湖北,作为湖北新军的模范军④。此500护军便成为湖北新军最基础的班底。

张之洞于光绪二十二年(1896年)二月回任湖广后,以此500人为基础,将其扩编为湖北护军三营,即前营、后营、工程营作为武汉卫戍部队。护军由"德将贝伦司多尔夫充当该(前、后——引者注)两营总教习,选募津、粤武备学生充当分教习,专肄西法马、步、炮各队阵式技艺,枪炮药弹装卸、运用,机器理法,营垒、桥道测量绘图事宜"⑤,训练方法与军制均采用德制。这一军制改革的意义在于,改变了传统绿营、勇营或以步兵或以水师为主的单一兵制,"体现了不断追求中国的合成军队编制向世界先进

---

① 张继煦:《张文襄公治鄂记》,湖北通志馆1947年印,第24页。
② 参见《选募新军创练洋操折》(光绪二十一年十一月十二日),载《张之洞全集》第三册,武汉出版社2008年版,第298、299页。
③ 罗尔纲:《甲癸练兵志》,载《晚清兵志》第3卷,中华书局1997年版,第157页。
④ 参见《护军前营调鄂教练片》(光绪二十一年十二月二十二日),载《张之洞全集》第三册,武汉出版社2008年版,第331、332页。
⑤ 《设立护军营工程队练习洋操并裁营抵饷折》(光绪二十二年五月十六日),载《张之洞全集》第三册,武汉出版社2008年版,第380、381页。

国家军队靠拢的意向"①。

光绪二十五年（1899年）正月二十二日，张之洞札发自行制定的《湖北练兵新章》，要求练习洋操之护军营以及武、汉各标营操防练军，恪遵章程内规条禁令，一体照章操练。该练兵新章，系"参考北洋新建军、南洋自强军及外洋练兵章程，体察本省情形酌定"②。甲午战争后，张之洞在湖北新军的军制由学习德国变为学习德、日两国。

2. 光绪二十八年（1902年）前的湖北军制

湖北军队分为练洋操军队和传统绿营军，前者均驻省城，后者分防湖北各地。光绪二十八年（1902年）十月一日，张之洞在给皇帝的报告中，罗列了湖北所有驻省城练习洋操军队的现有编制。"一切分伍、编队、操法、营规，均参仿德、日两国最新军制"，"现计有洋操护军左右两旗：步队八营、马队一营、炮队一营、工程队一营；武建军左右两旗：步队八营；武恺军步队四营；武防军步队四营；又护军铁路营步队四营"，共计三十一营，"员弁兵夫九千五百余员名"。"除护军左旗步队四营现拟调赴江南外，又有护军铁路营四营防护楚、豫境内路工……计武昌省城实存步队二十营，马队、炮队、工程队各一营，共员弁兵夫七千六百余员名"。

光绪二十八年（1902年）十月前省城练洋操驻军构成一览表
（共三十一营，实际驻省城二十三营）

军队名称	护　　军					武建军		武恺军	武防军	护军铁路营
下属组织	左旗步队四营（奉调江南）	右旗步队四营	马队一营	炮队一营	工程队一营	左旗四营	右旗四营	步队四营	步队四营	步队四营（驻防楚豫铁路线）

3. 光绪二十八年（1902年）常备军、续备军与巡警军新军制

光绪二十七年（1901年）七月三十日上谕："着各省将军、督抚将原有各营严行裁汰，精选若干营分为常备、续备、巡警等军，一律操习新式枪炮，认真训练，以成劲旅，仍随时严切考校……所有改练章程应如何更定饷

---

① 施渡桥：《论张之洞的军事思想与军事实践》，《军事历史研究》2000年第2期，第143页。
② 《咨札发湖北练兵新章》（光绪二十五年正月二十二日），载《张之洞全集》第六册，武汉出版社2008年版，第209页。

第三章 张之洞督鄂时期武汉法秩序的转型（1889—1907年）（上）

章，着政务处咨行各省悉心核议，奏明办理。"政务处遂确定了兵制改革的基本原则、纲要，咨行各省督抚，要求各省"应就各省情形详订章程，统归入兵制饷章，另行核定，不得仍以旧日操章规制敷衍陈奏，视为具文，所有更定兵制饷章以及录用武员、训练规条各详细章程……应一并遵旨办理……务于三个月内覆奏，恭候钦定"。八月二十九日，张之洞发布《札南、北藩司等遵旨筹议更定兵制饷章奏明办理》，要求湖南、湖北两省藩司"迅速将更定兵制饷章及武员选用升补章程，裁并改练事宜切实筹议，周咨博访，各抒所见，酌拟办法，刻期呈候本部堂酌核，咨商各省，或定为划一章程，或就各省情形酌办定议后，奏明办理"①。光绪二十八年（1902年）十月一日，张之洞将湖北拟定的《营制饷章》奏报皇帝，作为湖北武汉新军军制。

（1）驻省城洋操常备军五级建制。按上谕与政务处的改制要求，张之洞兼采德、日军制，对实际驻省城的洋操二十三营进行了调整，重新设计了武昌城洋操驻军五级军制（军、翼、旗、营、哨），如下图②。

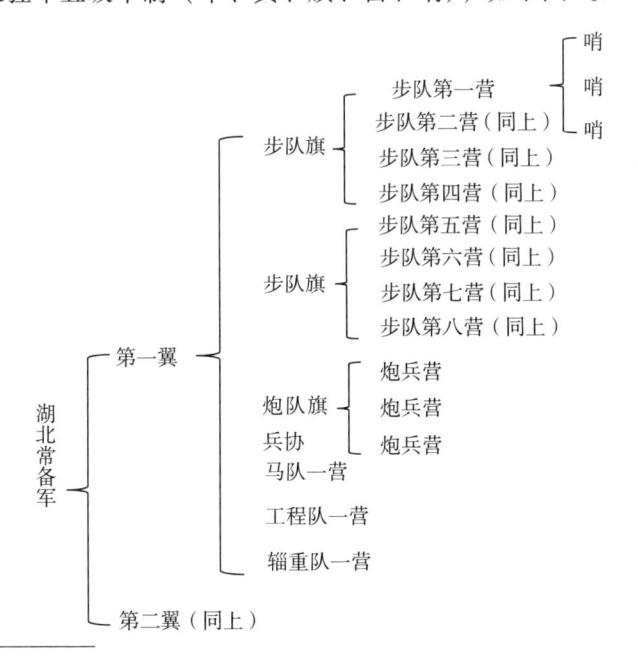

```
                                        ┌─ 哨
                           ┌─ 步队第一营 ┼─ 哨
                           │             └─ 哨
                           │  步队第二营（同上）
                  步队旗 ──┤  步队第三营（同上）
                           │  步队第四营（同上）
                           │  步队第五营（同上）
                           │  步队第六营（同上）
                  步队旗 ──┤  步队第七营（同上）
                           └  步队第八营（同上）
         ┌─ 第一翼 ────────┤
         │                 │         ┌─ 炮兵营
         │                 │ 炮队旗 ─┼─ 炮兵营
湖北常备军┤                 │         └─ 炮兵营
         │                 │ 兵协
         │                 │ 马队一营
         │                 │ 工程队一营
         │                 └ 辎重队一营
         │
         └─ 第二翼（同上）
```

---

① 《札南、北藩司等遵旨筹议更定兵制饷章奏明办理》（光绪二十七年八月二十九日），载《张之洞全集》第六册，武汉出版社2008年版，第390、391页。

② 本表以《筹办练兵事宜酌议营制饷章折》（光绪二十八年十月初一日）为依据（载《张之洞全集》第四册，武汉出版社2008年版，第95—99页），参见张旭杉：《论清末新军营制》，华中师范大学硕士学位论文2011年，中国期刊网·优秀博、硕士论文。

当时德国军制,"军统两镇,镇统两协,协统两标,标统三营,营统四队,队统三排,每排四十二人起算,积至一军,当得步兵一万二千九十六人……北洋常备军所仿办者也"。"日本一师团统两旅团,一旅团统两联队,一联队统三大队,一大队统四中队,一中队统三小队。每一小队亦四十余人起算,积至一师团,约得六千余人"。而湖北由于财政支绌与军官来源不足,因而只能减少新军组织层级以减少军官数量,否则"不独员弁薪费所增甚巨,而学堂出身之将校目前更难得此多人"。基于此,张之洞在日本军队六级组织基础上,初"将湖北新军军制分为五等","以一军统两翼,一翼统两旗,一旗统四营,一营统三哨,每哨以八十四人起算",连同配属到各旗的督带、文案、军医、号护等员,"两翼共员弁兵夫七千三十二员名","此盖参德、日两国之制暂为变通"。

（2）驻省城洋操新军之机关设置。湖北洋操新军之机关,原只统设营务处,"营务处章程尚略,现当整顿新军之际,自应查照北洋常备军制,分设参谋营务处、督操营务处、执法营务处,各分责任",从而区分出了参谋、训练和执法三部门,"若粮饷、军械、军医等局,因鄂省财力甚艰,总办以下各员或量才兼摄,或酌省归并,稍事变通"。

（3）其他未练洋操的传统绿营军改为以治安为主的续备军。"各防营皆分驻各属要地,汉防营驻夏口厅,汉靖营驻新堤,工防营驻枪炮厂,沙防营驻沙市,宜防两营驻宜昌府,襄防马步三营分驻襄阳府辖境,岳防两营岳州防湘鄂交界门户,缉私两营驻麻城一带。以上各营专为巡缉盗匪、弹压地方、保护教堂、查缉私盐等因。因一时实无许多学堂出身之营哨官,惟有择其勤朴晓事、明习缉捕、不肯扰民者充当管带,照旧屯扎训练,即作为湖北续备兵。俟常备洋操各军有年满退伍者,即发至以上各营充补此项续备军。至巡警军一项,目前似可姑以省内省外各标绿营挑出之练军充数。然习气已深,断难得力,不惟无益,而且扰民。且警察乃专门学问,与营伍不同,寻常兵勇断不能充此选,即精兵亦不相宜。此项练军,只可酌量派以弹压、缉兵、看守局库等事,不宜令冒巡警军之名,以至名实相戾致碍。将来通省认真开办警察之局,必须另筹办法,另折奏陈"。

（4）关于新军的招募、训练、营房、军容、官兵关系、阅兵各项。除军队组织与军兵种配置制度外,张之洞还仿照德、日军事操典,为湖北新军的入伍条件、训练、营房、军容、官兵关系、阅兵等军务制定有十项成文规

第三章 张之洞督鄂时期武汉法秩序的转型（1889—1907年）（上）

条，计有"入营之兵，必须有一半识字""人人皆习体操""各营人人操炮""马队不设马夫，皆令马队自养""营房力求整洁合法，宜于卫生""器械资装随身具备""待兵以礼""统带、营哨官皆亲身教育，不准用教习""将领、营官、哨官不许穿长衣""阅操之时各官皆不许坐看"等①。

武汉新军制与绿营、勇营相比，至少有以下几点变化：其一，军队分为常备军、续备军和巡警军，首次采用了西方国家的现役和预备役制，并初步将军队与警察作了区分；其二，仿德、日军制实行马、步、炮、工程诸军兵种合成配备；其三，各营中枢机构分为参谋处、督练处、执法处和经理处，其职能分工已具备近代军队的特征；其四，军官皆毕业于军官学校，士兵必须具备一定的文化知识，亦符合近代军队军官制度与士兵入伍条件；其五，在军容、军姿与军风纪方面一洗绿营军萎顿、骄糜精神面貌。

由于湖北武汉地区新军军制与训练水平居于各省前列，光绪二十八年（1902年）十一月十三日上谕："查北洋、湖北训练新军，颇具规模，自应逐渐推广。所有河南、山东、山西各省，着速即选派将弁目赴湖北学习操练。江苏、安徽、江西、湖南各省，选派将弁头目赴湖北学习操练……每年由北洋、湖北请旨简派大员分往校阅，按其优劣，严加甄别。其详细章程，着袁世凯、张之洞妥议会奏，请旨遵行。"遵此上谕，张之洞特拟定了《训练各省将目章程》，于光绪二十九年（1903年）二月八日呈报皇帝并获得批准②。

4. 光绪三十年（1904年）七月按北洋军制改革的湖北军制

因天津的袁世凯和武汉的张之洞练兵成就最大，因而清廷屡饬张之洞"与北洋大臣直隶总督袁世凯筹商画一营制……正在筹议间，适奉旨京师设立练兵处，统筹各省军制。此项划一章程，自应静候练兵处核议，奏奉谕旨后遵办。惟现在练兵处章程尚未奏准通行，只可暂就湖北向日新操营制，参酌北洋现行营制，及本省饷力、人才、地势、民风，先行酌拟章程，及早开练"。因练兵处为北洋军首领袁世凯所实际控制，故张之洞遂于光绪三十年（1904年）七月十八日呈奏《拟编湖北常备军制折》，拟仿北洋军制，改革

---

① 《筹办练兵事宜酌议营制饷章折》（光绪二十八年十月初一日），载《张之洞全集》第四册，武汉出版社2008年版，第95—99页。

② 参见《拟订训练各省将目章程折》（光绪二十九年二月初八日），载《张之洞全集》第四册，武汉出版社2008年版，第131页。

湖北军制。

（1）军务机关。湖北原军务机关分为参谋、督操和执法三个营务处，其他如军械、军饷、军医等机关及军官均由上述各机关及军官兼任。本次改制，在已有三营务处外，新增经理营务处作为军事保障机关。"参谋处讲军谋之学，执法处讲军律之学，督操处讲军教之学，经理处讲军备之学。惟经理营务处系包括北洋粮饷、军械、军医三局在内，取其归并一处"。

（2）军、镇、协、旗、营、哨、排七级建制。

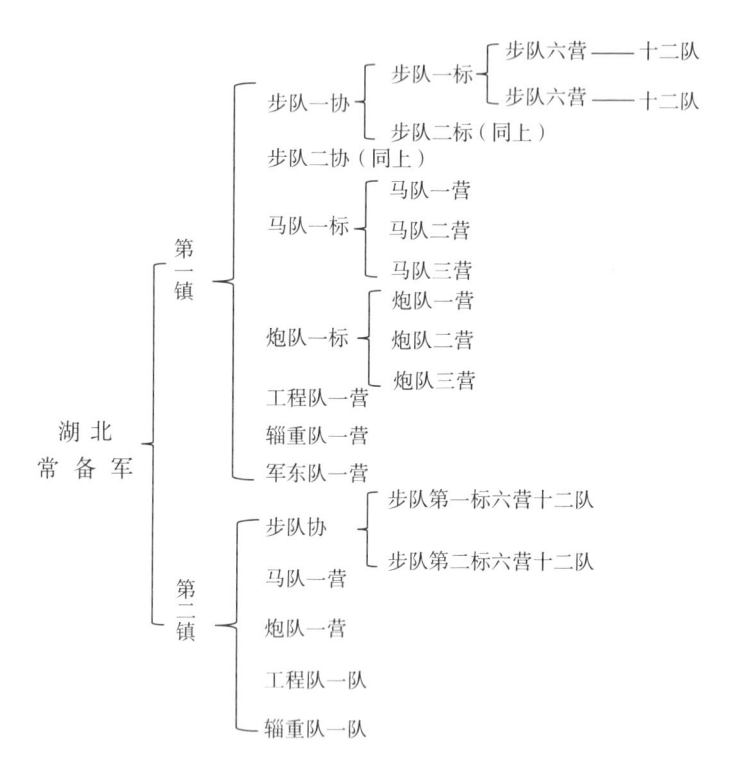

```
                              ┌─ 步队一标 ┬─ 步队六营 ── 十二队
                    ┌─ 步队一协 ┤          └─ 步队六营 ── 十二队
                    │          └─ 步队二标（同上）
                    ├─ 步队二协（同上）
                    │          ┌─ 马队一营
          ┌─ 第一镇 ─┼─ 马队一标 ┼─ 马队二营
          │         │          └─ 马队三营
          │         │          ┌─ 炮队一营
          │         ├─ 炮队一标 ┼─ 炮队二营
湖北      │         │          └─ 炮队三营
常备军 ──┤         ├─ 工程队一营
          │         ├─ 辎重队一营
          │         └─ 军东队一营
          │         ┌─ 步队协 ┬─ 步队第一标六营十二队
          │         │        └─ 步队第二标六营十二队
          └─ 第二镇 ┼─ 马队一营
                    ├─ 炮队一营
                    ├─ 工程队一队
                    └─ 辎重队一队
```

（3）军官制度。新军各级军官名称与传统绿营有所不同，但为待遇上具有可比性，其官秩仍按绿营标准。不同兵种的军官，因其技术含量不同，故相同官名的炮兵、工程兵军官，其官秩较之于步兵、骑兵和辎重兵通常要高一级。

各类兵种军官的官名、官秩如下表[①]：

[①] 本表依《拟编湖北常备军制折》（光绪三十年七月十八日）编制，载《张之洞全集》第四册，武汉出版社2008年版，第190—193页。

第三章　张之洞督鄂时期武汉法秩序的转型（1889—1907年）（上）

步兵、骑兵、辎重兵军官官名及官秩一览表

步、骑、辎重兵各级军官	镇官		协官		旗官		营官		哨官		排官	兵目
	统领	副官	协统	副官	督带	副官	官带	副官	领哨	副哨	排长	正兵目
比照绿营秩级	总兵	游击	副将	都司	参将	守备	都司	千总	千总	把总	外委	额外外委

炮兵、工程兵各级军官名及比绿营军官秩

技术兵种各级军官官名与官秩		旗官	营官	哨官	队长
炮兵军官	官名	督带官	管带	队官	队长
	比绿营军官秩	副将	游击	守备	千总
工程兵军官	官名		管带	队官	队长
	比绿营军官秩		游击	守备	千总

凡督带、管带、副官各员，均由游学日本士官学校毕业生或本省将弁学堂、武备学堂优等毕业生中充补。凡士兵考核"列入头等者，遇有哨官、哨长弁缺，尽先酌量拔补"。

（4）募兵及兵役制。洋操新军与传统绿营一样，采用募兵制。

凡入伍之兵，以三年为期满，即令退伍。除有过犯及操练不进功者已随时革退外，其练成退伍之时，应令督操营务处会同本营统领亲加考校，酌分为头、二、三等，分别给予凭照。列入头等者，遇有哨官、哨长弁缺，尽先酌量拔补。列入二等者，退充本省续备兵，并咨明各省，听其调弁目。列入三等者，退充各属警察兵。不愿当兵者，听回乡里自营生业。发照退伍之日，由督抚亲到该营奖勉发给，餪以羊酒，以花红鼓吹送出营门。回籍到乡之日，由本乡绅董以鼓吹爆竹迎入里门。凡领有凭照之退伍兵，概免杂项差徭，非犯有实在案情，地方官不得无故差拘折辱，待以武生之礼。以上皆系查照上年三月政务处议覆奏准之案办理。如此则人尽以当兵为荣，冀他日得造到全国皆兵之强盛境界。[①]

[①] 《拟编湖北常备军制折》（光绪三十年七月十八日），载《张之洞全集》第四册，武汉出版社2008年版，第190—193页。

5. 光绪三十年统一《营制饷章》的颁布及湖北新军的再改制

在光绪三十年（1904年）七月张之洞呈奏《拟编湖北常备军制折》不到一个月，清廷练兵处便于八月三日奏定《拟定营制饷章折》[1]。"由于练兵处是由袁世凯所实际控制，因此这个营制饷章完全是依据北洋新军的标准"[2]。光绪三十一年（1905年）十月九日，张之洞呈奏《遵照新章改编营制饷章并设督练三处折》，按全国统一的营制对武汉新军进行改制。

（1）改六级建制军、镇、协、标、营、队。新军制仍采六级建制，但与1904年六级建制有所不同，其分别为军、镇、协、标、营、队。第一镇设步队两协、四标，马队一标三营，炮队一标三营，工程队一营，辎重队一营。第二镇建制稍弱于第一镇，设步队一协两标，马队一营，炮队一营，工程、辎重各一队。奏疏中附有第一镇、第二镇各级军官委任名单。

（2）比照《营制饷章》稍加变通。考虑到湖北省财政紧张，张之洞比照国家统一《营制饷章》，奏请变通湖北军制，其方法分别有：缓设、兼充、酌裁、减人、减饷、减马、减干（草料）等。如缓设者有各标之副军医官、副马医官，各营之军医长、副军医长，拟用医生代替；各随营车应设之驾车兵、喂养夫及炮队之管驮兵、喂养夫。"所有第一镇之两协，自统领官起，及所用之参军官等员弁、护兵、火夫、骑马十二项，全行缓设。第二镇以协统兼护本镇统制，其统制所属人员，除正参谋等必不可缺者，其计十四员名详具清单外，其余亦均暂缓"。如兼充者，"第一镇以统制兼摄两协，第二镇以协统兼护统制"。

（3）成立督练公所三处由藩司、臬司和盐道兼任。依《营制饷章》，"凡各省新军业经练及一协以上者，应于省会设督练公所一处，慎选兵学谙练、事理精详各人员分任，兵备、参谋、教练既考校本省旧日勇营、妥筹变革各事，以资辅佐，仍由各将军、督抚率筹办"。张之洞认为"湖北道员中暂无素谙军学之员，而实缺司道公事过繁，断无余暇可以专精讲求，徒成具文，无裨实用。然一省军旅大事，亦断不可使实缺司道与闻。兹委藩司、臬

---

[1] 参见《练兵处奏拟营制饷章折》，载上海商务印书馆编译所编纂：《大清新法令（1901—1911）》（点校本）第三卷，商务印书馆2011年版，第654—687页。

[2] 李细珠：《张之洞与清末新政研究》，上海书店出版社2009年版，第246、247页。

司、盐道暂兼三处之差，作为暂行管理"①。

对湖北军制的上述改革与变通奏议，经朝廷批准"谨核原奏分别照准"。光绪三十三年（1907年）七月二十八日，张之洞再次奏请朝廷，请求根据湖北省具体情况对执行统一《营制饷章》予以适当变通，主要是照章适当减缓相关指标，亦获朝廷批准②。光绪三十一年（1905年）正月"癸巳谕内阁：铁良遵旨抽阅江苏等省营伍情形一折，据称陆军以湖北之常备军为最优"③。

（四）总督署设立私人卫队

总督、巡抚署的保卫，通常是由各自本标绿营军负责的。但张之洞督鄂期间，曾于本标绿营外，还建有一支总督私人卫队。"督署有私养卫队童子军数百人，某公（张之洞——摘者注）之孙公子所募，皆弱冠内外犷丁，自以西操训练之，饷赉优渥，出入拥卫，器精人壮，颇赫观瞻，意仿古人蓄死士养家兵之制，谓设有仓卒，足以收指臂腹心之效，而卫身保家，故资粮甲仗虽给于公，而不隶标防军籍，不听他方征调，别树一帜，为张家军焉。某公甚钟爱其孙，故视此队亦隆重。诸军日练之暇，辄出游息饮博，或人民家戏谑；忤之，则抽刀相向，人莫敢撄。小民有'督军有卫队，百姓无安睡'之谣。然督军重得兵心，悉置不问也"④。

（五）变相重建湖北水师建制

在曾国藩组建湘军水师之前，清代水师一直不是独立军种，通常是分散配置在各省的八旗军与绿营军之下的。"清军水师营可分为标辖营和独立营两类。标辖营是指督标、抚标、提标、镇标内所辖各营，一般驻扎在沿江傍海的重要城镇，兵力相对集中，平时担任防务，需要时可以抽调去执行作战、运输等重大任务。独立营驻地非常分散，1个营往往又分成几个汛，分别派兵防守。有的汛甚至只有1艘船，几个兵"。前者分别为总督、巡抚、

---

① 《遵照新章改编营制饷章并设督练三处折》（光绪三十一年十一月十一日），载《张之洞全集》第四册，武汉出版社2008年版，第241—245页。
② 《改正鄂省营制饷章折》（光绪三十二年七月二十八日），载《张之洞全集》第四册，武汉出版社2008年版，第330页。
③ 《清实录》59册《德宗景皇帝实录（八）》卷541"光绪三十一年正月"，中华书局1987年版，第191页。
④ 潜翁：《鄂渚纪闻》，载宋传银：《笔记小说武汉资料辑录》第1册，武汉出版社2018年版，第198页。

提督和总兵（相当于今之军分区司令员）的直属营，其最高级别的水师军官便是"水师提督"，清代前、中期只有福建、广东水师设有提督；后者则分别为副将、参将、游击、都司、守备、千总、把总的水师战术单位。"清朝初年，武昌绿营就建有水师营，营官为守备，是由武昌城守营参将兼管的二等营。乾隆二年（1737年），武昌水师营撤销。原水师营战船和人员多数移归汉阳城守营，仅留下5艘哨船及船上水兵并入武昌城守营。这时，汉阳营有战船3艘、唬战船3艘（其中2艘驻汉川）"①。

太平军兴，湘军水师独立成军并在战争中立下巨功，清廷开始重视水师建设。"同治四年（1865年）十二月，由曾国藩议定长江水师营制，于是以湘军水师改建为经制的长江水师"②，分防湖南、湖北（在汉阳设有总兵）、安徽、江西、江苏等沿江五省长江水面，直隶兵部，湖北督抚没有指挥权。

"长江、襄河虽有水师，然系按汛分驻，地阔船稀，不能多有移调。熟察近日事势，遇有事端，防遏策应，非有活便肆应之水师不可"，尤其是湖北督抚辖下，应有权调动之水师。光绪十七年（1891年）十二月二十六日，张之洞呈奏《添募勇营变通营制折》，请求将"新募勇丁，令其水陆兼习，编为三营……一军两用……此军系水陆兼操，倍极辛勤，他营自不得援以为例"，同时酌定《水陆兼操营制饷章》③。朝廷批准了这一请求，实际上是变相地恢复了湖北水师的建制。

（六）建立近代军事教育制度

中国至晚自西周起，就有了专门的军事教育。西周周天子治下的国学六艺课程中，射、御为纯军事课程，而礼、乐两项中亦均有军礼与军乐。春秋以后，武学基本上属私学，即便是创设了武举制度的隋代。"宋仁宗开创武学，建立了我国历史上最早的由国家兴办的正规的军官学校"④。元代废除了武举与武校制度，"明代又重新实行武举与武学制度"。清代没有设立专门的武校，只是在各级官办儒学中招收武童生，"武生附儒学，通称武

---

① 张铁牛、高晓星：《中国古代海军史》，八一出版社1993年版，第283、288、301页。
② 罗尔纲：《湘军兵志》，中华书局1984年版，第110、111页。
③ 张之洞：《添募勇营变通营制折并清单》（光绪十七年十二月二十六日），载《张之洞全集》第二册，武汉出版社2008年版，第512—513页。
④ 许长志：《中国古代军事教育史》，黄河出版社1992年版，第306、405页。

第三章　张之洞督鄂时期武汉法秩序的转型（1889—1907年）（上）

生"①，参加各级武举。通过童试、乡试、会试的武生分别有资格被授予不同级别的军职。

清代八旗军官实行世袭，与武举没有关系。绿营"军官的来源，主要为两途，一是行伍出身……二是武科举出身"，因为武举考试主要考弓、马、刀、石等武术之艺，不适于实战，因而"以行伍出身为'正途'，科目次之，这种情况与文职恰恰相反"②。各级军官的军事知识不是来自于实战，便是来自于军队内的训练传承，军人必须具备的国家、民族观念以及军人的职业伦理教育则无由获得。至于湘、淮勇军，"选将任官，除以宗族、同乡、亲属为主外，重要统领，多用文人，甚至营官文人也占有半数，这是为了以文制武"③。文人任军官，固然可以提高军官的文化素养，但饱读诗书的传统文人并不具备近代军事知识，且士兵及下级军官均为上级军官的私属，因而官兵亦毫无国家、民族观念。官兵的军事知识、文化知识以及国家、民族观念的缺乏，是清军战斗力低下的主要原因之一。受西方军校制度的影响，洋务派开始在中国创办军事学校。"1866年福州船政学堂成立，标志着新型军事学校的诞生。"④ 此后，各省纷纷开设旨在培养专业化军官的近代军事学校，并向各西方国家以及日本派遣留学生学习军事⑤。在这一军事教育制度近代化浪潮中，张之洞督鄂期间的武汉后来居上，不仅创办了各类军事学校，更重要的是为中国奠定了近代军事教育制度体系。

1. 1904年统一陆军军校制度形成之前武汉地区的军校体系

早在光绪十三年（1887年），张之洞在两广总督任上就在广州设立了广东水陆学堂。光绪二十三年（1897年）正月二十八日，张之洞应朝廷要求各省筹办武备学堂上谕，向朝廷呈奏《设立武备学堂折》，请求在武汉设立湖北武备学堂。这是武汉地区设立的第一所近代军事学校。在该奏折中，张之洞对西洋军事教育体制已有初步认识："大率外洋武备学堂分为三等：小

---

① 《清史稿》卷106"选举一"。
② 茅海建：《天朝的崩溃——鸦片战争再研究》（修订版），生活·新知·读书三联书店2014年版，第75页。
③ 《中国军事史》编写组：《中国军事史》第三卷"兵制"，解放军出版社1987年版，第470页。
④ 王吉尧：《中国近代军事教育史》，解放军出版社1997年版，第27页。
⑤ 王吉尧：《中国近代军事教育史》，解放军出版社1997年版，第38—55页；史全生主编：《中国近代军事教育史》，东南大学出版社1996年版，第33—52、57—74页。

学堂教弁目,中学堂教武官,大学堂教统领。"① 在光绪二十七年(1901年)的《江楚会奏变法三折》中,刘坤一、张之洞提出,"普通(中)学毕业后,发给凭照,升入高等学堂,习专门之学。自此以后,然后文武分途,或文或武,听其便","其习武者,专设一武备学校。择普通毕业之廪生愿习武者送入"②,否定了其在《设立武备学堂折》中赞同西洋武备小学堂、中学堂和大学堂三级军事学校的想法。光绪二十八年(1902年)十月,张之洞向朝廷汇报湖北学堂开办情形时说,武汉地区已设有武普通中学一所、武高等学堂二所(武备学堂和将弁学堂),表明张之洞又恢复了早期主张设立三级军事学校的军事教育思想,并已经在武汉建立了中、高两级军事教育体制。

武普通中学招收高等小学堂毕业生(没有高等小学堂毕业生前选取文理通顺、体干壮实的生童入学),学制四年半,其中在校学习四年,当兵实习半年。以湖北候补知府黄以霖为学堂监督(相当于校长),余以留学日本士官学校毕业生充任。

武高等学堂包括武备学堂与将弁学堂。武高等学堂相当于日本士官学校,招收武普通中学毕业生,学制二年半,其中在学二年,在营半年。在没有武普通中学毕业生之前,招收本省举、贡、生、监。旧班学员两年毕业,其中一年在学,一年在营;新班学员四年毕业,其中三年在学,一年在营。由广东前知县李钟珏担任提调,开复山东莒州知州蒋楷充总稽察。将弁学堂相当于日本户山学校,专取在营已有阅历之武职官、弁队目而又文理明顺者充选,三年毕业。该学堂由湖北护军等营副将张彪、湖北候补知府黄邦俊管理,属于现役军官的职业培训学校③。

2. 1904年全国统一陆军军校体制颁布后武汉军校的改制

由于各省筹办的各类军事学堂,名称、等次均不统一,张之洞曾希望能划一全国军事教育体制,但在1902年由他主稿制定的全国性学校教育新法规(俗称《癸卯学制》)却未能将军校体制包括进去。光绪三十年(1904

---

① 《设立武备学堂折》(光绪二十三年正月二十八日),载《张之洞全集》第三册,武汉出版社2008年版,第412页。
② 《变通政治人才为先遵旨筹议折》(光绪二十七年五月二十七日),载《张之洞全集》第四册,武汉出版社2008年版,第8、10页。
③ 参见《筹定学堂规模次第兴办折》,载《张之洞全集》第四册,武汉出版社2008年版,第89页。

第三章 张之洞督鄂时期武汉法秩序的转型（1889—1907年）（上）

年），新成立的最高军事领导机关练兵处发布《新定陆军学堂办法二十条》，规定了全国统一的四等陆军学堂体制：京师、行省及各驻防地设陆军小学堂，直隶、陕西、湖北、江苏分别设立第一至第四陆军中学堂四所，京师设陆军兵官学堂（现役军官培训机构）和陆军大学堂各一所。此外，"各省应于省垣设立讲武堂一处，为现带兵者研究武学之所……全省带队各官均须分班轮流到堂讲习武备各学，此为带兵官初阶之地，其课程参照直隶、湖北将弁堂办法"①。这一统一的陆军军校体制与张之洞在武汉建立的两级陆军学堂体制有较大的区别：首先，高等军事学堂只能设于京师，武汉设立属于武高等学堂的武备学堂均不合此制；其次，武汉缺少陆军小学堂。

为使武汉军校符合全国统一陆军军校体制，张之洞对武汉现有的军校体制进行了改造。第一，光绪三十年（1904年）七月十五日，将将弁学堂并入武高等学堂②；三十一年（1905年）二月二十八日，将武高等学堂改为武师范学堂③，将武堂的军官培训职能亦由武师范学堂代行。首先一方面规避了地方设立陆军高等学堂之禁忌，另一方面又符合《练兵处新定陆军学堂办法二十条》中"惟正课学堂层累递进，取效较迟，应别设速成陆军学堂及速成师范学堂，以备目前各军武官各堂教习之选"的规定。第二，将武普通中学改为陆军第三中学堂，招收湖北、湖南、云南、贵州、广西与荆州驻防各陆军小学堂毕业生④。第三，光绪三十二年正月二十八日（1906年2月21日），武汉地区"开办了湖北陆军小学"。但张之洞在学员额、生源、课程、组织机构、学生待遇以及学科等方面擅改陆军部关于陆军小学的章程，并奏请皇帝，皇帝鉴于张之洞为当时最重要亦最有声望的封疆大臣，朱批"陆军部知道。钦此"⑤，默许了张之洞的奏请，故陆军部亦未敢遽然取

---

① 参见《练兵处新定陆军学堂办法二十条》，载上海商务印书馆编译所编纂：《大清新法令（1901—1911）》（点校本）第三卷，商务印书馆2011年版，第566—570页。
② 《甲辰七月十五日札营务处将归并将弁学堂》，载《张文襄公公牍未刊稿》第3函，中国社会科学院近代史研究所藏档甲82—403。转引自李细珠：《张之洞与清末新政研究》，上海书店出版社2009年版，第231页。
③ 《札学务处改办武师范学堂》（光绪三十一年二月初二日），载《张之洞全集》第六册，武汉出版社2008年版，第455、456页。
④ 参见《练兵处新定陆军学堂办法二十条》，载上海商务印书馆编译所编纂：《大清新法令（1901—1911）》（点校本）第三卷，商务印书馆2011年版，第568页。
⑤ 《筹办陆军小学变通部章折》（光绪三十三年七月二十八日），载《张之洞全集》第四册，武汉出版社2008年版，第328—330页。

消该陆军小学。直到光绪三十四年（1908年）四月，张之洞奉调进京一年之后，陆军部始咨文湖广总督陈夔龙，要求将该陆军小学"改名为陆军特别小学堂"，"再按照定章另设陆军小学堂一所"。陈夔龙遂按陆军部要求，另设陆军小学堂一所，并调荆州驻防正蓝旗满洲协领恒龄充任该学堂总办，督练公所兵备处总办候选知县铁忠兼充学堂监督，"暂借武昌武普通学堂校舍于本年（1908年）八月十八日开学"①。1909年2月，陆军特别小学堂结束②。

二、警政初建

中国古代的警政体制多元而混一，除各级行政长官外，各级政府衙役、军队、团练、保甲均享有警权。元代的罪犯（"警迹人"）③、明代的特务机构、清代都察院的五城御史与巡检司亦有警察职能。警务类型仅有治安、消防、侦查、执达等以社会控制为宗旨的几种。此外如城市道路交通管理、卫生防疫服务、紧急救助等社会服务职能，则未之闻也。各类具有警察职能的组织之间没有明确的职责分工，警察事权不能统一。

庚子国变之前，武汉的旧式警政亦如全国其他地区，腐败、混乱、无效率。保甲方面，"查省垣暨有汉镇，各处尚俱设有保甲总局，又复分立各铺卡，委员延伸以资襄助。原期大小相维、奸究屏迹，乃积久懈生，并不认真稽查，虽按季册报，亦不过陈陈相因之故事，其实铺有几户，户有几人，耳目未能周，善恶未能辨，以致奸人混迹，宵小生心，贻害良民，谁执其咎？苟欲亟图整顿，徒存保甲之名，不见保甲之效，将实事求是之谓何？我之保甲，法有不同，而除暴安民初意何尝不美，乃奉行日久已成具文。夫役日疲已成积习，吸食洋烟者十之八九，认真办事者百无几人。于是人人要钱，事

---

① 陈夔龙：《庸庵尚书奏议》卷9，《另设陆军小学堂情形》（光绪三十四年八月初四日），载沈云龙主编：《近代中国史料丛刊》第五十一辑，文海出版社1970年版，第959页。
② 苏云峰：《中国现代化的区域研究：湖北省（1860—1916）》，"中央研究院"近代史研究所1987年版，第259、260页。
③ 《元史》卷104"刑法三"载："诸强窃盗充警迹人者，五年不犯，除其籍。其能告发，及捕获强盗一名，减二年，二名比五年；窃盗一名减一半。应除籍之外，所获多者，依常人获盗理赏，不及数者，给凭通理。籍既除，再犯，终身拘籍之。凡警迹人缉捕之外，有司毋差遣出入，妨其理生。诸警迹人，有不告知邻佑辄离家经宿，及游惰不事生产作业者，有司究之；邻佑有失觉察者，亦罪之。诸警迹人受命捕盗，既获其盗，却挟恨杀其盗而取其财，不以平人杀有罪贼人论。诸色目人犯盗，免刺断讯，发本管官司设法拘检，限内改过者，除其籍。无本管官司发付者，从有司收充警迹人。"

第三章 张之洞督鄂时期武汉法秩序的转型（1889—1907年）（上）

事有弊，敛百姓之财，不能理百姓之事，治盗不足，扰民则有余，索贿争先，捕贼则落后矣"①。绿营军方面，"绿营官弁兵丁层层积弊，已入膏肓，既甚骄顽，又极疲弱，欲望其练成可战之兵，固断无术，即改为警察，不惰废旷误，即索扰生事，亦如差役地保而已。然则既不能整顿变化而用之，自非裁汰不可"。衙役、捕快自古以来受人诟病，清代亦无例外。"差役之广为民害，各省皆同。必乡里无赖始充此业，传案之株连、过堂之勒索、看管之凌虐、相验之科派、缉捕之淫掳、白役之助虐，其害不可殚述。民见差役，无不疾首蹙额，视如虎狼蛇蝎者。差役扰民之事，其报官者不过什之一，其报官而惩办者，不过什之五。师徒相承，专习为恶之事，良由换官而不换差役，故根株蟠结，党羽繁滋，旋革旋复。虽有良吏，只能遇事惩儆，稍戢其暴而已，而终不能令种种扰民、害民之弊一概杜绝。"②

各口岸租界建成后，近代西方警察制度开始被引入中国。1898年戊戌变法期间，在湖南巡抚陈宝箴的大力支持下，由署理湖南按察使黄遵宪主持，"省城绅商禀请创办保卫局，经官绅合议，妥定章程，于昨初九日各局一律开办"③。这一由官绅合办的保卫局，"已基本具备了近代警察机构的全部性质和内容"，"从而揭开了中国近代警察制度的序幕"④。武汉地区近代警察的创办虽晚于湖南，但近代警察制度之倡设，则在其他各省之前并对其他各省具有示范作用。

（一）举办警察前武汉地区的治安体制

光绪二十四年（1898年）八月二十一日，清廷下令："湖南省城新设南学会、保卫局等名目，迹近植党，应即一并裁撤……着张之洞迅即遵照办理。"张之洞遂于十二月二十六日报告，"前署臬司黄遵宪以原设保甲局员绅懈弛，因参酌各通商码头捕房条规，添设大小各分局，派委员为主……殆试办数月，城厢内外，昼夜有人梭巡，凡宵小之徒，皆为敛迹，廛市一清，商民翕然安之。惟与保甲名异实同，实属多立名目，且设局太多，经费过

---

① 《鄂垣创行警察示》，《申报》1902年6月9日（光绪二十八年五月四日）。
② 刘坤一、张之洞：《遵旨筹议变法谨拟整顿中法十二条折》（光绪二十七年六月初四日），载《张之洞全集》第四册，武汉出版社2008年版，第18、23页。
③ 《保卫开办》，《湘报》第120号，第1156页。
④ 韩延龙主编：《中国近代警察制度》，中国人民公安大学出版社1993年版，第46页。

臣，劝令民捐，力有未逮，现拟载归保甲局"，"保卫局既系办理保甲局务……原不必另立保卫之名"，"自应仍用旧日保甲局名"①。实际上，张之洞在很大程度上保留了湖南长沙的新式警察机构，只是将其名称由保卫局改回保甲局而已。

光绪二十四年（1898年）九月二十六日，慈禧下达懿旨："积谷、保甲、团练各事，似属故常……着各省将军、督抚务当晓谕绅民，认真兴办。其旧有章程者，重加厘订。未有章程者，妥议举行。"该懿旨要求各省废除戊戌变法期间的警察新政，恢复传统保甲与团练制度。因此，"在张之洞创设湖北警察体制于武昌之前，湖北社会依然处于传统的治安体制的控制之下。其特点是军警不分、政警不分、政刑不分"②。在这一体制之下，光绪二十五年（1899年）正月□日，张之洞向朝廷报告了湖北省整顿保甲、团练的八条章程。

1. 城内仅办保甲不办团练

张之洞奏称："窃惟团练一事，以寓兵于农之道，收众志成城之功。果能办理妥善，最为有益。然就湖北情形言之，则有二难、二弊……湖北水陆错杂，大村巨镇，一县之内不能甚多。水乡则湖滨港汊，逐便散处，随水迁移。山乡则高岭荒谷，零星数家，不成村落，相距遥远。不特团练非易，即保甲亦难于责成。此一难也。练丁制械，需费繁多，湖北近年每一议及团练，绅士即以请官筹款为辞……此又一难也。团首必用绅衿，而地棍土豪不免凭藉团众，滋生事端。小则鱼肉乡时，大则抗官违法。近边地方，往往充当团户，包庇私几双，仇视官盐，纠集村民，伤兵捆勇。近水地方，往往各顾私产，妄作堤堰。此则联村硬筑，彼则纠众刨毁。械斗酿命，互争不休。数十年来此两类之，不可胜数。虽叠经拿办，终难息止。团练若成，更将无从弹压。此一弊也。近十年来，每藉攻击异教为名，煽惑纠邀……若各县皆有团练，则教案更将纷起。此又一弊也。"

相对于团练，应以"保甲为本。查保甲之法乃安民诘奸之善政，行之自古。十年以前，前任督抚臣屡经遵旨通饬遵办定有详细章程。惟各州县应

---

① 《裁撤南学会并裁并保卫局折》（光绪二十四年十二月二十六日），载《张之洞全集》第三册，武汉出版社2008年版，第513、514页。
② 邹俊杰：《晚清的治安体制及其弊端——以张之洞建警之前的湖北为例》，《湖北警官学院学报》2014年第1期，第139—144页。

第三章 张之洞督鄂时期武汉法秩序的转型（1889—1907年）（上）

办之事如钱粮、词讼、缉捕、堤工等类，非止一端。其于保甲事宜未能专心贯注，且必须经费，必须随时按户清查，又防衙胥地保藉此扰民，故据禀报则举行考实效则殊少大率省会较易，州县较难。武昌省城及汉阳府、汉口镇三处，筹有专局，派有多员稽核，尚属认真"，"此时欲加整顿，似无须另定章程，惟有严饬查照旧章，实力举行"；因为"城内有官弁、兵役，只办保甲，毋庸团练。且城内人多油滑，团亦无用"。

2. 县城以外乡村实行保甲、团练相辅取益

县城之外，"每县四乡，酌分数团，每团设正、副团首各一人，以端正殷实读书有功名者充之。每五十人设一练长，以通习武事安朴实者充之。由该乡公举，地方官待定札委，统归地方官管束，不准以劣绅豪霸滥充，亦毋庸以大绅充当，以杜一县数官，恃符挠法之弊。专管查奸御匪等事，不准干预地方词讼事件。练丁有犯，只可送官究治，不准私设公堂，擅自刑责，即盗匪亦不准私刑拷讯……不准强揽堤垸工程，亦不准率团寻仇械斗，违者黜革严办"；"拟大县练团丁三百名，中县二百名，小县一百名，最狭小瘠苦之州县免练"；"四乡分练，合数十村为一团。其团丁择实系本籍，年在二十四岁以下，身体健壮，性情朴实，向无过犯者充之。其城内油滑游民、家居脚夫、水手、无业乞丐，概不准充。靠山详载年貌、亲属、执业、送官点验。不合格者另选。其什伍部勒略仿营制，一县团丁或分为四五队，或分为两三队，由该官、绅情形酌办。每三日在本乡操练一次，每一月团首校阅一次，每三个月通县各团订地合操一次，由地方官考阅。正、腊、三伏、农忙免操"。团练"自筹经费，团丁平日不给口粮，操练日酌给饭银，其愿自备口粮在团练公所选用器械操练者，听。其枪炮弹药，禀官备价赴省领给。操毕即存储团首公所，不准私带回家。所有操练饭食、奖赏、枪炮、器械、旗帜、号衣、聘募教习，一切杂用之费，俱由绅民自行酌给奖赏"；"近来各州县会匪甚多，到处开立册堂，散放飘布，勾人入会，谋为不轨。责成团道等认真稽查，查获送官究办。惟须确有证据，不得妄拿无辜。其形迹可疑者，即行驱逐出境，并随时晓谕本图、本保居民不可入会"；"近日湖北风气动辄造谣聚众，攻毁教堂。拟查照总理衙门议准左都御史裕德条奏通行章程，责成团保绅董，每日于团丁牌长中，择派妥慎者三五人，轮流在于教堂附近巡查。遇有争端，立即解散。教士外出游历，亦由该团丁牌长妥为防护。并责令团首保

235

董,将谕旨中外和睦之大义及传教、说书、送诊、育婴等事,均系进行准行之条约,谣传教堂荒诞残忍之谬说,随时详细讲说,务使穷乡僻壤家喻户晓,民教相安"。"团保相辅。一县团丁有限,团首无多,所有大小乡村一律查清保甲,每村设立保董一人,择其端谨有身家体面者充之,刁健地痞不准滥充。专管编核户口,稽察匪类,查禁窝户,劝导愚民等事。地方官亦以礼相等。其寻常催征勾摄公事,仍用向设之保正办理。其一村不汪三十家者,附入邻近之保董经管。于本村要隘高处,设一瞭望更栅。若有一村盗匪窃发,立即放枪鸣锣,或就寺庙鸣锣,远近递传,各村保甲合力四面截拿。团首、练长等即率团丁追击,以期必获";"至渔团一节,湖北外江内湖虽有渔划,散渔畸零,择便觅食,来往无定。每一划,或一两人,或四五人,老弱妇女即在其中,与沿海之大帮巨艇者不同,碍难练成淦团,致滋纷扰。惟有责成水量及团保,随时酌量妥为稽查,以杜盗匪潜匿之弊"①。

(二)武昌警察总局

光绪二十六年(1900年)十二月十日,清廷发布上谕,要求中央与地方大臣就变法事"详悉条议以闻"。光绪二十七年(1901年)五月二十七日、六月四日、六月五日,两江总督刘坤一、湖广总督张之洞连续三次联名向朝廷呈递变法三奏折,即著名的"江楚变法三折(疏)"。其第二折《筹议变法谨拟整顿中法十二条折》中明确提出"去差役"、设警察的主张。光绪二十七年(1901年)七月三十日,清廷发布裁汰各省制兵、防勇,精选若干转为常备兵和巡警的上谕,要求各省建立近代警察。由于清廷对建立近代警察并非胸有成竹,因而各省便各自为政。"首先是直隶总督袁世凯在光绪二十八年(1902年)四月间,在保定省城创建警务总局一所,这是地方政府的最早建警。湖广总督张之洞也于同年五月一日奉命撤保甲总局,在武昌城内的阅马场演武厅创办武昌警察总局。此警察总局虽比袁世凯晚几天,却是全国第一个以警察命名的警察机关。"② 直隶省的警察由新军改着警服而成;山西、安徽、广西等省遵上谕改绿营军为巡兵,而江苏、湖南、陕西、云南等省则"改保甲、绿营、练军为警察";四川则"将绿营分别全

---

① 《酌议团练保甲相辅取益防弊办法折》(光绪二十五年正月),载《张之洞全集》第三册,武汉出版社 2008 年版,第 515—517 页。
② 赵志飞主编:《湖北警察史》,武汉出版社 2009 年版,第 177 页。

第三章 张之洞督鄂时期武汉法秩序的转型（1889—1907年）（上）

裁，腾出饷项，另设巡兵"①。而湖北则"将保甲局原有胥役一概裁革，并于护军、武备各营，遴选干练勇丁充当巡捕，悉以兵法部勒"②，即完全裁撤保甲组织，基本以绿营代替。虽然仍是"军警不分"③，但也只是权宜之计。张之洞与端方对绿营军、练军转任警察的弊病早有洞见，"续备兵至巡警军一项，目前似可姑以省内省外各标绿营挑出之练军充数，然习气已深，断难得力，不惟无益，而且扰民，且警察乃专门学问，与营伍不同，建党兵勇断不能充此选，即精兵亦不相宜，此项练军只可酌量派以弹压缉捕、看守局库等事，不宜令冒巡警军之名，以致名实相戾致碍。将来通省认真开办警察之局，必须另筹办法"④。

光绪二十八年（1902年）六月二日，张之洞与巡抚端方奏请朝廷在省城武昌开设警察局，"于省城内分中、东、西、南、北五局，城外分设东、西、水、陆四局，酌采外国章程，于五月初一日开办。先募练警察步军五百五十名，警察马军三十名，清道夫二百零二名……委置武昌府知府梁鼎芬、试用知府金鼎总办警察局务，委臬司督理局务，并由上海雇募曾充捕头之英国人珀蓝斯来省充当警察总目"；警察经费，"除以原有保甲经费充作外"，"拟将省城房捐一项，作为警察经费，经免重累商民。其收捐之法，无论官员公馆，绅商士庶，凡赁屋而居并开设店铺者，均按房租抽十分之一……业主、租客各任其半"；警察职责在于"稽察户口，保卫生民，清理街道，开通沟渠，消除疫疠，防救火灾，查缉奸宄，通达民隐，整齐人心"⑤。"武昌警察总局成立之后即颁《鄂垣警察章程》《鄂垣创行警察示》《鄂垣警察局除弊章程》《警局防疫章程》《严令清道章程》《约束巡勇章程》《侦探弁兵办事规则》等规章制度，因其章程完备、内容简洁翔实，尤为南方各省创办警察时所仿效。"⑥

武汉地区的警政，在当时就得到了中央与各地方政府的认可，媒体亦多

---

① 韩延龙主编：《中国近代警察制度》，中国人民公安大学出版社1993年版，第122、124、126页。
② 《委办警察》，《申报》1902年4月13日（光绪二十八年三月六日）。
③ 赵志飞主编：《湖北警察史》，武汉出版社2009年版，第182页。
④ 《筹办练兵事宜酌议营制饷章折》（光绪二十八年十月初一日），载《张之洞全集》第四册，武汉出版社2008年版，第96、97页。
⑤ 《省城创办警察折》，载《张之洞全集》第四册，武汉出版社2008年版，第66、67页。
⑥ 邹俊杰：《清末湖北警政问题研究（1902—1911）》，武汉大学博士学位论文2014年，第82页。

有好评。据《申报》载，"今者都城（警察局）既由王大臣督同各员首先创办，此外如保定等处亦渐次仿行，而湖北之武昌府尤办理认真，不肯稍涉苟且。倘各省俱能闻风兴起，逐渐推行，则行旅皆愿出其途、闾阎皆相安其业，新政之肇兴当可于此觇之矣"①。《新民丛报》云，武昌警察"开办之始，新募警勇，多未谙警章。所定制服，类似当时快壮之所衣。手执木棒、踱躞待隅，无一定之岗位。警士既不自重，亦不为人所重视，盖仓猝开办，缺点不能免也。然街道比较清洁，菜亭分地建设，已改旧观矣"。唯其对警察制服与警容之评价不甚美。"警察兵所穿号褂，红衣镶绿，小袖秃襟，白布圆心，标识'巡警'。下衣红紫，头披红缨，帽额刻字，桂花饰边，酒楼之下，货摊之帝，三五成群，阔论古今。请君合眼细思，是何意态？其京剧之杂演耶？其黎峒之办喜事耶？有龙眠、道子之画手，必能传神，可以传后。"②《大公报》对武昌警察制服如是描述："鄂省之警察有名当世，今闻该警兵所服之号褂系红色绿缘狭袖，前后皆于布圆心上书'巡警兵'字样。初练数月，裤亦红色，后以人皆骇讶，始改为紫花布。头戴红缨大帽，红色有圆式纸一枚，上写'巡警兵'三字，以为帽额，围以桂子变两行，见者莫不掩口。通武昌城，少见有巡警兵植立街头者，唯时或于小茶肆见红纸帽额之巡警冠弃置沿街桌上，二三短衣窄袖人围坐别桌中，一红衣狭袖足翘于凳上、裤高至股际、高谈阔论者，此即湖北仿洋采式新改之巡警兵也。"③

时人所著《鄂渚纪闻》除记述武昌警服之粗陋外，还批评了武昌警察初办时纲纪之乱。

> 警队衣袴全赤色，熊熊耀目，郡守某（梁鼎芬——摘者注）意也，往来闾市，人咸目为不祥，谓似粤逆。里巷谣曰："湖北翻了天，犯人全出监。红衣满街走，长毛在眼前。"儿童争唱以为戏笑，警卒亦自耻，多濯其裤如黄赭色着之，衣则仍赤色也。及举办，通衢闹市，或时见二三衣警察衣者，踱躞于途，或闲玩于杂物之肆；支街僻巷，则足音杳然，寥落如晨星，不可多睹。坊甲已废，攘窃益滋，而植立市中者，类皆警兵之阘冗者，虽见攫斗，莫能谁何。其桀骜者，则假以为威，时

---

① 《论今日之警察》，《申报》1902 年 6 月 9 日（光绪二十八年五月四日）。
② 《湖北警察之特色》，《新民丛报》第 82 号，1903 年第 33 期。
③ 《记湖北警察》，《大公报》1903 年 4 月 12 日。

第三章 张之洞督鄂时期武汉法秩序的转型（1889—1907年）（上）

憩于烟寮酤肆，过门大嚼而不名一钱。下值则乘车代步，莫敢索赀。忤之，辄诬捏相讹诈，造黑白反诉以相倾。其甚者，见乡愚则撞骗夺财物，行僻径则调谑戏妇女，贪夜借巡察名，入私娼小户强奸宿；或误扣人门，入人室，则汹汹扭而哄于途，其党垒集相袒焉，民怨甚，奔局诉，官以为鄂民素习诈，冀污蔑挠新政耳，或反惩之。自是警察兵益横，地方益多事，控于邑令，则压于首府。且临以某公，呼吁无门，而月捐增累，乃转思复保甲以相苟安，不欲沾此利民之政。晓晓性谤，揭帖遍衢。某守（梁鼎芬——摘者注）谓人曰："图挠新政之心，于斯益见，何可为所摇。"人皆唯唯。某二尹初筮仕，贸然曰："民情诚刁诈，然侧闻巡卒亦颇有不法者，察惩一二，则众服而谤可止。"某守默然，少顷曰："君指实之，吾当惩。"二尹不能对，翌日，以浮躁撤差，由是莫敢言警察非者，而各分局遂益以袒庇为务。五月中，武恺营兵殴警卒之横者，伤数人，某守大怒，谓是轻我也，诉于某公，檄营惩谢，且加命臬司督办警察。江夏令随办，以张威权靖众志，于是鄂省警察之政畅行，入奏案饬各属推仿焉。①

（三）汉口、汉阳警察总局次第成立

1903年10月，张之洞将夏口保甲局改为夏口清道局。汉口"警察事宜归夏口厅同知冯少竹（冯启钧——引者注）司马总其成，而以（夏口）保甲局员胡君芝圃副之，文案则为杨大令宗恕、洪大令祖述，刻已勘定青林楼曾姓屋址创设局所矣"②。夏口清道局保留了原保甲局的部分团勇，另招募了部分警察，以汉口灯捐作为警察经费项目。"定于十月初一日开办，就青林楼曾姓曲院故址设立总局，招募警勇四百名，连旧有之团勇二百名合成六百名，所需一切将灯捐悉数拨充，并委杨心如司马协理议办"③。"业经大宪派李名祥充当总包探，另雇伙役二十四名，以资臂助，行将上街巡行矣"④，并"拟将襄河水师改为警察军"⑤。据1904年9月26日《申报》报道："汉

---

① 潜翁：《鄂渚纪闻》，武昌1902年版，第6、7、8页，载宋传银：《笔记小说武汉资料辑录》第1辑，武汉出版社2018年版，第197、198页。
② 《汉兴警察》，《申报》1903年11月3日（光绪二十九年九月十五日）。
③ 《汉兴警察》，《申报》1903年11月10日（光绪二十九年九月二十二日）。
④ 《汉皋散策》，《申报》1903年12月8日（光绪二十九年十月二十日）。
⑤ 《警察述闻》，《申报》1903年10月11日（光绪二十九年八月二十一日）。

口清道局已于本月初一日改名警察局,各段巡勇号衣一律收回另行发给,闻当事者之意,欲与武昌省城一律办理,不必多立名目,以致分歧也。"① 同年10月16日报道:"汉口房捐局向设三义殿卡屋内,兹因清道局已于八月初一日改为警察局,督办梁崧生(时任汉黄德道,兼任汉阳、汉口警察督办——引者注)观察遂仿武昌警察局章程,札饬夏口厅同知冯少竹司马,将房捐局迁入警察局,以节浮费而一事权。"② 武昌、汉口之警政与警服始有划一之趋向。汉口警察总局下设居仁、由义、循礼、大智、花楼、河街6个警察分局,"每局经费计一万串,以米捐津贴为大宗。当道以各局章程未妥,改委警察学生担其义务,局员则一律撤委"③。相对于武昌警察局,汉口警察局不仅彻底清除了保甲组织残余,其经费亦更充足,除房捐外,还有米捐。汉口警察局自开办以来,亦多有建树。时有士人评价说:"予今者自汉上来,见夫汉口地方街道清洁,往来之人虽多,而无争夺嚣陵之气,此非无故而然也。予就询之,乃设清道局也,清道局与警察局同。"④

1904年9月,张之洞改汉阳保甲局为汉阳清道局,"汉阳保甲局已于本月初一日改为清道局,惟事当创始,规模未能宏畅,且筹款甚艰,诸事益形草率,于地方无甚裨益也"⑤。1905年,汉阳清道局改为汉阳警察局,"汉阳清道局自开办以来颇有成效。兹由府尊琦瑞卿太守饬于下月初一日将清道局改为警察局以便开办巡警事宜"⑥。汉阳警察局办公地址设于府城隍庙,其局下设东阳坊、西阳坊、建中东坊、建中西坊、上鹦鹉洲、上崇信坊、下崇信坊7个分局。⑦ 至此,武汉三镇的近代警察机构正式建立。

(四)湖北巡警道之设立

1905年巡警部成立之前,全国各省警政各自为制,甚至一省之内的警制都不能统一,武汉三镇的警察体制与警服式样都各不完全相同,已如上述。

光绪三十一年(1905年)九月十日,清廷发布上谕,宣布成立巡警部,

---

① 《鄂垣小志》,《申报》1904年9月26日(光绪三十年八月十七日)。
② 《汉皋红树》,《申报》1904年10月16日(光绪三十年九月初八日)。
③ 《警变更章》,《申报》1905年2月27日(光绪三十一年正月二十四日)。
④ 武汉新洲李森林藏1903年晚清河东书院秀才考卷。转引自邹俊杰:《清末湖北警政问题研究》,武汉大学博士学位论文2014年,第56页。
⑤ 《汉皋小志》,《申报》1904年9月5日(光绪三十年七月二十六日)。
⑥ 《江汉炳云》,《申报》1904年11月26日(光绪三十年十月二十日)。
⑦ 武汉地方志编纂委员会主编:《武汉市志·司法》,湖北人民出版社1998年版,第9页。

第三章 张之洞督鄂时期武汉法秩序的转型（1889—1907年）（上）

以徐世昌为尚书，毓郎、赵秉钧分别为左右侍郎。光绪三十二年九月二十日（1906年11月6日），巡警部被改为民政部。光绪三十三年（1907年）五月二十七日，清廷下令各省成立巡警道。张之洞迅速"上奏在湖北设立巡警、劝业两道，使湖北成为最早设立巡警道的省份之一。9月，张之洞进京任职之前以巡警道'此皆关系民生，与百姓最为亲近厉害相关之事'为由，委任候补知府冯启钧试署湖北巡警道，为全省最高警政长官"①。"因无地址，暂驻武昌同知官署中。迩来局务渐繁，署中房屋不敷居住，武昌府梁集庵太守因筹集公款，购得署后民房，以便扩充。"② 同年十二月十九日，继任湖广总督赵尔巽就在武昌设立巡警道，以冯启钧为首任道员，统一办理湖北警政，武汉三镇警察机构逐渐被纳入巡警道的统一管理之下。

（五）警察学校

1. 聘用外国警察训练武昌警察并派员赴日本警察学校学习

早在光绪二十七年，张之洞在《遵旨筹议变法谨拟整顿中法十二条折》就认识到日本"警察出于学堂"。因而他不赞成朝廷将精选绿营为警察的诏谕，认为"盖警察之事，乃专门学问，用意极为深厚，理法极为精密。外国讲政治之学者，以此事为治国养民行教化理财之根抵，与中国之保甲局卡兵及巡捕迥然不同。上海相沿巡捕房已失其义。故警察弁勇，必须识字较多，文理明白，而又性情平和细密耐烦者，乃能晓警察之立法用意，不独非素有习气之练兵所能为，亦非强直壮往之营勇所能为，自当择明习警察学之员，按照西法选募教练布置，庶几可收实用"③。光绪二十八年（1902年）六月二日，在武昌警察局成立的当日，张之洞一面任命"曾充（上海）捕头之英国人珀蓝斯来省充当警察总目"，训练武汉警察；一面"就省城各书院选派学习三十名，并就护军营选派学习警察弁目二十名，饬委署武昌府同知双寿前往，前赴京分学习师范学、警察学两门，为推广各属学堂、警察之用。派委武昌府同知双寿前往，并派委湖北试用知县廷启、浙江补用盐大使石沅前往日本，驻留东京，亲入警察学校学习警察各门规法，就近将派往警察弁目管束照料"④。这二

---

① 邹俊杰：《清末湖北警政问题研究（1902—1911）》，武汉大学博士学位论文2014年，第85页。
② 《鄂渚□漪》，《申报》1904年10月16日（光绪三十年九月初八日）。
③ 《酌拟裁汰绿营办法折》（光绪二十八年十月初一日），载《张之洞全集》第四册，武汉出版社2008年版，第100页。
④ 《咨呈外务部委员带同学生营弁前赴日本学习师范警察各事》（光绪二十八年六月初二日），载《张之洞全集》第六册，武汉出版社2008年版，第425页。

十名赴日弁目成为我国最早的公派海外学习警察学的留学生。光绪三十年（1904年），张之洞再次"选派文武员弁四十七名赴日本，入警视厅及警察学校学习"①。

2. 创办警察学校

光绪三十一年（1905年），"湖北议开办警察学堂，即设于百寿巷吴文节公祠旧址，已由（武昌警察）总局派员分赴各州县招选学生二百名，须身家清白，文理明通，年二十五岁以内者，俟来省聚齐后再为考选，不及格者，资遣回籍，以二年为毕业。所聘日本教员均订二年合同"②。

同年，汉阳亦开办有警察学堂。光绪三十二年（1906年），汉口警察学堂开办。"汉口警察学堂业已假定甘露寺房屋暂行开办，俟经费充足，再就满春地方另建新校。至普通教员，系由德人赖君担任"③。至此，武汉三镇的警察学堂全部建立起来。

光绪"三十一年，就原设仕学院改建讲堂斋舍，扩充额兴，仿日本选募巡警之法，招募身家清白、文理明通者，充当学生。分甲、乙、丙、丁四班，每班百名。聘日本高等教习三员，教授警察应用学科，定期两年半毕业"，光绪"三十二年（1906年），考选候补正佐各官三十一员，入警察学堂学习，定期两年，毕业后与日本毕业回国各员分别派充警察总局办事职员及武汉各专局正副巡官、巡视等职"。光绪三十三年（1907年）冬，"甲、乙、丙、丁四班学生毕业者计三百有二人，一律派赴武汉各局见习，三月期满，先后委任职务"④。

（六）汉口警察之新制度

1. 汉口警察总局设有民事裁判机关

各省会及重要商埠设立审判厅之前已设有巡警机构，为实行行政与审判相分离，巡警部首先将京师地区原由五城察院管辖的民事案件分离出来，交由京师巡警机构行使裁判权。

1906年1月，"近日巡警各堂宪会商，以现在京师地面，悉归管辖，缉捕巡防，事极繁重，加以词讼案卷尤较繁杂。拟设立裁判所一区，拣选熟悉西律人员，派充裁判官，遇有轇轕及疑难案件，即归该处讯断，以示大公而

---

① 民国《湖北通志》卷53 "经政（十一）·新政·巡警"，台北华文书局1967年版，第1250页。
② 《鄂省开办警察学堂》，《申报》1905年3月10日（光绪三十一年二月五日）。
③ 《汉口开办警察学堂》，《申报》1906年8月8日（光绪三十二年九月二十七日）。
④ 民国《湖北通志》卷53 "经政（十一）·新政·巡警"，台北华文书局1967年版，第1250页。

□民隐闻,于年内即可实行"。6月,"警部近日会议,拟画定司法、行政、警察三大权限,除内外城已设预审厅外,各分厅尚须添设裁判所归预审厅节制。设正审官一员视员外,民事刑事审判官各一员视主事。所以词讼案件,除违警人犯归该分厅自行议结外,凡关于民事及窃盗一切有罪之案件,统由裁判所收讯,申报预审厅定案云"①。

汉口警察总局何时设立民事裁判机构,尚不得而知,但曾设有民事裁判机构,则是一定的。"汉口警察总局向设有裁判民事委员常川驻局,现张大令树森已奉上宪调委武昌厘局差缺,所遗事务由警局总办周太守会同关道桑观察札委谢大令炳接办,闻昨已到差矣。"②

2. 汉口警察创设统一的蔬菜市场

北宋以后,中国各城市均实行坊市混一制度,商民可以在任何地点经营商业。此项制度虽有利于商业自由,但小贩遍布于途,占道经营,于市容则未免多有妨碍。为整齐汉口市容,"某郡守之创建市亭也,四城凡八所,所方广十余丈,层其顶,横楣窗以透光,柱皆巨木,而外环以石为方形,高敞宏壮,甲诸市廛。亭内筑以三合土,平而坚,界如棋局,纵横五尺为一方,赁者先纳千钱领牌照,而月输租钱五百。货蔬菜鱼鲜水果食物及杂色小贩,悉令赴局认赁,列售其中,不得铺鬻路边及人檐下,亦巷不得担售街市,致碍途行,违者罪之。令既下,杂贩皆无力敢认租,又不敢犯禁,担菜售者,并僻巷不敢至,惧警察卒巡缉也,遂悉罢市,居民三日无蔬馔,皆大窘。某公庖吏乘间白其事,乃饬速驰禁,担菜者唯禁入闹市,入市亭者免其租,唯领牌照。某守执不可,谓是为民挟也,但可暂缓取租耳。乃夜遍粘谕于衢,谓有敢阻乡民入城鬻菜者,严拿究,而密令胥役使各贩开市于市亭,暂免租,于是鲜鱼蔬菜始有售者焉"③。

第三节 武汉地区的立法与司法

督抚虽然是方面大员、封疆大吏,拥有很大的行政权力,但其立法与司

---

① 《警部议设裁判所》,《申报》1906年1月8日(光绪三十一年十二月十四日);《巡警厅添设裁判所》,《申报》1906年6月24日(光绪三十二年五月初三日)。
② 《警察裁判易委》,《申报》1907年4月27日(光绪三十三年三月十五日)。
③ 民国潜翁:《鄂渚纪闻》,武昌1902年版,第7、8页,载宋传银:《笔记小说武汉资料辑录》第1册,武汉出版社2018年版,第236页。

法权限却很小。在立法上,《大清会典》中虽然没有明确规定中央与地方的立法权限,但从各省编纂的省例与各省历代督抚私人文集中有关地方立法的文献①,还是可以判断出中央与地方立法权的大致界线。光绪初年,湖北地方的立法权犹很有限。如总督李瀚章督鄂期间,为宜昌府归州江滩制定的管理章程、为武昌府樊口建闸事务制定的相关章程,均须报请皇帝批准②。张之洞督鄂时期,武汉地区成为洋务运动后期的最主要的活动地,创办各类新政,多所更张,因而湖广总督的地方立法权有所扩大。

在司法上,州县政府仅对民事案件与笞杖刑事案件有终审权,督抚只对徒刑案件有终审权,其他刑事案件都必须逐级审转,唯在司法程序与司法行政方面,地方有一定的自主权。张之洞督鄂期间,对湖北暨武汉地方的司法制度,也只能在这两方面稍作改良。

一、地方立法

(一)督抚重申或转发之中央政府法令

现存清代编纂的各省省例中,地方督抚亦有一定数量的地方立法是"对中央立法的简单重申"③。晚清湖北暨武汉地区亦有类似的立法,如张之洞于光绪十八年(1892年)十月十六日发布的《札南北臬司通饬各属查禁佐杂擅受民词》、光绪二十年(1894年)五月二十四日发布的《札各属严禁非刑滥刑》以及光绪三十年(1904年)六月十五日发布的《札臬司饬各属清厘庶狱,建设迁善、习艺等所并严禁滥刑》。详见本节第二目"司法与狱政的改良"。

(二)为实施中央法令而制定的本省章程

在某些专项事务上,中央统一部署并规定大致原则,要求地方各省根据本省具体情形制定地方性立法,报请中央政府批准。亦有皇帝针对湖北地方发布专门上谕,要求湖北地方进行专项立法。

---

① 参见苏亦工:《明清律典与条例》,中国政法大学出版社2000年版,第74—78页;王志强:《论清代的地方法规:以清代省例为中心》,《中国学术》第七辑;杨一凡、刘笃才:《中国古代地方法律文献》(丙编),社会科学文献出版社2012年版。
② 《合肥李勤恪公(瀚章)政书》卷6《整饬归州滩务章程》(光绪元年五月初一)、卷9《樊口建闸遵旨严立章程折》(光绪五年二月二十一日),载沈云龙主编:《近代中国史料丛刊》第十五辑,文海出版社1968年版,第585—587、783—790页。
③ 王志强:《论清代的地方法规:以清代省例为中心》,载刘东主编:《中国学术》第七辑,商务印书馆2001年版,第120—150页。

第三章 张之洞督鄂时期武汉法秩序的转型（1889—1907年）（上）

前者如光绪二十四年（1898年）十一月十九日发布上谕，要求各省清理积案。上谕云："词讼为吏治最要之端，迭经谕令各督抚饬属认真整顿。现在各省多有未经覆奏者，着即将现办章程迅速具奏。"接到军机处廷寄的上谕后，张之洞与湖北巡抚于荫霖"饬（按察使）司妥议简明清册，并核定以后功过章程"。按察使司了解到"湖北省本有五项讼册暨课治表，旧章非不周详，无如奉行日久，渐成故事。或开报不实，诸多隐匿。或饰词填注，徒事空文"。"兹据署按察使岑春煊会同署布政使瞿廷绍重回厘定，删繁就简，并呈简明册式，及功过章程，会详请奏前来"①，请皇帝批准。

后者如光绪十七年（1891年）六月六日皇帝发布上谕，要求制定惩治哥老会会首。上谕云："各省哥老会匪，最为地方之害……着各直省将军、督抚严饬地方文武，随时留心，实力查缉。如有访获会匪首犯，一面严行惩办，一面准将出力员弁，照异常劳绩，随案奏请优奖。但须查有确实证据，不得因希图保奖，妄拏无辜，致滋扰累。凡地方良民，有误买匪徒保家伪票呈缴地方官者，免其治罪。其有向充会匪，自行投道密报匪首姓名因而拏获者，亦一律宥其既往，准予自新。该将军、督抚务即出示晓谕，俾使咸知。"光绪十七年七月七日，张之洞批示湖北两按察使司"详绎例意，参考近年成案，妥议惩办章程，通饬州县遵办"，制定《惩办会匪章程》②。光绪十八年（1892年）九月十四日，张之洞就湖北《严惩会匪章程》奏请朝廷。获批准后，于同年九月十七日札湖北按察使司施行该章程③。

晚清之际，很多新政的试办都是由中央提倡或统一部署，由各省自行立法，如警察、学堂与军制的改革等。湖北暨武汉地区因张之洞个人的原因相对于其他各省较为特殊，在学堂与军制方面的改革走在中央与各省之前，但一旦中央颁布有相关的统一立法之后，湖北暨武汉地区也必须按照中央统一的法令修改相关的地方立法。详见本章第二节"军警制度的创新"及第四

---

① 《遵旨办理清讼章程并请示惩积案各员》，载《张之洞全集》第三册，武汉出版社2008年版，第519页。

② 张之洞：《批北臬司详遵议惩办会匪章程》（光绪十七年七月初七日），载《张之洞全集》第七册，武汉出版社2008年版，第132页。

③ 《札南北臬司饬议严办会匪章程》（光绪十七年六月初九日）、《批北臬司详遵议惩办会匪章程》（光绪十七年七月初七日）、《酌议严惩会匪章程折》（光绪十八年九月十四日）、《札北臬司等移行严惩会匪分别轻重酌办理章程折》（光绪十八年九月十七日），载《张之洞全集》第三册，武汉出版社2008年版，第271页；第七册，武汉出版社2008年版，第131页；第五册，武汉出版社2008年版，第30、381页。

章第二节"近代教育制度的建立及其影响"。

（三）督抚自行拟定并奏准的地方立法

张之洞督鄂以来，于洋务方面多所更张，在湖北暨武汉地区自主创办了各类新政，因而地方立法大为增加。当然，湖北督抚拟定的各类新政的基本章程，仍得呈奏中央批准。如学堂与军制的改革、实行模范监狱制、铁厂由官办改归官督商办、裁撤厘卡改行统捐、发行彩票等。但鉴于中央政府对地方洋务的陌生以及张之洞在晚清政局中特殊的个人地位，中央政府对张之洞呈奏的各项章程通常是照准如仪。

（四）督抚自行批准之地方性立法

张之洞督鄂期间，湖北省总督的立法权较之于其历届前任有所扩大。其独立的立法权主要表现为以下两类立法程序中：其一是总督对各司、道、府或绅士们提请批准的章程行使批准权，其公文格式通常使用"批"。如光绪二十二年（1896年）七月二十五日批准的《江汉、宜昌两关道会议覆峡江行轮章程》、光绪二十三年（1897年）正月十三日批准的《麻城县黄承清禀复各绅耆条议征收章程及筹办情形》。其二是总督授权各司、道拟定某项地方性法规（其公文格式通常使用"札"），然后再经"批"文批准这一法规。如光绪十六年（1890年）闰二月一日，张之洞向各司、道发布《札司道筹议钱法》，各司、道遵命议定《钱店、铜铺稽查章程》后，张之洞于同年三月十三日签发《批司道详筹议整理钱法》，同意了这一章程。

类别	法规名称	颁布时间	出处
督抚奏请皇帝批准之地方立法	《襄郧试办运川盐》	同治十二年十一月四日	《襄郧试办运川盐片》，《合肥李勤恪公（瀚章）政书》卷6，第527页。
	《整饬归州滩务章程》	光绪元年五月初一	《饬归州滩务明定章程片》，《合肥李勤恪公（瀚章）政书》卷6，第585页。
	《樊口建闸章程》	光绪五年二月二十一日	《樊口建闸遵旨严立章程折》，《合肥李勤恪公（瀚章）政书》卷9，第783页。
	《加增洋药烟土税捐》	光绪七年六月十九日	《遵议加增洋药烟土税捐折》，《合肥李勤恪公（瀚章）政书》卷9，第821页。
	《添募勇营变通营制》	光绪十七年二十月二十六日	《添募勇营变通营制折》，《张之洞全集》第二册，第512页。

第三章　张之洞督鄂时期武汉法秩序的转型（1889—1907年）（上）

续表

类别	法规名称	颁布时间	出　　处
督抚奏请皇帝批准之地方立法	《严惩会匪章程》	光绪十八年九月十七日	《札南北臬司饬议严办会匪章程》（光绪十七年六月初九日），《张之洞全集》第三册，第271页；《批北臬司详遵议惩办会匪章程》（光绪十七年七月初七日），《张之洞全集》第七册，第131页；《酌议严惩会匪章程折》（光绪十八年九月十四日）、《札北臬司等移行严惩会匪分别轻重酌议办理章程折》，《张之洞全集》第五册，第30、381页。
	设立自强学堂片	光绪十九年十月二十五日	《设立自强学堂片》，《张之洞全集》第三册，第135页。
	《铁厂招商承办章程》	光绪二十二年五月二十日	《铁厂招商承办议定章程折并清单》（光绪二十二年五月十六日），《张之洞全集》第三册，第376页；《札盛道添定铁厂招商章程附单》（光绪二十二年五月十四日）、《札行铁厂经费难筹遵旨招商承办折》、《札北藩、臬司等查照湖北铁厂经费难筹招商承办议定章程折》（光绪二十二年六月二十九日）、《札行户部咨议覆湖北铁厂经费难筹招商承办议定章程折附单》（光绪二十二年七月初三日），《张之洞全集》第五册，第472、473、493页。
	省城创办警察折	光绪二十八年六月二日	《省城创办警察折》，《张之洞全集》第四册，第66页。
	《武备学堂章程》	光绪二十三年正月二十八日奏请，二月三日发布	《设立武备学堂折》，《张之洞全集》第三册，第412页；《札发武备学堂章程八条（附单）》，《张之洞全集》第六册，第5页。
	《湖北常务军制》	光绪三十年七月十八日	《拟编湖北常务军制折》，《张之洞全集》第四册，第190页。
	《清理卫田原章不便另筹简易办法》	光绪三十一年三月二十一日	《清理卫田原章不便另筹简易办法折》，《张之洞全集》第四册，第228页。
	《遵照新章改编营制饷章》	光绪三十一年十月九日	《遵照新章改编营制饷章并设督练三处折》，《张之洞全集》第四册，第241页。
	《裁撤厘金局卡试办统捐》	光绪三十一年八月三十日	《裁撤厘金局卡试办统捐折》，《张之洞全集》第四册，第240页。
	《新造模范监狱详定章程》	光绪三十三年五月二十九日	《新造模范监狱详定章程折》，《张之洞全集》第四册，第205页。
	《湖北汉镇房捐请奖章程》	光绪二十一年闰五月二十八日	《湖北汉镇房捐请奖章程拟请仿照筹饷新捐减成办理折》，《谭继洵集》上册，第347页。
	《汉口试办商务局办法》	光绪二十四年八月八日	《汉口试办商务局酌拟办法折》，《张之洞全集》第三册，第505页。

247

续表

类别	法规名称	颁布时间	出处
督抚奏请皇帝批准之地方立法	《清讼章程》	光绪二十五年三月十五日	《遵旨办理〈清讼章程〉并请求惩积案各员折》，《张之洞全集》第三册，第519页；《会奏现办清讼章程并将积案各员分别示惩折》，《于中丞（荫霖）奏议（附家传、南阳商学偶存）》卷4。
	《更定兵制饷章》	光绪二十七年八月二十九日	《札南北藩司遵旨筹议更定兵制饷章奏明办理》，《张之洞全集》第六册，390页。
	《酌改州县签捐为赔偿捐折》	光绪二十八年九月二十四日	《酌改州县签捐为赔偿捐折》，《张之洞全集》第四册，第72页；《端忠敏公奏稿》卷2。
	《房捐章程》	光绪二十八年六月十四日	《批北藩、臬司等会详拟筹警察经费由官倡捐并酌拟章程按房分等抽捐请奏咨立案》，《张之洞全集》第七册，第214页。
	《营制饷章》	光绪二十八年十月一日	《筹办练兵事宜酌议营制饷章折》，《张之洞全集》第四册，第95页。
督抚自行立法及自行批准之地方立法	《营务处新章》	光绪三十年六月二十三日	《札司道酌定营务处新章》，《张之洞全集》第六册，第439页。
	典当减息示	光绪十六年五月八日	《张之洞全集》第七册，第243页。
	《内河行轮章程》（《鄂省行轮章程》）	光绪二十四年五月二十九日	《批鄂绅黄嗣东禀遵拟内河行轮章程》，《张之洞全集》第七册，第195页；《札行黄嗣东禀筹办鄂省行轮章程并定期行轮请饬县营照料稽查》，《张之洞全集》第六册，第141页。
	《办学治馆章程》	光绪十六年十一月十二日	《批北藩司详开办学治馆章程》，《张之洞全集》第七册，第106页。
	《缫丝局租办章程》	光绪二十三年六月四日	《批缫丝局详本局可否暂归商办一年》（光绪二十三年五月初八日）、《批缫丝局详商拟试办章程督员员会办抄呈备案》，《张之洞全集》第七册，第185、187页。
	《峡江行轮章程》	光绪二十二年七月二十五日	《批江汉、宜昌两关道会议覆峡江行轮章程》，《张之洞全集》第七册，第174页。
	《征收章程》	光绪二十三年正月十三日	《批麻城县黄承清禀复各绅耆会议征收章程及筹办情形》，《张之洞全集》第七册，第177页。
	《整顿契税章程》	光绪二十五年九月七日	《批北藩司、善后局详设法清厘整顿契税章程》，《张之洞全集》第七册，第205页。
	《加抽烟、酒、糖税章程》	光绪二十五年九月十九日	《批北善后局详议加抽烟、酒、糖税章程》，《张之洞全集》第七册，第205页。
	《开办铺捐章程》	光绪二十六年十二月初八日	《批司局会详酌拟开办铺捐章程》，《张之洞全集》第七册，第210页。
	《整顿米谷、百货厘金章程》	光绪二十四年八月二十三日	《批北牙厘局详遵札拟章整顿米谷、百货厘金各条请示》，《张之洞全集》第七册，第197页。

第三章 张之洞督鄂时期武汉法秩序的转型（1889—1907年）（上）

续表

类别	法规名称	颁布时间	出　　处
督抚自行立法及自行批准之地方立法	《钱店、铜铺稽查章程》《整顿钱法》	光绪十六年三月十三日	《札司道筹议钱法》（光绪十六年闰二月初一日）、《批司道详筹议整理钱法》、《札司道照案申明整顿钱法》，《张之洞全集》第五册，第165页；第七册，第93页；第五册，第217页。
	《整顿土药税厘章程》	光绪十六年五月十五日	《札司局筹议整顿土药税厘章程》，《张之洞全集》第五册，第168页。
	《安陆府抽收船厘章程》	光绪十六年十月二十九日	《札北藩司等妥定安陆府抽收船厘章程》，《张之洞全集》第五册，第207页。
	《查验厘税章程》	光绪十七年二月二十七日	《札委黄牧迅赴宜关会议查验厘税章程》，《张之洞全集》第五册，第233页。
	《新土收税章程》	光绪十七年四月十八日	《札李牧绍远妥议新土收税章程》，《张之洞全集》第五册，第245页。
	《整顿边境缉捕办法》	光绪十八年十月十六日	《札北臬司议整顿边境缉捕办法》，《张之洞全集》第五册，第383页。
	《严禁非刑滥刑》	光绪二十年五月二十四日	《札各属严禁非刑、滥刑》，《张之洞全集》第五册，第449页。
	《缉私销引功过章程》	光绪十七年	《重申缉私销引功过章程》（光绪二十二年五月十三日），《张之洞全集》第五册，第470页。
	《自强学堂章程》	光绪二十二年六月二十七日	《札道员蔡锡勇拟定自强学堂章程》，《张之洞全集》第五册，第492页。
	《整顿米谷厘金功过章程》	光绪二十四年八月十一日	《饬北牙厘局议拟整顿米谷厘金功过章程》，《张之洞全集》第六册，第158页。
	《通饬禁荐司事、巡丁》	光绪二十四年八月十四日	《札北牙厘局通饬禁荐司事、巡丁》，《张之洞全集》第六册，第166页。
	《济美学堂认捐章程》	光绪二十八年五月二十七日	《札北藩司等议济美学堂认捐章程》，《张之洞全集》第六册，第424页。
	《清查税契饬议章程》	光绪二十五年正月六日	《札江汉关道设局清查税契饬议章程》，《张之洞全集》第六册，第199页。
	《两湖、经心、江汉三书院改定课程》	光绪二十五年正月十一日	《札两湖、经心、江汉三书院改定课程》，《张之洞全集》第六册，第201页。
	《建始矿务章程附单》	光绪二十五年正月十七日	《札北藩司饬议建始矿务章程附单》，《张之洞全集》第六册，第204页。
	《湖北练兵新章》	光绪二十五年正月二十二日	《咨札行发湖北练兵新章》，《张之洞全集》第六册，第209页。
	《禁假冒洋牌开设钱店》	光绪二十六年正月十六日	《札北藩臬司、江汉关道等禁假冒洋牌开设钱店并照会各国领事一体严禁》，《张之洞全集》第六册，第301、302页。

续表

类别	法规名称	颁布时间	出处
督抚自行立法及自行批准之地方立法	《汉口贩运出口杂粮收捐办法》	光绪二十五年十一月二十七日	《饬江汉关道等妥议汉口贩运出口杂粮收捐办法》，《张之洞全集》第六册，第286页。
	《更定防营将弁学堂章程》	光绪二十七年八月初二日	《札北营务处更定防营将弁学堂章程》，《张之洞全集》第六册，第385页。
	《酌提官用办法》	光绪二十八年二月十五日	《札川盐总、分局筹议酌提官用办法》，《张之洞全集》第六册，第411页。
	《清厘庶狱建设迁善、习艺等所并严禁滥刑》	光绪三十年六月十五日	《札臬司饬各属清厘庶狱，建设迁善、习艺等所并严禁滥刑》，《张之洞全集》第六册，第439页。
	《统捐章程》（十条）	光绪三十一年五月十五日	《改办统捐示附单》，《张之洞全集》第七册，第266页。
	《札夏口厅暨江、汉两县出示展宽街道》①	光绪三十二年闰四月一日	《张之洞全集》第六册，第505页。
	《汉口后湖堤内地亩分等酌收新租章程》（十条）	光绪三十二年九月十九日	《后湖地亩酌收新租示附单》，《张之洞全集》第七册，第268页。
咨请总理衙门核定	《维持土药税厘办法》	光绪十六年十月二十日	《咨呈总署筹议维持土药税厘办法》，《张之洞全集》第五册，第203页。
会同他省立法	《鄂豫会缉章程》	光绪十八年十月二十一日	《咨河南抚院抄送鄂豫会缉章程（附单）》，《张之洞全集》第五册，第384页。

二、司法与狱政的改良

中国历代虽不乏循吏哀矜折狱、秉公断案，但行政主导司法，衙役、书吏舞弊，刑讯被滥用，"人犯"久系不决，监狱溷恶、狱卒横暴，则更是史

---

① 宣统三年（1911年）四月十四日，巡警道咨江汉关并行夏口厅外称请汉口商会议复文云："光绪二十四年经前升阁督宪张奏定，此后遇有失慎地方，凡临街房屋建修时，应让出官街三尺，永为定例。"参见《署巡警道黄据汉镇警务公所详退让官街二案除咨江汉关并行夏口厅外移请汉口商会议复文》，《湖北官报》1911年第93期。

第三章 张之洞督鄂时期武汉法秩序的转型（1889—1907年）（上）

不绝书。晚清的武汉，亦不例外。在山西、广东就颇有政声的张之洞调任湖广总督后，在湖北暨武汉地区发布了一系列有关司法的立法，在其权限范围内，对传统司法制度进行了有限的改革。

（一）以地方立法重申中央禁例

1. 禁止正印官以外官员受理诉讼

光绪《大清会典》规定："凡官非正印者，不得受民词（缉捕官除察访不轨妖言命盗重事外），其余军民词讼，不许干与。若户婚田土斗殴人命，一应民词，均不得滥受。分防佐贰等官，所收呈词内有命盗等案，即移交州县拘提审讯。"①《六部处分则例》中对此亦有专门的规定："佐杂人员不许准理词讼，遇有控诉到案，即呈送印官查办。若擅受而审理，且酿制人命，或印官擅自将地方词讼批发佐杂办理者，佐杂、印官及失察上司均受到革职以下处分。"② 正印官必须亲自勘验、审案并审定文书，不得交给吏典办理。《大清律例·刑律·断狱·检验尸伤不以实》规定："不亲临死所监视，转委吏卒……正官杖六十……因检验不以实，致罪有增减者，以故出入人罪论。"同门"吏典代写招草"条规定："如有司将供词辄交经承，致有增删改易者，许被害人首告。督抚察实题参，将有司官照失出入律议处；经承书吏照故出入律治罪。"事实上，因为州县长官兼理行政与司法过于繁剧，不得不将大量案件批给佐杂审理；而另一方面，"佐杂官都以种种借口和手段谋求委署审理案件之权，意在能够得到收受贿赂、施展权威的机会"③，因而"清中期佐杂官断案就为官方所认可"④。

光绪十八年（1892年）九月二十九日、十月十四日，湖北沔阳州和湖南平江县先后发生两起巡检司擅自受理刑案致被告人死亡案件。张之洞遂于当年十月十六日发布《札南北臬司通饬各属查禁佐杂擅受民词》的命令，重申上述禁例，并批饬所管知府"提讯禀复核办外，合行檄饬严行查禁。仰该司即便会同南北布政司，遵照通饬各该管知府、直隶州暨各州县府，将所属佐杂人员，通行严查。如有擅受害民之员，立即迅速禀闻，分别揭参、

---

① 光绪《大清会典》卷55。
② 《六部处分则例》卷47。
③ 丁天立："非正印者，不得受民词乎？"——清代州县佐杂官"滥受民"现象刍议》，载《中西法律传统》第13卷，中国政法大学出版社2017年版，第186页。
④ 吴佩林：《万事胚胎于州县乎：〈南部档案〉所见清代县丞、巡检司法》，《法制与社会发展》2009年第4期，第30—37页。

撤任，不得姑容。一面严行查禁，不准违例擅受，印官亦不得批发重要案件，委验命案。如再有此等酿命之案，一经控发查出，除将该员斥革，照例审办外"①，该管府州及州县印官亦负相应责任。

2. 严禁非法刑讯

中国古代一直允许合法刑讯，《大清律例·刑律·断狱》就详细规定了刑讯制度。但在法律规定以外的刑讯是违法的，《大清律例》《大清会典事例》都规定了相应的刑事和行政责任。但事实上，非法用刑非常普遍。湖北各州县"颇有性情暴戾粗率、用刑不检者。审问一切案件，并未细讯是非曲直，往往因子语应对不合，或事属细微，动辄笞责数百千余，甚至有以非刑从事者。惨酷情形，不堪言状。在案中正犯，揆之于法已有不合，至其中或系诬攀到案虚实未分，或系质证牵连因人受累，何得辄加重刑，此岂为民父母之道……三木之下，何求不得？此等刑求之供，岂足为据"。为此，张之洞于光绪二十年（1894年）五月二十四日发布《札各属严禁非刑、滥刑》，重申上述禁例，要求州县官吏"杀人必当其罪，刑人必依其法"，并"札仰该府州立即转饬所属遵照，不得违例私设非刑、滥刑，杖责无辜。即审问命盗会匪案件，亦必须悉心研鞫，明慎用刑，万不可专恃刑求，草率定谳"②。光绪三十年六月十五日，张之洞在《札臬司饬各属清厘庶狱，建设迁善、习艺等所并严禁滥刑》的命令中，再次要求所属州县"凡问案讯供，总以不用刑求为正理。如有万不能不用刑吓者及奸徒强暴，有不能不惩儆救人者，亦宜审慎斟酌，哀矜勿喜，适可而止，万不准用非刑重枷，滥责酷禁，令其血肉狼藉，呼吁冤惨，罪不至死者死于刑禁之虐，罪止于死者多受法外之苦，悯恻毫无，灭绝人理"③。

3. 禁止对当事人久系不决

在《札各属严禁非刑、滥刑》饬令中，张之洞要求各级政府对"寻常词讼，并须随宜到随审，随即结释，毋得将案内人证，经年累月羁押、拖累以致瘐毙破家"。在《札臬司饬各属清厘庶狱，建设迁善、习艺等所并严禁

---

① 《札南北臬司通饬各属查禁佐杂擅受民词》（光绪十八年十月十六日），载《张之洞全集》第五册，武汉出版社2008年版，第383页。

② 《札各属严禁非刑、滥刑》（光绪二十年五月二十四日），载《张之洞全集》第五册，武汉出版社2008年版，第449页。

③ 《札臬司饬各属清厘庶狱，建设迁善、习艺等所并严禁滥刑》（光绪三十年六月十五日），载《张之洞全集》第六册，武汉出版社2008年版，第439、440页。

滥刑》中，要求"军流以下人犯，例无死因，应即早日议结，分别发遣安置，以免长此羁系。若候审待质各所，均属寻常词讼，不难随时判结，立予省释"。

4. 禁止虐囚，改善监狱环境

清代吏部则例中关于虐囚的处分规则，《大清律例》中亦有禁止虐囚的专门刑法条款。但在人权不倡的中国古代，监狱苦辱、凌虐罪囚极为普遍，因而历代各级地方政府的地方立法中，无一例外地都有重申中央政府禁令，施布朝廷仁政、皇帝德音的官样文章。

晚清的鄂省，"州县视部民如路人，视罪囚直如异类，以致锁系累累，经月不讯，词讼细故，羁及多人，刑责苛滥，拘系严酷，冤气抑郁，怨声流闻，官民久已隔阂，痛苦了不相关"。有鉴于此，张之洞先后在光绪二十年（1894年）五月二十四日、二十四年（1898年）四月二十九日和光绪三十年（1904年）六月十五日发布《札各属严禁非刑、滥刑》《札北臬司大修监卡》和《札臬司饬各属清厘庶狱，建设迁善、习艺等所并严禁滥刑》，要求各级政府官员"尤不得任听经管监羁禁卒、丁役讹诈凌虐"，"其监狱、待质各所地板务宜升高，沟道务期通浚，并严饬管狱家丁看役禁卒人等，随时打扫洁净，毋令秽气上蒸，并捐廉多备药料，不时焚熏，以防疾疫"①。《札北臬司大修监卡》要求将"江夏县监、羁各所大加改造，添购地基，酌采西式，务期屋广院宽、通风避湿、器具齐备，整洁宽舒，一应规模章程均期详备、周密，总须与平民住房无异，令被禁被押之人不受法外丝毫之苦。至府监、司监，亦应分别量加修改，俟省城各监、卡办有规模，再饬省外。各道府州县，就地筹款，仿照兴修，以昭公溥。至各监、卡人犯衣食、医药，冬夏所需各件，一切均须优加筹计，即由北按察司会同布政司遴委明干之员，会同江夏县迅速查勘，如何展拓、修改，如何购地、买屋，估计工费，绘具图说，由司禀候核定，刻日兴工……所需经费，应饬藩司筹款拨用"②。

---

① 《札各属严禁非刑、滥刑》（光绪二十年五月二十四日）、《札臬司饬各属清厘庶狱，建设迁善、习艺等所并严禁滥刑》（光绪三十年六月十五日），载《张之洞全集》第五册，武汉出版社2008年版，第449页；第六册，武汉出版社2008年版，第440页。

② 《札北臬司大修监卡》（光绪二十四年四月二十九日），载《张之洞全集》第六册，武汉出版社2008年版，第140页。

5. 监狱之外设立候审、待质所

中国古代没有区分监狱与看守所,待审的重案嫌疑人也常常押于监狱,而对罪行稍轻的以及证人本不允许擅自关押。但事实上,清代各州县不仅将轻罪者乃至证人亦关押于监狱,而且常常私设看守所关押待审待质之人。清人周清源云:"凡内外问刑衙门,设有监狱,原以羁禁重囚,其案内牵连人犯,情罪稍轻者,准取的保,不得一概滥禁,定例无复可议矣。第查各府州县于监狱之外,更设有仓有铺有所有栅有店,各处地方名目不同,其名虽将犯人暂寄公所,实则高墙密禁,杻锁巡防,与监狱丝毫不异。况监中重囚,经上司稽查,开放尚有定期。惟此羁禁仓铺者,操纵全在下官,索诈任于胥役。至有淹系数年,死而后已者。"[①] 上述官吏于法律之外私设之"监狱""仓铺"一类看守监禁场所,一直为清朝法令所禁止[②]。

光绪元年(1875年)十二月,贵州巡抚黎敬培呈奏《添设平民待质所请饬各直省一律举行折》,得到朝廷批准。湖北暨武汉地区何时设立候审所、待质所,尚不得而知,但至晚在光绪二十四年(1898年),江夏县已有了专用于羁押未决人犯的羁押所。同年四月二十九日,张之洞发布《札北臬司大修监卡》中提到,"应先将江夏县监、羁各所大加改造"[③]。

以上重申中央禁令,虽义正严词,但其基本内容仍不过是要求各级政府及时办理刑案、尽早发遣已决刑徒,禁止将当事人、证人久系不决,禁止法外刑讯、凌虐囚徒,改善监狱环境之类。如果不从根本上改革传统的刑事诉讼制度,此类禁令,即便不是虚应故事,亦只是老生常谈。

(二)根据中央统一部署整顿地方司法

1.《清讼章程》

新定《清讼章程》其十三条,其大旨有四:其一在于"禁欺饰"。防止"不清而捏为结清,不结而饰为结"。其二在于重命盗案件的督促。其三在于减少扰累,凡可用地保传唤证人,不许用衙役票差拘传;如必须票差拘传的,不准多派。其四在于惩治刁诬讼棍,积案半由讼棍、痞徒挑拨,致有本

[①] 贺长龄:《皇朝经世文编》卷93,载沈云龙主编:《近代中国史料丛刊》第七十四辑,文海出版社1972年影印本。

[②] 张世明:《清代班房考释》,《清史研究》2006年第3期,第1—21页。

[③]《札北臬司大修监卡》(光绪二十四年四月二十九日),载《张之洞全集》第六册,武汉出版社2008年版,第139页。

第三章 张之洞督鄂时期武汉法秩序的转型（1889—1907年）（上）

可息讼而不息，不应翻案而复翻，因此，凡有讼棍主唆者，认真按律治罪。依此章程，张之洞通报了积案较多的如大冶等六州县长官，并对"屡控不结之署汉阳县知县准补兴山县知县李观涛"等三名州县长官奏请"摘去顶戴"之处罚。①

2.《惩办会匪章程》

光绪十七年（1891年）六月六日上谕："各省哥老会其匪，最为地方之害……着各直省将军、督抚严饬地方文武，随时留心，实力查缉。如有访获会匪首犯，一面严行惩办，一面准将出力员弁，照异常劳绩，随案奏请优奖。但须查有确实证据，不得因希图保奖，妄拏无辜，致滋扰累。凡地方良民，有误买匪徒保家伪票呈缴地方官者，免其治罪。其有向充会匪，自行投道密报匪首姓名因而拏获者，亦一律宥其既往，准予自新。该将军督抚务即出示晓谕，俾使咸知。"光绪十七年（1891年）七月七日、七月十一日，张之洞先后批示湖北、湖南两按察使司"详绎例意，参考近年成案，妥议惩办章程，通饬州县遵办"，制定《惩办会匪章程》②。光绪十八年（1892年）九月十四日，张之洞就湖北《严惩会匪章程》奏请清廷。该章程规定："如有会匪溷迹境内，立即会督营汛，严密拏获，悉心研究审。如系会匪为首开堂放飘（即'票'——入会党的凭证）者，及领受飘布，辗转纠伙散放多者者，或在会中名目较大充当元帅、军师、坐堂、陪堂、刑堂、礼堂等名目者，与入会之后虽未放飘辗转纠人而有伙同抢劫情事者，及勾结教匪煽惑扰害者，一经审实，即开录详细供折，照章禀请覆讯，就地正法。此外，如有虽经入会并非头目、情罪稍轻之犯，或酌定年限监禁，或在籍锁带铁杆、石墩数年，俟限满后，察看是否安静守法，能否改过自新，分别办理。其无知乡民，被诱、被胁，误受匪徒飘布，希冀保全身家，并非甘心从逆从人，如能悔罪自首呈缴飘布者，一概宽免究治。其有向充会匪，自行投首官的匪首姓名因而拏获，亦一律宥其既往，准予自新。若投首后，又能作线引拏首要各犯到案究办，除免罪之外，仍由该地方官酌量给赏。总期严惩首要，解散胁从，以除奸宄而安善良。地方文武员弁能拏获会匪著名首要审实惩办，即

---

① 《遵旨办理清讼章程并请未惩积案各员折》（光绪二十五年三月十五日），载《张之洞全集》第三册，武汉出版社2008年版，第519、520页。
② 《批北臬司详遵议惩办会匪章程》（光绪十七年七月初七日），载《张之洞全集》第七册，武汉出版社2008年版，第132页。

将尤为出力员弁，核其情节，照异常劳绩随案请给优奖。如有希图保奖，妄拏无辜，或姑息徇纵，不拏不办，以及曲为开脱，一经查出即行严参。"① 在皇帝批示交"刑部议奏"尚未批准之时，张之洞即于十七日札饬湖北按察使司，"仰该司、局、道，即便移行所属各州县及各绿营、水陆防营遵照"②。

（三）对狱政创新性的改革

虽然自西周以来历代政府大都标榜"宽仁"与"教化"的狱政观，但其政治与行政制度的法家传统，尤其是根深蒂固的胥吏制度使历代狱政无不成为黑暗、严酷的苛政。方苞《狱中杂记》所载清初刑部狱之酷暗，至清末毫无改变。刘坤一、张之洞在《遵旨筹议变法谨拟整顿中法十二条折》中说："羁州县监狱之外，又有羁所，又有奖状押带等名目，狭隘、污秽、凌虐多端、暑疫、传染多致瘐毙，仁人不忍睹闻，等之于地狱，外人尤为痛诋，比之以番夷。"③ 故张之洞在督鄂期间，试图融合古代儒家"宽仁""教化"的狱政观念与近代西方的人道主义与教育刑法思想，对湖北暨武汉的狱政进行了改革。

1. 创设迁善、习艺所

张之洞早在两广总督任内时，即在广东试办迁善所，教授犯人劳动技能以改造其思想并使其出狱后有谋生之道，从而预防其再犯。为改良狱政，张之洞亦曾通饬广东全省各级政府改造旧监，并率先捐献养廉银，以为改造经费④。调任湖广总督后，又在湖北省尤其是对作为武昌府首县的江夏县监狱进行了类似的改革。

清朝狱制，"司（按察使司——引者注）府厅批审州县案件，将人犯发该州县监禁；自审的案件将人犯放本衙门监禁。若无监房，再放州县；有监

---

① 《酌议严惩会匪章程折》（光绪十八年九月十四日），载《张之洞全集》第三册，武汉出版社2008年版，第30—31页。
② 《札北臬司等移行严惩会匪分别轻重酌议办理章程折》，载《张之洞全集》第五册，武汉出版社2008年版，第379页。
③ 《遵旨筹议变法谨拟整顿中法十二条折》（光绪二十七年六月初四日），载《张之洞全集》第四册，武汉出版社2008年版，第19页。
④ 参见《札南、番两县勘修迁善所》（光绪十三年闰四月初十日）、《通饬各属修建监狱迁善所片》、《批南海县禀请拨款修理监羁》、《批番禺县禀请拨款修理监羁》、《批南、番两县会禀迁善所经费不敷衍请筹常款》（光绪十五年十月二十日），分载《张之洞全集》，第五册，武汉出版社2008年版，第123页；第七册，武汉出版社2008年版，第91、92页；第二册，武汉出版社2008年版，第302页。

第三章 张之洞督鄂时期武汉法秩序的转型（1889—1907年）（上）

房而故发州县的则要议处"①。依雍正七年所定相关则例，"各处监狱，俱分建内外两处。强盗并斩绞重犯俱禁内监，军流以下，俱禁外监"②。光绪三十年（1904年）六月十五日，张之洞鉴于等诸多司法与狱政弊病，要求省按察司饬令："各该州县等所管监狱，及待质各所羁押人犯，当兹夏令，务宜用心清理。其有情罪重大无可减免者，虽照例囚禁，仍应设法体恤，勿得凌虐法外。若军流以下人犯，例无死罪，应即早日议结，分别发遣安置，以免长此羁系。若候审待质各所，均属寻常词讼，不难随时判结，立予省释。即有屡犯不悛，难于开除者，亦宜选择宽敞地基，建设迁善、习艺等所，选匠教习，振其懒惰之心，予以自新之路。将来学艺成就，可以自食其力，亦准取具切实保状，一并开释。"③

武汉地区虽设有"候审所"，但江夏监狱"其外监人犯有因案备质，由司府发押者，有仅犯争斗攫窃等细故，由警察总局随时发交看管者，亦有该县自理待质及犯窃押候者"，致使外监人满为患。光绪三十二年六月四日，张之洞向湖北按察使司发出饬令《札北臬司限制江夏外监人犯》七条，要求将"业已拟定罪名，无可解免"的罪犯收入内监，"照管狱章程办理"；"外监人犯……均应设法限制"④。外监人犯不得超过100人，如满额应随时分别疏通：（1）案情较轻者取保开释或递解回原籍管束，案情较重者或酌量枷号或罚作苦工。（2）湖北按察使司及武昌府发将江夏县监狱羁押于外监的人犯，需由江夏县查明现存人数，酌核办理，并将相关人犯分送按察使司监狱和武昌府监狱关押。（3）凡警察局逮捕的嫌疑人，如属重罪，仍送县收管讯办；如属普通治安案件，则由警察局自行处罚。如需追缴失赃难以遽释者，由总局分交各局轮派警勇看守，追出赃物后，或枷责，或送至工程处照章罚作苦工。凡扰害地方之地痞但无确实罪名者，一律由警察局枷责罚作苦工。（4）凡羁押候审嫌疑人，"交候审所羁管"。（5）凡属再审之京控、省控案件，如日久人证不齐，不能讯结，应分别

---

① 薛梅卿主编：《中国监狱史》，群众出版社1986年版，第163页。
② 赵舒翘：《提牢备考》卷2"条例考"。
③ 《札臬司饬各属清厘庶狱，建设迁善、习艺等所并严禁滥刑》（光绪三十年六月十五日），载《张之洞全集》第六册，武汉出版社2008年版，第439、440页。
④ 《札北臬司限制江夏外监人犯》（光绪三十二年六月初四日），载《张之洞全集》第六册，武汉出版社2008年版，第508页。

案情，酌拟章程，量加保释，以疏通外监。这一法令的法律意义在于，第一，为疏空监狱，总督有权将轻罪的处罚改为取保释放或递解回籍；第二，明确区分了候审所与监狱的功能；第三，要求各级监狱分别回归法定的管辖范围；第四，赋予了警察局以违警（治安）处罚权，并将违警处罚与刑罚区分开来。

2. 武昌模范监狱及《模范监狱章程》

张之洞主政两湖后，亦屡有改良狱政之举，已如前述。光绪二十七年（1901年），刘坤一、张之洞联名呈奏的《遵旨筹议变法谨拟整顿中法十二折》提出了具体的监狱改革方案。1903年刑部议准《各省通设罪犯习艺所章程》，1906年法部发布《法部咨各省申明遣军流犯到配收所习艺定章文》[1]，大体按此方案进行。光绪三十一年（1905年）十月，张之洞即命前署江夏县知县后捐升湖北试用道邹履和与在日本学习过监狱、警察学的补用知县廷启，仿照日本东京监狱和巢鸭监狱，修建湖北模范监狱。光绪三十三年（1907年）五月，湖北模范监狱建成，张之洞遂向朝廷奏请批准《模范监狱章程》。

该奏折云："查直省府厅州县各有监狱，而狭秽凌虐，殆无人理。疾疫痍毙，多死非辜，实为有妨仁政之一大端……迭经札饬湖北臬司通饬府厅州县各衙门，将所设内监、外监大加修改……或沔阳州、夏口厅、汉阳县等属已有数处。特以经费支绌，究未能大改旧规……省会领袖尚不完善，支郡山城安望合格？必须在省城大举营造，兼采东西各国监狱之式、管理之法……以为通省模范。当经饬令前署江夏县知县、今捐长湖北试用道邹履和，于省城江夏县团之东偏购民地，酌拟图式建造。查有补用知县廷启，由日本学习监狱学回鄂，并令会同商酌监造，经始于三十一年（1905年）十月，至三十三年（1907年）五月竣工，一切体制，仿照日本东京及巢鸭两处监狱规模，其管理之法，兼采东本各国，仍体察中国情势之能行者量为试办。"

《模范监狱章程》共十条，其基本内容为：一、监狱的地址位于江夏县署之东，与县署毗邻。二、监狱分为内监、外监、女监与病监。其中内监监

---

[1] 参见《刑部议得护理晋抚赵奏请各省通设罪犯习艺所折》《法部咨各省申明遣军流犯到配收所习艺定章文》，载上海商务印书馆编译所编纂：《大清新法令（1901—1911）》（点校本）第1卷，商务印书馆2010年版，第185—193、193—195页。

第三章 张之洞督鄂时期武汉法秩序的转型（1889—1907年）（上）

禁已定罪之犯，可容一百人，其设计仿东京监狱；外监监禁未决嫌疑人，可容三百人，其设计仿日本巢鸭监狱；女监与病监分别监禁女犯与病犯，分别可容四十、五十人。三、各监设电灯、自来水、澡堂设施。四、所有旧监人犯，如实犯死罪待决及限年监禁各犯，一律移入内监。其从前因事羁押未决之犯、因犯事收入旧设迁善所与警察局暂押之犯，择其质地诚实青年可造者，先行挑取百名收入外监，在工厂学习各项手艺，随时教诲，以后体察管事教导是否得法，随时陆续增添挑入。如能学艺有成，痛知改悔者，酌其犯事轻重，量予省释，以示成全。五、江夏县令仍兼监狱负责人，"典史于例为管狱官，不能辞责，派令充当庶务长，遇事帮同料理处分，仍照旧例"，另"拟设典狱官一员秩同通判。副典狱官一员，秩同州判……不作实缺……其他案牍科、守卫科、工业科，科各一员，名曰科长。书记生八，教诲师二，内外科医官各一，皆为辅助典狱官之员，由臬司及有狱官分别酌用"。六、革黜禁卒等名，而招考守卫军，不设定额。取其身家清白、素无过犯，而又能识粗浅文字，性质确系良善者充之……教以监狱学及监狱各种规则，使其实习。七、"近年部章设有犯罪罚令习艺之条。兹于内监、外监、女监、严禁监，皆各建有工厂，须择其成本轻而工程易者方为实济。盖今日习艺须为他日生活计，傥成本稍重，即便艺成翻译，而穷乏莫措，仍与无艺等，何以资生？故此时募用教习，于罪人皆系传授以微艺，如织布、裁缝、编制草竹各器，制造学堂各种用品之类，以后日求精进。其作工机器，概不用铁木粗重之物，以防流弊"。八、对罪犯既教亦养。"另设教诲师，每遇星期及猎人歇工时刻，教以悔过迁善之首，寓劝于惩。若幼年犯，并教以小学课程，以迪愚顽，其于涤染自尊，所谓教也……遇害有病症，慎重珍视，不使死于非幸"。九、关于监狱经费。建造新监狱，经费已经由外筹拨款项办理，于铜币盈余及签捐项下动支。另建官房出租，以资津贴。此外，拟拨质当捐一万两、铜币盈余一万两、签捐盈余一万两，以备常年经费，不动正款。十、关于监狱章程的修改与完善。饬令补用知县廷启博考各国成法，采辑成帙，酌拟章程，犹恐未能周密。俟实行以后，督饬曾赴日本考究警监学各员察看情形，随时修改①。

---

① 《新造模范监狱详定章程》（光绪三十三年五月二十九日），载《张之洞全集》第四册，武汉出版社2008年版，第305、306页。

光绪三十三年（1907年）四月十一日，修律大臣沈家本向朝廷提出设立"宜于各省之省会及通商口岸，先造模范监狱一所，以备拘禁流徒等罪"①，各省先后开始建造模范监狱，而此时湖北江夏模范监狱距最后竣工仅一个月。故张之洞自诩，"其规模章程，实为各省之冠"②。但据当时被禁因于模范监狱的革命党人的亲自感受，"模范监狱，名则文明，实极黑暗，身体上一切极不自由。送衣食被阻，音信不为通，常受非法凌辱，殊可愤恨"③。

（四）"就地正法"的在鄂适用

清代的死刑判决与复核程序非常严格，大多数死刑案件都必须经过州县、府、省按察使、督抚四级审转（北京地区的死刑案件直接由刑部审理），由以刑部为主的三法司（刑部、大理寺和都察院）核拟，斩、绞监候案件还必须由九卿会审，最后由皇帝勾决。但至晚从康熙时期开始，每遇非常之变，清廷常常会授予地方大员以擅杀大权，名曰"就地正法"④。"就地正法在道光时期就颇为盛行"，太平天国起义之后，咸丰三年（1853年）三月十三日，皇帝发布谕旨："前据四川、福建等省，奏陈缉匪情形，并陈金绶等奏遣散广东各勇沿途骚扰，先后降旨，谕令该督抚等认真拿办，于讯明后，就地正法，并饬地方官及团练绅民，如遇此等凶徒，随时拿获，格杀勿论。现当剿办逆匪之时，各处土匪，难保不乘间纠伙抢劫滋扰，若不严行惩办，何以安戢闾阎？着各直省督抚，一体饬属，随时查访，实力缉拿。如有土匪啸聚成群，肆行抢劫，该地方官于捕获讯明后，即行就地正法，以昭炯戒，并饬各属团练绅民，合力缉拿，格杀勿论。俾凶顽皆知敛戢，地方日就乂安。至寻常盗案，仍着照例讯办，毋枉毋纵。"⑤ 这一谕旨正式将死刑的最后复核权下放给了各省督抚，从而导致地方督抚的滥杀。因此，"同治八年（1869年），亦即太平天国起义失败后的第二年，御史袁方城便上章请示停止就地正法"。此后，御史与刑部多次建议废止这一死刑程序，恢复严格的死刑判决与复核制度，但都因为各地督抚的反对而未果。

---

① 《修订法律大臣沈家本奏实行改良监狱宜注意四事折》，载《清末筹备立宪档案史料》第二编，中华书局1979年版，第382页。
② 《抱冰堂弟子记》，载《张之洞全集》第十二册，武汉出版社2008年版，第515页。
③ 居正：《辛亥札记》"探视胡瑛"，载宋传银：《笔记小说武汉资料辑录》第2卷，武汉出版社2018年版，第814页。
④ 参见张世明：《清末就地正法制度研究》（上），《政法论丛》2012年第1期，第46—57页。
⑤ 《咸丰朝实录》卷88。

第三章 张之洞督鄂时期武汉法秩序的转型（1889—1907年）（上）

在湖广总督张之洞的奏疏中，亦多次可以见到"就地正法"的文字。光绪十六年（1890年）闰二月，宜昌、郧阳两府会匪之首要分子，由总督一次性呈请就地正法4人[①]。光绪十七年（1891年），"照章批饬就地正法，计案十起，人犯二十六名"[②]；光绪二十年（1894年），"计案五起，人犯十四名"[③]；光绪二十一年（1895年），"计案五起，人犯十八名"[④]；光绪二十三年（1897年），"计四起，人犯九名"[⑤]；光绪"二十四年（1898年）九月二十四日，钦奉懿旨：嗣后除现有军务省分及实系土匪、马贼、会匪、游勇情节较重者仍暂准就地正法外，其余寻常盗案，着一律规复旧制办理……所有八月以前报案既行获犯各案……计案七起，人犯十八名"[⑥]。

[①]《先期拏获首要会匪就地惩办折》（光绪十六年闰二月二十六日），载《张之洞全集》第二册，武汉出版社2008年版，第340页。

[②]《奏报拏获盗犯就地正法折》（光绪十八年二月二十三日），载《张之洞全集》第二册，武汉出版社2008年版，第525页。

[③]《宫中档光绪朝奏折》第8期，载贾维、谭志宏编：《谭继洵集》（上），岳麓书社2015年版，第298—299页。

[④]《奏为拏获匪犯就地正法折》（光绪二十二年三月十九日），载《张之洞全集》第三册，武汉出版社2008年版，第375页。

[⑤]《奏陈照章惩办正法各犯折》（光绪二十四年三月二十四日），载《张之洞全集》第三册，武汉出版社2008年版，第475页。

[⑥]《拏获匪犯就地正法缮单具陈折》（光绪二十五年二月二十五日），载《张之洞全集》第三册，武汉出版社2008年版，第518页。

第四章 张之洞督鄂时期武汉法秩序的转型（1889—1907年）（下）

第一节 经济法制改革

清前中期的国家经济法律制度体系主要集中规定于《户部则例》《工部则例》与《大清律例》等法规中。《户部则例》中包括有财政、税制、漕运、盐法、田制、币制、国库、赈灾、慈善等相关法律制度，《工部则例》则是关于工部所管建筑工程、军需、制造、工匠、屯田、水利、交通等各项事务的规范，《大清律例》中则有制裁扰乱市场秩序的"市廛五条"。这些完全属于农业社会的经济法律制度，当然不可能适应晚清兴起的近代工商业。虽然工商业发达的部分区域如山西、江浙及四川自贡已经自行发育出了票号、钱庄等企业，并形成了类似于近代企业制度的商业行规与契约习惯，但这些行规和契约习惯仍只具有近代商法的萌芽性质，尚不能成为系统、成熟的商事习惯法体系，更无法自动升级为近代公司法、破产法、票据法、保险法、海商法、商业银行法、证券法等国家专门商法。

洋务运动中，地方各省虽然出现了近代大型工矿企业，但由于缺乏近代化的企业管理制度，亦缺乏与近代大型工矿企业相对应的近代财政、货币、金融与市场体系。即使是"所有改变旧观念而亲商者，如梁启超、薛福成、张之洞和张謇及其他人，都没有或几乎没有系统地掌握现代经济学"[①] 与近代法学知识。各省的洋务官僚们都只能在自己的势力范围及有限的知识范围之内自行摸索，因而始终难以走出以传统行政手段管理经济的窠臼。

---

① [美] 陈锦江：《清末现代企业与官商关系》，王笛、张箭译，中国社会科学出版社2010年版，第36页。

第四章 张之洞督鄂时期武汉法秩序的转型（1889—1907年）（下）

张之洞在武汉地区开创的各项洋务，亦未能创设出新的商法与经济法律制度。但较之于其他洋务官僚，张之洞在武汉地区经历了一系列的失败之后，最早认识到了近代商法的重要性。光绪二十七年（1901年）六月五日，湖广总督张之洞与两江总督刘坤一共同上奏的《遵旨筹议变法谨拟采用西法二十一条折》中，呼吁仿照西方国家制定公布矿律、路律、商律等经济法律与刑律。其言曰：

> 洋行皆势力雄厚，集千百家而为公司者，欧美商律最为详明，其国家又多方护持，是以商务日兴。中国素轻商贾，不讲商律，于是市井之徒苟图私利，彼此相欺，巧者亏逃，拙者受累，以故视集股为畏途，遂不能与洋商争衡。况凡遇商务讼案，华欠洋商则领事任意要索，洋欠华商则领事每多偏袒。于是华商或附洋行股分，略分余利，或雇无赖流氓为护符，假冒洋行。若再不急加维持，势必至华商尽为洋商之役而后已。必中国定有商律，则华商有恃无恐，贩运之大公司可成，制造之大工厂可设，假冒之洋行可杜。华商情形较熟，工价较轻，费用较省，十年以后，华商即可自立，骎骎乎并可与洋商相角矣。且征收印花税，其公司、工厂、行栈、挂号等费，皆系与商律相辅而行之事，必有商律，方能举办，故又不可不急行编定也……拟请由总署电致各国驻使，访求各国著名律师，每大国一名，来华充当该衙门编纂律法教习，博采各国矿务律、铁路律、商务律、刑律诸书，为中国编纂简明矿律、路律、商律、交涉刑律若干条，分别纲目，限一年内纂成，由该衙门大臣斟酌妥善，请旨核定，照会各国，颁行天下，一体遵守……一面于该衙门内设立矿律、路律、商律、交涉刑律等学堂，选职官及进士、举贡充当学生。纂律时，帮同翻译、缮写。纂成后，随同各该教习再行讲习律法，学习审判一两年。四律既定，各省凡有关涉开矿山、修铁路以及公司、工厂华洋钱债之事及其他交涉杂案，悉按所定新律审断。两造如有不服，止可上控京城矿路商务衙门。或在京审断，或即派编纂律法教习前往该省，会同关道审断。一经京署及律法教习覆审，即为定谳，再无翻异。[①]

[①] 《遵旨筹议变法谨拟采用西法二十一条折》（光绪二十七年六月初五日），载《张之洞全集》第五册，武汉出版社2008年版，第32页。

此折应为晚清官员呼吁制定近代经济法的最早文件,自此奏折上呈后,光绪二十八年(1902年)、二十九年、三十年,清廷先后公布了《矿务章程》《简明铁路章程》与《钦定大清商律》。张之洞以其在武汉举办近代工矿与铁路交通业的经验,还主持了全国《矿务章程》的修订①。由此可见,湖北暨武汉地区近代工矿业与铁路交通业的制度经验对全国经济立法的影响。

除矿业法外,武汉地区近代工矿业、铁路交通业、商业以及金融业,都初步形成了区域性的经济制度体系。

一、从官办到官督商办、官商合办的工矿业体制

早在19世纪60年代,洋务运动的先驱曾国藩、左宗棠、李鸿章等就先后在安庆、南京、福州、上海创办地方工业企业,开创了官办及官督商办的工业体制。作为洋务运动的殿军人物张之洞在武汉完全继承了重工业的官办体制,当官办难以为继时,才被迫实行官督商办;对轻工业,则鼓励商办。由于中国社会缺乏近代的商法制度,官办企业完全按照传统行政管理方法,不计成本,贪污腐败;官商合办企业中的商人既没有法定的权利,又过于依赖官府,缺乏灵活性与激励机制。因而,张之洞在武汉地区创办的主要工业企业基本上是失败的。

1872年李鸿章创立上海轮船招商局之前,中国所有洋务企业均为军工企业,且全部为官办,最后都无成效。其不成功的原因是多方面的,但官办是其主因。有鉴于此,李鸿章于1872年在上海发起成立完全由商股组成的轮船招商局。"轮船招商局……可说是我国最早的模仿西洋的一大民生事业"②,也是"第一家官督商办企业,即官府监督控制下商股商办企业"③。所谓"官督商办",是李鸿章在筹办轮船招商局时为该局章程确定的模糊原则:"目下既无官造商船在内,自无庸官商合办。应仍官督商办,由官总其大纲,察其利病,而听该商董等自立条议。"④很快,这一洋务企业模式为各省所效仿。

---

① 李细珠:《张之洞与清末新政研究》,上海书店出版社2009年版,第203—206页。
② 陈振汉:《"官督商办"制度与轮船招商局的经营(1872—1903)》,载易惠莉、胡政主编:《招商局与近代中国研究》,中国社会科学出版社2005年版,第39页。
③ 罗肇前:《晚清官督商办研究》,厦门大学出版社2004年版,第2页。
④ 《论试办轮船招商》,同治十一年十一月二十三日,张明林主编:《李鸿章全集》第三册,西苑出版社2011年版,第1107页。

第四章 张之洞督鄂时期武汉法秩序的转型（1889—1907年）（下）

虽然"官督商办是洋务派民用企业的主要形式"①，作为洋务运动后期标志性殿军人物的张之洞也认识到，"大率中国创办大事，必须官倡民办，始克有成"。但他坚持"先筹官款垫支开办，俟其效成利见，商民必然歆羡，然后招集商股，归还官本，付之商人经理，则事可速举，赀必易集"②，因而他在武汉创办各项洋务企业之初基本上未采用官督商办体制而是采用官办体制，即政府投资、政府经营。因为其管理模式完全是传统的官营，而不是公司制，因而其名称通常称为"局"或"厂"，而不是"公司"。张之洞在武汉也没有设立统一的工矿业管理机构，而基本上是设一厂即设一局，"局""厂"合一。因官办体制无可消除的弊端，武汉的官办企业除湖北枪炮厂等少数企业外，大都转为官督商办或官商合办，甚至完全商办，官办体制最终失败。由于武汉地区国有企业种类较多，而且除极少数企业外，绝大多数企业的经营体制都几经变更，为叙述方便，本文以各类经营体制为纲目进行叙述。

（一）完全官办体制

1. 湖北铁政局（汉阳铁厂）

1889年底，张之洞从粤赴鄂，途经上海，曾请时任山东登莱青道的盛宣怀（盛曾于李鸿章督鄂期间在湖北首勘煤矿）来上海洽谈湖北筹办铁厂事宜。盛宣怀力主招募商股，并于1890年在呈给李鸿章、张之洞的《筹拟铁矿情形禀》中"拟订了一个办铁政的章程"，而且在其致庆亲王奕劻的信中说："铁矿官办必致亏本。"③但张之洞认为"商股恐不可恃，且多胶葛，与现在情形亦不合"④，坚持汉阳铁厂实行官本官办。

光绪十六年（1890年）正月，在武汉设立炼铁厂的呈请被批准后，张之洞即在武昌水陆街旧营务处设立铁政局。后因"原设之局过小，查有城内宝武局公所一区，较为宽广"，四月十六日，札令湖北布、按二司及粮、

---

① 中国企业史编辑委员会编：《中国企业史》（近代卷），企业管理出版社2004年版，第218页。
② 《筹设铁厂折》（光绪十五年八月二十六日），载《张之洞全集》第二册，武汉出版社2008年版，第263页。
③ 《筹拟铁矿情形禀》，光绪十五年十一月二十三日，载《东海亲笔信稿》，上海盛宣怀档案数据，光绪十六年九月。转引自夏东元：《盛宣怀传》（修订本），南开大学出版社1998年版，第174、175页。
④ 《致京李中堂》，光绪十六年二月二十六日，载《张之洞全集》第八册，武汉出版社2008年版，第49页。

盐二道,"即于此设立铁政局,派委北布按二司、粮盐二道、候补道蔡锡勇总办局务。蔡道作为驻局总办,会同筹办一切,以专责成。其余提调暨文案各员,均候随时遴员派充"。由于湖北缺乏冶铁业必须具备的采矿业,因而铁政局不仅要筹办汉阳铁厂的炼铁事宜,而且还要负责"采取各种煤样送局考验,及大冶、兴国一带确查铁矿、锰矿、灰石、煤窿、运道各情况"[①]。湖北铁政局与汉阳铁厂,实为合一。到光绪十九年(1893年)十月,炼铁全厂"全行完竣";次年正月十日,正式升火炼铁[②]。

汉阳铁厂在生产、销售及财务管理等一切环节,均实行完全行政化的管理,罔视经济学与科学规律。"主要负责岗位一概由官占领位置,各级主要负责竟无一名商人"[③]。凡规划、决策与核算,均以长官意志为转移。如在厂址、机炉型号的选择上,张之洞一意孤行,错误频出[④];在具体管理上,"香帅躬亲细务,忽而细心,锱铢必较;忽而大度,浪掷万金;忽而急如星火,立刻责成;忽而置若罔闻,延搁数月。一切用人用款,皆躬亲其权"[⑤]。尽管中央及湖北省政府对汉阳铁厂投入了巨大的成本,仍然是连年亏损,不得不于光绪二十三年(1897年)改归商办。但"铁山、煤井、厂地、堤工以及从前用款,与地方官交涉之事尚多,仍须有局员经理。至洋务事件,近来日形繁多,自应即就铁政局设立洋务总局……至湖北全省各项矿务,应办者亦复不少。今就铁政局改为铁政洋务局,兼管铁路、矿务各事宜"[⑥]。光绪三十年(1904年)八月十一日,张之洞将铁政洋务局改名洋务局,分设交涉、编译、铁路、矿务、实业、商税六科[⑦]。虽然铁厂改归商办,但为铁厂供应铁、煤等企业仍由官办。

---

① 《札司道筹办炼铁事宜》(光绪十六年四月十六日),载《张之洞全集》第五册,武汉出版社2008年版,第167、168页。

② 参见《炼铁全厂告成折》(光绪十九年十月二十二日)、《奏报铁厂开炉锻炼日期折》(光绪二十年正月十三日),载《张之洞全集》第三册,武汉出版社2008年版,第133、165页。

③ 夏东元:《洋务运动史》,华东师范大学出版社1992年版,第291页。

④ 参见《汉冶萍之历史》,《中国实业杂志》第六期,1915年6月日本东京版,载陈真编:《中国近代工业史资料》第三辑,中华书局1961年版,第421—423页。

⑤ 钟天纬:《致盛宣怀函》(光绪十六年十月十二日),上海图书馆藏盛宣怀档案资料,转引自夏东元:《洋务运动史》,华东师范大学出版社1992年版,第291页。

⑥ 《札司道总办铁政洋务局》(光绪二十三年四月十八日),载《张之洞全集》第六册,武汉出版社2008年版,第32页。

⑦ 参见《札铁政洋务局改设六科定名洋务局》(光绪三十年八月十一日),载《张之洞全集》第六册,武汉出版社2008年版,第442页。

2. 湖北枪炮厂（局）

与汉阳铁厂同年创办的湖北枪炮厂，亦称湖北枪炮局，因为属军事企业，更只能是官办。至于开办经费，"海军衙门及户部既难筹拨，各省一时断不能遽有拨款嘱鄂代造……惟有就鄂省财用自行筹划腾挪"。其筹款方法是呈请朝廷，"准将土药税银及川盐加抽江防两款拨充枪炮厂常年经费专款"①。光绪十六年（1890年）闰二月二十四日，札委湖北盐法道阎希范办理该厂事务②。

湖北枪炮厂开工以来，一直苦于经费不足。光绪三十年（1904年），总督张之洞与巡抚端方联奏称："湖北枪炮局在汉阳所设之枪、炮、钢、药四大厂制造日多，用费日增，原拨常年经费不敷甚巨。各省需用鄂厂枪炮，前经本任督臣张之洞奏准照外洋价减二成收价，藉资周转……现在时事孔亟，部臣拨款维艰，惟有暂就现有之常年经费及各省兑付之减成价值腾挪应急，勉强支持。"③ 由于"鄂省兵工厂支销浩繁，故年终赵次帅（赵尔巽）即饬省城兵工总局并入善后局兼管"。虽然历任湖广总督一直竭力维持其官办体制，但直至清朝覆亡，湖北枪炮厂一直处于严重亏损状态。"综计光绪三十三年份兵工厂共欠华洋商款500余万，至年终竟至无可归还，由善后局设法拨出200余万发还商款，其支绌可见一斑"④。

3. 湖北织布、纺纱官局

光绪十五年（1889年）八月六日，时任两广总督的张之洞奏请在广州开设机器织布官局。奏折中称，"官为商倡，先行筹款垫办，以应急需，俟办有规模，再陆续招集商股"⑤。"商股既不易集，库款支绌，官本易属难筹"，"惟有设法劝令闱姓商人筹捐"⑥。所谓"劝令"，实际上是强行勒索。

---

① 《妥筹枪炮厂常年经费折》（光绪十七年三月十八日），载《张之洞全集》第二册，武汉出版社2008年版，第427、428页。
② 《札北盐道等布置枪炮厂兴造事宜》（光绪十六年闰二月二十四日），载《张之洞全集》第五册，武汉出版社2008年版，第166页。
③ 《端忠敏公奏稿》卷3，《枪炮局厂情形片》（光绪三十年正月），载沈云龙主编：《近代中国史料丛刊》第十辑，文海出版社1963年版，第368、369页。
④ 《兵工厂经费奇绌之详记》，《时报》1908年2月14日。
⑤ 《拟设织布局折》（光绪十五年八月初六日），载《张之洞全集》第二册，武汉出版社2008年版，第224页。
⑥ 《粤省订购织布机器移鄂筹办折》（光绪十六年闰二月初四日），载《张之洞全集》第二册，第333页。

闱姓商人既愿意无偿捐助，为何不愿入股？唯一的解释就是张之洞不允许商人入股。后织布官局随张之洞调鄂而在武汉开办，经张之洞多方筹措资本，甚至不惜向商号举债以充官本。"直到（光绪）十八年（1892年）底，始在武昌文昌门外临江地方建成厂屋，开始运转"①。因为官本难筹，光绪二十年（1894年），该局始招收五十万两商股，变为了官商合办体制。

光绪十九年（1893年）十一月，张之洞计划新建南、北纺纱厂，指示湖北织布局"筹集款项，并酌议招商集款办法"②。十二月十七日，张之洞札派江汉关道赴上海筹借资本。札文云："现据该道面禀，有上海商人愿在省城地方垫借资本，办成纺织全厂；不领官本，只用官地；所有机器厂屋以及开局以后花本人工一切费用，俱归垫借。至造厂及开办一切事宜，仍听候本部堂派委总办之员经理，事事禀承本部堂核示遵行，垫办商人不得专擅干预。俟全厂开办得有余利，再行将本息按年摊还；还清之后，全厂归官。"③从上述札文看，纱厂一切经营管理之权均在官方，商人所出资本实际上仅为借款，而且还清商本之后，全厂仍归于官！因为借款困难，光绪二十年（1894年）十月三日，张之洞在向朝廷奏请增设纺纱厂折中，认为筹办新纱厂"惟有招商助官之一法。现在招集商股，订购纺纱机器，即在鄂省文昌门外附近织布局购地，添设南、北纱厂，一时难筹现款，兼令商人先行垫办……大率系官商合办，将来视官款、商款之多少以为等差。或官二商一，或官一商二，或官商各半，均无不可。官款取给于织布之余利，或由局自向银号通挪。商出之于股票，如官款猝难多筹，即全行交商承办。但令按纱每一包从丰抽缴捐款若干，以助布局。统由该局随时体察情形，酌量办理"④。先是"札委本任江汉关道瞿署臬司督办局务，候补知府盛守春颐总办局务"，后"复经添派奏调差委广东候补道王道常川驻局，督办厂务，并饬会同瞿署臬司督同盛守与各股商再行详议明晰妥善章程，务使商力随处得以展布，而官办随事得以句稽。互尽防维，两有裨益，俾出入盈亏明白显著，于

---

① 严中平：《中国棉纺织史稿》，科学出版社1955年版，第110页。
② 《饬布局速筹设纱厂事宜》（光绪十九年十一月三十日），载《张之洞全集》第五册，武汉出版社2008年版，第445页。
③ 《札委员赴沪筹议添设纺织新厂事》（光绪十九年十二月十七日），载《张之洞全集》第五册，武汉出版社2008年版，第447页。
④ 《增设纺纱厂折》（光绪二十年十月初三日），载《张之洞全集》第三册，武汉出版社2008年版，第205页。

第四章 张之洞督鄂时期武汉法秩序的转型（1889—1907年）（下）

厘订之中，仍寓维持之意"。由于缺乏相应的企业法依据，"乃迭经王道与商董婉切筹商，股本既各半分筹，即事权宜一律分任"①。这一规定非常含糊，"并没有讲清楚关于商人权力和权利范围的方针"。陈锦江教授认为只是"避免了'官督商办'的提法，而称其为'官商合办'或几乎同义的'招商助官'"，实际上这一"计划的最初轮廓显得非常类似于'官督商办'准则"。在1897年北纺纱厂开工之时，虽然"商人股东实际上仍控制了公司的账簿、设备和工厂的经营管理……但也有不断增长的官方干预的征兆"②。"商则虑局务或多牵掣，呈递章程四条，仍以官为保护，商为经理为请。继议商既不愿官分其权，是责成全在于商，官未便再添股本，只能就已拨之三十万两，按年取息，不问盈亏。而商又谓该厂需款繁巨，实觉力有未逮，坚请官再发银二十万两，所呈约估数目逾于前禀甚多"。张之洞认为商股股东拟定的章程"大意但欲官助商人之赀，而不欲官问商人所办之事。似此用款无定，成见难融，是官商合办之局，孜多窒碍，自不能不另筹变通办法。现据各股商合词公禀，既称力有未逮，请官收回，专归官办，自应照准"。官、商之间权利义务的不明及互不信任，致合作归于破裂，纱厂仍归于官办。光绪二十三年（1897年）六月十五日，张指示总办局务盛春颐"先拨还商本十五万两，其余十五万两给发印票，一年为期，暂作存项，周年八厘起息"③。光绪二十八年（1902年），该局随同纺纱局、制麻局和缫丝局一起招商承办。直到光绪三十年（1904年），所欠"纱局商本十二万两"④，始得归还。

张之洞之所以坚持企业官办，一个很重要的原因是希望"以湖北所设铁厂、枪炮厂、织布局自相挹注，此三厂联为一气，通盘筹划，随时斟酌，互相协助，必能三事并举，各觇成功。以后断不致再请部款"⑤。如果实行

---

① 《札纺纱局改归官办》（光绪二十三年六月十五日），载《张之洞全集》第六册，武汉出版社2008年版，第58、59页。
② [美]陈锦江：《清末现代企业与官商关系》，王笛、张箭译，中国社会科学出版社2010年版，第107、108页。
③ 《札纺纱局改归官办》（光绪二十三年六月十五日），载《张之洞全集》第六册，武汉出版社2008年版，第58、59页。
④ 《批织布局禀请发还商股》（光绪三十年六月二十九日），载《张之洞全集》第七册，武汉出版社2008年版，第216页。
⑤ 《豫筹铁厂成本折》（光绪十九年二月二十五日），载《张之洞全集》第三册，武汉出版社2008年版，第79页。

官督商办或官商合办，商股股东必将因为利益受损而不同意本企业为其他企业注资。事实上，原定官商合办的纱厂在筹办时，张之洞就打算趁"机器尚未运到，所收股票即可暂借拨充铁局、枪炮局之用。俟纱厂办成，则布局之气势愈厚，每年盈余大可佐助铁局经费"①。这也是导致纱厂官商合办破裂的原因之一。

4. 官砖局与贫民大工厂

"光绪三十四年，湖广总督张之洞在汉阳赫山之北麓添设钢药厂同时，在该地建筑砖厂，烧造青红各砖及火砖洋瓦等为建筑炼钢、拉钢、制药、造溋各厂屋之用，并准武汉各署局、学堂及商家拨购"②。"光绪三十三年，在汉口硚口下首建设为教养贫民自谋生计之用。"③

（二）招商承租的官督商办体制

虽然张之洞在各种文牍中提到过"官督商办"，但其实际内容与李鸿章所说的官督商办颇不相同。罗肇前教授曾从股本构成、股权权限以及官督的侧重点三个方面论及两者的区别，他认为，"李鸿章的官督商办是完全意义的在官府监控之下商股商办；张之洞的官督商办，是在官府监控下基本上商股商办，或掺入少许官股，或保留有在未来加入官股的权利"；对商人的经营权，李鸿章"不大限制承办商的权利"，而张之洞对商权的限制则要多得多；对官督商办企业，"李侧重于维持、保护，张侧重于监督、控制"④。这一分析大致是准确的，但有一点尚没有关注到的就是，李鸿章在《论试办轮船招商》中已明确地将"官督商办"与"官商合办"相区分，而张之洞在武汉的所谓官督商办企业除了部分属于商股商办的官督商办之外，还有部分企业实际上就是"官商合办"，两者被混为一谈。张之洞之所以亦称为"官督商办"，是因为他始终不愿意放松官府对官商合办的控制权而已。本文按李鸿章的"官督商办"概念标准，对张之洞所称的"官督商办"企业进行了区分：凡纯属商股商办官督的企业称为官督商办，凡官商合办的企业

---

① 《增设纺纱厂折》（光绪二十年十月初三日），载《张之洞全集》第三册，武汉出版社2008年版，第205页。

② 民国《湖北通志》卷54"经政（十二）·新政·实业·官砖瓦厂"，台北华文书局1967年版，第1280页。

③ 民国《湖北通志》卷54"经政·新政·实业·贫民大工厂"，台北华文书局1967年版，第1280页。

④ 罗肇前：《晚清官督商办研究》，厦门大学出版社2004年版，第202、203—205、206页。

第四章 张之洞督鄂时期武汉法秩序的转型（1889—1907年）（下）

则称为"官商合办"。

1. 汉阳铁厂由官办转为官督商办

由于官办的湖北铁政局（汉阳铁厂）连年亏损，甲午战争后的对日赔款又导致"经费难筹"，张之洞"当此度支竟蹶，不敢为再请于司农之举，亦更无罗掘于外省之方"。光绪二十一年（1895年）六月十二日，光绪帝下诏："中国原有局、厂，经营累岁，所费不赀，办理并无大效，亟应从速变计，招商承办，方不致有名无实。"① 同年八月八日，光绪更为明确地点名批评湖北铁政局："湖北铁政经营数年，未著成效，即如快枪一项，至今尚未制成。着张之洞通盘筹划，毋蹈前失。"② 但张之洞仍然坚持"思此两厂，事多相连，招商总不甚便，似仍以筹款官办为宜"③。经"再四熟筹"近一年之后，张之洞始于光绪二十二年（1896年）五月十六日明确表示，"惟有钦遵上年六月十二日谕旨，招商承办之一策"。

张之洞始欲招洋商承办，"洋商力厚气壮，慨然提任，力言此事甚不为难。且外国公使、领事皆屡来婉切询商，坚欲承揽"。但此议遭到民族主义者的反对，"惟矿务为中国自有之利源，断不能与外人共之。洋商合办之议，不得不作罢论"④。其坚决反对者包括"湖南巡抚陈宝箴、铁政局总办蔡锡勇"⑤。最后选定由时任直隶津海关道盛宣怀招商承办，"檄饬将湖北铁厂归该道招集商股，一手经理，督商妥办，并即督饬司道与盛宣怀酌议章程"。这一章程基本取法于轮船招商局章程，由张之洞报朝廷批准，成为汉阳铁厂实行招商承租体制的法律依据。

（1）招商入股与借债。章程第一条规定："湖北铁厂，遵奉谕旨招商承办。现蒙饬委招集商股，官督商办……官局用款及各项欠款，截至商局承接之日为止，以前用款及各项欠款，均归官局清理报销；以后收支各款，均归商局筹办，以清界限。"第三条规定："现拟先招商股银一百万两，仍以一

---

① 《清实录》第56册《德宗景皇帝实录（五）》，第371卷"光绪二十一年六月下"，中华书局1987年版，第860页。
② 《旨著张之洞通筹湖北铁政局毋蹈前失电》（光绪二十一年八月初八日），载王彦威辑：《清季外交史料》，第117卷，第32页。
③ 湖北档案馆编：《汉冶萍公司档案史料选编（上）》，中国社会科学出版社1992年版，第124页。
④ 《铁厂招商承办议定章程折（附清单）》（光绪二十二年五月十六日），载《张之洞全集》第三册，武汉出版社2008年版，第376页。
⑤ 湖北冶金志编纂委员会：《汉冶萍公司志》，华中理工大学出版社1990年版，第3页。

百两为一股。自入本之日起,第一年至第四年按年提息八厘,第五年起提息一分,以为本厂老商,必须永远格外优待。办无成效,额息必不短欠;办有成效,余利加倍多派。嗣后气局丰盛,股票增价值,其时推广加股,必先尽老商承认。"第九条规定:"现在公款难筹,自应续招商股二三百万两。如一时商股不及,应请准由商局不拘华商洋商,随时息借,以应急需。即以铁厂作保,商借商还。"

(2)以赢利赎购官股并"报效"官府。第四条规定:"自路局购办钢轨之日为始,所出生铁售出,每吨提银一两,按年核计,共出生铁若干,共应提银若干,汇数呈缴,以还官局用本。其煤与熟铁钢件,应免再提。俟官用清还之后,每吨仍提捐银一两,以伸报效。"第六条规定:"现今议造各省铁路,所需钢轨及应用钢铁料件,系属大宗。拟请奏明无论官办商办,必要向湖北铁厂随时定购";如"商人无力挽回,应请准其停工,发还商本,或仍归官办,或即奏请停止,官款亦即停缴,以免累赔"。第八条规定:"所有湖北铁厂自造钢轨,及所出各种钢铁料,并在本省或外省自开煤矿,为本厂炼钢炼铁之用,应请奏明免税十年,届时察看本厂如有优利,足可抵制洋铁,再行征税。"

(3)官为督促,商自办理、风险自担。第十条规定:"铁厂奉委商办之后,用人理财,筹划布置,机炉应否添设,款项如何筹措,委员司事、华洋工匠人等如何撤留,及应办一切事宜,悉照轮船、电报各公司章程,遵照湖广总督札饬,均由督办一手经理,酌量妥办。但随时择要禀报湖广总督查考。"第十一条规定:"汉阳总厂拟派总办一员,联络上下官商之情,稽查华洋员匠之弊,并派总董三员,一司银钱,一司制造,一司收发。其余各执事均择要选派……悉除官场习气,皆须切实保人……三年后如有成效,应请准照漠河金矿之例,分异常、寻常劳绩,择优酌保数员,以示鼓励。如有查出重咎,有职者详参降革,无职者送官惩治。"第十二条规定:"铁厂收支银钱、采炼钢铁、出售货物,查照轮船商局章程,按月由驻局总办将清账送与督办查核,按年由督办复核,转送湖广总督查核,并准有股各商,随时到局稽查察看。"第十三条规定:"督办应由有股众商公举,湖广总督奏派。总办及委员应由督办禀派。办事商董、查账商董应由众商公举。司事应由总办及驻局商董公举……所有情荐,恐臻乱群,应如西例,概不收用,并无干修挂名,以昭核实。"第十四条规定:"汉阳铁厂滨临襄河,堤工实为全局

第四章 张之洞督鄂时期武汉法秩序的转型（1889—1907年）（下）

保障……所有大修经费，统归善后局开支……其不敷之资，由铁厂七成炮厂八成开支。"第十五条规定："汉阳、大冶及马鞍山三年厂局，向派营勇驻扎弹压。嗣后应仍请照章办理，由铁厂酌给赏犒。"第十六条规定："铁厂归商承办，万一遇有兵革水火灾异之事，机炉一切无法搬移，应照西例，各听天命，无从保险。"①

为保证铁厂产品销路，清廷于光绪二十二年（1896年）九月十四日，下达"直隶津海关道盛宣怀着开缺，以四品京堂候补督办铁路总公司事务"的上谕②，并"批准汉阳铁厂的产品减免厘税5年"③。

这一章程要求商人以企业赢利归还官股，最后完全实行商股化，因而仍属于轮船招商局式的官督商办企业体制。为保证铁厂利益，政府不仅给予铁厂种种经济优惠，还直接赋予督办商人以全国铁路总公司四品督办的政治地位，甚至派出绿营军队专门保护其治安。作为交换条件，在商人还清官股后，仍得按一吨抽取一两银子作为对政府的报效。

2. 湖北制麻局的官本商营制

光绪二十四年（1898年）三月二十七日，张之洞下令"在省城设立制麻专厂，官先筹款设局，以为之倡，民再集股分办，以为之继"。该厂仍由官筹本，但"因事属创办，尚乏熟谙之人"，因而"局务即责成该洋商兰格暂行经管，认真筹办，一切不掣其肘"，即所谓"官助给商本"，实际上是官办企业聘用兰格做经理人而已。因是官本，故对该厂"随时均可听官收回"④。大概是汲取了以往各官局行政化管理的教训，总督府与兰格签订了合同，保证兰格具有独立的经营自主权，并以"所售出货扣二厘半用（佣）以及每年溢利分二成以酬其劳"。此种经营体制应属国有企业聘用职业经理人的官本商营制。"督宪派官员在厂学习纺织事宜"，"驻厂委员以及别人不得挽夺其权，但厂中委员只稽查账务并账目。倘厂应添机推广，须禀督宪批准方行"⑤。此所

---

① 《商局承办湖北铁厂酌拟章程》（光绪二十二年五月十六日），载《张之洞全集》第三册，武汉出版社2008年版，第378—380页。
② 参见《愚斋存稿》卷1。
③ 湖北冶金志编纂委员会：《汉冶萍公司志》，华中理工大学出版社1990年版，第3页。
④ 《札道员王秉恩创设制麻局》（光绪二十四年三月二十七日），载《张之洞全集》第六册，武汉出版社2008年版，第119、120页。
⑤ 《瑞记孙办湖北麻花厂合同》（光绪二十四年三月二十七日），载《张之洞全集》第六册，武汉出版社2008年版，第122页。

谓官本商营，与上海轮船招商局典型的官督商办并不相符，实际上就是商人租赁承包。光绪二十八年（1902年），制麻局与其他纺织三局一起出租给粤籍商人汇丰银行买办韦应南的应昌公司。

3. 纺织四局最终于光绪二十八年（1902年）招商承租

光绪二十八年纺织四局被统一出租给应昌公司之前，缫丝局、纺纱局属官办体制，制麻局已出租给洋商兰格暂时经营，已如前述；织布局先为官商合办体制，后改为招商承办，详见后述。早在光绪二十三年（1897年），缫丝局就向张之洞请求暂归商办一年。张之洞批曰："准其暂行接办一年，惟每年厂租应定为六千四百两。如果该商董甫经续办，行销未畅，赢余不及此数，准由该局查核明确，禀请邀减。惟须向该商议定，如有亏折，与官丝毫无涉。"① 此次招商，是否有人承租，情况不明。

纺织四局"因连年亏折太巨（官办亏折由用人不善，浮费太巨，每月即干修一项，约支1千余金）"②，光绪二十八年某日，"湖广总督张之洞、奏调差委广东修补道王、麻局提调湖北补用知府赵毓楠、纱局坐办现任湖北夏口厅补用知府冯启钧、湖北补用知县刘、织布局坐办湖北补用县冯嘉锡、洋务局文案通山县知县周林等，会同粤商应昌公司花翎盐运使衔候选同知韦应南等，议将湖北武昌省城外官办官建之织布、纺纱、缫丝、制麻四局，概归粤商等承租接办，议定条款二十六则"。③ 该条款全称为《粤商承租湖北布、纱、丝、麻四局章程》，简称为《四局招商承租章程》，其主要条款如下：

第一，从光绪二十八年八月一日起，武昌纺织四局"概归粤商应昌公司集股承租接办……不得私行抵押及招集洋股"，亦"不得转租别人并私行抵押"，年缴租银一十万两；租期二十年，限满由官府收回。

第二，四局原欠德商瑞记公司五十一万本息债务，由应昌公司付还。

第三，四局原有商股及官借官垫各款，统由官府自行清理，与商无涉。

第四，官府应奏请对纱、布两局所出纱、布，免完厘金。

---

① 《批缫丝局详本局可否暂归商办一年》（光绪二十三年五月初八日），载《张之洞全集》第七册，武汉出版社2008年版，第185页。

② 《中华报》第571册（光绪三十二年六月初二日），载陈真主编：《中国近代工业史资料》第三辑（1840—1895年）上册，生活·读书·新知三联书店1961年版，第287页。

③ 《湖北承租局厂章程》，《新辑时务汇通》卷84，载汪敬虞主编：《中国近代工业史资料》第二辑（1895—1914年）上册，科学出版社1957年版，第579页。

第四章 张之洞督鄂时期武汉法秩序的转型（1889—1907年）（下）

第五，承租后，应请派员驻局查看机件，暨保护弹压等事，其薪水则由该商按月致送。

第六，此20年租期内，无论该商有无盈亏，概与官家无涉①。

上述条款系私商承租官办企业，租期界满后全部收归官有，虽亦可称为官督商办，但与股权为商股性质的上海轮船招商局、汉阳铁厂等官督商办企业有较大区别。不过，其运行机制，两者基本相同，即官府基本放弃了对企业的控制权，仅以官督名义为工厂提供保护。"总督衙门派专人驻厂，门首有管带，率清军十数名，担任门卫"，"总理衙门视商办负责人为一小吏，每人准许置一领普通红顶有尾巴官帽、官服，遇有视察，便穿戴欢迎。商办负责人在生产经营管理方面，不受官厅约束。同时，又能借此与官府通气，利用它来威慑人"②。

到1904年，该四局（厂）"3年以来获利150万之多"③。到1914年，纺纱厂"开工有20年了……它的命运是在变动的。当它在官厅的手中，常常是失效的；当它租给一个商人时，除了当地的棉花收成不足以外，它总是赚钱的"④。

（三）官商合办体制

1. 织布局之官商合办体制

织布局在光绪二十八年（1902年）统一招商承办之前，曾分别实行过官商合办体制。

"湖北织布官局原为官办企业，在开工后张之洞为给铁政局筹集资金才招了一些商股"⑤。经总理衙门奏请皇帝批准，光绪二十年（1894年），张之洞制定了《招商集股章程并股票条规》。该章程云："现拟遵总理衙门奏

---

① 《四局招商承租章程》《选报》（光绪三十年五月初一）第18期，载陈真主编：《中国近代工业史资料》第三辑（1840—1895年）上册，生活·新知·读书三联书店1961年版，第289页；《湖北承租局厂章程》，《新辑时务汇通》卷84，载汪敬虞主编：《中国近代工业史资料》第二辑（1895—1914年）上册，科学出版社1957年版，第579、580页。

② 张沛霖：《楚兴股份有限公司创办前后简况》（未刊稿），载皮明庥、冯天瑜等编：《武汉近代（辛亥革命前）经济史料》，武汉地方志办公室1981年印行，第263页。

③ 《中华报》第571期（光绪三十二年六月初二），载陈真主编：《中国近代工业史资料》第三辑（1840—1895年）上册，生活·新知·读书三联书店1961年版，第287页。

④ 汪敬虞主编：《中国近代工业史资料》第二辑（1895—1914年）上册，中华书局1962年版，第582、583页。

⑤ 罗肇前：《晚清官督商办研究》，厦门大学出版社2004年版，第195页。

案，招集商股，以资协助，详加核计，将布局成本一百五十万两，拨出五十万两之额，招商入股……三股均分，官得其二，商得其一……若绅商入股恐所分额息（俗名官利），多寡无定，本局允为保利一分五厘，每股每年凭折到局领息银十五两，闰月不计，尽商股先分，足一分半之利有余，然后归官。如余在一分半以上，仍照官二商一，按股本摊派。查向来招股办法，有扣提花红及积储存公之款，提款多则余利必少。本局遵督宪谕，计利务从宽大，使商民悦服。议定若余利在一分半以下，除用外不提积储之款，其委员、司事、工匠奖励花红，俱归官股内酌提，绝不扣提商股。如每年利在一分半以上，除提出官商额息一分五厘外，其余息银，作为十万。于此中提一成作奖励花红；又提三成作积储存公，以务更换机器及维持局务用之；下余六成，照股分摊。至存公之款，如何动用，必禀明督宪批准有案，方得开支，仍于结账之期，揭明宣示，俾众咸知。用余若干，或全未动用，俱存银行生息，作为官股、商股公共之款。"①

官商合办时期的织布局初时尚能获利，但由于经常为湖北铁厂、枪炮两厂注资，不懂企业管理以及成本过高、棉花歉收等诸原因，到光绪二十四年（1898年）前后，"每年应付官息商息，入不敷出"②，遂由官商合办改为由广东邓纪常承租。原有的商股五十万两，直到光绪三十年（1904年），织布与纺纱、缫丝和制麻四局一起租出商办两年后，始"由官钱局在铜币盈余项下如数动拨发还"③。

2. 缫丝局之官商合办体制

光绪二十年（1894年），张之洞在创设纺纱厂的同时，又奏请在武汉创办湖北缫丝局，实行官商合办体制。"查有候选同知黄晋荃，家道殷实，综核精明，久居上海，其家开设机器缫丝厂有年，且在汉口设有丝行，情形极为熟悉。当饬委员与之筹商，由该职员承办，先酌借公款试办，以后由该职员奏集商股办理。将来或将官本附入商股，或令商人承领缴回官本，统俟开办后察看成本经费实需若干，销路如何，公项有无闲款可添，再由善后局与

---

① 《光绪20年湖北织布局招商集股章程并股票条规》，载汪敬虞主编：《中国近代工业史资料》第二辑（1895—1914年）上册，科学出版社1957年版，第573页。

② 《至太原胡抚台、俞藩台》（光绪二十四年闰三月初七日午刻发），载《张之洞全集》第九册，武汉出版社2008年版，第310页。

③ 《批织布局禀请发还商股》（光绪三十年六月二十九日），载《张之洞全集》第七册，武汉出版社2008年版，第216页。

第四章 张之洞督鄂时期武汉法秩序的转型（1889—1907年）（下）

该职员筹议办理。"①双方商议后，达成"官督商办章程，以十万两为常本，分作十成，官八商二"。

此所谓"官督商办"，实际上是官商合办。后来张之洞又应黄晋荃要求"赏添官本"二万两，官商合办章程修改为"官商即共十二成，官十商二，此系常本，不与活本相涉。其每年随时需用活本仍由该商自筹"②。直到光绪三十年，织布与纺纱、缫丝和制麻四局一起租出商办。黄晋荃投入的商本二万两，直到两年后，始"由官钱局在铜币盈余项下如数动拨发还"③。

3. 湖北大呢毡毯厂、制皮革厂、造纸厂、制水泥厂之官商合办体制

罗肇前教授认为，"同是张之洞倡设的民用企业，而且都是在他'纱利甚厚'念头引导下办起的棉纺织厂，在湖北由于官营而亏损，在江苏通州由商营而兴旺发达，又一次有力地说明了官办不如商办"。"经过实践，张之洞终于真正明白，企业由官经营，鲜能不亏损，而亏损企业难以持久生存，只有交商经营，才有可能长时间正常运转。于是，他于1902年将湖北织布、纺纱以及缫丝、制麻四局交商经营"④。事实上，张之洞直到1905年仍不愿意完全由商人承办工业。光绪三十年（1904年），"张宫保现拟建造数厂：一织呢厂、一制泥厂、一造纸厂、一制革厂"⑤。为此，张之洞札示湖北布政司："惟官办不如商办实惠尤易及民，而商办须鸠集公司，方有众擎易举之益。向来公司办法，官不过问，往往流弊丛生，不得持久，以致殷实之家，以公司为戒，不愿附股。今本部堂奖励工商，不惜维持之劳，冀收远大之效，用特酌定新章，力为保护。如有殷商能集合公司，承办湖北制大呢毡毯厂者，或承办湖北制皮革厂者，或承办湖北造纸厂者，或承办湖北制水泥厂者，均准其专利十五年，并由官为保利五年，官利定为五厘；倘创办前五年，公司所获盈余，不足官利五厘者，由官拨款补助，必令足五厘之

---

① 《开设缫丝局片》（光绪二十年十月初五日），载《张之洞全集》第三册，武汉出版社2008年版，第205页。
② 《札北善后局缫丝局禀恳添发官本银二万两》（光绪二十二年八月二十三日），载《张之洞全集》第五册，武汉出版社2008年版，第514页。
③ 《批织布局禀请发还商股》（光绪三十年六月二十九日），载《张之洞全集》第七册，武汉出版社2008年版，第216页。
④ 罗肇前：《晚清官督商办研究》，厦门大学出版社2004年版，第198页。
⑤ 《时报》1905年4月23日，载汪敬虞主编：《中国近代工业史资料》第二辑（1895—1914年）上册，科学出版社1957年版，第613页。

数，决不食言。俟五年后获利渐丰，由该公司查照外洋公司通例，酌提红利缴官，以为报效。制成之货，但能合用，官中所需，必向该公司定购。此外销路，亦必代筹畅通之法。至公司账目，应由官派员随时稽核，以防流弊。"① 这一谕示表明，直到1905年，张之洞仍热衷于官商合办，不欲商人独立办工业。

此官商合办各厂，注定是失败的。"湖北毡呢厂他于前清光绪三十四年，由鄂督张文襄公（张之洞），择定武昌下新河布局官地建造厂屋……落成于宣统元年冬季，以候补道严开第为总办，兼招商股事宜，议定官商合办，资本总额60万元，除官股30万元已由官钱局如数拨给外，所有商股，则由严陆续向沪、汉各埠及新加坡、南洋荷属、泗水、三宝垅、巴达维亚等埠华侨方面招募"②。尽管此时清政府已颁布《钦定大清商律》，该厂管理"按照商律股份有限公司条例办理"③，但"迨至开工时，仅招得商股132950元；除购置机器，建造房屋，采办原料外，款已告罄，周转不灵，完全仰给省库以资维持，不及一年，停工数次。""张中堂创设之制皮厂，前曾招商承办，无人认领，后复勉筹经费，开工试办……惟该厂支销过巨，出入悬殊，恐难久持也"④。可见，1905年之后，张之洞在武汉实行的官商合办体制早已大失商心，再次验证了官商合办体制的失败。

张之洞甚至对完全由商人自筹的企业，也要强行加入官股。如光绪三十二年，张之洞倡议商人投资筹办汉口水电公司，商人宋炜臣成立"既济公司，在上海筹集资本一百万元，在汉口招集股本银五十万元，另由汉镇商民附股一百万元，共集资三百万元，拟订章程呈核"，张之洞"准其承办"，但又以"本部堂谕饬该商等由官提倡"为由，主动要求"拨款三十万元作为股本"，虽说是"其办事计利各章程，应与商股各股一律办理"，"公司内用人理财诸事，官不干涉，以清权限"，但同时又批示，"由本部堂委派大员一员，总司管理该公司弹压、保护、稽查三项事务"，"月结年总出入款

---

① 《湖广总督札南北布政司》（光绪三十一年四月十二日），载汪敬虞主编：《中国近代工业史资料》第二辑（1895—1914年）上册，科学出版社1957年版，第614页。

② 《工商半月刊》第2卷第21期，载陈真主编：《中国近代工业史资料》第三辑（1840—1895年）上册，生活·新知·读书三联书店1961年版，第296页。

③ 《庸盦尚书奏议》卷9，载汪敬虞主编：《中国近代工业史资料》第二辑（1895—1914年）上册，科学出版社1957年版，第592页。

④ 《时报》1907年9月12日。

目，应钞录一份，呈由该管理大员详报本部堂查核，以期周知商务盈绌，地方衰旺。其章程内未尽事家，该商等亦应会商管理之员妥为拟议，呈候核示"①。张之洞之所以主动参入小额官股，显然其"目的不在于改变基本上商股商办的形式，而在于落实官方的监控权"②。

二、不合理的商业制度

（一）官利制度

早在鸦片战争以前，中国的工商企业就盛行官利制度。所谓"官利"，是指对入股的资本除根据企业的盈利情况分给红利外，无论企业盈亏，还必须向股东按借贷利率支付的借贷利息。这种中国所特有的不合理企业习惯，让股东既享有红利分配，又享受借贷利息，给企业造成了沉重的负担。为鼓励民间投资，各省的洋务企业都沿用了这一不良习惯法，武汉地区亦不例外。

前引张之洞在光绪二十年（1894年）为湖北织布官局制定的《招商集股章程并股票条规》云："若绅商入股，恐所分额息，多寡无定，本局允为保利一分五厘，每股每年凭折到局领息银十五两，闰月不计，尽商股先分，足一分半之利有余，然后归官。"③可见，商股、官股均有官利。光绪三十年（1904年），张之洞札示湖北布政司："如有股商能集合公司，承办湖北制大呢毡毯厂者，或承办湖北制皮革厂者，或承办湖北造纸厂者，或承办湖北制水泥厂者，均准其专利十五年，并由官为保利五年，官利定为五厘；倘创办前五年，公司所获盈余，不足官利五厘者，由官拨款补助，必令足五厘之数，决不食言。"④

（二）垄断性的"专利"制度

此所谓专利，非知识产权上之专利，而是由政府赋予企业在一定范围内之经营垄断权。洋务运动期间，为培育企业，避免企业因为竞争而受损，通常会向政府申请一定时期的经营垄断权。最早向朝廷申请专利权的是李鸿

---

① 《批职商宋炜臣等禀创办汉口水电公司》（光绪三十二年六月初四日），载《张之洞全集》第七册，武汉出版社2008年版，第220页。

② 罗肇前：《晚清官督商办研究》，厦门大学出版社2004年版，第201页。

③ 《光绪20年湖北织布局招商集股章程并股票条规》，载汪敬虞主编：《中国近代工业史资料》第二辑（1895—1914年）上册，科学出版社1957年版，第573页。

④ 《湖广总督札南北布政司》（光绪三十一年四月十二日），载汪敬虞主编：《中国近代工业史资料》第二辑（1895—1914年）上册，科学出版社1957年版，第614页。

章，光绪八年（1882年）三月六日，他上呈奏折，请求创办中国第一家机器棉纺织厂——上海机器织布局，并要求"十年以内，只准华商附股搭办，不准另行设局"①。后来，此专利权被扩大适用于各通商口岸的华人与洋人。"筹议之初，曾经禀请上海一隅只准他人附股，不准别设，仰蒙批允。惟洋人如欲仿造，尚未有阻止之说……（请）饬行通商各口，无论华人、洋人，均不得于限内另自纺织"②。

光绪二十三年（1897年），商人宋炜臣所办"燮昌火柴厂经督辕批准，获得十年专利，其产品完厘亦用专章办理"③。这一专利权具有明确的法律效力，1900年，"某商准备在汉口开设火柴公司，燮昌火柴厂具禀商务局，请求禁止。商务局以燮昌火柴厂享有专利为由，转饬夏口厅传知该商遵照"。1906年，"又有日本人开设洋火厂于汉口，经燮昌禀请鄂督移知日领事，饬令停办。日领事不允，相持已久，迄未了结。闻燮昌执理甚坚，决不肯让云"④。光绪三十二年（1906年），商人宋炜臣集资三百万元，在汉口创办水电既济公司，向张之洞申请承办汉口市区的水、电业务，张之洞批准其"准予专办"。"其办专地方，应专指汉口，而汉阳、武昌均不能包括在内。其专利年限，应俟商部专利章程施行，再行宽订年限"⑤。上引张之洞札饬湖北布政司招商承办制大呢毡毯厂、制皮革厂、造纸厂和制水泥厂，亦均承诺给予十五年专利。

（三）勒索性的报效制

所谓报效制，是晚清各地政府要求享受过政府优惠政策的本地企业向政府捐献企业利润的一项制度。晚清洋务运动中初创的商办企业，大都处于襁褓中，无论其创办、资金、运行、市场及税收等方面，均需有政府的保育。如前述专利制，即为政府对企业的市场保护。在明晰的企业产权制度形成之前，政府往往会基于对企业的"恩惠"观念以及行政干预经济的传统习惯，

---

① 《李文忠公全书》（奏稿）卷43，《试办织布局折》（光绪八年三月初六日）。
② 《禀北洋通商大臣李傅相为织布局请给独遮权并免纳子口税事》，载夏东元编：《郑观应集》下册，上海人民出版社1988年版，第534、535页。
③ 梁绍栋：《汉口既济水电股份有限公司创办和演变概况》，载皮明庥、冯天瑜等编：《武汉近代（辛亥革命前）经济史料》，武汉地方志编纂办公室1981年印行，第260页。
④ 《中外日报》1900年4月7日、《时报》1906年12月6日，载皮明庥、冯天瑜等编：《武汉近代（辛亥革命前）经济史料》，武汉地方志编纂办公室1981年印行，第197、261页。
⑤ 《批职商宋炜臣等禀创办汉口水电公司》（光绪三十二年六月初四日），载《张之洞全集》第七册，武汉出版社2008年版，第219页。

强行向企业索取利润，以弥补政府财政的不足。最早的报效制度形成于中国近代第一个官督商办企业——轮船招商局。1877—1878年，北方发生"丁戊奇荒"，清政府要求招商局提供赈捐款1万8千余两①。此后，该局被强制性捐款成为惯例甚至是企业内部章程。

张之洞在武汉亦继承了这一惯例性制度，对各商办企业规定了报效制度。如张之洞在光绪二十二年（1896年）五月将汉阳铁厂招商承租时拟定的《铁厂招商承办议定章程折》第四条规定："自路局购办钢轨之日为始，所出生铁售出，每吨提银一两，按年核计，共出生铁若干，共应提银若干，汇数呈缴，以还官局用本。其煤与熟铁钢件，应免再提。俟官用清还之后，每吨仍提捐银一两，以伸报效。"② 光绪三十年（1904年），张之洞官办的大呢毡毯厂者、制皮革厂、造纸厂、水泥厂难以为继，拟招商办。张之洞为招商章程拟定的基本精神中仍有"报效"原则："如有股商能集合公司，承办湖北制大呢毡毯厂者，或承办湖北制皮革厂者，或承办湖北造纸厂者，或承办湖北制水泥厂者，均准其专利十五年，并由官为保利五年，官利定为五厘；倘创办前五年，公司所获盈余，不足官利五厘者，由官拨款补助，必令足五厘之数，决不食言。俟五年后获利渐丰，由该公司查照外洋公司通例，酌提红利缴官，以为报效。"③

三、武汉洋务企业对张之洞的个人依附性

张之洞在武汉所办洋务企业的资本构成，既有户部拨款，亦有湖北地方政府筹款，但其产权属性却极不明确。既不完全属于中央政府所有，亦不完全属于地方政府所有，具有非常明显的张之洞的个人身份印记。在张之洞1907年调任军机大臣之前，无论其任职之地如何变动，这些企业始终由张之洞个人掌控。

（一）广州织布局及开办经费随张之洞迁往武汉

在就任湖广总督前，张之洞在广州购买了机器，准备开办纺织厂。调任湖广总督后，新接任两广总督的李瀚章不愿接办该厂。光绪十六年（1890

---

① 《招商局第五年帐略》，《申报》1878年10月3日（光绪四年九月初八）。
② 《商局承办湖北铁厂酌拟章程》（光绪二十二年五月十六日），载《张之洞全集》第三册，武汉出版社2008年版，第378—380页。
③ 《湖广总督札南北布政司》（光绪三十一年四月十二日），载汪敬虞主编：《中国近代工业史资料》第二辑（1895—1914年）上册，科学出版社1957年版，第614页。

年）闰二月四日，张之洞奏请将已购织布机器转运至武汉。其理由为，"总计创议购机造厂以至豫筹常年经费，并未动用粤省司、局各库款及闱姓原案奏明认捐之正饷"①。意即此厂为张之洞本人在中央与地方财政体制之外另筹经费举办，且李瀚章不愿在广东设厂，因而将该厂设备与资金随其个人从广州迁至武汉是理所当然的事。朝廷批准后，经与李瀚章协商，张之洞原在广东购买之机器与筹集开办纺织厂之部分银两被运至武汉开办湖北织布厂。

（二）张之洞以江苏财政抵补湖北洋务欠款

光绪二十八年，"秋九月，江督（刘坤一——引者注）薨于位，朝命某公（张之洞——引者注）往权，抚军（端方——引者注）摄鄂督。某公冀两江久矣，闻命喜甚，趣治装……而抚军以某公亏公私帑近千万，非抵销有指，不受代。某公猝无计，乃以力不胜任具疏辞，而心懊甚。得旨促履新，不得已，商之西人，贷银百万交抚军，且约：至江南即迅筹二百万弥鄂隙，而督幕吏星夜缮册籍，增报销之数，填补近大半，余俟真除命下，再挹江以注鄂。抚军乃允诺，遂于十月初移节赶江宁，于路传电，饬先筹数万两，备灯彩陈设，酒庭器具，受篆后即为慈圣祝嘏，且将大宴中外官僚，不可以寒俭示人也。电淮盐转赴宁会议，将于诸商筹征二百万济鄂以践言，惧爽约于抚军也。鄂人皆谓两江富庶，某公此去，不患无财用矣"②。以晚清财政制度而言，该史料表明：第一，晚清的地方财政奏销制度，相对于封疆重臣，已形同虚设。重要疆臣亏空的财政支出，可以通过报销制度弥补。第二，江苏地方财政可以因总督个人要求而对湖北补贴。第三，两江总督对两淮盐商可以予取予求。

（三）湖北铁政、枪炮两局经费由江苏省江南筹防局拨解

光绪二十一年（1895 年），张之洞调任两江总督，但湖北铁政局、枪炮局仍由张之洞督饬经理。时值两局经费"实属无从筹措，部款支绌，亦难请拨"，张之洞遂利用其任两江总督之便，以"湖北铁政、枪炮两局，正为海防要需，钢铁、枪炮皆可济南洋之用，并非为湖北一省而设，自应通力合作"为由，将江苏省辖下"专为南洋海防修理兵轮、炮台，购制军械之用"

---

① 《粤省订购织布机器移鄂筹办折》（光绪十六年闰二月初四日），载《张之洞全集》第二册，武汉出版社 2008 年版，第 333 页。

② 潜翁：《鄂渚纪闻》，载宋传银：《笔记小说武汉资料辑录》第 1 册，武汉出版社 2018 年版，第 166 页。

的江南筹防局款项，呈请"拨解济用，分别报销"①。

（四）张之洞任两江总督后仍经理湖北银元局

光绪十九年（1893年）八月十九日，张之洞奏请朝廷在湖北开铸银元。光绪二十一年（1895年）正月四日，已调任两江总督的张之洞与署理湖广总督谭继洵联合转咨总理衙门代为上奏，请求将"鄂（银元）局归南洋（大臣）经理，可免江省另设一局，以致相妨。将来如有盈余，可酌量津贴鄂省"②。南洋大臣向由两江总督兼任，南洋经理即由张之洞兼管。七日，朝廷批准了这一奏请。于是两江总督治下的江苏、安徽、江西三省遂不设银元局，其所用银元由湖北银元局代铸，但"铸本由江南借拨，行销由湖北专司，其余利及筹款统归湖北"。后来，张之洞认为"武、汉等处向来行用银元不多，此后能否畅行尚无把握，远不如江、皖等省销路之广。此局月铸三四十万两，鄂省司局款绌，挪借亦难，傥滞销压本，势难周转。若少铸则又利微，不免虚縻局用。不如仍照前议，筹款、行销南洋任之，余利江、鄂各半，最为妥协"③，亦获朝廷批准。其结果是，湖北银元局的资本由苏、皖、赣三省筹集，大部分银元亦由此三省行销，但发行之利则由江苏与湖北两省各半，皖、赣两省不能与焉。此种违背市场原则、极不公平的分配规则之所以能为各省所接受，显然只是因为张之洞兼任两江总督这一个人原因。

晚清财政体制不仅形成了地方化的趋势，更是出现了以督抚个人进退为转移的不正常现象。这种公权私人化的趋势，正是清末民初地方割据的源头。

四、货币与金融制度改革

19世纪中期，太平天国起义以及云南回变使得作为清政府铸钱主料的滇铜停止了生产和北运，从而导致了全国性的钱荒。同时，拉美的银元大量流入中国，使得银、钱比值从银贵钱贱变成了银贱钱贵。因而，太平天国起

---

① 《湖北铁政、枪炮两局经费由江南拨解片》（光绪二十一年闰五月二十七日），载《张之洞全集》第三册，武汉出版社2008年版，第267页。
② 《鄂银元局不日开铸——致总署》（光绪二十一年正月初四日），载《张之洞全集》第四册，武汉出版社2008年版，第421页。
③ 《湖北银元局请仍归南洋经理折》（光绪二十一年十一月十七日），载《张之洞全集》第三册，武汉出版社2008年版，第307—309页。

义之后,纾缓钱荒便成为清政府及各省地方政府的主要货币政策。在张之洞来到湖北之前,湖北历任督抚采用了恢复铸钱、禁止制钱出省、禁止毁钱铸器等手段,但都没有解决根本性问题。张之洞督鄂后,在武汉首行银元、铜元制,并实行可兑现纸制,既从根本上解决了钱荒,亦使武汉暨湖北地区的货币制度走向了近代化。

(一) 武汉首行银元制

十五六世纪之交,西方国家传来的银元制度开始冲击中国传统的银两制度。由于银元具有携带方便,铸造精美,形制规则、统一,便于计算的优点,所以尽管其成色与实际价值均低于中国银两,但仍为中国民众所喜用。鸦片战争前,"本洋(西班牙银元,通常在其殖民地墨西哥铸造——引者注)为中国之惟一之流通银币,其势力渐蔓延至广东、福建、江苏、浙江、安徽、直隶等省。直至咸丰六年(1856 年)止。凡沿长江各地以及上海,皆有其踪迹"①。1821 年墨西哥独立后,停止铸造本洋,改铸鹰洋,从此鹰洋在鸦片战争后"成为当时中国最有影响的外国银元之一"②。

为保证洋银的公信力,"自外国输入的银元,每经过一次手,便称一次,加上一次戳,不久便成了加戳的洋钱"。无数次地加戳,"这种洋钱渐失去原形,只能以两来计算"③。由于中国没有法定的银元制度,加上掌握了东南金融大权的上海钱业公会对银两、银元兑换的垄断,因而首先在上海,继而在内地,形成了流通中使用银元,记账仍采用银两的二元银本位制。由于"银元的交换价值要高出实际价值百分之三十到四十"④,且银币出入及兑换完全自由,故一些外国商人以低价值的外国银元套兑中国高价值的银两,运往国外谋利。再加上鸦片战争前夕外贸的入超,以及铸造银元的高额利润导致的国内商人仿铸银元等诸多原因,"致内地银两日少,洋钱日多,近年银价日昂"⑤。早在道光九年(1829 年),皇帝就指示两广总督李

---

① [奥地利]耿爱德:《中国货币论》,蔡受百译,上海商务印书馆 1933 年版,第 138 页。
② 戴建兵:《白银与近代中国家经济(1890—1935)》,复旦大学出版社 2005 年版,第 41 页。
③ [美]威廉·亨德:《广州番鬼录》,转引自杨端六:《清代金融货币史稿》,生活·读书·新知三联书店 1962 年版,第 273 页。
④ [美]马士:《中朝制度考》,转引自杨端六:《清代金融货币史稿》,生活·读书·新知三联书店 1962 年版,第 275 页。
⑤ 《清实录》第 35 册《宣宗成皇帝实录(三)》卷 163 "道光九年十二月",中华书局 1986 年版,第 527 页。

第四章 张之洞督鄂时期武汉法秩序的转型（1889—1907年）（下）

鸿宾禁止外国银元流通①。而一些清醒的地方官员则已经敏锐地认识到了单纯的禁止并不是根本办法，中国也可以试行银元制。道光十三年（1833年）四月六日，两江总督陶澍、江苏巡抚林则徐等人就提出"推广制钱之式以为银钱"的建议②，以中国银元抵制外国银元。但僵守祖宗成法的道光皇帝认为，抵制外国银元，"惟当设法以截其流一条……至官局议请改铸银钱，大变成法，不成事体，且洋钱方禁之不暇，岂有内地亦铸银钱之理？"③ 否决了这一有可能实现中国货币制度近代化的办法。

早在鸦片战争前，中国民间早就开始了对外国银元的仿铸。但由于其成色与铸造工艺低劣，"以之兑钱，价值大减，是以客商皆剔出不用。民禁严于官禁"④。继而以江苏省为首的东南各省也尝试官铸银元，但亦因手工制作而致银元质量粗劣，很难与外国银元抗衡。到光绪十三年（1887年），清政府批准张之洞先在广东，后在湖北以进口机器铸造"龙洋"后才改善了国产银元的质量。

光绪十六年（1890年）闰二月一日，张之洞来到武汉不到四个月，即要求湖北各司、道妥议"钱法"⑤。三月五日，张之洞对湖北各司、道筹议的整顿钱法的条陈作了批复："所议整顿钱法各条，尚属妥协。所有轮船、夹板船装运制钱出口，应即由江汉关道查照约章，核实办理；民船即由牙厘局分饬各局卡认真查禁。其钱店、铜铺稽查章程及查拏私销私铸，暨州县丁漕局卡厘金抽收办法，即由司局严饬遵办。"在肯定了传统的防堵措施之后，张之洞提出了具有制币制改革性质的替代性措施："至市面交易准用银元一节，以银佐钱之缺，自是一策。"⑥

---

① 中国人民银行总行参事室金融史料组编：《中国近代货币史资料》第一辑"清政府统治时期（1840—1911）"（上册），中华书局1964年版，第42页。

② 《林文忠公（则徐）政书》甲集"江苏奏稿卷二·会奏查议银昂钱贱除弊便民事宜"，载沈云龙主编：《近代中国史料丛刊》第六辑，文海出版社1967年版，第104页。

③ 《清实录》第36册《宣宗成皇帝实录（四）》卷235"道光十三年四月上"，中华书局1986年版，第511页。

④ 《林文忠公（则徐）政书》甲集"江苏奏稿卷五·江浙并无洋银出洋折"，载沈云龙主编：《近代中国史料丛刊》第六辑，文海出版社1967年版，第261页。

⑤ 《札司道妥议钱法》（光绪十六年闰二月初一日），载《张之洞全集》第五册，武汉出版社2008年版，第165页。

⑥ 《批司道详筹议整顿钱法》（光绪十六年三月初五日），载《张之洞全集》第七册，武汉出版社2008年版，第93页。

1. 湖北暨武汉成为继广东第二个公开实行银元制的地方

光绪十九年（1893年）八月十九日，张之洞奏请在湖北开铸银元。他在奏折中说，"复以制钱缺少，迭经督饬司道筹议禁贩运、拏私铸、查铜铺、征私毁，并严禁回空盐船装运制钱出省及稽察轮船、夹板船装运出口，按照约章核实办理，力图整顿。无如来源既少，民生仍未能纾。又以钱少由于鼓铸无铜，查访鄂省铜铅各矿尚有数处，如鹤峰州之九台山，安陆县之铜古、黄金等山，均有铜矿，派员分投试办，或以道远运费过多，或以矿少难得大脉，办理均无把握"，故而请求"在鄂省自行铸造（银元）……广东均有户部议准成案可循……一切均拟仿照成案办理，惟银元所铸广东字样改为湖北。所有湖北省各局卡厘金盐课，均准商民一律用银元交纳，支发官款一体酌量搭用，俱按照当时洋银市价核算。沿江沿海各省口岸，及内地商民，准其与广东银元一体行用，一切听其自然，毫不勉强。至筹解京、协各饷，向用纹银者仍用纹银，目前与制钱相辅而行，既可以纾民困，亦可以保利权，似为救时急务"[①]。在得到皇帝的批准后，张之洞在武昌设立湖北银元局，委任蔡锡勇为总办，开始铸造银元。

2. 武汉地区除解缴京饷外的所有公私收支必用银元

为使银元在省内通行，张之洞先后于光绪二十二年（1896年）四月二日、十月二日发布《行用银元、钞票示》《推广行用银元及银元票示》两项地方性法规，推行银元制。前一告示要求各级官府，"新铸本省银元及银元印票、官钱印票，实与制钱无异……凡持此项银元及各印票赴官呈缴者，赋税可以早完，厘金可以速纳。如有照章缴银之款，即照银元定价之制钱一千文，核计市价高下，折算平色……（各官）务令随到随收，断不准再有苛求。仍严札各关卡、州县，如敢藉词不收，或稍有留难需索，准该商民等赴辕呈控。一经查实，立即严参重办"。后一告示主要针对民间，尤其是禁止鄂省各钱店、当铺等民间机构拒用银元[②]。此两项地方性法规确定银元制度的基本内容为：银元为具有无限法偿能力之货币，亦为政府强制流通之货币；以银元为准备金发行等额银元票作为纸币，亦具有无限法偿能力；银元

[①] 《请铸银元折》（光绪十九年八月十九日），载《张之洞全集》第三册，武汉出版社2008年版，第120页。

[②] 《行用银元、钞票示》（光绪二十二年四月初二日），载《张之洞全集》第七册，武汉出版社2008年版，第249、251页。

与制钱的比值为1∶1000。

光绪二十七年(1901年)七月二十九日,张之洞根据朝廷谕旨"有报解京饷、钱粮、税厘及发款均搭且三成之语",因而发布命令,"所有湖北武汉地方绿营兵饷、米折、马干、公费银两及水陆各防营勇饷、薪水局用,各书院学堂监督、分数、教习、委员及洋教习等师生修薪膏奖,以及由官兴办工程购买物料等事,无论向来或发银或发钱,均应一律改发湖北官局所铸龙纹银元,其银款按照银元市价折合向来原领平色,其钱款按照银元市价折合现在制钱市价。其尾数在一百元以下者,俱用小银元凑足,仍按小元市价折合,不得减少"①。从此,武汉地区官款收支亦全部改用银元。

银元在形制、成色与计量方面,均优于传统的银两,尤其是湖北银元局优良的铸造技术,不仅使得民间无法仿造,而且为其他各省所不及,因而湖北、广东两省在一定程度上集中了全国银元的铸造和发行权。这一尝试可以视为袁世凯以"袁大头"统一中国银元制的先声。由于银元为大额的货币,只能在武汉、沙市、宜昌等口岸城市流通,小额交易仍得使用制钱,因而不能根本性地解决钱荒。

3. 清廷试图建立由武昌、广州银元局垄断全国银元铸造与发行的制度

武昌造币厂采用外国机器铸币,"大银元重库平七钱二分,其次为两开重三钱六分,又次为五开重一钱四分四厘,又次为十开重七分二厘,又次为二十开重三分六厘,实与市行外洋银钱轻重相同"②,其"刻惟鄂省银元已出,闻花纹精细,银色高洁……轻重既准,成色亦足,与外洋各国所铸上等银钱,精美无二"③。因而,武昌银元不仅营销湖北本省,而且开始为各外省所接受,甚至逐渐挤掉了各外省的造币厂。光绪二十一年(1895年)正月四日,已调任两江总督的张之洞与署理湖广总督谭继洵联合转咨总理衙门代为上奏,请求将"鄂(银元)局归南洋(大臣)经理,可免江省另设一局,以致相妨"④。七日,

---

① 《札司局支发官款改用银元》(光绪二十七年七月二十九日),载《张之洞全集》第六册,武汉出版社2008年版,第383、384页。

② 《进呈湖北新铸银元并筹行用办法折》(光绪二十一年闰五月二十七日),载《张之洞全集》第三册,武汉出版社2008年版,第266页。

③ 《论鼓铸银元诚为便民之举》,载陈度:《中国近代币制问题汇编》(二)"银圆",学海出版社1972年版,第9页。

④ 《鄂银元局不日开铸——至总署》(光绪二十一年正月初四日),载《张之洞全集》第四册,武汉出版社2008年版,第421页。

朝廷批准了这一奏请，已如前述。

光绪二十一年（1895年）闰五月二十七日，张之洞又奏请："所有沿江、沿海各省通商口岸及内地商民，应均准其将湖北官局所铸大小银元与广东银元一体行用，一切听其自然，毫不勉强，此为民用；其各口岸及内地完税、纳厘暨交纳各项官款，俱准以官铸大小银元缴纳，按照市价核算。经收之关、道、州、县委员，如向解纹银者自易纹银解库，如向解洋银者，即以银元解库。其应如何补平补水，各处自有通行市价，毫不抑勒，务令官民两不亏累，此为官收。至江苏、安徽、江西三省营销最易，所有支发官项饷项、工程物料等款，亦按市价核算发给，不稍畸轻畸重，此为官放。"① 朝廷也很快批准此奏，于是广州、武昌两地造币厂铸造的银元遂成为全国通行货币，但并未明确禁止其他各省自行铸造银元。

光绪二十五年（1899年）四月二十四日，清廷下令："近来各省银、钱两项日形短绌，各该督抚请铸银元以维圜法，未始非补救之一术。惟各省设局太多，分两、成色难免参差，不便民用，且徒糜经费。湖北、广东两省铸造银元设局在先，各省如有需要用银元之处，均着归并该两省代为铸造，应用毋庸另筹设局，以节糜费。该两省所铸银元，成色、分两，不得稍减，务归画一。"② 从此，广州、武昌两地银元局成为法律上的中央银元局，垄断了全国的银元铸造与发行权。此两地关于银元铸造、发行和流通的地方性银元制度亦上升而成为全国性的银元法律制度。但由于银元有着巨大的发行利益，清廷的这一上谕并未能阻止其他各省铸造本省银元。直隶总督裕禄、两江总督刘坤一、吉林将军延茂、闽浙总督许应骙先后呈奏不能停铸，皇帝也只能均"着照所请"③。

光绪二十七年（1901年）七月十三日，清廷又发布上谕："近年各省所铸银元，惟广东、湖北成色较准，沿江沿海均已通行。应即多筹银款，源源铸造，即应解京饷亦准酌量搭作成本，仍以每元库平七钱二分为准，并兼铸小银元，以便民用而收赢余。每次报解京饷，准其搭用三成，所有铸余利尽数核实归公。此外各省并可拨款附铸，不必另行设局，亦准搭解京饷……着

---

① 《进呈湖北新铸银元并筹行用办法折》（光绪二十一年闰五月二十七日），载《张之洞全集》第三册，武汉出版社2008年版，第266页。
② 第一历史档案馆编：《光绪宣统两朝上谕档》第25册，广西师范大学出版社1996年版，第123页。
③ 中国人民银行总行参事室金融史资料组编：《中国近代货币史资料》第一辑"清政府统治时期（1840—1911）"（下册），中华书局1964年版，第799—804页。

第四章 张之洞督鄂时期武汉法秩序的转型（1889—1907年）（下）

户部及各直省一体遵照办理。"① 但各省仍不予理睬，继续铸造。

4. 一两重银元制的改革及其失败

光绪三十年（1904年）八月十六日，张之洞呈奏，"从前各省所铸银元，均仿照墨西哥银元之重，合中国库平七钱二分"；为便于计算，亦为抵制墨西哥银元，"臣持改一两重银币之说……兹拟即就湖北铸造库平一两银币，先行试用"，"兹拟试铸银币共分四等。最大者重足库平银一两，其次五钱，其次一钱，文曰'大清银币'……归官钱局经理收发"；"旧日各省所铸七钱二分重之银元，及墨西哥之银元，销流民间者其数至巨，应仍听其行用"②，俾其自然淘汰。

同年十月一日，张之洞致电财政处，"拟请钧处电饬上海、镇江、江宁、芜湖、九江、岳州、长沙、重庆各洋关，遇有持湖北一两银币纳税者，应照鄂省三六库平计算，一体收用……各关如虑此项银币行用不便，鄂省当饬官钱局在关各埠设立分局，收回银币，兑付铜元，或照三六库平兑会足色生银，总使各关毫无不便，以示大信"。财政处于十月五日回电，"各关收用鄂省试铸一两重银币，并由鄂省设局兑换，均可先行试办。惟此项银币如照原奏搭解部库，应照部库平色补足兑收"③，实际上拒绝了张之洞的上述咨请。光绪三十一年（1905年）夏起，武昌造币厂停铸一两重银元。光绪三十三年（1907年），户部决定采用重一两零六分之银元为国币，令湖北将已发行之一两重银币收回改铸。

（二）改制钱制为铜元制

1. 湖北宝武局恢复制钱铸造及停铸

制钱短缺导致"银钱兑换比率由同治十年（1871年）的1两值1434文，降至光绪二十二年（1896年）的1两仅值1200文。即25年间，湖北地区制钱升值约10%强，比沿江各省为高"④。为解决钱荒，光绪二十三年

---

① 中国人民银行总行参事室金融史料组编：《中国近代货币史资料》第一辑"清政府统治时期（1840—1911）"（下册），中华书局1964年版，第804、805页。
② 《试铸一两银币片》（光绪三十年八月十六日），《张之洞全集》第四册，武汉出版社2008年版，第205、206页。
③ 《致京财政处》（光绪三十年十月初一日）、《财政处来电》（光绪三十年十月初五日），载《张之洞全集》第十一册，武汉出版社2008年版，第163页。
④ 苏云峰：《中国现代化的区域研究：湖北省（1860—1916）》，"中央研究院"近代史研究所1987年版，第336页。

（1897年）正月十二日，张之洞、谭继洵联奏："近年以来，制钱缺乏，市价日增。湖北宝武局自当光绪十三年（1887年）奏明鼓铸，一年以后，旋即停止，钱无来源。又兼邻近各省，钱价俱贵，纷纷禁止出境，彼此不能流通，以致商民益形艰困……非广铸钱不能济用。亟应开局鼓铸，用资补救，并可辅助银元。"① 重开铸钱局时，张之洞预想着"虽略有亏折，亦所不恤"。但到光绪二十五年（1899年），铜价由"上年每百斤需银二十余两，洋白铅坐每百斤需银七两，近则铜价涨至三十四两，洋白铅坐涨至九两，成本过重。加以近来钱价渐低，亏耗益巨"。因而遂于光绪二十五年五月十六日，札饬"将铸钱局暂停铸造，俟将来铜铅价值相宜，再行铸造。如需用现钱时，或仍托粤局代铸，较为节省……现奉寄谕，令各省银元统归湖北、广东两局铸造，是鄂省银元局正须扩充，所有该局员司、匠徒及机炉器具各件，即可拨作银元局之用"②。但尚未等到铜铅降价，广东省所铸铜元获得的巨大发行利益启发了张之洞在武昌开辟新的生财之道——铸造铜元。

2. 改行铜元制

光绪十三年（1887年）以来，各省先后恢复制钱铸造，均因铜铅价格上涨，又先后停铸。光绪二十六年（1900年）六月，广东省最早试行改铸当十、当五铜元。随后，福建、江苏等省亦仿广东试铸。光绪二十七年（1901年）十二月十九日，张之洞札饬银元局试铸铜元，"取广东、福建制造铜元轻重、大小、成式及行用章程，参酌拟议，禀候本部堂、部院核定"③。可见，湖北完全仿广东、福建的当五、当十铜元制。光绪二十七年十二月二十四日，清廷即颁上谕，"着沿江沿海各督抚筹款仿办，即就各省搭铸通行"④。为保证铜元的通行，光绪二十八年（1902年）七月十二日，张之洞发布饬令，"无论丁漕、关税、盐课、厘金及一切官款凡向用制钱者，但系湖北本省所铸铜元，均应准其完纳收用外，合行示谕绅商军民人等

---

① 《筹设铸钱局折》（光绪二十三年正月十二日），载《张之洞全集》第三册，武汉出版社2008年版，第410页。

② 《会札铸钱局暂停铸造》（光绪二十五年五月十六日），载《张之洞全集》第六册，武汉出版社2008年版，第240页。

③ 《札银元局试铸铜元》（光绪二十七年十二月十九日），载《张之洞全集》第六册，武汉出版社2008年版，第404页。

④ 中国人民银行总行参事室金融史料组编：《中国近代货币史资料》第一辑"清政府统治时期（1840—1911）"（下册），中华书局1964年版，第873页。

第四章 张之洞督鄂时期武汉法秩序的转型（1889—1907年）（下）

一体知悉：此项铜元系奉旨铸造通行，本为便民利用而设，无论大小各项买卖，自应照制钱一律行使，当十铜元一百枚即抵九八制钱一千文，不准稍有遏抑，亦不准任意折减。倘敢有意阻挠，如系官吏不收，准商民据实控告，查明参处。如系奸商恶侩把持不用，又或收用时从中折扣，一经发觉，即由地方官拿案惩办，决不姑宽"[1]。同年十二月，"设湖北铜币局，铸当十铜币"。光绪三十一年（1905年），"于兵工厂附属铜币厂，共有三厂铸造"。光绪三十二年（1906年），张之洞曾奏请试铸过一文铜元。到光绪三十二年十二月，湖北"三厂每日可出银元四百万枚，现减半铸，共铸3759986345枚（折合当十铜元）"[2]。

铜元的铸造、发行从一开始就是政府变相地实行通货膨胀政策。和银元一样，铜元的铸造质量精良、形制美观，较之制钱更为民众所喜爱，但广东、湖北铜元重量"计重二钱"，不到制钱（通常为一钱二分，亦有一钱者）两倍，其面值却当五、当十，"每日如铸出百万，每年（大小月歇工）除净三百二十日，共三万万二千万个，可得余利漕平银七十七万七千九百二十两"[3]，故各省均开足马力滥铸，最后导致"出钱日伙，钱价日低"，"又因铜贵钱贱，余利骤减，不计市面盈绌，一意扩充销落，纷纷外运，互相挤跌，而于各本省之穷乡僻壤，尚未遍行"[4]，以致各省纷纷闭关筑垒，不准外省铜元进入。早在光绪三十一年（1905年），户部就要求限制各省设厂。光绪三十二年（1906年）二月，财政处要求各省"禁止大宗贩运""限制鼓铸数目""归并铜元局"，将各省铜元局收归户部统一管理[5]。

湖北省大体执行了财政处、户部的通令，"鄂中大宪近饬员严查汴鄂两省交界之处，所有本省铜元一律禁止出境至汴省，铜元亦不准入口，两省已遵照办理矣"[6]，"一面饬令造币厂减铸铜元十成之四"，唯对财政部、户部

---

[1] 《行用铜元示》（光绪二十八年七月十二日），载《张之洞全集》第七册，武汉出版社2008年版，第263页。

[2] 《各省铸造铜元概况表》，中国人民银行总行参事室金融史料组编：《中国近代货币史资料》第一辑"清政府统治时期（1840—1911）"（下册），中华书局1964年版，第921页。

[3] 《铸铜元本利简明表》，《东方杂志》光绪三十一年（1905年）第九期，第197页。

[4] 中国人民银行总行参事室金融史料组编：《中国近代货币史资料》第一辑"清政府统治时期（1840—1911）"（下册），中华书局1964年版，第945、946页。

[5] 中国人民银行总行参事室金融史料组编：《中国近代货币史资料》第一辑"清政府统治时期（1840—1911）"（下册），中华书局1964年版，第928、953页。

[6] 《鄂省禁止铜元出境》，《申报》1906年3月2日（光绪三十二年二月十八日）。

限制湖北日铸百万枚的规定持有异议。张之洞于光绪三十一年（1905年）十一月二十八日呈奏，以汉口"各帮生意出入，皆用钱盘，不用银盘，故汉镇商务需钱独多"，"湖北以需饷浩繁……若铸数太少，不敷兑换，商民稍觉取付不灵，则散在民间之官钱票必争向官钱局兑取现钱，无从应付，立有倾塌之虞"，此外钱商也有可能居奇抬价，从而导致市面恐慌，因而请求"准由本省自行限制，随时体察情形，按实在需用之数铸造"①。光绪三十二年（1906年）二月四日，财政处奏折驳斥了张之洞的请求，要求"一律遵照奏章办理，以免纷歧"②。二月底，"鄂督张宫保因铜元太多，钱价低落，于圜政大有妨碍，爰饬汉阳兵工厂附设之铜元厂暂时停铸以维圜法"③，应该是遵守了财政处和户部的限制规定。光绪三十二年九月十日（1906年10月27日），"湖南新旧两铜元局现归湖北办理，已于本月起一律停铸"④。

（三）设官钱局实行可兑换纸币制度

从光绪十三年（1887年）起，由于铜斤减少导致钱荒，各省又先后恢复了官银、钱局（号），重新发行银元票与钱票⑤。光绪二十二年（1896年）初，张之洞拨官本银8万两，在省善后局内设立官钱局，"然张之洞并未即刻向朝廷奏报"⑥。直至光绪二十三年（1897年）初，张之洞与巡抚谭继洵始联名向中央报告武汉设立官钱局印制钱、银票以纾解钱荒的情形。"湖北钱少价昂，商民交困。虽议设炉鼓铸，一时骤难即有现钱供用。至行用银元本以辅制钱之不足，而民间持向钱店易钱，每为奸商所抑勒，以致钱价仍不能平。查从前各州县解缴丁漕钱文，皆在各钱店易银上兑，于是制钱专归钱店，该商遂得以抬价居奇。臣等与司道熟商，惟有设立官钱局，制为钱票、银元票，精加刊印，盖用藩司印信及善后局关防，编立密号，层层检察，如有私造者，照私铸制钱、银元例严行惩办，通告湖北省内外，此与现钱一律通用，准其完纳丁漕厘税。凡州县丁漕向来以钱赴省易银者，概令由

---

① 《湖北铸造铜元请由本省自行限制折》（光绪三十一年十一月二十八日），载《张之洞全集》第四册，武汉出版社2008年版，第245页。
② 中国人民银行总行参事室金融史料组编：《中国近代货币史资料》第一辑"清政府统治时期（1840—1911）"（下册），中华书局1964年版，第954、955页。
③ 《鄂省停铸铜元》，《申报》1906年3月25日（光绪三十二年三月初一日）。
④ 《湘省停铸铜元》，《申报》1906年10月27日（光绪三十二年九月初十日）。
⑤ 《清末官银钱局号简表》，载中国人民银行总行参事室金融史料组编：《中国近代货币史资料》第一辑"清政府统治时期（1840—1911）"（下册），中华书局1964年版，第1008、1009页。
⑥ 罗凯：《清季湖北官钱局之崛起述论》，《历史教学问题》2019年第2期，第34页。

第四章 张之洞督鄂时期武汉法秩序的转型（1889—1907年）（下）

官钱局易银上兑，即以此钱供民间持现银及官票来局换钱之需。民间来局换钱者，概照市价。钱票以制钱一千文为一张，银元票以大银圆一元为一张"。"上年夏秋间在武昌省城设局试办……现又于汉口设一分局，以资推广，可补现钱之缺乏"①。这一地方货币制度的改革，很快得到了朝廷批准。

湖北官银、钱票发行后，"五年之内，易四专办。于是专办视钱局如传舍，毫无振作之精神。有兑现者动遭护兵之侮辱，而员司亦恒盛气凌人，商民不敢接近，视为畏途。以故五年之久，而官票实际之流通数目，不过一百六十余万串而已……至光绪二十七年，高松如接办以来，面目始为一新。首先裁撤护兵，一听商人自由兑现，流通渐广……其后复于沙市、宜昌、樊城等处，增设分局或代理店，专司兑现之事，人民以便于携带，咸乐和之。计自光绪二十七年起，至宣统三年八月止，所获盈余约逾五百万两之多"②。

至于武汉地区私人钱店所发钱票，"民间虽已通用，而市面杂票为价较廉，商民见小，乐于行使。不知此项杂票，其铺本无实本，专图牟利，既有少数挽毛之弊，又有掣骗倒塌之虞，一旦关闭，东移远飏，展转追寻，讼狱滋起，虽至告官，罕能获案"。政府虽不能全面遽行禁止私票，但可"先自典质各当店起"禁。光绪二十三年（1897年）三月，张之洞札令湖北布政司转饬江夏、汉阳两县之典商，"自本月十五日为始，嗣后凡质当衣物，出入均须遵用官局钱票，不得滥用钱店杂钱""除官板制钱仍准照常收用外，凡需有钱票者，出入一概遵用官局钱票"③。官银、钱票制度的实行，不仅弥补了制钱的不足，而且通过官府的足够的信用将银钱比价的主导权从私人钱店手中收归了官钱局。加以"湖北官钱局所发行的钱票也是前年委托我（日本——引者注）印刷局的印刷之手"，纸张质量坚厚，印制精美，无法仿冒，因而"较之钱庄（私人银行）所发行的钱票，更有信誉和市场的流通度"④。

但当局并没有在法律上禁止私人钱庄发行钱票，"小钱庄本以银钱兑换

---

① 《设立官钱片》（光绪二十三年正月十二日），载《张之洞全集》第三册，武汉出版社2008年版，第411页。
② 周沉刚：《湖北官票问题》，《银行杂志》第三卷第十一号，1926年4月。
③ 《札北藩司转饬江、汉两县示谕典当各商出入概用官局钱票》（光绪二十三年三月初八日），载《张之洞全集》第六册，武汉出版社2008年版，第21页。
④ ［日］水野幸吉：《中国中部事情：汉口》，武德庆译，武汉出版社2014年版，第115页。

为主要业务,所发钞票谓之'花票'(每张值钱千文),他们以纸易现,藉以营运周转,等于无本求利……常有因准备不足,突被挤兑而例的。故花票信用极坏"①。"分散在汉口、武昌、汉阳的一些钱庄都发行钱票,都是兑换一千文的凭证票。但由于各钱庄的信用度不一,其钱票的价值也有所不同。即甲钱庄的钱票可兑换铜钱 840 文,而乙钱庄可兑换 850 文,其间存在 10 文的差别"②。

除武昌官钱局发行有银钱票外,各州县地方政府亦发有银钱票,通常要加盖州县印信,以区分流通区域。省官钱局发行银钱票后,省布政司、善后部局及各司道札饬各州县,"准各州县于钱票反面盖用印信,以资辨认"。光绪二十七年(1901 年)三月四日,张之洞札饬布政司、善后总局及各道,"官票原期全省流通,若于反而由各州县再钤印信,一出该县即不能用,畛域自分,实多至碍,万不可行。该守、该牧即飞饬各州县,于奉至此票后,不得于纸背盖印。若将官票盖印,定行罚赔"③。

(四)金融立法改革

1. 降低典当利息

张之洞督鄂之始,即于光绪十六年(1890 年)五月八日发布《典当减息示》。该告示说:"照得湖北武昌省城暨汉阳、汉口地方,自咸丰以来,元气尚未尽复,近年又复水患频仍,民生困苦,物力艰难,所恃以济缓急通有无者,惟典当一门,尚可稍资周转。而省城赁当十余家,均系三分取息。汉阳、汉口城乡二十余家,公典二分五厘取息,余皆三分。利息过重,穷民深以为苦。本部堂、部院轸念民艰,前饬司道暨各该府县等剀切劝导,令各当店减息便民……自本年六月初一日为始,所有武汉开设各当店,无论典当、质当,均一律定为常年二分取息。其五月三十日以前所当之物,仍照从前利息取赎。六月初一日以后所当各物,均照二分取赎;各当店永远奉行,不准藉词续请增息。"为体恤当商因减息而造成的损失,该告示同时还规定"所有向来发商生息之官款,无论原息或系一分,或系九厘,应即一律减为

---

① 龚榕庭:《汉口商业月刊》第二卷第九期(1935 年)《解放前武汉地方金融业溯往》(未刊稿),载《武汉金融志》编写委员会办公室、中国人民银行武汉市分行金融研究所编:《武汉钱庄史料》,1985 年版,第 24、25 页。

② [日]水野幸吉:《中国中部事情:汉口》,武德庆译,武汉出版社 2014 年版,第 115 页。

③ 《札饬各属新制官钱票反面不准加盖州县印信》(光绪二十七年三月初四日),载《张之洞全集》第六册,武汉出版社 2008 年版,第 364 页。

第四章 张之洞督鄂时期武汉法秩序的转型（1889—1907年）（下）

五厘，并准将当店各项捐输宽免十年……所减官息，亦以六月为始"①。

2. 限制汉口钱店数

汉口作为晚清"全国四大金融中心（上海、天津、武汉、广州）之一"②，其金融业相对较为发达。除经营汇兑的票号和经营质押借贷的典当行之外，便是以经营货币兑换为主兼营存放款的钱庄、钱店。写于道光年间的《汉口竹枝词·市廛·钱店》云："银钱生意一毫争，钱店尤居虱子名。本小利轻偏稳当，江西老俵是钱精。"其注云："钱店百有余家，惟江西人最得法。"相对于资本实力强大外国银行与票号，钱庄对市场风险的抵御能力要弱得多，至于小钱店则更弱。加以国家缺少统一、系统的金融立法，钱业也没有相应的行规，对钱业准入的资金额度、存款准备金以及纸币的发行准备金均无限制，致使汉口的钱业市场鱼龙混杂、超额发行票据或纸币，风险难以控制。《竹枝词·市廛·银号》云："银号声名众口传，朱提十万簿头悬。个中利害谁能识，血本纹银仅六千。"其自注："近日银号兑换无多，专恃放票，店本六千至一万不等，放票或至十余万。"汉口开埠，刺激了钱庄业的迅速发展。太平天国起义之前，汉口"每家银号（实即大钱庄）照例拥到六千两到二万两的资本"，"到70年代末，汉口资力较大的钱庄曾发展到四十家"③。但太平天国起义之后，钱业大受影响。"光绪初年，仅有浙绍帮同字号十家左右，他若江西帮、徽帮约有小钱铺二三十家，其营业专以兑换为主，代各商号兑换生银制钱，藉以维持，徐图发展。迨工商业日趋进步……遂有吉安帮大钱庄七八家代兴，办理各大商号收交事务。"④

为防止钱庄、当铺倒闭而致影响存户利益，早在同治年间，地方政府就规定了各当铺联保的制度。

> 同治八年，署汉黄德道郡守钟谦钧率同绅商在于城内前通判署旧址集赀倡建，复于堂后创修敬节堂以恤孤孀，并设义塾以诲堂内婴幼及堂外之附学者。其经费系由官绅倡捐及各绅商捐助，均经通禀立案，所入

---

① 《典当减息示》（光绪十六年五月初八日），载《张之洞全集》第七册，武汉出版社2008年版，第243页。
② 皮明庥、邹进文：《武汉通史·晚清卷》（上），武汉出版社2006年版，第320页。
③ 张国辉：《晚清钱庄和票号研究》，中华书局1989年版，第32页。
④ 张克明：《汉口金融机关概况（上）》，《银行周报》第二十七卷第四十八号，1933年12月。

之项，除工程动用钱五千串外，尚存经费钱二万串，发交汉阳、汉口镇各质当承领生息，每月一分六厘行息，公具墨领保状存核，并立凭折，按月取息济用，如质当有一家亏欠，着落众质当公同赔缴。其经费系由官绅倡捐及各绅商捐助，均经通禀立案，所入之项，除工程动用钱五千串外，尚存经费钱二万串，发交汉阳、汉口镇各质当承领生息，每月一分六厘行息，公具墨领保状存核，并立凭折，按月取息济用。如质当有一家亏欠，着落众质当公同赔缴。①

进入19世纪90年代，"由于茶叶贸易遭受沉重损失，信用受了限制"，"汉口大钱庄的数目大大减少了"，而小钱庄发展起来，"在汉口及其附近，这样小钱庄的数目约500家（包括兑换店）"②。光绪二十五年之前，钱庄开设较易，其程序如下："由店东具禀到（夏口）厅，由厅批饬钱业公会查明资本，如果殷实，方准给照开张。每照缴领照银六百两，内以七成解府，三成归厅，均作公用，仍随时将公月数目具报查考。"③小钱庄过多过滥，极易倒闭，如光绪二十五年（1899年）"二月底连倒鼎盛、怡庆二钱店，本月永祥钱店又倒"④。因此，汉阳府及张之洞制定了限制钱店的地方立法。

（1）新钱店开业必须捐银并由同行具保。早在光绪二十四年（1898年），汉阳府就制定了要求钱业商人必须捐银并有同行具保始得开业的地方规章。光绪二十五年（1899年），张之洞批准该章程。该章程规定："新开钱店除捐钱一千两者，酌照赈捐章程请奖外，其在礼智汛者捐银六百两；在仁义汛者捐银五百两；在汉阳城内外及鹦鹉洲南岸嘴者，捐银四百两，取具同行切实保结，方许持牌交易。"所谓"取具同行切实保结"，即各钱庄相互之间承担担保连带责任。

（2）限制钱店总数，禁止钱店发行票据或纸币。除提高钱商开业条件外，上述章程还规定了汉口钱店总数，并禁止钱店发行票据或纸币。"惟钱

---

① 同治《续辑汉阳县志》卷12"公署"，同治七年刻本。
② 《武汉金融志》编写委员会办公室、中国人民银行武汉市分行金融研究所编：《武汉钱庄史料》，1985年版，第15页。
③ 《汉口公报新论》光绪三十四年三月初五日（1908年4月5日）《照录巡警道考查钱业办法上督宪禀并督批》，载《武汉金融志》编写委员会办公室、中国人民银行武汉市分行金融研究所编：《武汉钱庄史料》，1985年版，第17页。
④ 《湖北商务报》光绪二十五年（1899年）第三十六期。

第四章　张之洞督鄂时期武汉法秩序的转型（1889—1907年）（下）

铺过多，最为商民大害，自不能不酌定家数。据称现在汉镇钱店共一百零三家，已不为少。应俟有三家停贸之后，即以百家为额，必百家之中有一家歇业，始准一定新开，以示限制。至来禀所议不准私出花票一节，尤为预杜倒塌扼要办法。惟各该钱店果否一律遵行，有无阳奉阴违情事，应由该府一面禀复，一面随时认真查禁，不得稍涉含糊。仰北布政司转饬遵照办理。"①

"光绪三十年（1904年），因多倒塌，当奉督宪饬禁，不准再开，并停止牌费。其已开设在前者，亦需具五家连环保结"。但由于"互保一层窒碍极多，勒结未遂。察看情形实难相强，惟未准续开而已。此后互保一节迄未见办行，而续开之店则不计家数，并未闻有领照缴捐之事。是未奉饬之先尚遵案领照，严饬以后反任便自为，似与先后各案全不符合"②。在张之洞离任武汉之前，上述章程并没有得到严格的遵守。

（3）禁止假冒洋商开设钱店。鉴于汉口华人不法钱商利用外国商人的治外法权，冒充外商开商钱店的情形，张之洞"札饬江汉关道照会各国领事，严禁假冒洋牌、违抗定章、私开钱庄钱店、新出花票，以重商务"。但"据汉阳府禀称：访得今年复有奸商数家，垂涎钱店钱庄，私出钱票银票之利，潜谋假冒洋牌，央求洋人包庇，希图规避，实堪痛恨"。光绪二十五年（1899年）十二月六日，总理各国事务衙门给南洋通商大臣的咨文云："访闻各通商口岸内外，有等华商，暗出小费，串挂洋行牌号，开设店铺贸易，冒充洋货，此皆无事中国奸商希图偷漏税厘起见，不惟有碍政体，且亦有损各国声名，亟行严饬查禁。照会各国公使通饬各口领事，转饬各洋商，以后如遇此等华商冒充洋商牌号，有犯中国禁令等事，自应照中例办理，洋商不得藉端干预。"据此，张之洞通过湖北布政使司和江汉关转饬汉阳府、武汉三厅县，"即便有真正洋商，欲在我汉口地方开设钱店钱庄，亦应一体恪遵地方定章，不应违抗。倘擅自开设，本部堂有保护百姓之责，亦得禁止华商、华民与之往来交易，以免受害。况真正洋商，断无开设钱店钱庄之理。如或有之，皆系华人奸商假冒洋牌……严行示禁假冒洋牌，私开钱庄钱店，

---

① 《批汉阳府禀限制开设钱店》（光绪二十五年五月二十一日），载《张之洞全集》第七册，武汉出版社2008年版，第202页。
② 《汉口公报新论》光绪三十四年三月初五日（1908年4月5日）《照录巡警道考查钱业办法上督宪禀并督批》，载《武汉金融志》编写委员会办公室、中国人民银行汉口市分行金融研究所编：《武汉钱庄史料》，1985年版，第17页。

重申晓谕","并由江汉关道即日再为照会各国领事,勿为奸商蒙混"①。

光绪三十年,张之洞进一步饬令完全禁止新开钱店,"并停止牌费。其已开设在前者,亦需具五家连环保结"。但"互保一层,窒碍极多,勒结未遂,察看情形实难相强,惟未准续开而已"。该法令并没有得到实际遵行,"此后互保一节迄未见办行,而续开之店则不计家数,并未闻有领照缴捐之事"②。

3. 官款必须存入官钱局,不准存入私营钱店

因"武、汉各钱店常多闭歇,以致倒塌官款追究无着。或以产业作抵,变价不得过半,官款仍属虚悬"。因"省城本设有官钱局,各项官款存交官钱局,自臻稳妥,何以经手之员辄与各钱店银钱交易,难保非将官款私存钱店,贪图生息,藉可自向通挪,乃至亏倒,仅能责成钱店缴还,该经手之员转得置身事外"。故光绪二十五年(1899年)八月二十三日,张之洞札饬武汉各局、厂,"嗣后无论何项局厂、学堂,应令尽数交官钱局存储,随时提拨应用,断不准将官款私存各钱店"。"倘仍蹈前辙,存放钱店,一经倒塌,官款或有亏欠,定即勒追经手之员照数赔缴"③。

4. 在汉口租界外引入现代银行制度

汉口开埠之后,各外国银行先后进入汉口租界。租界以外的汉口,直到光绪二十三年(1897年),始有总行位于上海的中国通商银行开设分行。从此,租界以外的汉口引入了现代银行制度。

此后,大清银行、交通银行等中央银行也先后在汉口设立了分行。"光绪三十二年,由度支部在汉口回龙寺街设立大清分银行,宜昌亦设分行,均直接北京总行,有发行纸币及整理兑换之权。""光绪三十四年,由邮传部在汉口小帝庙街设立交通分银行,直接北京总行,有发行纸币及代理金库特权。"④

---

① 《札北藩臬司、江汉关道等禁假冒洋牌开设钱店并照会各国领事一体严禁》(光绪二十六年正月十六日),载《张之洞全集》第六册,武汉出版社2008年版,第301、302页。

② 《汉口公报新论》光绪三十四年三月初五日(1908年4月5日),《照录巡警道考查钱业办法上督宪禀并督批》,载《武汉金融志》编写委员会办公室、中国人民银行武汉市分行金融研究所编:《武汉钱庄史料》,1985年版,第17页。

③ 《札饬各局厂所领官款只存官钱局不准存钱店》(光绪二十五年八月二十三日),载《张之洞全集》第六册,武汉出版社2008年版,第264页。

④ 民国《湖北通志》卷54"经政(十二)·新政·实业·大清银行、交通银行",台北华文书局1967年版,第1284页。

五、财政制度改革

晚清"自军兴以来,各省丁、漕等款,纷纷奏留供本省军需,于是户部之权日轻,疆臣之权日重"[①]。"疆臣遂多就地筹款,以济军食,如抽厘助饷之类,因而一有缓急,彼此自相通融,协借不尽咨部。核复以其系就地自筹之款,与例支之项无碍,故部臣亦无从深问"[②]。原有的由各省按户部既定收支计划奏销制度称为"内销";各省自收自支无需户部事先批准,自行核销,只需将收支总数册报户部,此所谓"外销"。法定税制及传统的起运、存留和协款等财政体制受到很大破坏,督抚的地方财权日大,在前文已有论述。尽管"太平军失败后,朝廷力图恢复对军兴省份的财政管理,从 1866 年起,湖北的财政管理逐渐恢复旧章,各项旧有收入分别归入司库、道库和关库,盐厘及百货牙厘解盐茶牙厘总局验收。省粮台则改为军需总局,1880 年改为善后总局,专办财政善后事宜。同时,湖北逐渐恢复对中央的解款","然而,清政府对湖北等军兴省份的财政管理,已难以恢复到战前的状况",不得不"赋予了湖北地方督抚以较强的财政权限"[③]。1898 年,张之洞调任湖广总督,在湖北境内进行了一系列的地方财政制度改革,包括强化湖北地方财政体制、整理税制、创设各种捐制以及扩大对近代工业、军事、教育文化事业的财政支出等。

(一)湖北地方财政体制的进一步强化

张之洞在武汉地区大举进行的洋务运动,导致地方财政支出大增,因而张之洞大大强化了地方财政体制,包括建设地方财政机关以及在地方自主进行税制改革、创设地方捐税项目。

1. 湖北地方财政机关逐渐形成

(1)湖北牙厘总局继续保留。军兴之初,湖北省的财政"存留"完全不敷巨额军事支出,而且督抚尚不能直接支配布政司,因而只能自行设立粮款机构。"咸丰五年(1855 年),湖广总督官文、湖北巡抚胡林翼因军饷匮乏,奏请仿照扬州仙女庙章程抽收厘金,在省城设立盐茶牙厘总局,会委道

[①]《曾国藩全集》"奏稿 7",岳麓书社 1989 年版,第 3997 页。
[②]《清朝续文献通考》卷 71 "国用九"。
[③] 江满情:《论张之洞在湖北新政中的财政行为及其影响》,载陈锋、张笃勤主编:《张之洞与武汉早期现代化》,中国社会科学出版社 2004 年版,第 150 页。

府驻局坐办在湖北设立厘金局。"① 厘金局遂成为布政司之外的第二税务系统，由督抚直接控制用于本省军饷支出，户部无权稽核。厘金征收本为战时权宜之计，清廷屡次要求战争结束后即为取消。但其巨大的财政利益使得各省无视清廷要求裁撤厘金局的谕旨，拒不裁撤，因而湖北厘金局也得以保留。光绪十六年（1890年）三月二十二日，张之洞向朝廷报告裁汰湖北省各局所情形时说："湖北省自同治年间军务肃清以后，所有征防营勇及原设局卡，叠经先后裁汰……仅留善后、牙厘、保甲三项……善后局综理饷糈、军装，移缓就急，均由该局悉心区划，竟靡供支，俾专责成。如收支款止报销册籍，藩司仅能总核其成……至牙厘局为通省厘金总汇，长江水师月饷、北洋海防经费等款，皆取给于此。"② 可见牙厘局虽为湖北省内税收机构，但其支出除借本省军需外，还得供应长江水师与北洋海防，故不能完全视为湖北省内的财政机关。

（2）湖北善后总局成为布政司之外的湖北第二财政机构。"咸丰七年（1857年），巡抚胡林翼设总粮台；同治五年（1866年），改名军需局；光绪五年（1879年）改名善后局。后移并饷钱局"③。台湾学者苏云峰认为，"'军需总局'，算是战时的省财政中心。乱后改为'善后总局'（或称'善后局'）负筹款及善后复元工作。久之，蜕变成一半独立、半专业式的省财政收支总局"，"系藩司以外的一个财政单位。它实际直属于总督，而非藩司"，"专收牙税与厘金，并负责华洋贷款"④，将善后、牙厘两局的职能混为一谈。《武汉通史》说"善后局下设机构主要是牙厘局及其属下的各地厘金卡"，则将牙厘局视为善后局的下属机构，恐皆有误⑤。两者之间的关系实际上是平行关系，共同隶属湖北省督抚，牙厘局为征收机关，征收牙厘金后，解交善后局。善后局为支发机关，并不负征收之责。

---

① 民国《湖北通志》卷50"经政（八）·榷税·厘金捐输"，台北华文书局1967年版，第1191页。
② 《鄂省局卡业经裁并现存各局未能裁撤折》（光绪十六年三月二十二日），载《张之洞全集》第二册，武汉出版社2008年版，第348页。
③ 民国《湖北通志》卷26"建置（二）·廨署"，台北华文书局1967年版，第679页。
④ 苏云峰：《中国现代化的区域研究：湖北省，1860—1916》，"中央研究院"近代史研究所1981年版，第195页。
⑤ 苏云峰：《中国现代化的区域研究：湖北省，1860—1916》，"中央研究院"近代史研究所专刊（41），1987年版，第195页；皮明庥、邹进文：《武汉通史·晚清卷》（上），武汉出版社2008年版，第330页。

第四章 张之洞督鄂时期武汉法秩序的转型（1889—1907年）（下）

湖北"善后局在老育婴堂街"①，"为用款总汇"，"系支发之所，并无生财之源，乃历年相沿。凡有关一省要公用款，即由善后局支发垫用。至如何筹补，则无人议及。通省享其成，而该局独受其累，于情理实未允协"②。由于湖北善后局"开呈收支各款清折，收支相抵，不敷甚多，皆系通省重要公事之需，或系历年旧有，或系近年新增……该局既无专款可支，自不能不挪垫应急。然日积日金，以后如何清理……通省享其成，而该局独受其累"，因而张之洞督鄂之后，于光绪十七年（1891年）九月，对善后局的旧有制度提出了四项整顿措施，即"节省、开支、拨正、筹补四策"。"节省者，将旧有新增各项分晰议定，切实注明何事应动用何款，或将来可归奏咨之款方可垫发，或有可指定归还之款方可借动。如此事既无本款可动，又无动款可指，即禀请暂行停办"，大体确立了"量入为出"的财政原则。"开支者，有应请动支司局库款之事，即应查明补行奏咨，俾可开支正款。拨正者，如京协饷、赈捐、平色、川资、汇电等费，此款应出自藩司、盐道、牙厘局。筹解此项本款者，即不应善后局代出，应一一查明拨正，由各衙门各局归还"，此两项将中央财政与湖北省地方财政完全区分开来。"筹补者，筹出新增之款，以备要需应用，并分年弥补旧欠"，以期最后实现湖北省地方财政收支平衡③。"经过这番整顿，善后局作为湖北地方财政机构的性质更加明确"④，湖北省地方财政体制最终形成。

甚至中央在鄂的诸财政机关所收之税亦必须先解入湖北省善后局。光绪二十八年（1902年）九月十一日，张之洞札令湖北布政司："批拨之湖北厘金，应由牙厘局径解善后局；湖北裁兵节饷、荆州满营饷项减平并当各及丁漕平余，由布政司、粮道径解善后局；田房税契、茶糖烟酒加税一切等项，由善后局自行筹解；江汉、宜昌关洋税及宜昌土药加税，由各该关道径解善后局。"⑤ 显然，

---

① 民国《湖北通志》卷26"建置（二）·廨署"，台北华文书局1967年版，第679页。
② 《札北善后局议开报款目程式》（光绪十七年九月二十四日），载《张之洞全集》第五册，武汉出版社2008年版，第314页。
③ 《札北善后局议开报款目程式》（光绪十七年九月二十四日），载《张之洞全集》第五册，武汉出版社2008年版，第313页。
④ 陈锋、蔡国斌：《中国财政通史》第七卷《清代财政史》（下），湖南人民出版社2012年版，第202页。
⑤ 《札北藩司等拨补宜昌盐厘之款由各处径解》（光绪二十八年九月十一日），载《张之洞全集》第六册，武汉出版社2008年版，第431页。

湖北省牙厘局仅仅为征收机构，而湖北省善后局不仅是真正的省财政分配机关，而且还充当了湖北省内的统一国库。

另外，湖北善后局还是国有资产的管理机构，拥有大量官有房地产业。但对于这些财源的支配，因无预算制度，非常紊乱。总督固可直接下令善后局支拨，平行单位，未经上级核准，亦可径向厘金局（税收机关）借拨款项，而厘金局于贷出银钱后，不负收回债款之责任，仅将贷款账目报告"善后局"，作为实解之数。因所贷之款多未能归还，造成"虚账"与"呆账"，积案累累。张之洞督鄂后，于光绪十七年（1891年）九月令"善后局"先作下列四点改革，目的在强化"善后局"功能，减少负欠，但并未能禁止借拨，也未能解除"某事"钉死"某税"的老办法①。

（3）湖北布政司、按察使司及粮道。到张之洞督鄂时期，湖北布政司基本上成为湖广总督的下属机构。虽然布政司专管中央财政资金在本省的拨解和存留事务，但它必须将库款统一解运至善后局保存，而且湖广总督还有权直接命令善后局挪借中央库款用于地方事务，只是必须予以归还②。

按察使司与粮道亦有一定的财权，"直省赃罚银汇解按察使，除解刑部公用外，余亦解（户）部，均入库收存"③。湖北为全国漕粮八省之一，因而设有粮道，专负责漕粮征解。"自咸丰三年停运，部饬变价解部"，称为"折色"④。"粮道库专存漕项银。凡漕项编入地征者，州县随地赋征解布政使司。布政使按数移解粮道"⑤。张之洞若要动用粮道库款，必须呈请中央政府批准。如光绪十六年（1890年）十二月二十六日，张之洞就曾呈请借拨粮道库存款十五万两以济枪炮厂之需⑥。

（4）其他具有财政权的机关及其联动关系。除布政司、善后局、厘金

---

① 苏云峰：《中国现代化的区域研究：湖北省，1860—1916》，"中央研究院"近代史研究所1987年版，第195页。
② 《饬北藩司筹拨银五万两解枪炮局应用》（光绪二十四年闰三月初六日）、《饬北藩司拨款购地修路》（光绪二十四年四月二十八日）、《札北藩司将火器新捐尽数提解枪炮局应用》（光绪二十四年六月初一日）、《札北藩司等移借库款拨银元局以充铸本并随时移还》（光绪二十四年九月初二日），载《张之洞全集》第六册，武汉出版社2008年，第125、139、145、170页。
③ 光绪《大清会典事例》卷183"户部·库藏"。
④ 陈锋主编：《晚清财政说明书》第六卷"湖北财政说明书"，湖北人民出版社2015年版，第384页。
⑤ 光绪《大清会典事例》卷183"粮道库"。
⑥ 《借拨粮道库存款以济枪炮厂应用片》（光绪十六年十二月二十六日），载《张之洞全集》第二册，武汉出版社2008年版，第413页。

局、盐道及汉口淮盐督销总局等财政机构外，张之洞督鄂期间具有一定财权的机构还有官钱局、银元局、铜元局、签捐总局、织布局、纺纱局等有较大赢利的省属官有企业。虽然这些机构没有财政分配权，但其资金不入善后局。张之洞常常通过命令，不经过善后局，让这些机构直接将资金拨往其他单位①，因而这些机构实际上也具有财政执行机关的属性。

2. 改革湖北厘金制度

咸丰年间，为镇压太平天国起义，在扬州帮办军务的副都御史雷以諴采幕客钱江的建议，对除洋货以外的过往商品和落地销售商品开征厘金（一两银之百分之一为"厘"）。前者相当于通过税，后者相当于交易税。很快，该项临时捐税便成为全国性的常税。因没有统一的税则，各地各级政府乃至各路军队均可自设厘卡，不受财政部门的监督。不仅"局卡繁密"，商民百货有重复征收之苦，更加以"司巡苛暴，查验则到处留难"。税率实则任意，"浮费则有加无已。以致商利日薄，民生日艰"②，成为晚清最著名的恶政之一。

张之洞洞悉其弊，主要从强化地方官对厘局的监督、禁止各级政府官员荐引征税人员以及以统捐代替厘金等三方面改革旧的厘金制度。

（1）赋予州县官员对厘金征收机构的监督权。各省厘金征收机构（称厘金局、牙厘局、厘捐局、税厘局等）通常为省府设立的垂直机构，厘务均由厘金机构总办负责。同治元年（1862年）九月，御史丁绍周奏请裁革厘金征收机构，将厘金征收改交州县办理。同治二年（1863年），在湖北巡抚严树森奏请下，湖北厘金征收"仍照旧章，勿庸改归地方官办理"③。由于"向来地方官无预此事"，至"司巡蒙蔽、委员侵蚀"，而"省城遥远，耳目难周"。张之洞积其在两广总督任上整顿厘金制度的经验，于光绪二十三年（1897年）四月十日向朝廷上奏，认为减少征收人员舞弊，"惟有责成地方官稽查一法，尚可维系检制"，因而"相应请旨，着为定章，将湖北通省厘金责令局卡所在地方官认真稽查，其在何州县之境内者即责成该州县，

---

① 参见《札签捐总局划拨银十万两解充各学堂工程经费》（光绪二十八年八月初九日），载《张之洞全集》第六册，武汉出版社2008年版，第428页。

② 《改办统捐示（附单）》（光绪三十一年五月十五日），载《张之洞全集》第七册，武汉出版社2008年版，第266页。

③ 民国《湖北通志》卷50"经政（八）·权税·厘金捐输"，台北华文书局1967年版，第1191、1192页。

其在局卡与道府治所相距甚近者,并责成该道府一体稽查。如该局卡有贿卖司事、巡厅,侵蚀虚报,苛勒留难等弊,即行据实禀报督抚、藩司及牙厘总局,以凭参办"①,随折附有相关章程。五月三日,皇帝批准了这一奏请及章程。六月二十日,张之洞"通饬各该管道十府一直隶州转饬各州县一体遵照……转饬各局卡一体遵照,按月开具收数,比较简明清册与报总局之册式样,一律送地方官备查"②。对这一监督制度的创制,民国学者罗玉东如是评价:"张氏所拟办法,颇值得通行各省,惟当时上谕仅允该督所请,未思普及,实无深虑。"③

(2) 禁止各级政府官员荐引征税人员。张之洞认为"厘金短少、中饱之弊,固由(牙厘)局员不能廉洁奉公,而兼在司事、巡丁舞弊把持,局员亦无可如何。向来恶习,每委一厘差,即有上司各衙门及牙厘局总办暨各道府各上司幕友,勒荐司事、巡丁,不容不收,且言定必须委派要差,局员禁不能禁,撤不敢撤,以致任意侵蚀,肆行无忌,甚至大局司事每年进项有至巨款者",因此,"整顿厘金,惟禁荐司事、巡丁一端,尤为切要"。光绪二十四年八月十四日,张之洞以总督府名义向湖北牙厘局发布命令,"嗣后自本衙门起,以至现任司道各府牙厘总局暨候补道府等员,以至各衙门幕友,一概不准荐引司事、巡丁,均由各局员自择妥实可靠之人充当司事,以便严行考查。倘仍有荐引司事、巡丁者,各局员尽可不理。如外荐已收之人办事不妥者,即行驱逐"④。札文要求湖北布政使司、按察使司分别移行各道府暨在省各局一体遵行。

(3) 改厘金为统捐。晚清厘金均为各地方政府开设,因而货物通过各地时,常常被重复征课,再加上由于国家缺乏统一的征厘机构的组织法规、征收程序与征收标准,故各地征吏役巧立名目,刻剥商民。为统一厘金征收法制,光绪二十九年(1903 年),护理江西巡抚柯逢时最先奏请江西厘金改办统捐。随后,户部奏请各省筹办百货统捐,湖北成为积极响应的少数省

---

① 《整顿厘金折》,载《张之洞全集》第三册,武汉出版社 2008 年版,第 424 页。
② 《札北牙厘局转饬各局卡整顿厘金》(光绪二十三年六月二十日),载《张之洞全集》第六册,武汉出版社 2008 年版,第 65 页。
③ 罗玉东:《中国厘金史》,商务印书馆 2010 年版,第 56 页。
④ 《札北牙厘局通饬认真整顿厘金、禁荐司事巡丁》(光绪二十四年八月十四日),载《张之洞全集》第六册,武汉出版社 2008 年版,第 166 页。

第四章 张之洞督鄂时期武汉法秩序的转型（1889—1907 年）（下）

份之一①。光绪三十一年（1905 年）五月十五日，张之洞发布《改办统捐示》及《统捐章程》十条②，对湖北境内包括武汉地区的厘金制度进行了重大改革，自五月二十日实施。

减少湖北省内厘卡。湖北境内厘金局、卡共四十九个，该告示取消了其中的二十六局与三卡，仅保留二十一局。其被撤销的局、卡以武汉地区为最多，计有鲶鱼套、法泗洲、黄陵矶、湘口、坪坊、黄花涝、县河口、黄陂县八局及下新河、宗关、沌口三卡，占被撤局、卡总数的近40%。

厘金与专门税分开征收。鹦鹉洲竹木捐、长江埠土布捐、河溶丝捐、应城石膏捐、黄石港石料捐、安陆船捐，各有专门捐税项目，不抽百货厘金。原河溶、应城、黄石港三局向来兼抽百货者，俱行停免。

所有商品在湖北境内仅征一次厘金。所有全省原厘金改为统捐，其征收章程，分为三项：凡外省客货，于入境第一卡征收。凡本省土货，由产地运出内河入长江河口第一卡征收（计有金口、沙口、樊口之南卡、鹅公颈、富池口、蔡甸、清滩口、沌口，其中金口、蔡甸、樊口、沌口均属今武汉地区）。凡在本省销售落地之货，于其所经过的最大市镇征收。以后转运他处，除经过各局应补属通过税的统捐外，该货行抵转运销售之地，其落地捐概不重征。但一次性征收数应"计其指运地方沿途经过几局卡，将向章应完厘数合并计算"，并没有减少厘金总额，只是在原有数额上"概不加增"。由于执法较严，"沿途查验留难、节次索扰蠲除净尽"，因而"试办数月以来，商民欢悦，事机颇顺"③。厘金改统捐后，征收总额虽然并没有减少，但减少了征收环节。时任日本驻汉口领事水野幸吉评论说，该项改革"减少了收税官员，节约了开支，此乃一举两得之事。目前此项改革仅限于湖北一省，想必将来中国各省都会效仿之，湖北省可以称其为厘金改革之先驱"④。

3. 增设其他各种税、捐

依光绪《大清会典事例》，国家法定的税收有如下几项：田赋、盐课、

---

① 罗玉东：《中国厘金史》，商务印书馆 2010 年版，第 304、305、306 页。
② 《改办统捐示（附单）》（光绪三十一年五月十五日），载《张之洞全集》第七册，武汉出版社 2008 年版，第 266、267 页。
③ 《裁撤厘金局卡试办统捐辑折》（光绪三十一年八月三十日），载《张之洞全集》第四册，武汉出版社 2008 年版，第 240 页。
④ ［日］水野幸吉：《中国中部事情：汉口》，武德庆译，武汉出版社 2014 年版，第 237 页。

关税、厘税和杂赋。其中，杂赋包括芦课、茶课、矿课、鱼课、田房契税、牙帖商行当铺税、落地牛马猪羊等项①。晚清时期，清廷内外交困，财需孔亟，不断向地方政府摊派，允许乃至鼓励地方政府在法定税种之外，新增各种税源。地方政府为了举办洋务，亦必须新增各种捐税。张之洞督鄂期间，在湖北等地开征了许多新的税、捐种类。依《晚清财政说明书（湖北）》的统计，张之洞时代湖北新增税捐种类有土膏行捐、契税附加、烟酒糖税、火车捐、百货一文捐、筹防捐、烟酒糖捐、洋油捐、加抽杂粮牛皮捐、附储备捐、两湖赈枭捐、行捐、质当捐、铺捐②等。其中，属武昌、汉阳、汉口地区特有的捐税有江工捐、房捐、车捐；为汉口所特有的捐有商捐、猪市捐、钱业牌照捐、号防团防捐、轮渡捐、戏园乐户捐、市廛捐等③。此外，为供给两湖书院经费，张之洞在汉口开办了茶捐，后经茶商向皇帝诉请才予废除，已在本章第二节"近代教育制度的建立及其影响"中论及。

无论是湖北地方税捐还是武汉地方税捐，均由总督开征，但必须报请皇帝批准。

（二）首创彩票官办制度

《大清律例》规定："凡赌博，不分兵民，俱枷号两个月，杖一百；官员有犯，革职枷责，不准折赎。"彩票业起自西方，其本质就是赌博。因此，当19世纪60年代，西班牙殖民者在菲律宾发行的"吕宋票一入中国，立遭禁止"。1899年，两江总督刘坤一以赈济淮、徐、海水灾名义批准上海广济公司发行"江南票全称江南义赈票"，并赋予其垄断发行六年的专利。这是中国官方首次批准发行彩票，"清朝禁赌法令因两江总督对广济的护驾撕裂了一大缺口，从此彩票在中国合法化了"④。此后，上海租界以及直隶等地方政府先后批准发行了彩票。

---

① 参见光绪《大清会典事例》卷160—178、221—231、234—241、242、243—247。
② 参见陈锋主编：《晚清财政说明书》第六卷，湖北人民出版社2013年版，第389、393、394、397、399、400、401、402、403、404页。《晚清财政说明书》将房铺捐合为一种捐，并认为铺捐于光绪二十九年始征于汉口，"光绪三十一年奏定，饬由沙市、宜昌、樊城、老河口"征收，但实际上，铺捐于咸丰年间即有征收，光绪二十六年重立新章征收。参见《批司局会详酌拟开办铺捐章程》（光绪二十六年十二月初八日），载《张之洞全集》第七册，武汉出版社2008年版，第210页。
③ 参见陈锋主编：《晚清财政说明书》第六卷，湖北人民出版社2013年版，第401、404、405、406页。
④ 闵杰：《论清末彩票》，《近代史研究》2000年第2期，第14页。

第四章 张之洞督鄂时期武汉法秩序的转型（1889—1907年）（下）

1901年《辛丑条约》签订后，庚子巨额赔款部分由国家盐税、关税和常关税作抵押，部分则由户部制定加抽税捐的办法分摊给东北以外各省。张之洞本拟以加征田捐、厘金和百货，但巡抚端方担心加税会有碍商情、民生而引起民心不稳，曾任两广总督对赌博活动"驰禁济饷"的张之洞自然想到了博彩业，于是在湖北发行捐款彩票——签捐票或富签票。

最先试办签捐票发行的是黄冈县而非武汉。1901年11月初黄冈县首印签捐票6000张，寄到武汉各商家试销，最终却因舞弊和强制推销而失败。光绪二十七年十二月二日（1902年1月11日），张之洞正式奏请朝廷："湖北武汉等处地方近年盛行各种彩票……屡饬禁止……防不胜防，查不胜查。计每年输出之货为数甚巨，实为鄂省一大漏卮。查此时筹集赔款尤分为难……而限期急迫，谕旨森严。臣等与司道各官焦灼万分，因思各种彩票林立，既已禁阻无从，则与其坐听销流，徒滋外耗，不若因势利导，自保利源……兹拟仿照各省成案，由鄂省自设签捐票，在汉口地方招选妥实商人试办，并于繁盛通达各州县，体察民情酌量试办。其所收之款，即以凑补赔款之用……除札委江汉关道岑春蓂、奏调差委广东候补道王秉恩，会同江汉关、税务司，参酌各省章程，将签捐票妥筹举办。"由于清政府急需赔偿，因而很快就批准"着先行试办"[①]。

最先成立的办理签捐票的机构为湖北善后局签捐所[②]，其主要负责人为岑春蓂、王秉恩等。与之前各地彩票业官督商办体制不同的是，湖北实行完全官办，其发行方法既有行政强制摊派，亦有官销。在湖北省内，以强制摊派为主。"为确保销售，张之洞命全省各府州县建立彩票承销网点，又令各地将彩票的销售情况列入当年地方官的政绩考核。湖北签捐票成为中国第一个官方直接经营的彩票"。"在城市，签捐'不独按店挨售，凡光景稍丰者，差役必强令多购数张，违则架词拘入衙门'；在乡间，'有勒令绅士认销，由绅士劝派乡民购买之事，又有差役送票收钱籍端需索之事'"[③]。更有甚者，据《中外日报》报道称："闻湖北文武各官俸银现已改章，一半给银，

[①] 《试办签捐票片》（光绪二十七年十二月初二日），载《张之洞全集》第四册，武汉出版社2008年版，第49页。

[②] 《酌改州县签捐为赔款捐折》（光绪二十八年九月二十四日），载《张之洞全集》第四册，武汉出版社2008年版，第71页。

[③] 闵杰：《论清末彩票》，《近代史研究》2000年第2期，第32页。

一半给彩票,各衙门各种衙署发放书吏工食亦照此办理,银、票两给。闻营兵月饷初亦拟半给以票,而各兵以营规不准赌博请仍给银,故未将票搭放。并有某县令以所领彩票未能售完,即出示劝谕百姓购置彩票,而该县所辖境内亦有耶稣教民若干,官将彩票交一华教士嘱其转售于各教民。"① 在省外,则完全实行自由销售。

其发行的签捐彩票至少有三种:"奏办湖北签捐彩票"(又称"湖北大票")、"奏办湖北签捐副票"和"奏办湖北州县签捐彩票"②。由于州县穷困,"乡僻难以遍谕,不免意存观望,至形滞销",尤其是强行摊派,致民众反感,因而张之洞不得不于光绪二十八年(1903年)九月二十五日奏请"将签捐停办,另饬州县就地抽捐以为抵补……此项捐输即改名为赔款捐"③,以新捐名目强制征收。但实际上"湖北签捐彩票"一直继续发行,原属善后局的签捐所独立为湖北签捐总局,武汉地区设有武昌、汉口、汉阳等签捐局④。至"辛亥革命爆发,奏办湖北签捐彩票大约发行 117 期"。光绪三十四年(1908年)十一月开始,陈夔龙任湖广总督期间,湖北又发行"奏办湖北签捐副票",到辛亥革命爆发前,该票大约发行 34 期。"后来,这类官办彩票陆续推广到全国诸多省份"⑤。湖北签捐票"事事以官法部勒之,而局面为之一变",因为"以总督司道代办其事,以示郑重。翎顶辉煌,冠棠璀璨,遂令若辈骤增身价焉"⑥。其信誉稍优于商销,但官办签捐无法杜绝舞弊。据《申报》报道,以县令之资格担任湖北省签捐彩票局管票委员的吴钟銮,"狂嫖如故,盖其同游者多系批售彩票商人,有意结吴欢心以拖欠票价也。而吴以拮据之故亦不免与票商勾串舞弊,亏空累累。讵昨为该局总办卞道綍昌查知,据情禀揭,当奉督谕饬,将该令发交江夏县看管

---

① 《论湖北捐票事》,载《中外日报》1902 年 4 月 8 日。转引自刘力:《中国近代官办彩票业起源研究——以湖北签捐票为中心》,《武汉大学学报(人文科学版)》2012 年第 7 期,第 37 页。

② 《酌改州县签捐为赔偿捐折》(光绪二十八年九月二十四日),载《张之洞全集》第四册,武汉出版社 2008 年版,第 72 页。

③ 《酌改州县签捐为赔偿捐折》(光绪二十八年九月二十四日),载《张之洞全集》第四册,武汉出版社 2008 年版,第 72 页。

④ 《札签捐局划拨银十万两解充各学堂工程经费》(光绪二十八年八月初九日),载《张之洞全集》第六册,武汉出版社 2008 年版,第 429 页。

⑤ 参见张或定、张哨峰、张劲峰:《中国最早的官办彩票——"奏办湖北签捐彩票"》,《江苏钱币》2014 年第 2 期。

⑥ 徐珂:《清稗类钞》"赌博类"第 10 册,中华书局 1986 年版,第 4893 页。

第四章　张之洞督鄂时期武汉法秩序的转型（1889—1907年）（下）

限一个月，将经手票商欠款催缴齐全。否则惟该令是问"①。

（三）改革汉口牙帖查验制度

晚清牙帖的有效期是六十年，已经是很长的了，但还是有很多牙商要么不愿意去再花钱重新办理牙帖，要么是没有牙帖的商人购买废旧的牙帖来经营牙商。因此，地方官会派人去市场查验牙帖，但法律并未规定查验频次及查验费用。按汉口地方惯例，查验牙帖每年一次，查验费自然是由牙行商人负担。"每帖出验，费银少则二两，多至三两。近更每年查验两次，验费亦倍于从前"。究其原因在于，地方官员属下许多佐贰微员，终年无所事事，亦甚少收入，地方官派他们去市场查验牙帖，"姑以此等例差为调剂贫员之计，彼佐贰微员亦明知上宪之为调剂计也"，也就是送给他们敲诈勒索的机会。

被委差员"一奉札委，即欣然就道，既抵县境，与百里贤侯觌面殷勤，具述来意。县令以其为上宪所委，必曲予周全，优加款待，茶罢兴辞，立即排导鸣驺，赴舟次答拜。由是而舟从有费、折席有费、戋戋微物，聊尽下邑之忱，此等出自县令之馈赠耳。至若正经费用，则由门攻商之房书，检查旧册，按数馈送。仅有先行垫付，再责成各行首事按店摊派者。委员不过在县治泊舟数日，腰缠已饱，即行回郡销差。虽未能大畅其欲，然不劳而获，安然坐享，较之打秋风、说人情者，其难易正不可以道里计。其或委员嫌所馈不丰，坚欲赴各乡镇逐一查验，则挈经承差役以偕行。一叶轻舟，破浪冲波而去，数名皂隶扬威耀武而来，既抵其镇，则拜会董事，讲论规费，至再至三，而后得遂所愿以去"。有鉴于此，光绪二十年（1894年）九月，"汉口八大行会，同公禀求汉阳府沈太守施恩体恤，验帖不必过繁，验费大加裁汰。经太守批示，此后诸行部帖皆准八年一验，屈指算之，验费较前二十分中减去十七八"②。

（四）减轻江夏、汉阳两首县额外财政负担

与以前各代一样，清代于各种正税之外，亦有各色名目的陋规附加，作为各级政府的财政补贴和官员灰色收入，被称为"羡余"。以清廉著名的张之洞在山西巡抚和两广总督任内，严禁此陋规附加，财政不足之款，"均经

---

① 《嫖界天罡又弱一个》，《申报》1911年8月7日（宣统三年闰六月十三日）。
② 《字林沪报》光绪二十年九月初九日《论查帖》，载彭泽益主编：《中国工商行会史料集》（下），中华书局1995年版，第758、759页。

奏明另筹闲款抵补"。但"鄂省库储支绌，无款可筹，两院、司道各署到任及常年工程役食，及置备官物等费，向皆取皆于江夏、汉阳两县，供支既繁，扰累无底，实非政体"。为解决江夏、汉阳两县负担不公，张之洞饬谕两县筹议公平负担办法。经两县商议、张之洞于光绪十六年（1890年）闰二月十三日批准，"于通省上缺、中缺之四十四州县，分别等差，酌提税羡银一万两，复提江夏漕羡银四千两，并拨还厘局申款津贴银二千两，再于善后局商捐项下酌拨银二千两，共银一万八千两，为省会各署到任及常年供支之需"。"从此江、汉两县供支浮费概予删除，自不得以右累借口，膜视地方政务，于吏治官方不无裨益。至所拟分别提解数目，及借支各章程是否允协，应如何派员经理收支，及各州县应如何提解，不令拖欠，暨学院衙门供支应如何一并妥议之处，仰北布、按二司会同粮、盐二道，善后、牙厘各局，分析妥议，详侯核定，奏咨办理。仍候抚部院批示"①。

六、交通管理制度的建立

（一）铁路交通建设体制

武汉作为长江航运枢纽、国际贸易中心，具有极为重要的经济战略地位。由于张之洞力主修筑芦汉铁路，清政府便将张之洞由两广总督调任为湖广总督，主持芦汉铁路南段的修筑。可以说，主持芦汉铁路南段建设是张之洞主政湖北最核心的任务，开办汉阳铁厂、设立诸多近代化国有工业企业就是为这一任务服务的。1896年，粤、鄂、湘三省绅商提出修建粤汉铁路，继而张之洞与四川绅商提出修建川汉铁路。无论芦汉、粤汉还是川汉铁路，其建设均以汉口为起始点。因此，张之洞以武汉为中心建立的铁路交通体制，是中国近代铁路交通建设体制的重要组成部分。

1. 官督商办的芦汉铁路建设体制

光绪二十一年（1895年）十月，清廷"明降谕旨，各省富商如有集股在千万两以上者，准其设立公司，自行兴办"。光绪二十二年（1896年）三月十二日上谕："芦汉铁路关系重要，提款官办万不能行，惟有商人承办，官为督率，以冀速成。王文韶（时任直隶总督——引者注）、张之洞，均系本辖之境，即着责成该督等会同办理。"该上谕"以官督商办为指归，以不

---

① 《批江、汉两县禀遵议供支章程》（光绪十六年闰二月十三日），载《张之洞全集》第七册，武汉出版社2008年版，第92页。

第四章　张之洞督鄂时期武汉法秩序的转型（1889—1907年）（下）

入洋股为要义"。

光绪二十二年七月二十五日，张之洞与王文韶会奏《芦汉铁路商办难成另筹办法折》，认为"干路必不可缓，洋股必不可恃，华股必不能足"，"惟有暂借洋债造路，陆续招股分还洋债之一策，集事较易，流弊较少"；借款方式应为商借，"合南北铁路为一局"，成立商办"芦汉铁路招商公司，先派盛宣怀为总理"，以公司名义招股并借洋款，政府"专设大员，官督商办"。清廷批准了这一建议，并"仍着王文韶、张之洞督率兴作"[1]。"九月上谕，直隶津海关道盛宣怀着开缺，以四品京堂候补，督办铁路公司"[2]。铁路公司全称为"大清铁路总公司"，设于上海。"二十三年，在汉口工次筹办汉口以北勘路、购地各事"，1897年，大清铁路总公司与大比（利时）银行工厂合股公司订立《芦汉铁路借款合同》，向比利时方借款450万镑，20年还清，以芦汉铁路及一切属于该铁路之物作保。铁路由河北、湖北两省分段动工。"1898年5月，汉口玉带门至滠口段长23.5公里线路竣工，1902年汉口到河南信阳路段建成通车"。"京汉铁路通车以后，汉口市区建立了江岸、大智门、循礼门和玉带门等4个车站"[3]。

2. 从官督商办到官借洋款、国有国营——粤汉、川汉铁路建设体制

光绪二十三年（1897年），粤、湘、鄂三省绅商联名吁请三省督抚及督办铁路大臣盛宣怀，要求招集华股兴办粤汉铁路。光绪二十四年（1898年）正月五日，张之洞与盛宣怀会奏，"请饬下两广总督、广东、湖南、湖北抚臣，与臣等随时会商妥议，招集华股，酌借洋债，并选举各省绅商，设立分局，购地鸠工，认真办理"[4]，似拟采用官督商办。同月上谕同意了这一奏请。但"数年以来，湖北虽已设立官局，招集民股，而应者寥寥。湖南向由绅办公司经理，亦未筹有巨款。始知两湖商民，财力不厚，如任商民自行筹办，断难早日观成。然路长款巨，又不能不议外款"[5]。

---

[1]《芦汉铁路商办难成另筹办法折》（光绪二十二年七月二十五日），载《张之洞全集》第三册，武汉出版社2008年版，第388—391页。

[2]《光绪东华录》（七）"光绪二十二年九月丙午"，中华书局1960年版，第3870页。

[3] 皮明庥、邹进文：《武汉通史·晚清卷》（上），武汉出版社2006年版，第280、281页。

[4]《粤汉铁路紧要三省绅商吁请通力合作以保利权折》（光绪二十四年正月初五），载《张之洞全集》第三册，武汉出版社2008年版，第465页。

[5]《湘鄂两省铁路请永远之官商合办折》（定稿未奏），载《张之洞全集》第四册，武汉出版社2008年版，第343页。

由于按约借款并承包筑路的美国公司违约，张之洞支持三省绅商废除与美国公司的合约，将承包权收回。1905年，粤汉铁路的修筑权被收回。筑路权被收回后，三省绅商主张自行集股商办，但张之洞仍主张官督商办。光绪三十二年（1906年）十一月二十七日，张之洞向朝廷呈奏，主张官督商办，可由商股选举各省铁路公司总理、协理，并明确了官商权责："官督商办之要义，大率不过两端，权限必须分明，而维护必须同心。商无权则无人入股，官无权则隐患无穷。盖既名公司，则事权全在股东，股多者权重，股少者权轻。无论官款、寺方公款、本省绅商军民所入之款、外省人所入之款，皆以股东论。所谓权者，用人用财及一切买地购料雇工，凡计费筹款管理出纳之事，皆以股东公议为定，此商之权也，皆关于铁路资本利息盈绌之事也。到地段之宜与不宜，公司所办之事其与法律合与不合，以及铁路与地方他项民业商业有关涉之事，此省与他省有关涉之事，皆由官通筹而裁断之。将来德国章程，有应限制者，有应防禁者，有应变通减价者，则由官按照国家法律，各国铁路通规，合之本省地势商情，酌采而施行之，此官之权也，皆关于治理安然之事也。官虽不干预其银款，而用款必须报知。官虽不干预其用人，而所用之人有不合礼法者，官亦可令公司撤换。商权官断不侵，官权商亦不抗，乃能相济而成功"。同时，张之洞还主张明定商办铁路章程，"俟开车三十年后，即由官备价收买归之国家。但只收一半，其一半商股仍存其中不动。从此再历数千百年，断不再行收买，是永远股本，官商各半，利息亦官商各半"①。

光绪二十九年（1903年），四川总督锡良奏请设立商办川汉铁路公司②。光绪三十四年（1908年）"六月、十二月，（张之洞）先后奉旨筹办粤汉铁路及鄂境川汉铁路"③。光绪三十一年（1905年）九、十两月，张之洞遂先后咨商两广督抚、湖南巡抚及四川总督，"就湖北省城旧洋务局设立粤汉铁路总局"和"川汉铁路总局"，"派委湖北藩、臬两司充该局总办"，

---

① 《湘路商办窒碍难行应定为官督商办并举总理协理折》、《请将商办铁路定章三十年后由官收买》（光绪三十二年十一月二十七日），载《张之洞全集》第四册，武汉出版社2008年版，第292—295、295、296页。

② 参见《四川总督锡良奏请自设川汉铁路公司折》（光绪二十九年闰五月十七日），载戴执礼编：《四川保路运动史料》，科学出版社1959年版，第1页。

③ 《湘鄂两省铁路请永远之官商合办折》（定稿未奏），载《张之洞全集》第四册，武汉出版社2008年版，第343页。

第四章　张之洞督鄂时期武汉法秩序的转型（1889—1907年）（下）

"先为鄂计，兼为湘粤（川）计，不得偏重一省，务须同平允可行"①。

鉴于"两湖商民，财力不厚"，张之洞为迎合朝廷将铁路收归国有的意图，于宣统元年（1909年）主张"两湖境内粤汉、川汉铁路款项，决意由官借款兴修，以期速效"。其具体办法是借款成立"第十年后，国家清还借款之时，准令三省绅商，自集成本，将此项股票拨与一半，任其收回"，"建筑未成期内，一切用人理财诸大端，自应统由官局主持。其原有公司，仍应并存，即责成派定之总协理专任筹款招股，随时解交官局，集成巨款，为民款一半地步。凡已入之民股，及陆续如入之民股，由官局按年发给官息六厘。官股亦由官局发给官息六厘"②。此奏虽未发出，但反映了张之洞对商办铁路体制的不信任。

1911年5月9日，清政府为了向四国银行团借款，在邮传大臣盛宣怀的策动下，宣布"铁路国有"，将官督商办的川汉、粤汉铁路收归国有，间接促成了清政府的灭亡。直到清政府覆亡，粤汉、川汉铁路仍然未能建成。

（二）航运体制

开埠前，武汉地区的航运分为沿江运输与横江摆渡，均使用木船，除漕运与盐运外，完全实行商办体制。1861年5月，汉口正式开埠仅两个月，美国的一家轮船公司就开辟了上海至汉口的航线。1873年，上海的轮船招商局也在汉口设立分局。前者是最早进入武汉地区的外国轮船公司，属完全的商办体制；后者则是最早进入武汉的本国轮船公司，属官督商办体制。1889年，张之洞从广东调任湖北，奏调了广东的"广昌"号兵轮入鄂，改名"楚材轮"，隶属于铁政局，完全为官有官用体制。此后，轮船逐渐取代木船，成为武汉地区沿江航运与渡江运输的主要交通工具。

1895年《马关条约》签订后，"上谕饬准于苏、杭行驶轮船，稍挽利权。淮、扬继之，江西又继之"③。1896年，湖南绅士熊希等即向张之洞呈递了建立两湖轮船局的报告，但未获得批准。光绪二十四年（1898年），总

---

① 《咨两广督抚、湖南抚院就鄂省设粤汉铁路总局》（光绪三十一年九月二十八日）、《咨四川督院就鄂省设川汉铁路总局》，载《张之洞全集》第六册，武汉出版社2008年版，第473、474页。
② 《湘鄂两省铁路请永远之官商合办折》（定稿未奏），载《张之洞全集》第四册，武汉出版社2008年版，第343页。
③ 《咨南抚院湘绅王先谦等请办湖南内河小火轮船一案》（光绪二十三年三月二十七日），载《张之洞全集》第六册，武汉出版社2008年版，第26页。

理各国事务衙门批准,"通商分省所有内河,无论华商、洋商,均准驶行小轮船"。因关涉海关,故在邮传部设立之前,航运管理事务均由总理衙门及税务司负责。根据总税务司拟定的章程,"凡有赴关领小轮船之船牌者,除官办之船内毋庸缴费外,其余均应缴纳牌费"。于是各地内河轮航运得以举办。

1. 官督绅办的湘鄂两省轮船航运体制

光绪二十三年（1897年）,湖南巡抚向湖广总督发来咨文,拟商请张之洞批准湖南绅士王先谦等"请由官督绅办,置备内河浅水轮船,专拖矿产,兼搭行客等船",试办航运往来湘鄂。三月二十七日,张之洞回复说,"既系官督绅办,专运矿产,又兼利涉重湖,不拖别项货物,他人不至借口,自可准其举办,惟此项轮船必须统归南善后局管辖,作为善后局官轮,官督绅办,不涉商人之事,庶他商不至觊觎",应"由江汉关给发船照,以凭稽核,方准驶来汉口"。为湘鄂两省公平分润轮船航运利益,张之洞同时建议"所有湘省共备小轮若干艘来鄂,应即禀定数目,亦准湖北绅士照湘省小轮数目制备,作为鄂省善后局官轮,驶行赴湘,所拖之物及搭载行客,均同一律,俾两省绅民同沾利益,以昭公允"[①]。"8月,两省绅士经过多次磋商,通过了《鄂湘善后轮船局会办章程》和《招股章程》,各推举董事3人,主持集股、造船、用人诸事"[②]。绅为集股,官不出本,但对航运船只及事务享有行政管辖权。此所谓官督绅办,实际上是一种介于完全官办与特殊的官督商办之间的畸形体制。

2. 商办的沿江轮船航运体制

光绪二十四年（1898年）闰三月,张之洞首先应前陕西候补道、湖北绅士黄嗣东的请求,同意其成立"两湖官轮北局",与湖南的"两湖官轮北局"共同举办湘鄂两省的内河轮船航运,并委派黄嗣东总司湖北行轮事宜。隶属于湖北省府的"楚宝、楚威二轮,系专为官用之船,差务繁多,未便久作贸易之事,应准借给半年,先行试办"[③]。"事归官督,即属官轮,照例

[①]《咨南抚院湘绅王先谦等请办湖南内河小火轮船一案》（光绪二十三年三月二十七日）,载《张之洞全集》第六册,武汉出版社2008年版,第26、27页。

[②] 皮明庥、邹进文主编:《武汉通史·晚清卷》（上）,武汉出版社2006年版,第289页。

[③]《批鄂绅黄嗣东禀遵拟内河行轮章程》（光绪二十四年闰三月）,载《张之洞全集》第七册,武汉出版社2008年版,第195页。

报明关道,请领牌照,毋庸缴费",名曰亦官轮局,其运营体制当为完全官办。五月二十九日,张之洞札饬,依总理衙门现行章,"前南北两省所议章程,均毋庸议。既不必官督绅办,所有该绅自行刊用之关防,不应再为行用,亦毋再用委办字样"。"照保护通行商轮民船一律办理"①。在武汉地区的轮船航运遂由官督绅办改为官督商办。

武汉三镇之间的过江横渡,在采用机动轮渡的同时,仍保留了大量的木制渡船,均实行完全的商办体制。因其属于市内公共交通制度,故置于第四章第三节"市政公共建设与公共服务制度创新"中论述。

七、商业行政管理机构及其职权

无论是儒家还是法家,对商业尤其是私营商业均主张限制、抑制与歧视,故中国古代的中央政府没有设立专门的商业管理机构,关于商业事务归于户部管理,其在商业管理法律制度上多实行抑商、征商之政,或视其为钱粮细故而采取所谓"官有政法,民有私约"的消极态度而不予立法。鸦片战争尤其甲午战争以来,兴商、保商、制定商法成为中国社会的共识。在督鄂期间,张之洞在其权力范围之内,对武汉地区的商业行政管理亦多有创设。

(一) 在汉口创设商务公所

光绪二十四年(1898年)三月二日,张之洞饬令江汉关道,于汉口创设商务公所,"预备宽敞明亮之屋,将以上各种货物分别陈列,标明出产地方、价值、运本,并饬各帮大商公举董事数人,禀派入局,协同经理,随时会讲。并邀集素有阅历之行商坐贾,比较物产之精粗,工艺之优劣,考求采制新法,配用合宜,俾剀切劝勉,以期日出日广,日造日精,民生藉以宽舒,地方益致繁盛。此系依照外洋劝工场办法,既所以兴商业,亦所以勉工艺。其应如何相机推广,筹本集股,购制运销,统由商人自筹自办,官不预闻"②。此商务公所,之所以名之"公所",意为商人之商务交流组织,非政府机构。

---

① 《札行黄嗣东禀筹办鄂省行轮章程并定期行轮请饬县营照料稽查》(光绪二十四年五月二十九日),载《张之洞全集》第六册,武汉出版社2008年版,第141页。

② 《札江汉关道开办汉口商务公所》(光绪二十四年三月初二日),载《张之洞全集》第六册,武汉出版社2008年版,第117页。

（二）汉口商务总局

1. 汉口商务总局的成立

早在光绪二十二年（1896年）正月五日，时任两江总督的张之洞就在南京、上海、苏州、镇江、南通等地设立商务局，以保护商人、商业为宗旨。"无论何种商务，凡商人于创造营运各节遇有为难之时，必须官为保护"①。这应该是近代最早设立的工商行政管理机构。

光绪二十四年（1898年）六月七日上谕："先就沿海、沿江，如上海、汉口一带……着刘坤一、张之洞拣派通达商务，明白公正之员绅，试办商务局事宜。"② 十九日，廷寄上谕，"令于上海、汉口设商务局，饬江督刘与张之洞拣选员绅试办，慎选有人，即行具奏"。张之洞即于七月十八日请总理各国事务衙门代奏《奏陈汉口筹办商务局事》，拟委道员王秉恩，并电奏调江苏候补道程仪洛，会同总理汉口商务局③。八月八日，张之洞呈奏《汉口试办商务局酌拟办法折》，条陈了汉口商务总局"所有应办之事"，作为该局的暂行章程。"前经奏设之劝工劝商局归并此局之内"④。汉口商务总局成立五年之后，清政府才在中央设立商部。

2. 汉口商务总局的管辖范围

张之洞关于汉口商务总局的各奏折中，均未明确汉口商务总局的管辖范围。汉口商务总局虽以"汉口"为地名，但因其由湖北省委任，其总办职衔为道员，可以推断其管辖范围应为湖北省境。从《湖北商务报》刊载的汉口商务总局公牍来看，汉口商务总局对湖北全省的商业事务均有管辖权。因其总办职衔为道员，因而汉口商务总局在商业管理事务方面，有权以"札饬"的形式向全省各地州县长官发布行政指令。

3. 汉口商务总局的职能与职权

光绪二十四年（1898年）八月八日，张之洞在向皇帝的陈奏中确定商务总局的八项职能：一曰启发。凡商报、商会、商学皆系启发之事。二曰倡导。官筹本若干，并借商款若干，先设数厂，令其观感，见有成交，自知仿

---

① 《筹设商务局片》（光绪二十二年正月初五日），载《张之洞全集》第三册，武汉出版社2008年版，第360页。
② 《汉口试办商务局酌拟办法折》，载《张之洞全集》第三册，武汉出版社2008年版，第505页。
③ 参见《奏陈汉口筹办商务局事》（光绪二十四年七月十八日），载《张之洞全集》第四册，武汉出版社2008年版，第470页。
④ 《汉口试办商务局酌拟办法折》，载《张之洞全集》第三册，武汉出版社2008年版，第505页。

第四章 张之洞督鄂时期武汉法秩序的转型（1889—1907年）（下）

行，或代为访求制造之法，及需用何项机器，以为之倡。三曰合力。商务必集公司方能大举。四曰塞漏。与洋商合办，既免占我全利，并可学其工艺。五曰祛除假冒伪恶习，明定赏罚，以示惩戒。六曰保护。对有倒闭之虞之企业，官为访察防护；既倒企业，官为严追惩办，并宣布破产，使远近咸知，以后永远不准更名充商贸易。七曰体恤商人。严禁税关厘卡留难需索，减免税收。八曰奖励于商务有成效之人①。

上述八项职能非常广泛，因而汉口商务总局的职权亦非常广泛：

（1）对湖北的商人、商人组织以及商报、商学享有行政管理权。汉口商务总局成立后，汉口及其湖北省其他州县的商人同业组织均由商务总局管理。1907年6月，"湖南常岳一带所产青茶颇能合外人之用，出口之数亦逐渐增涨，故该商董曹桐城特禀设立青茶公所，拟就条规多则已经商务总局核准立案，札饬地方官保护矣"②。所有与商业有关的事务，如商品与工业技术的推广、长江上下游各省的商业联络、中外企业的合资、商业"专利"（垄断经营）的审批、对商税的减免、对商业活动的奖励等，汉口商务总局均享有对其的行政管理权。

到1904年为止，汉口商务总局负责管理湖北省各州县土产陈列所、《湖北商务报》、《汉口日报》、农务学堂、工艺院、商务学堂、商务公所、工商劝业场等机构③。除工商劝业场设于武昌外，其他机构均设于汉口。

对外通商事务的管理由江汉关道而不是由汉口商务总局负责。

（2）要求地方州县官保护商人正当利益的行政命令权。在商人正当利益受到损害时，汉口商务总局不能对侵害人直接行使刑事强制权，但有权敦促地方当局作为刑案受理并保护商人的正当利益。

光绪二十六年（1900年）正月，汉口德源钱庄向商务总局禀控其职员金梅生监守自盗，商务局遂于正月十六日在控禀书上批示："当将金梅生先行发交夏口厅管押，一面札饬该厅提案严讯，勒限追缴，给领具覆。"同年二月三日，商务局为汉口协昌钱店禀控职员方作周借骗巨款一案批示，"除先行将扭获之方作周发交夏口厅管押外，仰候札饬该厅提讯明确，勒追给

---

① 《汉口试办商务局酌拟办法折》，载《张之洞全集》第三册，武汉出版社2008年版，第505页。
② 《商务局准立青茶公所》，《时报》1907年6月26日。
③ 参见《湖广总督张香帅札汉口商务局文》，《申报》1904年7月18日（光绪三十年六月初六日）。

领，速结具覆。"①

光绪二十五年（1899年）三月十四日，汉口西药帮商民向商务总局反映，襄河"船户沿途盗卖、掺水、坏货各种弊端，为害甚巨"，请求"邀同襄河运货各商号绅董公同酌议，如何责令船行船户，严立规条，务臻周妥"。商务总局随即"饬由各地方官立案，出示严禁，勒石永遵"②。

（3）对违法商人的行政处罚权。作为商务行政管理机关，汉口商务总局对违法商人享有行政处罚权。光绪二十五年（1899年）二月，"西帮商如松荣号客张善初赴局呈控，去腊凭同发、泰来两花行议买高鼎兴牌名棉花一百五包，以掺杂水泾黄花，碍难出售，请勒传该行收回原货，退还价银"。后经商务局调查属实，"赶催高鼎兴来汉（由棉花公所）公同议罚。倘敢不服，准该公所首士呈送到局，从严勒追惩究，以儆刁风"③。但湖北省没有相应的商业行政管理法规，因而其处罚种类及处罚程序均不明确。

（4）地方商业立法权。汉口商务局有权制定地方性的商业管理规章。1900年，汉口商务局与钱、票业行会机构共同商定颁布《汉口商务局官商会维持市面章程》6条，鉴于汉口市面银根紧缩，为维持市面金融，票号、钱庄及各金融行号存户不准任意提款；票号向各钱庄的放款即便到期，票号亦不得硬索；汉口各信局不得携带现银分寄外地各埠；等等④。此章程在性质上就是汉口地方的金融立法。

（5）商事司法裁判权。从近现代司法权的意义上而言，汉口商务总局的司法权包括两项：

其一，汉口商务总局可以宣告企业破产。《汉口试办商务局酌拟办法折》云："近日各省倒账之案，层出叠出，汉口、沙市已属不少。商局既设，未例之先，官为察访防护；既例之后，官为严追惩办。凡曾经倒塌之商，照西例饬令报穷，列诸商报，使远近咸知，以后永远不准更名充商贸易。"这应该是中国法制史上最早的破产制度规定。

---

① 《汉口商务局禀批》，《湖北商务报》1900年第38期，第6、7页。
② 《汉口商务局批西药帮客民请征治船户盗卖讹诈禀》（光绪二十五年三月十四日），《湖北商务报》1899年第6期，第13页。
③ 《汉口商务局开局各禀批》（光绪二十五年二月二十三日），《湖北商务报》1899年第5期，第11页。
④ 参见《商务报》1900年第1期，第2页。

第四章 张之洞督鄂时期武汉法秩序的转型（1889—1907年）（下）

其二，汉口商务总局设立有商事法庭，审理商事纠纷。光绪三十年二月，商务总局鉴于"近年银根奇紧，倒塌频闻，商本既亏，商情涣散，本司职道等筹思再四，拟照原议第六端保护之法，官为追惩积欠，以固商本，拟明春由商务局添设传审公廨，代商追欠，俾有专责"。1904年7月，由汉口商务总局拟定《传审公廨章程》八条。经呈总督咨商部同意，7月，汉口商务总局成立传审公廨。

依该章程，"传审公廨专为代追武汉商贾积欠而设，不准管理地方别事，并不准代追民欠，以示界限"。显然，此传审公廨的性质为以武昌、汉阳与汉口三地为管辖地的专门商事法庭。凡有债务人起诉，须由商董三人公请，廨员始得立案，发出传票，并派出衙役、地保传被告到庭。商事纠纷案件分公廨自结与地方州县外结两类。如债务发生于本省，由商务局札饬地方州县官就近审理，称为外结；凡公廨自行审理者，称为自理。公廨虽只能审理商事案件，但对债务人享有刑事强制权。"公廨传审后，如抗不遵断，必须交地方官管押，应分三等。一等者，由商董保出，责令住各商业公所，派廨役看守，不准擅自回家；二等者，由局集资设清款所，谕令商董公同派定所役数人常川照料，归廨员专司收放，不准私释；三等者，即交地方官管押以凭限追"。对外省债务人，则可咨其原籍地方官查封其家产①。

在清政府统一民事诉讼法未颁行之前，《传审公廨章程》成为武汉地区最早的商事审判专门程序法。时值张之洞正受清廷委托，"拟订商律，所有债律一门正在详细核议，该局如拟有章程，即希速急咨送，一面先行试办，仍俟本部订定债律，奏请颁行后，再行照律办理"②。显然，这一章程对晚清《大清商律草案》相关内容的制定有直接影响。

1907年，湖北遵照清廷统一规定设立了劝业道，同年又成立了汉口商务总会，因而汉口商务局的商务行政管理职能部分改归汉口商务总会的自治职能，其大部管理职能，连同其机构一起归于劝业道。1908年3月，"鄂督赵次帅以湖北劝业道业已抵任所，有汉口商务局自应归并劝业道办理，以一事权。泰局总办孙观察圻委充湖北实习工厂总办，所有员司或拨归劝业道委用，或饬令销差，均由劝业道酌量办理。旧有商务关防应缴善后局销毁"③。

---

① 《汉口商务局拟设传审公廨章程》，《东方杂志》光绪三十年（1904年）第九期，第109页。
② 《湖广总督张香帅札汉口商务局文》，《申报》1904年7月18日（光绪三十年六月初六日）。
③ 《归并汉口商务局》，《新闻报》1908年3月24日。

(三) 武昌商场局

"光绪二十六年,湖广总督张之洞奏准援照岳州成案,将武昌省城北十里外沿江一带地方作为自开口岸,当经筹设商场局,派委司道及武昌府知府督饬江夏县知县妥为经理。时武胜门外一带江堤筑成,涸出官民各地甚广,先已设有江岸局,清查官荒,收买民地共计三万余。嗣同清丈局给价立界后,将所有契据文卷移交商场局管理,以专责成"①。可见,商场局相当于而今的经济特区管委会。

第二节 近代教育制度的建立及其影响

在晚清的封疆大吏中,张之洞是少有的思想家。他认识到时代变革的基础是教育的改革与大众文化传播体制的建立,因而,他在武汉地区进行经济、行政以及军事制度改革的同时,引进西方(尤其是日本)的新型教育制度,对以科举制为主导的教育体制进行了大幅度的改革,并在武汉首创了公共的、大众的文化传播体制——近代公共图书馆制度以及近代书刊、报纸的出版发行制度。

一、省属教育管理机构的创设

(一) 张之洞督鄂前湖北暨武汉地区的教育行政管理体制

1. 清代地方教育管理体制

清代学校依管理主体分为三大系统。第一类为国子监、省学政、府州县的学正(或教谕)管理下的各级官学系统。国子监"是掌管全国学校的最高行政机关,可又是直接办理大学的教育机关,以国立中央大学而兼教育部","省与道二级则不设学校,在府称府学,在州称州学,在县称县学,总名曰'儒学'。此二级三类的儒学,不相统属"②。省一级设有学政,"每省一人,为管理一省教育事业的最高长官……其地位,略低于巡抚,一般列在布、按之前"③。"学政由朝廷直接派出,与总督、巡抚地位相等,不受地

---

① 民国《湖北通志》卷54"经政(十二)·新政·实业·商场局",台北华文书局1967年版,第1282页。
② 陈青之:《中国教育史》(下),东方出版社2012年版,第459、463页。
③ 张德泽:《清代国家机关考略》,中国人民大学出版社1981年版,第228页。

第四章　张之洞督鄂时期武汉法秩序的转型（1889—1907年）（下）

方行政的节制，不是协助督抚管学的地方官，而是'客官'"①。同样，府、州县的"教学指导官（'学正'或'教谕'）和教学指导助理官（'训导'）他们受省学政大人的领导"②，也不是知府、知州与知县的属吏。但在教育财政制度上，各级官学的经费却是由各级政府从存留地方的经费中列支③。

第二类为各级学官、地方政府以及民间社会共同管理的民间社会办学系统，包括族学、社学、义社以及民办书院等。虽然"州县官要将社学、义学的老师和学生名单向省学政报告。但是除了顺天府外，政府一般不提供办学经费。因此社学、义学的设立和管理，完全依靠州县官自己，往往是由仁厚的州县官自己的捐款或向士绅的募集资金来建立义社和社学"④。

第三类为官办的书院系统。清代书院既有官办亦有民办，但"官力超过民间成为影响清代书院的主要力量"⑤，包括省级书院和各府、州县书院。"各省书院公费，各有恩赏银，委员经理。或置产收租，或筹备赏借，以充膏火。不敷，在存公项下拨补。每年造册报销"；"其余各府、州、县书院，或绅士出资创立，或地方官拨公款经理，俱申报该管官查核"⑥。省会书院完全官办，府、州县书院或官办或民办。虽然各级官学机构在教育业务上对书院也有指导权，但雍正十一年（1733年）在命令各省督抚兴办书院的上谕中要求"督抚酌商奉行"⑦，督抚对省会官办书院也就享有主要支配权，如"书院主持人和讲学者也自然受命于各地方官吏"而不是各级学官。

学政主导下的各级官学，其功能主要在于应试科举和祭祀孔子，"其目的就是要明确和突出官学为官僚养成所的性质和功能"。而书院则既有以科举为目的考课式书院，亦有纯粹以学术研究、交流和传播为目的的讲学式书院。"清代书院虽然以考课式书院居多数，但真正代表书院发展方向的却是

---

① 黄新宪：《张之洞与中国近代教育》，福建教育出版社1991年版，第164页。
② 瞿同祖：《清代地方政府》，范忠信、晏锋译，法律出版社2003年版，第21页。
③ 参见魏光奇：《清代州县财政探析》（上），《首都师范大学学报（社会科学版）》2000年第6期。
④ 瞿同祖：《清代地方政府》，范忠信、晏锋译，法律出版社2003年版，第272页。
⑤ 邓洪波：《中国书院史》，东方出版中心2004年版，第414页。
⑥ 光绪《大清会典事例》卷395"礼部"。
⑦ 《清朝文献通考》卷70。

居少数的讲学式书院"①。但各省督抚之下尚没形成专门的教育、学术管理机构，各类书院的直接主管机关就是督抚本人。

2. 张之洞督鄂前的武汉书院体制

张之洞督鄂前，武汉地区有紫荆、晴川、江汉、崇正、清风、勺庭、紫阳、钟台、昭武、高观、张公、大槐、经心等书院②。其中影响最大的书院为江汉与经心两所官办书院，江汉书院为雍正十一年（1733年）创设的省级书院，经心书院为张之洞任湖北学政时于同治八年（1869年）创设，均由湖广总督、湖北巡抚及学政共同管理。和其他各省一样，湖北督抚之下并没有专职的教育、学术管理机构。

（二）学务处的设立

1. 学堂所的设立

张之洞就任湖广总督"近十年以来，创办铁路及开采铁、煤、铜、磺各矿，又创设武备、自强各学堂，农务、工艺、商务各局暨农工学堂，并派学生出洋学习武备。又创设制造枪炮、钢药各厂，银元、铸钱、纺纱、织布、缫丝、制麻各局。以上各事，端绪纷繁，大率皆与洋务局多有关涉，而通省委员谙习此类事体者甚不多觏，致遇事隔膜"，凡事均由总督亲自督理，"自非分门别类，委员经理，不足以晰条理而资练习"。故光绪二十五年（1899年）正月十三日，张之洞发布饬令，"应即在洋务局设立铁路、交涉、学堂、制造四所"③。此"学堂所为湖北近代一个新型的教育行政管理机关，也是中国各省中第一个新型教育行政机构"④。光绪三十年（1904年）八月，该局所属学堂改隶新设立的学务处。

2. 湖北省学务处的创设及对全国各省教育行政体制的示范

光绪二十八年（1902年）四月七日，张之洞在札委黄绍北充学务处总办的委任令中说："湖北省前因各学堂各书院改章整顿，事务殷繁，亟应添设总汇之区，以资筹议，特于本衙门设立学务处一所……现在遵旨更定学

---

① 周德昌、王建军：《中国教育史研究·明清分卷》，华东师范大学出版社2009年版，第18、66、74页。
② 熊贤君主编：《湖北教育史》（上），湖北教育出版社1999年版，第116—118页；李怀军主编：《武汉通史·宋元明清卷》，武汉出版社2005年版，第475页。
③ 《饬洋务局内设立铁路、交涉、学堂、制造四所》，载《张之洞全集》第六册，武汉出版社2008年版，第202页。
④ 熊贤君主编：《湖北教育史》（上），湖北教育出版社1999年版，第168、169页。

第四章 张之洞督鄂时期武汉法秩序的转型（1889—1907年）（下）

制，改设文武大中小各学堂，并添建师范学堂、方言学堂、仕学院、教士馆等所，兼之各府厅州县纷纷请设学堂，及民间私设学堂亦复接踵兴起，均应由学务处督饬举办，核定考察，庶学制教程可期划一。"①光绪二十八年（1902年）十月一日，张之洞在呈奏朝廷的《筹定学堂规模次第兴办折》中云"现设湖北全省学务处一所"，正式冠名"湖北省学务处"，"所有省城及各府州县大中小学堂暨民间私设各学堂，以及出洋游学各生，统归学务处随时稽察考核。各学堂课程门目，毕业年限，管理人员职守，凡异等者应分立章程，同等者应会通画一，均责成学务处筹办"②。"湖北省学务处为近代中国第一个地方的统一管学组织，是省级行政体制的重大改革，成为现代省教育局的雏形。"③

这一机构设置很快被中央教育体制改革方案所采纳。光绪二十九年（1903年）三月，学部大臣张百熙、荣庆与旅京的湖广总督张之洞共同拟定《学务纲要》，建议"于京师专设总理学务大臣，统辖全国学务……至各省、府、厅、州县遍设学堂，亦须有一总汇之处以资管辖，宜于省城各设学务处一所，由督抚选派通晓教育之员总理全省学务"④。"但实际遵行者仅湖北、直隶两省"，"直隶所设，曰学校司；其名异而实同。学校司以督办为元首，隶于总督，司全省学校事务"⑤，直隶省还颁布有《直隶新设学校司章程》。

湖北省学务处分设六科，"一曰审订科。凡审订各学堂教科书及各种图书、仪器，检察私家撰述刊布有关学务之书籍、报章等事皆隶焉。二曰普通科。凡普通学科事务，如优级、初级师范，高等中小各学堂教课程度、进退教员、奖黜学生一切有关考核之事皆隶焉。三曰专门科。凡专门学科事务，如仕学院、医学堂、武高等、武中等各学堂教课程度、进退教员、奖黜学生一切有关考核之事皆隶焉。四曰实业科。凡实业科学事务，如农工商各项实业学堂教课程度、进退教员、奖黜学生一切有关考核之事皆隶焉。五曰游学科。凡出洋游学游历事务，如料理官派游学学历东西洋各员生，及考察自备

---

① 《札委黄绍第充学务总办，梁鼎芬、黄以霖充学务处提调》（光绪二十年四月初七日），载《张之洞全集》第六册，武汉出版社2008年版，第413页。
② 《筹定学堂规模次第兴办折》，载《张之洞全集》第四册，武汉出版社2008年版，第91页。
③ 李珠、皮明庥主编：《武汉教育史（古近代）》，武汉出版社1999年版，第258页。
④ 《学务纲要》（光绪二十九年三月），载舒新城编：《中国近代教育史资料》（上册），人民教育出版社1961年版，第219页。
⑤ 薛人仰编著：《中国教育行政制度史略》，台北中华书局1983年版，第75、76页。

资斧呈请出洋游学学历各员生等事皆隶焉。六曰会计科。凡各学堂及各国游学学历官员生徒各项经费，暨图书馆动用款目，以及建筑工程、采购器物，有关动用款目、筹计盈绌、考核销算等事皆隶焉"①。上述普通科、专门科与实业科的分类，表明武汉的教育已经有了普通教育、专门教育与职业教育的分类体系。

湖北省学务处的设立，实为晚清在中央设立学务大臣，裁撤各省学政、改设提学使司之先声。光绪二十九年（1903年）十一月二十六日，被中央抽调至北京与张百熙、荣庆会同厘定学制的张之洞在与政务处管学大臣商议后，奏请"于京师专设总理学务大臣，以统辖全国学务。其京师大学堂拟请另设总监督一员……俾专管（京师）大学堂事务，不令兼别项要差，免致分其精力，仍受总理学务大臣节制考核"②。

光绪三十一年八月四日（1905年9月2日），清廷正式废除科举制，十三日，谕令各省学政专司考核学堂事务，直属学务大臣，不再归礼部管辖。光绪三十二年（1906年）四月二日，上谕内阁："政务处、学部会奏遵议裁撤学政，请改设提学使司一折……着即照所请：各省改设提学使司一员，统辖全省学务。"同时批准的《各省学务详细官制及办事权限章程》规定，"其旧有之学务处，俟提学使到任后即行裁撤，以专责成"，"各省业经裁撤之学务处，即改为学务公所。提学使督率所属职员，按照定章，限定钟点，每日入所办公"。提学使为官职，学务公所为提学使之官署，设议长一人，议绅四人，佐提学使参画学务，因而此学务公所并非完全的国家机关，实为官、绅合署办公机构；"学务公所分为六课：曰总务课、曰专门课、曰普通课、曰实业课、曰图书课、曰会计课"，与湖北省学务处六科之设基本相同。此外，省学务公所还设"省视学六人，承提学使之命令，巡视各府、厅、州、县学务"③。

3. 劝学所的设立

《各省学务详细官制及办事权限章程》规定，"各厅州县均设劝学所，

---

① 《札常务处分设六科》（光绪三十年九月初十日），载《张之洞全集》第六册，武汉出版社2008年版，第444、445页。
② 《请专设学务大臣片》（光绪二十九年十一月二十六日），载《张之洞全集》第四册，武汉出版社2008年版，第170页。
③ 《各省学务详细官制及办事权限章程》（光绪三十二年四月初二），载舒新城编：《中国近代教育史资料》（上册），人民出版社1961年版，第283、284、285页。

遵照此次奏定章程,按定区域,劝办小学,以期推广普及教育","各厅州县劝学所,设县视学一人,兼充学务总董",由本籍绅衿充任。显然,劝学所与省学务公所一样,兼具官、绅两种属性。光绪三十二年(1906年)四月二十四日,学部奏定《劝学所章程》。该章程规定,劝学所的职责在于"讲习教育"、"推广常务"(包括劝学、兴学筹款、去阻力)、"实行宣讲"、"详绘图表"(教育统计、造册)等。依上述章程,武汉地区各县成立劝学所如下:

"1906年5月,江夏县劝学所设立于省城大观书院内,所内设学务总董1人(第一任总董为杨文林),劝学员2人";"1907年,汉阳县劝学所成立,所内设总董1人(第一任总董为李希贤),劝学员6人"[1]。"夏邑(汉口——引者注)劝学所成立于前清光绪戊申年(1908年),厥后学部谓汉口乃通商大埠,非仿京师设学务局不可,是年八月,即改劝学所为学务局,委候补员为坐办"[2]。第一期劝学所设于马家巷中路,由甘露寺改建,名誉总董为密昌墀;第二期学务局"称夏口厅署间壁",汪元秉、陈会栻任坐办。

二、改书院制为近代学堂制度

江汉书院固然完全为科场训练之所,即便是张之洞任湖北学政时创办的经心书院,"学生以学习研究古学为主,主要内容有注解、史论、诗赋、杂著等",较重学术,但亦不可能与科举完全疏离,"在一定程度上成为科举考试的预备场所,与旧式书院没有本质区别"[3]。张之洞督鄂后,为创设武汉近代教育新制,不仅创办了以培养经世致用人才的新式书院,而且将传统的科举式书院改制成近代化的学校。

(一)设立培养实学人才的两湖书院

1891年,张之洞在武昌建成两湖书院。该书院"分经学、史学、理学、文学、算学、经济学六门"[4],其专业设置基本脱离了科举之轨道,而以培养经世致用的实学人才为目的。其教师"不仅旧学各有专门,于西学亦有素养,且多具维新思想","他们应招到两湖书院都肩负两重任务:一面为

---

[1] 李珠、皮明庥主编:《武汉教育史(古近代)》,武汉出版社1999年版,第280页。
[2] 民国《夏口县志》卷6"学校志·劝学所",载《中国地方志集成·湖北府县志辑③》,江苏古籍出版社、上海书店、巴蜀书社2001年版,第103页。
[3] 黄新宪:《张之洞与中国近代教育》,福建教育出版社1991年版,第34页。
[4] 《咨南、北学院调两湖书院肄业生》(光绪十七年正月初一日),载《张之洞全集》第五册,武汉出版社2008年版,第225页。

书院学堂教习，一面为张氏的新政顾问"。"两湖书院仍旧采用会讲与课试的办法"①，而非近代学堂的全日制式授课。

(二) 两湖、经心二书院的改制

甲午战争后，朝野都意识到传统的官学与书院教育制度亟待变革。"当时朝野齐动，提出了好几套改革方案"，"第一种方案是改书院为学堂"（1896年刑部左侍郎李端棻的《推广学校以励人才折》），"第二种方案是设置新型实学书院"（1896年陕西巡抚张汝梅、学政赵维熙的《陕西创设格致实学书院折》），"第三种方案是变通章程整顿书院"（1896年山西巡抚秦绶章的《请变通书院章程折》）。"以上三种方案，朝廷一并通行各省督抚学政，参酌办理。于是各地根据自己的实际情况执行"。张之洞先后采取了变通书院章程和改书院为学堂两种措施，对武昌的两湖、经心二书院进行了改制。

光绪二十二年（1896年）十一月，先后颁布《两湖书院各分教章程》和《两湖书院学规课程》，规定学生全部住读，实行全日制课堂教学，脱离了传统官学与书院松散而自由的会讲制与月考课式制，与近代西方学校相同；课程科目上废除了理学、文学两门，保留经、史，增设舆地和时务，越来越具有近代西方科学的色彩。光绪二十四年（1898年）闰三月，张之洞呈奏："兹将两书院（两湖、经心书院——引者注）均酌照学堂办法，严立学规，改定课程，一洗帖括词章之习，惟以造真才济时用为要归。两湖书院分习经学、史学、地舆学、算学四门，图学附于地舆论。每门各设分教，诸生于四门皆须兼通……经心书院分习外政、天文、格致、制造四门，每门亦设分教，诸生于四门皆须兼通，四门分年轮习，无论所习何门，均兼算学。"② 经过课程科目以及教学模式改章之后的两湖与经心书院，除名称外，实际上已成为近代化的高等学府。

光绪二十四年（1898年）五月二十二日，戊戌变法进入高潮，光绪帝发布上谕："着各该督抚督饬地方官各将所属书院处分、经费数目，限两个月详复具奏，即将各省府厅州县现有之大小书院，一律改为兼习中学、西学之学校。至于学校阶级，自应以省会之大书院为高等学，郡城之书院为中等

---

① 苏云峰：《张之洞与湖北教育改革》，"中央研究院"近代史研究所1976年版，第54页。
② 《两湖、经心两书院改照学堂办法片》（光绪二十四年闰三月十五日），载《张之洞全集》第三册，武汉出版社2008年版，第480页。

学，州县之书院为小学，皆颁给京师大学堂章程，令其仿照办理。"① 改制令下，武昌仅江汉书院改名为"江汉高等学堂"，两湖、经心书院仍照旧名。九月三十日，慈禧下达申明旧制懿旨，礼部奏准各省书院请照旧办理，停罢学堂，江汉高等学堂又复旧名。

光绪二十七年（1901年）八月二日，清廷下诏："着将各省所有书院，于省城均改设大学堂，各府厅直隶州均设中学堂，各州府县均设小学堂，并多设蒙养学堂，其教法当以四书五经、纲常大义为主，以历代史鉴及中外政治艺学为辅。"② 依此谕旨，张之洞于光绪二十八年（1902年）四月二十六日发布札文："将两湖书院作为两湖大学堂，以课高等专门之学。以原有的武备学堂及将弁学堂查作为武高等学堂。设立文普通中学一所，以自强学堂屋台充用。将两湖、经心、江汉三书院学生，通行合校等差，或归入高等，或归入普通，分别办理。设立武普通中学堂一所，择地于哨子山以南创建。未建成以前暂借江汉书院先行开办。农务学堂移设武胜门外真武庙地方，令与试验场相近，从速兴造。工艺学堂应行添屋添厂，定章定额，另行详办。设立方言学堂一所，以城内旧日农务局屋舍充用，即将自强学堂原有学生移入，另行定章，分别去留。又设师范学堂一所，择地于黄土坡一带创建，未建成以前，暂借安徽会馆先行开办。又就省城内分中、东、西、南、北五路，共设高等、普遍小学堂五所，以作各州县城镇应设小学堂之标准，均已择有地址，其东路小学堂即附设于师范学堂之旁。另将经心书院改为勤成学堂，以教文优年长、有志向学而不能入学堂肄业之生员。并拟于教吏馆东西增修屋宇，添设仕学院，令各官讲求中西各门政治之学"③。该札文不仅遵旨将各书院改造成了近代学堂，而且还在武汉地区初步形成了近代学校教育体系。

三、近代学制在武汉地区率先形成

（一）武汉地区新学制成为全国"癸卯学制"的基础

张之洞督鄂后，在武汉最早创办的近代学堂为光绪十七年（1891年）

---

① 《谕各省府厅州县改书院设学校》，载《中国近代史资料丛刊：戊戌变法》第二册，神州国光社1958年版，第34页。

② 上海商务印书馆编译所编纂：《大清新法令（1901—1911）》（点校本）第一卷《大清新法令·谕旨·光绪二十七年·八月初二日上谕》，商务印书馆2010年版，第9页。

③ 吴剑杰编著：《张之洞年谱长编》（下卷），上海交通大学出版社2009年版，第734页。

成立的方言商务学堂①。"在光绪二十七年（1901年）以前……数量有限，且几乎全集中于武昌城一处。主要的学堂，仅两湖书院、经心书院、江汉书院、自强学堂、武备学堂、将弁学堂、农务学堂与工艺学堂八所而已。而这些书院与学堂均属于高等或专科学校程度，其下既无中小学，其上亦无大学"②，尚不构成完整的近代学校教育体系。

早在光绪二十四年（1898年）七月戊戌变法的高潮中，张之洞即在进呈御览的《劝学篇·学制》中就提出仿西洋在"京师省会为大学堂，道府为中学堂，州县为小学堂"的普通教育三级学校体系。光绪二十七年（1901年）五月二十七日，张之洞与刘坤一联名上奏《变通政治人才为先遵旨筹议折》，认为"今日育才要旨，自宜多设学堂，分门讲求实学"，"俟学堂人才渐多，即按科处减科举取士之额，为学堂取士之额……必当使举人、进士作为学堂出身，以励济世之人才"。奏折还为晚清规划了普通教育、师范教育与职业教育的宏观分类，为普通教育设计了小学堂、中学堂和大学堂三级学校体系。此时武汉的近代学堂已有师范学堂、普通小学堂、文普通中学堂、武普通中学堂、文高等学堂、武高等学堂、方言学堂、农学堂、工学堂、勤成学堂、仕学院③，已经初具普通教育、师范教育和职业教育体系雏形，普通教育的小、中、大学学堂体系亦也初现。

光绪二十七年（1901年）八月二日上谕："着将各省所有书院，于省城均改设大学堂，各府、厅、直隶州，均改设中学堂，各州县均改设小学堂；并多设蒙养学堂。"④除蒙养学堂外，基本上采纳了张之洞设想的三级学堂体系。光绪二十八年（1902年）十月一日，湖广总督张之洞与湖北巡抚端方向朝廷联奏《筹定学堂规模次第兴办折》。该折首先在"各学堂办法"中对武汉地区现有的学校体系与教育制度进行了全面总结，大致将其归为师范学堂、普通学堂、职业教育学堂（军事学堂可归为广义的职业学堂）。

---

① 参见《札江汉关道饬知设方言商务学堂》（光绪十七年五月十三日），载《张之洞全集》第五册，武汉出版社2008年版，第253页。
② 苏云峰：《张之洞与湖北教育改革》，"中央研究院"近代史研究所1976年版，第205页。
③ 《筹定学堂规模次第兴办折》（光绪二十八年十月初一日），载《张之洞全集》第四册，武汉出版社2008年版，第87—91页。
④ 上海商务印书馆编译所编纂：《大清新法令（1901—1911）》（点校本）第一卷，商务印书馆2010年版，第9页。

第四章 张之洞督鄂时期武汉法秩序的转型（1889—1907年）（下）

"1903年初，端方于武昌模范初等小学内创设幼稚园一所，定名为湖北幼稚园（后改为蒙养院）。此为中国境内最早的现代幼儿园"[1]。至此，近代西式学校体系中各种学校门类在武汉地区基本齐备，唯勤成学堂、仕学院属公务员培训机构，不属于近代学校教育系列。

以上武汉地区的学制体系，主要模仿日本同时期的学制。自1898年起，张之洞即多次"派员生分次前往日本，考察各学校章程规制，一切教育经理事宜"。在《筹定学堂规模次第兴办折》的序言中，张之洞亦明确表示湖北学制师法日本。"考日本教育总义，以德育、智育、体育为三大端……诚足为我前事之师"[2]。

张之洞上呈《筹定学堂规模次第兴办折》之前，"光绪二十八年七月十二日（1902年8月5日），（管学）大臣张百熙也上奏了一个学堂章程，并获上谕批准，即所谓的《钦定学堂章程》。张之洞的奏折虽然要晚上近三个月，但他在制订湖北学制的时候并没有看到张百熙的章程，他在上奏之后才向张百熙索要《钦定学堂章程》的刊本。尽管是各自独立作业，但他们的想法有不少相通之处……这是随后张百熙奏请张之洞参与厘定全国性的新学制的一个重要原因"。光绪二十九年（1903年）闰五月，朝廷很快批准了张百熙与荣庆所请，派张之洞会同张百熙、荣庆拟定京师大学堂和各省学堂章程。张之洞"即反客为主，成为制订新学制的主持者"。光绪二十九年（1903年）十一月二十六日，张之洞与张百熙、荣庆将修订好的《奏定学堂章程》共二十个法规文件上奏，得到皇帝批准，是为著名的"癸卯学制"。"癸卯学制"是一个囊括了全国各类学校教育，包括普通教育、师范教育、蒙学教育、职业教育在内的教育法规体系，其"基本思路与张之洞所设计的湖北学制体系相似，基础教育与职业教育的特征更加显著，作为一个全国性学制，其体系也更加完备"[3]。

因"癸卯学制"是以武汉地区的学制为基础制定的，因而"癸卯学制"颁行以后，武汉地区的学堂除由张之洞经办如湖北幼稚园外，其他各类学堂只需照此稍加改造即可。"湖北省城所设幼稚园，系在《奏定学堂章程》

---

[1] 张海林：《端方与清末新政》，南京大学出版社2007年版，第48页。
[2] 《筹定学堂规模次第兴办折》（光绪二十八年十月初一日），载《张之洞全集》第四册，武汉出版社2008年版，第88页。
[3] 李细珠：《张之洞与清末新政研究》，上海书店出版社2009年版，第115、121、124页。

未经颁发以前,以致办法未能划一。且于园内附设女学堂,聚集青年妇女至六七十人之多,与奏定章程尤为不合","亟应另定办法"。其办法是,将省城宾阳门内之敬节分堂扩充为"敬节学堂";将该堂西南之保安火药局基地"改作育婴学堂,附设蒙养院于其中";"其原设幼稚园内附设之女学堂,即行裁撤。所有原在该学堂有夫家之妇人……准其分别附入敬节、育婴两堂内,一体教授。每堂不过三十名。其未出嫁之室妇女即勿庸附入此两学堂"①。

以张之洞为主导制定的"癸卯学制"固然体现了其在武汉创设的近代学制的进步性,同时,也体现了其个人教育观念的局限。时人批评张之洞"好谈新学而实无知,其奏办湖北学堂章程颇多笑柄,如公开非难西洋哲学,谓近来士气浮嚣,专取其便于己私者,昌言无忌,词锋所及,伦理国政,无不讥弹。揆厥原因,实为学习西洋哲学之流弊,故特禁止讲习此课云云"。"未几,清政府成立京师大学堂,起草学制课程,命张参与其事。张仍龈龈持其昔论,张百熙辈不能争,亦不敢争也,故大学初期不讲哲学"②。

(二)初步实行义务国民教育与社会教育制度

在欧美与日本教育制度的影响之下,张之洞已经具有了强烈的教育强国的国民教育意识。他在《筹定学堂规模次第兴办折》中说:"查外国学堂惟师范学生不收学费,学成后限令充当中小学教员,若干年不得遽图仕进及别营事业,谓之义务责任。初等小学学堂亦由国家拨款,不缴学费,谓之国民教育。此外各学堂,每年均须酌缴学费。"由于晚清不可能建立起近代的财政预算制度,故学堂教育经费或者来自于指定捐税项目,或者来自于临时摊派、附加甚至是挪借,没有稳定的保障机制。但即便经费如此之艰难,张之洞仍在湖北省全部实行免费的国民义务教育制,"凡本省学生,除小学堂永不收费外,其余两年之内均拟暂不收费……他省有送学生来鄂附学者,每名每岁酌收学费一百六十元"③。

光绪二十八年(1902年)十月,署理湖广总督的湖北巡抚端方(张之

---

① 《札学务处办敬节、育婴学堂》(光绪三十年六月初十日),载《张之洞全集》第六册,武汉出版社2008年版,第438页。
② 张慧剑:《辰子说林》"大学禁授哲学",上海书店出版社1997年版(《新民报》1946年初版),第12、13页。
③ 《筹定学堂规模次第兴办折》(光绪二十八年十月初一日),载《张之洞全集》第四册,武汉出版社2008年版,第88页。

第四章 张之洞督鄂时期武汉法秩序的转型（1889—1907年）(下)

洞暂署两江总督）在武昌城内"特设学塾三十处，专收街店户识字无多及不识字之人，按日到堂分门讲授"，并发布《鄂省普及学塾章程》二十四条。章程规定，"此学堂名曰普及学塾，取普遍、百姓人人皆学之意"，"此学塾皆官费，不收百姓分文"；实行自愿入学，"愿来学者，以十五岁至二十岁为合格"，"各在警察分局所管地段就近上学，不准此段逾越彼段，以致查核不清"。"凡穷户小儿，年至十五者，终日无事，在街闲澈，其父兄定要觅铺户作保，使之来学；如不来，一经查出，必责其父兄以荒误子弟使流为小窃流氓痞棍盗贼之罪"。虽然章程明示"此学塾较之旧有义学迥不相同"，主要目的在于"望其识字稍多，渐渐明理，能谋生计，不犯国法"[①]。此类学校大致相当于后世的社会教育学校，同时亦因其对穷户子弟强迫入学而兼具义务教育色彩。在社会教育与义务教育方面，武汉地区亦可堪为天下之先。

（三）近代学堂内部管理制度

1. 实行寄宿制与全日制教学制

武汉地区的各类新学堂完全抛弃了以科举为宗旨的官学及传统书院松散、开放式的会讲与月考课制，实行全日制教学与寄宿制。全日制课堂教学称为"日课"，小学堂每日"六点钟"，其他各类学堂均为"八点钟"。为对学生实行有效管理，"小学堂学生概不留宿，以取简便。兹湖北凡中学堂以上学生，不论文、武、实业，皆住学堂"。所有学堂实行寒暑假制度，"暑假一个月，年假一个月，寻常每十日放旬假一日"。

2. 确定各学堂学制年限

师范学堂学制年限分三种：速成班一年毕业，第二班两年毕业，第三班三年毕业。小学四年，文普通中学堂四年，武普通中学堂四年半（其中在营当兵半年），文高等学堂四年，武高等学堂四年（以后武普通中学堂毕业升入者二年半），将弁学堂三年，方言学堂五年，工、农学学堂四年。

3. 各类学堂的近代化课程科目以及高等学堂各近代化学科初具

武汉地区的各类学堂均仿西方同类学校设置课程科目。"师范课程于普通学外，另加教育学、卫生学、教授法、学校管理法等科"，小学堂"课目

---

① 《鄂省普及学塾章程并示》（光绪二十八年十月），《教育世界》第六十四期，载舒新城编：《中国近代教育史资料》（上册），人民教育出版社1961年版，第100、101、102页。

凡八：曰修身，曰读经，曰中文，曰算术，曰历史，曰地理，曰图画，曰体操"，文普通中学"课目凡十二：曰伦理，曰温经，曰中文，曰外国语文，曰历史，曰地理，曰数学，曰博物，曰理化，曰法制，曰图画，曰体操"，"武普通中学科与文普通同，惟操场功课加密，并加入步兵操典、野外要务令、工作教范、技击、泅水、马术、野外工作、打靶等科"，文高等学堂"其科目酌分八门：经学第一，中外史学第二，中外地理学第三，算学第四。道德学、文学均附于经学之内，国朝掌故学附于史学之内，测绘学附于地理学之内，天文学附于算学之内，此四门为中西公共之学，延聘中国专门教习教之。理化第五。法律学第六。财政学第七。兵事学第八。此四门为西学，延聘东西各国专门教习教之"，武高等学堂"课目凡十，曰战法，曰舆地，曰测绘，曰算学，曰体操，曰军械，曰台垒，曰步队学，曰马操，曰炮队学"，将弁学堂"课目凡十三：曰军制，曰战术，曰兵器，曰数学，曰卫生，曰操法，曰筑城，曰野操，曰兵棋，曰测图，曰战术实施，曰技击，曰军医"，方言学堂"教以英、法、德、俄、日本五国方言，及地理、历史、自述、公法、交涉等学科。此堂学业注重在于外交"，农学堂"分课农桑、畜牧、森林各门之学"，工学堂"分课理化、机器、制造、织染、建筑各门之学"。对张之洞要求在小学堂、中学堂和文高等学堂中开设经学课，尤其在该奏折的"筹办学堂要旨"中要求中小学"日课专加读经、温经学时刻（学时数——引者注）"[1]，学界已经从简单、粗暴地认为其保守、反动的论点开始转为同情。李细珠先生认为，"张之洞的卫道保教思想可以说几乎是与生俱来……是他作为儒者的一个终极关怀"，"虽然他维护封建纲常名教与清王朝的政治统治的努力最终不免失败，但是他对中国传统文化的前途与命运的关怀精神则不能不说有着重要的历史意义"[2]。百余年之后的今天，这个历史意义真的开始显现了。中国当下的问题，不仅仅是中国传统文化本身的前途和命运发生了问题，更重要的是在我们放弃了对传统道德的持守而又不可能完全融入基督教终极价值的情况下，我们已经无法重建自己的精神世界。无论是从中国价值文化的主体性角度，还是从人文精神教育必须与科学教育同步的角度，张之洞坚持在学堂课程设置中保留、增加儒经的措施，

---

[1] 《筹定学堂规模次第兴办折》（光绪二十八年十月初一日），载《张之洞全集》第四册，武汉出版社 2008 年版，第 92 页。

[2] 李细珠：《张之洞与清末新政研究》，上海书店出版社 2009 年版，第 163 页。

显然是极富历史远见的。

晚清时"外国大学分法、文、理、医、农、工六科",武汉地区的各类学堂也基本设置齐备。"两湖高等学科八门已兼括文、法、理三科。其农、工两科亦经专立实业学堂。至医学则于将弁学堂内列军医一门。此学堂各门程度皆与外国之高等同,然即是大学堂预备科,故亦可称两湖大学堂"①。虽然农、工学归属实业教育,医学归属军事教育,但毕竟武汉地区已经有了农学、工学及医学的雏形。

（四）教师管理制度

"在新式师范生毕业前,武汉地区新式学堂教习大体由以下三种群体组成","一是有传统功名或旧学根基扎实者,无边无垠要担任学堂修身、讲经读经、中国文学、中国历史、中国地理等'中学'课程的教学","二是通过各种途径涉猎或精研过西学的新式知识分子,如留学生、出使随员、洋务企业内的科技人员等","三是外国教习"②。近代学堂上述三类师资,均由包括张之洞在内的各级官吏委任,尚未形成统一规范的教师制度。武汉地区新式学堂最早关于教师的统一规则,为1902年张之洞在奏定《筹办学堂要旨》中的第八条,"所有学务处及各学堂教员,除实缺司道大员论官委任,但取其总司考核外,其余自总提调起以至监督、各堂提调、管理教习、监学领班,皆择究心学务之员,或学曾到处国考察学制,或向来讲求东西各国教法,或曾经自行创设学堂,或曾游历东西洋者,务令各举其职"③。该条粗略地规定了教师的任职资格和对各类教师的任用权限。到1904年1月,由张之洞参与制定的《奏定学堂章程》公布后,武汉地区各新式学堂教员的管理开始依该章程规定的教师制度执行。

（五）教育经费管理制度

清代各级官学的经常性教育经费中,各级学官的俸禄以及学生的廪、膳食银均来自于地方政府的存留经费以及以官学名义购置的学田租金。各级学校的建筑,在《大清会典》中都没有明确的规定,主要依靠地方官员腾挪

---

① 《筹定学堂规模次第兴办折》（光绪二十八年十月初一日）,载《张之洞全集》第四册,武汉出版社2008年版,第89页。
② 李珠、皮明庥主编:《武汉教育史（古近代）》,武汉出版社1999年版,第267、268、269页。
③ 《筹定学堂规模次第兴办折》（光绪二十八年十月初一日）,载《张之洞全集》第四册,武汉出版社2008年版,第91页。

地方财政、倡议集资以及地方捐款修建。这一教育经费体制，到张之洞督鄂之前均无大变化。同治年间的江夏县，"府学、文庙春秋祭银九十八两六钱，县学、文庙春秋祭银四十两……府县学香烛银二两一钱，府学廪、膳银九十六两，县学廪、膳银六十一两三钱三分三厘"，"府学教授俸银十五两七钱六分，府学训导俸银十五两七钱六分；县学教谕俸银十五两七钱六分，县学训导俸银十五两七钱六分；县学斋夫门斗工食银五十七两六钱"①。同治江夏县志记载省、府、县三级官学和书院学田即有十六处②。据同治汉阳县志，府学教授、训导二员俸禄无记录，府学教官二员下之"门子银二十一两六钱，膳夫银二十两，斋夫银一十二两"；"县学教官二员俸银三十一两五钱二分，门子银二十一两六钱，斋夫银三十六两，膳夫银一十三两三钱三分三毫三丝四忽，廪粮银一百二十两"③；县学学田"二顷五亩九分二厘七毫，地十五亩，随田塘地三十亩一分"④。各书院的各级学官的养廉银则由省库从耗羡项下支出。

张之洞督鄂后，湖北的官办教育经费猛增。"1900年以前，用于省城新教育的经费，每年不出10万两，不及工业投资的0.3%，但从1901年起，教育投资跃升为64万两，1902年增加到68万两，1903年更增至75万两。同时又令各州县将应解庚子赔款捐120万两，全部留在地方，专办新式学堂，称'赔款改学堂捐'。1905年，湖北全省教育经费达到128万两，1907年更跳升至200万两"⑤，上述传统教育财政体制已完全不足为之支撑。光绪二十四年八月，张之洞向朝廷言及教育经费筹措之困难时说："省城各善堂、书院、学堂，并修建城垣坛庙及口岸街道工程各项经费，或由地方筹捐，或提罚款应用，或由关局经费节省，多寡有无，难以预定，均系随时筹画，设法支持，其数难以确指。"⑥每个学堂的教育经费都有不同的来源，殊不稳定⑦。如两湖书院的经费，起初来自于茶捐。光绪十八年（1892

---

① 同治《江夏县志》卷3"赋役·坐支"，同治八年刻本。
② 参见同治《江夏县志》卷3"学校·学田"，同治八年刻本。
③ 同治《续辑汉阳县志》卷8"支给"，同治七年刻本。
④ 同治《续辑汉阳县志》卷10"学校·学田"，同治七年刻本。
⑤ 李珠、皮明庥主编：《武汉教育史（古近代）》，武汉出版社1999年版，第261、262页。
⑥ 《会奏湖北厘金拟请外销赏款提解充饷》（光绪二十四年八月初八日），载《张之洞全集》第三册，武汉出版社2008年版，第508页。
⑦ 参见《清季武汉学堂经费一览表》，载李珠、皮明庥主编：《武汉教育史（古近代）》，武汉出版社1999年版，第263—267页。

年），茶商们向朝廷呼吁恩免，皇帝下诏要求裁撤，张之洞只能"经就他项商捐筹集，每月膏奖银在盐库盈余项下支领，商款则由汉口八大行商认捐，交官生息，按月支给"①。

光绪二十八年（1902年）十月一日，张之洞奏定《现在学堂办法》，规定"湖北各学堂，凡本省学生，除小学堂永不收费外，其余两年之内均拟暂不收费。湖南……每名每年收酌收学费银一百元，聊资贴补，由湖南商业筹捐代缴。他省有送学生来鄂附学者，每名每岁酌收学费一百六十元"②。这一教育收费制度稍可缓解教育经费的紧张，同时也初步确立了武汉地区教育的有偿教育制度与小学免费教育制度。

第三节　市政公共建设与公共服务制度创新

依《大清会典》《大清会典事例》与《工部则例》，地方政府在城市公共建设方面的法定支出，有城垣、府第、公廨（包括监狱）、仓廒、营房、河工、水利、桥道等项。但除城防、公署、官仓外，其他城市公共建设项目中，具体哪些建设项目应由政府财政承担，却没有明确的规定。清代武汉地区的城市管理体制为督抚、司、府及县四级，其各自的下属机构中均没有专门的城市公共建设与服务机构。武昌城为省城，亦为武昌府、江夏县城所在，"清顺治间总督祖泽远增修，康熙二十四年修，雍正六年重修，乾隆四十七年（武昌府）同知史湛等修，五十二年，知县史均修，嘉庆六年知县王澍修，同治四年，知府黄昌辅修文昌、宾阳二门，其中孝、平湖二门及楼堞、吊桥于八年、九年修竣。光绪中，湖广总督张之洞于中和、宾阳两门之间增一门曰通湘"③。可见，对武昌城的公共建设，督抚、武昌知府三级政府均负有建筑及维修之责。相应地，汉阳城兼汉阳府城与汉阳县城，亦由汉阳知府与汉阳知县共同修建。除城防外，武汉三地的衙署亦均由相应的各级政府修建。至于道路、桥梁、码头、水利等其他公共设施的建设，则主要由

---

① 《张文襄公治鄂记》，湖北通志馆1936年版，第8页。
② 《筹定学堂规模次第兴办折》（光绪二十八年十月初一日），载《张之洞全集》第四册，武汉出版社2008年版，第91页。
③ 民国《湖北通志》卷25"建置（一）·城池"，台北华文书局1967年版，第653页。

本地绅商举办①。在汉阳县志中几乎见不到汉口市区有官修桥梁、道路与码头的记载，已如前述。由于没有统一的市政机构与市政规划，武汉三地的城市建设非常原始、混乱，汉口在给排水、道路、房屋方面的乱象已如前述。

在公共服务方面，财力有限的政府大都只能在县城以上的城市设置一所仅供救助本地孤老的养济院，完全不能满足社会的需要。乾隆命令地方政府必须举办普济堂、育婴堂，但由于财力所限，除富庶的江南地区外，其他地区的这类机构大都沦为有名无实的"政绩工程"。张之洞督鄂前，江夏县官举办的慈善机构仅有养济院、育婴堂各一所（另有敬节堂、普安堂、永安局、积善堂、衡善堂、益善堂、福善堂、敦善堂、滋生堂、聚善堂、培善堂、滋善堂等均为地方绅民公建），汉阳县有孤贫院一所、育婴堂一所、敬节堂一所、普济堂一所（在汉口）②。

某些具有儒家仁政情怀的官员们在完成了国家法律要求的必要政务之余，也会积极兴办城市公共建设或公共服务。由于既没有关于公共建设和公共服务的专门部门，也没有法定的预算支出，他们通常只能发出倡议，以身作则带头捐款并动员甚至强行摊派士绅、工商业行会乃至普通民众筹集资金，委托有声望的绅士主持某项公共建设或服务项目，或修路桥，或设义渡，或兴水利，或办教育，或举慈善，等等。此外，城市的公共建设和服务只能依赖行会、宗族等力量甚微的社会组织以及个别绅商提供，规模均非常有限。因此，中国所有前近代的城市建设与公共服务，直到19世纪中期的清代依然处于非常原始的水平。

汉口开埠之后，武汉三镇通过汉口租界受到了西方城市公共市政建设与公共服务近代模式的影响。在张之洞的主持之下，武汉地区尤其是汉口开始引进由政府主导的近代公共市政建设体制与公共服务制度。

一、政府主导城市公共建设近代化体制的形成

（一）汉口专业市政建设机构的形成及马路权属纠纷

在张之洞大规模进行武汉市政建设之前，武汉地区的市政建设通常由各

---

① ［美］罗威廉：《汉口：一个中国城市的冲突和社区（1776—1895）》，鲁西奇、罗杜芳译，中国人民大学出版社2008年版，第164—189页。
② 参见同治《江夏县志》卷2"疆土·杂置"，同治八年刻本；同治《续辑汉阳县志》卷12"公署"，同治七年刻本。

第四章　张之洞督鄂时期武汉法秩序的转型（1889—1907年）（下）

级政府临时委派官绅负责举办。张之洞督鄂后，大力发展武汉地区的市政建设，设立了各种职能明确的市政建设机构，开始了武汉地区市政建设的专门化。

1. 汉口后湖堤工局的设立

光绪三十年前，武汉各段水利工程，通常由各级政府临时委派文武官员督率军队或以工代赈之灾民修建，并无专职机构负责。如光绪二十五年（1899年），张之洞决定修建武胜门外红关至大王矶大堤和白沙洲至金口大堤，先"饬俞（？）副将厚安、璞参将玉、吴副将元恺、恩倅玉四员，会同原委之李牧绍远、徐令钧溥赶紧分段兴修"，后因"该堤工期迫"，因而再委派"署参将高长洪，署游击陶运亨，游击张彪、王得胜"①，分为八段督修红关至大王矶大堤；"白沙洲至金口之堤则分作十段，委员兴修"②。同年六月，张之洞为增高南至大堤口北至曾家巷的大堤，填筑长生闸、古埦檀林一带地基，委统带武恺营副将吴元恺督率武恺左营修建，"委任徐令钧溥支"，其"驻营委员、司事由营中派人兼任"。另"自埦檀林以东，横抵城角小长生闸，沿沟堤岸"，改土工为石工，"特委派候补宗得福督修"③。

光绪三十年（1904年），张之洞决定兴修汉口后湖大堤。八月，札委督标中军副将记名总兵张彪、湖北候补知府彭觉先、夏口厅同知冯启钧、汉口都司陈士恒前赴汉口后湖一带，察勘地势。十月，设立汉口后湖堤工局，委江汉关道为汉口后湖堤工局总办，张彪为会办。此局应为武汉地区首个专门水利机构，但其总办、会办及其他工作人员均为兼职，说明晚清武汉地区各市政建设职能部门尚具有一定的临时性④。

2. 汉镇马路工程局的设立

光绪三十一年正月二十五日，张之洞手札江汉关道，饬令设立"汉镇马路工程局"。饬令云："照得汉镇大智门至玉带门议筑马路，勘估工程。

---

① 《札参将高长洪分修堤工》（光绪二十五年三月初四日），载《张之洞全集》第六册，武汉出版社2008年版，第220页。

② 《修筑省城堤岸折》（光绪二十八年九月二十五日），载《张之洞全集》第四册，武汉出版社2008年版，第72页。

③ 《札宗德福等督修冶坊至古埦檀林一段江岸石堤》（光绪二十五年六月二十八日），载《张之洞全集》第六册，武汉出版社2008年版，第252页。

④ 参见《札江汉关道兴修后湖长堤》（光绪三十年八月二十八日）、《札江汉关道委修后湖堤工》（光绪三十年十二月初十日），载《张之洞全集》第六册，武汉出版社2008年版，第444、452页。

据前任江汉关道梁道禀，经批准将火油池报效之款拨充修费，其余不敷之数，原议将城濠余地建屋招租。嗣据署江汉关道桑道督员履勘，禀称填路取土，需款其巨，不如招商租地，令商自行填土建屋，以兴市面。但商人承租成本既大，必须宽以期限……以二十年为限。先交第一年租价作为修路之费，以后免租四年，偿其填土建屋之本。至第六年再令纳租，以纾商力。至将来经费充足，扩后街马路可以直达江岸。目前须将街道逐渐展宽，凡马路两旁及通镇修建房屋，均须报验后方准兴修，以便展拓界址。其拆卸城垣砖石，即以接济堤工，藉省巨费……应即设立马路工程局，委员驻局办理，以专责成。"①

不过，汉口镇马路工程局亦为临时机构。"汉口后城马路竣工后，所有一切事宜，关道拟札警察局办理"②。

3. 汉口马路的官商权属之争

1905年，张之洞决定拆除汉口城垣。于是汉镇马路工程局"就城基改筑"为马路。因"数年并未修理，损坏不堪，行人苦之。加以水电公司两次安埋水管、电杆，挖毁多处，福绥土车公司又越路铺轨安设运土铁车，以至污泥壅塞，水不流行"③，湖北省府准备重新修筑。时逢湖北政府拒绝比利时领事在其已购刘家庙土地上开办租界，比利时领事向湖北省府巨额索赔，总督张之意图出卖后城马路地皮得款赎回比利时已购之刘家庙土地，为汉口绅商所反对。"汉口修筑后城马路，原议商款官办，并准商人有管该路之权，嗣鄂督以修筑之款虽出自商，而地系官家之地，计忽中变，竟设工程局委员自行管理，因此商家亦不愿建筑市房，故后城马路虽已告成两年，市房尚属寥寥。前月各商帮因公举商董与官场交涉，要求管理之权，昨（1907年9月3日——引者注）始议定由巨商刘人祥、宋炜臣二君代表，给官家地价银九十万两，此后该数十里马路尽归商家自管矣。"④"汉口各绅及四十八行商前因赎购后城堡垣马路，迭由宓丹阶、蔡辅卸等联禀前督张中堂，未蒙准办。昨各绅商复在沈家庙开特别大会，以堡垣原系绅商之款所

---

① 《札江汉关道设汉镇马路工程局》（光绪三十一年正月二十五日），载《张之洞全集》第六册，武汉出版社2008年版，第454页。
② 《马路改归警察局办理》，《申报》1906年2月25日（光绪三十二年二月初三日）。
③ 《署巡警道黄详督宪兴修后城马路工竣造具图册请委员验收文》，《湖北官报》1911年第94期。
④ 《后城马路归商管理》，《申报》1907年9月5日（光绪三十三年七月二十八日）。

第四章 张之洞督鄂时期武汉法秩序的转型（1889—1907年）（下）

筑，虽经官家出资改修马路，究不能全批为官产，拟俟赵次帅莅鄂时再行禀请，改归绅商合办（商以本地人为限）。否则即将商会每年捐缴官家之岁修马路费四万金停止不缴。闻倡此议者宓绅丹阶，众皆赞成云。"① 即将离任湖北的张之洞不再坚持出售筑路土地以支付对比利时的赔款，但亦没有听从绅商的意见将马路的修筑与管理权交付绅商。"现闻当道已决计改归湖北官钱局办理，不招商人承办。其填土筑路以及赎回比界之款，均由官钱局设法筹垫。其办法拟将两旁低地用土填高，再行分段拍卖各商人管业所有，各商从前招工填土之款，照数发还并按月给以一分利息云"②。

绅商们仍然认为"汉口后城马路及两旁官地原系商产"，应当"收回自办"。在张之洞交卸督篆的当天，"现由商董蔡辅卿等又于本月初九日在商会开第二次大会，公议向管理该地之兴商公司代表刘歆生君磋议收回商办之法。一俟议妥，即当禀请鄂督核示"③。后任湖广总督也没有听从绅商们的抗议，"宣统元年（1909年），湖广总督奏明：拆城修路'所需用银100万两，均由各行业按亩摊派，并饬令官钱局供给官款30万两，分期拨付，按年收回，以兴商业而握利权'"④。新总督陈夔龙委任"前充汉镇警员徐守传笃勘估兴修，招商协记公司江芝山承揽……宣统二年五月初一开工……惟两段马路工大费巨，并无丝毫的款。职道再四筹思湖北官钱局购置民基，多在马路两旁，路平则先受其益，爰向官钱局总办高道商允，于工程项下筹拨估平银五千两，水电福绥两公司各报效银元二千元以资补助"⑤，仍实行官办体制。此后武汉市区马路的修建，均由官办。如宣统三年（1911年），德国公使通过外务部以与德租界内相接之华界马路便道"诸多污秽，有碍卫生"为由，要求"由德领派捕管理"，湖北省政府拒不同意并派员江汉关道、巡警道共同整治。二道遂委任候补知县汪德崇主持，"筹议拨用江汉关留支添警经费"用于修路并添设一座新菜市场，亦实行的是官办体制。

---

① 《南洋商务报》1907年第28期。
② 《后城马路决计仍归官办》，《申报》1907年10月17日（光绪三十三年九月十一日）。
③ 《复议回后城马路》，《申报》1908年4月11日（光绪三十四年三月十一日）。
④ 皮明庥、邹进文：《武汉通史·晚清卷》（下），武汉出版社2006年版，第18页。该页云，张之洞"收回成命，将后城马路的修筑改为官商合办"，似有误。民国《湖北通志·交通志》云"又以见张文襄之能受尽言，妙于转圜也"，似指其未坚持出售此地皮作为对比国赔款，而非指"改官商合办"。
⑤ 《署巡警道黄详督宪兴修后城马路工竣造具图册请委员验收文》，《湖北官报》1911年第94期。

（二）强制性预留消防通道制度

张之洞到来前，武汉三镇城区房屋建筑尤为缺乏规划，街巷居民随意自建房屋，至街道极为狭，遇有火灾，消防水龙无法进入。光绪三十二年（1906年），张之洞首次为武汉三镇城区房屋建筑与消防通道进行了规划设计："照得武汉三镇，地广人稠，街道窄狭，民间一遇失慎等事，往往过街延烧……亟应严定章程，此后遇有失慎地方，凡临街房屋修建时，应让出官街三尺。即非失慎地方，但系履行房屋，无论铺面、住宅、公所，亦均应让出官街三尺。务令房主于事前禀报警察局，督同勘明较原造基址所让官街三尺确系相符，方许兴作，永为定例。倘有不遵，虽修成以后，亦必勒令拆卸。"①

（三）民营渡江运输体制

张之洞督鄂时期，武汉三镇之间的渡江交通出现了机动轮渡。1896年，"厚记轮渡公司开办，资金一万三千两，有楚裕、楚胜两轮"。1900年，"利记轮渡公司开办，资本一万二千两，拥有利江、利源二轮"②。"目前只有两家民营的轮渡公司各自以其两条小汽艇进行两岸轮渡。此外，两市有过半市民以民船摆渡为业"。与机动轮渡运输相比，木制渡船仍是市民渡江的主要选择。

"以上所述的渡江汽艇均已老朽，虽然每年都经港务厅年检，但其不完备之处惊人。有位邦人乘船过江看到该汽艇的锅炉已龟裂，龟裂处用水泥修补，甚感惊奇；还有位邦人听见锅炉的蒸汽外泄的声音，然而中国的汽艇工作人员完全不以为然。由此，可知轮渡的汽艇之状况。对轮渡之现状，为何不进行改良？对此以精干而著称的张之洞这样回答：'在武汉江面以摆渡为业者以几千计，如果改良汽艇之状况，势必吸引更多的顾客。这样将会夺取几千人的生活来源'"③。显然，商业化的轮渡运输之所以未能完全取代商业化的木船渡江运输，主要是当局有意识地保护后者的就业。

---

① 《札夏口厅暨江、汉两县出示展宽街道》（光绪三十二年闰四月初一），载《张之洞全集》第六册，武汉出版社2008年版，第505页。

② 杨铎：《武汉经济略》未刊稿，载皮明庥、冯天瑜等编：《武汉近代（辛亥革命前）经济史料》，武汉地方志编纂办公室1981年印行，第258、261页。

③ ［日］水野幸吉：《中国中部事情：汉口》，武德庆译，武汉出版社2014年版，第85页。前一段译文可能有误，似应为：两市有过半市民过江以民船摆渡。

（四）商业化的水电供应体制

开埠以前，武汉三镇居民生活用水多取汲于江、汉。道光时，汉口市区"少凿井，多仰汲襄河，故开水巷，以□卖水者"，应该是有了专门向居民供水的商铺。由于汲水工具通常使用辘轳或人工担水，故"辘轳转担，所过之处，日无干地"①。开埠以后，西方人在汉口租界设立自来水公司，向租界居民供应洁净水，并试图通过允许华商注股的方式向华界延伸以牟利。但由于事关利权，"前因禀请兴办者均系洋股影射，恐滋流弊，故未批准"。到光绪二十五年（1899年），数名华商集股"经署夏口厅陈署丞条议以为可"，并向湖广总督张之洞申请批准。八月十日，张之洞批准"准其兴办"，但"只准华商入股"，"仰江汉关道督饬该等遵照，并饬夏口厅遵照"②。

光绪三十二年（1906年），商人宋炜臣集资三百万元，在汉口创办水电既济公司，向张之洞申请承办汉口市区的水、电业务。六月四日，张之洞批准其"准予专办"，"其办专地方，应专指汉口，而汉阳、武昌均不能包括在内。其专利年限，应俟商部专利章程施行，再行宽订年限"。"本部堂委派大员一员，总司管理该公司弹压、保护、稽查三项事务。至公司内用人理财诸事，官不干涉，以清权限"③。

张之洞督鄂时期，汉口不仅已经实行了近代的自来水与电力供应，同时也引进了城市公共服务的商业化制度。

（五）多元化的电报、电话经营体制

早在1880年，李鸿章在天津设立实行官本官办的天津电报总局，由盛宣怀主持。1882年，朝廷批准该局拟定的《电报局招商章程》，将电报总局改为官督商办，并南迁至上海，改称"中国电报总局"。武汉地区电报线路的架设均由上海的中国电报总局办理。

1. 官督商办的汉口、武昌电报局的体制

"1883年，南洋大臣左宗棠奏准架设宁—汉电报线路，1884年4月（光绪十年三月）竣工，并与沪—宁线接通。5月，汉口设电报局于老熊

---

① 范锴：《汉口丛谈》卷2，台北成文出版社有限公司1975年影印道光二年刊本，第116页。
② 《录批咨行批准开办汉口自来水各情形》，载《张之洞全集》第六册，武汉出版社2008年版，第261、262页。
③ 《批职商宋炜臣等禀创办汉口水电公司》（光绪三十二年六月初四日），载《张之洞全集》第七册，武汉出版社2008年版，第219页。

家巷河边招商局内,用莫尔斯电报机与上海通报,是为湖北官督商办的第一条电报干线。""1886年汉口至武昌过江水线工程竣工,在武昌本佛阁(今解放书院街处)设武昌电报局。"① "当时,中国电报总局设在上海,汉口电报局和武昌电报局均为分局,官督商办"②。"光绪三十三年(1907年)改官办"③。

(1) 宁汉线。该线工程建设由两江总督左宗棠札委记名总镇姚靖戎督办。闰五月,电线已设至汉口,"因阳逻至汉口一带舟楫出入,若安电木恐有不便,改用地线",姚靖戎呈请湖广总督卞宝第札饬汉阳县发示晓谕,命沿线民众"各安守本分,切勿误听人言,稍滋事端"④。

(2) 汉川线。1884年,"汉口展线经沙市、荆门、宜昌入川直达重庆、成都,12月竣工"⑤。汉川线湖北段,由"湖北筹借五万两,交商局(官督商办之电报局——引者注)领用。事竣,分年缴还归款"。上述各线均由盛宣怀主持的官督商办的电报总局经办。张之洞来鄂后,大力发展电报事业,兴建了武汉至襄樊、武昌至长沙以及汉口至信阳等电报线路,亦由此官督商办的电报总局办。

(3) 汉口至武昌线。1886年,上海电报总局开办汉口至武昌的过水线,"由湖北海防军饷项下借拨银3000两,将来由电报局收入缴还"⑥。

(4) 武汉至襄樊线。光绪十六年(1890年),张之洞向朝廷请求开辟武汉至襄樊的电报线。"臣体察情形,只可仍设商线,由襄樊通至武汉,官报商情均致便利。当饬总理电报事宜山东登莱盛宣情筹议兴办","商线较之自造官线,可省常年用费","现饬司局筹银一万两,拨交商局,作为借款,不取利息,俾资周转。仍饬令酌度情形,立定年限,俟限满即将存款照案例年年缴还归款"⑦。

---

① 皮明庥、邹进文:《武汉通史·晚清卷》(上),武汉出版社2006年版,第152页。
② 江洪主编:《武汉电信志(1884—2005)》,湖北省电信有限公司武汉市分公司2006年版,第44页。
③ 民国《夏口县志》卷9"交通志·汉口电报局",载《中国地方志集成·湖北府县志辑③》,江苏古籍出版社、上海书店、巴蜀书社2001年版,第120页。
④ 《电线到汉》,《申报》1884年6月20日(光绪十年五月二十七日)。
⑤ 皮明庥、邹进文:《武汉通史·晚清卷》(上),武汉出版社2006年版,第152页。
⑥ 韩晶:《晚清中国电报局研究》,上海师范大学博士学位论文2010年,第181页。
⑦ 《武汉襄樊安设电线片》(光绪十六年闰月二月初四日),载《张之洞全集》第二册,武汉出版社2008年版,第334页。

（5）武昌至长沙线。光绪二十二年（1896年）十月二十九日，张之洞会同湖南巡抚陈宝箴奏请朝廷，两省共修长沙至武昌的电报线。湖南省府"由长沙省城起，历经湘阴、临湘、岳州一带驿路安设，至湖北蒲圻县境"，架设电报线路。该线由"宝箴咨请总理电报事宜候补四品京堂盛宣怀，派委妥员，率领工匠，随带应用线碗，克日至湘一，会同员绅，从省城外迤逦前往安设，以达鄂境。由蒲圻县接续安设至湖北武昌省城，再由臣之洞会同湖北抚臣谭继洵派员勘办"①。"南北两省此起电线，均饬由电报商局承造。现已由太常寺卿盛宣怀派委员司起运杆料，沿途查勘安设。"②

2. 从官督商办到商办的电话经营体制

"1899年电报局兼办电话"③，仍采用官督商办经营体制。与电报局先设于汉口不同，武汉的电话业务先始于武昌。"汉口新设电话不久，由武昌电报局兼管其事，总机仍在抚署"。1905年，汉口电报局"兹以往来转折不便，已商允于汉口新建商务局内借屋数间，安设总机以便传递，即作为汉口总局"④。后来汉口电话局因扩展业务缺乏资金，1907年总督府"将汉口和武昌的电话出售给商人刘歆生等，成为商办电话，称武汉夏德律风电话公司"⑤。

3. 官办之汉口邮政总局

"光绪二十二年二月，总理衙门议准署两江总督张之洞奏请沿江沿海及内地各省设立邮政专局。鄂省因于二十三年正月开办邮政，在汉口河街设立邮政专局（后改为邮务管理局）。武昌、沙市、宜昌设一等邮局（初名支局），其他各州县及各商埠均分别设立二三等邮局（初统名支局）及邮寄代办所"⑥。汉口专局又称总局，武昌仅为支局，可见汉口在邮政上的地位高于武昌。邮政实行官办。

---

① 《湖南安设电线折》（光绪二十二年十月二十九日），载《张之洞全集》第三册，武汉出版社2008年版，第397页。

② 《安设蒲圻至江夏电线片》（光绪二十三年正月十八日），载《张之洞全集》第三册，武汉出版社2008年版，第415页。

③ 皮明庥、邹进文：《武汉通史·晚清卷》（上），武汉出版社2006年版，第152页。

④ 《汉口特设电话总局》，《时报》1905年6月5日第6版。

⑤ 江洪主编：《武汉电信志（1884—2005）》，湖北省电信有限公司武汉市分公司2006年版，第45页。

⑥ 民国《湖北通志》卷54"经政·新政·实业·邮政局"。

二、城市公共服务制度

（一）赈灾与慈善体制

张之洞督鄂期间，武汉地区的赈灾与慈善事务基本依照清政府《户部则例》中的蠲恤规则进行，如开仓赈济灾民、以工代赈、蠲免灾区钱粮、奖励积极办理赈务及赈捐绅士、官倡民办育婴事业等。其稍有特点者，有赈捐局的设立、劝奖赈捐的地方立法以及基于减少教案而强化官办育婴诸项。

1. 赈捐局（筹赈局）的设立

光绪十五年前，湖北暨武汉地区的赈灾均由地方政府临时委员办理。"光绪十五年（1889年），湖北省被水各属，地广灾深，赈款不敷"，张之洞与时任"巡抚奎斌奏请援案开办赈捐，钦奉谕旨允准。遵即在藩司衙门开设湖北赈捐局，并分饬各州县广为劝办"[①]。此后，赈捐局一直保留下来，后改称筹赈局，为湖北省政府办理赈灾事务的专门机构。

2. 奖励赈捐

光绪二十二年（1896年），湖北郧阳、宜昌、恩施三州水旱交乘，颗粒无收。张之洞与巡抚谭继洵制定《推广赈捐暨优奖办法》，委托户部奏请皇帝，为皇帝所准。该办法规定：捐实银一万二千两以上，由筹赈局、布政司及各道详请督抚专折奏请优奖；如奖花翎加一成（即一万三千二百两）；三品以上官衔需捐一千八百两；四品以下为九百两，蓝翎四百五十两[②]。

3. 暂时劝阻湖北暨武汉地区教堂收养中国婴儿

张之洞督鄂之前，武汉地区的育婴体制基本上沿用了雍正时期的官倡民办以及乾隆时代的官办体制。因为武汉地区的社会发育程度尚不如江浙，因而其育婴事业的历史与普及程度很有限。光绪初年，武昌县仅有一所育婴堂，"光绪三年刘笃庆、凌心垣暨绅士等创建"[③]；汉阳的"育婴堂，遗址仅存"[④] 汉口则根本没有育婴机构。

[①]《湖北赈捐已满一年请展限半年折》（光绪十七年三月十九日），载《张之洞全集》第二册，武汉出版社2008年版，第432页。

[②]《札北藩司等移行户部奏准推广赈捐暨优奖办法》（光绪二十三年三月十九日），载《张之洞全集》第六册，武汉出版社2008年版，第24页。

[③] 光绪《武昌县志》卷4。

[④] 光绪《汉阳县识·营建略》。

第四章　张之洞督鄂时期武汉法秩序的转型（1889—1907年）（下）

1886年之后，"全国进入了教案爆发的高潮阶段"①。教案发生的主要起因之一，是外国天主教会在中国举办育婴堂收养弃婴，被谣传为剜眼剖心制药或贩卖儿童。光绪十七年（1891年），湖北武穴发生重大教案。张之洞饬令江汉关道照会汉口各国领事，"查教堂滋闹，大都因收养幼孩而起，在地方官虽有保护之责，而教堂亦宜远嫌自慎"，"各国领事之设有教堂者，务饬各婴堂暂勿收养，免滋疑惑。俟地方安靖如常，再行收养，以期相安无事"②。

4. 要求湖北暨武汉各地兴建育婴堂

为避免教案冲突，清政府于光绪十七年（1891年）通饬各省"筹捐集款，广设育婴处所，收养幼孩③，使减少教会收养中国婴儿之机会。张之洞遂迅速在武汉及湖北其他地方积极筹办育婴堂，致湖北各地育婴机构大为增加。其"收养之法，大率分为堂养、助养两端。如经费充裕，建堂雇乳，多多益善，是曰堂养；或巨款骤难筹集，即不必遽立新堂，定雇乳媪，但按月给费责令本生父母抚育，是为助养"。其育婴体制仍沿袭传统，"先由地方官员捐廉以为之倡，绅、商、士、庶亦多向义乐施，或以资产充公，或以集会输捐，或于田房税契及本县市镇商贾认捐经费，共襄善举。就地方之广狭繁简，因地制宜，分设堂所。公举端正绅士，以董其事。所收租息及岁捐、月捐、筒捐各款，绝不假手胥吏。该地方官，随时亲赴堂所，留心查验"，总督、巡抚"督饬司道，覆加综核人，并委员随时密查其收养婴孩名数，并饬按季分别造册禀报，俾资考核"④。

到光绪十九年十二月止，"江夏县在各乡分设堂所，合计官民捐项，每年共银三百两、钱一千四百串，又捐集钱七百余串，拟置产增额，现育婴三百四十余名"，"汉阳县在汉镇创建官堂，每年约捐钱七千二百余串。又绅商创设商局，捐款不敷。每年官堂且钱六百串，收助养婴孩一百五十名"⑤。

---

① 刘元：《晚清湖北教案研究——以官绅民为中心的考察（1860—1911年）》，人民出版社2014年版，第35页。
② 《札江汉关道照会各国信赖育婴堂暂勿收养婴孩》（光绪十七年五月初三日），载《张之洞全集》第五册，武汉出版社2008年版，第252页。
③ "中央研究院"近代史研究所编：《中国近代史资料汇编·教务教案档》第五辑（二）（光绪十三年—光绪二十一年），第1158页。
④ 《筹办育婴折》（光绪十九年十一月十四日），载《张之洞全集》第三册，武汉出版社2008年版，第143页。
⑤ "中央研究院"近代史研究所编：《中国近代史资料汇编·教务教案档》第五辑（二）（光绪十三年—光绪二十一年），第1152、1153页。

作为武昌府首县的江夏县,汉阳府首县汉阳县,其在全省各州县的育婴数排名中,分别位居第3、第10①。

在这一教案高峰期兴办的育婴机构,仅为避免、减少教案冲突这一政治目的而设,因而不仅在制度上没有创新之处,而且也不具有持续性。

(二)公共文化服务制度的创设

古代中国一直不存在制度化的公共文化事业,文化为官员与士人所垄断,新闻亦仅有官方发布的供官员、士大夫阅读的所谓"官报""邸报"或"邸钞"等②。鸦片战争尤其是太平天国起义之后,基于多方面原因,东南地区的督抚们开始兴办地方官书局,大量出版具有西学内容的图书进行广泛的近代文化知识的传播。甲午战争之后,张之洞在湖北暨武汉地区创办了许多官方报刊,向社会大众传播商务、农学、教育等新的专业知识,开创了近代地方政府官办专业刊物制度之端。晚清新政期间,总督张之洞会同巡抚端方更是创办了中国最早的公共图书馆,首创文化之公共普及制度。

1. 湖北暨武汉地区官办出版制度

(1)官报与官书局的设立。湖北暨武汉地区官书局的设立与增设。汪家熔先生在《中国出版通史·清代卷》中说:"元、明时代地方官刻(书)非常活跃。清代由于进行极度的集权,官员动辄得咎,思想上的高压政策,加以地方的财政定额远低于实际需要……所以清代中央六部、地方官衙很少主权力刊刻图书。"太平天国起义之后,"战争使战区的书籍受到严重损失","士子有志读书,无从购觅",因而"同治五年颁发刻书上谕,经济发达地区就陆续兴办官书局",时署理两江总督的"李鸿章是官书局的始作俑者"。他于同治五年(1866年)在南京创办了金陵书局。"崇文书局,在后府街正觉寺内。同治六年,湖广总督李瀚章、湖北巡抚曾国荃创设。光绪三年改为经理官书处,移设巡道岭"③,"崇文书局后来改称湖北书局"④。而叶再生先生则认为地方官书局的创设始于湖北巡抚胡林翼,湖北"初议设立官书局的是湖北巡抚胡林翼,曾得到曾国藩的支持。同治初

---

① 参见"中央研究院"近代史研究所编:《中国近代史资料汇编·教务教案档》第五辑(二)(光绪十三年—光绪二十一年),第1152—1158页。
② 参见刘家林:《中国新闻史》,武汉大学出版社2012年版,第12、13、19—22、28—32页。
③ 民国《湖北通志》卷26"廨署"。
④ 汪家熔:《中国出版通史·清代卷(下)》,中国书籍出版社2008年版,第69、71、72、73页。

第四章 张之洞督鄂时期武汉法秩序的转型（1889—1907年）（下）

胡病逝事寝"①。

张之洞来汉主政之后，不仅保留了湖北书局，还在其所办的洋务机构内增设洋务译书局与湖北舆图总局。洋务译书局创设的时间不详，隶属铁政洋务局（光绪三十年八月十一日改为洋务局）。光绪十二年（1886年），清廷为编制《大清会典图》，成立会典馆，下设画图处，要求各省每年上报一次辖区地图。光绪十七年（1891年）初，张之洞"通行司局，设立舆图局，派委锡道璋会同藩司、善后局开局办理"。三月，又札委湖北候补道蔡锡勇"总办舆图局事务"②。

开创了湖北暨武汉地区的官办报刊制度。光绪二十四年（1898年）六月七日上谕："先就沿海、沿江，如上海、汉口一带……着刘坤一、张之洞拣派通达商务，明白公正之员绅，试办商务局事宜。"十九日，廷寄上谕，"令于上海、汉口设商务局，饬江督刘与张之洞拣选员绅试办，慎选有人，即行具奏"。张之洞即于七月十八日请总理各国事务衙门代奏《奏陈汉口筹办商务局事》，拟委道员王秉恩，并电奏调江苏候补道程仪洛，会同总理汉口商务局。八月八日，张之洞在向皇帝的陈奏中确定商务局的八项职能，第一条便是创办商报、商会与商学③。1899年4月30日，张之洞创设之《湖北商务报》正式发刊，由汉口商务局主办。该报为"国内发行的最早发刊的商务官报"④，也可以说是全国最早的官报。时任直隶总督的袁世凯创办的《北洋官报》为1901年，而晚清政府商务部创办的《商务官报》则迟至1902年才出版。此后，张之洞在湖北暨武汉地区还陆续创办了"《农学报》（1900）、《湖北学报》（1903）、《湖北官报》、《湖北教育官报》（1905）、《公论新报》（1906）、《农工商报》、《两湖官报》（1907）等种，凡下、学、农、商各个领域的舆论宣传，几乎全部控制在官府手里"⑤。

（2）官报与官书局宗旨由政府设定。1899年，张之洞为《湖北商务

---

① 叶再生：《中国近代现代出版通史》（第一卷），华文出版社2002年版，第352页。
② 《札委蔡锡勇总办舆图局务》（光绪十七年三月二十二日），载《张之洞全集》第五册，武汉出版社2008年版，第237页。
③ 《奏陈汉口筹办商务局事》（光绪二十四年七月十八日），载《张之洞全集》第四册，武汉出版社2008年版，第470页。
④ 刘望龄：《张之洞与湖北报刊》，《近代史研究》1996年第2期，第44—65页。
⑤ 刘望龄：《黑血·金鼓——辛亥前后湖北报刊史事长编》，湖北教育出版社1991年版，第4、5页。

报》确定《湖北商务报略例》十五条，前十四条为规定《湖北商务报》刊登的栏目及其顺序，即商务谕旨，商务奏疏，商务局所收、发文牍，商局讲论（负责人讲话），局外文牍，中外商情，东西译报，商务专案，商务月表，商学、商律，按语及更正等十四项；第十五项为"禁议时政"，"本报遵旨断不收录妄议时政之作，藉端诬陷人者亦不录"[1]。在《湖广总督派阅湖北商务报札》，"商报一事，凡有关商务谕旨，自应恭录，奏疏文牍，均应采录。此外，商局讲论中外商情暨各报商务通论、商务交涉案件，均应采入；其东洋各报、商学、商律诸书，亦应择要译编，按旬出报"[2]。

1905年，张之洞为《湖北官报》确定的"凡例十则"规定：（一）本报大意以正人心、增学识为宗旨，二义并行，凡邪诐悖乱之说，猥鄙偏谬之谈，一概不录。（二）本报所录必有关于政法、学说、兵事、财用及农工商渔各实业，暨交涉要端，俾究心时务者得以周知时局，扩启见闻，可为励学之资，应事之助，其不在此六项者不录。（三）本报编纂采录各件，略有十二门，其目如下：列朝圣谟第一，邸抄第二，重要电音第三，本省公牍第四，京外公牍第五，各省报章第六，各国报章第七，前人论说第八，时人论说第九，往事鉴戒第十，各省记事第十一，辩正谬误第十二。（四）本报每旬出报一本，所载不出此十二门，随时择其有益政学实际、人心风俗者采录，不必一本中各门俱备。（五）本报非如商贾射利，文人炫才，不拘篇幅长短多少，少者或每本数页，多者或数十页，如有应附报刊布之书，卷帙少者，如可分篇，即每本采刊一篇，如卷帙虽少而不能分篇，或卷帙较多者，即另刊全书，附报传布，必使每篇首尾完具，决不录未完之稿。（六）本报邮寄各省官商，代为分送，不取分文，其代送人经理收发，听其酌取微资，惟每本至多不得过十文。（七）本报所录，无论古书今事，皆取核实，凡访事捏造虚妄不根者，概屏不登。（八）本报所载，意在博观取约，但期阅报者有益，无取繁见，虽不能搜尽一时新事异闻，而所载要必有信，要必有用。（九）本报一秉至公，凡诬罔报复，饰词欺世，要挟恫喝以取利，种种市侩恶习，一概禁绝。（十）凡有品端学裕、究心时务之士，如有雅言要

---

[1]《〈湖北商务报〉略例》，《湖北商务报》1899年第1期，第16—18页。
[2]《湖广督宪张派阅湖北商务报札》，《湖北商务报》1899年第3期。

第四章 张之洞督鄂时期武汉法秩序的转型（1889—1907年）（下）

论,有益于人心学术者,准其送至该报馆,听候酌量选录,其识解纰缪者,断断不准收入。《湖北官报凡例十则》一出,迅即为各省督抚所师法①。

（3）不计成本地官销书、报、刊。上海新创《时务报》,为旬刊。张之洞认为"该报识见正大,议论切要,足以场增广见闻,激发志气。凡所采录,皆系有关宏纲,无取琐闻。所采外洋各报,皆系就本文译出,不比坊间各报讹传臆造。且系中国绅宦主持,不假外人,实为中国创始第一种有益之报"。光绪二十二年（1896年）七月,张之洞"饬知《时务报》馆,所有湖北全省文武大小各衙门,文职至各州县、各学止,武职至实缺都司止,每衙门俱行近期寄送一本,各局、各书院、各学堂分别多寡分送,共计二百八十八分,每分每月三本……应自该报馆开馆第一次所出之报第一册起,概行印送足数"②。光绪二十三年（1897年）七月十日,张之洞通饬湖北省直各机关、各学院、荆州将军及各道府州县均订阅湖南《湘学新报》、上海《农学报》③。《湖北商务报》出版后,张之洞"通饬湖北各道府、州、县《农学报》案,一体购阅,并转发绅商阅看"④。《湖北官报》出版后,张之洞不仅要求本省各级官府订购,而且还向其他各省免费赠阅。《湖北官报》"凡例十则"第六则规定,"本报邮寄各省官商,代为分送,不取分文"。张之洞甚至要求与其有亲戚关系的江苏巡抚鹿传霖亦按湖北体例向全省各机关派阅⑤。

（4）官报的内部管理。由总督亲任总编。上海的《大陆》杂志载:"张宫保于《湖北官报》,一条一目,皆须亲裁,故出版甚缓。官报馆设于汉口,地隔一江,诸多不便。日前传谕官报馆专办周崧甫太守,谓官报嗣后迳由督署办理,该馆不必预闻。所延主笔改办日报,以免辞退;其余员司,酌量裁减。最督署专办官报,已委王司直司马暨易实甫观察,惟易观察已回匿

---

① 《〈湖北官报〉凡例》,《秦中官报》1905年4月第1号,第26、27页。
② 《札善后局筹发〈时务报〉价》（光绪二十二年七月二十五日）,载《张之洞全集》第五册,武汉出版社2008年版,第506页。另参见张之洞：《饬行全省官销〈时务报〉札》,《时务报》第6册,1896年9月27日。
③ 《通饬湖北各属州县购阅湘学、农学各报》（光绪二十三年七月初十日）,载《张之洞全集》第六册,武汉出版社2008年版,第76页。另参见《两湖督院张咨会湘学院通饬湖北各道府州县购阅湘学报公牍》,《湘学新报》第15期,1897年9月7日。
④ 《湖广督宪张派阅湖北商务报札》,《湖北商务报》1899年第3期。
⑤ 《湖广督宪张咨送湖北商务报文》,《湖北商务报》1899年第3期。

庐侨寓，尚未来鄂。现仅王司马一人经理其事。"①

人浮于事的干薪恶习。上海的《大陆》杂志批评《湖北官报》中的干薪恶习："湖北干薪之习，向较他省为甚。然官报之设，原欲开通风气，非为调剂属员。且该馆专款有限，办事薪水，均极廉薄，主笔月仅三四十元，而坐取干薪者，有《商务报》主笔陈叔伊大令，月支八十元；现办《湖南官报》沈习之茂才，月支四十元；编辑委员任叔之大令，月支一百四十元；更有日本翻译两员，月支薪水杂费一百五十元，皆不予闻报事。闻新委总撰述易实甫观察，每月薪水一百两，亦无所事事。现惟专办周松甫太守，孜孜整理，竭蹶万状，不知能否持久也。"②

2. 对官私媒体与出版物的管控

（1）查禁非法出版物。查禁黄陂歌谣。光绪十七年（1891年）五月七日上谕："匿名揭帖，造言惑众，即行严密查拿，从重治罪等因。钦此。"张之洞"风闻黄陂县地方各当店，意敢刊印歌谣，公然分布，四处传唱"，遂委派督署直属绿营左营守备陈士恒密切查访，并立即知照黄陂县，会同督率差役查拿，并将谣书板片起获呈缴。经陈守备与黄陂县令共同调查，认定为黄陂县城厚生典铺已故伙计冯德全由湖南带回长沙善堂印发的禁书三十本及印板，散发给在陂同乡，并没有传唱及印刷。县令与陈守备收缴了印板，并密谕绅首，外间居民如有尚存此书者，一律呈缴；同时拘留了厚生典铺管事黄心成及贞远、志成、二成、谦六各店店伙，请示总督处理。张之洞认为黄陂县令和陈守备渎职敷衍，要求陈守备"提正犯要证到省发审究办"，"并务须查出刊刻此板之刻字匠，即日解省。若仍敢狡饰，即将厚生典铺中紧要管事铺伙酌提二三人解省，不准以衰老铺伙搪塞，并将各铺分存之本勒令缴出，不准存留。如有意徇庇当商，再不能查犯正犯要证到案解审，即将该令先行撤任奏明参处，并即将厚生典铺查填充，决不宽贷"③。

查禁《警世钟》与《猛回头》。光绪三十年十一月三日，张之洞札饬湖北省按察使司，要求通饬各省查禁逆书："照得刊布逆书，罪不在赦。造言

---

① 《官报改归幕府办理》，《大陆》（上海）1905年第3卷第5期。
② 《湖北官报馆干薪之盛》，《大陆》（上海）1905年第3卷第5期。
③ 《札陈士恒查拿黄陂县地方刊布谣言》（光绪十七年八月二十三日）、《札黄陂县查出典铺刊印书板正犯解省》（光绪十七年八月三十日），载《张之洞全集》第五册，武汉出版社2008年版，第307、310、311页。

第四章 张之洞督鄂时期武汉法秩序的转型（1889—1907年）（下）

惑众，律有专条。各国通例，凡民间著书有紊纲纪，害治安之字句者，必查禁销毁。诚以法律范围，固断不容稍有逾越者也……兹经本部堂访获《警世钟》一书，系自上海传来……又有《猛回头》一书，词意亦极悖谬，与《警世钟》大同小异，亦系此等乱党所为……此等逆书，亟应严拿查禁。除札饬江汉关照会税务司于入口书籍从严检察，遇有逆书如《警世钟》《猛回头》等类，立即扣留，解由关道送省销毁，并根究贩运逆书之人提案惩办。一面访察造书之人，别行设法输外，合亟札行该司迅即通饬各属遵照，出示严禁。嗣后无论坊贾居民，概不准将《警世钟》《猛回头》等逆书行销传送。如先经存有是书者，立即送官销毁。倘敢故匿不报，或翻印传布，一经查出，定即治以应得之罪，仍将查禁情形据实禀报。"①

（2）禁止销售、购买有碍政治的合法出版物。光绪二十三年九月十六日，张之洞至湖南巡抚陈宝箴、按察使黄遵宪电："《时务报》第四十册梁卓如所作《知耻学会叙》内，有'放巢流虺'一语，太悖谬，阅者人人惊骇，恐招大祸。'陵寝蹂躏'四字亦不实。第一段'越惟无耻'云云，语意亦有妨碍。若经言官指摘，恐有不测，《时务报》从此禁绝矣……望速告湘省送报之人，此册千万勿送。湘鄂两省皆系由官檄行通省阅看，今报中忽有此等干名犯义之语，地方大吏亦与有责焉，似不能不速筹一补救之法。"②

光绪二十四年（1898年）闰三月十六日，张之洞札饬湖北善后局停止订阅《湘学报》并咨文湖南学政徐仁铸"以后勿庸续行寄鄂《湘学报》"；闰三月二十一日，张之洞电致湖南学政："近日由长沙寄来《湘学报》两次，其中奇怪议论较去年更甚，或推尊西摩西，或主张民权，或以公法比春秋……此间士林见者啧有烦言，以后实不敢代为传播矣。所有以前报资，已饬善后局发给，以后请饬即日截止，毋庸续寄。另将《湘学报》不妥之处签出，寄呈查阅。"③

"在《汉报》上所刊载的新闻，屡屡触犯武昌官宪当局的意志，为官宪当局所忌讳。对此，总督张之洞多次提出抗议。日方则认为：既然是新闻，

---

① 《札北臬司通饬各属查禁逆书》，载《张之洞全集》第六册，武汉出版社2008年版，第446页。
② 《至长沙抚台、黄臬台》（光绪二十三年九月十六日），载《张之洞全集》第九册，武汉出版社2008年版，第259页。
③ 《张文襄公公牍未刊稿》第14册"咨札"《至长沙徐学台》，载《张之洞全集》第九册，武汉出版社2008年版，第315页。

那么,就要如实地报道地方上发生的事情,此乃新闻之使命。官宪当局由于不能禁止,最终采取收购的办法将《汉报》买下,至此,《汉报》绝迹,此后以面向日本人的《汉口日报》取代于《汉报》,继续发刊"①。

光绪二十六年(1900年)正月十五日上谕:"康有为、梁启超……开设报馆,肆行簧鼓,种种悖逆情形,殊堪发指……着各该督抚逐处严查,如有购阅前项报章者,一体严拏惩办。"二月七日,张之洞奉此谕札饬江汉关道:"查康梁二逆在南洋造为《天南新报》,在日本造为《清议报》……亟应遵旨严禁";"以后沿海各省报章,其恪遵谕旨并无悖逆字句者,仍旧准其阅看。如有语涉悖逆者,一体禁止购阅,并禁止代为寄送,严行查拿惩办"②。

1900年9月28日,"《汉报》自1896年由日本人宗方接办以来,由于坚持抑制旧党,援助新党",扶植亲日势力的方针,而开罪以慈禧太后为代表的顽固派,在湖广总督张之洞的严禁购阅与递送的种种限制下,无法继续经营,是日以三千两价银让与湖北官宪,宣布闭馆"③。"《汉报》开办有年矣,先归绅办,颇称实实,月销八千余份。武昌府梁鼎芬恶其发己之隐,商之两院,改归官办,一味颂扬,于中外要件及官场腐败情形概不登载。更可笑者,张之洞之封君墓志铭亦大书特书于其上,此真报章特别之新例也。有识者皆唾弃不观,月只销二千余份,资本大亏,梁又商之端立,勒派各州县及各局分销,大县月三十份"④。

为逼迫日本人关停《汉口日报》,张之洞使用了各种手段。"日本人发行的《汉口日报》,却被张宫保全部买下了"。终于在1904年"年初,《汉口日报》由张之洞接收,收为官办"。官办之后的《汉口日报》具备了官办报纸的一切恶行,"《警钟日报》载文继续揭露《汉口日报》强制派销。《官报驿递》报道说:'《汉口日报》业已改归官办,兹已半载有余,销路颇滞,遂由兼督端方札饬大县承销30张、中县承销20张、小县承销15张,

---

① [日]内田佐和吉:《武汉巷史》,武德庆译,武汉出版社2014年版,第28页。
② 《札江汉关道查禁悖逆报章》(光绪二十六年二月初七日),载《张之洞全集》第六册,武汉出版社2008年版,第310页。
③ 刘望龄:《黑血·金鼓——辛亥革命前后湖北报刊史事长编》,湖北教育出版社1991年版,第50页。
④ 上海《警钟日报》,转引自刘望龄:《黑血·金鼓——辛亥革命前后湖北报刊史事长编》,湖北教育出版社1991年版,第82页。

第四章 张之洞督鄂时期武汉法秩序的转型（1889—1907年）（下）

其余道府直隶州以及局卡承阅3张。所有通邮之处（均由邮局递寄，其不通邮处所即由商务局驿递'"①。

（3）一度禁止私人开设新报馆。前述光绪二十六年（1900年）正月十五日上谕发布后，张之洞即奉此谕札饬江汉关道，"闻华人有拟在汉口续开报馆者，……如在华界开设者，禁止购阅递送，房屋查封入官。即在洋界开设，冒充洋牌，亦断不准购阅递送，违者一并拿办。查各国领事访闻各处有匿名白帖，诬诋洋人，造谣惑众者，一经照会，本部堂无不立即饬令地方官实力严禁查办"，"今近在租界之内，倘有传播诬捏之事，悖逆之言，本部堂理宜实力禁阻，各国领事定当协力相助。合亟札仰该关即便遵照，迅速照会各国领事，勿令华人在汉口冒充洋牌，续添报馆，以靖地方而安人心，是为至要。并由该关道知照税务司严行稽查。将来无论何省寄来之报，如有言语悖逆，意在煽乱，断不准其进口销售。并转饬汉阳夏口厅，如有购阅悖逆报章及递送者，严行查拿惩办，并禁止不准续开报馆，如有将房租与报馆者，查封入官，懔遵勿违"②。

张之洞在湖北及武汉地区禁止私人开设报馆，仅仅是执行朝廷的临时上谕而行，并非其一贯政策。事实上，武汉地区一直存在着各类私营报刊。

3. 武汉首创公共图书馆制度

图书馆作为图文书籍的专门藏所，起自于商代。"商代已有初具规模的图书馆……属国家图书馆性质"。宋以前，国家图书馆为图书馆的主要形态。到宋代，"民间图书馆，无论是馆数还是藏书数，和政府的相比，都无逊色之处"③。明清时期，国家图书馆与私人图书馆均有很大的发展。但这些公、私图书馆的功能仅仅在于保存图书，只限于极小范围的读者可资利用。在武昌的湖北省图书馆创设之前，中国尚不存在为社会大众服务的公共图书馆。

光绪三十年（1904年）正月二十八日以前，湖北巡抚兼署湖广总督端方在武昌城武当宫道院（今大成路）创设的湖北省图书局，"其初衷是服务

---

① 刘望龄：《黑血·金鼓——辛亥革命前后湖北报刊史事长编》，湖北教育出版社1991年版，第81页。
② 《札江汉关道查禁悖逆报章》（光绪二十六年二月初七日），载《张之洞全集》第六册，武汉出版社2008年版，第310页。
③ 李朝先、段克强：《中国图书馆史》，贵州教育出版社1992年版，第45、46、177页。

学堂"。同年正月十八日，张之洞回任湖广总督，于同年七月在武昌城兰陵街益智场（今武昌区解放路人民电影院处）开办学堂应用图书馆。依张之洞给湖北省学务处的指令，学堂应用图书馆不仅广为储备各"学堂一切须用之品"，而且还"听各学堂随时购用。凡学生自备之参考图书、测绘仪器、表尺纸笔、标本模型等件，持有各学堂证据来购者，酌减原价十成之二，各学堂教员来购者，酌减原价十成之一。省外各学堂管理官绅来购者，亦减原价十成之一，以广教育而便取求，均须持有确切执照凭据，以免市侩影射。此馆即归学务处统辖，所需经费，即在原拨学务处经费项下动支具报"。张之洞札委湖北试用知县张汝漪充任学堂应用图书馆委员，并"札委该员遵照迅速妥拟开办章程"①。稍后，张之洞将端方创设的湖北省图书局与学堂应用图书馆合并，并对图书馆体制进行了重大改革，"允许校外研究者入馆。扩建馆舍，准人游览"，并将其改名为"湖北省图书馆"，成为当时全国"成立最早，而且开放最早"的省级公共图书馆②。此后，京师及各省会公共图书馆的设立及章程的制定，均以湖北省图书馆为示范。如1906年湖南省巡抚庞鸿书呈奏的《图书馆暂定章程》第三条规定："本馆以保存国粹、输入文明、开通智识，使藏书不多及旅居未曾携带书籍者，得资博览，学校教育、学生得所考证为主义。"第四条："本馆所藏各种图书、报章，凡有志向学者，皆得照规例入馆参阅。"③ 宣统元年（1909年）十二月十七日，学部奏定《图书馆通行章程》第一条："图书馆之设，所以保存国粹、造就通才，以备硕学专家研究，学艺学生、士人检阅考证之用，以广征博采，供人浏览为宗旨。"④

---

① 《札学务处立学堂应用图书馆》（光绪三十年七月二十九日），载《张之洞全集》第六册，武汉出版社2008年版，第443页。
② 参见汤旭岩、马立志：《湖北省图书馆早期历史（1904—1908）之考察》，《国家图书馆学刊》2013年第1期，第85—92页。
③ 《湘抚咨送奏设图书馆暂定章程》，《学部官报》1906年第9期。
④ 《奏拟定〈京师及各省图书馆通行章程〉折（并单）》，《学部官报》1910年第113期。

第五章 预备立宪时期武汉地区法秩序的近代化

1907年，前后担任湖广总督近十八年的张之洞入京担任军机大臣，由赵尔巽继任鄂督。赵尔巽向为保守官僚，对张之洞在汉的洋务诸政颇有更易，引起张之洞的不满。半年后，张之洞遂利用其中枢之权调陈夔龙接替赵尔巽。陈夔龙接任后，"承乏二载，萧规在望，有愧曹随。第前贤施之博者，辄守之以约"[①]，于张之洞在汉之政，多所维护。晚清新政大体由张之洞、刘坤一等疆臣主导，尤其是张之洞入掌军机之后，不仅仍大力维护其开创的武汉诸项新政，而且尽可能地在全国范围内推行。

张之洞去世之后，清政府加速了新政步伐，筹备立宪诸政迅速推行，武汉地区作为湖广军政中枢之地尤其是汉口在长江流域的商业巨埠地位，使其在地方自治、司法独立等各项新政方面，仍得承政策之先。到武昌辛亥起义之前，武汉地区的新式法律制度体系已初具规模。

第一节 预备立宪活动

张之洞在武汉进行的改革始终限于行政层面而未能进于政治层面。光绪三十二年（1906年）七月十三日，清政府颁布预备立宪上谕，正式开启了晚清的政治体制改革。等到清政府在预备立宪原则下开始各项政治体制改革的时候，张之洞已经奉旨调进入军机处，湖北暨武汉地区的各项政治体制改革先后由赵尔巽、陈夔龙与瑞澂三位继任总督推进。

---

① 陈夔龙：《梦蕉亭杂记》卷2，北京古籍出版社1985年版，第101页。

一、预备立宪筹备机构的演变

1906年清廷宣布预备立宪之后,在中央成立宪政编查馆作为宪政筹备机构。宪政编查馆成立后,各省应宪政编查馆的要求,先后设立相应的预备立宪筹备机构。武汉地区作为全国重要的军政枢纽与主要的国际商埠,在晚清预备立宪的筹备活动中,一直居于全国领先地位。

(一) 调查局

湖北最早成立的预备立宪筹备机构为"调查局"。

> 光绪三十三年(1907年)九月,宪政编查馆奏令各省设立调查局以为编制法规、统计政要之助,并颁行办事章程到鄂。总督赵尔巽遵于省城裁缺粮道衙门,设立调查局,奏派翰林院编修陈敬第为总办,综理局务,分设法制、统计两科,各派科长一人,每科分三股。案查《调查局办事章程》,法制科分设三股:第一股掌调查本省一切民情风俗,并所属地方绅士办事与民事、商事及诉讼事之各习惯;第二股掌调查本省督抚权限内之各项单行法及行政规章;第三股掌调查本省行政上之沿习及其利弊。统计科分设三股:第一股掌属于外交、民政、财政之统计;第二股掌属于教育、军政、司法之统计;第三股掌属于实业、交通之统计。各股派管股委员一人或二三人分任,职掌均以曾习法政之员充之,又遵章札饬司道及府厅州县各设统计处,选派专员就所管事件分别照式填表送局查核。其编制事宜亦札饬府厅州县就近调查,统由局按类编订,呈请咨送,宪政编查馆并将统计事项分咨主管各部院。宣统二年,查照宪政编查馆奏定章程,将调查局裁撤,所有法制事宜归并会议厅参事科办理。另于督署内设统计处,以综核之。

(二) 全省地方自治局

早在光绪"三十四年(1908年)二月,总督赵尔巽奏设全省地方自治局,派布政使为总办,并委曾习法政之员充坐办、参事,分编制、调查、文牍、总务四科,附设调查员养成所。又由该局设立武汉公民养成所,为武昌、汉阳两府试办自治之预备,于四月开办,十二月一律毕业"[①]。其成立

[①] 民国《湖北通志》卷53"经政(十一)·新政(一)·民政·地方自治研究所",台北华文书局1967年版,第1248页。

时,"先期柬请官学绅界齐集观礼,届期赵帅以次文武官绅及学界到者不下三百人举行开局式时,由次帅宣布训词,大旨谓今日为湖北全省自治局开局之日,特举我国地方自治发生之历史与各国地方自治之组织暨湖北地方自治筹办之秩序"。赵尔巽认为,湖北全省自治局的职责在于负责"湖北地方自治筹办之秩序,以调查各地习惯与编写自治制度为唯一之事",故"特设调查养成会以为预备并自治制度研究"①。全省地方自治局在1909年后被并入谘议局筹办处。

与全省自治局同时设立的还有"谘议局创办所"。"自治局以编订地方自治及调查地方习惯为入手始,基已委藩司为总办,梅观察光义为坐办,首府(武昌府——引者注)黄太守及朱太守曜(汉阳知府——引者注)为提调,首县杨大令寿昌(江夏县令——引者注)为副提调,李君盛街为参事兼调查科长。其谘议局创办所拟先开绅班,演讲地方自治、宪政各学以造就议士资格,亦已委藩臬两司为总办主持其事。"②

(三)宪政筹备处与会议厅

清政府于1908年8月27日匆忙公布《钦定宪法大纲》及《议院未开前逐年应行筹备事宜缮具清单》,将立宪的预备期限确定为九年。1908年颁布《城镇乡地方自治章程》;1909年筹办城镇乡地方自治,设立自治研究所,颁布《府厅州县地方自治章程》。

依筹备清单,"宣统元年(1909年),总督陈夔龙奏明,于(总督)署内特设宪政筹备处,以为统辖之机关,于八月初一日成立。凡关于九年筹备事宜及谘议局各项事件,均由该处办理。嗣查照《奏定各省官制通则》第六条,于署内设立会议厅,分别会期传集司道以下各官会议,一切要政遵章分设两科:一参事科,专司参议庶政施行事件;一审查科,专司审查谘议局议决及交议各案件,其原设之宪政筹备处,即行归并该厅办理,以免纷歧"③。宪政筹备处并入督署会议厅。

(四)谘议局筹办处及其附设之地方自治筹办处

"宣统元年(1909年),总督陈夔龙查照宪政编查馆原奏,将全省自治

---

① 《湖北地方自治局开局记盛》,《顺天时报》光绪三十四年正月十三日第1793号。
② 《东方杂志》第五卷,1908年第3期,第212页。
③ 民国《湖北通志》卷53"经政(十一)·新政(一)·民政·地方自治研究所",台北华文书局1967年版,第1248页。

局归并谘议局筹办处,附设全省地方自治筹办处,专管自治各项事宜。因自治专章尚未颁布,先于法政学堂附设自治研究班,饬各府厅州县选送士绅入学,讲演地方自治制度及组织方法……嗣奉宪政编查馆核覆章程,将前设公民养成所推广办法,改名全省自治研究所,额定大县五名,中小县四名,由各厅州县申送考验,于四月二十四日成立开学,俟毕业后派赴各本厅州县办理自治研究所,统限翌年一律设立"[1]。谘议局成立后,全省地方自治筹办处遂为独立筹办全省各府、厅、州、县地方自治的行政机构。

二、省谘议局的活动

(一) 谘议局的成立

为附会立宪派及部分高级官吏建议的地方自治政体,也为了以立宪派来制约地方督抚的权力,清廷于光绪三十三年九月十三日（1907年10月19日）发布谕旨颁布上谕,为使各省"有采取舆论之所","并为资政院储材之阶","着各省督抚均在省会速设谘议局,慎选公正明达官绅创办其事"[2]。光绪三十四年六月（1908年7月）,清廷颁布《谘议局章程》及《谘议局议院选举章程》,并要求各省督抚于一年内一律办齐。

光绪三十四年（1908年）八月三日,宪政编查馆咨令各省先设谘议局筹备处。总督陈夔龙遂"就前督臣赵尔巽奏设谘议局创办所照改筹办处,分别委派湖北布政使李岷琛、提学使高凌尉、按察使杨文鼎为总办,在籍法部主事姚晋圻、试用道周云为坐办,翰林院编修复寿康、奏调翰林院编修张国溶、法部主事汤化龙、候补知府陈树屏为参事,率同处提调科长、科员切实筹划办理"。

宪政编查馆要求各省谘议局筹办处于宣统二年（1910年）正月十五日初选谘议局议员,三月十五日复选。但陈夔龙认为时间过于仓促,拟定四月十五日为初选期,六月十五日为复选期。谘议局筹备分三个预备期：其一,在筹办处内"附设选举研究所,择在省候补中明白事理各员研究选举事宜,已于十月毕业,分派各厅州县为初选司选员,会同初选监督办理初选一切事务。复选派籍隶本省留日法政专科毕业各生,分赴各府直隶州为选举襄

---

[1] 民国《湖北通志》卷53"经政（十一）·新政·民政·宪政筹备处",台北华文书局1967年版,第1250页。

[2] 故宫博物院明清档案部编：《清末筹备立宪档案史料》下册,中华书局1979年版,第667页。

理员，襄理复选一切事务，并饬各属选派调查员，前赴该管府直隶州讲演章程，解释疑义，然后各回所属调查"。其二，"由襄理员、司选员邀集所属调查员及管理监察员，练习投票开票一切办法，或以讲演，或以接谈，总期僻壤穷乡咸晓然于选举权及被选举权之重要"。其三，"复选确定后，在省设议员讲习所，召集各议员先期来省讲习，稍资历练，期得完全议会，同摅忠爱，共体时艰"；"议员讲习所须待明年（1910年）七月设立"。①

宣统元年（1909年）"四月十五日行初选举，应初选人十一万三千二百三十三名，分次选举如额；六月十五日行复选举，应设议员八十名，专额议员三名，复分次选定如额。准于八月内齐集省垣，二十日举行议长、副议长及常驻议员等正式选举"。是日，在总督陈夔龙的监督下，"选定吴庆焘为议长，汤化龙、夏寿康为副议长，刘庆藻等十七名为常驻议员，刘耕余等九名为候补常驻议员，一律足额。九月一日举行开局典式，臣亲临行礼，恭率议长、副议长、议员等北向宣诏谢恩讫"。"选定阅马场绿营地址作为该局建筑地段"，"本届该局会场系借用教育总会，办事处系借用劝业公所。修葺各费计核定银四千两"②。

谘议局开局后即制定有《湖北谘议局议事细则》《湖北谘议局旁听规则》《湖北谘议局办事处办事规则》《湖北谘议局议事堂守卫巡警执务规则》《湖北谘议局办事处书记执务规则》《湖北谘议局议长、副议长、常驻议员互选细则》《湖北谘议局税法及公债委员会办事规则》《湖北谘议局收受自治会或人民陈请建议规则》等内部规则，呈请总督批准公布后施行③。

(二) 谘议局议员基本情况

湖北省共八十名议员，加上专额议员三名与驻防（地方驻军）议员三名，共八十六名。

---

① 《庸庵尚书奏议》卷10《遵设谘议局筹办处及办理情形折》（光绪三十四年十二月十九日），载沈云龙主编：《近代中国史料丛刊》第五十一辑，文海出版社1970年版，第1041—1046页。

② 《庸庵尚书奏议》卷12《奏报谘议局成立并议定该局经费折》（宣统元年九月二十九日），载沈云龙主编：《近代中国史料丛刊》第五十一辑，文海出版社1970年版，第1322、1324页。

③ 参见吴剑杰主编：《湖北谘议局文献资料汇编》，武汉大学出版社2017年版，第61—93页。

1. 议员的姓名、年龄、籍贯、传统功名与教育背景（如下表)[①]：

姓　　名	年龄	籍　贯	传统功名	新式教育
周孚	41	武昌府大冶县	恩贡	
胡大濂	51	江夏县	举人（1885年）	
胡汝衡	47	江夏县	岁贡	
金式度	57	武昌县	增生	
詹次桓	56	大冶县	附贡	
黄文润	40	蒲圻县	附生	
邓殷源	32	兴国州		
郑潢	48	武昌县	廪贡	
刘文骏	51	兴国州	岁贡	
张国溶（副议长）	31	蒲圻县	进士（1904年）	日本法政大学
但祖荫	68	蒲圻县		
吕逵先		江夏县	优廪	武昌典当商，武昌商会会长
刘懋德		崇阳县		
王锡恩		通山县		
万昭度	34	汉阳府汉阳县	私塾出身	源茂隆钱庄，汉口商会董事
何世谦	40	汉川县（汇编为汉阳县）		
胡柏年	44	沔阳州	拔贡	留日
宓昌墀		夏口厅	进士（1892年）	
黄赞枢	52	孝感县	举人	

[①] 因《东方杂志》刊载的议员名单与总督陈夔龙的奏议相符，且为当时的时政新闻，故本表中的议员姓名、籍贯以《东方杂志》第六卷1909年第11期（第196、197页）所载之《各省谘议局议员姓名录》为基准。各议员的传统功名与教育背景在《东方杂志》的名单中阙如，故本表参照了民国《湖北通志·选举志》中的相关资料。台湾学者张朋园与苏云峰对湖北谘议局议员的介绍均以民国《湖北通志·选举志》为准，确定湖北省议员定额80人，驻防4人，候补13人，秘书长1人，共计98人。参见民国《湖北通志》卷132"人物志·选举表"，台北华文书局1967年版，第3092页；张朋园：《立宪派与辛亥革命》，吉林出版集团有限责任公司2007年版，第235—240页；苏云峰：《中国现代化的区域研究：湖北省（1860—1916）》，"中央研究院"近代史研究所1987年版，第287—291页；吴剑杰主编：《湖北谘议局文献资料汇编》（上），武汉大学出版社2017年版，第410—414页；同书（下），第774页。

第五章 预备立宪时期武汉地区法秩序的近代化

续表

姓　名	年龄	籍　贯	传统功名	新式教育
陶竣	33	孝感县	优贡	日本法政大学
陈宜恺	61	黄陂县		
刘赓藻	40	黄陂县	举人（1897年）	日本早稻田大学 译有《无冠女帝欧纳德》（《新译界》1906年第2期）、《今后伦理宗教之关系》（［日］中岛力造著《伦理讲演集》《新译界》1906年第1期）
胡壬林	61	安陆府天门县	廪贡	
汪敏斋		原缺		
王荣翰		原缺		
杨家麟	36	京山县	附生试用训导	
张中立	46	钟祥县	廪生	日本法政大学
蓝田	67	天门县	附贡	
蔡中㸁	35	京山县	优贡（优增生）	
周培金	32	天门县	廪生	
车斗南	56	荆门州	增生	
曹道南	49	当阳县	岁贡	
王润槐	61	远安县	廪生（汇编为"岁贡生"）	
陈教奎	52	荆门州远安县	附生候补训导	
吴庆焘（首任议长）	53	襄阳府襄阳县	举人（1882年）江西候补道	
孙传烈	32	襄阳县		文普通中学
卜文焕	34	襄阳县	附生	
谢鸿举	56	枣阳县	举人（1889年），（汇编为拔贡举人）山西知县	
卫寅宾	55	枣阳县	廪生	
董庆云	54	南漳县	附贡生	
唐学瀛		光化县	拔贡	
刘元丞	36	谷城县	优贡	
刘金铺（瑗）	60	均州	岁贡生候选训导	

续表

姓　名	年龄	籍　贯	传统功名	新式教育
丁庆泰	42	均州	廪贡试用训导（汇编）	
赵麟书	33	郧阳府郧县	拔贡	
杨清源（汇编为"沅"）	30	房县	同知衔（汇编）	日本法政大学专科
熊正钧	35	竹山县	增贡生（汇编）	
何其祥	40	竹溪县	（优）廪生	
陈培庚	55	德安府	进士（1894年）	
李继膺	30	随州	举人（1903年）	两湖师范学堂毕业、留日
杨文澜	43	安陆县	廪贡生升用中书署黄州府学教授分缺先选用教谕	日本法政大学专门部毕业（汇编）
左树瑛	51	应山县	廪生（汇编为岁贡生候补州判）	经心书院
王光翰	44	应城县	岁贡	
左质鼎	30	云梦县	岁贡	
张国琪	51	应山县	副贡	（汇编为附生日本法政大学毕业）
涂占鳌	37	应山县	廪贡	
汤化龙（后任议长）	35	黄州府蕲水县	进士（1904年）	日本法政大学
刘寅熙	38	广济县	岁贡生	
夏寿康（副议长）	38	黄冈县	进士（1898年），翰林院编修（汇编）	两湖书院第一期
邢璜	39	黄梅县	举人（1902年），河南知县（汇编）	
姚晋圻	51	罗田县	进士（1892年），翰林院庶吉士改授法部主事（汇编）	
陈国瓒	45	蕲州	副贡	
余应云	62	麻城县	进士（1886年），前刑部主事改选贵州镇远县知县	
鲍维淮	60	麻城县		二品封职
阮毓崧	39	黄安县	副贡、分省补用知县（汇编）	经心、两湖书院七年，日本宏文师范速成

续表

姓　　名	年龄	籍　　贯	传统功名	新式教育
邹永珂	30	荆州府公安县	举人（1902年）	
刘定瑗	40	松滋县	廪贡生分省补用县丞过班知县	
张树林	54	监利县	岁贡	
董钦墀	45	监利县	举人（1894年）、考取内阁中书（汇编）	
时象晋	54	枝江县	副贡候选教谕	
王稷晓		原缺		
胡瑞霖	33	江陵县	附生	日本明治大学政经科
刘起㝫	50	宜都县	副贡候选教谕	
吴楚材	58	江陵县	附生	
玉海（汇编称"琴海"）	40	荆州驻防	附生	
金麟	38	荆州驻防	附生	
庚芳	30	荆州驻防	郎中衔、法部主事（汇编）	
沈明道	36	宜昌府东湖县	附生	经心书院、日本宏文师范
黄联元	34	东湖县	增贡	
陈登山	46	长阳县	岁贡	日本法政大学
谈钺	56	兴山县	拔贡	
马象干	41	长乐县	附生	
刘德标	34	施南府建始县	湖北督标中营候补都司	
倪惠渊	35	利川县	优贡	
刘畊（耕）余	34	咸丰县	附生	
张光耀	36	石首	拔贡五品衔江苏试用直隶州州判征举孝廉方正	

2. 正、副议长及武汉籍议员行状

（1）吴庆焘。吴庆焘为湖北省谘议局首任议长，出身举人，曾任江西候补道，思想观念僵化、落后，于谘议局的法律地位及议员、议长职责不甚了解，视行政首脑总督为长官，对议员则如下属，以致与谘议局议员们大起冲突，最后放弃议长职守，不辞而别。

吴议长"自回鄂办谘议局后,日往谒陈制军,不用谘议局议长资格拜会,仍具江西候补道手本,并坐官厅候见。陈制军请其相见,吴又坚不肯登坑。及副议长夏太史寿康、汤主政化龙二君往见,均系顶门拜会,待以客礼,吴大不以为然,语人曰:'我辈究系属员,部民如往拜会,似目无尊长。'两副议长咸以其言为迂,亦不致辩。讵吴日前与各议员会议行文督辕,公牍程序须用'呈报',有用'谘呈'并依属员称谓,称制府为'督宪大人',不用'贵部堂'字样,两副长与各议员多不谓然"。"吴于日前又面嘱书记,所有议案除制台大人发交之堤防、农林、自治、兴学四大端,准发抄外,其余议员提出议案,均暂守秘密,俟议决后再行宣布。盖吴于议员提出议案,如稍有触犯官场者均不肯画行交议"。"现在议长与副议长两方面已成水火,上五府议员与下五府议员亦互树党帜,吴在议场又于不应发言时,任意干涉议员言论,识者谓该局不久当有绝大之冲突云"。[1]

果然,1910年2月,议长吴庆焘与全体议员的矛盾在谘议局庶务书记任免问题上总爆发了。"湖北谘议局议长吴庆焘与全体议员向不相能容,曾有庶务书记某因修葺局屋动用公款,事前未禀白议长,吴遂不允核销。此事固为慎重公务起见,然事后竟不商之大众,擅将该书记辞退,另延宋敦复君接办,各议员以书记系公众所举,经制府札委,议长一人无权辞退,遂与吴交涉,不承认宋敦复继职,并嘱会计处不准支发薪水。讵吴竟私用公文,欲呈请制府加札委宋接充,已用钤记画行矣,为副议长汤化龙君查悉,以议长此举违背局章,无异盗用钤记,遂开全体常驻议员会议,将该公文注销作废。众议员复以本局为共和政体,议长岂能独行是迫令,当场将钤记缴交汤副长收管,以免将来再有此等举动。吴因此羞恼万分,将遂连夜乘轮往南昌,仍作候道去矣。"[2]

(2)汤化龙。汤化龙(1874—1918年),字济武,生于湖北蕲水县(今浠水县)一商人家庭。1904年参加礼部会试中进士,任法部主事。1906年,汤化龙当选京师进士馆官费生,入东京法政大学特设速成科,师从知名法学家梅谦次郎研习法律。留学期间,组织了法政学交通社、湖北教育会等社团,主张君主立宪并撰有《大清违警律释义》一书。1908年归国,任民

---

[1] 《湖北谘议局议长意见之参差》,《申报》1909年11月5日(宣统元年九月二十三日)。
[2] 《鄂谘议局议长不辞职而行》,《申报》1910年2月18日(宣统二年正月初九日)。

第五章　预备立宪时期武汉地区法秩序的近代化

政部主事，筹建成立了"湖北宪政筹备会"并担任会长。1909 年，清政府筹设各省谘议局，时任湖广总督陈夔龙向清廷奏调其回鄂筹备自治事宜。同年 9 月，汤化龙当选为湖北省谘议局副议长。"湖北谘议局议长吴观察庆焘辞职后，经众议员议定第一议长汤化龙主政。"① 汤化龙当选为议长，时年 35 岁。同年，汤化龙与副议长张国溶、夏寿康发起成立"汉口宪政同志会"，由汤化龙任会长。

由于"谘议局之权在章程者，亦为疆吏舞文横夺，无所能举，而于预算闭拒特甚。以是各省谘议局愈望速开国会，请愿国会之声遍全国，所以皆谘议局为中坚"。同年 8 月，汤化龙与江苏谘议局议长张謇等人共同发起各省谘议局联合会，并当选为会长，与各省议长、议员及促进宪政各社团共同组织发起并参加了三次速开国会的请愿活动，但均为清廷所拒绝。组织第四次请愿时，遭清政府的镇压而未果。这一结社活动，被视为"因聚气类谋树政党基础"②。宣统三年（1911 年），清廷宣布铁路国有，汤化龙被推举为湖北省军商学界的代表进京争路权，并参加第二届谘议局联合会会议，均未得其果。10 月 10 日，武昌起义爆发，汤化龙遂转向革命，担任湖北军政府民政长。

（3）夏寿康。"夏寿康（1871—1923 年），字受之，号仲膺，又作仲英。黄冈仓埠（今属武汉新洲）人。父为进士、浙江钱塘知县，早逝。夏寿康靠母、兄抚养，光绪二十三年（1897 年）乡试中举，次年赴京会试进士及第，授翰林院编修。1907 年被派赴日本考察政治。宣统元年（1909 年），湖北成立谘议局，当选为副议长，曾上书请疏浚江河。辛亥武昌首义后，任湖北军政府政事部副部长，后调任都督府参议。"③

（4）张国溶。张国溶（1879—1943 年），湖北蒲圻（今赤壁）人，光绪二十八年（1902 年）与兄张国淦同科中举。光绪三十年（1904 年）中进士，授翰林院编修，奉旨留学日本。光绪三十四年（1908 年），回鄂任汉口商业学堂学监。宣统元年（1909 年）当选为湖北谘议局并任副议长。"议长吴观察庆焘辞职后，经众议员议定第一议长汤化龙主政，推升递遗

---

① 《鄂谘议局推定副议长》，《申报》1910 年 4 月 17 日。
② 《蕲水汤先生行状》，载沈云龙主编：《近代中国史料丛刊续编》第二十六辑，文海出版社 1983 年版，第 10 页。
③ 武汉地方志编纂委员会主编：《武汉市志·人物志》，武汉大学出版社 1999 年版，第 7 页。

副议长一席，初三日开常驻议员会互选。瑞制军以下各官均到会监视，当经选定常驻议员张太史国溶升补，业已呈报督院，咨报宪政馆、资政院立案。"①

（5）宓昌墀。宓昌墀，字丹阶，号子公，又号魁结老道，光绪壬辰年（1892年）进士，授山西徐沟县县令。"徐当孔道，民尤健讼，号难治。昌墀随讯随结，无留狱。遇疑难事，则轻骑减从，下乡访察，一时有密（宓）青天之目"。戊戌变法中，曾由山西布政司代奏，甚得上意，曾受到两宫接见。庚子年间，"晋抚毓贤希中旨，缚教士、教民数百人骈戮之，昌墀亟谏，不听。无何，太原拳匪立伪王，（昌墀）奉调至省，谳是狱，请令立决之而乱乃定"。两宫庚子西狩路过山西，宓昌墀又一次受到两宫接见，"事闻有诏以直隶州知州留晋省尽先补用"。因不受随驾大臣陕西巡抚岑春煊所喜而被其罗织、参劾，"遂投劾归，两袖清风，不名一钱。母宋太淑夫人春秋高，藉授徒以资菽水。遇地方公益事，必锐然自任，南皮张文襄素所推重也。因后城马路三上书痛诋之。清季欲收川汉铁路为国有，群情愤激，复偕刘君习源、张君伯烈入都请愿。临行与家人诀，曰不得请不还也。迨协会成立，不占一席，不荐一人，咸服其高"②。

（6）吕逵先。吕逵先，江夏人，早年经历不详，后于武昌城经营典当商业，1907年8月以典帮商董被选举为武昌商务总会董事③，1908年8月在江夏县当选湖北谘议局议员并常驻议员，1909年被选为武昌商务总会总理。宣统元年（1909年）十月七日，与副议长张国溶为汉口国会请愿同志会推举为赴督署请愿代表④。十二日，率国会请愿同志会与武汉各团体赴督署请愿于1911年召开国会⑤。资政院通过剪发案后，吕逵先预料到易服势在必行，故于十二月武昌典商常会上，主持通过决议，"自本月二十日起，凡满汉礼服（如外套、开裰袍、蟒袍、女蟒裙、霞帔、绣裙之类）及朝珠、翎顶、补子、玉带等件概不质当，以免将来易服时难于售卖"⑥。

---

① 《鄂谘议局推定副议长》，《申报》1910年4月17日（宣统二年三月初八日）。
② 民国《夏口县志》卷13"人物志一"，载《中国地方志集成·湖北府县志辑③》，江苏古籍出版社、上海书店、巴蜀社2001年版，第152页。
③ 参见《禀请试办商会章程》，《申报》1907年8月27日（光绪三十三年七月十九日）。
④ 参见《鄂人仍请明年即开国会》，《申报》1910年11月13日（宣统二年十月十二日）。
⑤ 参见《鄂人仍请明年即开国会盛况》，《申报》1910年11月16日（宣统二年十月十五日）。
⑥ 《礼服不值一钱矣》，《申报》1910年12月28日（宣统二年十一月二十七日）。

（7）刘赓藻。刘赓藻，湖北黄陂县人，1897年考中举人，光绪三十年（1904年）前后，被湖北省政府选派日本早稻田大学留学。留日期间参加同盟会，并译有《无冠女帝欧纳德》（《新译界》1906年第2期）、《今后伦理宗教之关系》［日］中岛力造著《伦理讲演集》（《新译界》1906年第1期）等文。归国后，被委为湖北提学司视学员。1909年8月被选举为湖北谘议局议员，10月被谘议局选为常驻议员。11月20日，以省谘议局议员身份加入湖北商办铁路协会，力拒川汉铁路官办。

（8）万昭度。万昭度，汉阳县商人，1909年8月被选举为湖北谘议局议员，10月被谘议局选为候补常驻议员。宣统元年（1909年）十月六日，被选为湖北商办铁路协会副会长，与会长刘心源赴邮传部争取废除与外商借款修筑汉川铁路草约。

（9）胡大濂。胡大濂，江夏县人，举人出身，1909年8月被江夏县选举为湖北省谘议局议员。因不谙新政，自称"素无学识，凡我省最重要最切最急一切兴革要务，百思不得一说而空言敷饰，藉头露面又非所甘，以故到局月余饱食终日，绝无事事，惟三五日遵照至会场静坐听命，拱手受成。即起立一端，亦以分配原案早宴不齐，质鲁难以细究，竟致盲从众人"[①]，被《申报》讥刺为"胡大濂殆未知议员之为"[②]。

（10）陈宜恺。陈宜恺，1848年出生，黄陂县人，举人出身，光绪十一年（1885年）十二月被任命为蕲州教谕，1909年8月被黄陂县选为湖北省谘议局议员。

（11）胡汝衡。胡汝衡生平未详。

（三）谘议局的议案

《谘议局章程》第二十二条规定，"谘议局议定可行事件，呈候督抚公布施行。前项呈候施行事件，若督抚不以为然，应说明原委事由，令谘议局复议"；第二十五条规定，谘议局所议事项，既可"由督抚先期起草，于开会时提议"，"谘议局亦得自由草具议案"。依此规定，湖北省谘议局开局伊始就积极履行其议决职责，与湖广总督之间已基本形成了议、行权力分离的格局。

---

① 《尚有辞加旅费之议员》，《申报》1909年12月19日（宣统元年十一月初七日）。
② 《胡大濂殆未知议员之为》，《申报》1909年12月20日（宣统元年十一月初八日）。

1909年9—10月湖北省谘议局召开第一次常会（即全体会议），湖广总督即向谘议局提交了《讲求宣防以除水患案》等7项议案，要求谘议局议决；湖北省谘议局自行议决了《筹办积谷议决案》等15项议案，呈请总督通饬各州县施行；议决有9项人民陈请建议案。1910年9—10月，湖北省谘议局召开第二届全体会议，共议决了21项议案。两次大会议决案如下表[①]：

湖北省谘议局第一次会议议案一览表

议案来源	序号	议案名称	总　督　札　批
督院交议之案	1	《兴学筹款以广教育案》	经谘议局与总督三轮往返，部分施行，部分缓办
	2	《推广农林以兴实业案》	由本部堂分别札饬劝业道、农林总局、农业高等学堂查照施行，并候咨送宪政编查馆查照
	3	《兴茶业以开利源案》	均属妥洽，查照定章，分别施行
	4	《讲求宣防以除水患案》	查照定章，由本部堂分别公布施行
	5	《规复应盐案》	部分"照章公布饬办"，部分"应俟所议办法逐一实行，确有成效后，再行分别施行"
	6	《兴矿业以辟利源案》	札饬劝业道按照所议各节，妥晰议定办法，详候核夺，次第施行
	7	《筹经费以办自治案》	应候札行北布政司及自治筹办处妥定办法，详复核夺（与《讲求宣防以除水患案》一同批复）
谘议局提案	1	《改良法政学堂案》	经本署部堂检查旧案，斟酌改易者
	2	《厅州县创农林劝办所规则案》	由本部堂分别札饬劝业道、农林总局、农业高等学堂查照施行，并候咨送宪政编查馆查照
	3	《补助堤工案》	准公布施行
	4	《筹办荒政以纾民困案》	应即公布施行
	5	《建设公司以维持膏业案》	自应准其设立

[①] 该表以吴剑杰主编：《湖北谘议局文献资料汇编》（上），武汉大学出版社2017年版，第130—322页；同书（下）第543—722页列举之所有议案制作。

第五章 预备立宪时期武汉地区法秩序的近代化

续表

议案来源	序号	议案名称	总 督 札 批
谘议局提案	6	《请奏争取消铁路借款草约归还商办以保利权案》	如经拟订章程，有所陈述，自当据情入告也
	7	《清剔税契钱漕积弊案》	查阅折开复议清剔税契钱漕积弊案，尚属妥洽，候即照准公布施行
	8	《照章核减典息以纾民困案》	查照定章，由本部堂分别公布施行（与《讲求宣防以除水患案》一同批复）
	9	《请提淮盐运商遵章应减款项案》	查本案应隶入国家行政，与地方行政无关，且款项增减向归盐督主持，尤非本省所能独断，自应查照宪政编查馆电咨事理，毋庸具议
	10	《整顿湖北吏治案》	所陈均中时弊……惟其中定公费一条，事关管制改革，职在馆部，非省所能自谋者也（与《讲求宣防以除水患案》一同批复）
	11	《实行裁汰书役案》	应饬各厅、州、县量其缺分之繁简，酌定应用
	12	《厅州县讼费划一规则案》	明定讼费，示以限制
	13	《厅州县命案报验规则案》	各议员悉心续议，呈候施行
	14	《谘议局调查事件请仍不用函询案》	应候咨询大馆核复办理
	15	《禁种洋烟案》	均属可行
人民陈请建议案	1	《改良高等农业学堂案》	总督逐条答复，并不完全同意提案意见
	2	《移民实边案》	缓办
	3	《铁路劝股方法案》	应俟部复核准到鄂，再行行知可也
	4	《保全商律以维持商务案》	札臬司会同江汉关道、劝业道饬令夏口厅按照商律迅速查明该公司舞弊情形，迅予秉断结
	5	《清剔孝感县钱粮积弊并拟定办法案》	有应照办者，有应删除者，有办法宜从核实者，有展限酌加经费者……应由局中复议补正，呈候公布施行可也
	6	《减少黄梅应山县烟酒糖税案》	札饬遵办
	7	《军田估价总书揭册案》	应实力整顿，免致扰累。俟办有端倪应即另行裁改，以除积弊
	8	《禁止缠足案》	已照饬司道通行遵办矣
未知	1	《请撤下新河补捐鹅公颈局加抽案》	批示转饬遵照办理

369

湖北省谘议局第一次会议未决议案一览表

序号	议案名称	序号	议案名称
1	《请撤两湖赈粜米谷捐补卡议案》	12	《续修湖北通志议案》
2	《改军为民议案》	13	《请革粮差及更换百甲议案》
3	《裁汰吏役议案》	14	《除盗安民议案》
4	《淘汰教员以宏教育议案》	15	《筹办积谷议案》
5	《请清旧款以办新政议案》	16	《提议减少公费修正预算案》
6	《清厘驿站空额以节糜费议案》	17	《请酌提军户公产以充铁路经费议案》
7	《足兵食以保治安案》	18	《划一讼费议案》
8	《修正会议规则议案》	19	《请酌裁庙款以办自治及小学堂经费议案》
9	《力争实地调查议案》	20	《议员胡壬林增补筹款宣防以除水患议案》
10	《振兴工业以广利源议案》	21	《提议清丈田亩案》
11	《请通饬各州县划交税款并日后不准擅自加捐议案》	22	《议员赵麟书提出秋米改征折色议案》

湖北省谘议局第二次会议议案一览表

议案来源	序号	议案名称	总 督 札 批
督院交议之案	1	《关于学务之议案》	"有与本部堂意见极相吻合者,亦有于学务进行方法困难情形未能尽喻者",因而对该案各项或"饬北学司转行各州县地方官会同劝学员绅一体遵办",或"札复谘议局查照复议,呈核施行"
	2	《关于警务之议案》	对警务议案各项,或"行知巡警道遵办",或"由谘议局复议呈夺"
	3	《关于地方自治之议案》	对该议案各项,或"公布施行""饬属认真遵办",或重新"妥议具复"
	4	《汉口后湖开河筑路咨询案》	应先饬由北劝业道、江汉关道督同宋绅炜臣、刘绅人祥,逐细勘估……倘自度财力不能承办,亦速复候本部堂另筹设立公司招股开办
谘议局提议之案	5	《规定东西洋留学生经费案》	应俟咨催驻各国公使查复核定后,再为公布施行
	6	《禁止洋商在租界以外违约经商案》	咨外务部
	7	《保存民矿收复利权以维公益案》	札饬北劝业道委员前往查明官山、民山,禀复核办,并咨请盛大臣抄案见复

第五章 预备立宪时期武汉地区法秩序的近代化

续表

议案来源	序号	议案名称	总　督　札　批
谘议局提议之案	8	《请专奏注销台子湾水泥厂执照收明家嘴水泥厂入官另招商股接办以保本省权利案》	所有本部堂查核水泥厂一切办法，按之矿章，于注销执照、收厂入官两层，以为未便施行
	9	《请专奏保存矿石分别取消外售合同维持民矿不许强圈勒卖案》	婉拒
	10	《请淮、应并销清查炉数实行规复应盐案》	札饬盐道转饬遵办
	11	《商办鄂路公司应将官招路股款及官局支用之米捐接收合并案》	所请将官招路股改归商办公司接收，自属正办……须公司实在成立后，方可再议解决之法
	12	《议决铁路派股简章案》	谘议局为议决机关，今期见诸实行，应在铁路行政范围之内。希候札行北劝业道、川粤汉铁路驻鄂分局会商铁路公司，妥定办法，另由公司名义呈候核明，奏咨立案可也
	13	《整顿统捐案》	所有整顿统捐办法，尚须详细调查缘由，自应照章
	14	《议复清剔税契积弊案》	均尚妥协可行，惟词意之间，尚有数条拟量为变通者……希北谘议局查明详议改正，复候公布施行
	15	《改良安陆船捐旧章以纾商困案》	兹查此次议案，正与现时办法情形大致相同，自可核准公布
	16	《请禁革各厅州县官价购物案》	所拟规则，尚属切实，应即照章公布施行。札行藩司，通行各属遵照实行，出示严禁
	17	《请严禁私用门丁实行遴委承启官案》	本部堂复核无异，应即公布施行
	18	《质问停止刑讯并未实行案》	此等应行恪遵谕旨事件，无所用其疑问，尽可庄言傥论，据实呈请施行
	19	《请禁送在任官吏碑伞牌匾案》	事属可行，应准公布。行北布政司分别移行通省文武各衙门一体遵照
	20	《请慎简委员以杜弊端案》	所请一律禁止，事属可行，自应准其公布……既经本部堂核定办法，即毋庸交谘议局复议。饬北藩司分移司道，一面转行各厅州县一体遵办
	21	《严禁违律苛罚案》	行司饬各属一体遵照并揭示宣讲所以期周知
	22	《纠举前署襄阳县徐令久绪案》	事关官吏滥罚营私，亟应另派公正大员前往往复查，秉公核算，始足以昭核实……转饬议员孙传烈，俟闭会后迅回原籍，听候查询

371

续表

议案来源	序号	议案名称	总 督 札 批
谘议局提议之案	23	《纠举前署建始县金令策先案》	希将此项空白印纸发自金令确据切实声明，以便派员并案查办，以昭核实
	24	《纠举前署广济县何令庆涛案》	将何令匿灾枉征各证据另行缮呈鉴核……派员查明禀复核办
	25	《纠举荆州府斌守俊案》	委派大员前往确切查办并行北布政司
	26	《划一筹办厅州县自治缩短成立年限案》	将所拟章程分咨度支部、宪政编查馆、民政部查核，一俟接准咨复，再行公布可也
	27	《请代奏速开国会建议案》	据情咨请资政院查核汇办
	28	《筹办积谷宜注重社仓案》	札行北藩司通饬各厅州县会商自治绅董，各就本地情形斟酌妥善，禀候核办
	29	《重申种烟禁令案》	已严电各府州通饬所属切实查禁，地方自治团体与有稽查之责。并希查照前交议案，克日议决复核裁夺
	30	《法令公布规则案》	是本部堂对于此项议案未能越俎，谘议局对于此项议案毋庸复议，应俟官章颁定再行遵照办理
	31	《请批答水利议决案质问案》	札饬北工赈局分别遵办
人民陈请建议之案	32	《实业学社经理人马应瑞等陈请以农工商三讲习所学生一律改归官费案》	札行谘议局查照复议。应候呈复，再行公布施行
	33	《武汉职商钱良佐等陈请官纸印刷局专印六种官纸案》	查该职商等陈情书，类以无理之方，强为喧聒，实属不合……经本部堂裁夺不以为然
	34	《老河口商务分会陈请停止以六厘捐拨充巡防兵费案》	酌量电复，饬至明年春间再议裁撤
	35	《江陵县贡生王振新等陈请革除保正裁券积弊案》	饬由荆宜道督同新任江陵县朱令彻底查明，将保正裁券一事，认真禁革，所有各项规费亦即一律革除，以纾民困；征收钱漕一事，前据谘议局呈请革除积弊，酌定办法，业经札行藩司公布施行，应即由司酌定限期，通饬切实遵办；江陵应征土费，关系堤工要需，并由荆宜道督同江陵县妥定征收章程，禀候核定饬遵

续表

议案来源	序号	议案名称	总　督　札　批
人民陈请建议之案	36	《东湖县议、董事会陈请该县警察勒捐滥刑案》	批复：应俟李道孺查实具复，即予惩究。其省城巡警局所悬列枷杖及守望所所悬之警章旧律，业饬巡警道查明分别撤去更正矣 批后札复：查此案前据呈请，即经分别委员查办及饬道遵行在案，据禀前情，舒牧一案应俟委员复到核办，并批饬再行确查实行撤去更正 二次札复：应由县照章议予相当之罚则详核办，并查明当日什警互殴情形，明白禀复；一面将警捐交令议事会切实议筹……东湖县牛令身任地方，责无旁贷，此事即疏觉查于前，又不能持平办理于后，亦属颟顸，应行司记过一次，以示薄惩
	37	《汉口国会请愿同志会陈请建议代奏速开国会案》	
	38	《施南、安陆府增、廪生贺涛渊、杨文湘等陈请咨商邻省革除折扣本省铜币案》	业经本部堂咨商四川督部堂、河南抚部院核办

（四）谘议局与总督、各行政部门之关系

1. 督抚与谘议局之间的公文格式为上下关系

《谘议局章程》虽未明确督抚与谘议局为上下级关系，但在第 22 条规定，"谘议局议定可行事件，呈候督抚公布施行。若督抚不以为然，应说明原委事由，令谘议局复议"，其使用的"呈""令"均为表示两者不平等关系的语词。在湖北省谘议局与总督署的公文往来中，谘议局提交总督签署的议案均用"呈"，而督抚对谘议局的公文皆用"札"①。"札作为官府往来文书中的下行文种，始自清代……凡上司给属下的则称'札'，下属给上司的则称为'禀'"②。

2. 谘议局对总督行政权之制约与妥协

在湖北，谘议局与总督之间总体维持着基本的合作关系。谘议局对总督及行政部门既有制约，亦有妥协。

---

① 参见吴剑杰主编：《湖北谘议局文献资料汇编》（上），武汉大学出版社 2017 年版，第 130、159 页。

② 雷荣广、姚乐野：《清代文书纲要》，四川大学出版社 1990 年版，第 113 页。

（1）谘议局议定总督交议议案不可行。湖北谘议局尚能坚持公义，对总督交议的不合宜议案进行否决。如按汉口为筹警费而征收铺捐、房捐之旧章，已纳铺捐者即免纳房捐。宣统二年（1910年）十月，总督交议的《关于警务之议案》中，要求修改旧章，对商铺房屋既征铺捐，亦征房捐。十月二十一日，谘议局否决了该议案，认为"汉口警捐不能遽议增加"。依《谘议局章程》，若督抚不以谘议局议决为然，应说明原委事由，令谘议局复议。十二月四日，总督札复谘议局，要求"谘议局复议呈夺"①。

（2）谘议局对总督的妥协。为维持地方大局，谘议局对督府不合规范的行政活动亦多有妥协。湖北谘议局第二次年会于宣统二年（1910年）九月一日召开，依《湖北省谘议局议事细则》，"总督提出之案，应于每届常年会期四十五日以前备文详具事实理由，交付谘议局"。按这一要求，总督草拟各议案及宣统三年（1911年）之预算案应于宣统二年（1910年）七月十五日以前交付谘议局。经谘议局一再催促，"所提议案尽至年会开幕之日始交付3件，而预算案仍未交付"②。到九月十一日，总督始向谘议局札发地方行政经费表册；九月二十三日，总督才将岁入总册提交谘议局，但该总册缺乏分项细目。"十月初九日（谘议局）奉札正式交议，经本局协议，以预算册有出无入，不能成立，当呈督部堂电部载裁示，并由局电请资政院解决"。资政院复电："各省本年预算岁入既未划分，则议决岁出宜以督抚现交预算案之数为准……若于现交预算外另议增出某项支出，应先由谘议局议定筹集该项专款之法。"于是谘议局即以总督札交的地方行政经费岁"出款为本省地方岁出之确数"，于札交的"岁入总册内如数坐拨，以为本省地方岁入之确数"，于十月十九日正式通过该预算。事实上，"册内所列地方行政经费仅教育、警察、实业、支出四类，而四类之中亦列载不全，本省岁出不应只此数"，因而"本年预算，于预算性质实际均不相合，以闭会期迫，不能调查更造，是以只依原册为根据，一切均无变动"③，对总督提交的漏洞百出预算案予以了形式上的确认。

---

① 《关于警务之议案》，载吴剑杰主编：《湖北谘议局文献资料汇编》（下），武汉大学出版社2017年版，第656、662—664页。

② 吴剑杰：《论清末湖北立宪党人的议政实践》，《历史研究》1991年第6期，第66—67页。

③ 《湖北谘议局关于议决预算情形致鄂督瑞澂文》，《申报》1910年12月6日（宣统二年十一月初五日）。《地方行政经费岁出册》载《湖北官报》第67—94期（1911年4月26日—5月23日），转载于吴剑杰主编：《湖北谘议局文献资料汇编》（下），武汉大学出版社2017年版，第722—747页。

3. 总督及其所属行政机关对谘议局之态度

（1）总督对谘议局决议案之批准与否决。依《谘议局章程》第22、23条规定，"谘议局议定可行事件，呈候督抚公布施行。前项呈候施行事件，若督抚不以为然，应说明原委事由，令谘议局复议"；"谘议局定不可行事件，得呈请督抚更正施行。若督抚不以为然，照前例第二项办理"。根据上表，总督对谘议局呈请公布施行之决议，大多数情况下或札复公布施行，或札饬相关司道遵办；其次暂不同意公布施行，要求谘议局复议后公布施行；再次是不属于省权范围内的决议，或须谘相关部门后公布施行，或札复不予公布施行；极少数情况下，认为决议不当，直接予以否决不予公布施行。如对《武汉职商钱良佐等陈请官纸印刷局专印六种官纸案》，总督札批："查该职商等陈情书，类以无理之方，强为喧聒，实属不合……经本部堂裁夺不以为然。"

（2）政府各行政主管部门常常拖延执行谘议局决议案。对省谘议局决议、总督公布的决议案，政府各行政主管部门置若罔闻。

> 去年（公元1909年）本局议决案虽经督部堂批准公布，概未实行，推厥原因，多由各主管官任意延宕而无责成实行之方法，惟是议案既经公布，无论有限期无限期皆当实力奉行。不为设法，责成非独无限期之案得以玩延，即有限期之案亦将推宕。兹经全体议员公决，拟定责成实行议案规则四条，理合呈请公布施行。鄂督瑞制军以所呈规则切实可行，应准作为本省单行法以补宪政馆章所未备，特于日昨通饬全省行政官厅局所一体遵照施行。所有规则并录于后：
>
> 第一条，案经督部堂批准公布，各主管官应照公布规则揭示，有限期者以揭示第二日为着手实行之日；无限期者以揭示第二日为预备实行之日。
>
> 第二条，凡议案除确有窒碍情形详奉督部堂批准展限外，有限期者应于限期内，将办理实际情形禀报督院查核；无限期者应在次期常年会三十日以前禀报办理实际。
>
> 第三条，各主管官禀报之件经督部堂查核后，发交官报登载。
>
> 第四条，各主管官有延不禀详及禀详不实者，得由谘议局纠举之。[①]

---

① 《鄂省公布实行议案规则》，《申报》1910年12月5日（宣统二年十一月初四日）。

4. 总督必须回复谘议局向其纠举的渎职官员

《谘议局章程》第 28 条规定："本省官绅如有纳贿及违法等事，谘议局得指明确据，呈候督抚查办。"湖北省谘议局在 1910 年 5 月呈请总督瑞澂将已被革职之巡警道冯启钧的不法地产予以充公，并不能作抵亏欠的公款①。在谘议局的第二次会议上，又对前署襄阳县令徐久绪、前署建始县令金策先、前署广济县令何庆涛、荆州知府斌守俊渎职案以及东湖县警察勒捐滥刑并省城各巡警局悬列枷杖案予以纠举②。总督对上述纠举案件的处理，通常是有纠必复，亦尚能秉公查处。

三、地方自治制度的实施

（一）江夏县、汉阳县与夏口厅先行筹办模范自治

1. 武汉公民养成所改全省自治研究所

"光绪三十四年（1908 年）二月，湖广总督赵尔巽奏设全省地方自治局……又由该局设立武汉公民养成所，为武昌、汉阳两府试办自治之预备，于四月开办，十二月一律毕业。宣统元年（1909 年）总督陈夔龙查照宪政编查馆原奏，将全省自治局归并谘议局筹办处，附设全省地方自治筹办处，专管自治各项事宜。因自治专章尚颁布，先于法政学堂附设自治研究班，饬各府厅州县选送士绅入学，讲演地方自治制度及组织方法。计开办费银五千两，常年经费银二万六千两，嗣奉宪政编查馆核覆章程，将前设'公民养成所'推广办法改名'全省自治研究所'"，为全省培养推行地方自治的官员。"额定大县五名，中小县四名，由各厅州县中送考验，于四月二十四日成立开学，俟毕业后，派赴各本厅州县办理自治，研究所统限翌年一律设立"③。"（宣统）二年（1910 年）护总督杨文鼎等奏略……如江夏、夏口、汉阳、沙市、宜昌五处为最繁盛城镇，由该处详准试办模范自治"④。

2. 江夏、夏口及汉阳模范自治公所率先成立

以上五处城镇，"由（全省地方自治）筹备处详准先行试办模范自治，

---

① 《冯启钧亦有今日耶》，《申报》1910 年 6 月 4 日（宣统二年四月二十七日）。
② 参见《纠举前署襄阳县令徐久绪案》《纠举前署建始县令金策先案》《纠举前署广济县令何庆涛案》《纠举荆州府斌守俊案》，载吴剑杰主编：《湖北谘议局文献资料汇编》（下），武汉大学出版社 2017 年版，第 630—655 页。
③ 民国《湖北通志》卷 53 "政经（十一）·新政·民政·地方自治研究所"，台北华文书局 1967 年版，第 1248 页。
④ 《筹办模范自治之进行》，《申报》1910 年 3 月 16 日（宣统二年二月初六日）。

第五章　预备立宪时期武汉地区法秩序的近代化

拣派学员，充各该地方自治公所总理员，随同地方官筹备议事、董事各会选举事宜，其余各厅州县亦饬酌就城厢地方一律筹设自治公所，遴派总理员，依限选举"①。

江夏城镇自治公所成立之前，已成立有选举事务所与自治会。选举事务所负责江夏县城自治公所职员选举事宜，自治会则为推动县城地方自治运动的民间机构②。"江夏县选举事务所总绅吕君逵先、罗君纶以地方自治为今日之急务，各州县设立自治会不可再缓。江夏为各州县之望，尤宜带设自治会以为各州县先导。兹择于既济宫内开办，并分别议事会、董事会投票选举合格之会员，以便自今春起，推行地方自治一切办法。李大令以既济宫附近县署随时会商地方事宜，亦甚便利故已认可矣。"③

1910年3月，"武昌、汉阳、夏口三处筹办模范自治已经举定总理，设立公所，一切粗具规模。兹由自治筹办处查有本任利川县金策先谙悉法学，特委充江夏筹办模范自治委员，补用通判魏象垣、知县徐溥保前充初选司选员尚无贻误，特委魏倅充夏口厅筹办自治委员，徐令充汉阳筹办自治委员，均月支薪水银四十两以资办公"④。至此，武汉三镇城（镇）地方自治公所全部成立。到宣统二年（1910年）八月底前，汉阳已成立城议事会、董事会，江夏"城议事会已成立，正在筹备董事会选举"⑤，汉口镇则于当年九月始举行自治公所议长选举。

（二）江夏、汉阳、汉口办理地方自治轶事

依《城镇乡地方自治选举章程》的规定，"城镇乡议事会选举事宜，由城镇董事会及乡董、乡佐办理，城镇董事会及乡董、乡佐选举事宜，由城镇乡议事会办理"。武汉三镇地方自治公所成立后，分别由各地筹办自治委员、议事会、董事会办理议事会议员与董事会总董、董事的选举。

1. 江夏县城自治选举百态

江夏县城自治议事会议员选举于1910年6月举行。"鄂省江夏县城自治

---

① 民国《湖北通志》卷53 "政经（十一）·新政·民政·地方自治研究所"，台北华文书局1967年版，第1248页。
② 马小泉：《国家与社会：清末地方自治与宪政改革》，河南大学出版社2001年版，第220页。
③ 《申报》1910年2月25日（宣统二年正月十六日）。
④ 《筹办模范自治之进行》，《申报》1910年3月16日（宣统二年二月初六日）。
⑤ 参见瑞澂：《奏湖北第四届筹办宪政情形折》，载《清末筹备立宪档案史料》（下），中华书局1979年版，第785页。

议事会刻订于初十日选举议员，投票所分设于县署及城自治公所两处。凡有选民资格住山龙者（即中区、前区、南段上区）赴县署投票，住山后者（即中区、北段后区、下区）赴公所投票，并定十二日午前约集全县士绅，在县署内监视开票。日来各绅之希望当选者，多在沿街店户投递名片，见有选举权之商人，则作揖打拱曰：'陈情凑光，选我为议员。'其富厚者且有专备一席酒筵请众人，以求达其目的，种种怪状不一而足。"①

城自治董事会选举于7月举行。"江夏县城自治公所于十八日投票选举时，前区、上区、中区在全善堂，后区、下区在县学明伦堂，凡来投票者皆纳正税、公益捐二元以上之人。有一人穷而不自爱者，忽赤其膊、破其鞋、蓬其发、垢其面，手执芭蕉扇步入全善堂参观。夏绅迎而问曰：'选民册有名乎？'答曰：'鄙人一无正税，二无公益捐，穷且无赖，何得为选民？'说毕遂向姚绅致辞曰：'鄙人于选民之资格不合，于国民之程度有乎？'姚绅答曰：'国民是尽人可为。'其人曰：'敬闻命矣。'遂大踏步而去。"②

2. 汉阳县地方自治职员遇袭

依《城镇乡地方自治选举章程》，汉阳县城地方自治公所职员，除总理、议事会议长、董事会总董外，"办理选举，应设立调查与管理各员"，调查员负责调查户口及选民资格等事宜。由于乡民昧于地方自治常识，调查、管理员习于粗暴之官风，常有至于乡民以暴力袭击地方自治筹办人员者。1911年5月17日，汉阳自治调查员李方葆至县属陶家嘴地方调查户口、壮丁，乡民疑系抽收人丁税，讹言四起，该员又不善开导，有"违抗者即以送县惩办"之语相恐吓。于是大触乡民之怒，群起朋殴。除将该员须发全数拔脱外，且遍体鳞伤，满浇粪尿，该员即奔至县署投诉。汉阳县张振声大令立委承启官杨文轩带同差勇前往捕拿痞棍，以便惩究，讵乡民等早已聚集二三百人预备抵抗，遂将杨委所乘肩舆捣毁，差勇等亦多头破血流，踉跄奔回。县城张大令得信，立请巡防营派兵排队亲往赴援，而乡民则已分散，仅获男女各二口、耕牛两只，带回县署讯办。闻该牛系某劣绅所养，因其全家已逃，特捕牛到官，以备来领时根究。现汉阳人咸哄传县令以牛代人，称为奇事，殆不知张令之别有用意耳。③

---

① 《自治员竟演选举怪状》，《申报》1911年6月9日（宣统三年五月十三日）。
② 《自治公所国民选民谈》，《申报》1910年8月1日（宣统二年六月二十六日）。
③ 《汉阳调查自治之大风潮》，《申报》1911年5月18日（宣统三年四月十七日）。

3. 汉口镇自治公所议事会、董事会成立最晚

汉口镇自治公所与武昌、汉阳县城自治公所同时成立，但其议事会、董事会成立较晚。"汉口自治公所正副议长尚未举定，上月二十九日（1910年10月2日——引者注），用投票法公举，前次当选人六十名，互相投票，计汪志庵君得九票，定为议长；冯兆刚君得七票，定为副议长；其余得四五票、二三票者尚居多数，定为会计、庶务等职。"① 议事会、董事会开始正式自治活动，已经是1911年初了②。

汉口镇地方自治机关成立后，汉口仍有商人组织希望将会馆改造为地方自治会者。"汉口职商戴功灏等因整顿会馆、改订章程，呈请警务公所立案。祝警道以所拟章程殊多不合，特批示晓之曰：'查自治会专指地方而言，定章范围广阔，非会馆所能赅括。该职等整顿会馆而以自治立名，殊属不合，且核所拟简章措词尤多不合，碍难照准。如欲联合团体应按集会结社之律另立名称，妥定规章，由地方官酌定转详再行核夺。'"③

四、地方官制之变化

辛亥革命前，湖广总督署的职能机构由以下三部分组成：其一为总督署直属之办公机构，其二为总督设立的各职能局所，其三则为作为湖广总督下设之布政司、提学司、提法司与交涉司。自官文、胡林翼到张之洞，湖北总督署所设各职能局所，已如前述。本处仅叙述总督署下之另两类职能机构。

（一）总督府直属六房及局所改为分科治事

光绪三十三年（1907年），清廷颁布《各省官制通则》，规定"总督、巡抚各设幕职，佐理文牍，分科治事"，其幕职员数、职掌有："一、秘书员一人，承督抚之命掌理机密折电、函牍，凡不属各科之事皆隶之。二、交涉科、吏科、民科、度支科、礼科、学科、军政科、法科、农工商科、邮传科参事员各一员，承督抚之命，就主管事务掌理各项文牍，但各科参事员有事简不必备设者，均由该省督抚酌量合并，以一员兼任三科以下之事。三、秘书员、参事员不作为官缺，统由各省督抚自行征辟，无庸拘定官阶大小，但每年应将各员衔名及到差年月分别奏咨存案，其办事得力之员随时切实保荐，以备简擢。四、秘书员、参事员以下应酌设助理及缮写等人员者，均由

---

① 《自治公所举定议长》，《申报》1910年10月8日（宣统二年九月初六日）。
② 参见《时报》1911年1月12日。
③ 《巡警道解释自治范围》，《申报》1911年6月25日（宣统三年五月二十九日）。

各该省督抚酌定,毋庸奏咨。""各省督抚衙门幕职办事章程,由该督抚自行订定"。

这一新官制在行政法上的意义在于:第一,宣告了《清会典》规定的各省督抚衙门的传统房科体制与幕友体制的结束;第二,各省督抚自主增设的各局所体制必须撤废,以统一到新官制来;第三,中央只是设定了统一的官制,但各类官员及其辅助行政人员的委任权完全在于督抚,甚至连各职能机构的组织章程决定权也归于督抚。

《各省官制通则》颁布后,新任湖广总督赵尔巽没有马上依照该通则改组总督署机构,督署各机构依然称为"房"。"赵尔巽任湖广总督时,其衙署设24房科",各房职掌如下表①。

名称	承 办 事 项
吏房	北南两省一切贞孝节烈、寿民寿妇、五世同堂、亲见七代各请旌。又文武升迁调补,文武改铸更换关防人籍考试、土弁袭职恭逢覃恩清封荫护、送暹罗等国贡使进京木值等项过境,各衙门吏攒册结历任交代、延寄、上谕、书籍,兼办湖北卫昌营、湖南绥靖镇、永顺、永绥二协,保靖、古丈坪等屯营制修防事宜。
户房	湖北通省二十一标镇协营武职升迁调补委署,至把总止。并长江水师隶湖北州县驻扎各营升迁调补等事件,及水陆各营兵马钱粮军火器械船只营制事宜报销,并北省民赋钱漕捐输牙厘、荆新二关税项、京协各饷兼荆州旗营俸饷事件。
礼房	承办礼节、北南盐务、驿站钱粮、动用驿马、填颁火牌、预塘京报、稽查部文各处公文有无迟延、京省提塘年满更换、派员缉查私盐,并越南国贡使护送进境及抄上存书简对联寿屏寿文等事。
兵房	承办湖南督标三营,湖南二十五标镇协营武职升迁补用,至把总止。并长江隶湖南驻扎各营升补等事,及水陆各营兵马钱粮船支营制报销,并南省民赋钱粮捐输厘金关税京协饷项等事。
刑房	承办北南两省命盗奸拐案件,并各营考拔外委额外各缺,育婴、普济各善堂兼办长安营营制,并一切钦部事件,按限稽查具稿行催。
工房	承办北南两省堤河闸座江工城垣沟渠祠坛庙宇桥梁道路水利、文职衙署、堤河工筹备生息银两事件。
咨房	承办武昌关征收税务运京铜铅木值过关,查验报部等事,并缮写准到一切部文抄移、封发日行咨文随本咨移揭帖登号缮封印发。

---

① 此表录自关晓红教授根据《湖广总督部堂衙门事宜册》整理,中国第一历史档案馆藏:赵尔巽档案全宗,湖广总督类,文图庶务项,第264卷,载关晓红:《从幕府到职官:清季外官制的转型与困扰》,生活·读书·新知三联书店2014年版,第83、84页。

续表

名称	承办事项
承发房	承办每日收进公文，分发各房办理，并每日文件封发清查件数登记号簿，各房详稿由承发房汇齐投送。
日行房	承办北南两省一切呈词批发事宜，并京控发审案件兼行文札缮写告示。
本房	承办北南两省一应题本，粘裁缮写宋体本章磨核错讹字韵。
稽催房	承办钦部交审事件，按限行催，以免迟误。
条例房	承办历年奉到上谕，汇纂成本，以备查核。
贤否房	承办登注文武各官参罚处分。
知印房	经理咨揭并各册籍银数挖补并日行公文钤盖印信等事。
会稿房	承办会行各会稿。
揭房	承办随本各部院道揭帖。
奏咨房	承办具奏会咨各会稿。
总号房	承办北南公文，分别登号。
缮文房	承办缮写准到部文，转行文札。
值堂招房	承办提审案件、录记犯供及缮写招供。
照磨房	承办磨核题本咨部文件册籍有无舛错。
抄奏房	承办本衙门具奏事件，照抄成本送内查核。
帮缮房	帮同各房赶缮紧要文件、通行文件。
洋务房	承办汉、宜二关通商事宜，并征收洋税及往来文件。
说明	该衙门额设典吏二十名，经制承差十名。各房书吏，按三个月一班更换，每班书吏四十余名，分大小房科承办。

以上各房设置多重叠交叉，如户房负责办理湖北省的绿营军官的升迁、调补，而兵房既办理湖南省绿营军官的升迁、调补，同时也负责办理其军队的财政事宜；刑房与值堂招房均负责两省刑案，刑房同时还兼办慈善、长安营营制；承发、本房、会稿、奏咨、总号、缮文、帮缮等房均有办理公文的职能；稽催房"承办钦部交审案件，按限行催"，刑部亦承办"一切钦部事件，按限稽查具稿行催"。

宣统二年（1910年）八月，湖广总督瑞澂呈奏："臣衙门向设文案各员，遵照官制新章，设立秘书、参事，分科治事。"除遵章设立交涉、吏科、民政科、度支科、礼、学、军政科、法、农工商科、邮传科等十科外，"又以现值筹备宪政其内，事务殷繁询谋宜备，秘书仅委一人，不敷任用。

酌采山东、浙江、广东奏案，暂行增为二员，并派各科参事兼任秘书员者四员，俾于因时制宜之中，用收集思广益之效"①。从此，湖广总督府打破了仅有六房书吏而无正规属吏的传统，成为具有专门化行政职能部门的省政府。

(二) 总督府下设各司道的变化及江夏、汉阳两首县的取消

1. 新增各司、道

1907年6月颁布的《各省官制通则》，对传统的司、道机构，保留了布政司、盐法道（或盐茶道）、督粮道（或储粮道）、关道、河道，改学政为提学司，增设巡警道，改臬司为提法司。宣统二年（1910年）六月，外务部奏请各省设立交涉司。

上述地方官制颁布之前，湖北省督抚下的职能部门尚有布政司、提学使司、按察司及江汉关道、盐法道。依上述中央官制，张之洞在湖北新增巡警、劝业两道，已如前述；其后任则新增有提法司与交涉司。

(1) 提法司。光绪三十三年（1907年）五月二十七日上谕，"各省按察使拟改为提法使"②，管理各本省司法行政事务。十月二十四日，法部会同宪政编查馆会奏，拟定了提法使官制《提法使司办事划一章程》。

依此章程，1910年2月24日，护鄂督杨文鼎"臬司马积生廉访遵照将衔名更改为湖北提法使司，一切职掌均遵奏定官制通则办理。所有署中书吏，概行裁撤，改用书记长、司书生等名目，以符定章。其臬司向管驿站事宜，有关交通，现在邮政尚未全设，暂难议裁，现改归劝业道管理"③。

(2) 交涉司。宣统二年（1910年）六月，外务部奏请各省设立交涉司。"向来各省多设洋务局，或交涉局办理交涉事务，以藩、臬两司兼充总办，而参用道府以下人员。自光绪三十三年东三省总督奏定官制，始于奉天、吉林各设交涉使司、交涉使员缺。嗣后惟云南、浙江先后仿照奏设，他省概从阙如……直隶、江苏、湖北、广东、福建交涉均极繁要，应先一律设立。安徽、江西、湖南、广西四省，均归兼辖总督省分之交涉使兼办。此

---

① 《督部堂瑞奏遵章设立幕职分科治事折》，《湖北官报》第一百三十六册，宣统二年八月初六日。

② 上海商务印书馆编译所编纂：《大清新法令（1901—1911）》（点校本）第一卷，商务印书馆2010年版，第42页。

③ 《湖北臬司遵章改名提法使》，《时报》1910年2月25日第5版。另参见《湖北臬司实行改名提法使》，《新闻报》1910年2月25日第10版。

外,如黑龙江、山东、山西、河南、陕西、甘肃、新疆、四川、贵州等省交涉较简,拟暂缓设……其旧时办理交涉之局所即行裁撤,以其经费并入。"①为此,外务部奏准公布《各省交涉使章程》。

依章程,交涉使由外务部拣选,各省督抚亦可将办理得力人员向外务部推荐。交涉使定为正三品,位在布政使之次,提学使之前,实行双重领导体制。一方面照各省藩、学、臬三司例,为督抚之属官,归其节制、考核,同时,由外务部随时考查。交涉使所办事件,除请督抚咨报外务部外,仍于年终造册报外务部以备考核。如遇重要事件,同时禀报督抚与外务部。

1910年10月,清廷简任江苏候补道施炳燮为湖北省交涉司使,"其职权有兼办湖南交涉之责,而廉俸公费由鄂督湘抚曾同奏定比照提学司常年额支二万四千金,由鄂省两库摊解,鄂六湘四。湘抚为直属上司"②。"鄂督已指定统捐局为该司衙署"③,但施炳燮上任后,在"大都司巷租赁公馆暂作公署",并"择定已裁撤之防营营务处房屋,拨款略加修理,改为该司衙门"④。1904年设立的洋务局就此撤销,其机关人员及经费并入交涉司;江汉关道兼为湖北交涉司分司。

2. 保留下来的各司、道

张之洞离开湖北之前,增设了提学司、巡警道与劝业道,裁撤了粮道,已如前述。辛亥革命前,湖北省总督府下设各职能司、道计有:布政司、交涉司、提学司、提法司、巡警道、江汉关道、劝业道、盐法武昌道等机构。

以上各司、道,与总督府直属各科最大的区别在于,前者作为省政府的行政职能部门,既受总督节制,同时也接受相应中央各部领导;而后者则仅对总督负责。

3. 原临时局、所仍有保留甚至增加

《各省官制通则》规定各省"所有原设各项局所,应视事务繁简,酌量裁并",并没有硬性要求一律裁并。因此"除巡警、劝业两道及交涉使司官制中要求对在其管辖范围内的局所予以裁并,以及度支部要求各省将'关

---

① 《外务部奏请设各省交涉使缺并拟章程请饬会议政务处复核折》,载上海商务印书馆编译所编纂:《大清新法令(1901—1911)》(点校本)第九卷,商务印书馆2011年版,第111、112页。
② 《交涉司赴湘接受主管事件》,《申报》1911年1月2日(宣统二年腊月初二日)。
③ 《施司使来鄂原因》,《申报》1910年10月20日(宣统二年十月十九日)。
④ 《交涉司择定新衙署》,《申报》1911年3月3日(宣统三年二月初三日)。

涉财政一切局所均次第裁撤'外，其他局所的撤并工作基本无从着落"①。湖北裁并了洋务、善后、统捐以及原属藩司的交代、卫田、豁免、筹赈四局外，其他各局都未见明文裁撤。总督陈夔龙甚至还新增了印刷、硝磺数局。

4. 江夏、汉阳两县作为武昌、汉阳两府首县的法律地位被取消

依《各省官制通则》，各省所属地方分为府、直隶州和直隶厅三种。其中府分两种，一种是有直辖区域的亲民之府，一种是无直辖区域并不临民之府。凡"有首县之知府，止监督所属，不亲民事，专为管官之官，其实所属州县，遇有重要事务，多迳达院司取决，该府等但司勘转例行各件。循名责实，不得谓非闲冗"。为继续推进新政以来进行的地方官制改革，节省行政经费以挹注司法改革之费，宣统三年（1911年）闰六月二十五日，内阁会奏《裁各省府治首县并归该府直辖提取原有款项设立地方审判厅》，要求"饬下各省，将各府同城首县，概行裁汰，并入该府管理，照直隶州办法，仍兼管属县。提取原有款项并划拨县署，作为筹设地方审关厅之用，迅速设立府治审判厅"。经皇帝批准，各省分照执行。七月，"江鄂两督电内阁拟令知府仿提学、提法两司分科办事，以府治首县，专管钱漕"②，将两省各府所属首县的财政职能划归府直辖。八月，"鄂督瑞莘帅现已奏准各府首县概行裁汰，如江夏、汉阳、黄冈、钟祥、东湖、郧县、安陆、恩施、襄阳十缺，俱在裁并之列。凡地方民事并入该府直接管理，拟将各县原有钱粮规费提归筹设地方审判厅之用，其县署腾出建设法庭以期民治而重司法，不日即当实行矣"③。从此，江夏、汉阳两县在清末的法律体制上将不复存在，而直属武昌、汉阳两府管理，此时距武昌起义已经不足一个月了。

五、社会自治组织的变化

清廷宣布实行预备立宪之前，武汉地区的社会组织主要是汉口镇的行会组织与社会公益组织，且均处于分散状态。自上而下的预备立宪运动，很大程度上激活了武汉地区传统社会组织并引导其向着近代化社会组织自治的方向发展。预备立宪时期，武汉社会组织自治主要表现为三镇新成立的商会自治以及社会各公益团体联合会的自治。

---

① 潘鸣：《清末省级行政机构改革研究》，首都师范大学硕士学位论文2007年，第33页。
② 《时报》1911年8月31日。
③ 《鄂省裁撤各府首县之布置》，《申报》1911年9月20日（宣统三年七月二十八日）。

第五章 预备立宪时期武汉地区法秩序的近代化

（一）汉口社会公益组织的联合

清末预备立宪时期，地区的绅、商继续在创办传统的善堂组织，如"保安堂在硚口兴隆庵，宣统元年建；慈善会在后城马路，宣统二年绅商公置"①。同时，各分散的社会公益组织开始联合。先是各慈善团体组成统一的慈善联合机构——汉口慈善会，而后则在汉口慈善联合会基础上吸收了更多的保安会，成立了汉口各团联合会。

1. 汉口慈善会

晚清时，汉口民办慈善机构开始有意识地组成联合会。"前清宣统二年间，由刘宗三……等邀集汉口各善堂董事暨各绅商，向京汉铁路局南局商借城垣马路外商业学堂左侧路数库，建屋数椽，组织汉口慈善会，公举刘宗三为总理，蔡辅卿、周秉彝为协理，维时事属草创，先设残废栖宿所，经营擘理，煞费苦心。"②

2. 汉口各团联合会

光、宣之际，受社会自治思潮的影响，汉口各商业机构为维护街道治安与救火消防，在"各地段分别建立保安会、自治会、消防会、公益会。汉口银钱业、绸缎业、百货业荟萃之地，首先仿照上海救火会章程，成立了黄陂街上段保安会、四官殿保安会、四段保安会、堤口下段保安会、义成社保安会，负责地段消防事宜，后又扩展到负责商警和环境卫生。至1911年，汉口设立的保安会、公益会多达三十六个"。这些"保安会是以商业资本家为主体的包括城市居民在内的民间治安组织。会长、书记长由各地段之厂主、店东和有社会地位的人担任，消防队员、工作人员由店员、学徒和居民充任。消防器材和活动经费由工商业主和地段居民募集资金解决。除常驻会所之总务等少量专职人员发给工资外，余皆义务劳动"③。

在晚清地方自治的浪潮推动下，同时也基于共同的治安与消防需要，以商人为主导的汉口各地段保安会很快就形成了联合意识，开始筹划组织各团联合会。该联合会"由各商团共同组织，于清宣统三年三月初十日成立，

---

① 民国《湖北通志》卷49"政经（七）·善举·夏口厅"，台北华文书局1964年版，第1169页。
② 民国《夏口县志》卷5"建置志"，载《中国地方志集成·湖北府县志辑③》，江苏古籍出版社、上海书店、巴蜀书社2001年版，第83页。
③ 皮明庥：《武昌首义中的商会和商团》，《历史研究》1982年第1期，第57—71页。

为研究消防、联络感情之总机关。遂仿西式建造洋式三层楼房，由各会捐资建筑"。会员包括硚口外五甲保安会、仁义中段保安会、上段同益自治会、中段同益保安会、下段同益自治会、公益救患会、公善保安会、义成社保安会、永济消防会、水土果帮自治会、清真自治公益会、仁义上段保安会、仁义下段保安会、四段保安会、永安社会保安会、万全保安全、宁平保安会、四官殿保安会、普济保安会、广益保安会、堤口下段保安会、白布街筹办自治会、歆生路公直保安会、四区公益会、清和保安会、敦乐保邻会、永平公益会、大智门公立保安会、新兴保安会、汉口慈善会等三十一个民间团体①。具有治安与消防性质的保安会联合起来之后，很快就成为汉口具有准武装性质的社会自治组织，其势力强大到足以挑战汉口地方政府的警察权力。

（二）汉口社会公益组织的活动

随着晚清商人地位的迅速提高，地方自治浪潮的推动，尤其是上海、广州商团的示范，这些由商人主导的社会公益组织的自治欲望急剧膨胀，到辛亥革命前，已经成为合法持有枪支的准武装团体。1910年12月，"汉口绅商近来分段创设商团保安会，原为保卫地方，维持公益起见。近因时届冬令，宵小□牛放火匪徒，尤难防范，各会特派员于夜间巡查街巷，颇着成效。□会长已禀当道，请□给□枪二百枝，以资□□"②。

由于汉口警察腐败，经常借治安与消防检查与处罚权鱼肉商民，故各地段商团保安会往往以规约约定对失火商号处以罚款，并以此对抗辖区内的警察处罚权。依"汉口巡警定章，凡遇失火，无谕巨细，已未成灾，向由巡警局分别情节轻重，酌量罚办"。1911年元月7日，"小夹街袁震和绸缎号失慎未成，照章应传火头讯罚，讵有四段商防保安会出而阻止，函致巡警局，谓查明该号并未保有火险，实系大意失慎，经会员公拟薄罚六串文呈缴前来，并称此举为维持治安变通办法起见，嗣后传讯火头，应由会中审查公议。又谓保安会宗旨原辅地方行政所不及，各段业已实行，警局总办严令师愈，当查各段保安救火会立案章程，载明专讲自治范围，不得违背。法律只有祛除火患之条，并无准其罚办火头之语，是以据情禀请警道核示。黄警道

---

① 参见民国《夏口县志》卷5"建置志"，载《中国地方志集成·湖北府县志辑③》，江苏古籍出版社、上海书店、巴蜀书社2001年版，第83、84页。

② 《商团保安会请给枪枝》，《新闻报》1910年12月15日第10版。

以保安会均属自治团体，其办理救火事只能于平日研究弭火之方法，临时尽其救济之责任，至事后惩罚该火头一事属行政，断非该会所能干预。若此风一开，实于警察行政大有滞碍，特移请汉口总商会转饬各该保安会，此后不得逾越范围，凡关于警权以内之事，仍由警局直接办理，以专责成，而清界限。惟各保安会以巡警罚办火头，每施其鱼肉手段，商民实不堪其扰，已迭开会议，仍欲争获此议罚权云"①。

除负责汉口地方治安与消防的自治服务与管理外，汉口各团联合会还广泛地参与了武汉地方的各项政治活动。在这些活动中，它已不仅仅是一负责地方治安与消防的自治组织，俨然以准武装的政治实体角色出现。1911年6月，"汉镇商团电谘议局联合会，略谓'内阁问题，一奏（即阁制不用皇族充总理之奏，已见昨报北京商团联合会公电）如无效，则再奏。倘政府用压力，则别有策对付，尤乞勿馁，云云'"②。武昌起义爆发后，汉口各团联合会很快组成商团，不仅完全承担了战时汉口的治安，而且直接参加了与清军的作战，成为汉口重要的政治与军事组织③。

（三）汉口、武昌总商会的成立

1. 汉口各会馆、公所

汉口传统商人组织有所谓八大会，即"盐行、茶行、药村行、广东福建杂货行、油行、粮食行、花行、牛皮行是也……行之外又有所谓帮者，皆同乡商人相结合而成一团体，各冠以乡里之名。在汉口著名者为四川帮、云贵帮、陕西帮、山西帮、河南帮、汉帮、湖北帮、湖南帮、江西福建帮、广帮、宁波帮等商帮，为唯一之商业机关，各有会馆、公所"④。截止到辛亥革命前，汉口各会馆、公所共179个。其中明确具体设立年代的有123个，未明确具体设立年代的56个。

2. 汉口商会的成立

张之洞督鄂期间，汉口尚未设商会，仅有官立之商务总局。1904年，清政府发布《商会章程》，鼓励并引导各会馆、公所及行帮组建近代商

---

① 《保安会侵越警权之争执》，《申报》1911年1月14日（宣统二年腊月十四日）。
② 《时报》1911年6月8日第3版。
③ 参见皮明庥：《武昌首义中的商会和商团》，《历史研究》1982年第1期，第57—71页。
④ 徐焕斗：《汉口小志·商业志》，《中国地方志集成·湖北府县志辑③》，江苏古籍出版社、上海书店、巴蜀书社2001年版，第139页。

会。依《商会章程》，汉口应设商务总会。1907年11月，由官立之汉口商务总局"提倡其事，邀集商董遵章公同组织，定名曰汉口商务总会。公举熟悉商情、众望素孚者为总、协理，禀报农商部加札任用，而商务总局亦即裁撤。所有全镇商务事宜，均归商会办理"①。"按照（汉口）商会章程，商会成员不是一般商户而是由武汉商界八大行帮各推选帮董若干名，然后由帮董组成商会。帮董（会员）全体会议选出议董（董事）；议董全体会议选出总理、协理各一人。由于商会不是直接由各商家组成，而是以行帮为单位选出帮董组成，所以商会成员较少。在辛亥革命前，成员不足二百。"②"开办之初，假商务局为办公地。光绪三十四年（1908年），总督赵尔巽拨给汉口张美之巷城垣马路西偏官地三百方为建筑会所之用。"③

1907年12月前，有部分商帮未及时入会，"禀请鄂督另立商会"。光绪三十四年（1908年）十一月十一日，"经次帅批饬各帮未入会者，准其再行补举会董，归入总会，以免向隅。兹于本月十一日又在商务局开特别大会，各帮商董、议董、总协理均到会，由商务局总办孙询苕苕观察提议大纲四条：一、总办理所定商会试办章程甚属妥协，尚须集思广益，拟即日将章程发印分送入会各商董，于十日内各抒所见，逐条签注送局，以备采择。如有不妥之处，随时改良。二、商部定章，商董以十九人、二十一人、二十三人、二十五人、二十七人为定额。汉镇商务繁胜，甲于各埠，各帮云集，拟变通定章，于二十七人之外，再添议董数人，俾各帮均有代表以免偏枯隔阂之病。三、公聘坐办一人、仲判一人驻会办事，坐办拟延高济川君，仲判拟延周德馨君，众皆认可。四、拟设理事议董十二人，每日二人到会理事，以一星期周而复始，星期日停止办公"④。

3. 武昌商会的成立

早在光绪二十七年（1901年），"武昌劝业厂商董张楫、唐际清发起开办商会，暂不举总、协理，公推警局总绅李文藻权理会事，典帮商董吕逵先

---

① 民国《夏口县志》卷12"商务志"，载《中国地方志集成·湖北府县志辑③》，江苏古籍出版社、上海书店、巴蜀书社2001年版，第140页。
② 皮明庥：《武昌首义中的商会和商团》，《历史研究》1982年第1期，第57—71页。
③ 民国《湖北通志》卷54"经政（十二）·新政·实业·汉口商务总会"，台北华文书局1967年版，第1283页。
④ 《纪汉口商会重举各帮商董之大会》，《时报》1907年12月20日。

专主文牍。俟有头绪，再行举定总协理，以符部章。近已订定章程，禀请武昌府赵太守详咨立案"①。直到宣统元年（1909年）三月，武昌商会始得成立，"公举总理、协理及会董各员，定名为武昌商务总会，由部颁给关防，（宣统）二年拨给省城兰陵街官有房室为会所"②。

由于武昌商人入会并不踊跃，光绪三十四年（1908年）五月十六日，湖北劝业道、武昌府联合发布《示各商入会注册文》，动员商人入会。示文云："武昌为会垣重地，开办商会已有两年，风气渐开，规模初具。但商情涣散，同居一城之中，不特本帮与客帮不相往来，即此业与彼业不相闻问……除照会商会总、协理遵照部章认真经理外，合行出示晓谕，为此示仰省城各商帮一体知悉：尔等凡已经入会者，由各董事传知各店号赶紧遵章注册；其未经入会各帮，亦应推举董事入会，一律注册。庶几遇事研求，随时保护，本道、府有厚望焉。切切特示矣。"③

武昌商务总会成立不久，即"致书汉口商务总会，请约合各团体组织请愿国会同志会"④。辛亥革命中，"武昌建立了类似商团的保安社。一九一一年十月十二日，武昌商会会长吕逵先发起组成武昌地方保安社。社员约千人，其中有许多商人，也有清朝各司道府县及候补人员。保安社总绅柯逢时曾任巡抚，辛亥时为八省土膏捐局督办大臣，设局武昌"⑤。

终清朝灭亡，汉阳未能成立商会。到1912年2月，汉阳商会始得成立。

（四）其他行业协会

1. 武昌府农务总会成立

"宣统元年，在武昌省城地方设立农务总会，遵章公举总理、协理各员，由劝业道详经总督陈夔龙咨明农工商部奏准备案。""其开办经费暂由官钱局拨款二千两，以为提倡。俟该会成立，再由会中另筹的款，以持久远"，其关防由农工商部刊给，曰"湖北武昌府农务总会"⑥。

---

① 民国《湖北通志》卷54"经政（十二）·新政·实业·武昌商务总会"，台北华文书局1967年版，第1283页。
② 《中国年鉴》（第一回），商务印书馆中华民国十三年初版，第1565页。
③ 《江汉日报》光绪三十四年（1908年）五月十六日。
④ 《武昌商会发起请愿国会同志会》，《申报》1910年3月7日（宣统二年正月二十六日）。
⑤ 皮明庥：《武昌首义中的商会和商团》，《历史研究》1982年第1期，第57—71页。
⑥ 民国《湖北通志》卷54"新政（十二）·新政志·实业·农务总会"，台北华文书局1967年版，第1276页。

2. 武汉劝业奖进会（附设南洋出口协会）

"宣统元年，湖广总督陈夔龙奏，在省城平湖门外乙丙两栈设立武汉劝业奖进会。先就销内外各国商品及本省繁盛商埠如沙市、宜昌、樊城、老河口、武穴等处行销物品，按类陈列，计分开产、工艺、美术、教育、古物五类。而外国产口不与其列，所以发达本省商力，囯商情。该会并附设南洋出口协会，以资考验。"①

第二节 司法制度改革

在新的司法审判体系建立之前，武汉地区就开始了对传统司法的改革。如1907年，夏口厅就实行了公开审判制度。"夏口厅署审判案件，向来均坐内堂，不准外人听审。现因奉鄂督赵次帅严札，案件须随到随审，并宜任人旁观，责成地方官填注词讼日记等情。故夏口厅何石策司马特定于每日下午四句钟亲坐大堂审判，准人入览，亦改良裁判之一端也。"②

1908年后，各省开始创建全新的地方司法与司法行政系统。武汉作为在晚清法制改革中最为新锐的城市，其在司法制度的转型方面，亦居于各省之前列。

一、审判厅、检察厅的设立

（一）新司法机关的筹建与官制设置规划

依光绪三十四年（1908年）八月宪政编查馆会同资政院会奏的预备立宪清单，光绪三十五年必须"筹办各省城及商埠等处审判厅"③。依此清单及法部奏定的《各级审判厅试办章程》，湖广总督陈夔龙遂会同省按察使杨文鼎于宣统元年（1909年）闰二月十五日奏请，依下列计划筹建武汉地区的新型司法机关。

1. 武昌、汉口各级审判厅、检察厅之规划

（1）武昌城内设立初级、地方与高等三级审判厅与检察厅。"先于武昌

---

① 民国《湖北通志》卷54"新政（十二）·经政志·实业·武汉劝业奖进会"，台北华文书局1967年版，第1283页。
② 《夏口厅改良裁判》，《申报》1907年11月11日（光绪三十三年十月初六日）。
③ 《宪政编查馆、资政院会奏遵拟宪法大纲暨议院选举各法并逐年应行筹备事宜折附清单二件》，载上海商务印书馆编译所编纂：《大清新法令（1901—1911）》（点校本）第一卷，商务印书馆2010年版，第123页。

省城设立初级审判厅两所，地方审判厅一所，高等审判厅一所"。"省城地方审判所附设于江夏县署，高等审判所附于武昌府署"；"检察厅亦各附之，期可节省经费，将来司法、行政官制大定，仍当另行择地建筑，彼此不相混淆"。"其初级审判各厅即按照巡警区域酌设，应需官厅，或以公所修改或暂租民房，由臬司饬督厅县筹办"。

（2）汉口亦设立初级、地方与高等三级审判厅、检察厅。"汉口为商埠最盛之处，词讼较省城尤繁，应设初级审判厅四所，地方审判厅一所，高等审判厅一所，各附以检察厅"；"汉口地方审判所附设于夏口县厅，高等审判厅附设于汉阳府署"。其初级审判厅亦按巡警区域酌设。

2. 各级审判厅推事、检察厅之官制设置

（1）初级审判厅、检察厅官制。"初级审判厅依单独制，每厅推事、录事各一员"；"初级检察厅每厅设检察官一员、录事一员"。

（2）地方审判厅、检察厅官制。"地方审判厅每厅各设推事长一员，省城以江夏县知县任之，汉口以夏口厅同知任之，每厅各设民事庭长一员、刑事庭长一员、典簿、主簿各一员、民科录事、刑科录事各一员"；"地方检察厅设检察长一员，检察官一员，录事一员"。"高等检察厅设检察长一员，检察官一员，录事一员"。

（3）高等审判厅、检察厅官制。"高等审判厅每厅各设厅丞一员，省城暂以武昌府知府任之，汉口暂以汉阳府知府任之，每厅暂设民事庭长一员、刑事庭长一员、典簿、主簿各一员、民科录事、刑科录事各一员"。"其各厅应设书记生、承发吏、庭丁、警兵，照章酌量选用。所有办事规则权限，均遵照法部颁行试办章程以昭划一。"

3. 各级审判厅推事、检察厅检察官及其他文员之任用

（1）高等审判厅厅丞及检察厅检察长之任用。此两类官员"照章均应请简"。所谓"请简"，即由皇帝直接任用。

（2）推事、检察官及以下各官之任用。上述官吏"应分别奏补"。所谓"奏补"，即由总督提名，由皇帝最后批准任用。"惟本年系甫经筹办，应由臣暂于候补厅州县内择其通晓法律、长于听断及曾任出洋游学之员，分别委用。典簿以下各员，由臬司选派承充。试办之初，官俸未能遽定，暂行酌给薪水，务求俭省。所定员额亦系极少之数，如采办有头绪，事务较繁再为逐渐增设。勒限本年七月起次第开庭，实地练习以期组织完备，明年即可依限

成立，其不能得力者亦可随时撤换，不至滥竽充数。倘能称职，届时再遵定章请简请补，以重职守"。

由于"大理分院未经议设，外府州县审判亦未一律成立。所有京控省控案件仍由臬司督同发审局讯办，其刑事案招解勘转及秋审大典，此时司法未能独立，均应仍照旧制办理"①。原省提刑司及发审局的审转职权暂时由提法司行使。

（二）新式审判厅的建设情况

依法部奏定的《补订高等以下各级审判厅试办章程》《拟定各省城商埠各级审判检察厅编制大纲》《拟定各省城商埠各级审判厅筹办事宜》《推广诉讼状纸通行章程》《法院编制法》《法官考试任用暂行章程》《司法区域划分暂行章程》《初级暨地方审判厅管辖案件暂行章程》等规范性文献，湖北提法司主持了武汉地区及宜昌、沙市两商埠各级新式审判厅、检察厅的建设。以下是武昌、汉口两地新式审判厅的建设情况。

1. 省城高等审判见习所、汉口地方审判见习所开庭

在新式审判厅设立之前，武昌、汉口地区分另设有高等审判见习所与地方审判见习所，作为新式司法人员的练习之地。宣统元年（1909年）九月，湖广总督陈夔龙向朝廷报告："省城高等审判见习所业于七月二十日开庭，汉口地方审判见习所亦于八月十九日开庭。"②

但上述见习审判所的表现很是不堪。

> 汉口各级审判厅因厅屋未经竣工，须本年冬间始能成立。现仅在夏口厅署附设一审判见习所，以为司法人员练习之地，并遵照法部定章收受状纸印花费及因钱财纠葛之讼费。所中各员除所长暂以夏口厅丞兼任外，余如民刑两庭庭长、推事、录事、书记、会计等职皆系候补人员充任。薪水异常微薄，或仅夫马费数竿而已。但汉地习尚繁华，各员不免有嫖赌之癖，薪水既不敷其挥霍，遂视索贿舞弊为当然之事。如讼者双方均不愿纳贿，该员等即苛索讼费（定章如因千金涉讼须缴讼

---

① 《庸庵尚书奏议》卷11《筹备省城暨汉口各级审判厅折》（宣统元年闰二月十五日），载沈云龙主编：《近代中国史料丛刊》第五十一辑，文海出版社1970年版，第1155页。

② 陈夔龙：《奏遵章胪列第二届筹备宪政成绩折》，《湖北官报》第七十九册宣统元年九月二十日。

第五章 预备立宪时期武汉地区法秩序的近代化

费三十金余以此递推），有因万金讼事被诈索千金者。前任夏口厅冯篔向来好货，与各员照数瓜分，以致该员等愈肆行无忌，而尤以检察长法某为甚。现新任夏口厅王国铎到任，力矫此弊，凡巨商因涉讼所缴讼费无不致函往查，日前查有益大钱庄店东蔡宗昌控其伙田子常亏逃三万金一案，蔡已缴讼费五百金、铜元三十串，而见习所收纳讼费底簿仅收到印花费银二十两，并无收银五百两及铜元三十串之根据。王司马极为诧异，知系该员等所为，当即严密彻查究办，一面饬询蔡宗昌究竟前款交给何人，是否掣有收条。闻蔡禀复系交给检察长法某，而法亦复议回后城马路，直认不讳，惟谓此款系蔡借给，刻尚纠葛未清云①。

十二月十六日，武昌、汉口各审判厅成立后，"所有原设之督审处及江夏、夏口两厅县审判见习所，均先期裁撤"。

2. 省城建成高等、地方、初级审判厅各一所，汉口建成地方、初级审判厅各一所

宣统三年（1911年）正月，新任湖广总督瑞澂奏称，省城高等、地方、初级审判厅各一所，汉口、宜昌、沙市三商埠地方、初级审判厅各一所，在宣统二年十二月十六日（1911年1月16日）均一律成立。"按照法院编制法，并参酌地方情形，高等审判厅内分设民刑各一庭，地方审判厅内分设民、刑各一厅，初级审判厅内各分设二厅，并照章配置，各级检察厅仍独立行其职务"。"除高等审判厅厅丞、检察长由臣遴员奏保，业已钦奉简放试署外，其余应设推检各官六十四员"，"嗣准法部颁发《奏定法官考试章程》"，由省提法司招录、申送考生，赴部投考，"应由（法）部考试分发任用"。"并饬（提法）司将应设典簿、主簿、录事等员暨承发吏驻厅，司法警察、庭丁人等分别考试，派充招募雇用"。"其关于审判事宜，各项单行章程亦由司陆续拟详核定，通饬遵行。"② 原计划江夏设立两所初级审判厅，汉口设立四所初级审判厅，最后均仅建成一所而已。

依法部《拟定各省城商埠各级审判检察厅编制大纲》第一款，"其省

---

① 《呜呼审判厅之前途》，《申报》1910年6月28日（宣统二年五月二十二日）。
② 《督院瑞奏湖北省城商埠各级审判厅依限成立折》，《湖北官报》1911年2月23日（第7期），第2、3页。

城、商埠各在一处者，省城设高等以下各厅，商埠不设高等审判厅"①，故汉口未按原计划设高等审判厅，仅在省城设有高等审判厅。"惟查高等审判厅为外省最高之审判衙门，从前应交发审局审办之京控、上控以及提审翻供各案，均归该厅审判。现照馆章，未设审判厅地方招解到省之案，亦归该厅审勘，是一厅实兼院司、发审局三处之事，范围较广，职务更繁。鄂省高等审判厅现在仅设民、刑各一庭，恐有日不暇及之势，将来尚需增设数庭"②，省级审转制度就此废止。

（三）各审判厅的管辖范围

依《拟定各省城商埠各级审判厅筹办事宜》，"各府厅州县地方审判厅管辖全境诉讼"。此语"系指各该地方厅管辖上诉之言。至受理一切词讼一层，细绎《筹备事宜》'管辖'条内第二项文义，凡各府地方审判厅业经成立之处，所属州县中如已设有初级审判厅者，一切民事案件，即应照章划归各该审判厅办理；其余未设初级审判厅之各州县，所有命盗民刑一切词讼，无论轻重大小，仍暂归各该州县官受理。俟断结后有不服时应就该地方审判厅上诉。此项上诉事件在已设地方审判厅之各府衙门，一概不得受理，惟招解案件，仍应由该州县解府覆审转解高等审判厅办理"③。"鄂省及各商埠审判厅原以地方辖府境，初级辖县境"。但由于武昌、宜昌府下除江夏、东湖县办有初级审判厅外，其他各县均未办理，故武昌、宜昌两府的地方审判厅不能受理未办审判厅各县的上诉案件；汉口商埠辖境仅为夏口厅，因而亦不能适用《拟定各省城商埠各级审判厅筹办事宜》的规定。有鉴于此，经湖广总督咨宪政编查馆，由宪政编查馆会商法部奏准，以变通的方式形成了武昌、汉口及宜昌、沙市地方审判厅的地域管辖与级别管辖。

1. 武昌府地方审判厅的地域与级别管辖

武昌府地方审判厅以江夏县为管辖范围，除江夏县以外，其原所属其他州县均未设地方审判分厅者，民刑事初审案件仍由州县官署审理。初审后传

---

① 《拟定各省城商埠各级审判检察厅编制大纲》，载怀效锋主编：《清末法制变革史料》（下），中国政法大学出版社2009年版，第471页。
② 《督院瑞奏湖北省城商埠各级审判厅依限成立折》，《湖北官报》1911年2月23日（第7期），第2、3页。
③ 《署提法司梅札饬地方审判厅管辖区域应照馆章以府州县全境为限受理词讼照筹备事宜管辖条内第二项办理由》，《湖北官报》1911年第11期，第13、14页。

统审转制应解往武昌府覆审者，均改由湖北省高等审判厅覆审。如对覆审判决不服者，可以上诉至武昌地方审判厅。武昌地方审判厅并不实际审理案件，而仅作程序上的处理：属刑事上诉案件，由该审判厅移交省高等检察厅；属民事案件，由当事人自行呈诉于省高等审判厅。

宜昌、沙市地方审判厅的管辖范围"沙市地方厅以江陵县境为管辖区域，其荆州府属各州县未设分厅以前，所有初审案件，照章应解府覆审者，现应解归沙市地方厅覆审；宜昌地方厅以东湖县辖境为管辖区域，其宜昌府属各州县未设分厅以前，所有初审案件应解该管府覆审者，现应解归宜昌地方审判厅覆审"①。如当事人上诉，亦分别上诉于两地方审判厅，由地方审判厅作程序上的处理：属刑事上诉案件，由该审判厅移交省高等检察厅；属民事案件，由当事人自行呈诉于省高等审判厅。

2. 汉口地方审判厅的管辖范围

"汉口地方一厅系专为商埠而设，境内并无直辖州县，其管辖区域应只以夏口厅全境为限"②。

（四）湖北暨武汉地区新司法机构法官、检察官简历

武汉地区各审判厅厅长、推事和各检察厅厅长、检察官姓名、籍贯及出身一览表（宣统三年冬）③：

审判厅名	厅长或检察长	厅 丞	庭 长	推事或检察官	行走推事或代理检察官
湖北高等审判厅		梅光羲（江西人，举人）	盛时（湖南善化人，新学毕业生）、黄希仲（湖南长沙人，举人）	庄皓年（江苏阳湖县人，举人）、李丙荣（江西萍乡人，优贡）	
湖北高等检察厅	栾骏声（奉天海城人，进士）			王家三（河南荥阳县人，优贡）、张祖仁（广东鹤山县人）	

---

① 《解释审判厅管辖区域上诉办法》，《申报》1911 年 5 月 22 日（宣统三年四月二十四日）。

② 《署提法司梅札饬地方审判厅管辖区域应照馆章以府州县全境为限受理词讼照筹备事宜管辖条内第二项办理由》，《湖北官报》1911 年第 11 期，第 13 页。

③ 本表制作根据内阁印铸局：《宣统三年冬季职官录》，载沈云龙主编：《近代中国史料丛刊》第二十九辑"宣统三年冬季职官录"（第七册），文海出版社 1968 年版，第 1120、1121 页。

续表

审判厅名	厅长或检察长	厅丞	庭长	推事或检察官	行走推事或代理检察官
武昌地方审判厅	林祖彝（河南洛阳县人，附贡）		吴之恺（安徽泾县人）	姚寿衡（湖南邵阳县人）、涂丙熙（江西丰城县人）	郭文先（湖南沅江县人）
武昌地方检察厅	谢健（四川荣昌县人，举人）			王日灏（湖南均州人，拔贡）	萧大镛（四川□州人）、学习检察官：萧益（江西云都县人）
江夏初级审判厅				监督推事：陈英年（湖南善化人，举人）；帮办推事：李樊（湖南善化人）	李续源（湖南桂东县人，拔贡）
江夏初级检察厅				监督检察官：王用益（四川万县人）	行走检察官：陈永清（广东番禺人）
汉口商埠地方审判厅				彭学浚（江西安福县人）、胡熏（江西新建县人，举人）、张俊章（四川绵竹县人）；帮办推事：蓝作栋（四川荣县人）；帮办推事：陈养愚	学习推事：刘荫榕（直隶盐山县人）
汉口商埠地方检察厅	罗藏（贵州安化人，附贡）			检察官：崔寅彤（河南详符县人）	帮办检察官：卢照（广东新会县人）；代理检察官：钟绳武（江西南昌人）
汉口商埠初级审判厅				监督推事：钟应德（江西萍乡人，举人）	
汉口商埠初级检察厅				监督检察官：张友伊（河南商城县人，拔贡）；检察官：王永槐（四川安岳人，拔贡）	行走检察官：廖文洵（四川富顺县人）

（五）各政府机关不再受理诉讼案件

各级审判厅、检察厅成立后，督抚、按察使司及武汉地区各级地方政府不再受理刑、民事案件。

"鄂垣及各属商埠审判厅现已次第成立,所有督署、提法署向理刑民上诉案件均自十一日起停止收词。昨日瑞制军、梅法使已牌示晓谕:一应上诉案件概赴高等审判厅控拆。武昌、汉阳两府亦经遵照出示:凡府控案件,均令分别赴省城、汉口地方审判厅控诉。江夏县李令曾麟亦遵章遣散差役,祇办行政事务,于十一日起照章停止理讼,所有县属案件均令赴初级审判厅起诉。惟汉口为华洋杂处之地,领事会审权一时不能收回。现汉口地方、初级两审判厅,因领事抗议只能收受华人之民刑诉讼;若系有关华洋交涉诉讼,仍由夏口厅衙门讯理。如不服断,仍可赴汉关道交涉司各衙门上诉。刻夏口厅已出示,晓谕华洋商民人等周知并由交涉司照会各领事查照矣。"①

二、近代司法行政制度的建立

(一)提刑按察使司改为提法司

光绪三十三年(1907年)五月二十七日颁布的《外省官制通则》对传统地方官制进行了较大的改革,其中一项重要内容便是将原各省提刑按察使司改为提法司,作为省级司法行政机关。上谕云:"兹据庆亲王奕劻等奏称,各省按察命名拟改为提法使,并增设巡警、劝业道,裁撤分守、分巡各道,酌留兵备道及分设审判厅,增易佐治员各节,应即次第施行。着由东三省先行开办,如实有与各省情形不同者,准由该督抚酌量变通,奏明请旨。此外,直隶、江苏两省风气渐开,变应择地先为试办。俟着有成效,逐渐推广。其余各省均由该督抚体查情形,分年分地请旨办理,统限十五年,一律通行。"② 1907年,法部公布《提法司划一章程》。宣统元年(1909年)十月十四日,清廷批准宪政编查馆制定的《各省提法司官制》。

依上述上谕和相关法规,宣统二年(1910年)六月,湖广总督瑞澂奏请将湖北省提刑按察使司改为提法使司。其改制的基本措施为:

1. 提法司下设总务、刑民、典狱三科

"鄂省既拟改提法使,自应遵照分设总务、刑民、典狱三科,各设科长一员、一等员。总务科繁,应设二等科员四员,刑民、典狱二科,各设二等科员二员、书记每科各设五员"。

---

① 《鄂官厅宣布不理词讼》,《申报》1911年1月19日(宣统二年十二月十九日)。
② 上海商务印书馆编译所编纂:《大清新法令(1901—1911)》(点校本)第二卷,商务印书馆2010年版,第168—175页;同书第一卷,第42页。

2. 原属按察使兼管之驿传业务划归劝业道

"有关于提法使本职者,如按察使兼管之驿传事务,照《奏定劝业道官制》应归劝业道管理,即于六月初一日,由臬司移交接管。其应办上年驿站奏销,仍由臬司造报,以清界限。有关于属吏者,按察司经历、司狱二员,应《提法使官制》作为裁缺,详加甄别,以所官录事及相当之职调用;有关于书役者,司署既设书记,足供缮写,原设书吏厅,尽裁革,其杂役酌留数名,籍备使令,余亦裁汰"。

3. 原按察司附设之局所予以裁撤、归并

原按察司"司署设有积案、统计、筹办审判厅三种局所,核其所办事宜,皆属于总务、刑民两科之职掌,应一并裁撤,各归各科办理。惟发审局为各属解勘、翻供及提省审办重要案件而设,现在各属审判厅尚未遍设,未便遽裁,应暂改为督审处,仍由提法司督率审理,尚未设立审判厅各州厅县应行发审之案,俟宣统五年,各府厅州县审关厅一律成立,再行裁撤,应于新旧递嬗两无妨碍"①。此发审局应为省发审局。

(二) 其他司法行政设施

1. 增设看守所

除用作看守所职能的各级政府监狱外,光绪初还在省按察使属下设有看守所性质的候审所。"又候审所,在发审局东,光绪五年武昌府知府方大湜、汉阳知府严昉详请增设"②。光绪"三十四年知县王士卫详设初级地方审检厅,于(江夏县)署西偏并改修待质所"③。

2. 监狱管理规范的制定

1911年,湖北省提法司又依《湖北模范监狱章程》制定了系列监狱管理具体规章体系——《湖北模范监狱补订规则》,并呈请湖广总督批准,"饬令典狱官切实遵行"④。这一规章体系包括《守卫服务规则》《员司功过

---

① 参见《督部堂瑞奏遵章改设提法使并分设属官折》,《湖北官报》第一百三十一册宣统二年七月十一日。
② 民国《湖北通志》卷26"建置二·廨署"。"发审局……同治十年武昌府知府方大湜、汉阳知府严昉详请创建,光绪十一年裁归武昌府署内办理"。依上文保留发审局之叙述看,省发审局似乎又有恢复。
③ 同治《江夏县志》卷2。
④《提法司详整顿模范监狱补订各种规则缮折赍请核示立案文》,《湖北官报》1911年第119期。

规则》《工业员司规则》《犯人工作规则》《守卫赏罚规则》等一系列规则①。

3. 法官、检察官培训机构之设

宣统元年（1909年）闰二月十五日，陈夔龙奏请"设立养成审判所，专为讲习司法之地，招考本省候补府厅州县佐贰人员入所肄习，以八十员为一班，先招两班，定期两年毕业，考验给凭，遵照部章，分别委用……现即就省城法政学堂内延聘教习，订立课程，先行开办。其监督管理各员，均另兼领，毋庸另支薪水，以节糜费。此系司法独立，一切考验稽查事宜，均归臬司总理以清权限，至法政学堂内原有各班，如愿改习亦准，一律附考籍广造就"②。

宣统二年（1910年）二月，护理湖广总督杨文鼎奏报："前在省城法政学堂附设之审判养成所，武昌府署附设之高等审判见习所，夏口厅署附设之地方审判见习所，均于上年七月一律开办。由（提法）司将各所人员于正月间认真考试，除先委充武汉各厅推、检各员外，并派充候补推检为宜昌、沙市商埠审判之预备。"③

4. 司法检验官培训机构

晚清新政时，湖北的高级官员们已经认识到法医"检验一术，诚司法裁判上最关切要之图。欧洲各国，检验之事属之医生，均由医科专修毕业，举凡生理剖解、理化之术，无不经历试验，确有心得。凡凶犯之举动，行为下手之后先、轻重，毒物之原质化合，无不由揣验而知。中国《洗冤录》一书，辨析不为不精，搜罗不为不广，果能实心研究，亦可剖决毫微。无如其事委之仵作姓氏等，于舆台工食又极微薄，稍如自爱，断不屑为。充斯么者，大抵椎鲁蠢鄙之夫，学术既未讲求，利欲复易歆动，其以命案为市，遂致弊窦丛生。值兹改定刑律，创设裁判之初，若不亟谋改良造就，纵有极文明之审判厅而有此极不检验，殊非完善周密之道"。故宣统二年（1910年）

---

① 参见《湖北官报》1911年第118、119、122、123、127、128、130、132、133、135、136、137、138、139、140期。

② 《庸庵尚书奏议》卷11《拟设养成审判所招考省员肄业习片》（宣统元年闰二月十五日），载沈云龙主编：《近代中国史料丛刊》第五十一辑，文海出版社1970年版，第1158页。《附奏筹设养成审判所片》，《湖北官报》第四十二期宣统元年三月十五日。

③ 民国《湖北通志》卷53"经政（十一）·新政·司法"，台北华文书局1967年版，第1271页。

二月二十五日，护理总督杨文鼎向中央奏请在省高等审判厅内设立"检验学习所"。

  现在省城高等审判厅建筑已将完竣，即应开庭，自应遵照部饬，在厅内附设检验学习所一区，拟即饬司通行各属，调取识字仵作或聪秀子弟每县二名，江夏汉阳两首县均各多取一名，计共设正额一百四十名。限于宣统二年三月内一律申送到省，并在省城添招附科生二十名，期与高等审判厅同时成立。责令该厅检察长兼司所长之责，沿用教习三员，将《洗冤录》、日本检察法并生理解剖学说之有关检验者编成讲义，分科教授，并购入人体骨殖各种模型、标本陈列所中，藉资考证，以半年为一学期，考察一次，遵照部章，年半学业，考取合格，发给文凭，分派各属为检察吏。革除旧日仵作名称，优给薪工，五年役满，由各州县申送考试，咨给出身。①

检验学习所学员膳宿费自理，"除所长、管理员均以厅员兼任毋用开支薪水外，其馀员司人等薪工、纸张杂用每月需银四百两，列入高等审判厅预算表内，作为司法经费，核实支销，其购备书籍一切器具及模型标本等项约需银三千两，应由藩司筹发，汇入审判厅开办经费，作正开支列册报销"②。

5. 司法警察与承发吏的培训

宣统元年（1909年）十月二十五日，湖北省谘议局通过《实行裁汰书役案》，"就原有名额差役分别裁汰。大率繁缺不得过百二十名，中缺不得过八十名，简缺不得过六十名"，"裁汰之年限，应以宣统二年（1910年）为限"③。江夏当属繁缺，宣统二年八月，"鄂省武昌府赵楚江、江夏县李振卿大令现遵章各裁其本衙门差役、书吏……首县差役共五百余名，现拟留一百一十六名……其实行之期，均定于九月朔日"④。

旧的差役制被废除后，武昌、汉口、宜昌、沙市地区新的司法机关在刑

---

① 《护鄂督又奏遵设检验学习所开办经费请作正开销等片》，《新闻报》1910年4月24日（宣统二年三月十五日）。
② 《护鄂督又奏遵设检验学习所开办经费请作正开销等片》，《新闻报》1910年4月24日（宣统二年三月十五日），第4张第1、2页。
③ 吴剑杰主编：《湖北谘议局文献资料汇编》（上），武汉大学出版社2017年版，第279页。
④ 《新闻报》1910年9月26日（宣统二年八月二十三日）。

事诉讼中的行政执行人员改为司法警察,在民事诉讼中的执达人员改为承发吏。

(1) 司法警察。依法部《司法警察调度章程》,隶属行政警察之序列之"区长、区员、警务长、巡官、巡长、巡警皆得执行司法警察职务,检察厅并得移请巡警官派拨若干名常川驻厅以供差遣"。司法警察的职务主要是逮捕、押解人犯,搜查刑事证据,取保、传唤证人,检验尸伤,接收刑事呈词等。因而司法警察即寓于行政警察之内,行政警察执行司法职务时则称司法警察。但由于司法警察之职务与行政警察有较大区别,为使警察熟悉司法业务,宣统二年(1910 年),总督陈夔龙要求巡警道"于行政警察之外特别组织教练之所,请以高等小学、简易师范毕业(生)中选充"。巡警道先行"在省城招班六十名,查照部颁《司法警察调度章程》编纂讲义,增添钟点,加课三月,以备武、汉各级审判厅驻厅调度之需",然后与提学司会商在高等小学、简易师范毕业(生)中招考,"由本司拟定招考办法"①。在巡警体制之下,设司法警察培训练所,进行专门的司法警察职业培训,反映出晚清时期武汉的行政警察与司法警察已有很明确的分类。

(2) 承发吏。《法院编制法》规定承发吏的主要职责有:执行民事裁定与判决,查封、管理、拍卖查封财产;管收无资产的债务人;送达民事传票,执行民事搜查;送达裁判文书等。由于法部尚未制定关于承发吏的管理规则,因而宣统二年(1910 年)十月,湖北提法司依《法院编制法》第九十三条"承发吏实行考试充任"的规定,制定了《提法司衙门考取承发吏章程》②。依此章程,"报考承发吏之资格:身家清白、品行无污、身体强壮、并无嗜好、国文清顺、年在二十岁以上四十岁以下";"考试科目:短篇论说、拘传票式";"考取以后应听派赴各见习所附设之速成教练处研究规则,并在该所试充承发吏执行各项事务"。此外,该章程还规定了承发吏的工作流程、待遇与奖惩。

但由于薪俸过低,司法警察和承发吏岗位只能招录到"素质低落者"③。

---

① 《提法司马署巡警道会详办理司法警察文》(宣统二年八月二十一日),《湖北官报》1910 年第 145 期,第 22—25 页。
② 《提法司衙门考取承发吏章程》,《湖北官报》1910 年 11 月 7 日第 148 期。
③ 《时报》1911 年 8 月 16 日(宣统三年闰六月二十二日)。

(三) 各级审判厅、检察厅之司法经费收支体制

传统行政兼理司法体制中，因行政与司法混一，因而没有在财政经费中专门罗列司法审判经费。武昌、汉口、宜昌、沙市等地设立各级审判、检察厅，实行司法独立，故司法经费应于单列。

1. 各级审判厅、检察厅开办费由省库开支

陈夔龙于宣统元年（1909年）闰二月十五日所奏《筹备省城暨汉口各级审判厅折》首次提到了司法经费，"各厅开办经费饬由藩司设法筹拨，作正支销。其常年经费按照京师所设各省审判、检察厅，法部统计表为数甚巨。湖北现仅省城、汉口商埠两处开办，约计费已不赀。将来推行于各府州县，需款当不止倍蓰。公家力有未逮，而实行地方税又在九年制定预算案之后，此时尚难提议，应饬有司局会同商筹通盘计划，再行奏咨立案"①。

2. 司法常年经费亦由省库与度支部共同支出，由度支部稽核

辛亥革命爆发前，武昌、汉口及宜昌、沙市等商埠已设立各级审判厅、检察厅，其司法常年经费之大者为司法机关工作人员的薪俸，由省库支出，报度支部稽核。但宣统年间编制的《湖北财政说明书》中完全缺少财政支出说明，更当然也就没有关于司法经费的说明。宣统二年九月向省谘议局提交的宣统三年《地方行政经费岁出册》"所列地方行政经费仅教育、警察、实业、支出四类"②，亦无司法经费支出预算。直到宣统二、三年之际，湖北省始向度支部提交了上述司法机关工作人员的薪俸。宣统三年元月（1911年2月），湖广总督瑞澂向度支部说明，已报度支部的上述司法机关工作人员薪俸，"与山东、山西等省薪数不相上下，实属无可再减"，"请仍照原定数目支给，免予再行更改"③。

宣统二年（1910年）冬月，湖北提法司曾向湖北总督瑞澂提请审批宣统二年的司法经费以及宣统三年（1911年）的司法经费预算。宣统二年的司法经费为十八万三千二百两，"杨前护部堂原筹审判厅经费十四万四千两，业经本部堂电商度支部，准于未开厅之前动拨内，除江、宜两关停解、

---

① 《庸庵尚书奏议》卷11《筹备省城暨汉口各级审判厅折》（宣统元年闰二月十五日），载沈云龙主编：《近代中国史料丛刊》第五十一辑，文海出版社1970年版，第1153页。

② 《湖北谘议局关于议决预算情形致鄂督瑞澂文》，《申报》1910年12月6日（宣统二年十一月初五）。

③ 《督抚瑞咨度支部鄂省各级审判厅经费拟请仍照原定数目支给文》，《湖北官报》1911年3月2日第16期，第5、6页。

签捐局减解共银三万三千三百三十三两外，实止银十（一）万六千六百六十余两，足以抵支其余不敷之款"。"宣统三年审判厅常年经费，业据该司另详减为十五万余两，以杨前护部堂原筹经费及罚金等项抵支，尚足敷用"，"至汉口建筑经费业已并计在本年司法应用各项经费数目之内"①。这一数额，大概是宣统三年元月瑞澂咨度支部的司法经费。此所谓司法经费，主要是指武昌、汉口及宜昌、沙市各级审、检厅的开办及司法人员俸禄。

3. 提法司试图将江夏县、夏口厅政府公费部分转拨两地审判厅未果

1911年6月，"鄂法司马廉访现因省城及各商埠初级审判厅经费冰敷甚巨，呈请督院拟于江夏、夏口两厅县公费内各月提拨一百金，江陵、东湖两县公费内各月提拨五十金藉资弥补，此后各州县之审判厅成立者亦仿此办理。闻瑞督以审判成立以后，该管地方官已不复受理民刑诉讼，所有刑幕束修、招解公费及其他审理词讼一切用款，照章虽得就公费内提充司法经费，然鄂督州县幕友向系刑钱兼理，现虽已设审厅，地方不理刑名，而钱谷之事仍旧日，现在公费江夏、夏口月仅四百金，江陵、东湖仅三百五十金，凡属地方行政无不取给于此，今司法一部分已提如此之巨，于行政恐多妨碍，爰与藩司磋商两全之策，窃恐提法司之请将来归于无效云"②。

4. 江夏、汉口两地审判厅均以现有废弃官厅改建以节省经费

由于"宜昌、沙市两埠各厅，汉口地方一厅，省城、汉口初级两厅，或尚未竣工，或竣工而尚待修改，均分别租借合式房屋，布置就绪"③。1911年6月，提法使"马廉访因汉口审判厅房屋窄隘，曾详请督宪核准改地建筑。……当兹财政奇窘之时，百举应从撙节，杨革令所填基址，既不适用，觅地别建又需费浩繁，资政院于审判厅之设置，本有拨用官廨，毋庸特建之议，似不如不建为是。鄂省绿营佐职现拟裁汰，汉口必有应裁文武官廨可以改作厅署，即由司会同藩司、江汉关道查明择定，酌量修葺，庶费省而事易，办理较为得当。汉口初级厅原建房屋限于地势，添建既难完善，尽可不必添建，亦觅空余官廨或如来详照日本办法，与地方厅合并一处，则添建

---

① 《督部堂瑞批北提法司禀请饬筹宣统二年暨三年司法经费文》，《湖北官报》1911年第153期，第26—28页。
② 《鄂省院司磋商提拨审判经费》，《申报》1911年6月4日（宣统三年五月初八日）。
③ 《督院瑞奏湖北省城商埠各级审判厅依限成立折》，《湖北官报》1911年2月23日（第7期），第2、3页。

之费亦可省也。至江夏初级厅所借官房，规模既属宏敞，应准永远作为厅署，其原建江汉初级两厅房屋及原填汉口地方厅基地，迅速一并召卖变价，备充筹办司法经费，原请添修江汉初级厅楼房银两，亦即移知藩司，毋庸筹拨，仰即遵照办理"①。

三、其他与司法相关的制度变化

（一）汉口租界内司法制度的变化

1. 汉口各领事允停刑讯

光绪三十一年（1905年）三月以来，清廷屡次明令禁止刑讯。但湖北"各州县不惟未停刑讯，且仍有滥用非刑各具者"。"夏口厅乃通商臣镇，该处审判各员动辄于民事诉讼案件任意刑求责打"，宣统二年（1910年）十月十八日，省谘议局对总督提出质询。"是以呈由鄂督核准，通饬各属于客腊初一日一律停止刑讯。惟汉口洋务公所因事关交涉，未得领事之许可，延未照办。兹经交涉司与领袖英领事磋商数次，以新刑律已于客腊奉旨颁行，是我国刑律改良，万不能滥用刑罚，驻汉各领事始无异词。故新正以来，会审案件已实行停止用刑，亦不跪讯矣。"②

2. 地方审判厅对租界内华人之管辖权纠纷

依光绪二年（1876年）《中英烟台条约》第二端，"凡遇有内地各省地方或通商口岸有关系英人命盗案件，议由英国大臣派员前往该处观审……两国法律既有不同，只能视被告者为何国之人，即赴何国官员处控告；原先为何国之人，其本国官员只可赴承审官员处观审。倘观审之员以为办理未妥，可以逐细辩论，庶保各无向隅，各按本国法律审断"。此后美国与清政府续订之通商条约中，亦先后规定了观审制③。依最惠国待遇原则，这一观审权亦为各外国领事享有。上述补订新约实际上是将上海、汉口等地的会审章程提升到了适用于所有通商口岸的条约层面，只是在名称上将"会审"改为"观审"。但允许观审员发表意见并与主审法官辩论，"名曰观审与会审何异"？

---

① 《鄂督改建审判厅之政见》，《申报》1911年6月3日（宣统三年五月初七日）。
② 《汉口各领事允停刑讯》，《申报》1911年2月16日（宣统三年正月十八日）。
③ 《烟台条约》（光绪二年七月二十六日，1876年9月13日）、《续约附款》（光绪六年十月十五日，1880年11月17日），载王铁崖编：《中外旧约章汇编》（第一册），上海财经大学出版社2019年版，第324、354页。

第五章　预备立宪时期武汉地区法秩序的近代化

上述会审、观审制,是在中国通商口岸由行政长官兼理司法的体制下形成的。在晚清各通商口岸改行司法独立的审判厅制度之后,是否仍然适用这一体制?最先设立审判厅的"天津洋人控告华人案件,向归审判厅讯断,照约准领事或派员观审。前年秋间,住津各国领事会同面递节略",要求在审判厅内设立审公堂,为直隶总督所拒绝。"本部(即法部——引者注)之意,不惟拒绝会审,且欲设法不令于审判厅行观审之事……本部现拟各省城与商埠审关厅对待华洋互控案件办法:凡已设审判厅之处,无论东西各国商民,如有来厅诉讼者,均照我审判厅新章办理一切。审判方法俱极文明与待遇我国人民无异,其愿来听旁听者,亦准其入厅旁听,但只得坐于普通旁听席内,不得援观审之制。如外国人不愿来听诉讼,则暂由行政官厅照观审条约办理"[①]。宣统三年(1911年)元月,湖北署理提法司与江汉关道共同向湖广总督呈准,汉口地方审判厅办理华洋互控案件,照法部上述原则办理。

但汉口地方审判厅在依上述规定办理华洋互控案件时,还是受到了各国驻汉领事的阻挠。各国驻汉领事拒绝承认地方审判厅签发的逮捕证,所有涉及租界居民的案件,仍只能由夏口厅属下之洋务公所管辖。据1911年《法政杂志》报道:

> 遵照部章,凡属华洋互控案件,仍暂照旧,由夏口厅衙门照约办理。然此系指华人与洋人控案而言,其华人与住在各国租界内之华人,因事互控,本非华洋交涉,应由审判厅受理,遣司法警察持票送请领事签字后,即可逮捕传讯。讵近日迭有华人控诉租界内华人案件,审判厅命承发吏司法警察持票赴租界请领事签字,各国领事均不允发行。谓向例只夏口厅有权出票,请领署签字。今审判厅实不便在租界行其逮捕之权。当经审判厅长会同夏口厅丞,往谒领袖领事,申明中国现在司法独立,特设审判厅,专理刑民诉讼,凡属华洋交涉控案,照约暂归夏口厅办理。然将来条约改正,华洋讼案,亦应归审判厅办理,至华人控诉租界华人,则审判厅现时确有逮捕之权。争持良久,该领事仍不允从。坚言有违向章,非得有该国政府及公使命令,不能承认。厅长无可如何。

[①]《署提法司梅、江汉关道齐会详鄂省审判厅成立拟请遵照部定办法华洋互控案仍暂照旧由行政官厅办理文》,《湖北官报》1911年第19期,第9、10页。

业经禀由梅法使（省提法使——引者注）、齐关道（江汉关道——引者注），据情禀明鄂督，闻已议有变通办法：此后凡有华人控告案件，如原告或被告有一人住在各国租界者，援照华洋互控案件办法，仍归夏口厅办理。如先赴审判厅起诉，或业经审判厅办理。尚未判决，旋又牵涉在租界之华人，不得不传案备质者，亦得由审判厅移送夏口厅衙门办理。查汉口全镇，长不过二十英里，半属租界，半属华街。向来夏口厅受理词讼，华洋交涉居其四，华人与租界华人互控居其三。下余则内地华人互诉之案。今华洋交涉，仍归夏口厅办理，识者已谓有背司法独立之义。而租界华人互讼案，审判厅复不得过问，则该厅将无事可办矣。司法独立云何哉？①

（二）商事仲裁制度

依《商会简明章程》第 15 款，"凡华商遇有纠葛，可赴商会告知总理，定期邀集各董秉公理论，从众公断。如两造尚不折服，准其具禀地方官核办"。这一规定赋予了各地商会以商事仲裁或调解之权，但仲裁结论不具有强制执行效力。由于没有据此，汉口、武昌两地商会先后设立了商事裁判机构。

"汉口总商会照章可裁判商人钱债诉讼，故特设理事员以资审理。讵现充理事之张和笙官习极深，而又工于舞弊。凡商人遇事请其判断，非贿莫直。若被判屈不服与之争辩，张即以送夏口厅收押一语为口头禅。商民为其恐吓，咸皆屈服以故怨声载道，谈者切齿。近闻张理事又私将代人追缴债欠存会未领之银万余金潜放钱庄生息，以饱私囊。日昨该钱庄忽倒，被总协理查德知，立将张拘送夏口厅讯追比，由洪推事提堂讯问。本拟予以薄责，因张坚称捐有候选某职，爰发交礼智巡检看管，勒限如数赔缴。闻张现四处托人请保，以便出外变产设法。孰知汉上商场皆恶其为人，竟无人愿为作保者。噫奇矣！"②

"武昌商会刻已届试办一年期满，禀经鄂督咨部备案并由湖北善后局颁给关防。昨总理李文藻君特柬请各商帮开特别大会，提议组织裁判所。凡商

---

① 《汉口审判厅之司法权》，《法政杂志》（上海）第 1 卷 1911 年第 2 期。
② 《商会理事员四处觅保》，《申报》1910 年 11 月 20 日（宣统二年十月十九日）。

店曾担任该会经费者，如遇纠葛事，准投具正式诉书，听候核办。"①

"鄂省商会业奉农工商部核准颁给关防，总理李君文藻、协理吕君逵先昨特邀集各帮商董，提议拟仿照汉口商会章程设立裁判所，以便判断商人钱债案件，各商汇咸签字认可，当即议定办法，具禀劝业道暨府县两署，请予批准。"②

（三）近代法学教育的兴起

1. 官立法政学堂

（1）仕学院改成法政学堂。1902年的《奏定学堂章程》第一次将法学列为一个独立的学科，1906年10月，京师法政学堂成立。同时，修订大外臣沈家本、伍廷芳奏请在各省课吏馆内设立仕学速成科，开展近代法学教育。在这一背景之下，直隶、湖北等省较早成立了法政学堂。

据《时报》报道："鄂督素不以人学法政为然。推其意，以为今日所需者，在物质的文明而非精神的文明。不知法政一科，千条万绪，非广设法政学堂万不能为预备立宪之助。兹闻学部有电到鄂，嘱从速开设此项学堂。鄂督以为凡官员，例应习此，遂拟将仕学院改为法政学堂，以其中本习法律、国际法各门功课故也。第不知官之外复收绅否矣。"③ 这是武汉地区开设的第一所近代化的专门法政学校。由于该学堂章程完善，举办卓有成效，很快就成为其他各省学习、观摩的样板。"鄂省开办法政学堂，一切订章，颇称完备。皖省现当组织伊始，规模初具，必须择善而从。故恩中丞特委候补知府李太守诚赴鄂查察，以便斟酌损益"④。

（2）官设湖北法政学堂。预备立宪之后，京师及各直省纷纷实行司法与行政分立，开设各级审判厅、检察厅，从而促成了中国近代法学教育的第二次高潮。光绪三十四年（1908年）正月十三日，宪政编查馆奏准，自《切实考验外官章程》"颁行后，凡未设立法政学堂省分，限三月内一律开设"。二月二十二日，鄂督赵尔巽呈奏《筹办法政学堂情形折》，"奏请以翰林院编修邵章为该学堂监督"，颁布"《开办大纲》四条"。

"学科照宪政编查馆章程分为长期、速成两班。长期者为专科三学年毕

---

① 《商会组织裁判所》，《新闻报》1908年7月9日（光绪三十四年六月十五日）。
② 《商会禀设裁判所》，《申报》1908年7月13日（光绪三十四年六月十五日）。
③ 《仕学院拟改为法政学堂》，《时报》1906年9月20日第5版。
④ 《委派调查鄂省法政学堂章程》，《时报》1906年10月1日第5版。

业，速成者为讲习科三学期毕业"。

入学者要求有官、绅资格。由于是官办性质，该学堂只招收现任官员（包括候补）或绅士。"专科每一学年收一百人，讲习科第一学期收二百人。第二学期以后，每学期各收一百人。专科除本省官绅外，客籍官绅亦得附学，惟取额不逾本省十之三；讲习科本省官班外，附设绅班，惟取额不逾官班十之四"。"学堂既立，应举行考试，现已通饬在省候补之捐纳、保举两项人员，除正途出身及高等学堂毕业及历任重要差使各员外，其余皆至该学堂注册，由奴才（赵尔巽自称——引者注）率同司道严行考试，一次列三、四等者即令入学肄业，以清仕途而端治本"①。

办学经费由省财政拨款。该学堂"每年需银五万两，经饬司道筹核无异，应在司库动支作为正销"。该学堂实行走读制，"不备膳宿……拟将湖北省裁缺巡抚衙门改设以省建筑之费"。

附设各种法律培训班。除长期、速成各分官、绅两班外，湖北法政学堂还设立了自治研究班、养成审判所、辩护士养成所等培训机构。宣统元年（1909 年），"于法政学堂附设自治研究班，饬各府厅州县选送士绅入学，讲演地方自治制度及组织方法"②。同年，湖北法政学堂内又附设养成审判所，为新设立的审判、检察厅培养司法人员，已如前述。"为顾及法律公平及人民权益，还采取辩护制度。所需辩护士（律师），则由省城法政学堂附设之'辩护士养成所'训练。该所拟于宣统三年（1911 年）春开办，招收高等小学毕业及法政学堂肄业生 200 名入学"③。

自编教材。湖北法政学堂采用自编教材，为保护自编教材版权，宣统元年（1909 年），湖北法政学堂呈请湖广总督云："发行校外讲义，已于本年三月初一日起，按月发行两册，诚恐怕各省市肆书贾射利翻印，请咨会民政部立案并转饬各省巡警道遵照示禁以重版权。嗣后凡该堂印行各种讲义，其版权应专属学堂，无论何人及何项公所，学堂不准翻印，违经查出，必须究罚。"民政部收到湖广总督咨文后，"照准并通饬示禁"④。

---

① 《鄂督奏筹办法政学堂情形折》，《学部官报》第四十八期。
② 民国《湖北通志》卷 53 "经政（十一）·新政·民政·地方自治研究所"，台北华文书局 1967 年版，第 1248 页。
③ 参见《时报》宣统二年十二月二十二日，转引自苏云峰：《中国现代化的区域研究：湖北省（1860—1916）》，"中央研究院" 近代史研究所 1987 年版，第 187 页。
④ 《民政部咨湖北法政学堂讲义各省不准翻印文》，《四川官报》第三十一期。

2. 私立法政学堂

依光绪二十九年（1903年）《奏定学堂章程》之《学务纲要》，禁止私立学堂专习法政。宣统元年（1909年）十二月二十日，浙江巡抚增韫呈奏《变通部章准予私立学堂专习法政折》。该折认为，设立各级审判厅，"以一省计之，所需审判官、检察员、辩护士等，不下千余人。浙省由官设立之法政学堂，经奴才竭力扩充，约计毕业时全数录用，尚不及所需之半。若多设学堂，又苦于财政支绌"；"再各省谘议局现已一律成立，地方自治将次实行。资政院行开办，而人民于政治、法律尚无所窥见，则予以权利不知享受，责以义务不愿担荷。权限混淆，秩序凌乱，绳以精密之法令，转訾为苛细而啧有烦言。法理之不明，遂以阻挠宪政"；因此，应当"饬下部臣，将前定《学务纲要》内禁止私立学堂专习法政一条，全行删去"①。清廷批示由学部妥议具奏，学部迅速作出决定，"所有各省私立法政专门学堂，听在省会地方，经费充裕、课程完备者，方准呈请设立。其各科课程，学生入学程度，均按照官立法政学堂本科章程办理，并暂准其附设别科，惟不得专设别科"②。所谓别科，即法律职业培训性质的科目。私立法政学堂审批权在各省，但需呈请学部备案。

宣统三年（1911年）三月，湖北提学司呈请总督瑞澂为一家私立法政学堂向学部备案。该私立法政学堂的发起人和主办者为试用知县萧大镛与毕业于日本法政科、具有京官身份的谢健，以谢健为该学堂监督（校长）。谢健"现充高等审判厅推事兼巡警学堂教员"，"可常川到堂办事"且"并未开支堂中薪水"，因而"准其试办一学期"③。

第三节 警察及其他行政制度改革

预备立宪时期，武汉地区行政制度的改革主要在于统一并规范三镇警察机构的组织机构、财政收支，尤其对汉口警政进行了重点改革；其次，根据

---

① 《变通部章准予私立学堂专习法政折》，《教育杂志》1910年第2卷第2期，第2—4页。
② 《学部奏议覆浙抚奏变通部章准予私立学堂专习法政折》，《教育杂志》1910年第2卷第6期，第46—48页。
③ 《提学司王详督宪私立法政学堂俟试办一学期后详请咨部立案文》，《湖北官报》1911年第71期（4月30日），第8页。

中央的统一要求以及武汉地方的实际需要,或增加或撤并了一些行政职能部门。

一、警察制度改革

(一) 警政机构改革

1. 省警务公所与武汉三镇分所的设立

光绪三十三年(1907年)初,湖北省设巡警道,为湖北省督抚属下最高的警政机构,首任巡警道为冯启钧。自此,武昌、汉口、汉阳三镇互不统属之警察总局遂统一改隶湖北巡警道。由于没有预设衙署,巡警道暂时租用民房办公。宣统二年(1910年)四月,始迁入原系过路客官之行台衙门办公①。

与学务公所为提学使之官署一样,巡警道之官署为警务公所。根据光绪三十四年(1908年)四月二十六日宪政编查馆奏定之《直省巡警道官制细则》,各省"巡警道的官署为警务公所,设于'所治地方'"②,为全省警务的执行机构。原武昌、汉阳、汉口警察总局则分别改为警务分所。宣统二年(1910年)七月,湖北省巡警道发布《湖北警务公所各科办事章程》《警务公所分科执掌章程》③。各警务分所也先后发布了本分所的章程,如《汉镇警务分所所辖各区职务章程》。

根据《汉镇警务分所所辖各区职务章程》,汉口警务分所所辖警区分为第一、二、三、四区。每区设区长一员,区副一员,区员一员,巡官四员,巡长十二名,司书四名,巡警二百名。区长承警务公所及分所之命令管理本区地面一切事宜并监督巡官长警从事内外勤务。违警事项如罚金至五元以上者,解由分所办理。其五元以下者,由各该区酌罚,惟须填入日报且于月终列表汇报分所一次,以便转详公所至案由及数目,月终应列榜宣示周知。其无办完纳罚款者,概行送入分所罚以拘留。各警区警务分为行政、司法和卫生三大事项。"行政之事项有九:保卫、治安、正俗、户籍、建筑、营业、交通、外事、消防是也。凡保护中外大员来往;预防各种危险,救护各项灾害;盘查奸究以及暗娼、私烟、赌博与淫词小说一切有关风化者;清查户口

---

① 《申报》1910年5月1日(宣统二年三月二十二日)。
② 韩延龙主编:《中国近代警察制度》,中国人民公安大学出版社1993年版,第146页。
③ 《湖北警务公所各科办事章程》、《警务公所分科执掌章程》,《湖北官报》第一百三十二册宣统二年七月十六日;第一百三十五册宣统二年八月初一日。

编列报告凡人民死生、婚嫁、迁移及各色杂居等调查；营造官厅、民房、商店、市场与夫商民开业、歇业之保护；报告并稽查水陆之障碍危险，车马之放行、停留；外人之教堂、学堂、商店，随时保护并一切外交之事皆隶之"。"司法事项有二：警法解释及督捕搜房等事是也。凡违警处罚、拘留人犯以及解送罪人，月终呈缴罚款，填列表册等事均隶之"。"卫生事项有六：清道、防疫、保键、医务、化验药物是也。凡清洁道路，疏泄沟渠，整理厕所，指挥土车、水车、扫夫、人役；检查市场食物品，凡牛瘟、兽疫、瘞埋暴骨，一切预防传染之法以及医学堂、养病院之检查；道病、斗伤者之急治；化验药物、消毒方法与一切应行报告之事均隶之"①。

2. 设立武汉水警警种的尝试

武汉为两江交汇之处，且湖泊河流纵横，但武汉三镇警察均只能负责陆地治安，于水面治安则无能为也。按当时制度，长江干流由长江水师负责，湖泊及支流则由绿营驻军负责，政出多元，殊难统一。加以隶属绿营的长江水师已腐败不堪，故自清廷办理警察新政时即有将巡防兵改制为警察之议。1907年11月，"襄河水师五营、荆江水师二营及黄防、施防、宜防、荆防等营近奉赵次帅札饬，统归巡警道冯启钧节制。刻已由善后局刊发关防"②。然"冯少竹观察因警务事繁任重，时恐鞭长莫及，何能兼顾营务？特呈请开去兼差，次帅已如所请"③。1908年8月，黄州府一带大水，饥民聚集，为防饥民暴动，湖广总督陈夔龙即"派巡警道冯少竹观察率带某某二兵舰亲往下游沿江州县巡阅，遇有可疑之人，随时拿办，以杜乱萌"④。1910年初，"巡警道冯少竹观察以武汉江面辽阔，盗贼乘夜劫掠，危害闾阎，实匪浅鲜，亟应添设水面巡警藉资查缉，每年核计经费二万余金，禀请护督酌量拨款开办。兹奉杨俊帅指示，以鄂省财政奇绌，举办各项新政，开支浩繁琐，无从拨此巨款，拟暂缓筹云云"⑤。

宣统二年（1910年）六月，荆襄水师统领通过湖北督练公所兵备处呈文湖广总督，建议将荆襄水师改为武汉水上巡警，并附有相关章程。湖广总

---

① 《拟订汉镇警备分所所辖各区职务章程》，《湖北官报》第一百三十五册宣统二年八月初一日。
② 《水师防营概归巡警道节制》，《顺天时报》1907年1729号。
③ 《巡警道力辞水陆防营兼差已准》，《时报》1908年1月15日。
④ 《巡警道率兵舰巡江》，《广益世报》1908年第187期，第5页。
⑤ 《湖北巡警道禀设水警不果》，《江南警务杂志》1910年第1期，第5页。

督批示云,"荆襄水师窳败陋劣,积习已深,骤改水上巡警,程度太远,断无效果之可言。所陈不为无见,所拟先就武汉三镇开办水上巡警,在水师中酌挑船只、营队若干,以为开办水巡之基础,其余各营改为水师巡防队,设所教练并特设水巡学科为将来扩充之预备","是否可行,应由兵备处会同北巡警道查照警间按切鄂省情形,切实筹议详复核夺,仰兵备处迅移巡警道,遵照办理,并移知陈统领查照",并要求将"武汉水警大概章程并即抄送巡警道会订详细章程,呈候核夺"。六月二十七日,督练公所兵备处遂移文省巡警道会商。

巡警道接到兵备处的会商函后,复函云,"查鄂省毗连长江流域之处极多,而武汉尤为舟航鳞萃之所,不设警察取缔,则衣带水中实为奸宄之渊薮。此次贵处所拟章程于警章无不暗合,惟是区区之愚有不能不向贵处移商者,按部章水师一项,应隶海军节制,警察则应隶民政部节制,今以水师改警察,其权限应划归何处,贵章程并未声明",因而要求兵备处重新"妥议复示"[1]。

宣统二年(1910年)十月,湖广总督向省谘议局交议《关于警务之议案》,认为"商镇船帮于上下经过船只,间有差费、厘头等名目,或托名帮差,或称设会馆,徒敛巨资毫无实效,尽可革除净尽,提充创办水警专款",并可向船户抽捐,"惟船只上下无定,而稽征良有为难,或宜于沿江要辖分设专局数处,或即饬各捐局随时带收,发给凭单,此局收后彼局仅验单,不复再收"。谘议局议后认为,"欲保水面之治安,自应设立水面警察。惟筹办新政,必先有全局之计划,量用途之多寡,而后计及于经费之征收。湖北水面辽阔,欲规划水面警察,必先有各种之准备,断非一言即可举事,未有准备即各筹经费,似太早计矣","断无明年即能举办之理"。目前只能做以下筹备:一是"调查全省航路,确定应设水面警察之地段,以为分配组织之预备";二是"清饬滨水各厅州县编写船舶号牌并造清册,以为筹办水面警察稽核船舶之预备";三是"应饬滨水各厅州县调查各船帮船行抽收船费及运载保险之惯例,以为定取缔船舶抽收款项各章则之参考";四是"请就水量巡防营驻扎处所各设巡警教练所一所,专教水师正勇,以为水师

---

[1] 《督练公所兵备处移会拟办武汉水上警察大概章程文》、《巡宪全(兴)移商督练公所兵备处水师改水上巡警请妥议营辖以便会详文》,《湖北警务杂志》第六期,第7—10页。

改作水面巡警之预备"。宣统二年十二月四日，总督札复云，"水面警察，议从调查航路，编造船号、户册入手，立论至当。应由巡警道分饬编查，限半年将布置方法规定，年底将查明船户册籍一律报齐，并查明船户向出规费数目具复，以为抽收警费之张本。至就水师巡防营改编巡警，事半功倍，揆时度势，亦极可行。惟系改革营制，容饬襄荆水师统领会同巡警道妥议，详候咨部商准，再定教练办法"①。

1911年8月，"湖北右路巡防队统领陈主政得龙昨（18日——引者注）秉督院……拟将右路防队第一营改练水上警察。因乏的款，所议未能实践。现拟在武汉添设巡划哨船四十只，就巡防队内挑取年壮力强，能识水性兵丁一百五十名，教以水警规则，一月以后，上划服务，昼夜在武汉江面逡巡，名曰'预备水上警察队'。俟有的款，再行推广。现在经费，即就防队原有饷银，只筹购造划船之钱，一千六百串。闻鄂督颇然其说，已饬藩司、警道会同督练公所详议核办"②。一个多月以后，辛亥革命爆发，筹议中的武汉水上警察最终未能建立。

（二）警察财务收支统一纳入省财政体系

1911年前，武汉警察经费收支非常凌乱，不仅名目烦琐，税则不合理，且征收机关亦不统一。以汉口为例，在警捐名目方面，"汉镇所收警捐，有房捐、铺捐、团防捐、号坊捐各名目"，"尚有车捐、乐户、书馆等项捐款"③；在征收机关方面，有其他局署协拨代收、商会分拨以及警署自行征收。"其捐票、车照有盖江汉关及巡警道关防者，有用汉阳府夏口厅印信者，有加警务长铃记者，头绪纷纭，征收不一。前经湖北谘议局拟订划一办法，并经黄前道酌拟章程，先后奉完台批示，会同商会筹议，叠次移会"，已有统一汉口警费征解之意。

1911年6月，湖北布政司、署巡警道共同移文江汉关、汉口商会，拟定《统一警费办法》："自宣统三年（1911年）六月初一起，凡属武昌、汉

---

① 《关于警务之议案》（宣统二年十月二十一日呈）、《湖广总督札复》（宣统二年十二月初四日），载吴剑杰主编：《湖北谘议局文献资料汇编》（下），武汉大学出版社2017年版，第660、661页。
② 《武汉水上警察队之先声》，《申报》1911年8月19日（宣统三年闰六月二十五日）。
③ 《关于警务之议案》（宣统二年十月二十一日呈）、《湖广总督札复》（宣统二年十二月初四日），载吴剑杰主编：《湖北谘议局文献资料汇编》（下），武汉大学出版社2017年版，第662、663、664页。

镇支款，统由警务公所各照预算数目按月赴度支公所汇领分发。收款如江汉关协拨之留支添警经费、代收之河街清道捐、汉口商会分拨之钱业牌照捐、汉口上下统捐局筹饷代征之防号捐、汉阳鹦鹉洲竹木统捐局代征之竹木团防捐、汉阳县代收之竹木四厘捐、协助之缉捕经费均按月迳解度支公所。他如汉阳城关之铺户团防捐，原系汉阳府经征，本年二月始归警务长公所管理，捐票仍用府印，未免两歧，应改由汉阳县经征，迳解度支公所，捐票由县制备呈盖巡警道关防，转发填用票根，随时缴销。此外，警署经征各捐均解交警务公所转送度支公所核收。凡解度支公所之款，照数开送警务公所；一分解警务公所者，开送度支公所；一分统捐筹饷，各局尤须将征收正捐数目及代征规则随数造册，分类注明，并将代收钱数填入大票骑缝之上。其各署局六月以前款项，截清数目仍照原案拨送发。如有蒂欠，由警务公所移知度支公所催收以清眉目而期划一。除分别移行外，拟合备文移会。为此合移贵道、中（贵）商会请烦查照办理是荷。"①

（三）汉口警务制度改革

宣统二、三年之交，湖北谘议局要求汉口地方自治团体"以董事会总董襄办警务"。湖广总督瑞澂饬令署理湖北巡警道拟定《官董执行细则》《整顿汉口警备规章》和《水师改编巡警办法》，交湖北省谘议局审议。一、二月之际，巡警道拟定《官董执行细则》七条十四则、《整顿汉口警务分别治本治标办法》十条，呈湖广总督批准。

1. 巡警道定期入驻汉口

汉口作为著名商埠，其警务较之于武昌省城要繁难得多。但"警务公所设于省城，实有鞭长莫及之患，以致汉口警政怪象百出。警长则私受匪规，巡探则包娼庇赌，如不切实整顿，前途曷堪设想"，故省巡警道王履康"特禀准督院，拟按月亲驻汉口十日，即以警务长总局为办事处，以便督率改良，维持地方治安"②。

2. 汉口地方自治团体对汉口警察消防权的争夺

《官董执行细则》虽然同意汉口地方自治团体董事会有权参与管理汉口警察事务并对官、董之间的权限进行了划分，但巡警道在给总督的呈文中，

---

① 《布政司余、署巡警道祝会移江汉关、汉口商会统一警费办法文》，《湖北官报》1911年第139期。

② 《巡警道分期驻汉》，《新闻报》1911年8月28日第10版（第二张第一页）。

对汉口地方自治团体参与管理警察事务是有抵触的。呈文云："谘议局以董事会总董襄办警备,于法律尚无违碍,且藉此以化官民之隔阂,利警务之进行又使士绅经验事实、增益智能,用意颇为完善。特警察性质有中央、地方之别,其界限则以行政机关、自治机关而划分。凡繁盛市镇通商口岸应为设立中央警察之区域,不能以日本町村制之例视之。令以自治会总董襄办中央警察,特因宪政初阶,民情疑沮,创为此议,实系因时制宜之计,但可作为暂行规则而官董权限尤宜划分清晰,庶得以收上下相通之效,不启事权侵越之嫌"。巡警道以汉口应设为中央警察之区域,作为抵制汉口地方自治会总董襄办警察的借口,完全不能成立。因为汉口既然实行地方自治,警政便属于地方自治职责之一部分,何来有中央警察之说?虽然呈文说是将《官董执行细则》另"另折呈请宪台察核交议",但直到辛亥革命爆发,官报及其他各报一直未见此件。

3. 巡警道对汉口警务的治标治本办法

对整顿汉口警务,巡警道认为"汉口警政大病,实由街市之湫隘"。其一,"汉口现在街巷共计九百二十余条,曲折深邃,不能处处设岗";其二,"街面狭隘,宽不逾丈,摊户遍地,阻碍行人舆马,挑担喧闹塞途,接踵摩户,时虞撞跌,以致人声雷动,甚至警笛不能传声"[①]。其治本办法四条:其一,在汉口警务长公所下设立由官绅合办的清道工程局,进行道路的规划、测量和绘图,并进行两旁建筑的形式的规划。基于汉口本已设有马路工程局负责马路的修筑,因而警务长公所下设之清道工程局很可能就是道路的规划与管理机构。"汉口后城马路竣工后,所有一切事宜,关道拟札警察局办理"[②]。其二,设立游民习艺所,其下包括感化院、残废院、贫民工厂和莠民工厂。感化院主要收养青年失业子弟;残废院收养老年暨身带笃疾、废疾者;贫民工厂收留壮年失业之贫民,教以各种工艺养其谋生能力;莠民工厂收入拘留之罪犯,施以强迫教育或习粗浅工艺,限满察看能否悔悟,再行翻放。其三,开通横马路。后湖一带,现由绅商规划拟开横马路五条、直马路二十五条,已渐次兴工告成。现拟再开横马三条。其四,设立菜市场,摊户一律迁入。治标办法六条:其一,增加警察岗位;其二,缩退摊户,令各

---

① 《署巡警道黄详督宪奉饬拟定官董执行细则、整顿汉口警备办法文》,《湖北官报》1911 年第 18 期。

② 《马路改归警察局办理》,《申报》1906 年 2 月 25 日(光绪三十二年二月初三日)。

摊户自备层垒货架经营；其三，疏通沟渠；其四，加添路灯；其五，添用暗巡；其六加添侦探。

湖广总督瑞澂批准了这一办法，对治标办法提出了以下指示："取缔摊担，尤为必不可缓之事。惟此种零星小贸，人类既杂，货品各殊，责令设架罗列，亦恐不易遵行。不若发定容积尺寸，勿任侵越。其有街面实在逼仄之处，不准设立似觉办到较易。"对治本办法，总督表示需要"札交谘议局参考议复"[①]。

4. 汉口警局对汉口镇民房建筑必须"让出官街三尺"规定的变通

光绪二十四年（1898年），总督张之洞为扩展街道，有利交通与消防，曾对汉口镇的房屋建筑发布统一规定：凡发生火灾地方，临街房屋重新建修时，必须在原址上让出官街三尺，永为定例。"无如人类不齐，其奉公守法者，固肯遵章退让。而逞刁取巧者，往往任意抗违。警员每遇此事，极费唇舌。推原其故，该因横街、侧巷以及小街、小巷屋宇地面窄狭者多，若一律比照大街，令其让地三尺，似若苦人所难，是以办理仍多棘手。宣统元年经汉镇商会各董议，以大街拟宽一丈六尺，后街拟宽一丈四尺，堤街拟宽一丈二尺；大巷拟宽八尺，小巷六尺"。该项规定汉口警务公所坐办会同夏口厅同知转禀江汉关与巡警道"立案数年以来，各区均系照此办理。盖于凛遵宪章之中，仍寓俯顺舆情之意。然此禀未经详院有案，未便始终执以为凭，况所拟各等丈尺亦觉太狭。查汉镇大街原宽虽云窄狭，然去一丈六尺实不甚远，至后街堤街大巷甚至有宽于所拟丈尺者。以此为准，即使汉镇房屋全数改造一周，亦与旧规无异，殊非慎防火患、求便交通之法"。为此，汉口警局第五区区长认为此标准仍过狭窄，且不能依据实际情况变通，因而禀请巡警道咨会江汉关、夏口厅及汉口商会，提出新的标准，"惟大街须以宽足二丈为度，盖以现在情形量之，约宽一丈四五尺。若在推广五六尺，令其两边分认，即可恰如定式，核与院定尺寸亦属相符。至中小街巷应让多寡，原章未及明示，此次议一并酌定丈尺，以免时时争执。兹拟凡街分为大街、中街、小街三等，巷亦分为大巷、中巷、小巷三等。大街应宽足二丈，中街一丈六尺，小街一丈四尺；大巷宽足一丈二尺，中巷一丈，小巷七尺；若自产所留私巷并非往来过道者，应听其便。所有丈尺总以工部营造尺为准。责成

---

① 《督院瑞批巡警首详官董执行章程及汉口警务整顿办法一案文》，《湖北官报》1911年第21期。

各建造户须在未经动工之先,来区报明,由区员眼同丈量。如原有街巷而宽不及定章丈尺者,所欠若干,责令两边分认。譬如屋临大街原宽只有一丈四尺,甲乙两户对居,甲如先造,则令甲先让三尺,其不敷之三尺,候乙户后来修造,再行照让,但所让之地初次不得过三尺,如已让三尺而街宽仍不足数者,应于下次修造续让,余俱照此类推。至街巷原宽以及定章丈尺,或更比定章宽阔者,拟即无庸令让,但该业户只能依照原契原墙建修,仍不许稍有侵占。如蒙核定,即将全镇所有街巷刻即分出等级,某处为大,某处为中,某处为小,列表刊单,预先挨户给示布告,俾于临时无可藉词。似此办法在经理丈尺之员,随处皆有定章可循,无须临时筹酌;在业户屋犹未造,已先知将来应让多少,不敢任意混争较。兹该区长等以小巷居户地而狭隘,若令一律退让三尺,执行颇觉为难"。"该区长等所拟办法有无室碍,何处为大街、中街、小街,何处为大巷、中巷、小巷,应由夏口厅暨汉镇警务长会同汉口商会与夏口厅城自治会筹议妥协以归划一而利交通"①。虽不明后来的结果如何,但这一咨文说明汉口警局对汉口镇的民用建筑管理已经有了较为成熟的规划意识。

5. 巡警道对警员的赏罚管理

1911年,湖北巡警道制定《巡官长警赏罚暨服务章程》并呈报湖广总督批准。其呈文云:"巡警一端,关系内政最为重要。既须教练于平时,尤当劝惩于临时。不有赏罚服务一定章程,则勤者不足以奖其劳,惰者不足以资惩戒,殊非整顿警政之道。职道查京师内外城巡警办理多年,此项章程大都完备,当饬各科长、科员按照所列条例,参酌本省情形,拟就《巡官长警赏罚暨服务章程》。"② 此章程可以视为湖北暨武汉地区最早的警察法。

6. 汉口警察的腐败

警察机关作为新设的强力公共部门,其腐败程度较之其他机关尤甚。1910年11月,湖北谘议局就在正式的议案文件中公开批评"汉口警察之腐败"③。当时的报纸也经常揭露汉口警察机关的专横与腐败。

---

① 《署巡警道黄据汉镇警务长公所详退让官街一案除咨江汉关并行夏口厅外移请汉口商会议复文》,《湖北官报》1911年第93期。
② 《湖北官报》1911年第48期。
③ 《关于警务之议案》(宣统二年十月二十一日),载吴剑杰主编:《湖北谘议局文献资料汇编》(下),武汉大学出版社2017年版,第662页。

满春戏园因设在华界，每月缴有警察捐，原所以求保护弹压。乃警察总局总办徐太守传笃，遂借保卫为名，时携友人或挟妓女至园占据官厢，不名一钱。该园亦喜其常到，藉以镇慑痞棍，故不来索取戏资。讵本月十六日，徐太守复与其友丁子仲率仆从数人入园观戏，不一时又来数人，自称系警局听差，强欲入内。守门人不识为徐之仆从，稍有拦阻，该仆从恨恨而去。是夜遂设词耸动徐太守派警兵数十人，破扉入门，若捕大盗，将售票者及守门人范明志、吴双发等拘去，各痛笞二千板，复将其枷号示众，声言须得园主到局服罪，方能开释。该园主系体面商人，心不甘服，刻已闭门停演，以徐太守居官违制，挟妓观剧，恃势寻衅，妄责无辜等词，通禀督抚、巡警、汉官各衙门，请为申雪。一面诉由商会电禀农工商部、民政部。闻此事出后，徐即令其文案某，后传知各报馆禁止记载，故汉上人士知其原委者甚少之①。

汉口警务长严令师愈向有名士气派，自到差以来，无日不周旋花酒嬉游无度。非宴饮于嘉宾酒楼，即观剧于汉大舞台，所有公事视为儿戏。甚或乘马车载妓女奔驰于洋场，大出风头。该令又时与优伶绿牡丹（汉大舞台花旦）、曹玉堂大奎官小孟七等在绿牡丹之师老伶工张国家斗牌为乐，而尤钟情于绿牡丹（该伶别字艳冰色颇佳）。令其妻女（严之妻在某女校充教育员）绘画团扇，该令亲题诗句款书"友潮持赠"（友潮即严字）数字以博其欢心。该令以妻女到媚于伶人，反视为莫大之荣，常以夸示大众，称为风流韵事。现有某警官因与严令挟有微嫌，特将此事及严之干没罚款、袒护私人各情，外抄严题绿牡丹诗五首匿名邮禀督院、警道，极力攻讦。瑞督以函系邮禀，本可置之不理。惟事关警务长官狎比优伶，观瞻所属，虚实亦宜清查，特函饬巡警道王履康密为稽查，有则禀请惩戒，无则侦查具禀之人，拿案讯办，以儆刁狡而示大公。王警道以警务公所亦接有此项禀件，自应一并派员密查，爰即札委卫生科长徐令道恭按照原禀各节认真详查，据实禀复，以凭核转，勿得瞻徇，因人受过云云。刻严令已经闻信大为恐惧，业已谆嘱优伶勿行承认与有往来，并消灭一切确证。②

---

① 《时报》庚戌（1910年）二月二十八日。
② 《鄂垣警界醒酲史一束》，《申报》1911年7月23日（宣统三年六月二十八日）。

7. 巡警道与汉口警察局镇压民众

汉口警察局甫经成立,就成为官府镇压民众群体性诉求的凶恶工具。

(1) 案例之一。光绪三十四年(1908年)四月十四日,汉口爆发摊贩围攻汉口警察局事件,其直接起因即为巡警道冯启钧强行取缔汉口摊贩所致。时任湖广总督陈夔龙记载:"适巡警道冯观察启钧税于市政,早欲将镇中摊市一律肃清,而又未曾预备广漠之场,为移此就彼之计。遽闻某制军(前督赵尔巽——引者注)来镇拜客,将计就计,(十一日)传谕阖镇一律拆摊清道,以备大府贲临。摊商以为暂时拆御,不得不遵。时已三日,群拟回营生理,冯观察又传谕,摊经拆去不准再设,另各择地谋生。于是大拂商情,群执香向有司衙门请求复业"①。"十四日晨,有小贸数十百人在涵万茶楼会议反抗。至午刻,即聚至数千人,蜂至道署,各人手燃一香,跪恳生路。适桑观察拟往送次帅(前督赵尔巽——引者注),甫出头门,即被围困,进退不得,舆遭挤坏。幸厦口厅汉防营及本汛都司闻信驰至弹压,谕令暂退于长沙会馆隙地静候示下,关道始得出署,而人则愈聚愈多,至八九千人之谱。忽然呼哨分途而去,将警察各专局,分区金行捣毁,站岗警勇遇之即驱,抛砖掷瓦,路断行人。各街铺店关门者甚多几成罢市。甘露寺初等小学堂被其纵火烧毁,闻焚毙学生数人。旋又分赴商会、道署、厅署等处,聚集不散。武昌闻信,经小帅(现任总督陈夔龙——引者注)立饬张虎臣统制酌带兵队渡江,会同巡警道妥为弹压。迟至燃灯时,粘出告示,略谓驱逐货摊,乃因赵制军在汉,有碍马车。刻下制军已经起节,着一律照常贸易,俟市亭修成后,再行迁徙云云,始行渐渐散去。"② 摊贩们的暴力施加对象主要是警察部门和巡警道冯启钧本人,将"警察一局、三局纵焚毁,警员冯某(启钧)住宅亦遭焚毁","河街清佳楼跨武汉轮流码头而修,宏广华丽,成本甚巨。因有人谓系巡警道冯观察所设,乱民迁怒,立将该楼群拆毁一空,已成一片断椽碎瓦之场,一切器具无丝毫完全者。并飞石乱击,渡轮皆驶开以避,趸船大受伤损。盖该轮渡亦冯之商业也"③。汉口后城马路"所有该马路之路灯及所设之警棚全被打毁一空","所以一、二、四等分区皆被揭毁尽净。沿街路灯、警棚、便桶,凡属警察敷设之物,无一存

---

① 陈夔龙:《梦蕉亭杂记》卷2,北京古籍出版社1985年版,第99页。
② 《时报》戊申(1908年)四月十九日。
③ 《时报》戊申(1908年)四月二十一日。

者。武昌按察司法科长李令继奉委至汉查探情形，乱民误为冯道，瓦石交下，肩舆立毁，几遭不测。李大声分辩，群始知讹而散"①。

（2）案例之二。时过不到一月，巡警道与汉口警察局在后湖业主与后湖清丈局的暴力冲突中，又一次成为罪魁祸首和打手。光绪三十二年（1906年）设立清丈局之后，"清丈局委员李国植，以瘠土变肥为利薮，以粮契不符为官荒，条陈前督，设局委员，丈地验契。湖主因联禀夏口厅江汉关道，均无动静。延及赵督莅任，又禀苦情，批云：'上关库款，下清民业，自非审慎周详，难臻妥善。不能因本部堂之去留，定宣布之迟速。现已饬由巡警道详议云云。'赵督移节川省，巡警道冯启钧，遂颁定清丈局新章。凡后湖地基，无约据者，名以官荒，一概充公；有约契而未税者亦充公；有约契而石斗丈尺不符者亦充公。前数日已经出示。后湖业主，因现在安居乐业，一经充公，势无立足之地。四月廿九日刊克传单，遍贴街市，沥诉苦状，正拟呈诉陈督。讵昨午（初三日）清丈局委员至湖丈地，湖民聚众环求。局委飞报巡警道，并请夏口厅金守世和。汉防营陈管带士恒，前来弹压，金陈劝谕，湖民虽多，尚无暴动意。讵巡警道斥之为匪，嗾所调之巡捕营徐升，开枪轰击，幸陈金极力阻止，并告以现在调和无事，万勿操切，遂未施枪。斯时湖民愈聚愈多，万口乞命，冯嗾徐升挥械痛击，受伤者甚众，受刀伤者八人，内二人性命莫保，湖民怒火中焚，遂夺取挥刀者之号衣为证，军械亦多夺弃，又拥至清丈局捣毁局所。张统制彪随即奔至弹压，湖民遂将受伤之人，抬往厅署验视。斯时人山人海，手执小香，口喊大冤，人数盈万。金守婉言劝慰，随将受伤人昇送医院，允以代禀陈督，湖民遂退。"②

二、其他行政机构的增减

（一）新增行政机构

1. 禁烟公所

光绪三十四年五月十日，清廷批准禁烟大臣奏定《禁烟查验章程》十条。依该章程，"各直省督抚应一律设所查验……专办一切禁烟各事宜"③。"光绪三十四年（1908年）六月，湖广总督陈夔龙奏明，于省城设立禁烟公所，派布政使、提学使、按察使暨巡警道总司其事。查照政务处、民政部及

---

① 《时报》戊申（1908年）四月二十三日。
② 《汉口后湖业主与清丈局之冲突》，《湖北官报》1908年第18期。
③ 《禁烟大臣奏拟〈禁烟查验章程〉折》，《东方杂志》第五卷（1908年）第7期。

禁烟大臣先后奏定章程，参酌本省情形，拟定现办章程十二条，管理全省禁烟事宜"。

依《禁烟公所现办章程》，总公所在本省警务公所内划出房屋拨用，其下设立官员戒烟所、官员查验所、禁烟总发药所和商民戒烟所等机构。官员戒烟所设于警察学堂之甲乙丙三楼，凡官有烟疾未除并呈明遵戒者，派人戒治；两月后，官员戒烟所撤除，尚有仍未遵戒人员，即由总公所详请照章参办。官员查验所查验自称烟疾戒净但迹涉疑似的官员，派出分查人员，要求官员（包括不在任及候补官员）、学堂、军营人员填写是否有吸食鸦片烟嗜好、是否断除以及是否决心断戒的具结表格。禁烟总发药所专司考查方剂、配制药料、分别施给、考求效验等事。商民戒烟所亦名曰省城戒烟第一所，凡民人有瘾未戒情愿入所戒治者，准其觅保住所施治。外府州县设立禁烟局、发药所、戒烟所。除戒除烟瘾外，还应当清查种烟苗地亩，逐年递减；令士商在各商埠设立公栈，将从前积土概行送入，以后无论何处土药到埠，均送公栈，官设委员驻栈，稽而不征；给种烟、制烟、卖烟者颁发牌照，不允许私种、私制和私卖；限期禁闭烟馆；等等①。

2. 防疫所办事处

宣统二年（1910年）年底，东北鼠疫流行，渐及山海关内。汉口为通商巨埠，轮轨交通发达，亦有感染之虞。驻汉口各国领事纷纷向湖北当局要求承办防疫事宜，"鄂总督瑞澂电奏，汉口各国领事干预防疫有碍国权，故即自设防疫局"②。"先由巡警道饬武汉各警局捕除鼠类，清洁道路，以为注重卫生之准备；复于汉口大智门及广水两车站附近地方各设防疫所办事处，择中西医理素有经验之男女医生及陆军医员，派令常川驻所。每日于京汉火车未到汉时，由广水上车查验，依次验明，并择空敞之区建设临时医院二所，凡遇华人之带有疫气者，分别轻重，送入医疗。药饵饮膳，悉由医院制备，俾易施治而恤行旅。其东西各国人之染疫者，则送入各国在汉向有之医院医治，以示区别"③。警察机构捕除鼠类的办法，就是"晓示武汉居民捕

---

① 参见民国《湖北通志》卷53"经政（十一）·新政·民政·禁烟公所"，台北华文书局1967年版，第1251、1252页。
② 《时报》1911年3月8日。
③ 民国《湖北通志》卷53"经政（十一）·经政·新政·民政·防疫所办事处"，台北华文书局1967年版，第1253页。

鼠送区收买"。

这是武汉最早设立的公共卫生防疫机构,但属临时机构。"因东三省、直隶、山东疫气先后敉平,到鄂火车自毋须再验,已经瑞制军饬停收鼠,于三月杪,将该所裁撤,车站临时医院亦即停办。""文汇报云汉口跑马厂附近起造防疫医院两所,一所为男医院,一所为女医院,工程极佳,大约系政府所造"①。

(二) 汉口清丈局的变化

1. 改汉口清丈局为汉口后湖清丈局

光绪二十五年(1899年)正月六日,张之洞命令江汉关道设立清丈局,清查汉口镇房屋与地产。"照得汉口镇房屋地址,早年往往有由汉阳府税契者。近年以来,皆系由府税契。其汉镇堡外之地,向由汉阳县税契。惟汉口自展拓租界,开办铁路,刁民每将地捏卖洋商,或雇请流氓洋人保护,串同地痞、衙蠹蒙混税契。即汉口街市码头,亦往往被洋人私买私租,以至难于补救,至滋种种轇轕。该府县公事殷繁,往往于税契事件未能详细稽查,以致交涉整体枝节日多,动形棘手……查上海商埠,设有会丈局清查各地,凡税契钤印,专归上海道经管,事有专责,弊端较少。汉口亦当仿此办理,应由江汉关道设局,所有汉口镇城内房屋地址,及汉镇城外暨铁路左右附近三里内之地,毋庸由汉阳府县税契,均归该局清理。"② 光绪三十二年(1906年),"张之洞考查地形,以铁路开通,后湖一带足为将来开辟商场之用,筹拨巨款,修筑长堤,使多年荒废之区变为沃壤。由是地价增长,而影射混争之弊亦由此丛生,故特设后湖清丈局"。张之洞于是年闰四月设立该局后,于九月九日颁布《汉口后湖堤内地亩分等酌收新租章程》十条,但未及实施,即奉调入京。"督臣赵尔逊(巽)思剔积弊,饬局严定新章,虽经宣布,亦未实行。臣(陈夔龙——引者注)到鄂时,各业户籍口邀恩,颇形纷扰,当经剀切开导,宽严并用。一面将原订章程酌加删定,俾归简易,饬令先缴契约,后清地段,商民均各帖然"③。

---

① 《武汉防疫经费之竭蹶》《汉口之防疫医院》,《新闻报》1911年4月1日第10版(第二张第一页);《汉口防疫公所裁撤》,《新闻报》1911年5月6日第13版(第二张第二页)。

② 《札江汉关道设局清查税契饬议章程》(光绪二十五年正月初六日),载《张之洞全集》第六册,武汉出版社2008年版,第200页。

③ 陈夔龙:《庸庵尚书奏议》卷12《汉口后湖清丈局办有成效请立案折》(宣统元年十月二十一日),载沈云龙主编:《近代中国史料丛刊》第五十一辑,文海出版社1970年版,第1343、1344页。

2. 将汉口后湖清丈局归并于"汉口商场兼后湖清丈局"

据《申报》报道，宣统二年（1910年），"汉口清丈局原为清理后城马路及玉带河等处地段而设，现该地已清理齐全，鄂藩昨特会同汉关道善后局，商定将该局所有一切公文均归并汉口商场清丈局办理，以节经费。刻已会详鄂督瑞制军核示，当奉批允照办"①。1912年4月10日《申报》之"武汉要闻汇述"中提到"汉口商场兼后湖清丈局"，因而可以大致判断合并于汉口商场清丈局之汉口清丈局，就是"后湖清丈局"。"汉口清丈局"与"后湖清丈局"实为同一个机构。很有可能，在光绪二十五年（1899年）成立时该局名为"汉口清丈局"，到光绪三十二年则改称"汉口后湖清丈局"。光绪三十四年（1908年）五月三日，后湖土地业主与清丈局发生暴力冲突。已如前述。

（三）被撤销的行政机构

1. 将矿政调查局归并劝业道

依商部于光绪三十一年（1905年）奏准的《矿政调查局章程》，各省设立矿务调查局。1908年宪政编查馆奏定《直省劝业道官制细则》，规定"各省原设农工商矿各局所，均归劝业道管理。如不便概行归并，应将旧有总办得力者，仍旧分任局所事务改为会办、坐办，由该道总司查察办理"；"劝业道应设立公所，分设矿务科掌调查矿产，查核探矿、开矿，聘请矿师及矿务公司各事"；"各省原设农工商矿各局应均归该道管理"。依该细则，宣统元年（1909年）四五月间，湖广总督即"檄饬矿政调查局将一应文书移交劝业道管理，该局即日裁撤"②。

2. 撤销洋务局

光绪十六年（1890年）四月十六日，张之洞为筹办钢铁厂成立铁政局。该局的主要职责为筹建铁路、铁厂，办理探矿、采矿。光绪二十三年（1897年）四月十八日，铁政局扩张为铁政洋务局，其职掌包括铁政、洋务、矿务、铁路、学务、交涉等。到光绪三十年（1904年），铁政洋务局被改为洋务局，分交涉、编译、铁路、矿务、实业、商务六科。其中商务科与1898年成立的汉口商务局职权重合，矿务科与1905年成立的矿务调查局重

---

① 《鄂省归并清丈局办法》，《申报》1910年4月26日（宣统二年三月十七日）。
② 《庸庵尚书奏议》卷12《裁撤矿政调查局归并劝业道管理折》（宣统元年五月初六日），载沈云龙主编：《近代中国史料丛刊》第五十一辑，文海出版社1970年版，第1202页。

合，铁路科与1905年成立的鄂省粤汉铁路总局重合，实务科为1909年成立的劝业道所代替，因而宣统二年（1910年）三月，湖广总督瑞澂撤销了洋务局。

第四节 经济法制改革

1908年以前，各省财政管理各自为制，极为混乱。1908年，清政府发布《议院未开以前逐年筹备事宜缮具清单》，计划在1909年"调查各省岁出岁入总数"，1910年"覆查各省岁出岁入总督""厘订地方税章程""试办各省预算决算"，1911年"编订会计法""汇查全国岁入确数""颁布地方税章程""厘订国家税章程"，1912年"颁布国家税章程"，1912年"试办全国预算"。为实现上述财政制度的革新计划，1908年起，清政府开始改革中央与地方各省的财政制度，先后颁布了《清理财政章程》《各省清理财政局办事章程》等法规。武昌起义爆发前，湖北省财政制度的改革正是在这一宏观背景下依上述法规进行的。

一、财政制度改革

（一）清理财政旧案

1. 设立清理财政局

晚清财政改革之前，湖北地方财政机构有布政司、善后局、牙茶厘总局、汉口淮盐督销总局以及有赢利的省属国有诸企业。光绪三十四年（1908年）十二月十五日颁布的《清理财政章程》规定："度支部设立清理财政处，各省设立清理财政局，专办清理财政事宜"。依该规定及随后发布的《各省清理财政局办事章程》，宣统元年（1909年）正月十三日，湖广总督接到度支部咨文，"先就湖北善后局内设立清理财政局，酌派员司拟呈入手办法十二条，随于二月初一日开办"，"札委布政使李岷琛为总办，提学使高凌蔚、按察使杨文鼎、巡警道冯启钧、劝业道邹履和、盐法道马吉樟、江汉关道齐耀珊、荆宜关道吴品珩、牙厘局总办候补道黄祖徽、官钱局总办候补道高松如、签捐局总办特用道钱绍桢为会办，善后局总办候补道金鼎为驻局会办"[1]。为监督各省清理财政，《清理财政章程》规定，由度支部

---

[1] 陈夔龙：《庸庵尚书奏议》卷11《遵设清理财政局折》（宣统元年四月初三日），载沈云龙主编：《近代中国史料丛刊》第五十一辑，文海出版社1970年版，第1172、1173页。

第五章 预备立宪时期武汉地区法秩序的近代化

派任的监理官二员驻各省清理财政局。派驻湖北清理财政局的监理主官为候补参议程利川，副监理官为户部主事贾鸿宾①。

湖北清理财政局成立后，即按《清理财政章程》和《各省清理财政局办事章程》的规定，制定了《湖北财政整顿办法》五项十九条②，调查、整理湖北财政，包括盘存库款，清查各机关财产及公费支出情况，调查各种陋规征收情形，额定各机关公费，统计光绪三十四年全年收支报告册等③。因为清理财政触及湖北省地方利益，"湖北清理财政正监理官程京卿利川，于本年（1910年——引者注）夏间因裁减行政经费事与鄂督大相冲突，京卿无颜而退，即乘快车往京诉于度支部，延不返鄂"④。后经调解，程利川始返鄂任。

2. 将财权统一归并于藩司

宣统元年（1909年）四月甲申日，上谕内阁："度支部奏各省财政宜统归藩司，以资综核而专责成一折。各省财政，头绪纷繁，自非统一事权，不足以资整理。嗣后各省出纳款目，除盐、粮、关各司道经管各项，按月造册送藩司或度支使查核外，其余关涉财政一切局所，着各该督抚，体察情形，予限一年，次第裁撤，统归藩司或度支使经管。所有款项，由司库存储，分别支领，即由各督抚督饬该藩司等，将全省财政通盘筹划，认真整顿。"⑤

早在光绪三十三年（1907年），湖北粮道即已裁撤归并湖北藩司，已如前述。到宣统二年（1910年）四月一日，署理湖广总督瑞澂呈奏《裁撤局

---

① 参见《度支部奏派各省正副监理财政官员折》，转引自陈锋、蔡国斌：《中国财政通史》第七卷《清代财政史》（下），湖南人民出版社2012年版，第145页。
② 苏云峰：《中国现代化的区域研究：湖北省（1860—1916）》，"中央研究院"近代史研究所1987年版，第222页。
③ 参见《鄂省清查财政之起点》，《申报》1909年8月8日（宣统元年六月二十三日）；《鄂省札查公产基地》，《申报》1909年9月5日（宣统元年七月二十一日）；《分别清查各署公费》，《申报》1909年10月25日（宣统元年九月十二日）；《咨催造报全省出入款目》，《申报》1909年12月26日（宣统元年十一月十四日）；《札饬各属和盘托出规费》，《申报》1910年1月26日（宣统元年腊月十六日）；《鄂省清理财政之近况》，《申报》1910年4月6日；《鄂藩调查本署陋规》，《申报》1910年4月10日（宣统二年三月初一日）；《司道府公费业已定议》，《申报》1910年4月15日（宣统二年三月初六日）；《鄂省司道府公费数目之确定》，《申报》1910年4月22日（宣统二年三月十三日）；《署理湖广总督瑞澄奏拟定湖北各司道公费》，《申报》1910年5月24日（宣统二年四月十六日）；《财政局催造夏季报告册》，《申报》1910年10月1日（宣统二年八月二十八日）。
④ 《监理财政官负气结果》，《申报》1910年11月21日（宣统二年十月十二日）。
⑤ 《宣统政纪》卷12。

所归并藩司拟设度支公所分科治事折》，已将"经管盐、关各道"，"遵照部章按月造册报告"，将其收入归入度支部；"将善后、统捐两局依限裁并"，"原隶（藩）司署者有交代、卫田、豁免、筹赈四局……一并裁撤"，统"归藩司衙门经理"。此外之"官钱、签捐各局或为营业性质，或系权宜筹款，与专司出纳者情形不同"，仍予保留。鉴于"藩司一官，考吏治而兼理财"，并不是单纯的财政机关，因而"拟仿提学使，巡警劝业两道附设公所之例，就藩司署旁隙地，展拓建设立度支公所一区。公所办事规则，区分六科"①，即机要、行政、田赋、税捐、俸饷、会计等。自此，度支公所成为湖北省专职的财政机构。各司道所经收之款项，一律解送藩司，各单位所需经费，由藩司统一拨发，湖北财政，就此统一②。

（二）办理湖北省地方预算

中国传统财政，只有概算而无预算。清政府清理财政，固有收地方财权于中央之意，但亦为统一财政，建立近代预算制度。

1.《清理财政章程》规定各省办理预算年程

（1）宣统元年（1909年）年底以前将光绪三十四年各省出入款项及存储银粮数编造成册。第八条规定："各省入款如田赋、漕粮、盐课、茶课、关税、杂税、厘捐、受协等项，出款如廉俸、军饷、制造、工程、教育、巡警、京饷各款、洋款、杂支等项，统由臣部（度支部——引者注）撮举纲要，开列条款，交各省清理财政局，将光绪三十四年（1908年）分各项收支、存储银粮确数，按款调查，编造详细报告册，并盈亏比较表，限至宣统元年底呈由督抚陆续咨送到部。"

（2）各省财政局自宣统元年（1909年）起将本省每季收支造册报部。第十一条规定："自宣统元年（1909年）起，各省文武大小衙门局所应将出入各款按月编订报告册，送清理财政局，由局汇编全省报告总册，按季呈由督抚咨部。上季报告册限于下季到部。其清理财政局未成立以前出入各款，一律造册补报。"

（3）各省自宣统三年（1911年）正月一日起实行预算制度。第二十一条规定："京外各署出入各款，自宣统三年（1911年）正月一日起，一律遵

---

① 《署鄂督瑞奏裁撤局所归并藩司拟设度支公所分科治事折》，《新闻报》1910年5月31日第26版（第4张第1页）。

② 《鄂省藩司之收入支出》，《时报》1911年4月17日（宣统三年三月十九日）。

照预算册办理。凡属出款项下，不得于定额外开去，别项经费亦不得彼此挪用。"依此规定，各省必须于宣统三年正月以前，议决并公布宣统三年的预算案。自宣统三年正月一日以前，开始执行本省预算案。

2. 湖北省预算制度的建立

因"湖北财政事项本极紊乱，自设局清理以来，迄今眉目尚未就绪"①，因而湖北省清理财政局通常不能按《清理财政章程》规定的时限将相关表册送报度支部。如宣统元年（1909年）十一月，湖北省光绪三十四年（1908年）全年收支报告仍未能按《清理财政章程》第八条的规定报送度支部，以至于度支部向护理湖广总督杨文鼎及宪政筹备处发函催促②。宣统二年（1910年）二月二十七日，湖北"各署局冬季册报之已到者，仅有高等农业学堂、自治筹备局、商场局、夏口清丈局、法政学堂、审判员养成所、调查局、管理印花税处、手工善技厂、陆军、警察队、毡呢厂、宜昌川盐局等二十余处，其余各署局均尚未到"③，导致清理财政局无法编制并向度支部呈报宣统元年冬季全省收支报告，宣统元年的全省收支报告册直到次年九月始报度支部④。到了宣统二年（1910年）九月，湖广总督向谘议局提交了一个岁出预算表而没有提交岁入预算表，导致湖北谘议局停议，已如前述。直到"宣统二年（1910年）十二月前，完成《宣统三年湖北预算岁入岁出表册》《湖北财政说明书》及《海关常关专册》"⑤。宣统三年的预算，虽极粗糙，且时间有所延迟，无法执行，但毕竟是湖北史上第一个具有法律效力的预算案。

宣统三年（1911年）正月十五日，度支部奏准颁布《试办全国预算暂行章程》，将各省提交岁入岁出预算表的时间推迟，要求"各省及各边防应编国家岁入预算报告册、地方岁入预算报告册并比较表送度支部，限于四月十五日以前送到。各省文武大小衙门局所应先编造国家岁入、地方岁入预算报告分册并比较表，限于二月初十日以前送清理财政局汇总编制"；"各省及各边防应编国家岁出预算报告册并比较表按照各主管预算衙门所管事项分

---

① 《清理财政局添派总稽核员》，《申报》1909年11月11日（宣统元年九月二十九日）。
② 《咨催造报全省出入歉目》，《申报》1909年12月26日（宣统元年十一月十四日）。
③ 《鄂省清理财政之近况》，《申报》1910年4月6日（宣统二年二月二十七日）。
④ 《鄂省造成宣统元年财政册》，《申报》1910年11月1日（宣统二年九月三十日）。
⑤ 苏云峰：《中国现代化的区域研究：湖北省（1860—1916）》，"中央研究院"近代史研究所1987年版，第222页。

别咨送各该主管预算衙门并将全分表册咨送度支部,统限五月十五日以前到部","各省文武大小衙门局所应先编造国家岁出、地方岁出预算报告分册并比较表,限于三月初十日以前送清理财政局汇总编制";"度支部将各省送到地方岁入、岁出预算报告册核对后,电咨各省编制地方岁入、岁出预算案,送交谘议局,仍将议决全数咨报度支部,并案照第五条分咨各主管预算衙门"①。在有些单位的收支数据还没送到省清查财政局的情况下,湖北省清理财政局、湖广总督及谘议局不得不"照上届各署局预算表册酌量估计办理",于六月,草草完成、通过并呈报了宣统四年(1912年)湖北预算岁入岁出案②。虽然,武昌起义很快爆发,此预算与宣统三年预算一样亦成废案,但湖北预算制度就此确立起来,成为民国的湖北预算制度与预算案的基础。

(三) 地方财政体制的法定化

太平天国起义之前,包括湖北省在内的地方各省均没有相对独立的地方财政。太平军兴之后,湖北有了相对自主的地方财政,但仅为事实上而非法律上的体制。晚清清理财政以及试办预算的活动始将地方财政法定化。《清理财政章程》第十条规定:"清理财政局应将该省财政利如何兴,弊如何除,何项向为正款,何项向为杂款,何项向系报部,何项向未报部,将来划分税项时,何项应属国家税,何项应属地方税,分别性质,酌拟办法,编订详细说明书,送部候核。前项说明书,限至宣统二年六月底陆续咨送到部。"第十四条规定:"各省文武大小衙门局所自宣统二年起,预算次年出入款项,编造清册,于二月内送清理财政局,由局汇编全省预算报告册,呈由督抚于五月内咨送到部。各省预算报告册内,应将出款何项应属国家行政经费,何项应属地方行政经费,划分为二,候部核定。前项之国家行政经费系指廉俸、军饷、解京各款,以及洋款、协饷等项;地方行政经费系指教育、警察、实业等项。"

由于国家没有公布国家税与地方税的划分标准,只能由省各自为制。按《湖北财政说明书》③,湖北国家税与地方税划分如下表:

---

① 《试办全国预算章程》,载上海商务印书馆编译所编纂:《大清新法令(1901—1911)》(点校本)第十卷,商务印书馆2011年版,第422—425页。

② 《鄂省来年预算案首先告成》,《申报》1911年6月4日(宣统三年五月八日)。

③ 参见《晚清财政说明书》第六卷,湖北人民出版社2015年版,第381—416页。

湖北省财政税收项目统计表

分　类		性　质	
外省协款	湖南厘局拨解水师经费	国家税	
	湖南厘局应解拨补盐厘	国家税	
地丁	正赋（内分起运、存留、驿站附）	国家税	
	屯饷	国家税	
	耗羡	国家税	
漕粮	漕粮	国家税	
租课	租课	国家税	注：提拨学堂等为地税
盐课税厘	川盐税厘	国家税	
	淮盐课税	国家税	注：除认解湘捐及四川旅学经费外
	应盐课税	国家税	
茶税厘	茶税厘	国家税	
土药税	土药税	国家税	
	营业凭照吸户牌照捐	国家税	
关税	常关正税	国家税	
	常关火耗	国家税	
	常关杂项（附平余）	国家税	
	常关罚款	国家税	
	海关税钞	国家税	
正杂各税	税契	国家税	
	当税	国家税	
	牙税	国家税	
	印花税	国家税	
	烟酒糖税	国家税	
	杂税	国家税	
厘金	百货统捐	国家税	
	竹木捐	国家税	
	土布捐	国家税	
	火车捐	国家税	
	石膏捐	国家税	
	船捐		兼有
	丝捐统捐	国家税	
	牙帖捐	国家税	
	百货一文捐	国家税	
	筹防捐	国家税	
	烟酒糖捐	国家税	注：川糖捐除外
	洋油捐	国家税	

续表

分　类			性　质	
厘金	加抽煤油捐		地方税	
	加抽石饼捐		地方税	
	加抽杂粮牛皮捐		地方税	
	江工捐		地方税	
	米谷捐附储备捐两湖赈粜捐藕池口米捐		兼有	
	各项杂收（申款、认捐、行捐、申色、零厘、罚款）	国家税		
杂捐	房铺捐		地方税	
	质当捐	国家税		
	商捐		地方税	注：包括供洋务局之用
	赔款改学堂捐			兼有（未定）
	土费		地方税	
	猪市捐			兼有
	车捐		地方税	
	钱业牌照捐		地方税	
	号防团捐		地方税	
	轮渡捐		地方税	
	戏院乐捐（书馆捐附）		地方税	
	市廛捐	国家税		
官业类	各制造官局厂收入	国家税		
	盐务官运局	国家税		
	官矿局收入	国家税		
	官银钱局收入	国家税		
	官商合办事业官股项下利益	国家税		注：在官本未清之前
	官业租金	国家税		
杂收类	各衙门办公经费	国家税		
	藩盐及度支公所杂收			兼有
	司法入款	国家税		
	经常临时官生息			兼有
	报捐各款			兼有
	公债			兼有
	官物变价	国家税		
	彩票利益	国家税		
	罚款	国家税		
共计：大项13	小项：69	49	12	8

宣统三、四两年预算案，均分有国家岁入岁出和地方岁入岁出。其中，宣统四年国家岁出占总岁出的85.75%，地方岁出占14.25%[①]。虽然地方财政与国家财政的比例很是悬殊，但毕竟首次确立了湖北地方财政的法律地位。

（四）试行地方公债发行制度

甲午战争前后，清政府与地方政府为筹措财政资金，借鉴西方国家的公债制度，尝试发行国家与地方公债。"清政府第一次发行公债是光绪二十年（1894年）的息借商款"[②]，此后还发行过昭信股票、助国宝券、赎路公债、富签债票等国家公债。而地方"以债票形式向社会发行，则始于1905年的直隶公债"[③]，其后福建于1907年8月，闽折总督崇善奏请按直隶现办章程，劝募公债一百二十万元。宣统元年八月十一日，湖广总督陈夔龙向朝廷上呈《财政支绌筹办公债票以资弥补折》，请求按直隶省发行公债办法与债额发行公债。"其贷还期限、数目章程及筹定款项……与直隶奏定办法大致相符"。《贷还公债期限、数目》规定，"湖北公债共募集银两百四十万两……分六年还本，第一年七厘行息，第二年八厘行息，以后每年增加一厘"。《贷还公债章程》规定，"此项公债每大票库平足银一百两正，小票库平足银十两正，各注明取本期限"，"由藩司盖用印信"，"由武昌官钱总局汇兑收发拨兑"，"凡本省地丁钱、漕、关税、统捐、盐课捐均可以库平足色期满之票交纳，并将本期内利息加算，均由承收署局向官钱总局兑现"；"此公债票无论何人均准其转售、转兑，认票不认人"，可以向官钱局贴现；指定还债项目财政资金有"湖北藩库杂款银每年六万两"，"湖北盐库练兵薪饷每年银一十万两"，"江汉关每年筹拨银六万两"，"善后局汉口清丈暨后湖清丈局整顿溢收税契每年银七万两"，"官钱局盈余项下每年银二十万两"，"签捐局盈余项下每年三万两"，"以上每年共银五十二万两专备还债之需，此外无论何项紧急用款，不准挪移动支"[④]。上述公债章程不仅规定了公债的发行数额、期限、利息、债票面额，还规定了公债的还付程序、债

---

① 参见苏云峰：《中国现代化的区域研究：湖北省（1860—1916）》，"中央研究院"近代史研究所1987年版，第227页。
② 陈锋、蔡国斌：《清代财政史（下）》，湖南人民出版社2012年版，第559页。
③ 周育民：《清末内债的举措及其后果》，《学术月刊》1997年第3期，第64—70页。
④ 《鄂督陈奏财政支绌筹办公债票以资弥补折并单》，《新闻报》1909年11月3、4日。

务保证、公债票贴现与自由转让，至少在形式上具备了近代公债法规的基本要素。

二、金融、货币制度改革

（一）设立官营储蓄银行

张之洞时期成立的湖北官钱局，其主要职能是发行银、钱票等纸币并进行兑换，其次是为官办公共事业提供财政支持，尚没有办理存放款业务，因而不能算是银行。直到1908年，湖北省政府开办公储钱局，可视为湖北官办银行之始。

"公储钱局即所谓官营储蓄银行，去年（1908年——引者注）阴历二月初二开办，资本金50万元，由湖北省官钱局总办兼劝业道高如松氏负责监督经营，大得信赖，加之此前并无此种官营储蓄机构，人们往往存款于个人所办之钱铺等处，经济界发生波动，往往蒙受损失，故公储钱局得到一般官民欢迎，开办以来，状况极好，存折序号逾2万号。"①

（二）完全禁止钱庄发行钱票

张之洞时代，湖北官钱局虽然很大程度上控制了湖北银、钱票的发行。但在法律上，私人钱庄依然可以发行钱票。"汉口钱庄的业务，以前注重发行钱票（俗称'花票'），每张票面一串文，凭票兑换，因没有官厅监督，任性滥发。到光绪三十四年，三怡钱庄破产，一般人始稍注意"。"宣统元年，汉关道有严禁钱票的命令。宣统二年，度支部划一币制，咨行各省，所有钱票一律收回，从此就没有钱票发现。"②

（三）禁止新设钱店

因为汉口钱庄接连倒闭，张之洞曾于光绪三十年（1904年）下令"不准再开，并停止牌费。其已开设在前者，亦需具五家连环保结"，但"互保一层，窒碍极多，勒结未遂……互保一节迄未见办行，而续开之店则不计家数，并未闻有领照缴捐之事，是未奉饬之先尚遵案领照，严饬以后反任便自为，似与先后各案全不符合"。光绪三十四年（1908年），湖北巡警道拟定《考查钱业办法》，由总督批准。新办法对张之洞的完全禁止措施予以变通，

---

① 《湖北公储钱局设立以来经营状况报告》，载李少军编：《晚清日本驻华领事报告编译》第四卷，李少军等译，社会科学文献出版社2016年版，第509页。
② 《汉口商业月刊》第二卷第九期（1935年），载《武汉金融志》编写委员会办公室、中国人民银行武汉市分行金融研究所编：《武汉钱庄史料》，1985年版，第25页。

"以互保为第一办法，以领照为第二办法。如互保实难办到，可否仍饬照前领照，始准开贸。每张牌照并定为一千两，以一成解府，一成解厅，三成解汉阳警局，均充军费。其在三十年份以后已经开设，而当时未领牌照者，准其照前例缴费六百两，一律补领"①。

对巡警道的《考查钱业办法》，陈夔龙批示云："据禀尚属实情，能否照前领揭费及如何检查资本预防倒闭，仰劝业道会同商会妥议禀夺。"② 这一批示实际上废除了张之洞时代的互保具结及限额一百家的规定，从而导致光绪三十四年（1908年）十月汉口发生了更大的钱庄倒闭案。"有怡生和、怡和兴、怡和利三庄，前任上海道黄少农观察之子所设。黄藉卢陵，家资不过百余万，而此三庄所做来往、交兑、拆息常至五六百万，人咸目为资本充足，争相存款，上月十五日为汉市比期，该三庄无可掩饰，骤然倒塌，以致日来阛市动摇、银根奇紧，各银行、洋商咸以将放出现银收回，市面大为纷扰。"③ 三怡钱庄共亏欠银两二百多万，其中亏欠英国汇丰银行五十万两，这一"债务是由汉口商会和湖广总督担保偿还的。后来这笔债务名义上就成了以湖广总督名义所欠的地方政府外债"④。

（四）对中央政府货币监管制度有选择性地执行

1. 请求缓停铜元的铸造与发行

尽管清政府屡屡下令各省停铸铜元，但因为巨大的铸造与发行利益，湖北省当局亦屡屡请求缓停。光绪三十三年（1907年）十月，"鄂督赵次帅咨行度支部略云：鄂省自限制铜元后，财政尤形支绌，市面商情亦颇受其影响。拟请暂缓限制，仍前开铸，以资周转"⑤。

光绪三十四年（1908年）二月二十七日，上谕："度支部奏请令各厂暂行停铸铜元一折。现在京、外铜元日益加多，民间减折行使，银价愈贵，物价高昂，前经发款减价收买铜元，仍是充斥未收实效。着照所请京、外各厂

---

① 《照录巡警道考查钱业办法上督宪禀并督批》，《汉口公报新论》光绪三十四年三月初五日（1908年4月5日），载《武汉金融志》编写委员会办公室、中国人民银行武汉市分行金融研究所编：《武汉钱庄史料》，1985年版，第17页。
② 《照录巡警道考查钱业办法上督宪禀并督批》，《汉口公报新论》光绪三十四年三月初五日（1908年4月5日），载《武汉金融志》编写委员会办公室、中国人民银行武汉市分行金融研究所编：《武汉钱庄史料》，1985年版，第17页。
③ 《大公报》1908年11月27日。
④ 徐义生：《中国近代外债史统计资料》（1853—1927），中华书局1962年版，第27页。
⑤ 《鄂督请铸铜元》，《申报》1907年11月18日（光绪三十三年十月十三日）。

暂行停铸铜元数月，俟铜元价值稍平，察看市面情形再行复铸。"① 湖广总督陈夔龙会同两江总督端方、湖南巡抚岑春煊，联名致军机处电，"请准宁、鄂、湘续铸铜元"②。

2. 反对停铸地方银元

为建立统一的银元制度，宣统二年（1911年）四月十六日，清政府颁布《国币则例》二十四条。该则例规定，银币有四种：一元银币重库平七钱二分，含纯银九成，计六钱四分八厘；五角银币重库平三钱六分，含纯银八成，计二钱八分八厘；二角五分银币重库平一钱八分，含纯银八成，计一钱四分四厘；一角银币重库平八分六厘四毫，含纯银六成五，计五分六厘一毫六丝。自本则例奏定之日起，所有各省现铸之大小银铜元，一律停铸。

该则例公布的第五天，即四月二十一日，湖广总督瑞澂即发电反对。电文云："从前沿江各省多用墨西哥银元，近十余年来以本省所铸龙元为主。银元局所铸龙元，大半系各局厂及殷实商号以银来局搭铸，湖北官铸局发行银元票甚多，亦须备有龙元以保信实。鄂省陆军军饷及各衙署每月所需甚巨。将来新币发行，原有之生银银元本准仍照市价行用。现在龙元一项暂缓停铸，似与币制无妨。为鄂省大局起见，并非贪恋此中余利。"③ 度支部拒绝了瑞澂的请求，湖北省不得不于当年五月停铸。十月，湖广总督瑞澂再致电度支部，称"湖北武汉等处，银根奇紧，钱价增昂，全赖银元藉资周转……五月停铸银元以来，商民均极不便……九月间，上海源丰润、汉口协成同时停闭；此外，各处商号亏倒者尤属层见叠出，市面恐慌较前更甚。近闻奉天、津、粤等省，均添铸旧银元有案。鄂省情形更迫，需用尤殷，拟请暂在分厂添铸旧银元以济急需。一俟贵部新模颁到，开铸新币有期，立即停止"④，终清之世，银元一直未能统一。

---

① 中国人民银行总行参事室金融史料组编：《中国近代货币史资料》第一辑"清政府统治时期（1840—1911）"（下册），中华书局1964年版，第963页。

② 中国人民银行总行参事室金融史料组编：《中国近代货币史资料》第一辑"清政府统治时期（1840—1911）"（下册），中华书局1964年版，第963—964页。

③ 中国人民银行总行参事室金融史料组编：《中国近代货币史资料》第一辑"清政府统治时期（1840—1911）"（下册），中华书局1964年版，第813页。

④ 《湖北官报》第148册，载《武汉金融志》编写委员会办公室、中国人民银行武汉市分行金融研究室编：《武汉近代货币史料》，武汉地方志编纂委员会办公室印行，1984年版，第33页。

第五章 预备立宪时期武汉地区法秩序的近代化

3. 严禁外地铜元入境

铜元巨大的发行利益，使得各省疯狂地滥铸滥发。本地铜元无处销售，各省纷纷挤占外省市场，致使各省高筑壁垒，严禁外地铜元进入本省。度支部亦有"部章"，不允许各省铜元外销他省。先有湖南官钱局拟运铜元至武汉，为湖北当局所止。宣统二年（1910年）十月，江汉关查获江苏裕宁官钱局发行的铜元五万串。两江总督张之洞函商湖广总督瑞澂，以江苏官钱局在两湖发行有官钞，需铜元作为"应付票本之用"为理由请其饬令江汉关放行。瑞澂以江汉关"系遵总章办理"为由拒绝放行①。

4. 积极执行中央政府对地方纸币发行的监管制度

各省官银号所发纸币，"闻湖北、江苏等省为数尤巨"。"湖北官钱局在整个清季，所发行之铜元、银元软硬币与纹银10两之百条，共约值4000万两，行销范围扩及各省埠。但实际储备金则不及3%，足证纯为财政目的而滥发钞票。"②为对各省发行纸币进行监管，光绪三十四年（1908年）十二月二十五日，度支部"请旨饬下各省督抚，所有现开官银号，无论旧设新设，将开设年月及资本实数，现在发出纸票若干，经理、协理何人，限六个月逐一详细列表送部，以凭稽考而期核实"。到宣统元年（1909年）四月，"除湖北官钱局呈送光绪三十四年全年出入对照表、钞票发行数目表，北洋天津银号、广东官钱局、热河官银号呈送光绪三十四年出入对照表到部，仍应查归照此次表式分别填送外，其余各省官银钱号尚款未见呈报前来"③。

三、各主要企业的经营体制

（一）继续商办的企业体制

甲午战争的失败，意味着洋务运动顽固坚持国有企业体制的破产。张之洞在武汉创办的诸国有企业最后都因效率低下、投入不继而转为私商租办。1904年《公司律》的颁布，民营企业独立法人地位的确立引发了新一轮民

---

① 参见《湖北官报》第153册，载《武汉金融志》编写委员会办公室、中国人民银行武汉市分行金融研究室编：《武汉近代货币史料》，武汉地方志编纂委员会办公室印行1984年版，第17、18页。
② 苏云峰：《中国现代化的区域研究：湖北省（1860—1916）》，"中央研究院"近代史研究所1987年版，第341页。
③ 中国人民银行总行参事室金融史料组编：《中国近代货币史资料》第一辑"清政府统治时期（1840—1911）"（下册），中华书局1964年版，第1073、1074页。

间资本家兴办私人公司的热潮,武汉地区各主要企业除生产军火之湖北枪炮厂外,大都继续实行商办体制。

1. 纺织四局仍采招商承租经营体制

自光绪二十八年(1902年)张之洞将布、纱、丝、麻四局租赁给广东商人韦应南开办的应昌公司经营之后,"从(光绪)三十四年起,又年加租银1万两。宣统三年(1911年),鄂督瑞澂以应昌公司自以股票向本公司押款,办理不合,勒令解散,既将四局租与大维公司承办。大维公司接收后,开工9日,适值武昌起义停工"①。"辛亥革命爆发后,刘伯申逃跑,黎元洪于年底将四局承租权交还韦紫峰(韦应南子——引者注)。以后,又以强力支持徐荣廷承租四局,改称楚兴股份有限公司"②。

2. 汉冶萍公司的完全商业化

光绪三十四年(1908年)二月,汉阳铁厂督办盛宣怀"申请将汉阳铁厂、大冶铁矿和萍乡煤矿合并组成汉冶萍煤铁厂矿有限公司,经清廷批准后,遂遵照商律股份有限公司条例,在农工商部注册,改官督商办为完全商办公司"。依《公司律》,该公司制定有《汉冶萍炼铁厂矿股份有限公司章程》。同时,还制定有《商办汉冶萍煤铁厂矿有限公司推广加股详细章程》,实行了完全的公司化。"宣统元年(1909年),汉冶萍公司召开第一次股东大会,选出权理董事和查账董事,设立董事会"③。

3. 针钉厂由官营改为招商承办

"经升任督臣张之洞查明汉阳兵工厂内,旧有制造铜币一厂,屋宇空闲,饬改为针钉厂,遴委候补道黄厚成会同官钱局候补道高松如妥商禀办"④。"宣统元年四月开工,由总督陈夔龙奏准免税三年,因经费不足,招商承办"。但"以经营不善,致产品不精,销路不广,不二年便亏损10万元。官本既不能维持乃改招商承办。南洋梁炳农以10万元取得经营权利,

---

① 《湖北省纱麻丝布四局之沿革及其整理计划》,《中国建设》第3卷第6期。转引自陈真编:《中国近代工业史资料》第三辑《清政府、北洋政府和国民党官僚资本创办和垄断的工业》,生活·读书·新知三联书店1961年版,第275页。

② 张沛霖:《楚兴股份有限公司创办前后简况》(未刊稿),载皮明庥、冯天瑜等编:《武汉近代(辛亥革命前)经济史料》,武汉地方志办公室1981年印行,第273页。

③ 湖北冶金志编纂委员会:《汉冶萍公司志》,华中理工大学出版社1990年版,第3、4、257—263页。

④ 《庸庵尚书奏议》卷9《开办造纸针钉各厂大概情形折》(光绪三十四年七月十九日),载沈云龙主编:《近代中国史料丛刊》第五十一辑,文海出版社1970年版,第953页。

并获政府保护及其他特权"①,"革道黄厚成亏空针钉厂公款一案,羁押府经历署,日久未结。现闻有大力者出为缓颊,所有亏款,已由五万余减为三万二千两。惟非赔缴,终不能脱身"②。

4. 毡呢厂继续实行官商合办

张之洞于光绪三十三年(1907年)以官商合办形式创办之毡呢厂,"至宣统二年十二月,严(开第)因经费不敷,遂即停工结账,一面呈请拨款救济。是时,瑞澂督鄂,以严办理不善,次年改委试用道王潜刚接办,由官钱局垫借洋20万元筹备复工。数月之久,至闰6月始行开工……开工未久,适逢辛亥武昌起义,厂中职员,纷纷逃避,仓皇出走,除机件外,余皆大受损失"③。

除上述企业外,武汉地区始终完全实行商办的华商企业还有扬子机器制造厂,耀华玻璃公司,汉阳赫山钢丝厂,美盛、元丰、顺丰、裕丰、复和、永昌、天盛、歆记、允丰等榨油厂,汉丰、和丰、金龙机器、裕隆等面粉厂,福华纸烟公司,兴商砖茶工厂,燮昌火柴厂,汉口造纸厂等④。

(二)部分企业仍实行官办体制

20世纪初的企业民营化的主流浪潮中,湖北当局在武汉部分企业的经营上,仍坚持实行官办体制。其典型者有军火业、印刷业、城市水电业。

1. 汉阳兵工厂与钢药厂仍实行官办

汉阳兵工厂与钢药厂自开办以来,一直实行官办体制。在张之洞督鄂期间,其财务始终处于亏损状态。到1907年"年终赵次帅(赵尔巽)即饬将省城兵工总局并入善后局兼管,仍委高道凌蔚充当总办,并谕该局总文案周令谷生办理接收一切事宜,已于去腊二十四日移并。综计光绪三十三年分兵工厂共欠汉口华洋商款500余万,至年终竟至无可归还,由善后局高潮拨出200余万发还商款,共支绌可见一斑"⑤。陈夔龙接任湖广总督后,奏请

---

① 苏云峰:《中国现代化的区域研究:湖北省(1860—1916)》,"中央研究院"近代史研究所1987年版,第363页。
② 《时报》1910年10月7日。
③ 《工商半月刊》第2卷第21期,载陈真编:《中国近代工业史资料》第三辑(1840—1895)上册,生活·读书·新知三联书店1961年版,第296页。
④ 参见苏云峰:《中国现代化的区域研究:湖北省(1860—1916)》,"中央研究院"近代史研究所1987年版,第385—392页。
⑤ 转引自陈真编:《中国近代工业史资料》第三辑《清政府、北洋政府和国民党官僚资本创办的工业》,生活·读书·新知三联书店1961年版,第255页。

"嗣后凡该两厂要员,均由陆军部会同鄂督择选干员委派。将来一切增款兴革及派员调查各项事宜,均照江南制造局原案办理"①。

2. 官办刷印局的成立

"湖北原设有官报局,平时刊刷官报,本有刊字印机,并派有员司经理",由官报局自印。其他各类印刷品,由私商经营。宣统元年(1909年)七月一日,湖广总督陈夔龙奏请设立刷印局,垄断全省的印刷业务。其主要理由为,"中国刑律首严诈伪一门,而严自诈伪之作用,尤以书契文字为最广,其所以得肆其欺者,大都由于程序之无定与夫版权之不专故。刷印一端,虽属营业性质,而程序杂则稽核无凭,版权纷则范围无术。其有关于政治者甚大……前者度支部有鉴于此,业经参考东西洋各国办法,奏设中央刷印局,其后各直省如广东、江南、河南、江西,亦经先后开办。鄂省轮轨交通,五方辐辏,一切公私文牍流行日广,非将刷印事务收归官办不为功……有奏调差委河南存记道吴肇邦……派该员为湖北官报刷印局总办……于本年六月初一开办。所有刷印纸品分官用、民用两种。官用品粮串票、三联契纸、税捐票及一切由官发行之纸,即由局查照向章酌定价值,通告各署局领用。民用品中国之状纸、买卖契纸亦由局定价,饬各属一概行用局纸,不准搀杂。其婚帖、当票、借券合同、股票及一切商业通用之品,由由局妥定格式,陆续举办。如商民情愿信用,即按照工本计值发给"。刷印局"分庶务、文牍、会计、编校、印务五科,各科设科长、科员,督率司事及技司、工匠人等,守定权限,认真经理","计用拨用官本银三万两,应俟印品发行,获利渐丰,即于余利项下,陆续提还。倘购办纸料或有不敷,仍暂向官钱局自借,藉资周转"②。

3. 官办硝磺局之设立

"硝磺虽属矿类之一种,而实为军用所必需,非普通实业可比。鄂省官办硝磺,先由善后局招商发给执照,采运往往迟延后时或运不足数。近年来,兵工钢药厂制炼强水需磺尤伙,非由官经理,设有缺乏,关系实非浅

---

① 《兵工厂经费奇绌之详纪》,《时报》1908年2月14日;《添拨兵工钢药两厂经费》,《时报》1908年9月6日。转引自陈真编:《中国近代工业史资料》第三辑《清政府、北洋政府和国民党官僚资本创办的工业》,生活·读书·新知三联书店1961年版,第224、255页。

② 陈夔龙:《庸庵尚书奏议》卷12《奏报刷印局成立折》(宣统元年七月初一日),载沈云龙主编:《近代中国史料丛刊》第五十一辑,文海出版社1970年版,第1249—1252页。

鲜。自矿政调查局设立之后,即归该局兼办。察度钢药厂需用数目,先期购备,源源济运并一面委员圈山开采,稽查私贩,办理以来,应将硝磺一项划出,设局专办,名曰硝磺总局,刊刻关防,委派专员,妥慎办理,以供应兵工、钢药厂制造之用,免至有误"①。

4. 城市水电公司

"鄂省洸成水电公司,系张文襄督鄂时浙商吴卓贤等禀准开办。因外闻哄传吴商资本不可靠,私借有某国之款,经文襄饬令缴押款银五万元,限两年办成,逾限即将押款充公。如查有洋款,亦将此银充公。吴商因限制太严,招股亦极不易,迁延至今,毫无眉目,一事未办。日前瑞制军查照旧案,饬将该公司立案明文取消,押款充公,一面札劝业道高松如、候补道孙泰圻,筹措官款银十万两,由官自办,不日即可开工。"②

5. 白沙洲造纸厂

"鄂督新创之造纸厂,刻下总办厂务之程子大太守,撰写官督商办(实为官商合办——引者注)之策,特电禀张枢相,并禀请李护督,饬令官钱局拨发资本二十万金,作为官本,再由太守别集股金,作为商本,闻已允准,不日即可开办"③。但"开办后亏折不堪"④。"白沙造纸厂,前曾挪借汉口三怡钱庄庄银三千余两,现由三怡东伙禀经鄂督札饬该厂总办程观察公布方归还,以便摊赔债户。程观察因三怡曾倒欠矿政局银三千余两,将纸厂所欠划抵矿政局,经矿政局呈报在案,现由督院核案尚属相符,批准照办。"⑤ 此造纸厂遂归矿政局官办。

---

① 陈夔龙:《庸庵尚书奏议》卷11《设立硝磺局片》(宣统元年五月初六日),载沈云龙主编:《近代中国史料丛刊》第五十一辑,文海出版社1970年版,第1203页。
② 《申报》1910年9月2日(宣统二年七月二十九日)。
③ 《时报》1907年10月5日。
④ 《时报》1915年1月19日。
⑤ 《申报》1909年4月1日(宣统元年二月十一日)。

参考文献

一、基本史料

（一）法规

1. 《大清律例》，田涛、郑秦点校，法律出版社 1998 年版。
2. 嘉庆《清会典》与《大清会典事例》。
3. 光绪《大清会典》与《大清会典事例》。
4. 乾隆《户部则例》，海南出版社 2000 年版。
5. 同治《户部则例》，同治十三年刻本。
6. 道光《钦定中枢政考三种》第四册，海南出版社 2000 年版。
7. 《三流道里表》，载《三流道里表　蒙古律例　钦定学政全书》第 1 册，海南出版社 2000 年版。

（二）正史

1. 《清实录》。
2. 《清史列传》。
3. 《清史稿》。

（三）法制史类书

1. 第一历史档案馆编：《光绪宣统两朝上谕档》，广西师范大学出版社 1996 年版。
2. 《清朝文献通考》。
3. 《续清朝文献通考》。
4. 上海商务印书馆编译所编纂：《大清新法令（1901—1911）》（点校本），商务印书馆 2010、2011 年版。
5. 王铁崖主编：《中外旧约章汇编》（第一册），上海财经大学出版社

2019年版。

6. 徐宗亮等撰：《通商约章类纂》，载沈云龙主编：《近代中国史料丛刊续编》第四十七辑，文海出版社1974年版。

7. 赵舒翘：《提牢备考》，张秀夫点校，法律出版社1997年版。

8. 吴桂辰、施沛生等：《中国商业习惯大全》，上海世界书局1923年版。

（四）地方志

1. 民国《湖北通志》，台北华文书局1967年版。

2. 乾隆《汉阳府志》，武汉出版社2014年校注本。

3. 嘉庆《汉阳县志》，嘉庆二十三年刻本。

4. 同治《续辑汉阳县志》，同治七年刻本。

5. 光绪《汉阳县志》，台北成文出版社有限公司1975年版。

6. 同治《江夏县志》，同治八年刻本。

7. 徐焕斗《汉口小志》，1915年铅印本。

8. 民国《夏口县志》，《中国地方志集成·湖北府县志辑③》，江苏古籍出版社、上海书店、巴蜀书社2001年版。

9. 叶调元：《竹枝词》。

10. 范锴：《汉口丛谈》，台北成文出版社有限公司1975年影印道光二年刊本。

11. 王葆心：《续汉口丛谈》，湖北教育出版社2002年版。

12. ［日］水野幸吉：《中国中部事情：汉口》，武德庆译，武汉出版社2014年版。

（五）机构志

1. 山西祁县晋商文化研究所、湖北长盛川青砖茶研究所编：《汉口山陕西会馆志》，三晋出版社2017年版。

2. 董桂敷编：《紫阳书院志略》，湖北教育出版社2002年版。

3. 湖北冶金志编纂委员会：《汉冶萍公司志》，华中理工大学出版社1990年版。

（六）日记

1. 于荫霖：《悚斋日记》，载沈云龙主编：《近代中国史料丛刊》第二十三辑，文海出版社1966年版。

2. ［日］宗方小太郎：《宗方小太郎日记（未刊稿）》（全三册），甘慧杰译，上海古籍出版社 2016 年版。

（七）史料汇编

1. 《皇朝经世文编》，台北台联国风出版社 1989 年版。

2. 《皇朝经济文新编》，沈云龙主编：《近代中国史料丛刊第三编》第二十九辑，文海出版社 1987 年版。

3. 中国人民银行总行参事室金融史料组编：《中国近代货币史资料》第一辑"清政府统治时期（1840—1911）"（上、下册），中华书局 1964 年版。

4. 彭泽益主编：《中国工商行会史料集》（上下），中华书局 1995 年版。

5. 《武汉金融志》编写委员会办公室、中国人民银行武汉市分行金融研究所编：《武汉钱庄史料》，1985 年版。

6. 中国史学会主编：《中国近代史资料丛刊·太平天国》第 4 册，神州国光出版社 1953 年版。

7. 太平天国博物馆编：《太平天国文书汇编》，中华书局 1979 年版。

8. 罗尔纲、王庆成主编：《中国近代史资料丛刊续编·太平天国》（四），广西师范大学出版社 2004 年版。

9. 王家璧、皮明庥编：《出自敌对营垒的太平天国资料——曾国藩幕僚鄂城王家璧文稿辑录》，湖北人民出版社 1980 年版。

10. 皮明庥、冯天瑜等编：《武汉近代（辛亥革命前）经济史料》，武汉地方志编纂办公室 1981 年印行。

11. 武汉大学历史系中国近代史教研室：《辛亥革命在湖北史料选辑》，湖北人民出版社 1981 年版。

12. 黄鉴晖：《山西票号史料》（增订本），山西经济出版社 2002 年版。

13. 汪敬虞主编：《中国近代工业史资料》第二辑（1895—1914 年），科学出版社 1957 年版。

14. 陈真主编：《中国近代工业史资料》第三辑，中华书局 1961 年版。

15. 《筹办夷务始末》（同治朝），中华书局 2008 年版。

16. 王先谦：同治朝《东华续录编》，光绪二十五年版。

17. 《光绪朝东华录》，中华书局 1960 年版。

18. 《汉口租界》，武汉文史资料 1991 年第四辑，武汉市政协文史资料委员会武汉市江岸区政协文史资料委员会。

19. 故宫博物院明清档案部编：《清末筹备立宪档案史料》（上下），中华书局1979年版。

20. 华中师范大学历史研究所、苏州市档案馆合编：《苏州商会档案丛编》第一辑（1905—1911），华中师范大学出版社1991年版。

21. 沈云龙主编：《近代中国史料丛刊》第二十九辑《宣统三年冬季职官录》（第七册），文海出版社1968年版。

22. 吴剑杰主编：《湖北省谘议局文献资料汇编》，武汉大学出版社2017年版。

23. 李少军编：《晚清日本领事驻华领事报告编译》第一卷，社会科学文献出版社2016年版。

24. "中央研究院"近代史研究所编：《中国近代史资料汇编·教务教案档》，1980年版。

25. 舒新城编：《中国近代教育史资料》（上中下），人民教育出版社1981年版。

26. 吕小鲜编选：《乾隆前期牙商牙行史料》，《历史档案》1991年第2期。

（八）文集

1. 《林文忠公（则徐）政书》甲集，载沈云龙主编：《近代中国史料丛刊》第六辑，文海出版社1967年版。

2. 《陶文毅公全集》，清道光二十年淮北士民刻本。

3. 《陆文节公（建瀛）奏议》卷五，载沈云龙主编：《近代中国史料丛刊》第三十五辑，文海出版社1969年版。

4. 胡渐逵等点校：《胡林翼集》，岳麓书社2008年版。

5. 《曾国藩全集》，岳麓书社1987年版。

6. 《曾忠襄公奏议》（曾国荃），载沈云龙主编：《近代中国史料丛刊》第四十四辑，文海出版社1969年版。

7. 《合肥李勤恪公政书》，载沈云龙主编：《近代中国史料丛刊》第十五辑，文海出版社1968年版。

8. 《李鸿章全集》，西苑出版社2011年版。

9. 《李文忠公全书》，光绪三十四年金陵刻本。

10. 《张之洞全集》（第 1—12 册），武汉出版社 2008 年版。

11. 《谭继洵集》，岳麓书社 2015 年版。

12. 《端忠敏公奏稿》，载沈云龙主编：《近代中国史料丛刊》第十辑，文海出版社 1967 年版。

13. 《庸庵尚书奏议》，载沈云龙主编：《近代中国史料丛刊》第五十一辑，文海出版社 1970 年版。

14. 《愚斋存稿》，载沈云龙主编：《近代中国史料丛刊续编》第十三辑，文海出版社 1974 年版。

（九）笔记史料

1. 张集馨：《道咸宦海见闻录》，中华书局 1981 年版。

2. 陈灏一：《睇向斋秘录》，中华书局 2007 年版。

3. 钱维福：《清秘述闻续卷》，中华书局 1982 年版。

4. 徐珂编：《清稗类钞》第二册，中华书局 2010 年版。

5. 陈夔龙：《梦蕉亭杂记》，北京古籍出版社 1985 年版。

6. 《凌霄一士随笔》，山西古籍出版社 1997 年版。

7. 刘成禺：《世载堂杂忆》，山西古籍出版社 1995 年版。

8. 尚秉和：《辛壬春秋》，中国书店 2010 年版。

9. 胡恩敬：《国闻备乘》，中华书局 2007 年版。

10. 宋传银：《笔记小说武汉资料辑录》第 1 册，武汉出版社 2018 年版。

（十）近代报刊

1. 《申报》。

2. 《顺天时报》。

3. 《广益世报》。

4. 《大公报》。

5. 《时报》。

6. 《新闻报》。

7. 《江汉日报》。

8. 《学部官报》。

9. 《预备立宪公会报》。

10. 《湖北官报》。

11.《湖北商务报》。

12.《湘学新报》。

13.《秦中官报》。

14.《东方杂志》。

15.《大陆》。

16.《法政杂志》。

17.《教育杂志》。

18.《湖北警务杂志》。

19.《江南警务杂志》。

二、人物传记

1.《胡文忠公抚鄂记》卷二，岳麓书社1986年版。

2.《东岩府君（裕泰）年谱》，载《北京图书馆藏珍本年谱丛刊》第142册，北京图书馆出版社1999年影印版。

3. 吴剑杰编著：《张之洞年谱长编》，上海交通大学出版社2009年版。

4. 张继煦：《张文襄公治鄂记》，湖北通志馆1947年印。

5. 夏东元：《盛宣怀传》（修订本），南开大学出版社1998年版。

6. 佚名：《蕲水汤先生遗念录》，载沈云龙主编：《近代中国史料丛刊续编》第二十六辑，文海出版社1976年版。

7. 武汉地方志编纂委员会主编：《武汉市志·人物志》，武汉大学出版社1999年版。

三、专著

1. 全汉升：《中国行会制度史》，台北食货出版社1986年版。

2. 郭正忠主编：《中国盐业史·古代编》，人民出版社1997年版。

3. 方秋梅：《近代汉口市政研究（1861—1949）》，中国社会科学出版社2018年版。

4. 武乾：《江湖之道：长江流域的行会与商规》，长江出版社2014年版。

5. 罗尔纲：《湘军兵志》，中华书局1984年版。

6. 罗尔纲：《绿营兵志》，中华书局1984年版。

7. 费成康：《中国租界史》，上海社会科学院出版社1991年版。

8.《汉口租界志》编纂委员会编：《汉口租界志》，武汉出版社2003年版。

9. 王汗吾、吴明堂：《五国租界史》，武汉出版社 2017 年版。

10. ［美］L.T.李：《领事法和领事实践》，傅著译，商务印书馆 1975 年版。

11. 曹大臣：《近代日本驻中国领事制度——以华中地区为中心》，社会科学文献出版社 2009 年版。

12. 陈诗启：《中国近代海关史》，人民出版社 2002 年版。

13. ［日］高柳松一郎：《中国关税制度论》，李达译，山西人民出版社 2015 年版。

14. ［美］马士：《中华帝国对外关系史》，张汇文等译，上海世纪出版集团 2006 年版。

15. 沙为楷：《中国之买办制》，商务印书馆 2014 年版。

16. ［美］罗威廉：《汉口：一个中国城市的冲突和社区（1796—1895）》，鲁西奇、罗杜芳译，中国人民大学出版社 2008 年版。

17. ［美］罗威廉：《汉口：一个中国城市的商业与社会（1776—1889）》，江溶、鲁西奇译，中国人民大学出版社 2005 年版。

18. 张铁牛、高晓星：《中国古代海军史》，八一出版社 1993 年版。

19. 中国公路交通史编审委员会：《中国古代道路交通史》，人民交通出版社 1994 年版。

20. 倪玉平：《从国家财政到财政国家——清朝咸同财政与社会》，科学出版社 2017 年版。

21. 黄天华：《中国财政制度史》第四卷，上海人民出版社、格致出版社 2017 年版。

22. 苏云峰：《中国现代化的区域研究：湖北省（1860—1916）》，"中央研究院"近代史研究所专刊，1987 年版。

23. 李文治、江太新：《清代漕运》（修订版），社会科学文献出版社 2008 年版。

24. 倪玉平：《清朝嘉道关税研究》，科学出版社 2017 年版。

25. 彭信威：《中国货币史》，上海人民出版社 1958 年版。

26. 杨端六：《清代金融货币史稿》，生活·读书·新知三联书店 1962 年版。

27. ［日］夫马进：《中国善会善堂史研究》，伍跃等译，商务印书馆

2005 年版。

28. 梁其姿：《施善与教化——明清的慈善组织》，河北教育出版社 2001 年版。

29. ［法］魏丕信：《18 世纪中国的官僚制度与荒政》，徐建青译，江苏人民出版社 2003 年版。

30. 梁勇：《移民、国家与地方权势——以清代巴县为例》，中华书局 2014 年版。

31. 李志茗：《晚清四大幕府》，上海人民出版社 2002 年版。

32. 肖宗志：《文官保举与晚清》，巴蜀书社 2016 年版。

33. 吴慧：《中国盐法史》，社会科学文献出版社 2013 年版。

34. ［美］施坚雅主编：《中国帝国晚期的城市》，叶光庭等译，中华书局 2000 年版。

35. 魏建猷：《中国近代货币史》，黄山书社 1986 年版。

36. 戴建兵：《中国近代银两史》，中国社会科学出版社 2007 年版。

37. 黄鉴晖：《山西票号史》，山西经济出版社 2002 年版。

38. 王日根：《乡土之链：明清会馆与社会变迁》，天津人民出版社 1996 年版。

39. 潘君祥主编：《上海会馆史研究论丛（第一辑）》，上海社会科学院出版社 2011 年版。

40. 何勤华、魏琼主编：《西方商法史》，北京大学出版社 2007 年版。

41. 张洪祥：《近代中国通商口岸与租界》，天津人民出版社 1993 年版。

42. 眭鸿明：《清末民初民商事习惯调查之研究》，法律出版社 2005 年版。

43. 杜恂诚：《近代中国钱业习惯法——以上海钱业为视角》，上海财经大学出版社 2006 年版。

44. 刘伟：《晚清督抚政治：中央与地方关系研究》，湖北教育出版社 2003 年版。

45. 刘子扬：《清代地方官制考》，故宫出版社 2014 年版。

46. 关晓红：《从幕府到职官：清季外官制的转型与困扰》，生活·读书·新知三联书店 2014 年版。

47. 皮明庥、邹进文：《武汉通史·晚清卷》（下），武汉出版社 2006

年版。

48. 刘家林：《中国新闻史》，武汉大学出版社 2012 年版。

49. 汪家熔：《中国出版通史·清代卷》，中国书籍出版社 2008 年版。

50. 叶再生：《中国近代现代出版通史》，华文出版社 2002 年版。

51. 张朋园：《立宪派与辛亥革命》，吉林出版集团有限责任公司 2007 年版。

52. 雷荣广、姚乐野：《清代文书纲要》，四川大学出版社 1990 年版。

53. 邓洪波：《中国书院史》，东方出版中心 2004 年版。

54. 周德昌、王建军：《中国教育史研究·明清分卷》，华东师范大学出版社 2009 年版。

55. 熊贤君主编：《湖北教育史》，湖北教育出版社 1999 年版。

56. 李珠、皮明庥主编：《武汉教育史（古近代）》，武汉出版社 1999 年版。

57. 薛人仰编著：《中国教育行政制度史略》，台北中华书局 1983 年版。

58. 张海林：《端方与清末新政》，南京大学出版社 2007 年版。

59. 刘望龄：《黑血·金鼓——辛亥前后湖北报刊史事长编》，湖北教育出版社 1991 年版。

60. ［日］内田佐和吉：《武汉巷史》，武德庆译，武汉出版社 2014 年版。

61. 李朝先、段克强：《中国图书馆史》，贵州教育出版社 1992 年版。

62. ［美］K.E.福尔索姆：《朋友·客人·同事：晚清幕府制度研究》，中国社会科学出版社 2002 年版。

63. 郭润涛：《官府、幕友与书生——"绍兴师爷"研究》，中国社会科学出版社 1996 年版。

64. 房列曙：《中国近现代文官制度》（上），商务印书馆 2016 年版。

65. 陈峰等主编：《张之洞与武汉早期现代化》，中国社会科学出版社 2003 年版。

66. 周振鹤：《中国地方行政制度史》，上海人民出版社 2005 年版。

67. 李细珠：《张之洞与清末新政研究》，上海书店出版社 2009 年版。

68. 张铁牛、高晓星：《中国古代海军史》，八一出版社 1993 年版。

69. 茅海建：《天朝的崩溃——鸦片战争再研究》（修订版），生活·读书·新知三联书店 2014 年版。

70. 许长志：《中国古代军事教育史》，黄河出版社 1992 年版。

71. 《中国军事史》编写组：《中国军事史》第三卷"兵制"，解放军出版社 1987 年版。

72. 王吉尧：《中国近代军事教育史》，解放军出版社 1997 年版。

73. 史全生主编：《中国近代军事教育史》，东南大学出版社 1996 年版。

74. 韩延龙主编：《中国近代警察制度》，中国人民公安大学出版社 1993 年版。

75. 赵志飞主编：《湖北警察史》，武汉出版社 2009 年版。

76. 薛梅卿主编：《中国监狱史》，群众出版社 1986 年版。

77. ［美］陈锦江：《清末现代企业与官商关系》，王笛、张箭译，中国社会科学出版社 2010 年版。

78. 易惠莉、胡政主编：《招商局与近代中国研究》，中国社会科学出版社 2005 年版。

79. 罗肇前：《晚清官督商办研究》，厦门大学出版社 2004 年版。

80. 夏东元：《洋务运动史》，华东师范大学出版社 1992 年版。

81. 戴建兵：《白银与近代中国家经济（1890—1935）》，复旦大学出版社 2005 年版。

82. 张国辉：《晚清钱庄和票号研究》，中华书局 1989 年版。

83. 陈锋、蔡国斌：《中国财政通史》第七卷《清代财政史》（下），湖南人民出版社 2012 年版。

84. 张德泽：《清代国家机关考略》，中国人民大学出版社 1981 年版。

85. 黄新宪：《张之洞与中国近代教育》，福建教育出版社 1991 年版。

86. 罗玉东：《中国厘金史》，商务印书馆 2010 年版。

87. 瞿同祖：《清代地方政府》，范忠信、晏锋译，法律出版社 2003 年版。

88. ［日］真水康树：《明清地方行政制度研究——明两京十三布政使司与清十八省行政系统的整顿》，北京燕山出版社 1997 年版。

四、期刊论文

1. 刘望龄：《张之洞与湖北报刊》，《近代史研究》1996 年第 2 期。

2. 罗凯：《清季湖北官钱局之崛起述论》，《历史教学问题》2019 年第

2 期。

3. 周沉刚：《湖北官票问题》，《银行杂志》第三卷第十一号 1926 年 4 月。

4. 江凌：《试论近代编译书局的兴起对湖北教育近代化的影响》，《湖北第二师范学院学报》2008 年第 11 期。

5. 茅海建：《张之洞与谭继洵父子、于荫霖的关系——订正罗惇曧对〈抱冰堂弟子记〉的一则误读》，《中国文化》2013 年第 37 期。

6. 周俊博：《晚清"湖北译书局"译介活动研究评析》，《长春师范学院学报》2013 年第 1 期。

7. 王勇：《简论晚清地方官僚体制的历史演变》，《重庆师范大学学报（社会科学版）》2006 年第 2 期。

8. 肖宗志：《晚清的课吏馆》，《清史研究》2006 年第 1 期。

9. 闵杰：《论清末彩票》，《近代史研究》2000 年第 2 期。

10. 刘力：《中国近代官办彩票业起源研究——以湖北签捐票为中心》，《武汉大学学报（人文科学版）》2012 年第 7 期。

11. 张或定、张哨峰、张劲峰：《中国最早的官办彩票——"奏办湖北签捐彩票"》，《江苏钱币》2014 年第 2 期。

12. 魏光奇：《清代州县财政探析》，《首都师范大学学报（社会科学版）》2000 年第 6 期。

13. 汤旭岩、马立志：《湖北省图书馆早期历史（1904—1908）之考察》，《国家图书馆学刊》2013 年第 1 期。

14. 傅林祥：《清代抚民厅制度形成过程初探》，《中国历史地理论丛》2007 年第 1 期。

15. 方秋梅：《张之洞督鄂与湖北省府主导汉口市政改革》，《武汉大学学报（人文科学版）》2010 年第 1 期。

16. 皮明勇：《晚清练军研究》，《近代史研究》1988 年第 1 期。

17. 黄细嘉：《绿营、勇营的互渗——防军和练军兵制》，《历史教学》1996 年第 3 期。

18. 施渡桥：《论张之洞的军事思想与军事实践》，《军事历史研究》2000 年第 2 期。

19. 张兵、侯冬：《清代幕府研究述评》，《西北师大学报（社会科学版)》2011年第3期。

20. 吴剑杰：《论清末湖北立宪党人的议政实践》，《历史研究》1991年第6期。

21. 皮明庥：《武昌首义中的商会和商团》，《历史研究》1982年第1期。

22. 《汉口审判厅之司法权》，载《法政杂志》(上海)第1卷1911年第2期。

23. 《变通部章准予私立学堂专习法政折》，载《教育杂志》1910年第2卷第2期。

24. 彭泽益：《清代财政管理体制与收支结构》，《中国社会科学院研究生院学报》1990年第2期。

25. 陈锋：《清代中央财政与地方财政的调整》，《历史研究》1997年第5期。

26. 张世明：《清代监狱考释》，《清史研究》2006年第3期。

27. 张世明：《清末就地正法制度研究》，《政法论丛》2012年第1、2期。

28. 吕作燮：《明清时期苏州的会馆与公所》，《中国社会经济史研究》1984年第2期。

29. 任智勇：《晚清海关监督制度初探》，《历史档案》2004年第11期。

30. 吴慧：《会馆、公所、行会：清代商人组织演变述要》，《中国经济史研究》1999年第3期。

31. 傅海宴：《民初苏州商事公断处研究》，《近代史学刊》2001年第1辑。

32. 邹俊杰：《晚清的治安体制及其弊端——以张之洞建警之前的湖北为例》，《湖北警官学院学报》2014年第1期。

33. 武乾：《官民共治：汉口开埠前的市政治理体制》，《武汉学研究》2019年第1期。

34. 关晓红：《晚清局所与清末政体变革》，《近代史研究》2011年第5期。

35. 冯峰：《"局"与晚清近代化》，《安徽史学》2007年第2期。

36. 王志明：《雍正朝文官保举和题补制度》，《清史研究》2003年第

451

1期。

37. 郘耿豪：《论经制兵制度下的传统粮台》，《军事历史研究》2004年第4期。

38. 郘耿豪：《论勇营兵制下的近代粮台》，《湖南大学学报（社会科学版）》2005年第1期。

39. 凌兴珍：《胡林翼与咸同时期清朝权力结构的变化》，《四川师范大学学报（社会科学版）》1996年第3期。

40. 洪均：《漕政视阈下的晚清漕政变革——以湖北为例》，《中州学刊》2012年第6期。

41. 张或定、张劲锋、张哨锋：《清代湖北官局、官银钱号及官银号设立情况考》，载武汉金融编辑部编：《湖北钱市专刊》（总第8期），湖北钱市学会，2009年。

42. 王国平：《胡林翼在湖北的筹饷活动及其影响》，《苏州大学学报（哲学社会科学版）》1991年第1期。

43. 邱涛：《论清廷与湘军集团的筹建长江水师之争》，《军事历史研究》2015年第4期。

44. 邱涛：《晚清长江水师之制度论析》，《军事历史研究》2019年第3期。

45. 倪玉平：《曾国藩与两淮盐政改革》，《安徽史学》2012年第1期。

46. 朱东安：《关于清代的道和道员》，《近代史研究》1982年第4期。

47. 何强：《清代武昌厂关的设置与管理探析》，《湖北社会科学》2018年第4期。

48. 李英铨：《晚清的巡防营》，《中南民族学院学报（哲学社会科学版）》1995年第2期。

五、博硕士论文

1. 邱澎生：《商人团体与社会变迁：清代苏州的会馆公所与商会》，台湾大学历史学研究所博士学位论文1995年。

2. 韩晶：《晚清中国电报局研究》，上海师范大学博士学位论文2010年。

3. 邹俊杰：《清末湖北警政问题研究（1902—1911）》，武汉大学博士学位论文2014年。

4. 潘鸣：《清末省级行政机构改革研究》，首都师范大学硕士学位论文

2007年。

5. 张旭杉：《论清末新军营制》，华中师范大学硕士学位论文2011年。

6. 关勇：《晚清汉口的美国人——基于〈美国驻汉口领事报告（1861—1906)〉的考察》，华中师范大学硕士学位论文2018年。

7. 齐远飞：《洋务运动后期防军研究》，华中师范大学硕士学位论文2018年。

后 记

　　《武汉地方法治发展史》从动议、酝酿、论证、立项、编纂到出版，历时八年。该丛书的面世，凝聚了武汉乃至全国部分法学法律界、历史学界和出版界人士的共同心血。

　　本课题的确立得到了武汉市委、市政府及市委政法委主要领导的大力支持，得到了武汉市依法治市（普法）领导小组、武汉市委政法委、武汉市委宣传部、武汉市社会科学领导小组、武汉市财政局等部门和单位的鼎力帮助。

　　本课题的研究得到了中国社会科学院法学研究所、中共中央党校法学研究部、党的建设部以及杭州师范大学等国内高校和科研机构的大力支持。中国法律史学会会长张生、杭州师范大学法治中国化研究中心范忠信等同志，为本课题聘请专家学者咨询论证及修改定稿做了大量的工作。

　　本课题在研究过程中，还得到北京大学、中国政法大学等高校和研究机构知名法学、历史学、中共党史等专业学者的悉心指导（名单见扉页）。他们在主题确定、资料搜集、大纲拟定、初稿写作、修改定稿等方面，提出了诸多宝贵意见和建议。

　　本课题编纂过程中，华中师范大学、湖北经济学院、中南财经政法大学、江汉大学、武汉市委党校，以及武汉市中级人民法院、武汉市人民检察院、武汉市公安局、武汉市司法局、武汉仲裁委员会办公室、武汉律师协会等课题承担单位，为课题顺利开展提供了全力支持。倪子林、龚维城、陈芳国等给予了具体指导。湖北省档案馆、武汉市委党史研究室、武汉地方志办公室、武汉市档案馆、武汉市图书馆、《长江日报》社等单位，为资料收集提供了帮助。

后　记

对以上领导、专家学者和单位的大力支持，在此一并表示衷心的感谢！

本课题研究头绪复杂，内容繁多，为推进课题研究顺利开展，武汉市法学会与江汉大学城市治理研究中心成立了专项课题组，课题组设置了以武汉市法学会周玉、万洪源、唐巍、孙剑华、张雪莲、熊音、李敏、彭轩等为主要成员的编务组，以江汉大学李卫东、王耀、王肇磊、童旭、储著斌、余超、谢宙、欧阳思萌等为主要成员的学术联络组。两组同仁在编委会领导下，相互协作、相互配合，组织开展了大量工作。

本书的写作参考运用了诸多学者的研究成果，在此一并致谢！

编　者
2021 年 10 月

策划编辑:李春生　鲁　静
责任编辑:刘松弢　彭代琪格

图书在版编目(CIP)数据

武汉地方法治发展史.晚清卷/胡绪鸥 主编;武乾 著.—北京:人民出版社,
2023.3
(武汉地方法治发展史)
ISBN 978-7-01-022731-3

Ⅰ.①武… Ⅱ.①胡…②武… Ⅲ.①法制史-武汉-清后期 Ⅳ.①D927.631

中国版本图书馆 CIP 数据核字(2022)第 075792 号

武汉地方法治发展史
WUHAN DIFANG FAZHI FAZHANSHI
(晚清卷)

胡绪鸥　主编　武　乾　著

人民出版社 出版发行
(100706　北京市东城区隆福寺街 99 号)

中煤(北京)印务有限公司印刷　新华书店经销

2023 年 3 月第 1 版　2023 年 3 月北京第 1 次印刷
开本:710 毫米×1000 毫米 1/16　印张:30.25
字数:492 千字

ISBN 978-7-01-022731-3　定价:120.00 元

邮购地址 100706　北京市东城区隆福寺街 99 号
人民东方图书销售中心　电话 (010)65250042　65289539

版权所有·侵权必究
凡购买本社图书,如有印制质量问题,我社负责调换。
服务电话:(010)65250042